제2판

김홍균 지음

ESG 101

:이론과 실제

Theory and Practice

박영사

제2판 서문

2025년에 출간된 『ESG 101: 이론과 실제』가 많은 독자분들의 관심과 성원에 힘입어, 출간 1년 만에 개정판을 선보이게 되었다. 비교적 짧은 기간 내에 개정판을 준비하게 된 이유는, 지난 1년 사이 ESG 관련 제도와 기준이 상당 부분 수정·개편되었을 뿐만 아니라, 초판에서 발견된 일부 오탈자와 표현상 미흡한 부분을 보완할 필요가 있었기 때문이다. 이번 개정판에서는 이러한 사항들을 전반적으로 개선하는 한편, 「ESG와 금융」이라는 새로운 장을 추가하여 금융기관들이 ESG 제도의 확산과 지속가능한 금융 생태계 구축을 위해 어떤 금융상품과 솔루션을 제공하고 있는지를 보다 체계적으로 정리하였다.

개정판 집필 과정에서 가장 아쉬웠던 점은 EU의 ESRS 개정 동향을 충분히 반영하지 못했다는 것이다. EU는 2025년 1~2월경 이른바 '2025 EU 옴니버스 패키지(Omnibus Package)'를 유럽연합 집행위원회(EC)에 제출하며, ESRS 기준안의 대대적인 간소화 및 개정 작업을 공식화하였다. 그러나 해당 개정안은 원고를 마무리하던 시점까지 EU 내부 승인 절차를 완료하지 못해, 본 개정판의 제7장은 불가피하게 2023년 ESRS 기준안을 바탕으로 구성할 수밖에 없었다. 이 책이 출간될 무렵 옴니버스 패키지가 EU의 최종안으로 확정될 가능성이 높다는 점을 고려하면, 제7장이 최신의 최종 개정 내용을 충분히 반영하지 못한 점이 가장 아쉬운 부분으로 남는다.

최근 ESG 제도가 다소 정체된 것처럼 보일 수 있으나, 기후위기가 점차 현실로 다가오고 있는 상황을 감안할 때 ESG 관련 규제와 공시 제도는 장기적으로 강화될 수밖에 없을 것이라 생각한다. 초판 이후 비교적 빠른 시일 내에 개정판을 준비하게 된 것 역시 ESG에 대한 독자 여러분의 지속적인 관심과 문제의식 덕분이다. 이 책이 ESG 제도에 대한 이해를 넓히는 데 기여하고, 우리가 살아가는 사회가 보다 지속 가능한 방향으로 나아가는 데 작은 길잡이가 되기를 바란다. 앞으로도 중요한 제도적 변화와 개정 사항이 있을 때마다, 이 책이 이를 충실히 반영할 수 있도록 지속적으로 보완해 나가겠다.

2026. 02.

저자 김홍균

목차

part

I ESG의 시작과 확산

part

II ESG의 구조와 특성

part III ESG 투자 규모 및 활용 현황

part IV ESG 관련 주요 정책 및 규제 현황

part VII 지속 가능 정보 공시 기준안: ESRS, IFRS

part VIII ESG 평가 기관별 평가 방법

part XI ESG와 금융

ESG 101

:이론과 실제

part I

ESG의 시작과 확산

1 UN Global Compact와 MDGs 출현
2 ESG 등장과 PRI 설립
3 ESG의 확산
4 ESG의 S: 다양성, 형평성, 포용성(DEI)을 중심으로 한 사회적 책임의 진화

I

ESG의 시작과 확산

1 UN Global Compact와 MDGs 출현

ESG는 갑자기 만들어진 제도가 아니다. 그 원천을 찾는 것은 쉽지 않지만, 여러 문헌을 종합해보면 ESG는 1999년 1월 다보스 포럼에서 당시 유엔 사무총장이었던 코피 아난이 "글로벌 시장에 인간적인 가치를 반영하는 공유 가치와 원칙에 대한 전 세계적 약속(Global Compact)"[1]을 기업 리더들에게 제안한 시점부터 본격적으로 시작되었다고 볼 수 있다[2].

코피 아난은 이를 실현하기 위해 1999년 7월 UN 글로벌 콤팩트(UN Global

---

1 원문은 다음과 같다: "In this context, I propose that you, the business leaders gathered in Davos, and we, the United Nations, initiate a global compact of shared values and principles, which will give a human face to the global market."

2 1987년, UN '환경과 개발에 관한 세계 위원회'(브룬트란트위원회, World Commission on Environment and Development, WCED)의 보고서 『Our Common Future』에서 처음으로 지속 가능한 발전(Sustainable growth)의 개념이 정립되었다. 이 보고서는 미래 세대가 그들의 필요를 충족시킬 수 있는 능력을 저해하지 않으면서 현재 세대의 필요를 충족시키는 발전을 지속 가능한 발전으로 정의하였고, 이는 이후 공식적인 '지속 가능한 발전'의 정의로 사용되고 있다. 지속 가능한 발전의 개념이 정립된 후, 1992년 국제연합환경개발회의(United Nations Conference on Environment and Development, UNCED, 일명 리우정상회의)에서 이를 실천하기 위한 본격적인 논의가 이루어졌다는 점을 감안하면, 환경 관점에서는 1987년을 ESG 개념이 시작된 시점으로 볼 수 있다. 1992년 UNCED의 성격과 논의된 내용에 대해서는 김홍균·이호생·임종수·홍종호(2013)를 참조하라. ESG의 원조라 할 수 있는 책임투자에 대한 사례는 사례분석 상자 1과 2를 참조하라.

Compact)를 발족시켰다. UN Global Compact는 전 세계 기업들이 지속 가능하고 사회적으로 책임 있는 정책을 채택하고, 그 이행을 보고하도록 장려하는 것을 목적으로 하는 UN과 기업 간의 자발적 협의체(Initiative)이다[3]. UN Global Compact는 세계를 지속 가능하게 만들기 위해 기업의 책임 있는 행동을 촉진하고자 10대 원칙을 수립하였다. 10대 원칙은 〈표 I -1〉에 정리된 바와 같이 인권, 노동, 환경, 반부패의 네 가지 범주로 구성되어 있다. 구체적으로는, 원칙 1~2는 인권, 원칙 3~6은 노동, 원칙 7~9는 환경, 원칙 10은 반부패와 관련된 항목이다. UN Global Compact에 가입한 기업은 이러한 원칙을 기업 운영과 경영 전략에 반영해야 한다. 2024년 3월 기준으로, UN Global Compact에는 24,344개의 기관이 가입하였으며, 이들 기관에는 기업뿐만 아니라 정부(지방정부 포함)와 NGO 단체들도 포함되어 있다.

표 I -1 UN Global Compact의 10대 원칙

원칙	내용
원칙1	기업은 국제적으로 선언된 인권 보호를 지지하고 존중해야 한다.
원칙2	기업은 인권침해에 연루되지 않도록 적극 노력한다.
원칙3	기업은 결사의 자유와 단체교섭권의 실질적인 인정을 지지해야 한다.
원칙4	기업은 모든 형태의 강제 노동을 배제한다.
원칙5	기업은 아동 노동을 효율적으로 철폐해야 한다.
원칙6	기업은 고용 및 업무에서 차별을 철폐해야 한다.

3 '이니셔티브(Initiative)'는 다양한 의미를 지닌 단어이다. 이 단어는 스스로 먼저 행동하거나 일을 시작하려는 자발적이고 주도적인 태도나 능력을 의미하기도 하며, 새로운 정책·법안·계획 등을 처음으로 제안하거나 시작하는 행위를 가리키기도 한다. 또한, 어떤 일이나 상황에서 주도적인 역할을 하는 능력이나 권한을 의미할 수도 있다. ESG와 관련해서도 '이니셔티브'라는 단어가 자주 사용되는데, 이는 문제를 해결하거나 목표를 달성하기 위해 시작되는 특별한 노력이나 움직임을 포괄적으로 의미한다고 이해하면 된다. 따라서 사회나 조직에 긍정적인 영향을 미치려는 의도를 가지고 조직된 단체나 커뮤니티의 이름에도 '이니셔티브'라는 단어가 자주 사용된다.

원칙	내용
원칙7	기업은 환경문제에 대한 예방적 접근을 지지해야 한다.
원칙8	기업은 환경적 책임을 증진하는 조치를 취해야 한다.
원칙9	기업은 환경친화적 기술의 개발과 확산을 촉진한다.
원칙10	기업은 부당 취득 및 뇌물 등을 포함하는 모든 형태의 부패에 반대한다.

UN Global Compact의 10대 원칙을 통해 알 수 있듯이, 코피 아난이 다보스 경제포럼서 제시한 "공유 가치"는 우리가 살아가고 있는 지구촌을 지속 가능하게 만들자는 의미를 담고 있으며, UN Global Compact는 이를 달성하기 위한 이행 수단으로 설립되었다. 코피 아난이 세계 구성원들이 공유 가치를 실천할 수 있도록 UN Global Compact를 설립한 이유는 두 가지이다. 첫째, 세계를 지속 가능하지 않게 만드는 주요 경제 주체가 기업이기 때문에, 기업으로 하여금 스스로 문제를 해결하게 하는 것이 공정하고 효율적이라고 판단했기 때문이다. 둘째, 정책 대상을 회원국으로 할 경우 국가 간 이해상충이 발생할 수 있어 문제 해결과 실행에 시간이 많이 소요되지만, 기업을 직접 대상으로 한다면 이러한 시간을 단축하여 신속하게 실행할 수 있을 것이라고 생각했기 때문이다.

코피 아난은 지속 가능한 사회를 만들기 위해 UN Global Compact 출범에 이어 2000년 9월에 열린 UN 밀레니엄 정상회의에서 8개의 범세계적인 의제들로 구성된 밀레니엄 개발 목표(MDGs: Millennium Development Goals)를 공식적으로 발표하였다. 이 목표들은 2015년까지 국제 사회가 달성해야 할 과제로, 8개의 목표와 21개의 세부 목표로 구성되어 있으며, 각 목표의 달성 일정도 구체적으로 설정되었다. 8개의 목표는 ① 절대 빈곤 및 기아 근절, ② 보편적 초등 교육 실현, ③ 양성 평등 및 여성 권한 강화, ④ 아동 사망률 감소, ⑤ 모성 보건 증진, ⑥ AIDS, 말라리아 등 질병 대응, ⑦ 지속 가능한 환경 확보, ⑧ 개발을 위한 글로벌 파트너십 구축이다. 이 8개의 목표는 지속 가능한 사회로 나아가기 위해 해결해야 할 과제이자, 개발도상국들이 직면하고 있는 문제들이었다. 코피 아난은 MDGs를 달성하기 위해 UN Global Compact를 비롯한 유엔 기관, 각국 정부, NGO, 민간 부문 등이 협력하는 체제를 구성하였다.

코피 아난의 의도와는 달리, UN Global Compact는 세계를 지속 가능하게 만드는 데 큰 역할을 하지 못했다. 이는 두 가지 이유 때문이었다. 첫째, UN Global Compact가 안고 있는 구조적 문제였다. UN Global Compact는 국제적 원칙에 기반한 규칙 체계로서 법적 강제력이 없었으며, 약속된 10대 원칙 외에 기업이 반드시 준수해야 할 구체적인 기준이나 행동 수칙이 정해져 있지 않았다. 기업 입장에서는 UN Global Compact에 가입해 10대 원칙을 준수하겠다고 약속했지만, 이를 실천하는 데는 상당한 비용이 수반되기 때문에, 실제로 이를 이행하기는 쉽지 않았다. 다시 말해, UN Global Compact는 본질적으로 성과를 내기 어려운 구조적 한계를 지니고 있었다. 둘째, UN Global Compact와 밀레니엄 개발 목표(MDGs)는 상호 연결되기 어려운 구조를 가지고 있었다. UN Global Compact의 10대 원칙과 MDGs의 8개 목표는 직접적으로 연결되기가 어려웠기 때문에, UN Global Compact가 기업 활동을 통해 UN의 MDGs를 달성하는 데에는 한계가 있을 수밖에 없었다[4].

UN Global Compact는 여러 한계에도 불구하고 지속 가능한 사회로의 전환에 중요한 역할을 했다. 기존에는 UN이 추진하는 대부분의 활동이 회원국을 중심으로 이루어졌으나, UN Global Compact는 기업과 직접 소통할 수 있는 최초의 플랫폼으로 출범하였다. 비록 한계가 존재했지만, 유엔과 기업, 기관투자자 등 민간 주체 간의 협력 모델이 형성되었고, 이는 이후 UN이 사회를 지속 가능하게 만들기 위해 도입한 ESG 체제의 근간이 되었다.

---

4 이에 관해 후술하겠지만 2016년 공표된 지속가능한 발전목표(Sustainable Development Goals, 이하 SDGs)는 ESG와 사업 항목들이 모두 연계되어 있다.

사례분석상자 1: 퀘이커 교도와 ESG 투자

퀘이커 교도(Quakers), 공식적으로는 "종교적 친구들의 모임(Religious Society of Friends)"은 17세기 중반 영국에서 조지 폭스(George Fox)에 의해 시작된 기독교 종파이다. 퀘이커 교도들은 평화, 사회적 정의, 검소함과 진실성, 내적 빛을 믿는 독특한 신앙을 바탕으로 윤리적 투자를 실천하는 것으로 잘 알려져 있다. 이들은 노예 무역, 전쟁, 술 등 비윤리적 활동에 관여하는 기업에 대한 투자를 거부하며, 윤리적 신념과 상충하는 활동을 피했다. 17세기와 18세기에는 퀘이커 교도와 감리교도 같은 종교 단체들이 추종자들에게 윤리적 투자 지침을 제공하고, 노예제나 전쟁 관련 기업에 대한 투자를 삼가도록 권고했다. 퀘이커 교도는 이러한 신앙과 실천을 통해 사회적 책임과 윤리적 투자를 강조해 왔으며, 그들의 윤리적 투자 원칙은 오늘날 ESG 투자의 중요한 역사적 뿌리 중 하나로 인정받고 있다.

자료: UKCFA(2021), 『Certificate in ESG Investing Curriculum』

사례분석상자 2: 최초의 윤리적 뮤추얼 펀드(Mutual Fund)

Pioneer Fund는 최초의 윤리적 뮤추얼 펀드 중 하나로, 1928년 Philip L. Carret에 의해 설립되었다. Carret은 투자 관리 산업의 선구자로 알려져 있으며, Pioneer Fund를 통해 장기적인 가치 투자를 강조했다. Pioneer Fund는 초기부터 종교적 및 윤리적 기준에 따라 투자 대상을 선택하는 방식을 채택하여, 투자자들이 자신의 가치에 부합하는 방식으로 자본을 배치할 수 있도록 도왔다. Pioneer Fund는 특정 산업이나 활동을 배제하는 부정적 선별 방식(Negative screening)을 사용했으며, 도덕적으로 논란이 되는 술, 도박, 담배와 같은 산업에 대한 투자를 피했다. 이 펀드는 종교적 전통에 기반한 스크리닝을 통해 설립되었다.

자료: UKCFA(2021), 『Certificate in ESG Investing Curriculum』

2 ESG 등장과 PRI 설립

코피 아난이 UN Global Compact를 통해 지속가능한 세계를 구축하기 위한 계획은 앞서 설명한 바와 같이 UN Global Compact의 구조적 한계 때문에 의도했던 성과를 거두지 못했다. 이에 대한 대안으로 코피 아난이 구상한 새로운 모형은, 기업가치사슬의 최상단에 있는 금융 부문—특히 기관투자자와 자산운용사—을 움직여 기업들이 지속 가능한 세상에 능동적으로 참여하도록 유도하고자 한 것이었다. 다시 말해, 기관투자자나 대형 금융기관이 기업에 투자나 대출 등 금융 서비스를 제공할 때, 기존처럼 매출이나 순이익 등 재무적 성과만을 기준으로 삼는 데 그치지 않고, 환경(E) · 사회(S) · 지배구조(G)와 같은 비재무적 요소도 함께 고려하도록 하려는 취지였다. 이는 이러한 비재무적 요인을 잘 관리하지 못하는 기업은 장기적으로 기업가치가 하락할 가능성이 크기 때문이다. 이러한 개념을 바탕으로 만들어진 것이 바로 ESG이다.

코피 아난은 2004년 스위스 정부와 협력하여 UN Global Compact를 기반으로 한 "후 케어스 윈 이니셔티브(Who Cares Wins Initiative)"[5]를 출범시켰다. 이 이니셔티브의 공식 목적은 자산 관리, 유가증권 중개, 관련 투자 연구 등 금융투자업 전반에 ESG를 통합하기 위한 지침과 권고안을 마련하는 것이었다. 이 이니셔티브는 창립 시점에 약 6조 달러 이상의 자산을 운용하는 23개 금융기관의 지지를 받았으며, 이들 중에는 국제금융공사(International Financial Corporation)와 세계은행도 포함되어 있었다.

이 이니셔티브는 2004년 6월 『Who Cares Wins – Connecting Financial Markets to a Changing World』라는 보고서를 통해, 글로벌화되고 상호 연결된 경쟁적 환경에서 환경(E), 사회(S), 지배구조(G) 이슈 관리가 기업 경쟁력 유지를 위한 필수 경영 요소임을 강조하였다. 보고서는 이러한 이슈와 관련

---

5 이 이니셔티브의 이름을 번역하면 "관심을 가진 자가 승리한다 이니셔티브"인데 이는 "ESG에 관심을 갖는(=Care) 투자자와 기업이 장기적으로 더 나은 성과를 거두고 성공한다(=Wins)"는 의미를 담고 있다.

된 위험과 기회를 적절히 관리할 경우, 기업가치 제고뿐만 아니라 기업이 속한 사회의 지속 가능한 발전에도 기여할 수 있음을 제시하였다. 특히 이 문헌은 'ESG'라는 용어를 처음으로 공식적으로 도입했다는 점에서 중요한 의의를 가진다.

2006년에는 ESG 총본부라 할 수 있는 책임투자원칙협회(Principles for Responsible Investment, PRI)가 UN의 지원을 받으며 설립되었다. PRI는 UN 최초로 세계 자본주의를 주도하는 기관투자자를 중심으로 창설된 네트워크이다. PRI의 창설을 주도한 공식 주체는 UN Global Compact와 유엔환경계획 금융 이니셔티브(United Nations Environmental Programme Finance Initiative, UNEP FI)[6]이며 UN의 후원을 받기는 하지만 산하 기구는 아니며, 런던에 본부를 두고 있다. PRI 서명 회원은 서비스 유형별로 투자운용사(Investment manager), 자산보유자(Asset owner), 서비스 제공기관(Service provider)으로 구성되며, 2025년 2월 기준으로, 유엔 책임투자원칙(PRI)에 서명한 기관 수는 총 5,296개이다. 이 중 약 76%는 투자운용사이며, 나머지는 자산소유자(예: 연기금, 보험사)와 서비스 제공기관이다[7]. PRI는 전 세계 80개국 이상에서 활동하고 있으며, 서명기관들이 관리하는 총 자산 규모는 약 128조 달러에 달한다. 지역별로는 2023년 12월 기준 유럽 2,843, 북아메리카 1,300, 아시아 544, 남아메리카 252, 오세아니아 266, 아프리카 130, 중동 37개이다. 우리나라에서는 2024년 1월 기준 33개 금융기관이 가입해 있다[8]. PRI 서명 회원은 PRI가 제시한 6대 책임원칙을 반드시 준수해야 하며, 6대 책임원칙은 〈표 I -2〉에 정리되어 있

---

6 유엔 환경 계획(UN Environment Programme, UNEP)과 세계 금융기관들이 협력하여 설립한 파트너십인 UNEP FI는 금융 기관들이 지속 가능한 발전을 촉진하고, 환경, 사회, 지배구조(ESG) 요소를 금융 및 투자 의사결정에 통합하도록 지원하고 있다. 1992년에 출범한 이 이니셔티브는 지속 가능한 금융을 위한 글로벌 협력을 촉진하는 데 중요한 역할을 하고 있으며, 전 세계 200개 이상의 금융기관이 회원으로 참여해 지속 가능한 금융을 위한 지식과 경험을 공유하고 있다.

7 이 수치는 2024년 3월 31일 기준 5,345개에서 소폭 감소한 것으로, 전년 대비 약 0.83% 줄어든 수치이다.

8 우리나라 가입 기관은 국민연금공단(National Pension Service), 한국투자공사 등을 포함한 금융기관이 26개, 서비스제공자(ESG 평가기관 등)가 5개이다.

다. PRI의 6대 책임투자원칙은 ESG 이슈를 투자 실무에 통합하기 위한 자발적인 투자원칙으로, 투자자들을 위해 투자자들에 의해 만들어졌다.

PRI는 위상 강화를 위해 2018년 서명기관에 최소 요건을 부과하고, 해당 요건을 충족하지 못하는 경우 2년간의 유예 기간 및 재평가를 거쳐 회원자격을 박탈하는 조치를 도입하였다. 이로 인해, 2020년 9월에는 프랑스의 투자운용사 BPE(Banque Privée Européenne), Delta Alternative Management, 인도네시아의 Corfina Capital, 미국의 Primary Wave IP Investment Management, 네덜란드의 연금펀드 Stichting Gemeenschappelijk Beleggingsfonds FNV 등이 PRI에서 자발적으로 탈퇴하거나 자격을 잃었다. PRI에 서명하고 6대 원칙을 받아들인다는 선언은 현재 시장에서 인정받는 기관투자자로 자리매김하기 위한 필수 조건이 되고 있다.

표 Ⅰ-2 PRI의 6대 책임투자원칙

원칙	내용
원칙1(ESG 통합)	우리는 ESG 이슈들을 투자분석 및 의사결정 과정에 반영한다.
원칙2(적극적인 소유권 행사)	우리는 능동적인 투자자가 되며, ESG 이슈들을 소유권 정책 및 실행에 반영한다.
원칙3(보고 및 공개)	우리는 피투자기업에게 ESG 이슈에 대한 적절한 정보 공개를 요구한다.
원칙4(협력 강화)	우리는 본 원칙들에 대한 금융산업 내의 수용 및 실행을 촉진한다.
원칙5(효과적인 협력)	우리는 본 원칙 시행의 효과성 증진을 위해 상호 협력한다.
원칙6(지속적인 개선)	우리는 본 원칙에 관한 우리 각자의 활동과 진전 상황을 보고한다.

3.1 내적 노력: PRI 및 UNEP FI

코피 아난이 1999년 다보스 포럼에서 공유 가치와 원칙에 대한 전 지구적 약속을 제안한 후, 2006년 ESG를 총괄하는 조직인 PRI가 만들어진 시기까지를 ESG의 시작으로 본다면, ESG가 범세계적으로 확산되기 시작한 시기는 PRI 설립 이후인 2006년 이후라고 할 수 있다. ESG 체제를 확산시키기 위해 PRI나 UN Global Compact가 핵심적으로 추진했던 일은 기업들의 비재무 정보를 포함해 투자 결정을 내리더라도 재무 성과에만 기초한 투자와 비교했을 때 수익률이 낮지 않다는 것을 입증하는 것이었다. ESG 확산을 위해 이것이 필요했던 이유는 수탁된 재원을 가지고 투자나 대출을 하는 기관투자자나 대형 금융기관들은 수탁자 의무(The Duty of Fiduciary)[9]를 준수해야 하기 때문이었다. 보다 구체적으로 살펴보면 <표 I -3>에 정리되어 있듯이 수탁자 의무는 충성의무(The duty of loyalty), 공정의무(The duty of impartiality), 주의의무(The duty of care)로 구성되어 있는데, 이 중 충성의무는 수탁자가 수익자의 이익 극대화를 위해 행동하도록 요구하고 있다. 따라서 지금까지 전통적인 방식(즉, 기업의 재무정보에 기초한 투자)으로 수익을 창출해 온 기관투자자나 대형 금융기관들이, 여기에 더해 기업의 비재무 정보를 감안해 투자 결정을 할 때 이 이상의 수익을 창출하지 못한다면 수탁자 의무를 위반하게 된다[10].

9 수탁자 의무는 특정 자산이나 이익을 대신 관리하는 사람이 그 소유자인 수익자의 이익을 최대한 보호하고 증진해야 하는 법적 책임을 의미한다. 이 개념은 역사적으로 영국 신탁법(Trust law)에서 발전하여 오늘날 다양한 법적·제도적 맥락에서 적용되고 있다. 우리나라에서는 「자본시장과 금융투자업에 관한 법률」에서 수탁자 의무와 유사한 개념으로 '선량한 관리자의 주의의무'와 '충실의무'가 규정되어 있다.

10 이 경우 수탁자는 법적 책임을 질 수도 있다.

표 Ⅰ-3 수탁자 의무

수탁자 의무	내용
충성의무	수탁자가 수익자의 이익 극대화만을 위해 행동할 것을 요구하는 의무
공정의무	수탁자는 모든 수익자를 공정하게 대우해야 한다는 의무
주의의무	수탁자는 신중하고 주의 깊게 신탁 재산을 관리해야 한다는 의무

기업의 재무 요인에 더해 비재무 요인을 고려한 투자가 수익성에도 긍정적인 영향을 미친다는 것을 입증한 대표적인 연구는 UNEP FI가 2004년 6월 발표한 『The Materiality of Social, Environmental, and Corporate Governance Issues to Equity Pricing』이다. 이 연구의 주요 목적은 ESG 이슈를 통합한 투자 방식이 투자 성과에 미친 영향을 분석하는 것이었으며, 12개 자산운용사로 구성된 자산운용사 워킹그룹(Asset Management Working Group, AMWG)이 수행했다(〈표 Ⅰ-4〉 참조). 이 연구는 산업별로 ESG 요인을 잘 관리한 기업과 그렇지 못한 기업의 주식시장 성과를 비교하여 ESG 이슈를 통합한 투자 방식의 효과를 분석했다.

연구의 주요 결론은 세 가지로 요약할 수 있다. 첫째, ESG 요인은 단기적인 주가 변동보다 장기적으로 주주 및 기업가치에 중요한 영향을 미친다. 둘째, 정부는 국가 및 국제재무보고 체계에 이러한 기준을 포함하도록 의무화하고 표준화하여 ESG의 장벽을 낮출 필요가 있다. 셋째, 증가하는 ESG 기반 투자자 수요에 대응하기 위해 재무 분석에 ESG 이슈를 통합할 수 있는 기법이 개발되고 있으며, ESG 기반 투자의 확산을 위해 이러한 기법이 더욱 발전되어야 한다[11]. 이들 결론 중 두 번째와 세 번째는 ESG 확산 및 정착을 위해 해결해야 할 과제를 제시한 것으로, 이러한 과제를 해결하기 위한 작업들은 현재도 진행 중이다[12].

---

11 자세한 내용은 박태영·윤건용(2021) 참조.

12 특히 두 번째 과제와 관련해서는 최근 가시적인 성과를 거두고 있다. 이와 관련해서는 4장~6장에서 자세히 다룬다.

표 Ⅰ-4 AMWG의 보고서 구조

회사	보고서 주제
ABN AMRO Equities 영국	제약산업과 사회적 책임투자 (Social Responsibility Investment, SRI)
Deutsche Bank 글로벌 주식 리서치	숫자를 넘어서: 기업 지배구조: 투자자에 대한 함의
Deutsche Securities 남아프리카 주식 리서치	기업의 사회적 책임(좋은 기업 시민의식)과 주식 등급 간 직접적·일관된 연관성 부재
Dresdner Kleinwort Wasserstein 유럽 / 주식	유틸리티: 배출권 거래 – 탄소 더비 II: 이제 시작이다
Dresdner Kleinwort Wasserstein 영국 / 유럽 / 주식	운송: 항공 배출: 또 다른 부담
Goldman Sachs 글로벌 에너지 리서치	Goldman Sachs 에너지 환경 및 사회 지수 소개
HSBC	유럽 유틸리티 II
NikkoCitigroup 일본 주식 전략	글로벌 환경과 사회적 책임 투자: 성장 지역을 자극하는 환경 기술
Nomura 일본 주식 시장	비생명보험 부문의 기업 사회적 책임 (CSR)
UBS 글로벌 주식 리서치	유럽 배출권 거래 제도 – 호재인가 실패인가?
West LB 주식 시장 범유럽 주식	보험 및 지속 가능성: 불장난

자료: AMWG(2004)

이 보고서는 ESG 이슈를 고려한 투자가 투자 성과를 결정하는 데 중요한 역할을 한다는 사실을 입증하고, ESG 확산을 위해 해결해야 할 과제를 제시하고 있다는 점에서 매우 의미 있는 연구라 할 수 있다. 그러나, 이 보고서는 사례분석을 통해 ESG 이슈를 고려한 투자의 성과를 입증하려 했기 때문에, 분석 방법상 한계가 있다. 이는 사례분석은 몇몇 기업 간 비교를 통해 결론을 도출하기 때문에, 고려된 기업의 특수성이 반영될 수밖에 없기 때문이다. 즉, ESG 이슈를 잘 관리하는 기업이 그렇지 않은 기업보다 주식 시장에서 주가 상승률이 높은 것은 시장에서 관찰되는 객관적 사실이지만, 주가는 그 기업의 다른 속성들로 인해 높을 수도 있으나 단순 비교는 이러한 점을 충분히 반영하지 못한다. ESG 이슈를 고려한 투자가 투자 성과가 좋다는 사실을 입증하기 위해서는, 사례분석보다는 기업의 ESG 평가 점수와 여러 속성을 모두 고려한 계량분석이 보다 적절한 방법이다. 이에 대해서는 9장에서 자세히 다루기로 한다.

ESG 기반 투자가 전통적인 투자 방식에 못지않게 수익성을 창출할 수 있다는 연구에 더해, ESG 체제의 확산을 위해서는 이러한 투자가 수탁자 의무에 위배되지 않는다는 점을 입증하는 법률적 해석도 병행되었다. 이는 당시 ESG 투자의 수익성이 아직 확실히 검증되지 않았기 때문에, 기관투자자가 ESG 요인을 고려한 투자를 정당화하기 위해서는 수익성 논리뿐 아니라 법적으로도 수탁자 의무에 저촉되지 않는다는 점을 명확히 하는 것이 필요했기 때문이다. 이러한 법률적 검토는 코피 아난과 UNEP FI에 의해 처음으로 이루어졌다. 코피 아난과 UNEP FI는 영국의 법률회사인 Freshfields Bruckhaus Deringer에 의뢰하여, ESG 기반 투자가 수탁자 의무에 위배되는지 여부를 검토해 줄 것을 요청했다. Freshfields는 EU, 호주, 캐나다, 프랑스, 독일, 이탈리아, 일본, 스페인, 영국, 미국 등 다양한 관할권에서 ESG 기반 투자가 수탁자 의무를 위배하는지 여부를 판단하는 법적 분석을 수행했고, 이에 근거하여 2005년에 프레시필즈(Freshfields) 보고서를 발표했다[13].

이 보고서의 핵심 내용은 다음과 같이 요약될 수 있다. 첫째, ESG 요소가 기업의 재무 성과에 미치는 영향을 인식하는 것이 점점 더 중요해지고 있다. 둘째, ESG 요소를 고려해 투자 분석을 수행하는 것이 신뢰성 있는 예측을 위해 필요하다. 셋째, 모든 관할권에서 ESG 관련 고려사항을 투자 분석에 통합하는 것이 명백히 허용되며, 경우에 따라 이러한 통합이 요구될 수도 있다. UNEP FI는 프레시필즈 보고서를 ESG 기반 투자가 수탁자 의무에

13 이 보고서의 정확한 이름은 『A Legal framework for the integration of environmental, social and governance issues into institutional investment』이다.

위배되지 않는다는 근거로 활용했다. 그러나 UNEP FI의 이러한 주장은 관할권마다 받아들여지는 정도가 크게 달랐다. 유럽에서는 UNEP FI의 주장이 대체로 잘 받아들여졌으나, 그 외의 지역에서는 여전히 ESG를 고려한 투자가 수탁자 의무에 위배되지 않는다는 주장이 크게 받아들여지지 않았다.

PRI는 기관투자자나 금융기관이 기업의 ESG 요인을 고려해 투자하더라도 수탁자 의무에 위배되지 않는다는 법적 해석이 다양한 관할권에서 받아들여지기 전까지는 ESG 기반 투자가 확산되기 어렵다고 판단하고, 이에 관한 연구를 지속적으로 수행하였다. 그 결과 2009년에 발표된 『Fiduciary II』 보고서는 투자 결정을 내릴 때 개별 기업이나 자산의 성과뿐만 아니라 그들이 속한 더 넓은 경제적·사회적·환경적 시스템까지 고려해야 한다는 관점을 제시하였다[14]. 이는 ESG 이슈를 고려하지 않는다면 막대한 사회적·환경적 비용이 발생하여 사회 전반의 안정성이 크게 훼손될 수 있으며, 결국 투자 포트폴리오의 장기적 가치에도 부정적 영향을 미칠 수 있기 때문이다. 따라서 동 보고서는 장기적 재무 성과를 보호·제고하기 위해 ESG 요소의 통합이 필수적이라고 보았으며, 나아가 ESG를 배제하는 것은 오히려 위탁자에 대한 충성의무 위반으로까지 간주될 수 있다는 적극적인 입장을 제시하였다[15]. Fiduciary II 발표 이후, 유럽 국가들 중심으로 수탁자 의무를 강화하고 환경, 사회, 지배구조 요인을 투자 관행에 통합하는 것을 법제화하기 위한 움직임이 본격화되었으나 미국이나 아시아 국가들은 여전히 가시적인 움직임을 보이지 않았다.

PRI는 ESG 요인을 투자 결정에 통합하는 것이 수탁자 의무의 중요한 부분임을 보다 명확히 보이기 위해 UNEP FI, 제네레이션재단(Generation Foundation)[16]

---

14 이를 시스템 우선 투자(Systems-first investing)라 부른다.

15 2009년에 발표된 UNEP FI의 Fiduciary II 연구의 정식 명칭은 『Fiduciary Responsibility: Legal and Practical Aspects of Integrating Environmental, Social and Governance Issues into Institutional Investment』이다.

16 Generation Foundation은 자본 시장의 힘을 활용하여 지속 가능한 경제 시스템을 구축하기 위해 전략적 연구, 기부, 옹호 활동을 수행하는 비영리 조직이다. 이 재단은 2004년에 Generation Investment Management에 의해 설립되었으며, 본부는 영국 런던에 위치해 있다.

과 협력하여 2015년 『21세기 수탁자 의무(Fiduciary Duty in the 21st century)』를 발표하였다. 이 보고서의 주요 내용은 두 가지로 요약될 수 있다. 첫째, 이 연구는 주요국 자본시장을 분석해 ESG 요인의 통합이 수탁자 의무의 중요한 구성요소임을 강조하였다. 둘째, 투자자는 시스템 리스크(예: 기후변화·생물다양성 손실 등)를 관리하기 위해 ESG를 통합해야 하며, 이를 외면할 경우 금융시스템과 실물경제 전반의 안정성이 심각하게 훼손될 수 있음을 지적하였다. 언뜻 보면 2009년 Fiduciary II 보고서와 유사해 보이나, 두 보고서는 다루는 범위와 관점에서 중요한 차이가 있다. 2009년 보고서는 주로 기업과 투자 포트폴리오 차원의 장기적 재무 성과와 가치 보호에 중점을 두며, ESG를 외면하면 개별 투자자의 수익성에 직접적인 위험이 발생할 수 있음을 지적하였다. 반면 2015년 보고서는 이를 한 단계 확장하여 기후변화나 생물다양성 손실과 같은 시스템 리스크가 금융시스템 전체와 사회·경제 전반의 안정성에 중대한 영향을 미칠 수 있음을 강조하였다. 즉, 2009년이 기업·포트폴리오 중심이었다면, 2015년은 금융시스템과 사회 안정성 차원에서 ESG 통합의 필요성을 한층 더 부각한 것이다. 따라서 2015년 연구는 ESG 고려를 수탁자 의무의 본질적 요소로 규정하며, 이를 소홀히 하는 투자 판단은 수탁자 의무 위반으로 간주될 수 있음을 명확히 했다. 다만 국가·관할권별 법제화의 진전 속도는 상이하였으며, 이에 보고서는 호주, 브라질, 캐나다, 중국, EU, 프랑스, 일본, 네덜란드, 남아프리카공화국, 영국, 미국 등 주요국의 정책·규제 동향을 비교하였다.

① 호주는 금융감독당국(Australian Prudential Regulation Authority, APRA)[17]이 발표한 투자 거버넌스 표준(SPS 530)과 지침서(SPG 530)를 통해 연금 수탁자들이 투자 의사결정 과정에서 재무적으로 중요한 경우 ESG 요인을 고려해야 한다는 점을 명확히 했다. 이는 법적 의무 규정과 이를 뒷받침하는 가이드라인을 통해 ESG 리스크 관리가 제도적으로 촉진

17 Australian Prudential Regulation Authority(APRA)는 1998년에 설립된 호주의 금융감독기관으로, 은행·보험사·연금펀드 등을 대상으로 건전성 규제와 감독을 수행하여 금융 시스템의 안정성을 유지하는 역할을 한다.

된 사례다.

② 캐나다는 연금 규제에서 투자정책서(Statement of Investment Policies and Procedures, SIPP)에 ESG 요인을 고려하는지, 또 어떻게 고려하는지를 반드시 기재하도록 의무화했다[18]. 또한 대표적 기관투자자인 캐나다 연금투자위원회(Canada Pension Plan Investment Board, CPPIB)는 투자 프로세스 전반에 ESG 요인을 통합하는 방침을 공식적으로 채택하였다.

③ 유럽연합은 2014년 NFRD를 제정해, 기업들이 기존의 재무정보 공시에 더해 환경·사회 등 비재무 정보도 의무적으로 공개하도록 했다. 이를 통해 기업이 투자와 경영에서 ESG 요인을 체계적으로 고려할 수 있는 기반이 마련되었다. 이후 『Fiduciary Duty in the 21st Century』 연구가 제시한 권고와 정책 논의는, 나중에 지속가능금융공시규정(SFDR, 2019)과 EU 택소노미 등으로 구체화되며 금융기관의 ESG 통합을 제도화하는 데 중요한 토대가 되었다.

④ 일본은 2014년 스튜어드십 코드와 2015년 기업지배구조 코드를 도입해, 투자자와 기업 모두가 장기적 기업가치와 지속가능성을 고려한 경영·투자를 실천하도록 장려했다. 이후 개정을 거치며 두 코드 모두 ESG 이슈를 점차 더 강조하는 방향으로 발전했다.

⑤ 미국에서는 2015년 노동부(DOL)가 발표한 Interpretive Bulletin 2015-01을 통해, ERISA(Employee Retirement Income Security Act of 1974, 근로자퇴직소득보장법)가 적용되는 연금 수탁자가 재무적으로 중대한 경우 ESG 요인을 정당하게 고려할 수 있다는 점을 명확히 했다. 다만 이는 어디까지나 수익률과 위험을 저해하지 않는 범위에서 허용되며, 동등한 재무적 특성을 가진 투자 선택지 간에 '타이브레이커(Tiebreaker)' 요소로 ESG를 활용할 수 있음을 의미했다.

---

18 캐나다 연금제도에서는 법적으로 투자정책서를 작성하도록 요구한다. 이 문서는 연금 플랜이 자산을 어떻게 배분하고 위험을 관리하며 어떤 투자 원칙을 따르는지를 서면으로 명확히 규정한 것이다. 특히 2016년 1월 1일부터는 SIPP에 ESG 요인을 고려하는지 여부와 그 방법을 반드시 기재하도록 규정이 강화되었다.

2015년 보고서 이후의 주요 국가별 상황을 종합해 보면, ESG 요인이 법적·규제적 틀 안에서 통합되는 정도는 여전히 시장별로 차이를 보인다. 특히 세계에서 가장 큰 투자 시장인 미국은 과거에 비해 진전을 이루었으나, 여전히 유럽연합에 비해서는 ESG 통합 수준이 낮은 것으로 평가된다.

2015년 보고서는 유럽, 북미, 브라질, 남아프리카공화국 등 주요 금융시장을 중심으로, ESG 요인의 고려가 투자자의 수탁자 의무와 충돌하지 않음을 분명히 하였다. 그러나 연구 대상 지역이 제한적이라는 한계가 있었다. 이에 PRI, UNEP FI, Generation Foundation은 2016~2019년에 걸쳐 연구 범위를 중국, 홍콩, 인도, 한국, 말레이시아, 싱가포르 등 아시아 6개국으로 확대하였다. 이를 통해 ESG 통합의 법적 해석을 한층 구체화하고, 전 세계적으로 실행할 수 있는 지침과 권고안을 제시하였다. 이러한 추가 연구의 결과는 2019년 발표된 『21세기 수탁자 의무 프로그램(Fiduciary Duty in the 21st Century Programme)』에 담겼으며, ESG 요인의 통합이 투자자에게 단순히 허용되는 수준을 넘어 법적 의무이자 장기 성과 제고의 핵심 수단임을 더욱 강조하였다.

ESG 체제의 확산을 위한 PRI 및 UNEP FI의 이러한 일련의 연구로 인해 ESG를 고려한 투자를 하더라도 수탁자 의무에 위배되지 않는다는 주장을 대부분의 지역에서 받아들이게 되었다. 이는 ESG를 감안한 투자 방식은 여전히 수탁자 의무에 위배된다는 인식이 강했던 미국의 입장 변화에서 찾을 수 있다. 미국의 연기금은 대부분 ERISA에 의해 자금 운영을 통제받고 있는데 2019년 전까지는 기관투자자가 ESG를 고려한 투자를 할 경우 이는 수탁자 의무에 위배된다는 생각을 고수하고 있었다. 그러나 2021년 미국 노동부 고용 혜택 보안 관리국(Employee Benefits Security Administration, EBSA)은 트럼프 행정부 1기(2017~2021) 동안 제정된 '금융 요인 선택 계획 투자(Financial Factors in Selecting Plan Investments)'[19] 및 '프록시 투표 및 주주 권리에 대한 수탁자 의

19 「금융 요인 선택 계획 투자(Financial Factors in Selecting Plan Investments)」 규칙은 2020년 트럼프 행정부 1기 하에서 제정된 최종 규칙으로, ERISA 수탁자가 투자 결정을 내릴 때 반드시 재무적 요인(financial factors)만을 고려해야 한다고 명시하였다. ESG라는 용어는 직접 언급되지 않았지만, ESG 요소가 재무 성과와의 명확한 연관이 입증되지 않는 한

무(Fiduciary Duties Regarding Proxy Voting and Shareholder Rights)'[20] 규칙을 시행하지 않을 것이라고 발표하였다. 이에 따라 ESG 요인을 고려한 투자도 ERISA 수탁자 의무에 위배되지 않음을 명확히 했으며, 이는 ESG 통합에 대한 규제적 불확실성을 일정 부분 해소한 조치로 평가된다. 같은 해, 알리 카와르(Ali Khawar) EBSA 부차관보(Principal Deputy Assistant Secretary)는 노동부 관보를 통해 "근본적인 수탁 의무를 유지하면서도 환경, 사회, 지배구조 요소를 투자 계획의 평가와 관리에 통합하는 중요성에 대한 이해를 높이기 위해 다양한 이해관계자들과 협의할 계획이다"라고 밝혀, 향후 ESG 통합에 우호적인 규제 정비의 가능성을 시사하였다.

우리나라도 예외는 아니었다. 국민연금은 2018년 7월에 "국민연금기금 수탁자 책임에 관한 원칙(스튜어드십 코드)"을 도입하며 책임투자에 대한 기본 틀을 마련하였고, 한국거래소는 2021년에 「ESG 정보 공개 지침」을 발표하여 상장 기업이 지속가능 경영보고서를 자발적으로 공개하도록 장려하였다. 해당 지침은 애초에 2030년까지 모든 KOSPI 상장 기업을 대상으로 공시 의무화를 완료한다는 단계적 로드맵을 포함하고 있었다. 그러나 2023년 금융위원회는 기업들의 준비 부족과 국제 기준 확정 지연 등을 고려해, 당초 계획과 달리 공시 의무화의 최초 적용 시점을 2026년 이후로 연기하기로 결정하였으며, 구체적인 일정은 추후 확정될 예정이다.

공시 의무화 추진과는 별도로 2024년 4월 한국회계기준원 산하 한국지속가능성기준위원회(KSSB)는 국제지속가능성기준위원회(ISSB)의 기준을 기반으로 한 국내 지속가능성 공시기준 초안을 발표하였다. KSSB는 같은 해 8월까지 의견 수렴을 마쳤으며, 12월에는 기준서 의결 절차를 진행하였다. 다만 이는 초안 단계의 확정 절차일 뿐, 실제 시행 여부와 구체적인 도입 일

고려할 수 없도록 해석되어, 사실상 ESG 통합을 제한하는 결과를 초래하였다.

20 「프록시 투표 및 주주 권리에 대한 수탁자 의무(Fiduciary Duties Regarding Proxy Voting and Shareholder Rights)」 규칙 또한 2020년에 제정된 것으로, ERISA 수탁자는 의결권(프록시)을 반드시 행사해야 할 의무가 없으며, 경제적 이익이 명확한 경우에 한해 투표를 해야 한다고 규정하였다. 이로 인해 ESG 관련 주주제안에 대한 의결권 행사 역시 제한될 수밖에 없었으며, 수탁자의 책임 있는 주주 역할 수행을 위축시키는 효과를 낳았다.

정은 아직 금융당국의 결정에 따라 확정되지 않은 상태이다.

이와 같은 관점에서 본다면, 2020년과 2021년은 ESG 체제를 전 세계적으로 본격적으로 받아들인 사실상의 원년이라고 볼 수 있다.

표 I-5 ESG 확산을 위한 내적 노력 연대기

연도	주관기관	보고서
2004	UNEP FI	The Materiality of Social, Environmental, and Corporate Governance Issues to Equity Pricing
2005	UNEP FI	프레스필즈(Freshfields) 보고서(A Legal framework for the integration of environmental, social and governance issues into institutional investment)
2009	PRI	Fiduciary II(Fiduciary Responsibility: Legal and Practical Aspects of Integrating Environmental, Social and Governance Issues into Institutional Investment)
2015	PRI, UNEP FI, Generation foundation	21세기 수탁자 의무(Fiduciary Duty in the 21st century)
2019	PRI, UNEP FI, Generation foundation	21세기의 수탁자 의무 프로그램(Fiduciary Duty in the 21st Century Programme)

3.2 외부적 요인

ESG 체제가 확고히 자리 잡게 된 데는 ESG 기반 투자가 재무적 요인만을 고려한 투자와 비교해 수익 창출에 뒤지지 않으며, 수탁자 의무에도 위배되지 않는다는 법적 해석이 중요한 역할을 했다. 그러나 이와 못지않게 중요한 기여를 한 다른 요인도 많다. 여러 요인 중 대표적인 것을 꼽자면 심각한 기후변화와 UN의 지속가능한 발전 목표(SDGs) 발표이다[21]. 이하에서

21 ESG 체제가 현재와 같이 정립된 이유는 앞서 언급된 요인들 외에도 여러 가지가 있다. 예를 들어, 박태영·윤건용(2021)은 2008년 금융위기를 중요한 요인으로 꼽고 있다. 그들의 설명에 따르면, 2008년 금융위기 당시 미국 투자은행 리먼 브라더스는 약 6,130억

는 두 요인에 대해 자세히 살펴 본다.

(1) 심각한 기후변화

첫 번째 요인은 심각한 기후변화이다. 2015년 12월 12일, 프랑스 파리에서 열린 제21차 UN기후변화협약(United Nations Framework Convention on Climate Change, UNFCCC) 당사국총회(COP21)에서 채택된 파리협정(Paris Agreement)에서는 지구 평균 온도를 산업화 이전(1850년~1900년) 수준 대비 2100년까지 2℃ 이하로 유지하기 위해 온실가스 배출량을 줄이자는 구체적인 목표가 설정되었다. 더 나아가, 2℃ 증가에 따른 해수면 상승 등의 위험을 고려하여, 각국은 기온 상승 폭을 1.5℃로 제한하기 위해 노력해야 한다는 '노력 목표(Pursuing effort)'도 채택되었다. 2015년 파리협정에서 UN기후변화협약에 가입한 모든 국가들이 이러한 목표를 달성하는 데 적극 동참하겠다고 약속한[22] 이유는 지구 표면 온도 상승이 임계점을 넘어서면 그 이후로는 지구는 사람이 살 수 없는 상태, 즉 비가역적(Irreversible)인 상태가 될 수 있다는 과학자들의 경고와 이를 뒷받침하는 잦은 이상 기후 변화 현상 때문이다.

지구 온난화를 막기 위한 노력은 전 지구적 협력 없이는 불가능하다. UN은 범지구적 차원에서 지구 온난화를 방지하기 위한 노력의 일환으로 탄소

달러의 부채를 감당하지 못해 파산 보호를 신청했으며, 이처럼 거대한 투자은행이 도산하는 것을 목격한 기업들은 단기적인 이윤에만 몰두하면 결코 망하지 않을 것이라 여겨졌던 대기업들조차도 파산할 수 있다는 교훈을 얻게 되었다. 이로 인해 많은 기업들이 단순한 이윤 추구를 넘어, 기업의 사회적 책임에 더욱 관심을 가지게 되었다는 것이다.

22 파리협정 이전에는 기후변화 대응이 교토의정서에 기반하고 있었다. 교토의정서는 2020년까지 유효했으며, 그 이후로는 파리협정으로 대체되었다. 두 협정의 가장 큰 차이는, 교토의정서 체제에서는 감축 의무를 가진 국가들만이 온실가스 감축 의무를 지는 반면, 파리협정에서는 모든 국가가 온실가스 감축에 동참하기로 한 점이다. 이를 위해 각 국가는 국가자발적기여(Nationally Determined Contributions, NDC)를 통해 자국의 온실가스 배출량 감축 목표를 설정하고 이를 유엔에 제출해야 한다. 파리협정은 각국이 5년마다 NDC를 제출하고 갱신하여 점차적으로 목표를 강화할 것을 요구하고 있다. 예를 들어, 유럽연합(EU)은 2030년까지 온실가스 배출을 1990년 대비 최소 55% 줄이겠다는 목표를 설정했고, 우리나라도 2020년에 2030년까지 온실가스 배출을 2018년 대비 24.4% 줄이겠다는 목표를 처음 발표했다. 이후 2021년 10월, 우리나라는 이 목표를 더욱 강화하여 2030년까지 2018년 대비 40% 감축하겠다는 새로운 목표를 발표했다.

예산(Carbon Budget)을 계산하여 발표하고 있다. 탄소예산이란 지구의 기온 상승을 특정 수준 이하로 제한하기 위해 대기 중으로 배출할 수 있는 잔여 온실가스 배출량을 의미한다. 구체적으로 설명하면, 온실가스 배출에 따른 지구 온도 상승은 누적된 온실가스 배출량과 선형 관계에 있으며, 2100년까지 도달해야 하는 지구 평균 온도 목표가 설정되면, 이 목표를 달성하기 위해 누적적으로 배출할 수 있는 온실가스 총배출량이 선형 관계로부터 계산된다. 특정 시점에서 탄소예산은 2100년 목표를 달성하기 위해 허용되는 총 누적 온실가스 배출량에서 그 시점까지 이미 배출된 총 누적 온실가스 배출량을 뺌으로써 계산된다.

누적배출량의 개념을 사용하는 이유는 온실가스는 어떤 온실가스이냐에 따라 대기 중에 머무는 기간은 다르지만 배출된 후 상당 기간 대기 중에 머무르기 때문이다. 예컨대 이산화탄소의 수명은 연구마다 다르지만 50년~400년에 이르는 것으로 알려져 있다[23]. 탄소예산을 계산할 때 필수적인 온실가스 총배출량은 6가지 온실가스(이산화탄소, 메탄, 아산화질소, 수소불화탄소, 과불화탄소, 육불화황)를 모두 포함하여 계산되며, 온실가스는 각각 수명이 다를 뿐만 아니라 강도도 다르기 때문에 이를 반영하여 CO_2 등가물(CO_2e)로 환산하여 계산된다. 예컨대 2021년에 발표된 IPCC(기후변화에 관한 정부 간 협의체, Intergovernmental Panel on Climate Change)[24] 6차 보고서에 따르면 이산화탄소

---

23 사실 이산화탄소는 단일 "수명"으로 설명하기 어렵다. 이산화탄소는 대기에서 일정 시간이 지나면 사라지는 물질이 아니다. 다양한 흡수 메커니즘(대기 → 해양 → 지표 → 지질 등)을 거치며 제거되기 때문에 '평균 수명' 대신 '제거 시간 스펙트럼'이라는 개념이 더 적합하다. IPCC(기후변화에 관한 정부 간 협의체) 보고서에서는 "방출된 CO_2의 약 15~40%가 1,000년 이상 대기 중에 남는다"고 설명하기도 한다.

24 IPCC는 1988년 세계기상기구(WMO)와 유엔환경계획(UNEP)이 공동으로 설립한 국제기구로, 현재 195개국이 회원국으로 참여하고 있다. 자체 연구를 수행하지 않고 전 세계 연구 성과를 종합·평가하여 기후변화의 과학적 근거, 영향, 대응 방안을 담은 평가보고서(Assessment Report)를 정기적으로 발간한다. 이 과정에는 약 3,000명 이상의 전문가가 참여하며, 대기과학자·기후학자를 비롯해 생태학자, 해양학자, 경제학자, 정책·사회과학자, 에너지·공학 전문가 등 다양한 분야의 학문이 결합된다. IPCC 보고서는 각국 정부의 기후변화 정책 수립과 파리협정 같은 국제 협상에서 핵심적인 과학적 근거로 활용된다. 이러한 공로로 2007년에는 앨 고어 전 미국 부통령과 함께 노벨 평화상을 공

의 수명이 100년이라고 가정하고 메탄이 1톤 배출되었을 때 지구 온난화에 미치는 정도는 이산화탄소보다 27배 강력한 것으로 알려져 있기 때문에 이를 감안한 계수를 곱한다. 이러한 계수를 지구온난화잠재력(Global Warming Potential, GWP)이라 하는데 메탄은 27, 아산화질소(N_2O)는 273, 육불화황(SF_6)은 23,500인 것으로 알려져 있다[25].

탄소예산은 IPCC가 추정하고 있다. IPCC의 2018년 SR1.5 특별보고서와 2021년 평가 보고서(AR6)는 산업화 이전 대비 기온 상승 폭을 1.5℃로 억제하기 위해서 배출할 수 있는 탄소예산(Carbon budget)을 각각 계산하였다. 탄소예산은 목표 온도 달성 확률에 따라 계산된다. SR1.5 특별보고서에 따르면, 1.5℃ 목표를 66%와 50%의 확률로 달성하고자 할 때 2018년 기준 탄소예산은 대략적으로 각각 420 CO_2e 기가톤(Gt)(4,200억톤)과 460 CO_2e 기가톤이다[26]. 반면 6차 평가 보고서의 추정 결과는 SR1.5 결과와 다소 다르다. 6차 평가 보고서의 추정 결과에 따르면 1.5℃ 목표를 66% 확률로 달성하기 위해 남아 있는 탄소예산은 대략 400~500 CO_2e 기가톤이며, 50% 확률로 달성하기 위해 남아 있는 탄소예산은 대략 500~600 CO_2e 기가톤인 것으로 계산되었다[27]. AR6 보고서가 SR1.5 특별보고서보다 늦게 출간되었음에도 불구하고, AR6 보고서에서 제시된 탄소예산이 SR1.5 특별보고서보다 다소 증가한 주요 이유는 두 가지이다. 첫째, AR6에서는 탄소 순환과 기후 시스템의 상호작용을 보다 정확하게 반영할 수 있는 발전된 기후 모델과 시뮬레이션이 사용되었고, 둘째, AR6에서는 SR1.5 보고서 이후 메탄과 같은 비CO_2 온실가스의 배출 경로와 그 영향뿐만 아니라 기후 민감도, 흡수원(예: 해양과 육지의 흡수율) 등을 더 정교하게 반영하여 계산할 수 있게 되었기 때문이다.

2020년 기준으로 전 세계 온실가스 배출량은 대략 40 CO_2e 기가톤에 달한다. 이를 감안할 때, SR1.5 특별보고서의 탄소예산을 적용하든 AR6 보고

동 수상하였다.

25 GWP의 자세한 내용은 IPCC(2021) 참조.

26 보다 자세한 내용은 IPCC(2018) 참조.

27 보다 자세한 내용은 IPCC(2021) 참조.

서의 탄소예산을 사용하든, 10.5년~15년이 지나면 탄소예산이 완전히 소진될 것으로 보인다. 따라서 현재의 온실가스 감축 노력만으로는 충분하지 않으며, 추가적으로 더 강도 높은 노력이 이루어지지 않는다면 2100년까지 1.5℃ 목표를 달성하기 위한 탄소 배출량은 2029년에서 2035년 사이에 소진될 것이다. 그렇다면 그 이후는 어떻게 될까? 예를 들어, 지구 온난화를 막기 위한 특단의 조치가 시행되지 않고 현재의 추세가 지속된다면, 과학자들은 2100년까지 지구 평균 기온이 산업화 이전보다 4℃ 이상 상승할 것으로 예측하고 있다. 지구 평균 기온이 4℃ 이상 상승한다면, 과학자들은 시베리아의 영구동토층(permafrost)이 해빙되어 그 안에 갇혀 있던 메탄이 대량으로 방출되고, 이로 인해 발생하는 자연재해는 상상을 초월하여 지구 생태계가 심각하게 파괴될 수 있다고 경고한다[28].

(2) UN 지속가능한 개발 목표(Sustainable Development Goals, SDGs)

2015년 UN 총회에서는 MDGs의 후속으로, 2030년까지 지속 가능한 발전을 이루기 위한 포괄적이고 야심찬 계획인 SDGs가 발표되었다. SDGs는 빈곤 퇴치, 기후변화 대응, 평등 증진 등 17개의 목표로 구성되어 있으며, 2017년 UN 결의를 통해 세부 목표와 지표가 결정되었고, 이를 2030년까지 달성하기로 하였다(〈표 Ⅰ-6〉 참조). SDGs는 MDGs를 계승한 것이지만, 두 가지 점에서 MDGs와 큰 차이가 있다. 첫째, MDGs가 개발도상국을 대상으로 한 목표였던 반면, SDGs는 모든 국가의 상황을 고려한 인류 전체의 번영을 목표로 하는 계획이라는 점에서 차별화된다. 둘째, MDG와는 달리 SDGs는 이를 실현하기 위한 수단인 ESG 체제와의 연계성이 매우 높다. 이는 ESG 확산을 위한 추진 동력이 매우 강력해질 수밖에 없음을 의미한다.

---

28 보다 구체적으로는, 극지방의 빙하가 녹으면서 해수면이 상승하여 저지대 해안 지역이 침수될 위험이 증가하고, 폭염, 홍수, 가뭄, 태풍 등의 빈도와 강도가 증가할 수 있다. 이로 인해 많은 생물종이 서식지를 잃거나 기후 변화에 적응하지 못해 멸종 위기에 처할 수 있으며, 기후 변화로 인한 농업 조건의 변화로 식량 생산에 어려움이 발생할 수 있다. AR6 보고서에 따르면, 지구 온도가 4℃ 상승할 경우 육상 생물종의 18%가 서식지의 50% 이상을 잃을 수 있으며, 해양 생태계에서도 상당한 손실이 예상되며, 산호초는 거의 전멸할 위험이 있다.

SDGs의 이행은 UN이, ESG의 확산은 PRI가 각각 담당하고 있지만, SDGs 달성을 위한 노력이 ESG 체제의 확산과 동일시되면서 UN과 PRI의 협력은 더욱 강화될 수밖에 없는 구조로 전환되었다. 후술하겠지만, GRI나 SASB와 같은 기관들이 제공하는 지속가능 경영 보고서 작성 지침 기준과 MSCI 등 평가기관들의 평가 항목은 모두 SDGs의 17개 목표와 긴밀하게 연계되어 있다. 실제로, GRI나 SASB 지침에 따라 작성된 기업의 지속가능 경영 보고서에는 기업들이 지속 가능 경영을 위해 행한 조치들이 SDGs의 17개 목표 중 어느 부문에 해당하는지를 명시하고 있다.

표 Ⅰ-6 SDGs 17개 목표

목표	내용
목표1 빈곤퇴치	모든 형태의 빈곤을 전 세계적으로 종식시킨다.
목표2 기아종식	기아를 종식하고 식량 안보와 영양을 개선하며 지속 가능한 농업을 촉진한다.
목표3 건강과 웰빙	모든 연령대의 사람들에게 건강한 삶을 보장하고 웰빙을 증진한다.
목표4 양질의 교육	모두를 위한 포용적이고 공평한 양질의 교육을 보장하고 평생 학습 기회를 증진한다.
목표5 성평등	성평등을 달성하고 모든 여성과 여아의 권한을 강화한다.
목표6 깨끗한 물과 위생	모두를 위한 물과 위생의 접근성을 보장하고 지속 가능한 관리 방법을 증진한다.
목표7 적정가격의 깨끗한 에너지	모두를 위한 접근 가능하고, 신뢰할 수 있으며, 지속 가능하고 현대적인 에너지를 보장한다.
목표8 양질의 일자리와 경제 성장	지속 가능하고 포용적인 경제 성장을 촉진하며 모두를 위한 양질의 일자리를 제공한다.
목표9 산업, 혁신, 인프라	복원력 있는 인프라를 구축하고 포용적이고 지속 가능한 산업화와 혁신을 촉진한다.
목표10 불평등 감소	국가 내 및 국가 간 불평등을 줄인다.

목표	내용
목표11 지속 가능한 도시와 공동체	도시와 인간 정착지를 포용적이고 안전하며 복원력 있고 지속 가능하게 만든다.
목표12 책임 있는 소비와 생산	지속 가능한 소비와 생산 패턴을 보장한다.
목표13 기후 행동	기후 변화와 그 영향을 긴급하게 대응하기 위한 조치를 취한다.
목표14 해양 생태계 보호	지속 가능한 발전을 위해 바다와 해양 자원을 보존하고 지속 가능하게 이용한다.
목표15 육상 생태계 보호	육상 생태계를 보호, 복원하며 지속 가능하게 이용하고, 산림을 지속 가능하게 관리하며, 사막화를 방지하고, 토지 황폐화를 중단시키며, 생물 다양성을 보호한다.
목표16 평화, 정의, 강력한 제도	모든 사람에게 정의를 제공하고 포용적이고 책임감 있으며 접근 가능한 사법제도와 포괄적 행정제도를 확립한다.
목표17 파트너십	지속 가능 발전을 위한 이행 수단을 강화하고 기업, 의회, 국가 간 글로벌 파트너십을 활성화 한다.

4 ESG의 S: 다양성, 형평성, 포용성(DEI)을 중심으로 한 사회적 책임의 진화

오늘날 ESG는 환경 이슈—특히 기후변화, 탄소중립, 재생에너지 등—를 중심으로 논의되는 경우가 많다. 그러나 ESG 개념이 형성된 역사적 맥락을 되짚어 보면, 그 출발점은 사실 S(Social, 사회적 책임)에 있다. 1970~1980년대, 다국적기업들이 개발도상국 등에서 노동 착취, 인권 침해, 아동노동, 임금 차별 등 사회적 문제를 일으키면서, 이들을 규율할 국가 차원의 법적 통제만으로는 한계가 있다는 인식이 확산되었다. 이로 인해 기업의 사회적 책임(CSR)에 대한 요구가 커졌고, 유엔과 OECD 등 국제기구들은 다국적기업의 행동을 규범화하기 위한 여러 지침을 제시하기 시작했다. 이러한 흐름은 기업이 단순한 이윤 추구를 넘어, 인권과 노동권을 존중하고 지역사회와 조화롭게 공존해야 한다는 글로벌 기준을 형성했고, 이것이 오늘날 ESG 프레임워크의 'S' 요소로 체계화되었다.

S 항목의 핵심 개념은 DEI, 즉 다양성(Diversity), 형평성(Equity), 포용성(Inclusion)이다. 다양성은 인종, 성별, 연령, 배경, 국적, 성적 지향 등 다양한 특성을 가진 구성원을 조직 내에 포함시키고, 차이를 인정하며 존중하는 것을 의미한다. 형평성(Equity)은 사회 구성원들이 서로 다른 여건과 배경을 가지고 있다는 현실을 전제로, 불평등을 완화하고 공정한 기회를 제공하기 위한 제도적 조치를 의미한다. 포용성(Inclusion)은 단순히 다양한 사람들이 함께 있는데 그치지 않고, 그들이 조직 안에서 존중받으며 심리적 안정감을 느끼고, 적극적으로 참여해 자신의 역량을 발휘할 수 있도록 만드는 환경을 말한다.

기업의 사회적 책임, 특히 인권과 노동권에 관한 기준은 단기간에 형성된 것이 아니라, 국제 사회가 수십 년에 걸쳐 축적해온 보편적 인권 원칙과 다자간 합의에 기반하고 있다. 오늘날 ESG의 S 항목에 영향을 미친 대표적인 국제 규범을 살펴보면, 먼저 1948년 유엔 총회에서 채택된 세계인권선언(Universal Declaration of Human Rights)을 들 수 있다. 제2차 세계대전 이후, 개인과 집단의 존엄성과 권리를 보호하기 위한 최초의 국제 인권 문서로 제정된 이 선언은, 모든 인간이 차별 없이 동등한 권리를 가진다는 점을 명시하며, 이후 국제인권법과 기업의 사회적 책임 기준 형성에 핵심적인 기반을 제공하였다.

1976년 OECD(경제협력개발기구)는 인권 원칙을 기업 활동에 구체적으로 연결하기 위해 「다국적기업 가이드라인」을 제정하였다. 이 가이드라인은 다국적기업이 진출국에서 준수해야 할 행동기준을 제시한 문서로, 고용·노동, 인권, 환경, 반부패, 소비자 보호 등 여러 분야에서의 기업 책임을 규범화하였다. 특히 공급망에서의 인권 보호와 노동조건 준수는 이후 ESG S 항목의 핵심 기준으로 이어지게 된다. 한편, ILO(국제노동기구)는 더 직접적으로 노동권 보호를 위한 국제 기준을 마련해왔다. 특히 ILO의 핵심 협약(Core Conventions)

은 아동노동 금지, 강제노동 철폐, 결사의 자유, 차별 금지 등 국제적으로 합의된 최소한의 노동 기준을 담고 있으며, 이러한 협약은 국가뿐 아니라 글로벌 기업 모두가 자발적 혹은 규제적 준수 대상으로 삼고 있다.

2000년에는 유엔이 민간 부문과의 협력을 강화하고자 UN Global Compact를 출범시켰다. 이는 기업이 인권, 노동, 환경, 반부패 등 10대 원칙을 자발적으로 수용하고, 지속 가능한 경영을 실천할 것을 촉진하는 이니셔티브이다. 기업의 사회적 책임을 넘어, ESG 담론으로 진입하는 과도기적 역할을 한 것이 바로 이 UN Global Compact였다. 이후 2011년, 유엔은 기업의 인권 책임을 보다 명확히 하기 위해 「기업과 인권에 관한 UN 이행원칙(United Nations Guiding Principles on Business and Human Rights, UNGPs)」을 만장일치로 채택했다. UNGPs는 국가의 인권 보호 의무, 기업의 인권 존중 책임, 인권 침해에 대한 피해자 구제 접근성 보장을 세 가지 기본 원칙으로 제시한다. 이 중 기업의 인권 존중 책임을 구체적으로 이해하기 위한 핵심 수단으로 기업의 인권 실사(Due diligence) 의무가 제시되었는데, 이는 ESG 평가 및 각국의 공급망 실사법의 이론적 근거가 되고 있다.

part II

ESG의 구조와 특성

1 ESG 구조

2 ESG의 특성

Ⅱ

ESG의 구조와 특성

1 ESG 구조

1장은 ESG의 시작과 확산 과정을 다루었다. 그러나 이러한 역사적 접근만으로는 ESG가 오늘날 하나의 제도로 자리 잡은 과정을 충분히 설명하기 어렵다. 이를 보다 정확히 이해하려면 ESG의 구조와 그 속의 제도적 구성체들, 그리고 관련 시장 참여자의 역할을 함께 살펴볼 필요가 있다. 이러한 분석은 ESG 체제가 안고 있는 쟁점을 파악하고, 향후 ESG 체제가 지향하는 목적과 방향성을 이해하는 데 필수적이다.

ESG의 기본 개념은 기관투자자와 금융기관이 투자 의사결정을 내릴 때 기업의 재무정보뿐 아니라 환경, 사회, 지배구조와 같은 비재무정보를 함께 고려하도록 하는 데 있다. 이를 통해 ESG 투자[1]는 기업의 경영을 지속가능한 방향으로 이끌고, ESG 경영은 기업 스스로 지속가능성을 반영한 목표를 수립하도록 유도한다. 결국 ESG는 투자자와 기업 모두가 활용하는 공통의 프레임워크로서, 지속가능한 세계로의 전환을 촉진하는 핵심적인 역할을 한다.

---

1 ESG 투자란 주식투자, 채권투자, 대출, 부동산 매입 등 포괄적인 개념이다. 2018년 전까지는 ESG 투자에서 채권이 차지하는 비중이 가장 높았으나 2018년 이후부터는 주식투자 비중이 가장 높다. ESG 투자에서 채권투자와 주식투자가 차지하는 비중은 2016년에는 64%, 35%였던 반면 2018년에는 36%, 51%이다. 보다 자세한 내용은 GSIA(2016), GSIA(2018), GSIA(2020) 참조.

ESG 구조는 대략적이지만 ESG라는 용어를 통해 두 가지 관점에서 설명될 수 있는데, 그중 첫 번째는 기업이 직면한 위험과 기회를 평가하는 관점이다. 이 접근에서 ESG는 투자자가 기업이 어떤 위험과 기회에 노출되어 있는지, 그리고 이를 극복하거나 활용할 수 있는 역량이 어느 정도인지를 평가할 수 있도록 설계된 분석 틀이다. 구체적으로, 환경과 사회 요인은 기업이 직면한 외부적 위험과 기회의 크기를 파악하는 데 활용되고, 지배구조는 기업 경영진, 이사회, 주주구조 및 의사결정 방식 등을 토대로 기업이 이러한 위험을 관리하고 기회를 활용할 수 있는 역량을 평가하는 데 사용된다. 이처럼 ESG 구조를 '위험과 기회 평가'의 관점에서 이해하는 방식은 주식, 채권 등 다양한 자산군의 ESG 투자에 공통적으로 적용될 수 있다는 장점이 있다.

두 번째 관점은 주주-대리인(Principal-Agent) 문제 해결에 초점을 맞춘다. 두 번째 관점에서 ESG 구조는 주주-대리인 문제를 해결하기 위해 설계된 것으로, 특히 ESG 투자가 주식 투자로 한정되는 경우 그 의미가 더욱 분명해진다. 국가별로 주식 투자자의 기업 경영 참여 허용 범위에는 차이가 있다. 예를 들어, 일부 국가는 투자자가 기업의 환경·사회 관련 정책에 직접 개입하는 것을 허용하지만, 다른 국가는 이를 제한하거나 금지한다[2]. 그러나 법적 허용 여부와 관계없이, 대부분의 국가에서 주식 투자자들은 기업의 지배구조에 변화를 주어 간접적으로 환경·사회 정책에 영향을 미친다.

2 미국과 영국 등 일부 국가는 주주가 환경·사회 이슈에 관해 주주제안서 제출, 이사회 구성 관련 의결권 행사, 기업참여(engagement) 활동 등을 통해 경영에 직접적으로 영향을 미칠 수 있다. 반면, 일부 아시아 국가, 중동, 신흥국에서는 주주 권한이 제한적이거나, 법적·문화적 요인으로 인해 투자자가 비재무적 이슈에 개입하기 어렵다. 우리나라의 경우, 상법은 주주의 권리를 주로 경제적 이해관계 중심으로 규정하고 있으며, 환경·사회 정책에 대한 직접적 개입 권한을 명시적으로 부여하지 않는다. 다만 상법 제363조의2의 주주제안권은 안건 내용에 대한 제한을 두고 있지 않으므로, 환경·사회 관련 정책에 대한 제안이나 개선 요구도 형식상 가능하다. 실제로 일부 기업에서는 기후변화 대응, 이사회 다양성 확대 등 ESG 안건이 주주총회 의제로 상정된 전례가 있다. 다만, 주주제안권은 의결권 없는 발행주식을 제외한 발행주식 총수의 0.5% 이상을 6개월 이상 계속 보유한 주주에 한정되기 때문에, 소액주주가 ESG 안건을 상정하기는 쉽지 않다.

앞서 언급했듯이 지배구조는 기업의 경영진, 이사회, 주주 등의 구조와 운영 방식을 의미한다. 이 중에서도 두 번째 관점의 핵심은 기업 이사회의 독립성이다. 주주-대리인 문제란 경영진(대리인)과 주주(소유자) 사이의 이해관계 충돌을 말하는데, 독립적인 이사회는 경영진이 주주의 이익을 최우선으로 고려하도록 감독하고 잘못된 의사결정을 견제하는 핵심 장치이기 때문이다[3]. 예를 들어, 기업 A가 제품 생산 과정에서 오염물질이 포함된 폐수를 배출하며, 이를 방지하기 위해서는 비용이 많이 드는 폐수처리시설을 설치해야 한다고 가정해 보자. 경영진은 폐수처리시설 건설로 인해 기업의 순이익이 줄어들고, 이에 따라 주가 하락 시 자신들이 불이익을 받을 수 있기 때문에 이를 꺼릴 수 있다. 반면, 연기금·대형 공적펀드·글로벌 자산운용사와 같은 범세계적 투자자(Universal Owner)[4]가 주요 주주라면, 이들은 폐수처리시설을 짓는 것을 선호할 가능성이 더 크다. 이는 범세계적 투자자(Universal owner)의 특성 때문이다. 범세계적 투자자는 다각화된 대규모 투자 포트폴리오를 가진 장기적 투자자이며, 전 세계 여러 산업과 기업으로 구성된 포트폴리오 형태로 투자를 한다. 따라서 범세계적 투자자의 목표는 포트폴리오에 포함되어 있는 개별 기업의 수익 극대화가 아니라 포트폴리오 전체 수익의 극대화이다. 기업 A의 폐수 방류는 포트폴리오에 포함되어 있는 다른 여러 기업들에게 부정적인 영향을[5] 미칠 수 있기 때문에, 범세계적 투자자는 기업 A가 폐수처리시설을 짓는 것을 선호할 수 있다. 기관투자자나 대형 금융기관은 이러한 이해관계의 불일치를 기업의 지배구조 개입을 통해 해결할 수 있다. 요약하면, 두 번째 관점에서 ESG 구조는, 기관투자자나 대형

---

3 물론 첫 번째 관점에서도 지배구조 중 이사회 독립성은 중요한 요소이다. 첫 번째 관점에서 이사회 독립성은 기업이 이러한 위험과 기회를 효과적으로 관리할 수 있도록 하는 요소 중 하나로 작용한다. 이사회가 독립적이면, 보다 객관적인 시각에서 기업의 지속가능성과 관련된 전략을 수립하고 이를 감독할 수 있다. 그러나 이사회 독립성의 이러한 역할은 두 번째 관점에서의 이사회 독립성 역할보다 부수적이다.

4 범세계적 투자자에 대한 자세한 내용은 UNEP FI(2011) 참조.

5 기관투자자의 포트폴리오에는 기업 A와 제품 생산에 있어 깨끗한 물이 필요한 반도체, 식음료 회사가 포함되어 있다면 기업 A의 폐수 방류는 반도체 회사와 식음료 회사에 나쁜 영향을 미치게 된다.

금융기관이 지배구조에 개입하여 기업을 환경 및 사회적 문제 해결 방향으로 유도하는 체계로 해석할 수 있다. ESG 투자는 4장에서 자세히 설명하겠지만, 7가지 유형의 투자 전략으로 구성되며, 그중 하나가 기업 참여 및 주주 행동(Corporate Engagement and Shareholder Action)이다. 두 번째 관점의 ESG 구조는 특히 이 전략과 일치한다.

지금까지 ESG 용어를 통해 대략적인 ESG 구조에 대해 살펴보았다. 이하에서는 ESG 구조에 포함된 부문들, 각 부문이 ESG 체제가 유지·작동하도록 하는 데 기여하는 역할, 그 과정에서 드러나는 문제점, 그리고 이러한 구조에서 자발적으로 형성된 시장 등에 대해 살펴본다. ESG 구조를 세밀히 살펴보는 이유는, 각 부문의 역할과 이들 간의 유기적 관계를 정확히 이해하지 못하면 ESG 구조를 온전히 파악하기 어렵고, 나아가 ESG가 정착하기 위해 어떤 방향으로 구조를 개선해야 하는지에 대한 통찰을 얻기도 힘들기 때문이다.

ESG의 기본 구조는 〈그림 Ⅱ－1〉과 같이 기관투자자나 대형 금융기관과 기업 간의 관계로 설명할 수 있다. 〈그림 Ⅱ－1〉에 나타나 있듯이 ESG 구조에서 기관투자자 혹은 대형금융기관은 재무정보에 더해 기업의 환경, 사회 및 지배구조와 관련된 비재무정보를 활용해 기업가치를 평가하고, 이를 바탕으로 투자 여부를 결정한다. 기업은 투자 유치를 위해 재무정보와 비재무정보를 모두 투자자에게 제공한다. 재무정보는 일반적으로 기업이 주주총회에 보고되는 사업(혹은 경영)보고서에 포함된 재무제표를 통해 제공된다. 기업의 재무정보는 국제회계기준위원회(International Accounting Standards Board, IASB)[6]가 2001년에 제정한 국제회계기준(IFRS, International Financial Reporting Standards)에 따라 작성된다. 국제증권감독기구(IOSCO, International Organization of Securities Commissions)[7]는 이 기준을 통일된 회계기준으로 인증하고 있으며, 실제로 많

---

6 국제회계기준위원회(IASB, International Accounting Standards Board)는 2001년 설립된 기구로, IFRS 재단(IFRS Foundation) 산하에 소속된 독립적인 회계기준 제정 기관이다. 전 세계 회계기준의 통일을 목표로 하며, 기업 재무제표의 비교 가능성을 높여 투자자와 이해관계자에게 유용한 정보를 제공하는 역할을 수행한다.

7 국제증권감독기구(IOSCO, International Organization of Securities Commissions)는 전 세

은 국가에서 이를 공식적인 회계기준으로 채택하고 있다. 이로 인해 기업 간의 재무 정보의 비교 가능성이 크게 향상되었다.[8]

반면 환경·사회·지배구조와 관련된 비재무정보는 지속가능경영보고서(Sustainability Report)를 통해 제공된다. 문제는 기업의 지속가능한 정보를 담고 있는 지속가능경영보고서는 재무정보와는 달리 어떤 내용을 어떻게 서술해야 하는지에 대한 통일된 기준안이 아직은 마련되지 않았다는 것이다. 기업의 지속가능경영보고서의 작성 지침에 대한 기준은 초창기에는 GRI(Global Reporting Initiative)[9], 지속가능회계기준위원회(SASB, Sustainability Accounting Standards Board)[10] 두 기관이 주도하였다. 그러나 이 두 기관의 지침안은 크게 다르다. 가장 큰 차이는 지속가능경영보고서를 보는 시각에 있다. GRI는 지속가능경영보고서는 기업이 모든 이해관계자들에게[11] 지속 가능한 측면에서 미치는 영향들을 모두 담아야 한다고 생각한다. 반면 SASB는 기업에 있

계 증권 시장의 규제 기관들 간의 협력을 증진시키고, 국제 금융 시장의 투명성, 공정성, 효율성을 높이기 위해 1983년에 설립되었다. IOSCO는 설립 이후, 글로벌 증권 시장의 규제 표준을 개발하고, 회원국 간의 협력과 정보 교환을 촉진하는 중요한 역할을 해오고 있다.

8 많은 국가들이 IFRS 회계기준을 채택하고 있다. 특히 유럽연합(EU), 한국, 호주, 캐나다 등은 IFRS 회계기준을 자국의 회계기준으로 채택하여 사용하고 있다. 반면 미국은 자체 회계기준인 GAAP(Generally Accepted Accounting Principles)을 사용하고 있지만, IFRS 회계기준과의 조화 작업을 지속적으로 추진하고 있다. 우리나라도 IFRS 회계기준을 공식적인 회계기준으로 채택하고 있지만 일부 기업은 '일반적으로 인정된 회계원칙(GAAP, Generally Accepted Accounting Principles)'을 사용해 재무제표를 작성하고 있다. 두 기준은 여러 면에서 차이가 있는 것으로 알려져 있다. 예를 들어, 재고 평가 시 IFRS 회계기준은 후입선출법(Last In, First Out, LIFO)을 허용하지 않는 반면 GAAP에서는 이 방법을 사용하고 있다.

9 GRI는 1997년 미국의 환경단체 CERES(Coalition for Environmentally Responsible Economies)와 유엔환경계획(UNEP)의 주도로 설립된 국제 비영리기구로, 기업이 경제적, 환경적, 사회적 영향을 투명하게 공시할 수 있도록 지속가능경영보고 지침을 마련하였다.

10 SASB는 Jean Rogers 박사에 의해 설립되었으며, 설립 목적은 투자자와 기업이 중요한 ESG 정보를 보다 투명하고 일관되게 공유할 수 있도록 지원하는 것이었다.

11 기업의 이해관계자들은 고객, 직원, 공급업체 및 협력업체, 지역사회, 정부 및 규제기관, 주주 등이다.

어 가장 중요한 주체는 주주이며, 따라서 지속가능경영보고서는 주주가 되고자 하는 투자자가 의사결정을 할 때 필요한 정보만을 담으면 충분하다고 본다[12]. 이러한 시각 차이 때문에 GRI와 SASB는 지속가능경영보고서에 서로 다른 범위와 내용을 요구한다. 따라서 적용 기준에 따라 보고서의 구성과 정보 초점이 달라지고, 이로 인해 비재무정보는 재무정보와 달리 기업 간 비교 가능성이 떨어진다.

이런 문제점을 극복하기 위해 기후관련 재무정보공개협의체(TCFD, Task Force on Climate-related Financial Disclosures)[13], EU, IFRS 재단의 국제 지속가능성기준위원회(International Sustainability Standards Board, ISSB)[14] 등이 주축이 되어 지속가능경영보고서 작성 지침안을 최근 마련하였다. 2023년 유럽 지속가능성보고기준(ESRS, European Sustainability Reporting Standard) 안과 IFRS 안[15]이 각각 발표되었는데 이 두 안 역시 차이가 있다. 이 두 안 역시 앞서 설명한 GRI와 SASB 차이와 유사하다. 이는 EU의 ESRS 기준은 GRI를, IFRS 기준은 SASB 기준을 각각 기반으로 하고 있기 때문이다. ESRS 기준은 기업이 환경이나 사회에 미치는 영향[16]과 환경이나 사회 이슈가 기업에 미치는 영향[17] 모두를 지속가능경영보고서에 담아야 한다고 보는 반면[18] IFRS 기준은 환경이나

---

12 두 기관의 지침 기준에 대해서는 5장에서 자세히 설명한다.

13 TCFD는 2015년 12월, 금융안정위원회(FSB, Financial Stability Board)에 의해 기후 관련 금융 정보의 투명성을 높이기 위해 설립되었다. TCFD는 기후 변화가 금융 시장과 경제 전반에 미치는 영향을 완화하고, 기후 관련 정보를 보다 일관되게 공개함으로써 시장 참여자들이 기후 관련 리스크를 보다 잘 이해하고 대응할 수 있도록 돕기 위해 만들어졌다. 2017년 기후변화와 관련된 정보를 공개할 때 요구되는 지침을 권고 형태로 발표하였으며, 이를 TCFD 기후 관련 재무 정보 공개 권고안이라 한다. 자세한 내용은 6장에서 살펴본다.

14 ISSB는 지속가능성 관련 공시 기준을 마련하기 위해 IFRS 재단이 2021년 설립한 독립적인 기준 제정기구이다.

15 IFRS 기준(안)은 ISSB 기준(안)으로 표기되기도 한다.

16 이를 외향적 영향 혹은 영향중요성(impact materiality)이라고 한다. 경제학의 외부효과 개념과 유사하다.

17 이를 내향적 영향 혹은 재무중요성(financial materiality)이라 한다.

18 이를 이중중대성(Double materiality)이라 한다. 이중중대성은 기본적으로 기업이 모든

사회 이슈 중 기업의 재무에 큰 영향을 미치는 요인에 대한 정보만 지속가능경영보고서에 포함하면 충분하다는 입장이다. 앞으로 EU 기업들은 ESRS 기준에 기초해 지속가능경영보고서를 작성할 것인 반면 다른 많은 국가들은 IFRS 기준을 이용해 지속가능경영보고서를 작성할 것이다[19]. 우리나라도 2024년 한국지속가능성기준위원회(Korea Sustainability Standards Board, KSSB)에서 IFRS 기준에 근거한 한국 지속가능성 공시기준 초안을 발표하였다[20]. 유럽을 제외한 많은 국가들은 IFRS 기준에 기초해 자국의 지속가능성 공시 기준을 마련할 것으로 예상된다. 그러나 ESG 체제 확산을 주도하고 있는 EU 관할권에 있는 기업뿐만 아니라 EU에 자사를 두고 있거나 일정 규모 이상의 제품이나 서비스를 유럽에 수출하는 외국 기업에게도 EU는 ESRS 기준에 따라 지속가능경영보고서를 작성할 것을 요구하고 있기 때문에 통일된 단일안이 마련되기는 어려울 것이다. 물론 현재도 EU, IFRS 재단, GRI 관계자들은 지침안의 상호운용성(Interoperability)을 높이기 위해 지속적으로 의견을 수렴하고 있다. 통일된 기준이 마련되기 전까지 우리나라의 대기업 중 상당수는 KSSB 기준뿐만 아니라 ESRS 기준에 기초해서 지속가능경영보고서를 작성해야 할 것으로 예상된다. 두 기준안에 대한 자세한 내용은 7장에서 다룬다.

이해관계자에 미치는 영향을 지속가능경영보고서에 담기 위해 요구되는 핵심 원칙이라 할 수 있다.

19 최근 여러 국가들이 IFRS 재단 산하 ISSB가 제정한 IFRS S1·S2 기준을 자국 지속가능경영보고서 제도의 근간으로 도입하거나 도입을 추진하고 있다. 예를 들어, 브라질은 IFRS S1·S2를 공식 승인하여 2026년부터 상장기업을 대상으로 의무 공시를 적용할 예정이며, 일본은 자국 지속가능성기준위원회(SSBJ)를 통해 IFRS S1·S2의 모든 요구사항을 반영한 기준안을 마련하고 공청회를 진행하고 있다. 싱가포르 역시 2025년부터 공시 규제에 IFRS S1·S2를 직접 참조하는 방안을 논의 중이다. 캐나다는 캐나다 지속가능성기준위원회(CSSB)가 ISSB 기준을 토대로 한 제안안을 발표하였고, 2025년부터 상장기업 대상 의무공시를 계획하고 있다. 또한 홍콩은 이미 ISSB 기준을 반영한 지속가능성 공시 기준을 제정하였으며, 2025년 8월부터 보고에 적용될 예정이다.

20 IFRS 재단이 기후변화협약 COP 26(2021, 영국 글래스고) 총회에서 기업의 지속가능경영보고서 작성 기준안을 만들기로 공표했을 때도 회계기준과는 달리 목표가 국제적 기준안(Global baseline)을 제시하는 것이었다. 기준안이란 말 그대로 기준이 되는 안으로, 각 국가는 이를 기초로 수정할 수 있다. 따라서 이는 완전히 통일된 안이 아니며, 국가별로 조정될 수 있는 유연성을 가진다.

그림 II-1 ESG의 기본 구조

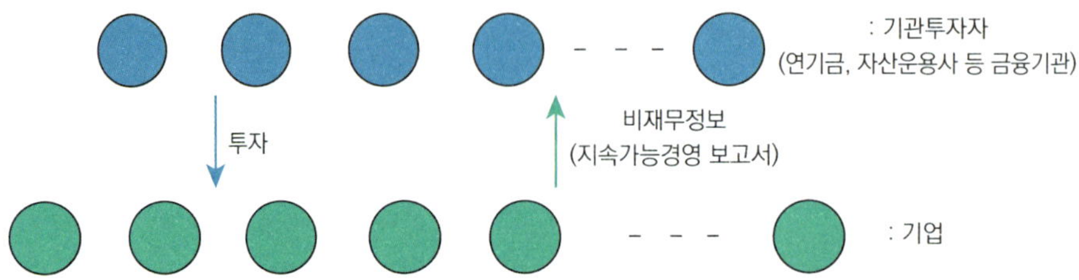

표 II-1 기업의 지속가능경영보고서 작성 지침 기준안 마련 기관 현황

	초창기	현재 및 향후
주요 공시기준 (혹은 기관)	• GRI • SASB • TCFD	• ESRS • IFRS(ISSB) • SEC

1.1 ESG 평가회사들의 역할

〈그림 Ⅱ－1〉은 ESG의 구조를 명확히 보여주기 위해 기관투자자 혹은 대형금융기관과 기업 사이의 관계에만 초점을 맞춘 것이다. 현실에는 많은 경제 주체들이 ESG 구조에서 참여자로 활동하고 있다. 그중에서도 기업의 지속 가능성을 평가하는 평가회사는 이 그림에 나타나 있지 않지만 ESG 구조에서 매우 중요한 역할을 하는 참여자이다. 평가회사는 ESG 체제를 만들 때 PRI나 UN Global Compact처럼 인위적으로 만들어진 참여자는 아니다. 평가회사는 ESG 개념에 따라 기본 구조가 만들어진 후 시장이 발전하면서 자생적으로 등장한 참여자이다. 앞서 여러 차례 설명하였듯이 ESG 체제 하에서 기업은 지속가능경영보고서를 발간하고, 투자자들은 이를 통해 기업의 지속가능성 정도를 판단한다. 그러나 기관투자자나 대형금융기관이 기업의 지속가능경영보고서를 일일이 검토하고 기업의 지속가능성 정도를 파악하는 것은 쉽지가 않다. 그 이유는 통일된 지속가능경영보고서 작성 지침안이

없어 기업 간 비교를 위해서는 훈련된 많은 전문 인력, 특히 산업별 전문가들이 필요하고, 이는 상당한 비용을 수반하기 때문이다. 이런 상황에서 등장한 것이 평가회사이다.

ESG 구조에서 평가회사의 주요 역할은 기관투자자나 대형금융기관과 같은 투자자가 직접 해야 할 기업의 지속 가능성 평가를 대신 수행하고, 평가된 정보를 이들에게 제공하는 것이다. 초기에는 기업의 지속가능성을 평가하는 평가회사는 독립적인 기관이나 소규모 컨설팅 회사로, 대체로 규모가 작았다. 초창기 대표적인 평가회사로는 KLD Research & Analytics[21], Vigeo Eiris[22] 등이 있다. ESG 체제가 확산되면서 평가기관에 대한 수요가 증가하자, 기존에 금융 정보를 제공하던 기업들과 대형 투자사들이 초기 평가기관들을 인수하여 서비스를 확대하고 다양화하고 있다. 예컨대 MSCI는 2010년 KLD(Kinder, Lydenberg & Domini)를 인수했고, Morningstar는 2020년 Sustainalytics를 인수했다. Moody's는 2019년 VigeoEiris를 인수했으며, BlackRock은 2018년 전까지 Thomson Reuters의 금융 및 리스크 부문 자회사였던 Refinitiv를 인수하였다. 또한, S&P Global은 2019년 RobecoSAM으로부터 ESG 평가 사업부를 인수했다[23]. 현재 대표적인 평가회사로는 MSCI, S&P Global, Morningstar,

21 KLD Research & Analytics Inc는 1990년대 초부터 ESG 평가와 투자자가 재무적 수익뿐만 아니라 사회적, 환경적, 윤리적 기준을 고려하여 투자할 수 있도록 설계된 금융상품인 사회적 책임 투자(SRI) 제품을 제공하는 선구자적인 역할을 했던 기관이다. 이 회사는 기업의 환경, 사회 및 지배구조(ESG) 성과를 평가하는 기준을 개발하였으며, 2009년에 RiskMetrics Group에 인수되었고, 이후 2010년에는 MSCI가 RiskMetrics를 인수하면서 KLD도 함께 MSCI의 일부가 되었다. KLD Research & Analytics는 MSCI KLD 400 Social Index와 같은 다양한 글로벌 ESG 지수를 개발하는 데 기여했다. KLD는 "Kinder, Lydenberg, Domini"의 약자인데 이 이름은 KLD Research & Analytics Inc.의 창립자인 피터 킨더(Peter Kinder), 스티브 라이덴버그(Steve Lydenberg), 에이미 도미니(Amy Domini)의 이름에서 유래되었다.

22 2002년에 설립된 유럽 기반의 ESG 평가회사로, 기업과 국가의 ESG 성과를 평가하고 보고서를 제공한다. 2019년에는 Moody's에 인수되었다.

23 블랙록이 Refinitiv를 완전소유하고 있지는 않다. 우리나라에서는 한국ESG연구소와 한국ESG기준원(Korea Institute of Corporate Governance and Sustainability, KCGS) 등이 기업의 ESG 평가를 하고 있다. 한국 ESG 기준원의 전신은 한국기업지배구조원이다. 2021년 한국ESG기준원으로 명칭을 변경하였다. 이는 기업의 지배구조뿐만 아니라 환경 및 사

Ecovody, Refinitiv 등이 있다.

대형 ESG 평가회사들은 투자자를 대신해 자체 평가 방법론을 개발하고, 지속가능경영보고서, 기업 설문조사, 정부 기관 및 NGO의 자료 등 다양한 출처를 활용해 기업의 지속 가능성을 평가하여 ESG 점수를 산출한다. 이들은 이러한 정보를 바탕으로 기관투자자나 금융회사에 다양한 평가 결과를 제공하고 있다. 예를 들어 기업의 ESG 점수를 산업별로 평가할 뿐만 아니라, 환경, 사회, 지배구조 항목별로 세분화된 점수도 함께 제공한다. 평가회사의 입장에서는 기관투자자 등의 수요를 충족시키기 위해 가능한 많은 기업을 평가 대상에 포함시키는 것이 중요하기 때문에, 기업으로부터는 별도의 평가 수수료를 받지 않는다.

초창기에 비해 현재 평가회사는 대형화 및 전문화됨에 따라 자체 방법론을 개발하고 이에 기초해 기업의 지속가능성을 평가하고 있다는 것은 앞서 언급한 바 있다. 이러한 대형화 및 전문화로 인해 ESG 구조에서 ESG 평가사가 차지하는 비중은 초창기에 비해 크게 증가하였으나, 동시에 ESG 구조의 완전한 정착을 위해 해결해야 할 문제 또한 발생되고 있다. 이와 관련 문제는 두 가지이다.

첫째, ESG 평가사들은 저마다 평가 항목, 가중치 설정, 그리고 항목별 측정 지표(matrix)가 다른 자체 개발 방법론을 사용하고 있다. 예컨대 MSCI는 모든 기업 평가에 있어 지배구조에 대한 가중치를 최소한 33% 이상을 반영하여, 다른 평가사들에 비해 지배구조에 대한 비중이 높다. 또한 동일한 항목을 평가하기 위해 사용하는 평가 지표도 평가사마다 다르다[24]. 둘째, 평가

회적 책임에 대한 평가와 연구를 더욱 강화하고, ESG 전반에 걸친 포괄적인 역할을 반영하기 위한 조치였다. 한국ESG기준원은 한국거래소(KRX, Korea Exchange) 산하의 비영리 기관으로 한국거래소와 금융감독원 등의 지원을 받아 설립되었다. 반면 한국ESG연구소는 대신금융그룹 산하의 대신경제연구소의 자회사이다.

24 예를 들어, 작업장 안전도는 대부분의 평가사들이 기업의 지속가능성 정도를 평가하기 위해 사용하는 평가항목인데 이를 측정하기 위한 지표(indicator)는 다르다. 어떤 평가사에서는 근로자 100명당 발생한 작업 손실 사건의 수(Lost Time Incident Rate, LTIR)로 측정하고, 어떤 평가사는 일정 기간 동안 발생한 근로자 보상 청구의 빈도를 나타내는 근로자보상청구율(Worker's Compensation Claim Rate)을 사용한다.

를 위해 사용하는 자료도 평가사마다 다르다. 예를 들어, MSCI는 기업들이 제공하는 자료는 거의 사용하지 않은 반면 S&P Global은 기업설문 조사를 통해 얻은 기업 자료를 바탕으로 평가를 한다.

이런 차이 때문에 동일한 기업이라도 평가사마다 상이한 결과를 초래하는 경우가 많다. 〈표 Ⅱ-2〉에는 우리나라 100대 기업을 대상으로 세 개 평가사들의 평가 결과 중 큰 차이를 보인 기업들이 정리되어 있다. 현대제철의 지속가능성 정도는 MSCI 평가에서는 가장 하위 등급인 CCC를 받은 반면 Refinitiv 평가에서는 두 번째로 높은 등급인 AA를 받았다[25·26]. 각 평가사의 평가 방법론과 평가사마다 평가 결과에 차이가 발생하는 이유에 대해서는 8장에서 상세히 다루기로 한다.

표 Ⅱ-2 평가사들의 평가 결과 차이

기업명	조정등급*			등급격차			
	MSCI (7단계 등급)	Refinitiv (100점 만점)	KCGS (7단계 등급)	M-R**	M-K**	R-K**	등급격차 평균
현대제철	CCC	AA	BBB	***5단계***	***3단계***	**2단계**	**2.2단계**
기아자동차	CCC	A	A	***4단계***	***4단계***	**0**	
현대자동차	B	AA	A	***4단계***	***3단계***	**1단계**	
삼성중공업	CCC	A	BBB	***4단계***	***3단계***	**1단계**	
한국전력공사(주)	BB	AA	A	***3단계***	2단계	1단계	
한국가스공사(주)	BB	AA	A	***3단계***	2단계	1단계	

25 MSCI와 Refinitiv의 평가 체계는 다르다. MSCI의 평가는 AAA~CCC 7단계로, Refinitiv는 A+~D-12단계로 구성되어 있는데 〈표 Ⅱ-2〉는 아마도 두 평가사의 평가 체계를 비교를 위해 MSCI 평가체계로 전환한 것으로 보인다. MSCI와 Refinitiv의 평가 체계에 대해서는 8장에서 자세히 다룬다.

26 보다 자세한 내용은 전국경제인연합회(2021) 참조. 우리나라 100대 기업을 대상으로 세 개 평가사들의 평가 결과를 분석한 동 보고서에 따르면 이 세 개 기관 모두 등급(점수)을 제공하는 55개 기업의 평균 등급격차는 1.4단계였고, 3단계 이상 차이가 나는 기업은 22개로 전체의 40%를 차지했다.

기업명	조정등급*			등급격차			
	MSCI (7단계 등급)	Refinitiv (100점 만점)	KCGS (7단계 등급)	M-R**	M-K**	R-K**	등급격차 평균
현대글로비스(주)	BB	AA	A	***3단계***	2단계	1단계	
현대건설(주)	BB	AA	A	***3단계***	2단계	1단계	
두산중공업(주)	BB	AA	A	***3단계***	2단계	1단계	
에쓰-오일(주)	BB	AA	AA	***3단계***	***3단계***	0	
현대모비스(주)	B	BBB	A	2단계	***3단계***	1단계	
롯데쇼핑(주)	B	BBB	A	2단계	***3단계***	1단계	
이마트	B	BB	A	1단계	***3단계***	2단계	
금호석유화학(주)	B	B	A	0	***3단계***	***3단계***	
비지에프리테일	BB	CCC	A	2단계	2단계	***4단계***	
에스원	BB	CCC	BBB	2단계	1단계	***3단계***	
씨제이대한통운(주)	BB	B	A	1단계	2단계	***3단계***	
호텔신라	BB	B	A	1단계	2단계	***3단계***	
한국항공우주산업(주)	BB	B	A	1단계	2단계	***3단계***	
오뚜기	B	CCC	BBB	1단계	2단계	***3단계***	
삼성전자(주)	A	AAA	BBB	2단계	1단계	***3단계***	
엘지전자(주)	A	AAA	BBB	2단계	1단계	***3단계***	

출처: 한국경제인협회(2021)

ESG 평가사마다 평가 결과가 다르면 여러 가지 문제가 발생할 수 있다. 첫째, 투자자의 혼란이다. 서로 다른 ESG 평가사들이 같은 기업에 대해 다른 평가 결과를 내놓으면, 투자자들이 어떤 정보를 신뢰해야 할지 혼란스러워질 수 있다. 이는 투자 결정의 불확실성을 증가시키고, 투자 전략 수립에 어려움을 초래할 수 있다. 둘째, 기업의 혼란이다. 기업은 ESG 평가사의 다양한 요구와 기준에 맞추기 위해 복잡한 대응을 해야 한다. 이는 기업의 가용한 자원을 비효율적으로 사용하게 만들고, ESG 개선 노력을 분산시킬 수 있다. 셋째, 비교의 어려움이다. 평가사마다 사용하는 기준과 방법론이 다르면, 기업 간 ESG 성과를 공정하게 비교하는 것이 어려워져, ESG 평가를 바탕으로 한 투자 포트폴리오 구성이나 벤치마킹 활동에 장애가 된다. 넷째, 시장 왜곡이다. 일관성 없는 평가 결과는 ESG 투자에 따른 시장 왜곡을 초래할 수 있다. 잘못된 평가로 인해 ESG 성과가 우수한 기업이 과소평가되거나, 성과가 미흡한 기업이 과대평가될 위험이 있다. 다섯째, 규제 대응의 어려움이다. 정부나 규제 기관이 ESG 평가 결과를 정책 수립에 활용하는 경우, 평가 결과의 불일치가 정책의 효과성을 저해할 수 있다. 이는 규제 준수에 대한 기업의 불확실성을 증가시키고, ESG 관련 정책의 실효성을 낮출 수 있다.

ESG 체제가 확산 및 정착되어감에 따라 자연스럽게 ESG 구조에 포함된 참여자로는 의결권행사 대행기관도 있다. 기관투자자나 대형금융기관은 매년 주주총회에서 투자한 회사에 대해 의결권을 행사해야 한다. 앞서 ESG 이름을 통해 ESG 구조를 설명할 때, ESG는 투자자가 지배구조 개입을 통해 투자한 기업의 환경 및 사회 관련 경영정책에 참여하는 구조라 설명한 바 있다. 투자자의 이러한 경영 참여는 의결권 행사를 통해 이루어진다. 그러나 기관투자자와 대형 금융기관은 투자 대상 기업이 많기 때문에, 모든 기업의 의결권을 자체 인력으로 일일이 분석하고 결정하는 것은 비용이 많이 들고 비효율적이다. 이러한 비효율성을 해결하기 위해 의결권 행사를 대행하는 시장이 형성되었고, 이 분야의 대표적인 의결권 자문기업으로는 ISS (Institutional Shareholder Services)[27], Glass Lewis[28]가 있으며, 국내 기관으로는

27 ISS는 투자자들이 기업의 주주 총회에서 의결권을 행사할 때 중요한 의사결정을 지원하기 위해 1985년에 설립되었다. 창립자는 Robert A. G. Monks와 Nell Minow이다. 현재 ISS는 주주 서비스와 관련된 다양한 솔루션을 제공하고 있으며, 특히 ESG 평가 및 자문 서비스에서 두각을 나타내고 있다. 2021년 기준 현재 ISS의 관련시장 점유율은 48%이다.

28 Glass Lewis는 ISS와 함께 주주 의결권 자문 시장을 주도하고 있으며, 약 2021년 기준 42%의 시장 점유율을 보유하고 있다. Glass Lewis는 2003년에 Kevin Cameron과 Stephen Smith에 의해 설립되었고 본사는 캘리포니아주 샌프란시스코에 위치하고 있다.

대신경제연구소가 있다.[29]

1.2 정부의 역할

ESG 구조를 보면 핵심 부문은 투자자, 기업, 지속가능경영보고서 작성지침을 제공하는 기관, 실제 기업들의 ESG 점수를 평가하여 투자자들에게 제공하는 ESG 평가사들이다. 이렇게 보면 ESG 구조에서 정부의 역할은 없거나 매우 제한적인 것으로 보인다. 혹자들은 이러한 ESG 구조에 근거해서 정부가 ESG 체제에 관여해서는 안 된다는 주장을 하기도 한다. 그러나 이는 ESG 구조에 대한 이해 부족에서 발생된 잘못된 생각이다. 투자자나 기업 입장에서는 투자나 기업 경영에서 ESG를 핵심적으로 고려할 필요가 없다면 구태여 비용을 들여 ESG 기반한 투자나 ESG 경영을 할 필요가 없으며, 그렇게 되면 ESG 구조는 완전히 와해된다. 정부 혹은 공공부문은[30] ESG 구조가 와해되지 못하게 하는 중요한 역할을 담당한다. 즉, ESG 구조에서 정부 혹은 공공부문은 투자자나 기업이 투자나 기업 경영에서 ESG를 핵심적으로 고려하도록 유도하는 규제자로서의 역할을 해야 한다. 실제 공공부문은 규제자로서의 역할을 강화해오고 있다[31].

ESG 구조의 확산 및 정착을 위해 공공부문은 규제자로서 여러 중요한 역할을 수행해 왔다[32]. 그중 첫째는 지속가능경영보고서 기준안의 제정이다[33]. 앞서 언급했듯이, 재무정보와 달리 비재무정보에는 통일된 지침이 없어 기업의 지속가능성 관련 정보를 상호 비교하기 어렵다는 문제가 있었다. 이를

---

29 이들 기관들은 의결권 자문만 하지는 않는다. ESG 평가를 하기도 한다.

30 4장에서 자세히 다루겠지만 정부 혹은 공공부문이 직접 규제자로서의 역할을 하기도 하지만 정부를 대신해서 혹은 정부의 협조 하에서 규제자로서 역할을 담당하는 기관도 있다. 예컨대 각국의 증권거래소가 대표적인 예라 할 수 있다.

31 모든 공공부문이 규제자로서 역할을 동등한 강도로 하는 것은 아니다. 유럽은 다른 지역에 비해 공공부문이 규제자로서의 역할을 매우 충실하게 하고 있다.

32 관련된 내용은 4장에서 자세히 다룬다.

33 이것은 1장에서 살펴본 UNEP FI(2004)에서 ESG 제도 정착을 위해 제시한 방안과 일치한다.

해결하기 위해 EU, UN 등 국제기구가 나서 지속가능경영보고서 기준안을 마련했고, 그 결과 ESRS와 IFRS 기준이 제정되었다. 비록 두 기준은 보고서에 담아야 할 내용에 대한 기본적 시각 차이로 인해 단일 기준으로 통합될 가능성은 낮지만, 초기의 GRI 기준이나 SASB 기준에 비해 ESRS와 IFRS 기준 간 차이는 상당히 줄어들었다. 이러한 변화는 공공부문이 규제자로서 적극적으로 역할을 수행한 결과라고 평가할 수 있다.

둘째, 지속가능경영정보 공시의 의무화이다. 대부분의 국가에서 상장기업은 재무제표를 포함하고 있는 사업보고서를 반드시 공시해야 하는 의무를 가진다. 이에 반해 ESG 제도가 시작된 초창기에는 대부분의 나라에서 기업이 지속가능성 정보를 의무적으로 공시해야 할 의무는 없었다. 지속가능성 정보 공시가 기업의 자발적 판단하에 이루어져 일부 기업만 지속가능한 정보를 공시한다면 ESG에 기반한 투자가 정착되기 어렵다. 지역별로 차이가 있지만 지속가능성 정보 공시는 의무화되어가고 있다. EU는 2022년 기업 지속가능성 보고 지침(CSRD, Corporate Sustainability Reporting Directive)을 공표하고, 일정 규모 이상의 기업은 지속가능성 정보 공시를 의무화하도록 하였다.[34·35] 미국 증권거래위원회(SEC)는 2024년에 기후 관련 공시 규정을 도입했고, 그 적용은 2025년 말부터 시행될 예정이었다. 그러나 이후 두 지역의 상황은 다르게 전개되었다. EU는 2025년 발표한 '옴니버스안(Simplification Omnibus)'을 통해 당초 계획에 비해 공시 의무화 대상을 축소하고 보고 범위를 완화하는 등 일부 후퇴된 조치를 취했으나,[36] 여전히 일정 범위 내에서 공시 의무화를 실시하기로 하였다. 반면 미국은 25개 주 정부(주로 공화당 성향)가 해당 규정의 위헌성을 주장하며 집단소송을 제기하였고, 트럼프 정부 출범 이후 화석연료 옹호 성향의 폴 앳킨스(Paul Atkins)가 SEC 신임 의장으로 임명되면서 상황이 크게 달라졌다. SEC는 별도의 변호사를 선임하지 않

34 CSRD 내용에 대해서는 4장에서 자세히 살펴본다.

35 EU 역시 2025년에 '옴니버스안(Simplification Omnibus)'을 발표하며 지속가능경영보고서 의무화 대상을 축소하겠다는 입장을 밝혔다.

36 앞서 언급했듯이 옴니버스안은 아직 최종 승인되지 않았다.

고 소송을 적극적으로 방어하지 않았으며, 그 결과 공시 의무화 규제 자체가 사실상 무력화되었다. 우리나라의 경우 금융위원회는 당초 2025년부터 자산 2조 원 이상 상장기업을 대상으로 지속가능성 정보 공시를 의무화할 계획이었으나, 2023년 10월에 열린 ESG 금융추진단 회의에서 시행 시점을 2026년 이후로 연기하기로 결정하였다[37].

셋째, 기업이 환경이나 사회에 미치는 행위에 대한 규제이다. 이것이 중요한 이유를 다음의 예를 통해 설명해 보자. 기업 A는 제품을 생산하는 과정에서 많은 온실가스를 배출하지만, 생산 공장이 기후변화에 안전한 지역에 위치해 있으며 당기 순이익도 매우 높다. 반면 기업 B는 제품을 생산하는 과정에서 온실가스를 거의 배출하지 않으나 기후변화에 매우 취약한 지역에 위치하고 있다고 하자. 이 경우 기업 A는 외향적 영향(혹은 영향중요성)은 높으나 내향적 영향(재무중요성)은 매우 낮고, 기업 B는 외향적 영향(혹은 영향중요성)은 거의 없으나 내향적 영향(재무중요성)은 매우 높아, 지속 가능한 세계로의 전환을 위해서는 기업 B와 같은 유형의 기업이 많아야 한다. 그러나 정부가 기업의 외향적 행위에 대해 제재를 가하지 않는다면, 투자자 입장에서는 기업 A가 기업 B보다 투자 대상으로 더 매력적일 것이다. 이는 기업 A가 자사의 외향적 행위를 방지하기 위해 비용이 수반되는 어떠한 행위도 할 필요도 없어 높은 당기 순이익을 지속적으로 유지할 수 있고, 결과적으로 주식시장에서 기업가치도 높게 평가받을 것이기 때문이다. ESG의 핵심은 투자자가 투자시 기업의 재무정보뿐만 아니라 지속 가능성도 고려하도록 해서, 기업을 친환경적이고 친사회적으로 행동하도록 유도하는 것이다. 투자자의 입장에서 볼 때 지속 가능성을 저해하는 기업의 행위가 아무런 제재를 받지 않는다면, 투자자는 기업 B보다는 기업 A에게 투자할 가능성이 크고, 이로 인해 ESG 구조는 와해된다. 이러한 모순을 해결하는 방법은 온실가스 배출에 대해 세금을 부과하거나, 배출기준을 설정하고 그 이상

---

37 우리나라에서는 1995년 포스코에서 환경보고서를 처음 발간하였는데 이것이 기업지속가능경영 정보를 공시한 첫 사례이다. 2003년 기아자동차가 사회·환경보고서를 발간하였고, 2004년 삼성SDI가 처음으로 지속가능경영보고서라는 이름으로 기업의 지속 가능 경영 정보를 공시하였다.

배출을 금지하는 것과 같은 정부 규제를 도입하는 것이다. 각 국가는 이런 점을 인식하고 기업의 외향적 영향을 내재화시키는 규제 정책을 새로 도입하거나 기존 정책을 강화하고 있다.

규제 정책을 선도하는 지역은 EU이다. 이와 관련된 대표적인 규제 정책으로는 지속가능한 금융공시 규정(SFDR, Sustainable Finance Disclosure Regulation), Fit for 55, EU 탄소국경조정제도(CBAM, Carbon Border Adjustment Mechnanism) 등이 있다. 이들에 대해서는 4장에서 자세히 다룬다.

앞서 정부의 규제자로서의 역할에 대해 설명했지만, 정부는 핵심 주체는 아니더라도 촉진자로서의 기능도 수행한다. 예컨대 정부는 친환경적이고 사회적으로 책임 있는 부문에 대한 투자 촉진자로서, 직접 재정을 투입하거나 공공펀드를 조성해 재생에너지, 에너지 효율, 지속 가능한 농업 등 녹색 프로젝트 투자를 지원하고, 관련 기업과 개인에게 세제 혜택을 제공한다[38]. 또한, 민간 기업의 에너지 효율 개선을 위한 산업 설비 교체 보조금 지급, 민관 협력에 의한 대규모 인프라 공동 조성[39], 초기 단계 고위험 녹색 프로젝트에 대한 정부 보증 제공 등을 통해 민간의 적극적 참여를 유도하고 있다.

2 ESG의 특성

1절에서는 ESG의 구조와 ESG 구조에 포함되어 있는 구성원, 구성원의 역할, 완전한 정착을 위해 향후 구성원의 역할에 대해 살펴보았다. 2절에서는

---

38 미국의 'Rural Energy for America Program(REAP)'은 농업 생산자(Agriculture producers)와 농촌 소기업에 풍력·태양광 설치와 농기계 고효율 개조를 위한 보조금 및 보증대출을 제공하여 에너지 전환을 촉진하고 있다. 또한 미국 농무부(USDA)는 기후 스마트 농업 촉진을 위한 다양한 프로그램을 지원하고 있다. 독일 정부는 공적 개발은행인 KfW(Kreditanstalt für Wiederaufbau)를 통해 에너지 전환을 촉진하기 위해 저리 융자, 보조금 프로그램을 운영하고 있다.

39 독일의 332MW급 해상 풍력단지를 공동 조성하는 'Nordsee One' 풍력 프로젝트가 이에 해당한다.

ESG 구조가 갖는 특성에 대해 살펴본다. 1절에서 설명하였듯이 ESG 개념은 ESG 투자와 ESG 경영이 결합된 것이므로, 특성도 이 두 개념의 관점에서 살펴본다. 통상적으로 제도나 기관의 특성을 논할 때는 기준이 있어야 한다. ESG 투자 관점에서 특성을 설명할 때 기준은 사회적 책임투자(Social Responsible Investment, SRI)이며 ESG 경영의 관점에서 특성을 설명할 때 기준은 전통적인 기업경영이다. 기준을 이와 같이 정한 이유는 전자는 ESG 투자의 전 단계가 사회적 책임투자이어서 어떤 차이가 나는지를 살펴볼 필요가 있기 때문이며, 후자는 단기적 재무적 성과에만 중점을 둔 전통적 기업경영이 ESG 경영 도입 전 기업의 주된 경영 방식이었기 때문이다.

2.1 이해관계자 자본주의

"이해관계자 자본주의"라는 용어는 1971년 클라우스 슈밥(Klaus Schwab)이 처음 사용했다. 클라우스 슈밥은 세계경제포럼(WEF, World Economic Forum)의 설립자로, 그의 저서 『Modern Enterprise Management in Mechanical Engineering』에서 이 개념을 처음 소개했다[40]. 이해관계자 자본주의에서 기업은 단기 이익의 극대화가 아니라 장기적 가치 창출을 목표로 하며, 이를 위해서는 모든 이해관계자의 이해와 이익을 고려해 경영해야 한다. 이해관계자 자본주의는 특히 2020년 세계경제포럼에서 주목받았으며, 슈밥은 그의 책 『Stakeholder Capitalism』에서 이 개념을 더욱 구체화했다.[41] 그는 이 책에서 "이해관계자 자본주의는 사회와 환경을 보호할 뿐 아니라, 기업이 보다 지속 가능한 방식으로 경영할 수 있도록 한다"라고 밝혔다.

주주 자본주의가 기업의 주요 목표가 주주에게 최대의 이익을 제공하는 데 있다면, 이해관계자 자본주의는 모든 이해관계자의 이익을 균형 있게 고려하며 장기적인 성공을 추구하는 접근 방식이다. 슈밥의 정의에 따르면, ESG 경영은 이해관계자 자본주의에 기초한 경영 개념이다. 다시 말해 ESG

---

40 이 책은 독일어 출간되었으며 책의 원제목은 『Moderne Unternehmensführung im Maschinenbau』이다. 하인 크로스(Hein Kroos)가 공저이다.

41 보다 자세한 내용은 Schwab, K., & P. Vanham(2021) 참조.

경영은 주주의 이익을 늘리기 위해 주주 외의 이해관계자의 이익을 희생하는 방식으로 기업 경영이 이루어져서는 안 된다는 의미를 함유하고 있다.

그렇다면 기업의 이해관계자들은 누구인가? 미국 주요 기업들의 CEO로 구성된 BRT(The Business Roundtable)[42]에서 2019년 8월 "기업목적에 대한 선언문(The statement on the Purpose of a Corporate)"[43]을 발표하였다. 이 선언문은 기업의 목적을 단순한 주주 가치 극대화에 한정하지 않고, 모든 이해관계자의 이익을 함께 고려해야 한다고 명확히 밝혔다. 이러한 점에서 이 선언문은 이해관계자 자본주의를 지지하는 중요한 선언으로 평가된다. 이 선언문이 중요한 의미를 갖는 또 다른 이유는 이해관계자의 범위를 구체적으로 제시했다는 점이다. 선언문에서 미국 주요 기업의 CEO는 기업의 이해관계자를 고객, 직원, 원자재 및 서비스 제공 기업(Suppliers), 기업이 위치하고 있는 지역, 주주로 정의하고 있다. 물론 기업의 특성에 따라 이해관계자의 범위는 다소 달라질 수 있지만, 기업의 이해관계자 범위는 이 범위에서 크게 벗어나지 않는다[44]. 이는 기업과 관련된 이해관계자를 크게 두 부류로 나눌 수 있기 때문이다. 하나는 기업이 제품이나 서비스를 제공하기 위해 의존하는 가치사슬(Value chain)에 속한 집단이고, 다른 하나는 기업 활동에서 발생하는 외부효과에 의해 영향을 받는 집단이다.

자본주의는 시대와 지역에 따라 다양한 특성을 보이며 발전해 왔는데 크게 보면 두 가지 유형으로 나눌 수 있다. 하나는 유럽식 자본주의[45]이며 또 다른 하나는 앵글로·색슨 자본주의이다. 유럽식 자본주의는 기본적으로 기업은 장기적인 목표 하에서 자본과 노동을 결합시키는 사회공동체라 본다.

---

42 Business Roundtable(BRT)은 미국의 주요 기업 CEO들로 구성된 비영리 단체로, 기업의 사회적 책임, 공공 정책 및 경제 성장을 촉진하기 위한 활동을 주도하고 있다. 1972년에 설립된 이 단체는 기업 리더들이 모여 기업 경영, 경제 정책, 사회적 문제에 대한 공동의 목소리를 내기 위해 만들어졌다. 주요 회원으로는 아마존, 애플, GM 등의 CEO이다.

43 이해관계자 자본주의에 대한 미국 경영자들의 헌신을 선언한 선언문이다.

44 GRI 기준안에는 산업별로 이해관계자들이 정리되어 있다.

45 사회적 시장경제(Social market capitalism) 혹은 라인자본주의(Rhineland Capitalism)라고도 한다.

따라서 유럽식 자본주의 특징은 시장의 효율성뿐만 아니라 사회적 연대도 중요시 여기기 때문에 기업경영자는 노조와 장기적인 협력관계를 유지하면서 기업을 경영한다. 대표적인 예가 독일의 공동결정제도(Co-determination)이다. 독일 기업은 일반적으로 경영이사회(Management Board)와 이를 감독하는 감사이사회(Supervisory Board)로 이원화되어 있는 양층이사회(Two-tier board system) 구조를 채택하고 있다. 공동결정제도는 노동자 대표가 감사이사회에 참여할 수 있도록 하여 기업의 주요 의사결정 과정에 노동자의 이해와 의견이 반영되도록 한다[46]. 또한 유럽식 자본주의에서 금융은 은행 중심(Bank-based)으로 운영되는 특징이 있다. 기업은 주로 은행 대출을 통해 투자 자금을 조달하며, 은행은 장기적으로 기업의 성장을 지원하는 역할을 한다[47]. 다시 말해, 유럽식 자본주의에서 금융은 자체적인 성장이나 수익 창출 기능보다는 실물 부문을 지원하는 역할에 중점을 두고 있다[48].

반면 앵글로·색슨 자본주의는 유럽식 자본주의와 상반되는 여러 특성을 지닌다. 이 체제에서 기업 경영의 주목적은 주주 이익의 극대화에 있으며, 유럽식 자본주의에 비해 단기적 이익을 더 중시한다. 또한 시장 변화에 신속히 대응하기 위해 구조조정이 상시 가능하도록 제도적 인프라가 잘 마련되어 있고, 자본시장이 발달해 주주가 강력한 권한을 행사하는 기업 지배구조가 정착되어 있다. 적대적 인수합병은 사회적으로 용인·권장되는 경향이 있으며, 금융은 제조업을 지원하는 수단을 넘어 하나의 독립적인 산업으로 간주될 만큼 발달해 있다. 여기에 더해 앵글로·색슨 자본주의에서는 단일이사회제도(One-tier board system)를 채택하고 있으며, 이사회는 주로 경영진

---

46 독일식 공동결정제도에서 노동자가 양층이사회의 일원으로 참여한다고 해서 기업의 모든 경영 의사결정에 직접 관여하는 것은 아니다. 노동자 대표는 감사이사회(Supervisory Board)에 참여하여 경영진을 임명하고 감독하며 주요 전략적 사안에 의견을 반영할 수 있지만, 일상적이고 구체적인 경영 의사결정은 경영이사회(Management Board)의 권한으로 남아 있다.

47 독일과 같은 나라에서는 은행이 기업의 주요 주주로서 경영에 깊이 관여하는 경우도 많다.

48 기업의 경영자들이 1년 단위의 성과에 기초해 교체되는 경향이 작다.

과 사외이사 중심으로 구성된다. 따라서 독일식 공동결정제도처럼 노동자가 이사회 의사결정에 참여하지 않는다.

1장에서 설명했듯이, PRI를 중심으로 "ESG를 고려한 투자가 수탁자 의무에 위배되지 않는다"는 연구가 여러 차례 수행된 이유는, 유럽식 자본주의 국가들은 이를 비교적 쉽게 받아들였던 반면, 미국과 영국은 그렇지 않았기 때문이다. 미국과 영국은 기업 경영의 주목적을 주주 이익의 극대화로 보는 앵글로·색슨 자본주의 체제를 따르고 있어, ESG 투자가 수탁자 의무에 어긋나지 않는다는 논리를 선뜻 인정하지 못했던 것으로 해석된다.

초기에 기업의 지속가능경영보고서 작성 지침을 주도한 대표적 기관은 GRI와 SASB였다. GRI는 기업이 모든 이해관계자에게 미치는 영향을 보고서에 포함해야 한다는 관점에서 기준을 마련한 반면, SASB는 이해관계자 중 투자자의 의사결정에 필요한 정보만 담으면 충분하다는 관점에 따라 기준을 제시하였다. 현재 공표된 ESRS는 GRI의 접근법을, IFRS 지속가능성 공시기준(ISSB: S1·S2)은 SASB의 접근법을 바탕으로 하고 있다. 따라서 한 국가가 유럽식 자본주의를 따르느냐, 앵글로·색슨 자본주의를 따르느냐는 기업의 지속가능경영보고서 작성 지침에도 중요한 영향을 미친다.

두 기준안을 하나로 단일화하기 어렵다고 여겨지는 이유는 자본주의에 대한 근본적 시각 차이가 지역별로 존재하기 때문이다. 어떤 기준이 ESG 구조 정착에 더 바람직한가를 단정하기도 쉽지 않다. ESG 구조의 관점에서만 본다면 투자자를 움직이는 것이 핵심이므로 IFRS 기준안이 더 적합할 수 있다. 그러나 ESG는 지속가능한 세계로의 전환을 위한 도구이며, 이를 위해 기업이 수행해야 할 본질적 역할은 경영을 친환경적·사회적으로 전환하는 것이다. 이러한 점을 고려한다면, 기업의 지속가능경영보고서는 모든 이해관계자에게 미치는 영향을 담는 것이 바람직하며, 이 관점에서는 ESRS 기준안이 더 적합하다.

2.2 장기적인 시간 지평[49]

투자자와 경영자 모두에게 중요한 문제는 시간 지평(Time horizon)을 어디에 두느냐이다. 투자나 경영의 목적이 단기적 이익 실현인지, 아니면 장기적 이익 실현인지에 따라 투자 방향과 경영 방식이 달라지기 때문이다.

ESG에 기반한 투자와 경영은 본질적으로 장기적 관점을 요구한다. 이는 환경과 사회 요인이 기업 재무에 미치는 영향이 단기가 아니라 장기적으로 나타나기 때문이다. 예를 들어, 한 기업이 온실가스를 대량 배출하고 있다고 하자. 이를 줄이기 위해 에너지 절약적 공정으로 전환하려면 막대한 투자가 필요하다. 그러나 경영자는 단기적 이익을 극대화할수록 자신의 소득과 지위가 안정될 가능성이 크기 때문에, 이러한 투자를 꺼릴 유인이 있다. 마찬가지로 투자자나 주주가 단기 이익을 중시한다면, 기업의 순이익이 많을수록 배당금과 주가가 상승하기 때문에 에너지 절약적 공정 전환을 원치 않을 수도 있다.

궁극적으로 ESG는 장기적 시각에서의 투자와 경영을 요구한다. 재무제표 중심의 단기 이익 추구는 일시적으로는 투자자와 기업의 이익을 늘릴 수 있지만, 시간이 지나면 기업가치의 지속성을 해치고 장기적으로는 투자자와 기업 모두에 부정적 결과를 초래할 수 있다.

이러한 관점은, 기업이 이해관계자에게 미치는 부정적 영향이 장기적으로는 규제 강화를 불러오고 운영 비용을 증가시킨다는 인식에 기반한다. 온실가스를 다량 배출하는 기업은 현재는 낮은 환경비용 덕분에 당기순이익이 높아 투자자에게 매력적으로 보일 수 있다. 그러나 향후 10년 이내에 다수 국가(유럽 포함)가 온실가스 배출에 상응하는 비용을 부담시키는 제도를 도입할 가능성이 크며, 이 경우 이들 기업의 수익성은 급격히 악화될 것이다(사례분석상자 3 참조). 과거에는 온실가스의 위해성에 대한 인식 부족으로 규제가 없거나 미약했으나, 현재는 강력한 규제가 필요하다는 공감대가 형성되었고, 이는 기업에 실질적인 위험요인으로 부각되고 있다. 이러한 요

---

49 관련한 자세한 내용은 박태용 · 윤건용(2021) 참조.

인을 고려하지 않는다면 기업과 투자자 모두 장기적으로 큰 손실을 피할 수 없다.

ESG의 시간 지평이 본질적으로 장기적이라는 특성은, ESG 구조 속에서 기관투자자의 역할을 이해하는 데 중요한 시사점을 준다. 영국 정부는 2011년 존 케이(John Kay) 교수에게 영국 주식시장의 구조와 투자자-기업 간 상호작용이 기업의 장기적 성과와 거버넌스에 어떤 영향을 미치는지 검토해 달라고 요청했고, 그 결과는 2012년 7월 Kay Review[50]라는 보고서로 발표되었다. 이 보고서의 핵심 결론은 영국 주식시장이 투자자와 경영진 모두 단기 성과에 과도하게 집중한 나머지 장기적 성장과 지속 가능성을 해치고 있으며, 주식시장의 단기주의가 기업의 단기 지향적 경영을 조장한다는 것이었다. Kay Review는 이러한 단기주의가 나타난 원인으로 투자사슬(Investment chain)을 지목하였다. 개인의 자금이 연기금과 보험회사에 집중되고, 다시 이 자금이 자산운용사에 위탁되면서 복잡한 투자사슬이 형성되었는데, 이 과정에서 투자 성과가 분기·반기 단위로 평가되면서 단기적 인센티브 구조가 고착화되었고, 이는 시장 전체의 단기주의를 심화시키는 요인이 되었다는 것이다.

Kay Review는 영국 주식시장의 단기주의를 극복하고 장기적 경제 성장을 촉진하기 위해 다음과 같은 정책과 관행을 권장하였다. 첫째, 투자자와 기업 간의 장기적 관계를 강화하고 장기 투자 문화를 조성하기 위해 공동의 행동 강령을 채택할 것을 제안하였다. 둘째, 펀드 매니저가 단기 성과보다 장기 성과에 기반해 보상받을 수 있도록 인센티브 구조를 조정할 것을 권고하였다. 셋째, 기업 이사회가 주요 주주와 더 긴밀히 협력하고, 이사회 임명과 같은 중요한 사안에서 주주의 의견을 반영하도록 강조하였다.

이 보고서가 지적한 핵심은, 주식시장이 전통적으로는 기업의 자금 조달 기능을 중심으로 작동했으나, 최근에는 그 기능이 변화하여 기업이 조달한

---

50 2012년 영국 정부(Department of Business, Innovation and Skillls)의 의뢰에 따라 John Kay 교수가 단기주의와 투자경로 문제에 대해 연구하였고 그 결과를 2012년 7월 연구보고서(『The Kay Review of UK Equity markets and Long-term Decision Making』)로 발표하였다.

자금을 어떻게 활용하고 있는지 감시·감독하며 장기적 성장을 유도하는 역할이 점점 더 중요해지고 있다는 점이었다. 그러나 당시 영국 시장에서는 기업이 자금을 단기적 이익 극대화에 활용하는 경향이 강했고, 이는 시장 전체의 단기주의를 심화시켰다. 따라서 장기적 관점으로의 전환을 위해서는 기관투자자의 역할이 매우 중요하며, 이를 제도적으로 뒷받침하기 위해 스튜어드십 규범을 마련해야 한다는 것이 Kay Review의 결론이었다.

오늘날 이러한 문제의식은 더욱 뚜렷해졌다. 주식시장은 단순히 자본을 공급하는 데 그치지 않고, 기업의 자금 사용과 경영진의 의사결정을 장기적 가치 창출 관점에서 감시하는 기능을 수행한다. 이에 따라 기관투자자의 기업 참여 활동은 자산운용의 부수적 업무가 아니라 핵심 업무로 자리 잡았으며, 기관투자자는 단순한 투자자에 머무르지 않고 장기적 성장을 유도하는 경영 파트너이자 컨설턴트로서의 역할까지 요구받고 있다.

사례분석상자 3: 유럽의 온실가스 규제-배출권거래제도 유상 비율

유럽연합은 탄소배출을 유럽연합 탄소배출권(EU ETS) 시장을 통해 규제하고 있다. EU-ETS 1기(2005~2007년), 2기(2008~2012년)에는 탄소배출권을 무상으로 할당하였으나 3기(2013~2020년)부터는 경매를 통해 유상으로 배출권을 구매하도록 규제를 강화하였다. 4기(2021~2030년)에 접어든 현재 전체 배출권의 57%를 유상으로 할당하고 있다(발전업종은 100% 유상할당). EU ETS는 Fit for 55 등에 따라 유상할당 비율을 더욱 강화시켜 2034년까지 100% 유상할당을 목표로 하고 있다. 이러한 변화는 유럽연합의 기후 목표 달성 및 탄소 배출 저감을 위한 정책의 일환으로, 기업들이 더 많은 비용을 지불하도록 함으로써 탄소 배출을 줄이는 동기를 부여하기 위한 것이다.

배출권 가격을 EU 배출권거래시장(ETS)에서 거래되는 배출권 가격으로 결정될 경우 2023년 기준 배출권 평균 가격은 톤당 85.3유로이기 때문에 온실가스를 많이 배출하는 기업의 환경비용은 매우 높아질 것이다. 에너지 및 탄소 시장에 대한 데이터, 정보, 분석 및 예측 서비스를 제공하는 글로벌 리서치 및 컨설팅 회사인

Enerdata에 따르면 향후 온실가스 규제가 강화됨에 따라 2030년 배출권거래가격은 톤당 70~75유로, 2044년 톤당 500유로 이상이 될 것으로 전망되고 있다.

2.3 수익 창출

어떤 투자이든 수익이 창출되어야 한다는 것은 분명하다. 그럼에도 불구하고 ESG 요인을 고려한 투자 특성으로 수익 창출을 강조하는 이유는 ESG 투자의 전 단계라 할 수 있는 사회적 책임투자(SRI, Social Responsible Investment)와의 차별성 때문이다. 사회적 책임투자는 사회적 가치를 이익보다 중시하기 때문에 사회적 가치를 위해서라면 수익이 다소 떨어지더라도 사회적 가치가 높은 기업이나 사업에 투자를 한다. 노르웨이 국부펀드(Government Pension Fund Global, GPFG)[51]는 사회적으로 나쁜 영향을 미치는 담배회사나 무기회사 등에는 투자를 하지 않고 있는데, 이는 대표적인 사회적 책임투자라 할 수 있다. 이와 같이 기업의 사회적 책임을 다하지 못하는 기업들을 투자 대상에서 제외하는 책임투자는 투자의 모집단을 줄어들게 하기 때문에 나쁜 영향을 미치는 기업들까지 포함한 모집단을 대상으로 투자할 때보다 수익률은 낮아질 가능성이 크다[52].

여러 차례 언급했듯이 ESG를 정착시키기 위해 UN Global Compact나 PRI

51 노르웨이 국부펀드(Government Pension Fund Global, GPFG)는 1990년에 설립되어, 노르웨이의 석유 및 가스 수익의 일부를 축적하여 미래 세대의 복지와 연금 지급 재원을 안정적으로 마련하기 위해 운영되고 있다. 이 펀드는 노르웨이 중앙은행의 자회사인 Norges Bank Investment Management(NBIM)가 운용하며, 운용 자산 규모는 2025년 기준 약 1조 4천억 달러로 세계 최대 규모의 국부펀드 중 하나다. 투자 과정에서는 노르웨이 국회가 제정한 윤리적 가이드라인에 따라 독립적인 윤리위원회가 기업의 인권, 환경, 기업지배구조 등을 평가하고, 이에 기반하여 투자 배제 조치를 취하기도 한다. GPFG는 장기적인 가치 극대화와 세대 간 형평성을 핵심 목표로 하며, 그 운용과 관련한 정보와 성과를 투명하게 공개함으로써 전 세계적으로 가장 모범적인 책임투자 기관으로 평가받고 있다.

52 통상적으로 보면 담배회사나 무기회사의 경우 순이익이 많이 창출되기 이익 추구를 가장 우선시하는 투자자라면 이들 기업들은 선호되는 투자대상이기도 하다.

등이 핵심적으로 한 일은 ESG 요인을 고려한 투자가 재무 성과에 기초해 투자하는 전통적인 방식과 비교해 수익이 떨어지지 않는다는 것을 증명하는 것이었다. 이들 기관이 이 일을 우선적으로 했던 이유는 초창기에는 기관투자자를 포함한 금융기관들은 ESG 투자를 SRI 투자의 연장선에서 있는 개념으로 파악하는 경향이 컸기 때문이다. 수탁 자금을 운영하는 기관투자자나 금융기관 입장에서는 ESG 투자도 SRI 투자의 연장선에 있다고 판단한다면, 수탁자 의무에 위배되기 때문에 ESG를 고려한 투자를 하면 안 된다고 여겼다.

ESG 요인을 고려한 투자가 기업의 재무정보에 기초한 전통적인 투자방법보다 수익 창출에 있어 열등하지 않다는 초기 연구는 UNEP FI(2004)이었다. 이 연구는 정교한 자료 분석에 기초한 것이 아니라 사례분석을 통한 연구이기 때문에 이 연구를 통해 ESG를 고려한 투자가 전통적인 방식에 기초한 투자보다 수익성이 낮지 않다는 것을 설득력 있게 보여주지는 못했다. 자료분석에 기반해 ESG 성과가 기업의 가치에 어떤 영향을 미치는지에 대한 연구는 학계와 산업계에서[53] 오래전부터 활발히 이루어져 왔다. 지금까지의 연구 결과들을 간단히 요약하면, 학계 연구에서는 ESG 고려한 투자는 수익성이 높다는 의견이 그렇지 않다는 의견보다 다소 적은 반면, MSCI와 같은 산업계 연구에서는 대체로 ESG 점수가 높은 기업에 투자를 하는 것이 그렇지 않은 기업에 투자를 하는 것보다 수익이 높다는 결과가 압도적으로 많다.

ESG를 고려한 투자의 성과에 대해서는 9장에서 자세히 살펴보겠으나 이들 연구는 ESG에 기반한 투자가 활성화되기 전의 자료를 이용한 분석이기 때문에 현재의 상황을 정확히 반영하고 있다고 보기 어렵다. 기업이 환경이나 사회에 미치는 부정적 영향에 대해 규제가 강화될수록, ESG를 감안하지 않은 경영을 하는 기업의 재무 구조는 규제준수 비용의 증가로 악화될 가능성이 크다. ESG 제도가 더욱 정착된 후, 예를 들어 지금으로부터 5~10년 후 ESG를 고려한 투자의 성과를 연구한다면, ESG 기반 투자는 그렇지 않은 투자보다 더 큰 수익을 창출할 가능성이 매우 높다 여겨진다.

---

53 산업계라 함은 주로 MSCI와 같은 ESG 평가기관이나 투자은행 등을 의미한다.

사례분석상자 4: 코니카(konica Minolta)의 ESG 경영 사례분석

Konica Minolta Inc의 ESG 경영 성과는 장기적 관점에서 투자가 기업가치를 어떻게 높일 수 있는지를 보여주는 매우 흥미로운 사례이다. 이 회사는 복합기, 인쇄 관련 시스템과 소모품 및 관련 서비스를 제공하는 회사였으나, Goldman Sachs Group 등 ESG를 중시하는 중·장기 투자자들과 협력하여 투자자의 장기적 지원을 확보하면서 기업 업무 방식의 혁신을 꾀하였다. 구체적으로는 환경 부서와 기획 부서가 협업하여 새로운 환경 상품을 개발하였고, 사내의 녹색사업 노하우를 타사에 전파하면서 새로운 수익모델인 친환경 컨설팅 사업으로 발전시키기도 하였다. 이러한 대대적인 혁신을 거듭하면서 Konica Minolta Inc의 전체 매출에서 환경 제품 및 서비스가 차지하는 비중이 급격히 증가하였고, 이로 인해 신임 대표 취임 5년 만에 주가가 2배나 뛰었다. 녹색사업에 대한 인식이 남다른 CEO와 지속 가능한 성장에 대한 비전을 가진 투자자 간의 안정적인 협력 관계가 큰 역할을 하였다. 만약 비용을 수반하는 CSR 활동에 단기적 성향을 지닌 투자자들이 투자를 하였다면 이러한 결과가 나왔을 지에 대해서는 의문이다.

이 사례를 통해 ESG의 중심에는 ESG 투자자의 존재가 필수적이며, 이들 투자자가 장기적인 관점에서 투자를 통해 기업을 지속 가능한 비즈니스 모델로 이끌어 가는 것이 ESG가 추진되는 방식임을 알 수 있다. 이는 투자자의 지원 없이 기업이 독자적으로 이해관계자의 직접적인 요구에 대응하여 사회에 공헌해야 하는 CSR과는 다른 모델이라 할 수 있다.

자료: 박태용 · 윤건용(2021) 인용

사례분석상자 5: 코카콜라의 물 관리 경영

배경

- 위치: 인도
- 사건: 2004년에 코카콜라가 인도 케랄라 주 플라치마다 지역에서 운영하던 공장이 물 부족 문제로 인해 폐쇄되었다. 지역 주민들은 공장이 과도한 지하수 사용으로 인해 물 부족과 오염이 발생했다고 주장했다.

조치

코카콜라는 이러한 문제를 해결하고 지속 가능한 경영을 실천하기 위해 여러 가지 조치를 취했다.

1. 물 사용량 감축

코카콜라는 전 세계적으로 공장의 물 사용량을 줄이기 위해 다양한 기술과 관리 방식을 도입했다. 물 사용 효율성을 높이기 위해 공정 개선과 재활용 시스템을 도입한 결과 코카콜라는 2004년부터 2020년까지 물 사용 효율성을 20% 이상 개선했다.

2. 물 관리 투자

코카콜라는 운영 지역의 수질 개선과 물 보존 프로젝트에 약 20억 달러를 투자했다. 이러한 투자는 지역사회와의 신뢰를 회복하고, 환경적 지속 가능성을 높이는 데 기여했다. 코카콜라는 지역사회와 협력하여 물 관리 프로젝트를 추진하고, 수자원 보존을 위한 교육 프로그램을 실시했다.

3. 물 중립 목표

코카콜라는 '물 중립' 목표를 세우고, 공장에서 사용한 물의 양을 자연에 돌려주는 프로그램을 운영했다. 이는 물 재활용, 재사용, 보존 프로젝트를 통해 달성되었다. 예를 들어, 코카콜라는 인도의 여러 지역에서 저수지와 관개 시스템을 개선하고, 빗물 저장 시스템을 구축했다.

결과

코카콜라의 이러한 노력은 물 사용량 감축과 수질 개선에 긍정적인 영향을 미쳤으며, 지역사회와의 관계 회복에도 기여했다. 코카콜라는 물 관리와 관련된 성과를 투명하게 공개하고, 지속 가능한 경영을 위한 모범 사례로 인정받았다.

의의

코카콜라의 사례는 ESG 요소가 기업 경영에 어떻게 적용될 수 있는지를 잘 보여주고 있다. 물 관리와 같은 환경적 요소는 기업의 운영에 직접적인 영향을 미칠 수 있으며, 이를 효과적으로 관리하는 것이 장기적인 기업가치 창출에 중요하다. 코카콜라는 환경적 책임을 다함으로써 지속 가능한 경영을 실천하고, 지역사회와의 신뢰를 회복하는 데 성공했다.

자료: UKCFA(2021), 『Certificate in ESG Investing Curriculum』, https://thecsruniverse.com/articles/coca-cola-india-becomes-first-ever-beverage-company-to-receive-national-water-award-with-over-500-water-projects-benefiting-1-million-people, https://yourstory.com/socialstory/2022/04/coca-cola-india-foundation-waste-water-plastic-reduction-recycle, https://thecsrjournal.in/corporate-social-responsibility-csr-news-coca-cola-indias-500-water-projects-impacts-1-million-people-bags-the-national-water-award/

사례분석상자 6: 마이크로소프트(Microsoft) ESG 경영 사례

개요

마이크로소프트는 자사 주식의 ESG 요소를 강화하기 위해 재생 에너지 사용, 탄소 배출 감소, 다양성 및 포용성 증진 등의 노력을 기울이고 있다. 또한 ESG 성과를 공개하여 투자자들에게 투명성을 제공하고 있다.

재생 에너지 사용

마이크로소프트는 재생 에너지 사용 확대에 있어 선두적인 역할을 하고 있다.

- 재생 에너지 구매: 마이크로소프트는 2025년까지 모든 데이터 센터와 사무실에서 100% 재생 에너지를 사용하겠다는 목표를 세웠다. 2020년 기준으로 이미 글로벌 운영에서 사용되는 전력의 60%를 재생 에너지로 충당하고 있다.
- 재생 에너지 프로젝트 투자: 마이크로소프트는 전 세계적으로 재생 에너지 프로젝트에 투자하고 있으며, 특히 태양광 및 풍력 발전 프로젝트를 지원하고 있다. 이를 통해 재생 에너지 용량을 지속적으로 확대하고 있다(Fidelity Fund Research).

탄소 배출 감소

마이크로소프트는 탄소 배출 감소를 위해 다양한 전략을 추진하고 있다.

- 탄소 중립 및 네거티브 목표: 2012년부터 탄소 중립을 달성한 마이크로소프트는 2030년까지 탄소 네거티브(탄소 배출량보다 제거하는 양이 많은 상태)를 달성하겠다고 선언했다. 이를 위해 직접적인 탄소 배출뿐만 아니라 공급망과 제품 사용에서 발생하는 간접적인 탄소 배출도 줄이기 위한 노력을 기울이고 있다.
- 탄소 제거 기술 투자: 탄소 제거 기술에 대한 투자도 활발히 진행 중이다. 마이크로소프트는 다양한 탄소 제거 프로젝트에 자금을 지원하며, 탄소 포집 및 저장 기술을 발전시키기 위해 노력하고 있다(Fidelity Fund Research).

다양성 및 포용성

마이크로소프트는 기업 내 다양성과 포용성을 증진하기 위해 다양한 프로그램과 정책을 시행하고 있다.

- 다양성 목표 설정: 마이크로소프트는 2025년까지 경영진의 30%를 여성으로 구성하겠다는 목표를 세웠다. 또한, 흑인, 아프리카계 미국인, 히스패닉 및 라틴계

직원의 고용을 늘리고, 이들의 경력 발전을 지원하는 프로그램을 운영하고 있다.

- 포용적 문화 조성: 포용적 문화를 조성하기 위해 사내 다양성 및 포용성 교육 프로그램을 시행하고 있다. 모든 직원이 평등하게 대우받고, 차별 없이 일할 수 있는 환경을 조성하는 데 중점을 두고 있다(Fidelity Fund Research).

성과

- 재생 에너지 프로젝트: 2023년 기준으로 21개국에서 19.8 기가와트(GW)의 재생 에너지 자산을 계약했으며, 이는 회사가 운영하는 모든 데이터 센터와 사무실에서 사용되는 전력의 큰 부분을 차지하고 있다.
- 탄소 제거 계약: 2023년 동안 5,015,019 메트릭 톤의 탄소 제거를 계약하여 향후 15년 동안 이를 폐기할 계획이다.
- 탄소 배출 감소: 2023년에는 Scope 1 및 Scope 2 배출량을 2020년 기준 대비 6.3% 감소시켰다. 그러나 데이터 센터 건설과 같은 활동으로 인해 Scope 3 배출량은 30.9% 증가했다.
- 내부 탄소세: 2023년부터 Scope 3 배출량에 대해서도 내부 탄소세를 적용하기 시작하여, 모든 부서가 탄소 배출을 줄이기 위한 노력을 강화하도록 유도하고 있다.

마이크로소프트의 ESG 노력은 장기적으로 회사의 평판을 강화하고, 지속 가능한 경영으로 인해 투자자들의 신뢰를 얻어 매출과 주가에 긍정적인 영향을 미쳤다. 2022년에는 매출이 18% 증가하는 성과를 기록했다.

자료: UKCFA(2021), 『Certificate in ESG Investing Curriculum』, Official Microsoft Blog, 2021 Jan 28, https://news.microsoft.com/en-cee/2023/05/18/microsoft-is-committed-to-achieving-zero-carbon-emissions-and-waste-by-2030/, https://www.fidelity.com/, https://www.microsoft.com/en-us/sustainability

part III

ESG 투자 규모 및 활용 현황

III

ESG 투자 규모 및 활용 현황

ESG 이슈를 고려한 투자 경향이 급격히 증가하고 있다. 지속 가능한 투자에 대한 관심이 커지면서, 전 세계적으로 책임투자원칙(PRI)에 서명하는 기관의 자산운용 규모(Asset under management, AUM)[1]와 수는 PRI가 처음 만들어졌던 2006년 6조 달러와 63개에 불과했으나, 2020년에는 각각 103조 달러와 2,372개로 급증했다. 블룸버그의 ESG 데이터[2] 사용자 수 역시 크게 증가했다. 2009년 2,415명이던 사용자가 2019년에는 약 18,000으로 증가하였고, 2023년에는 전 세계적으로 수만 명에 달하는 것으로 조사되었다. 이는 기업 경영뿐만 아니라 투자자들이 ESG 정보를 고려한 투자의 중요성을 인식하게 되면서, ESG 데이터에 대한 수요가 급증하고 있음을 의미한다. 이러한 경향은 지

---

1 AUM(Asset Under Management, 자산 운용 규모)은 투자회사나 금융기관이 관리하는 총 자산의 금액을 의미한다. AUM에는 주식, 채권, 현금, 부동산 등 다양한 자산의 총액이 포함되며, 이는 투자회사의 규모와 성과를 나타내는 중요한 지표로 사용된다. 예를 들어, AUM이 큰 회사는 더 많은 자산을 관리하고 있으며, 이는 그 회사가 많은 고객을 보유하고 있거나 큰 규모의 자산을 관리하고 있음을 의미한다.

2 블룸버그 ESG 데이터는 투자자와 기업이 ESG 요소를 고려한 의사결정을 내릴 수 있도록 지원하는 포괄적인 데이터로, 2009년에 처음 시작되었다. 이 데이터는 기업의 연차 보고서, 지속 가능성 보고서, 뉴스 기사, 규제 제출 문서 등 다양한 출처에서 수집되며, 블룸버그 터미널(Bloomberg Terminal)과 같은 플랫폼을 통해 투자자들이 접근할 수 있다. 2023년 기준으로, 블룸버그 ESG 데이터는 전 세계 15,000개 이상의 기업을 포함하고 있다. 블룸버그는 ESG 데이터를 통해 기업의 지속 가능성 성과를 평가하며, 투자자들은 이를 활용해 기업의 지속 가능성 성과, 환경적 영향, 사회적 책임, 및 지배구조 관행을 평가하고 분석한다.

속 가능성을 중시하는 투자 트렌드가 점점 더 강화되고 있음을 보여준다.[3]

2004년에 처음 도입된 ESG 개념이 이후 투자와 경영의 새로운 패러다임으로 확산되고 정착되고 있음을 여러 차례 강조한 바 있다. 3장에서는 급증하고 있는 ESG 투자에 대한 정의와 그 규모 추이에 대해 살펴본다. 이는 ESG 기반 투자가 전체 투자에서 차지하는 비율과 그 추이의 변화를 살펴보는 것이 ESG 확산의 정도를 가늠할 수 있는 가장 직접적인 방법이기 때문이다.

1 자료설명

여러 문헌이나 언론에서 ESG를 고려한 투자 규모에 대한 정보를 최근 많이 제공하고 있는데 이들이 인용하는 자료는 글로벌 지속가능한 투자협회(Global Sustainable Investment Alliance, 이하 GSIA)가[4] 2012년부터 2년마다 발간하고 있는 글로벌 지속가능한 투자 보고서(Global Sustainable Investment Review,

---

3 블룸버그의 2023년 조사에 따르면, ESG 데이터를 사용하는 기업 경영진의 92%가 ESG 데이터에 대한 지출을 연간 10% 이상 증가시킬 계획을 가지고 있으며, 그중 절반 이상은 20% 이상의 증가를 기대하고 있다. 이는 ESG 데이터가 기업의 경쟁력 유지와 규제 준수에 필수적이라는 인식이 확산되고 있음을 반영한다고 할 수 있다.

4 GSIA는 전 세계적으로 지속 가능한 투자 실천을 촉진하기 위해 설립된 국제 협력 기구로, 주요 목적은 지속 가능한 투자 기관들의 영향력을 증대시키고 지속 가능한 투자의 가시성을 높이는 데 있다. GSIA는 전 세계의 다양한 지속 가능한 투자 조직들로 구성되어 있으며, 각 지역에서 지속 가능한 투자 실천을 대표하고 발전시키는 역할을 담당한다. GSIA의 주요 구성원으로는 유럽 지속가능한투자포럼(European Sustainable Investment Forum, Eurosif), 일본 지속가능한 투자포럼(Japan Sustainable Investment Forum, JSIF), 오스트랄라시아 책임투자협회(Responsible Investment Association Australasia, RIAA), 캐나다 책임투자 협회(Responsible Investment Association Canada, RIA Canada), 영국 지속가능한 투자 및 금융 협회(UK Sustainable Investment and Finance Association, UKSIF), 미국 지속가능 및 책임투자 포럼(The Forum for Sustainable and Responsible Investment, USSIF), 네덜란드 지속가능 개발 투자협회(Dutch Association of Investors for Sustainable Development, VBDO) 등이 있다. 이하에서는 이를 주로 GSIA로 표기한다.

이하 GSIR)에 근거하고 있다. GSIR에 나타나 있는 투자는 지속 가능한 투자이다. 지속 가능한 투자는 ESG 투자 전략과 관련된 7가지 유형하에 있는 모든 지속 가능한 자산(Sustainable asset)을 포함하고 있다. 또한, 여기서는 사회적 책임투자를 지속 가능한 투자와 별도로 구분하지 않고 있으며, 투자 규모는 유럽, 미국, 캐나다, 일본, 오스트레일리아·뉴질랜드 등 주요 5개 시장만을 대상으로 하고 있다.

이와 관련해 두 가지 의문이 제기될 수 있다. 첫째, ESG 투자와 지속 가능한 투자는 같은 개념인지 여부이다. 이에 대해서는 사람마다 의견이 다를 수 있으나, ESG 투자는 지속 가능한 세계로의 전환을 위해 만들어진 개념일 뿐만 아니라, 지속 가능한 투자는 포트폴리오 선택에 있어 ESG를 고려한 투자로 정의되므로, 지속 가능한 투자와 ESG 투자를 같은 뜻으로 해석해도 무방하다. 둘째, 대표성에 관한 문제이다. ESG 투자 전체 규모를 정확히 파악하려면 모든 나라에서 이루어지는 지속 가능한 투자 규모를 합산해야 하지만, 이는 현실적인 제약으로 인해 현 단계에서는 불가능하다. 다만, GSIR이 대상으로 하는 지역들이 범세계적으로 주요한 투자 시장이라는 점을 감안할 때, 이들 지역에서의 투자규모만을 집계하더라도, ESG 투자 규모와 변화 추이를 파악하는 데는 큰 무리가 없을 것이다.

본 장에서는 2020년 GSIR과 2023년 GSIR을 토대로 ESG 기반 투자 규모의 추이와 지역별 차이 등을 자세히 살펴본다. GSIR은 해당 연도뿐만 아니라 비교를 위해 과거 연도의 자료도 제공하고 있다. 예를 들어, 2020년 GSIR에는 2016년, 2018년, 2020년 자료가 모두 포함되어 있다. 따라서 ESG 투자 전체 규모 및 변화 추이를 파악하기 위해서는 가장 최근의 GSIR만을 참조해도 충분하다. 그럼에도 불구하고, 본 장에서는 2020년과 2023년 GSIR을 모두 소개하는데, 이는 2023년 보고서는 2020년 보고서와 비교해 방법론 및 집계 방식에서 큰 차이가 있어 두 보고서를 직접 비교하기 어려워졌기 때문이다. 두 보고서의 차이에 대해서는 본 장의 3절에서 자세히 설명한다.

GSIR 자료에는 근본적인 한계점이 존재한다. GSIR 자료가 기본적으로 각 지역에서 보고된 데이터를 기반으로 하기 때문이다. ESG 투자를 어디까지 포함시켜야 하는지에 대해 아직 세계적으로 통용되는 단일 기준이 마련되어 있지 않아, 지역별 자료는 각 지역의 기준에 따라 만들어진다. 따라서 애초에 지역 간 비교가 쉽지 않다. 여기에 더해, 한 지역에서 자료 집계 기준이 바뀌면 해당 지역의 시계열 비교뿐 아니라 다른 지역과의 비교도 한층 더 어려워진다.[5] 그럼에도 불구하고, ESG 투자 규모 및 변화 추이를 설명하는 데 GSIR 자료를 사용하는 이유는 현 단계에서 GSIR보다 더 나은 자료가 없기 때문이다. GSIA는 이러한 상이한 집계 방식에서 발생하는 문제를 해결하고, 지역 간 비교가 가능하도록 하기 위해 많은 노력을 기울이고 있다.

2 2020년 GSIR

GSIR에서는 "ESG 투자"보다는 "지속 가능한 투자"라는 용어를 사용하고 있으나, 앞서 설명한 바와 같이 두 개념을 동일하게 보아도 무방하다. GSIR에서는 지속 가능한 투자를 7가지 투자 전략에 기반한 투자로 정의하고 있다. 〈표 Ⅲ-1〉에는 이 7가지 투자 전략과 각 전략에 대한 간략한 설명이 정리되어 있다. ESG 통합 전략은 기존의 재무 분석에 ESG 정보를 결합하여 투자 기회와 위험을 식별하고, 포트폴리오 구성 단계에서부터 투자 결정 과정 전반에 ESG 분석을 통합하는 투자 방식이다. 보다 구체적으로, 책임투자원칙에서는 ESG 통합 방안으로 기본 분석(Fundamental analysis), 계량 모형 분석, 스마트 베타(β) 방식을 제시하고 있다.[6] 기본 분석은 주식이나 기타 자산의 내재 가치를 평가하기 위해 제무제표, 경제 지표, 산업 동향 등 다양한 데이터를 분석하는 방법으로, 기업의 재무 상태, 경영진, 경쟁 환경, 시장 조건 등을 평가하여 투자 결정을 내리는 데 사용된다. ESG 통합과 관련

---

5 예를 들어, 2020년 GSIR 자료의 경우, 유럽과 호주 지역에서는 지속 가능한 투자의 정의 방식에 다소 변화가 있었고, 이는 자료에 반영되었지만, 미국은 방식의 변화가 없어서 기존과 동일한 방식으로 자료가 집계되었다.

6 보다 자세한 내용은 신한금융투자(2020) 참조.

한 기본 분석은 장래 재무 성과 예측에 ESG 이슈를 반영하는 것이다. 이를 통해 기업의 재무 예측에 ESG 이슈가 장래 매출, 영업비용 및 수익성 등에 미치는 영향을 분석할 수 있을 뿐만 아니라, ESG 요인은 기업가치 평가 모형 내에서 청산 가치(Liquidation value), 베타[7], 할인율 계산 및 시나리오 분석에 활용될 수 있다. 계량 모형을 통한 ESG 통합은 기존에 쓰이던 가치, 성장, 규모, 모멘텀(시장 추세), 주가 변동성 같은 투자 요인에 더해 ESG 요소를 추가하여 분석하는 방식이다. ESG 요인을 반영해 포트폴리오 내 비중을 조절하거나, ESG 성과가 부진한 기업을 포트폴리오에서 제외하는 방식으로 적용할 수 있다. 최근 ESG 자료의 축적과 양적·질적 분석 도구의 발전에 힘입어 관련 투자 규모는 급증하고 있다.

긍정적/최고 선별 전략과 부정적/배제적 선별 전략은 모두 특정 기준을 선정하여 투자 결정을 내린다는 점에서 공통점이 있다. 그러나 전자는 성과가 기준을 초과하거나 동종 업종에서 가장 높은 성과를 보이는 기업에 투자하는 전략인 반면, 후자는 특정 기준에 미달하는 기업을 투자에서 제외하는 전략이다. 선별 전략은 기준이 재무 성과일 수도 있어 반드시 지속 가능한 투자 전략에만 적용되는 개념은 아니다. 그러나 기준이 기업의 지속 가능성이라면, 이 두 전략은 지속 가능한 투자 전략으로 분류된다. 기업의 지속 가능성 기준은 여러 관점에서 측정될 수 있는데, 이 두 전략에서 많이 사용되는 기준은 기업의 ESG 점수나 사회적 책임에 해당하는 도덕성 등이다.

부정적/배제적 선별 전략은 7가지 전략 중 가장 오랫동안 사용되고 있다. 이 전략을 가장 많이 활용하고 있는 기관 중 하나로 알려져 있는 곳은 노르웨이 국부펀드인 정부연금펀드글로벌(Government Pension Fund Global, 이하 GPFG)의 자산운용기구인 NBIM(Norges Bank Investment Management)[8]이다. NBIM

---

7 베타(β)는 투자와 금융에서 특정 자산, 특히 주식이 전체 시장(또는 벤치마크 지수)에 비해 얼마나 민감하게 반응하는지를 나타내는 지표이다. 이에 대해서는 9장에서 자세히 설명한다.

8 NBIM(Norges Bank Investment Management)은 노르웨이 중앙은행(Norges Bank) 산하의 투자 관리 기관으로, 노르웨이의 국부 펀드인 GPFG를 관리하고 있다. NBIM은 1998년에 설립되었으며, 노르웨이의 석유 및 가스 자원으로부터 얻어진 수익을 장기적으로 관리

은 투자 포트폴리오를 구성할 때, 노르웨이 재무부의 지침에 따라 도덕적 기준에 미치지 못하거나 사회에 심각한 비용을 초래하는 기업이나 산업에 투자를 금지하고 있다. 예를 들어, 무기 생산 및 판매 기업, 담배 생산 기업, 석탄 채굴 및 석탄 발전 기업에는 투자를 하지 않고 있다.

규범 기반전략(Norm-Based Screening Strategy)은 국제적 규범과 기준에 기반하여 기업을 평가하고, 이를 준수하지 않는 기업은 투자에서 배제하는 방식이다. 널리 사용되는 국제 규범으로는 UN Global Compact 10대 원칙, OECD 다국적기업 가이드라인(OECD Guidelines for Multinational Enterprises)[9], 유엔 책임투자원칙(PRI), ILO 기준 등이다. 규범 기반전략과 부정적/배제적 선별 전략은 기업을 투자에서 배제한다는 측면에서는 유사하지만, 중요한 차이점이 있다. 부정적/배제적 선별 전략은 주로 특정 활동이나 제품을 기준으로 기업을 배제하는 반면, 규범 기반전략은 국제적 규범과 기준에 대한 준수 여부를 기준으로 기업을 평가하고 배제한다. 또한, 부정적/배제적 선별 전략은 "하지 말아야 할 것"에 초점을 맞추는 반면, 규범 기반전략은 "해야 할 것"에 초점을 맞추어 기업을 선별한다.

지속가능성 주제 전략(Sustainability Themed Investing Strategy)은 지속 가능한 발전 목표를 추구하는 특정 주제나 섹터에 투자하는 방식이다. 이 전략은 환경적, 사회적, 경제적 지속 가능성을 증진시키는 기업이나 프로젝트에 자금을 투자하여 긍정적인 영향을 창출하는 동시에, 장기적인 재무적 수익을 달성하는 것을 목표로 한다. 임팩트/커뮤니티 투자 전략(Impact/Community Investing Strategy)은 사회적, 환경적 영향을 고려하여 긍정적인 변화를 창출하는 데 중점을 둔 투자 전략이다. 이 전략은 주로 지역사회 개발, 소외 계층 지원, 환경 보호 등 사회적 목적을 달성하는 데 목적이 있다. 임팩트/커뮤니티 투자 전략은 투자 대상의 관점에서 보면 지속가능성 주제 전략과 매우

하고, 미래 세대를 위해 재정적 안정성을 보장하기 위해 설립되었다. 2024년 기준으로, 정부연금펀드글로벌의 자산 규모는 약 1.4조 달러에 달하며, 이는 우리나라 국민연금 적립금보다 많은 규모이다. 설립 이후 GPFG의 연평균 수익률은 약 6% 정도이다.

9 OECD 다국적기업 가이드라인은 다국적 기업의 사회적 책임을 강조하며, 인권, 고용, 환경, 반부패, 소비자 이익 등을 포함한 다양한 주제를 다루는 가이드라인이다.

유사하다. 그러나 두 전략은 수익 창출 측면에서 중요한 차이가 있다. 지속 가능성 주제 전략은 수익 창출이 어려운 경우 투자를 하지 않지만, 임팩트/커뮤니티 투자 전략은 수익이 창출되지 않더라도 사회에 긍정적인 영향을 미칠 수 있다면 투자를 진행한다.

기업 참여 및 주주 행동 전략(Corporate engagement and Shareholder action strategy)은 주주가 기업 경영진과 적극적으로 소통하며, 주주로서의 권리를 행사하여 기업의 ESG 성과를 개선하고 지속 가능한 경영을 촉진하는 투자 전략이다. 이 전략은 주주가 단순히 자본을 투자하는 것에 그치지 않고, 기업의 의사결정 과정에 직접적으로 참여하여 긍정적인 변화를 유도하는 것을 목표로 한다. 투자자가 투자 대상 기업의 ESG 성과 개선을 목적으로 적극적인 의사소통을 하는 방법에는 여러 가지가 있다. 의결권 행사(Proxy voting)[10], 주주 서한 발송, 경영진과의 직접 대화, 이사회 의석 확보, 주주 총회에서의 문제 제기, 규제 당국에 요구사항 전달, 언론 활용 등이 그 예이다. 일본의 공적연금 적립금을 운용하는 기관인 정부연금투자기금(Government Pension Investment Fund, 이하 GPIF)은 기업 참여 및 주주 행동 전략을 적극적으로 구사하는 연기금으로 잘 알려져 있다.[11] 2015년에 PRI에 가입한 GPIF는 국내외 투자 대상 기업에 대한 주주 권한을 모두 외부 자산운용사에 위탁하고 있다.

---

10 의결권 행사는 주주가 직접 또는 대리인을 통해 주주 총회에서 투표권을 행사하는 과정을 의미한다. 주주 총회에서는 이사 선임, 경영진 보수, 주요 정책 변경, 합병 및 인수, ESG 관련 결의안 등 다양하고 중요한 사항이 논의되고 결정되며, 주주는 자신이 보유한 주식 비율에 따라 의결권을 행사할 수 있다. 이를 통해 주주는 기업의 주요 결정에 직접적인 영향을 미칠 수 있다. 의결권 행사는 때때로 "대리투표"로도 번역된다.

11 2023년 기준으로 GPIF의 자산운용 규모는 약 1.5조 달러에 이른다.

표 Ⅲ-1 7가지 ESG 투자 전략

투자 전략	내용
ESG 통합 전략 (ESG integration strategy)	• ESG 요인들을 재무 분석에 체계적이고 명시적인 포함
긍정적/최고 수준 선별 전략 (Positives/Best-in-class screening strategy)	• 동종 산업에 있는 다른 기업에 비해 우수한 성과를 보인 부문(sectors), 기업 및 사업에 투자하는 전략
부정적/배제적 선별 전략 (Negative/Exclusive screening strategy)	• 특정 기준에 근거하여 특정 산업 또는 종목에 대한 투자를 배제하는 가장 기초적인 책임투자 전략
규범 기반 선별 전략 (Norm-based screening strategy)	• OECD, ILO, UN, UNICEF 등 국제기구 등의 국제기준에 따라 최소기준을 충족시키는 기업, 부문 사업에만 투자를 하거나 제외하는 전략
지속가능성 주제 전략 (Sustainability themed investing strategy)	• 기후변화, 생태효율성, 재생에너지, 클린에너지, 수자원 등 특정 지속가능성 테마와 관련된 자산 또는 종목에 선별 투자하는 전략으로 수익 창출을 1차 목적으로 한다는 점에서 impact 투자와는 다름
임팩트/커뮤니티 투자 전략 (Impact/Community investing strategy)	• 수익에 국한하지 않고 사회에 긍정적 영향을 미치는 기업, 부문, 사업에 투자하는 방식
기업 참여 및 주주 행동 전략 (Corporate engagement and shareholder action strategy)	• 기업의 행동에 영향을 미치는 주주 권한의 행사 • 기업의 이사회나 대표이사 등과 직접적인 대화, 주주제안 제출 및 포괄적인 ESG 지침에 따른 위임투표(proxy voting) 등이 포함됨

자료: GSIA(2020), 『Global sustainable investment review』

2020년 GSIR의 7가지 투자 전략을 합한 ESG 투자 규모와 지역별 투자 규모는 〈표 Ⅲ-2〉에 정리되어 있다. 총 투자 규모는 2016년 22.84조 달러에서 2020년 35.2조 달러로 54.8% 급증하였다.[12] 총 투자 규모는 2020년까지

12 일본을 제외한 모든 나라의 통계는 12월 31일 기준이며 일본은 3월 31일 기준이다. 예컨대 2020년 일본의 지속가능한 투자 규모 통계는 2020년 3월 31일 기준인 반면 다른 지역은 2019년 12월 31일 기준이다.

지속적으로 증가하는 추세를 보였지만, 증가세는 지역별로 다소 차이가 있었다. 유럽의 2016년 지속가능한 투자 규모는 12.04조 달러로, 전체 지속가능한 투자에서 차지하는 비율이 52.7%이었으나, 2018년에는 14.0조 달러로 절대액은 증가했으나, 전체 지속가능한 투자 대비 비율은 45.8%로 감소했고 2020년에는 12.0조 달러로 2018년 대비 절대액도 감소하였을 뿐만 아니라, 전체 지속가능한 투자에서 차지하는 비율도 38%로 크게 줄어 미국보다 낮았다. 반면, 다른 지역의 지속 가능한 투자 규모는 지속적으로 증가하는 추세를 보였다. 미국의 지속 가능한 투자 규모는 2016년 8.7조 달러(38.2%), 2018년 12.0조 달러(39.1%), 2020년 17.1조 달러(48.4%)로 지속적으로 증가했으며, 특히 2020년에는 유럽을 넘어 가장 큰 지속 가능한 투자 규모를 기록했다. 일본의 지속 가능한 투자 규모는 증가 속도 면에서 가장 가파른 것으로 나타났다. 일본의 지속 가능한 투자 규모는 2016년 0.47조 달러로, 전체 지속가능한 투자에서 차지하는 비율이 2.1%에 불과했으나, 2020년에는 2.9조 달러로 증가하며 전체 투자에서 차지하는 비율도 8.1%로 상승, 2016년 대비 거의 4배 증가하였다. 2020년 GSIR에 따르면, 유럽의 지속 가능한 투자가 감소한 이유는 '그린워싱(Greenwashing)'[13]을 방지하기 위한 유럽연합(EU)의 규정 변경 때문이다. 대표적인 규정[14]은 2020년 6월 18일 채택된 EU의 "지속 가능한 투자 촉진을 위한 프레임워크 설립에 관한 규정(Regulation EU 2020/852)"이다.[15] 이 규정은 '지속 가능한 경제 활동'을 보다 명확히 정의

---

13 그린워싱(Greenwashing)은 기업이나 조직이 실제로는 환경에 친화적이지 않으면서, 마치 친환경적인 것처럼 홍보하는 행위를 의미한다. 이는 소비자들을 오도하여 제품이나 서비스가 환경적으로 책임 있는 것처럼 보이게 하려는 의도로 사용된다. 그린워싱은 기업이 환경 보호와 지속 가능성에 대한 소비자의 관심을 이용하여, 실제로는 그 기준을 충족하지 못할 때 발생한다.

14 Regulation EU 2020/852 이전에도 그린워싱을 방지하기 위한 움직임이 있었다. 예를 들어, 2019년에 도입된 유럽연합의 지속 가능한 금융 공시 규제(Sustainable Finance Disclosure Regulation, SFDR)도 이러한 목적을 가지고 있다. SFDR의 목적은 금융 시장에서 지속 가능성을 통합하고, 투자자들에게 지속 가능성 관련 정보를 더 투명하게 제공하여 그린워싱을 방지하며, 지속 가능한 금융상품의 신뢰성을 높이는 것이다. SFDR에 대한 자세한 설명은 4장에서 다룬다.

하고 엄격한 기준을 설정함으로써, 기존에 지속 가능한 것으로 간주되었던 많은 투자 상품과 전략이 더 이상 이러한 기준을 충족하지 못하게 되었다. 엄격한 기준 적용으로 인해, 유럽지속가능투자포럼(Eurosif) 설문조사에 따르면 독일과 프랑스의 2018년 지속 가능한 투자 규모는 2016년에 비해 줄어든 것으로 보고되었다.

〈표 Ⅲ－2〉에서 가장 주목해야 할 점은 2020년 미국의 지속 가능한 투자 규모가 유럽을 앞질렀다는 것이다. 그러나 이 통계만으로 미국의 지속 가능한 투자 규모가 유럽을 앞섰다고 단언하기는 어렵다. 앞서 설명했듯이, 유럽은 2018년부터 '그린워싱(Greenwashing)'을 방지하기 위해 그린 택소노미(Green Taxonomy) 도입을 위한 초안 작업이 본격화되었고, 이에 따라 과거에 지속 가능한 투자로 분류되었던 일부 투자가 재조정되어 그 규모가 줄어들었다. 반면, 미국은 아직 '그린'에 대한 명확한 정의가 규정되지 않아, 미국의 지속 가능한 투자에는 유럽 기준으로는 지속 가능한 투자로 간주되지 않는 일부 투자가 포함되어 있을 가능성이 높다. 이로 인해 표에 나타난 수치만으로 단순히 두 지역의 지속 가능한 투자 규모를 직접 비교하는 것은 어렵다.

표 Ⅲ-2 2016-2020 지속가능한 투자 규모

(단위: billion dollars)

지역	2016	2018	2020
유럽	$12,040(52.7%)	$14,075(45.8%)	$12,017(34.0%)
미국	$8,723(38.2%)	$11,995(39.1%)	$17,081(48.4%)
일본	$474(2.1%)	$2,180(7.1%)	$2,874(8.1%)

15 Regulation EU 2020/852는 흔히 "Taxonomy Regulation"이라고 불리며, EU 그린 택소노미(Green Taxonomy)의 법적 기초를 제공하기 위해 제정된 법률이다. 이 규정은 2020년 6월 18일에 제정되었고, 2020년 7월 12일에 발효되었다. 또한, 유럽에서는 ESG 통합 전략의 적용 범위를 엄격히 제한하였다. 이로 인해, Eurosif 보고서에 따르면 2016년과 2018년 사이에 ESG 통합 유형에 속한 투자 규모가 감소한 것으로 나타났다.

지역	2016	2018	2020
캐나다	$1,086(4.8%)	$1,699(5.5%)	$2,423(6.9%)
오세아니아	$516(2.3%)	$734(2.4%)	$906(2.6%)
총계	$22,838	$30,683	$35,301

자료: GSIA(2020), 『Global sustainable investment review』
주: ()은 총계에서 차지하는 비율을 뜻함

〈표 Ⅲ-3〉에는 금융기관들이 전문적으로 운영하는 자산운용규모(AUM) 중 지속 가능한 투자가 차지하는 비율이 정리되어 있다. AUM 중 지속 가능한 투자가 차지하는 비율은 2016년 27.9%에서 2020년 35.9%로 증가하였다. AUM 중 지속 가능한 투자가 차지하는 비율은 전반적으로 증가하는 추세를 보였으나, 이 비율 역시 지역별로 상이한 추이를 보였다. 〈표 Ⅲ-4〉에 따르면, 유럽 지역은 2014년 58.8%에서 2020년 41.6%로 지속적으로 감소하였다. 특히 2020년의 감소 폭이 컸는데, 이는 지속 가능한 투자에 대한 정의가 강화되었기 때문이다. 오세아니아 지역도 2018년까지는 비율이 급격히 증가했으나, 2020년에는 급감했는데, 이 역시 유럽과 마찬가지로 산업 표준의 강화와 지속 가능한 투자의 정의가 더 엄격해진 결과이다.[16] 반면, 다른 지역들은 지속적인 증가 추세를 보였다. 미국은 2014년 17.9%에서 2020년 33.2%로, 캐나다는 31.3%에서 61.8%로 거의 두 배 가까이 증가하였다. 일본의 증가율도 괄목할 만하다. 일본은 2016년 3.5%에서 2020년 24.3%로 거의 8배 이상 증가하였다.

---

16 예를 들어, 뉴질랜드에서는 파리협정에 맞춘 기후 변화 정책을 개발하고 시행할 수 있는 프레임워크를 제공하기 위해 2019년에 "기후 변화 대응(제로 탄소) 수정법(Climate Change Response (Zero Carbon) Amendment Act)"이 제정되었다. 이 법은 뉴질랜드가 2050년까지 온실가스 순배출 제로를 달성하기 위한 법적 기반을 마련하고, 기후 변화에 대응하기 위한 다양한 정책과 전략을 추진할 수 있도록 하는 역할을 한다.

표 Ⅲ-3 AUM 대비 지속가능한 투자가 차지하는 비율

(단위: 10억 달러)

	2016	2018	2020
AUM(A)	81,948	91,828	98,416
지속가능한 투자 규모(B)	22,872	30,683	35,301
B/A	27.9%	33.4%	35.9%
성장률		5.5%	2.5%

자료: GSIA(2020), 『Global sustainable investment review』

표 Ⅲ-4 지역별 AUM 대비 지속가능한 투자비율 추이

(단위: %)

	2014	2016	2018	2020
유럽	58.8	52.6	48.8	41.6
미국	17.9	21.6	25.7	33.2
캐나다	31.3	37.8	50.6	61.8
오세아니아	16.6	50.6	63.2	37.9
일본		3.5	18.3	24.3

자료: GSIA(2020), 『Global sustainable investment review』

〈표 Ⅲ-5〉에는 2016년부터 2020년까지 7가지 투자 전략 유형별 ESG 투자 규모가 정리되어 있다. 2016년 전 세계적으로 가장 많이 활용된 투자 전략은 부정적/배제적 선별 전략으로 약 15.0조 달러였으며, 그다음으로는 ESG 통합 전략과 기업 참여 및 주주 행동 전략이 뒤따랐다. 이 순서는 2018년에도 유지되었다. 그러나 2020년에는 ESG 통합 전략이 가장 많이 활용된 투자 유형으로 자리 잡았으며, 그 규모는 25조 달러에 이르렀다. 그다음으로는 부정적/배제적 선별 전략과 기업 참여 및 주주 행동 전략이 이어졌다.

사실, 단순한 투자 규모만으로는 7가지 투자 전략의 추이를 명확히 파악하기 어렵다. 이를 감안하여 〈표 Ⅲ－5〉에는 2016년부터 2020년까지의 연평균복리성장률(Compound Annual Growth Rate, CAGR)[17]이 계산되어 있다. 계산 결과는 마지막 열에 정리되어 있다. 해당 기간 동안 연평균복리성장률이 가장 큰 투자 전략 유형은 63%의 성장률을 보인 지속 가능한 투자 전략이었으며, 그다음이 ESG 통합 전략이었다. 반면, 규범 기반 투자 전략은 같은 기간 동안 마이너스의 연평균복리성장률을 보였고, 부정적/배제적 선별 전략은 0%의 성장률을 기록하였다.

〈표 Ⅲ－5〉의 내용과 관련하여 우리는 하나의 중요한 사실에 주목할 필요가 있다. 〈표 Ⅲ－5〉에서 7가지 전략을 모두 합한 지속 가능한 투자 규모가 〈표 Ⅲ－2〉의 지속 가능한 투자 규모와 다르다는 점이다. 예를 들어, 2016년의 지속 가능한 투자 규모는 〈표 Ⅲ－2〉에서는 22.8조 달러로 나타나 있지만, 7가지 전략을 모두 합한 지속 가능한 투자 규모는 〈표 Ⅲ－5〉에 따르면 41.3조 달러로, 거의 두 배에 달한다. 이러한 차이는 2018년과 2020년에도 동일하게 나타난다. 이는 지속 가능한 투자를 7가지 전략 중 어디에 포함시킬 것인지 정할 때, 복수 선택이 가능했기 때문이다.[18]

---

17 연평균복리성장률(CAGR)은 특정 기간 동안의 투자 수익률을 계산하는 데 사용된다. 이는 투자나 사업의 성과를 평가할 때 유용한 지표로, 시작 시점과 끝 시점 간의 성장률을 연 단위로 계산하여 평균적인 연간 성장률을 보여준다. 즉, 연평균복리성장률은 중간 시점에서 발생하는 변동률은 제외되고 해당 기간 동안 일정한 성장률로 성장했다는 가정하에 시작 값에서 최종 값까지 도달하는 데 필요한 연평균성장률이다. CAGR은 다음과 같이 구해진다. $CARG=\left(\frac{V_f}{V_i}\right)^n$ 여기서 V_f는 최종기간의 가치, V_i는 최초기간의 가치이며 n은 기간이다.

18 복수 선택이 가능하도록 한 이유는 7가지 전략 중 유사한 것들이 많기 때문이다. 예를 들어, 임팩트/커뮤니티 투자 전략과 지속가능성 주제 전략은 앞서 살펴본 바와 같이 성격이 매우 유사하다.

표 Ⅲ-5 7가지 ESG 투자 전략별 규모 및 증가율: 2016-2020

(단위: 10억 달러)

	2016	2018	2020	2016-2020 증가율	연평균복리성장률
임팩트/커뮤니티 투자 전략	$248	$444	$352	42%	9%
지속가능성 주제 전략	$276	$1,018	$1,948	269%	63%
긍정적/최고 수준 선별 전략	$818	$1,842	$1,384	125%	14%
규범 기반 선별 전략	$6,195	$4,679	$4,140	-24%	-10%
기업 참여 및 주주 행동 전략	$8,385	$9,835	$10,504	17%	6%
ESG 통합 전략	$10,353	$17,544	$25,195	69%	25%
부정적/배제적 선별 전략	$15,064	$19,771	$15,030	31%	0%
총합	$41,340	$55,133	$58,552		

자료: GSIA(2020), 『Global sustainable investment review』

〈표 Ⅲ-5〉에서는 7가지 투자 전략별 투자 규모의 추이를 살펴보았다. 그러나 7가지 투자 전략 중 어떤 유형의 전략이 가장 많이 활용되고 있는지는 지역마다 차이가 날 수 있다. 〈표 Ⅲ-6〉과 〈표 Ⅲ-7〉에는 2018년과 2020년의 7가지 투자 유형별 지역별 분포가 나타나 있다. 이 두 표를 통해, 많이 활용되는 투자 전략 유형이 지역별로 차이가 있음을 알 수 있다. 임팩트/커뮤니티 투자 전략, 지속가능성 주제 투자 전략, 긍정적/최고선별 전략, ESG 통합 전략에서 가장 큰 비중을 보인 지역은 미국이었다. 특히, 지속가능성 주제 투자 전략은 미국에서 그 비율이 두 해 모두 압도적으로 높았으며, 미국의 비중은 2018년 77%에서 2020년 86%로 크게 증가하였다. ESG 통합 전략 역시 2018년에 54%에서 2020년에 64%로 크게 증가하였다. 유럽 지역에서 가장 큰 비중을 차지한 유형은 규범 기반 선별 전략, 기업 참여 및 주주 행동 전략, 그리고 부정적/배제적 선별 전략이었다.[19] 다소 특이한 점은 3가

19 이러한 결과는 Eurosif의 2018년 설문조사와도 일치한다. 해당 조사에 따르면, 유럽의 지속 가능한 투자는 두 가지 요소가 필수화되었다고 한다. 첫 번째 요소는 기업 참여 및 주주 행동 전략의 증가에서 볼 수 있듯이, 투자자들이 투자 기업의 경영에 적극적으로

지 전략 중 부정적/배제적 선별 전략은 7가지 전략 중 가장 오래전부터 사용되어온 전략인데 유독 유럽에서만 활용 정도가 증가하였다는 것이다. 또 하나 주목할 점은 일본과 캐나다의 투자 전략 분포이다. 일본은 기업 참여 및 주주 행동 전략의 비중이 다른 투자 전략 유형에 비해 압도적으로 높다. 2018년에는 13%였던 비중이 2020년에는 17%로 증가하였다. 〈표 Ⅲ-2〉에서 보았듯이, 일본의 지속 가능한 투자 규모는 미국이나 유럽에 비해 매우 작음에도 불구하고,[20] 일본의 기업 참여 및 주주 행동 전략 비율이 2020년 기준 17%에 달했다는 것은 일본이 7가지 투자 전략 중 기업 참여 및 주주 행동 전략을 얼마나 많이 활용하고 있는지를 보여준다. 캐나다는 규범 기반 선별 전략에서 상대적으로 높은 점유율을 보였다.

〈표 Ⅲ-6〉과 〈표 Ⅲ-7〉에서는 일부 지역에서 특정 투자 전략 유형이 보고되지 않은 것으로 나타났는데, 이는 지역별로 모든 투자 전략 유형이 집계되는 것은 아니기 때문이다. 오세아니아 지역은 긍정적/최고 선별 전략, 부정적/배제적 선별 전략, 규범 기반 선별 전략을 하나의 선별 전략으로 통합하여 보고하며, 기업 참여 및 주주 행동 전략을 별도의 전략으로 추적하지 않기 때문에, 7가지 전략 중 4가지 투자 전략 유형에 대한 자료만 제공된다.[21] 미국은 규범 기반 선별 전략에 대해서는 조사를 하지 않고 있다. 지속 가능한 투자 총액을 계산할 때, 미국은 ESG 문제에 관한 주주 제안을 제출하는 기업 참여 투자의 경우, 직접적으로 개입한 투자만을 포함한다. 예를 들어, ESG 이슈를 직접적으로 다루지 않지만 기업의 장기적인 전략적 방향성을 논의하는 주주 제안이나, 구체적인 ESG 문제를 언급하지 않지만

참여하는 것이 점점 더 일반화되고 있다는 것이다. 두 번째 요소는 투자자의 투자 의사결정에서 ESG 통합 전략이 필수화되었다는 점이다. 이는 비록 유럽에서 2020년에 ESG 통합 전략이 차지하는 비율이 다소 감소했음에도 불구하고, 절대 금액에서는 비교적 큰 폭으로 증가하였다는 사실을 통해 확인할 수 있다.

20 일본의 지속 가능한 투자 규모가 전 세계 지속 가능한 투자 규모에서 차지하는 비율은 2018년 7.1%, 2020년 8.1%이었다.

21 〈표 Ⅲ-6〉과 〈표 Ⅲ-7〉의 오세아니아의 부정적/배제적 선별전략에 해당하는 수치는 긍정적/최고수준 선별전략과 규범 기반 선별전략을 합한 수치이다.

포괄적인 지속 가능성 목표를 포함하는 정책 및 전략에 대한 주주 제안은 기업 참여 및 주주 행동 전략 투자에 포함되지 않는다.

표 Ⅲ-6 지역별 7가지 ESG 투자유형 비중: 2018년

	유럽	미국	일본	캐나다	오세아니아
임팩트/커뮤니티 투자 전략	28%	66%	2%	3%	1%
지속가능성 주제 전략	17%	77%	1%	3%	2%
긍정적/최고 수준 선별 전략	36%	60%	3%	1%	0%
규범 기반 선별 전략	77%	-	6%	17%	0%
기업 참여 및 주주 행동 전략	56%	18%	13%	12%	0%
ESG 통합 전략	28%	54%	7%	9%	3%
부정적/배제적 선별 전략	55%	40%	1%	4%	1%

자료: GSIA(2018), 『Global sustainable investment review』

표 Ⅲ-7 지역별 7가지 ESG 투자유형 비중: 2020년

	유럽	미국	일본	캐나다	오세아니아
임팩트/커뮤니티 투자 전략	30%	60%	0%	4%	5%
지속가능성 주제 전략	7%	86%	4%	2%	0%
긍정적/최고 수준 선별 전략	41%	48%	10%	1%	-
규범 기반 선별 전략	74%	-	6%	19%	-

	유럽	미국	일본	캐나다	오세아니아
기업 참여 및 주주 행동 전략	45%	19%	17%	19%	-
ESG 통합 전략	16%	64%	8%	9%	3%
부정적/배제적 선별 전략	61%	23%	8%	7%	1%

자료: GSIA(2020), 『Global sustainable investment review』

ESG 투자가 이루어지는 분야는 주식, 채권, 부동산 등 다양하다. 〈표 Ⅲ-8〉에는 2016년과 2018년의 투자 유형별 비중이 정리되어 있다. 주식 비중은 2016년 33%에서 2018년 51%로 증가한 반면, 채권(Fixed income) 비중은 2016년 64%에서 2018년 36%로 크게 감소하였다. 부동산 및 기타 투자 유형 비중은 2016년과 2018년 사이에 변동이 없었다.[22]

표 Ⅲ-8 지속가능한 투자의 투자 형태별 비중

	2016년	2018년
주식	33%	51%
채권	64%	36%
부동산 및 기타	3%	3%

자료: GSIA(2018), 『Global sustainable investment review』

3 2022년 GSIR

2022년 GSIR 자료 집계 방법은 이전 연도의 GSIR 자료 집계 방법과 많은 차이를 보여, 전년도 자료와 비교하기가 어려워졌다. 2022년 GSIR 자료를

22 2020년 GSIR에는 분야별 투자 규모에 대해서는 정리가 되어 있지 않다.

설명하기 전에, 먼저 구체적으로 집계 방법이 어떤 지역에서 어떻게 달라졌는지 살펴볼 필요가 있다. 가장 큰 변화를 보인 곳은 미국이다. 미국의 지속 가능한 투자 규모는 미국 SIF(Sustainable Investment Forum)가 집계한 자료를 사용하고 있는데, 최근 미국 SIF는 지속 가능한 투자 규모를 집계하는 방법을 수정하였다. 수정된 방법론에 따르면, 투자사가 투자를 결정할 때 7가지 ESG 투자 전략을 사용했더라도, 그들이 사용한 구체적인 ESG 기준(예: 생물다양성, 인권 또는 담배)을 제시하지 않는 경우에는 지속 가능한 투자로 포함시키지 않는다. 이러한 수정된 방법론으로 인해, 2022년 SIF의 정보 요청에서 어떤 자산 관리자는 2020년보다 훨씬 낮은 지속 가능한 투자 AUM을 보고하였으며,[23] 어떤 자산 관리사는 지속 가능한 투자의 구체적 기준을 제공하지 않아 이들의 투자는 지속 가능한 투자로 포함되지 않았다. 그 결과 미국의 지속 가능한 투자 규모는 2018년 17조 달러에서 2022년 8.4조 달러로 크게 감소하였다. 이러한 이유로, 2022년 GSIR 추세 분석에서 미국은 제외되었으며, 2022년 GSIR에서 보고된 지속 가능한 투자 규모는 다른 연도의 지속 가능한 투자 규모와 직접 비교하기 어렵게 되었다. 2022년 GSIR에서 보고된 투자 규모를 별도로 소개하는 이유는 바로 이 때문이다.

2022년 GSIR은 미국의 자료 집계 방법이 변경된 점을 고려하여, 미국 자료를 제외한 경우와 포함한 경우로 나누어 지속 가능한 투자 규모를 제시하고 있다. 〈표 Ⅲ-9〉에는 이 두 가지 상황에 따른 지속 가능한 투자 규모가 정리되어 있다. 미국을 제외한 4개 지역의 지속 가능한 투자 규모는 2020년 18.2조 달러에서 2022년 21.9조 달러로 20.3% 증가한 것으로 나타났다. 반면, 미국 포함 시 투자 규모는 2020년 35.3조 달러에서 2022년 30.3조 달러로 14.1% 감소하였다.

지역별 증감 추세를 살펴보면, 유럽에서는 지속 가능한 투자가 2020년 12조 달러에서 2022년 14조 달러로 증가했으나, 증가율은 16.5%로 4개 지역 평균 증가율인 20.3%보다 낮았다. 이는 공시에 대한 규제 강화와 지속 가능한 투자 정의 및 접근 방식의 변화가 반영된 결과이다. 캐나다는 2020년까

23 일부 자산관리자의 경우 조 단위의 차이가 나기도 했다.

지 큰 폭의 증가를 보였으나, 2022년에는 2.42조 달러에서 2.36조 달러로 소폭 감소하였다. 캐나다의 감소는 미국과 유사하게 구체적인 ESG 기준에 대한 명확한 정보가 제공되지 않는 투자가 지속 가능한 투자로 포함되지 않도록 방법론이 변경된 것과 관련이 있다. 일본의 지속 가능한 투자 규모는 2022년까지 계속해서 크게 증가하여, 2020년 2.9조 달러에서 2022년 4.3조 달러로 46.5% 증가하였다. 이는 다른 지역보다 훨씬 높은 증가율이다. 오세아니아 역시 2022년까지 지속적인 증가세를 보였으며, 2020년 9,060억 달러에서 2022년 1.22조 달러로 34.6% 증가하였다.

〈표 Ⅲ－10〉에서는 AUM에서 지속 가능한 투자가 차지하는 비율이 두 가지 경우에 대해 계산되었다. 미국을 제외한다면 AUM에서 지속 가능한 투자가 차지하는 비율은 2020년 35.9%에서 2022년 37.9%로 증가하여 2016년 이후 지속적인 증가 추세를 보였다. 그러나 미국을 포함하면, 이 비율은 2020년 35.9%에서 2022년 24.4%로 감소하였다.

표 Ⅲ-9 지속가능한 투자 규모: 2016-2022

(단위: US10억 달러)

	2016	2018	2020	2022
유럽	12,040	14,075	12,017	14,054
캐나다	1,086	1,699	2,423	2,358
오세아니아	516	734	906	1,220
일본	474	2,180	2,874	4,209
4개 지역 합계(=A)	14,115	18,688	18,220	21,921
미국(=B)	8,723	11,995	17,081	8,400
총합계(=A+B)	22,832	30,683	35,301	30,321

자료: GSIA(2022), 『Global Sustainable Investment Review』

표 Ⅲ-10 총자산에서 지속가능한 투자가 차지하는 비율

(단위: 10억 달러)

	2016	2018	2020	2022 (미국 제외)	2022 (미국 포함)
총 AUM(A)	81,948	91,828	98,416	57,887	124,487
지속가능한 투자 규모(B)	22,872	30,683	35,301	21,921	30,321
B/A	27.9%	33.4%	35.9%	37.8%	24.4%
성장률		34%	15%	20%	

자료: GSIA(2022), 『Global Sustainable Investment Review』

2022년에는 7가지 투자 유형별 규모를 조사하는 방법에서 이전 연도와 두 가지 중요한 차이가 있었다. 첫째, 복수 선택의 불가이다. 2020년까지는 모든 지역에서 투자자들이 투자한 전략에 대해 복수 선택이 가능했지만, 2022년에는 미국 SIF와 캐나다 RIA가 투자 전략에 대해 답할 때 투자자들에게 가장 관련이 있는 하나의 전략 유형만 선택하도록 요구하였다. 반면, 일본과 오세아니아 지역은 여전히 복수 선택이 가능하였다. 둘째, 유럽 자료의 누락이다. 유럽은 총 지속 가능한 투자 규모는 보고하였지만, 7가지 전략 유형별 투자 규모는 2022년 GSIR에 보고하지 않았다.[24] 결과적으로, 2022년 7가지 투자 전략별 투자 규모를 나타내는 〈표 Ⅲ-11〉에는 두 가지 특징이 반영되어 있다. 하나는 투자 전략별 규모에 유럽의 투자 규모가 포함되지 않았다는 점이고, 다른 하나는 〈표 Ⅲ-10〉에 나타난 총 지속 가능한 투자 규모보다 〈표 Ⅲ-11〉의 투자 전략 유형별 투자 규모를 합한 총액이

---

24 유럽의 7가지 전략별 투자 규모가 보고되지 않은 이유는 여러 가지가 있겠으나 핵심적인 이유는 2020년까지는 Eirosif에서 자료가 집계되었으나 2022년에는 유럽 펀드 및 자산 관리 협회(European Fund and Asset Management Association, EFAMA)가 Eurosif를 대신하여 데이터를 수집했기 때문이다. EFAMA는 유럽의 펀드 및 자산 관리 시장에 대한 포괄적인 데이터를 제공하지만, 7가지 전략 유형별 세부 데이터를 제공하지 않았다. EFAMA가 7가지 전략별로 자료를 제공하지 않는 이유에 대해서는 알려져 있지 않다.

여전히 더 크다는 점이다. 두 번째 특징은 이전 연도에도 나타났지만, 2022년에는 이 차이가 크게 줄어들었다는 점에서 다소 차이가 있다. 이는 미국과 캐나다에서 복수 선택이 허용되지 않았기 때문이다. 이러한 집계 방법의 차이로 인해 2022년의 투자 전략별 규모와 이전 연도의 투자 전략별 규모를 직접 비교하는 것은 의미가 없게 되었다. 그럼에도 불구하고, 〈표 Ⅲ－11〉을 통해 2022년의 7가지 투자 전략 유형별 투자 규모를 비교해보면 매우 흥미로운 사실 하나를 발견할 수 있다. 2022년에는 투자 전략 유형 중 가장 큰 규모를 차지한 것이 8.06조 달러의 기업 참여와 주주 활동 전략이었다. 2018년과 2020년에 가장 많이 활용된 투자 전략이 각각 부정적/배제적 선별 전략과 ESG 통합 전략이었던 점을 고려할 때, 2년 사이에 투자 전략에서 큰 변화가 있었다는 사실을 알 수 있다. 유럽 자료가 포함되지 않았다는 한계가 있지만, 〈표 Ⅲ－11〉의 결과가 의미 있는 이유는 지속 가능한 투자 활동을 직접 수행하는 전문가들[25]의 경험과 일치하기 때문이다.

표 Ⅲ-11 7가지 ESG 투자 전략별 규모: 2016-2022

(단위: 10억 달러)

	2016	2018	2020	2022
임팩트/커뮤니티 투자 전략	$248	$444	$352	$55
지속가능성 주제 전략	$276	$1,018	$1,948	$598
긍정적/최고 수준 선별 전략	$818	$1,842	$1,384	$574
규범 기반 선별 전략	$6,195	$4,679	$4,140	$1,807
기업 참여 및 주주 행동 전략	$8,385	$9,835	$10,504	$8,053

25 실무자란 구체적으로 자산 관리자, 투자 애널리스트, 포트폴리오 매니저, ESG 전문가 등을 의미한다.

	2016	2018	2020	2022
ESG 통합 전략	$10,353	$17,544	$25,195	$5,588
부정적/배제적 선별 전략	$15,064	$19,771	$15,030	$3,840
총계	$41,340	$55,133	$58,552	$20,515
지속가능한 투자 총규모	$22,838	$30,683	$35,301	$30,321

자료: GSIA(2022), 『Global Sustainable Investment Review』

〈표 Ⅲ－12〉에는 2022년 전략 유형별 투자 규모를 지역별로 세분화하여 정리한 결과가 포함되어 있다. 이 표에 따르면, 임팩트/커뮤니티 투자 전략이나 긍정적/최고 수준 선별 전략을 제외한 대부분의 투자 전략에서 일본의 비율이 가장 높은 것으로 나타났다. 이러한 결과는 〈표 Ⅲ－6〉 및 〈표 Ⅲ－7〉과 상당히 차이가 있다. 이는 2022년에도 일본은 투자 전략을 선택할 때 복수 선택이 허용되었기 때문이다.

표 Ⅲ-12 지역별 7가지 ESG 투자유형 규모 및 비중: 2022년

(단위: 10억 달러, %)

	미국	일본	캐나다	오세아니아	합계
임팩트/커뮤니티 투자 전략	19 (34.5%)	4 (7.3%)	7 (12.7%)	25 (45.5%)	55
지속가능성 주제 전략	136 (22.8%)	240 (40.2%)	77 (12.9%)	144 (24.1%)	597
긍정적/최고 수준 선별 전략	264 (46.0%)	201 (35.0%)	34 (6.2%)	75 (13.1%)	574
규범 기반 선별 전략	-	1,485 (82.1%)	222 (12.3%)	100 (5.5%)	1,807
기업 참여 및 주주 행동	2,977 (36.9%)	3,747 (46.5%)	689 (8.6%)	641 (8.0%)	8,054

	미국	일본	캐나다	오세아니아	합계
ESG 통합 전략	693 (12.4%)	3,491 (62.5%)	767 (13.7%)	638 (11.4%)	5,589
부정적/배제적 선별 전략	724 (18.9%)	2,112 (55.0%)	487 (12.7%)	517 (13.5%)	3,840
합계	4,813	11,280	2,283	2,140	

자료: GSIA(2022), 『Global Sustainable Investment Review』

사례분석상자 7: Horeca & Catering 연금 기금 사례

네덜란드 접대 및 요식업 연금 기금(Horeca & Catering Pension Fund)은 네덜란드의 접대 및 요식업 종사자들을 위한 연금 기금이다. 이 기금은 다양한 사회적 및 환경적 요소를 고려하여 책임 있는 투자 결정을 내리는 데 중점을 두고 있다. 다음은 Horeca & Catering 연금 기금의 주요 설명이다.

배경

- 설립 목적: Horeca & Catering 연금 기금은 네덜란드 접대 및 요식업 산업 종사자들의 은퇴 후 생활을 지원하기 위해 설립된 연금 기금이다.
- 규모: 2017년 말 기준으로 약 €9.9억(£8.6억)의 자산을 보유하고 있다.

조사 및 결과

- 조사 배경: 2017년 말, Horeca & Catering 연금 기금은 회원 9,500명과 고용주 526명을 대상으로 책임 있는 투자와 관련된 설문조사를 실시했다.
- 중요한 이슈: 조사 결과, 회원들은 노동 조건, 환경, 사기 및 부패와 같은 이슈가 가장 중요하다고 응답했다.
- 주요 통계:
  - 응답자의 90%는 지속 가능한 에너지에 대한 투자를 선호했다.
  - 14%만이 무기 산업에 대한 투자를 지지했으며, 17%는 담배 산업에 대한 투자를 지지했다.

조치

- 투자 배제: 조사 결과를 반영하여, Horeca & Catering 연금 기금은 담배 회사와 민간인에게 총기를 판매하는 회사들을 투자 대상에서 제외했다.
- 탄소 배출 감축 목표: 기금은 향후 2년간 투자 포트폴리오에서 탄소 배출량을 20% 줄이는 것을 목표로 삼았다.

의의

Horeca & Catering 연금 기금의 사례는 연금 기금이 회원들의 의견을 반영하여 책임 있는 투자를 실현할 수 있음을 보여준다. 이는 ESG 요인들이 투자 결정에서 중요한 역할을 할 수 있으며, 연금 기금이 지속 가능한 투자 전략을 통해 사회적 및 환경적 책임을 다할 수 있는 좋은 예시이다. 이 사례는 ESG 원칙이 투자 결정을 내릴 때 어떻게 구체적으로 적용될 수 있는지를 보여주며, 연금 기금이 더 나은 사회적, 환경적 결과를 위해 어떻게 노력할 수 있는지를 강조한다.

자료: UKCFA(2021), 『Certificate in ESG Investing Curriculum』

사례분석상자 8: Munich Re(독일 재보험 회사)

Munich Re는 독일의 재보험 회사로, 기후 변화에 대한 대응과 ESG 원칙을 투자와 경영에 통합하여 주목받고 있다. 다음은 Munich Re에 대한 상세한 설명이다.

배경

- 설립: Munich Re는 1880년에 설립된 세계적인 재보험 회사로, 보험사들에게 보험을 제공하는 재보험업에서 선도적인 위치를 차지하고 있다.
- 규모: Munich Re는 전 세계적으로 광범위한 재보험 서비스를 제공하며, 글로벌 재보험 시장에서 중요한 역할을 하고 있다.

ESG 전략과 기후 변화 대응

Munich Re는 기후 변화가 재보험업에 미치는 영향을 심각하게 받아들이고, 이에 대한 대응 전략을 적극적으로 추진하고 있다.

기후 변화 대응

- 연구 및 모델링: Munich Re는 기후 변화 연구 및 모델링에 상당한 투자를 하고 있다. 이 회사는 기후 변화가 자연 재해의 확률 분포를 변화시켜 재보험 비용을 증가시키는 것을 감지했다. 이를 바탕으로 기후 변화 연구 센터를 설립하고 광범위한 자연 재해 데이터베이스를 구축했다.
  - 자연 재해 데이터베이스: Munich Re는 기후 변화와 관련된 자연 재해 데이터를 수집하고 분석하여, 재해 발생 가능성과 영향을 예측하는 모델을 개발했는데 이는 재보험 계약의 가격 책정과 위험 관리에 중요한 역할을 한다.
  - 기후 변화 연구 센터: Munich Re는 기후 변화 연구 센터를 통해 기후 변화의 과학적 연구를 지원하고, 재보험업에 미치는 영향을 분석한다.

투자 전략

- 지속 가능한 투자: Munich Re는 ESG 요소를 고려한 지속 가능한 투자 전략을 채택하고 있다. 이는 장기적인 수익성을 높이고, 사회와 환경에 긍정적인 영향을 미치기 위해 설계되었다.
- 담배 산업에서의 투자 철회: 2016년에 Munich Re는 담배 산업에서의 투자를 철회했다. 이 결정은 건강과 관련된 윤리적 고려뿐만 아니라, 장기적인 재무적 위험을 줄이기 위한 전략의 일환으로 이루어졌다.

ESG 통합

- 재보험 계약: Munich Re는 ESG 요소를 재보험 계약에 통합하여, 보험사의 위험 관리를 지원하고, 지속 가능한 보험 상품을 개발하도록 장려한다.
- 책임 있는 경영: Munich Re는 기업 경영에서도 ESG 원칙을 준수하며, 환경 보호, 사회적 책임, 투명한 지배구조를 중시한다.

의의

Munich Re의 기후 변화 대응 및 ESG 전략은 재보험 업계와 보험 업계 전반에 중요한 영향을 미치고 있다. Munich Re는 기후 변화와 관련된 위험을 관리하고, 지속 가능한 투자와 책임 있는 경영을 통해 장기적인 성공을 추구한다. 이는 다른 재보험사와 보험사들이 ESG 원칙을 도입하고, 기후 변화에 대응하는 데 중요한 모델이 된다. Munich Re의 사례는 기후 변화가 재보험업에 미치는 영향을 어떻게 관리할 수 있는지를 보여주며, ESG 요소가 장기적인 경영 성과를 개선하는 데 중요한 역할을 할 수 있음을 강조하고 있다.

자료: UKCFA(2021), 『Certificate in ESG Investing Curriculum』

사례분석상자 9: AXA(프랑스 보험 회사)

AXA는 프랑스에 본사를 둔 글로벌 보험사로, ESG 원칙을 경영과 투자에 통합하여 지속 가능한 성장을 추구하고 있다. 다음은 AXA에 대한 상세한 설명이다.

배경

- 설립: AXA는 1817년에 설립된 글로벌 보험사로, 생명보험, 손해보험, 건강보험, 자산운용 등 다양한 금융 서비스를 제공한다.
- 규모: AXA는 전 세계적으로 100개 이상의 국가에서 운영되며, 1억 명 이상의 고객을 보유하고 있다.

ESG 전략과 주요 조치

AXA는 ESG 요소를 고려한 지속 가능한 경영 및 투자 전략을 통해 사회적 책임을 다하고, 장기적인 재무 성과를 개선하고자 한다.

주요 조치

담배 산업에서의 투자 철회

- 배경: 2016년, AXA는 담배 산업에서의 투자를 철회하기로 결정했다. 이 결정은 회사의 건강보험 부문과의 일관성을 유지하고, 사회적 책임을 다하기 위한 중요한 조치였다.
- 규모: 담배 산업에서 철회한 투자 금액은 약 €18억(약 £13억)에 달했다.
- CEO의 발언: AXA의 CEO는 "건강 보험사로서 우리는 매일 흡연이 사람들의 건강과 복지에 미치는 영향을 보고 있다"며, 담배 산업에서의 투자 철회가 회사의 사회적 책임을 다하는 중요한 조치임을 강조했다.

기후 변화 대응

- 탄소 배출 감축: AXA는 기후 변화에 대응하기 위해 자산 포트폴리오의 탄소 배출

을 줄이기 위한 다양한 전략을 채택했다. 이는 재생 가능 에너지와 같은 친환경 산업에 대한 투자를 늘리고, 화석 연료 산업에 대한 투자를 줄이는 것을 포함한다.

- 기후 변화 리스크 관리: AXA는 기후 변화가 보험업에 미치는 영향을 분석하고, 이를 관리하기 위한 다양한 리스크 관리 전략을 개발했다. 이는 자연 재해와 같은 기후 변화로 인한 위험을 평가하고, 이를 보험 상품에 반영하는 것을 포함한다.

지속 가능한 금융

- 그린본드: AXA는 환경 친화적인 프로젝트를 지원하기 위해 그린본드에 투자하고 있다. 그린본드는 재생 가능 에너지, 에너지 효율, 청정 교통 등 친환경 프로젝트에 자금을 조달하기 위한 금융상품이다.
- 사회적 책임 투자: AXA는 사회적 책임을 다하기 위해 다양한 사회적 문제에 대응하는 투자 전략을 채택하고 있다. 이는 저소득층을 위한 금융 서비스 제공, 교육 및 건강 프로젝트 지원 등을 포함한다.

의의

AXA의 ESG 전략과 주요 조치는 글로벌 보험업계에 중요한 모델이 되고 있다. AXA는 담배 산업에서의 투자 철회와 같은 과감한 결정을 통해 사회적 책임을 다하고, 기후 변화에 대응하기 위한 다양한 전략을 통해 지속 가능한 성장을 추구하고 있다. 이러한 접근 방식은 다른 보험사들이 ESG 원칙을 도입하고, 기후 변화와 같은 글로벌 문제에 대응하는 데 중요한 지침이 된다. AXA의 사례는 ESG 요소가 어떻게 기업 경영과 투자 전략에 통합될 수 있는지를 보여주며, 이를 통해 장기적인 재무 성과를 개선하고 사회적 책임을 다할 수 있음을 강조하고 있다.

자료: UKCFA(2021), 『Certificate in ESG Investing Curriculum』

사례분석상자 10: 도미니 소셜 인덱스 펀드(Domini Social Index Fund)

도미니 소셜 인덱스 펀드(Domini Social Index Fund, 현재는 “Domini Impact Equity Fund”로 알려짐)는 1991년에 만들어진 S&P 500을 기반으로 한 사회적 책임 투자 펀드이다. 미국에 본사를 둔 투자 관리 회사인 도미니 임팩트 인베스트먼트(Domini Impact Investments LLC)에 의해 운영되고 있다.

ESG 기준

도미니 소셜 인덱스 펀드가 적용하는 주요 ESG 기준은 다음과 같다.

환경(Environmental)

- 기후 변화 대응: 온실가스 배출량 감소 노력 및 재생에너지 사용
- 자원 관리: 물, 에너지, 원자재 등 자원의 효율적 사용
- 환경 정책: 강력한 환경 보호 정책 및 프로그램

사회(Social)

- 노동 관행: 공정한 노동 관행, 아동 노동 금지, 안전한 작업 환경 제공
- 다양성 및 포용성: 고용 및 경영진에서의 다양성과 포용성 증진
- 커뮤니티 참여: 지역사회와의 상호작용 및 기여, 사회적 기여 활동

지배구조(Governance)

- 경영 투명성: 투명한 경영 및 정보 공개
- 윤리적 경영: 비윤리적 행위(예: 뇌물 수수, 부패) 금지
- 주주 권리 보호: 주주의 권리를 보호하고, 주주와의 소통 강화

투자 방법론

도미니 소셜 인덱스 펀드는 다양한 방법을 통해 ESG 기준을 투자 과정에 통합하고 있다.

- 긍정적 선별: 환경, 사회, 거버넌스에서 뛰어난 성과를 보이는 기업에 투자한다. 예를 들어, 재생에너지 프로젝트에 투자하거나, 뛰어난 노동 관행을 가진 기업을 선택하고 있다.
- 부정적 배제: ESG 기준에 부합하지 않는 기업을 투자 대상에서 배제하고 있다. 이는 담배, 주류, 무기, 도박 산업 등에 속한 기업이나, 심각한 환경오염을 유발하는 기업을 포함한다.
- 기업 참여 및 주주 활동: 도미니는 투자한 기업의 주주로서 적극적으로 참여하고 있다. 주주 제안서를 제출하고, ESG 개선을 위한 기업과의 대화를 촉진하며, 주주 총회에서 ESG 이슈에 대해 표결한다.

성과

2024년 6월 30일 기준 도미니 소셜 인덱스 펀드(혹은 도미니 임팩트 에쿼티 펀드)의 자산운용규모는 약 11억 달러이며 수익률은 2023년 기준 24.01%이다.

자료: UKCFA(2021), 『Certificate in ESG Investing Curriculum』, FT Markets

part IV

ESG 관련 주요 정책 및 규제 현황

Ⅳ

ESG 관련 주요 정책 및 규제 현황

ESG 구조는 기본적으로 투자자와 기업 간의 관계에서 비롯되며, 투자자 중심의 접근 방식을 취한다. 투자자 중심의 ESG 구조하에서는, 극단적인 경우 어떤 기업이 생산 과정에서 이산화탄소를 많이 배출하여 지구 온난화에 크게 기여하더라도, 그로 인해 해당 기업이 받는 제재가 크지 않거나, 지구 온난화로 인해 기업이 받는 피해가 크지 않다면, 투자자는 오히려 그 기업에 투자할 가능성이 높다는 점은 앞서 지적하였다.

ESG 체제를 도입한 이유가 지속 가능한 세상을 만들기 위한 것임을 감안할 때, 앞서 언급한 것처럼 환경에 미치는 영향이 큰 기업에 오히려 투자가 늘어나게 된다면, 이는 ESG 제도를 도입한 근본적인 의미를 상실하는 것이 된다. 따라서 투자자 중심의 ESG 구조가 ESG 제도의 근본적인 취지와 부합하기 위해서는 정부의 역할이 매우 중요하다. 경제학 관점에서 보면, 이러한 영향 중요성은 기업의 외부효과(특히 외부비용)에 해당된다. 외부효과가 존재할 때 시장에만 맡겨두면 사회적 손실이 발생하기 때문에, 자원의 효율적 배분을 위해 정부 개입이 정당화된다. 사실 지금까지 대부분의 나라에서 환경 문제와 같은 외부효과를 줄이기 위해 정부가 개입해 왔으나, 그 정도는 외부효과로 인한 사회적 손실을 완전히 제거할 만큼 강력하지는 않았다. 예를 들어, 온실가스 배출을 줄이기 위해 유럽을 포함한 많은 나라에서 배출권 거래제를 도입하고 있지만, 배출권의 유상 비율이 점차 높아지고 있음에도 불구하고 여전히 무상 비율이 매우 높다. 또한, 배출권 거래제도를 통해 통제되는 온실가스는 전체 배출량의 약 36%에 불과하여, 외부비용을 완

전히 내부화시키지 못하고 있다.[1]

위의 예시는 투자자 중심의 ESG 구조가 ESG 제도의 근본적인 취지와 부합되도록 하기 위해 정부가 어떤 역할을 해야 하는지에 대해 매우 구체적인 방향을 제시한다. 온실가스를 배출하는 모든 기업에게 배출권을 적정 가격[2]에서 100% 유상 할당하게 되면, 온실가스를 많이 배출하는 기업일수록 재무 구조가 악화될 것이고, 투자자들은 이러한 기업에 투자하지 않게 될 것이다. 다시 말해, 정부가 정책을 통해 영향중요성이 궁극적으로 기업의 재무중요성에 직접적인 영향을 미치도록 만든다면, 투자자 중심의 ESG 구조는 ESG 제도의 근본 취지와 일치하게 될 것이다.[3]

4장에서는 이와 관련해 국제기구와 각국 정부가 어떤 규제 정책을 도입했는지, 그 내용이 무엇인지를 살펴본다. 지금까지 도입된 규제 정책들은 지역별로 강도에 차이를 보이고 있다. 이하에서는 현재까지 도입된 규제들을 지역별로 살펴본다.

---

1 유럽의 배출권 거래제도(EU ETS)는 유럽연합(EU) 내 온실가스 배출량 감축을 목표로 하는 핵심 도구이다. 2023년 기준으로, EU ETS는 유럽 내에서 발생하는 온실가스 배출의 약 36%를 다루고 있다. 이 세도는 주로 전력 및 에너지 집약 산업, 항공 부문에서 발생하는 배출을 대상으로 하며, 매년 배출 허용량을 점진적으로 감소시키는 방식으로 운영되고 있다. 2023년부터는 건물 및 도로 교통 부문을 포함한 새로운 배출 거래 시스템(ETS2)을 도입함으로써 적용 범위를 확장하고 있으며, 2027년까지 EU 전체 배출량의 75%를 커버할 계획이다. 이러한 확장은 EU의 2030년까지 1990년 대비 최소 55%의 온실가스 배출 감축 목표와 맞물려 있다. 자세한 내용은 https://climate.ec.europa.eu/eu-action/eu-emissions-trading-system-eu-ets_en 참조.

2 적정 가격이라 함은 온실가스 배출로 인해 발생하는 피해 크기이다.

3 정부의 이러한 규제 강화는 기업 입장에서 보면 전환위험(Transition risk)이다.

1 EU

1.1 비재무정보 공시 지침(Non-Financial Reporting Directive, NFRD)[4·5]

비재무정보 공시 지침(NFRD)은 유럽연합(EU)에서 2014년에 도입되었으며, 2018년부터 시행되고 있다. 이 지침의 목적은 기업의 지속 가능성과 관련된 정보를 보다 투명하게 공개하여, 투자자와 기타 이해관계자들이 더 나은 의사결정을 할 수 있도록 돕는 것이다. NFRD는 EU 회원국들이 공시 내용에 대해 자체적으로 완화하거나 축소할 수 없도록 규정하고 있으나, 보고 내용의 검증 및 미준수에 따른 제재에 대해서는 회원국의 자율적인 규정을 허용하고 있다. 2016년 12월까지는 비재무정보 공시와 관련된 자국 내 법률 및 규제의 제·개정을 완료할 것을 요구하였으며, 이에 따라 EU 기업들은 2018년부터 자국 법에 따라 비재무정보를 공시하고 있다. NFRD는 EU 회원국 내 상장기업, 비상장 은행·보험사, 그리고 회원국에서 공익단체(Public Interest Entities, PIEs)로 지정된 기업이나 공익단체 중 '평균 근로자 수 500인 이상'이거나 '자산총액 2,000만 유로 또는 순매출[6] 4,000만 유로 이상'인 기업이나 공익단체를 대상으로 하고 있다.[7]

유럽집행위원회(EU Commission)는 2017년 6월, NFRD를 통해 공시되는 정보의 일관성과 비교 가능성을 높이기 위해 '비재무정보 보고를 위한 가이드

---

4 NFRD 자세한 내용은 https://finance.ec.europa.eu/publications/commission-guidelines-non-financial-reporting_en 참조.

5 EU 법 체계는 규정(Regulation)과 지침(Directive)이라는 두 가지 주요 입법 수단으로 구성된다. 이 둘은 EU의 법을 회원국에 전달하고 적용하는 방식에서 중요한 역할을 한다. 규정은 모든 회원국에 즉시 직접적으로 적용되는 법으로, 회원국이 별도의 국내 입법 없이 그대로 따라야 한다. 반면, 지침은 EU가 달성해야 할 목표만 정하고, 각 회원국이 이를 달성하기 위해 구체적인 내용을 자국 법으로 제정하도록 요구하는 형식이다.

6 순매출(net sales)은 기업이 상품이나 서비스를 판매하여 얻은 총 매출액에서 매출에 직접적으로 관련된 할인, 반품, 환불 등을 뺀 금액이다.

7 약 11,700개 사(전체 유한책임회사 매출액의 47%)가 해당되며, 그룹 모회사가 자회사까지 포함해 공시할 경우 해당 자회사의 공시는 면제된다.

라인(Guidelines on Non-Financial Reporting)'을 발표하였다. 이 지침서는 기업들이 NFRD의 요구사항을 충족하기 위해 비재무정보를 어떻게 보고해야 하는지에 대해 명시하고 있다. 주요 내용은 〈표 Ⅳ-1〉에 정리되어 있다.[8] NFRD가 대상 기업들에게 정보를 제공하도록 요청하는 주요 이슈는 환경, 노동과 사회, 인권, 반부패·뇌물, 공급망 및 분쟁광물 등 5가지이다. 그러나 노동과 사회 및 인권 이슈는 사회 이슈로 통합될 수 있고, 부패 및 뇌물 문제는 지배구조에 포함될 수 있으며,[9] 공급망 및 분쟁광물과 관련된 항목은 환경, 사회, 지배구조 영역으로 각각 분류될 수 있다. 따라서, NFRD가 기업에게 요구하는 비재무정보는 궁극적으로 환경, 사회, 지배구조 세 영역으로 요약될 수 있다.

〈표 Ⅳ-1〉에는 5가지 이슈에 대해 NFRD가 기업에게 규정한 정보 공시 내용이 자세히 정리되어 있다. 예를 들어, 환경 이슈와 관련하여, NFRD는 기업이 환경오염 방지와 관리에 어떻게 대응하고 있는지, 에너지 사용이 환경에 어떤 영향을 미치며 그 정도는 얼마나 되는지, 직접적·간접적인 온실가스 및 유해물질 배출량은 어느 정도인지, 그리고 수송 및 제품·서비스의 사용·처리 과정에서 발생하는 환경영향이 무엇인지 등에 대한 정보를 투자자를 포함한 이해관계자에게 공개하도록 요구하고 있다.

NFRD는 〈표 Ⅳ-1〉에 정리된 주요 이슈에 대한 공시와 함께 주요 성과지표(KPI, Key Performance Index)를 포함시킬 것을 요구하고 있다. 이는 기업의 비재무적 성과를 정량적으로 평가하고 비교할 수 있도록 돕기 위한 것으로, 주요 성과지표는 기업이 달성하거나 추진하는 목표와 그 결과를 측정하는 데 사용된다. 주요 성과지표는 보고서의 투명성과 신뢰성을 높이며, 기업의 지속 가능성과 사회적 책임에 대한 이해를 증진시키는 데 중요한 역할을 한다. 주요 성과지표는 다양한 영역에서 다양한 형태로 사용된다. 환경 이슈와 관련해서는 온실가스 배출량을 측정하기 위해 탄소 배출량이, 에너지 사용량을 측정하기 위해 총 에너지 사용량이나 재생에너지 사용 비율이, 자원

8 김수연(2021) 참조.

9 ESG 평가 기관의 평가 항목에서는 이들 항목은 지배구조에 포함된다.

효율성을 측정하기 위해 원자재 사용량 및 자원 절약 및 효율성 개선 노력이 각각 주요 성과지표로 사용된다. 노동 및 사회 이슈와 관련해서는 직원 다양성을 측정하기 위해 성별, 연령, 인종별 직원 구성 비율이, 노동 관행을 측정하기 위해 직원 교육 및 훈련 시간, 직원 만족도, 이직률 등이 주요 성과지표로 활용된다. 공급망 및 분쟁광물 이슈와 관련해서는 공급망 실사를 측정하기 위해 공급망 내 인권 및 환경 실사 실시 횟수가, 분쟁광물 관리를 측정하기 위해 분쟁광물 사용 여부 및 관리 정책 이행 수준 등이 성과지표로 활용된다. 주요 성과지표의 추적을 통해, 기업의 목표 달성 정도와 이를 위해 시행된 정책의 유효성을 이해관계자들이 파악할 수 있으며, 이를 바탕으로 외부 이해관계자들이 기업의 지속 가능성과 사회적 책임에 대한 정보를 평가할 수 있다.

〈표 Ⅳ-1〉은 NFRD가 기업에게 공시하도록 요청하는 정보가 무엇인지를 구체적으로 제시하고 있을 뿐만 아니라, 이를 통해 NFRD의 특성을 이해하는 데도 도움을 준다. NFRD는 지침서에서 기업에 대한 정보 공시 요청이 이중중요성에 기초한다고 명시하고 있다. 그러나 〈표 Ⅳ-1〉의 내용을 보면, NFRD는 이중중요성 중에서도 대부분 영향중요성에 초점을 맞추고 있다. 주된 내용은 해당 이슈에 대한 현황과 이를 어떻게 관리하고 있는지에 대한 정보로, 이는 기업의 재무중요성보다는 기업의 영향중요성을 측정하기 위한 것이다. 후술하겠지만, NFRD와 그 후속 지침인 기업 지속가능성 정보공시 지침(CSRD, Corporate Sustainability Reporting Directive), 그리고 CSRD를 위한 기준서인 유럽 지속가능경영 보고 기준(ESRS, Europe Sustainability Reporting Standard)은 모두 이중중요성 중 영향중요성을 중요한 요소로 강조하고 있다. CSRD와 ESRS 기준안에서는 이에 더해 재무중요성은 영향중요성에서 비롯된다는 점을 강조하고 있다. 다시 말해, CSRD와 ESRS 안에서는 영향중요성은 단기적으로는 기업의 재무에 영향을 미치지 않을 수 있으나, 장기적으로는 재무에 영향을 미칠 수밖에 없는 것으로 보고 있다. 이는 과거와 달리, 대부분의 정부가 기업의 외부비용을 내부화하기 위해 규제 정책을 더욱 강화하고 있는 움직임을 반영한 것으로 볼 수 있다. 7장에서 살펴보겠지만, 2023년에

공표된 ESRS 기준안에는 처음으로 재무중요성을 측정하기 위한 항목이 공시 항목으로 포함되었다.[10]

NFRD는 이중중요성을 강조하면서도 그중에서 영향중요성을 더욱 중시한다는 특성 외에도 여러 가지 특징이 있다. 첫째, NFRD는 '준수하거나 설명하라(Comply or Explain)' 방식을 통해 기업이 공시 내용을 사업보고서[11] 또는 별도의 사업보고서를 통해 공개하도록 규정하고 있다. "Comply or Explain" 방식은 기업이 규제나 지침을 준수하지 않을 경우 그 이유를 설명하도록 요구하는 방식으로, 주로 기업의 투명성과 책임성을 높이기 위해 사용된다. 이 방식의 장점은 기업이 규제를 반드시 준수해야 하는 것은 아니며, 상황에 따라 이를 따르지 않을 수 있는 유연성을 제공한다는 것이다. 다만, 규정을 따르지 않을 때에는 그 이유를 명확히 설명해야 한다.[12] 둘째, 위반 시 제재 규정이 약하다. NFRD는 위반 시 제재 규정에 대해서는 개별 국가에 일임하고 있다. 이로 인해 각국 감독 당국이 비재무정보 공시 규정을 위반한 기업을 처벌한 사례는 극히 드문 상황이다.[13] 셋째, NFRD는 이사회의 구성이나 역할 등을 다루는 지배구조에 대한 공시 항목이 포함되어 있지 않다. 넷째, NFRD는 기업들이 비재무정보를 공시할 때 국제 기준, 유럽 기준, 또는 개별 국가 기준 중에서 선택할 수 있도록 하여 유연성을 제공한다. 이

---

10 보다 구체적으로 설명하면, ESRS의 주제별 기준 중 하나인 환경 기준에 재무영향성을 측정하는 항목이 포함되어 있다. 예를 들어, '중대한 물리적/전환적 위험 및 잠재적 기후 관련 기회로 예상되는 재무 효과'가 그 예이다.

11 대부분의 국가에서 상장기업은 의무적으로 사업보고서(Business Report or Management Report)를 발간하고 공시해야 한다. 이는 기업의 투명성을 높이고 이해관계자에게 기업의 재무 상태와 경영 실적에 대한 정보를 제공하기 위함이다. 통상적으로 사업보고서에는 기업의 재무 상태, 영업 실적, 경영 전략, 위험 요인 등에 관한 정보가 포함된다. 따라서 비재무정보를 사업보고서에 포함시키면, 투자자와 이해관계자가 기업의 재무 정보뿐만 아니라 비재무정보도 하나의 문서를 통해 종합적으로 파악할 수 있어, 기업의 전반적인 성과와 전략을 더 쉽게 이해할 수 있다는 장점이 있다.

12 기업이 규정을 따르지 않는 이유를 공개함으로써, 투자자와 이해관계자들에게 투명성을 제공하고, 기업의 결정에 대한 신뢰를 높일 수 있다.

13 덴마크, 네덜란드, 에스토니아, 스페인은 법 위반에 대한 처벌 규정이 없다. 이에 대한 자세한 내용은 김수연(2021) 참조.

는 기업들이 자신들의 상황과 특성에 맞는 기준을 선택하여 보고할 수 있도록 하기 위한 것이다.[14]

표 Ⅳ-1 NFRD 공시 내용

이슈	내용
환경	• 환경오염방지와 관리 • 에너지 사용으로 인한 환경영향 • 직접·간접적인 온실가스 및 유해물질 배출 • 천연자원(물, 토지 등) 및 생물학적 다양성 보호 • 폐기물 관리 • 수송 및 제품·서비스의 사용·처리과정에서 발생하는 환경영향 • 친환경 제품 및 서비스 개발
노동 및 사회	• 국제노동기구 협약 이행 • 직장 내 다양성과 공평 대우 • 직원 상담 및 참여, 근무조건 및 고용 이슈 • 환경오염방지와 관리경력 개발, 교육, 보수 체계를 비롯한 인적 자원 관리 • 단체교섭권 존중을 비롯한 노동조합과의 관계 • 직장 내 안전과 보건 • 소비자 보호 및 소비자 만족도 • 책임 있는 마케팅 • 지역사회와의 관계
인권	• 기업활동 관련 인권 영향 • 인권실사 및 인권 침해 관리 및 구제책
반부패·뇌물	• 반부패·뇌물 관리 정책 • 부패 및 뇌물수수 방지를 위한 내부 통제 절차
공급망 및 분쟁광물	• 공급망 내 아동노동, 강제 노동 및 작업장 안전관리 • 분쟁지역 광물 공급망 OECD 실사 가이드 채택 및 관리 정책

자료: EU Commission(2017), 『Guidelines on non-financial reporting』

14 기업들이 비재무정보를 공시할 때, 국제적으로 널리 인정된 기준(예: GRI, UN Global Compact, ISO 26000), 유럽연합에서 제정한 기준, 또는 각국의 국내 기준 중에서 선택할 수 있도록 허용하고 있다.

NFRD의 특징은 아니지만, 〈표 Ⅳ-1〉을 통해 또 하나 주목할 만한 사실을 발견할 수 있다. 이는 8장에서 자세히 살펴볼 ESG 평가회사들이 기업의 비재무정보를 평가하기 위해 사용하는 평가 항목이 〈표 Ⅳ-1〉의 내용이나 주요 성과지표와 크게 다르지 않다는 점이다. 흥미로운 점은 동일한 지표라도 NFRD와 ESG 평가사들의 사용 목적이 다르다는 것이다. NFRD는 궁극적으로 기업의 지속가능경영보고서에 포함될 내용을 다루며, 영향중요성에 초점을 맞추는 반면, ESG 평가사들은 투자자들에게 투자 정보를 제공하는 것이 목적이어서 위험 노출도에 초점을 맞춘다. 예를 들어, 온실가스 배출량 지표의 경우, NFRD는 이를 통해 기업이 기후변화에 어떤 영향을 미치는지를 알고 싶어 하는 반면, ESG 평가사들은 기업이 기후변화와 관련된 위험에 얼마나 노출되어 있는지를 평가하는 데 사용한다. 다시 한번 강조하지만, 기업의 영향중요성, 즉 외부비용을 초래하는 행위에 대해 정부가 적절한 규제를 시행한다면, 이는 결국 기업의 재무에 영향을 미친다. ESG 평가사들이 온실가스 배출량을 기업의 기후변화 관련 위험을 측정하는 지표로 사용하는 이유도, 정부의 관련 규제가 강화되어 가까운 미래에 기업이 상당한 관리 노력을 기울이지 않는다면 재무에 심각한 영향을 미칠 수 있다는 점을 인식하고 있기 때문이다.

2019년 6월 유럽집행위원회는 NFRD에 기후변화 관련 공시 사항을 보강 및 추가한 부록을 발표하였다.[15] 이는 기업 간 기후변화 관련 공시 정보의 격차가 크고, 2017년 '기후 관련 재무정보 공시 태스크포스(Task Force on Climate-related Financial Disclosures, TCFD)'가 기후변화 관련 정보 공시에 대한 지침을 담은 TCFD 권고안을 발표하면서,[16] 이와 부합하는 기후변화 관련 정보 공시의 필요성이 대두되었기 때문이다.[17] TCFD의 기후변화 정보 공시 내용을

---

15 이 지침의 주요 목적은 기업들이 기후 변화와 관련된 위험과 기회를 보다 체계적이고 일관되게 공개함으로써, 이해관계자들에게 투명한 정보를 제공하는 것이다. 유럽집행위원회의 발표된 자료에 따르면, 이 새로운 지침은 금융안정위원회의 TCFD 권고사항을 반영하고 있으며, 법적 구속력은 없다. 보다 자세한 내용은 EU Commision(2019) 참조.

16 Recommendations of the Task Force on Climate-related Financial Disclosures(TCFD)이며 이를 흔히 TCFD 권고안이라 한다.

17 TCFD 권고안의 구체적인 내용에 대해서는 6장에서 다룬다.

반영해 2019년에 NFRD가 공표한 기후변화 관련 공시 지침의 주요 내용은 〈표 Ⅳ－2〉에 정리되어 있다. TCFD의 공시 지침은 크게 기업의 기후변화 관련 지배구조, 전략, 위험 및 기회관리, 측정항목 및 목표 등 네 가지 영역으로 구성되어 있는데, 2019년에 발표된 NFRD의 기후변화 관련 공시 지침은 TCFD 공시 체계와 완전히 일치하지는 않는다. 〈표 Ⅳ－2〉에 정리된 사업 모델, 정책과 실사 절차 및 결과는 전략에 해당하며, 주요 위험관리는 위험 및 기회관리에 해당하고, 성과지표는 측정항목 및 목표에 해당된다. TCFD의 공시 지침에 포함된 지배구조는 정책과 실사 절차에서 일부 반영되어 이사회가 기후 위험과 기회를 감독하는 항목과 경영진의 역할로 나타나지만, TCFD 권고안에서 요구하는 지배구조에 비해 요구사항은 매우 적다. 또한, 2019년 NFRD의 기후변화 관련 공시 지침은 2017년 6월에 발표된 '비재무정보를 위한 가이드라인'과 달리 재무적 중요성에 초점을 맞춘다. 이는 TCFD 권고안이 이중중요성 중에서도 재무적 중요성에 중점을 두고 있기 때문이다.

〈표 Ⅳ－2〉에 있는 기후변화 관련 NFRD 공시 지침의 기본적인 취지는 기업이 투자자와 이해관계자들에게 기후변화와 관련된 위험과 기회에 대해 더 나은 이해를 제공하고, 기업의 기후변화 관리 및 대응책을 투명하게 보여주는 것이다. 주요 관련 정보 공개 내용은 다음과 같다.

① 기후변화 위험: 기업은 기후변화로 인한 잠재적인 비용과 영향을 평가하고, 이러한 위험을 어떻게 관리하고 완화할 것인지에 대한 정보를 제공해야 한다.

② 기후변화 기회: 기업이 기후변화로부터 파생될 수 있는 새로운 사업 기회에 대해 설명하고, 이를 통해 기업이 어떻게 성장하고 혁신하는지에 대한 정보를 제공해야 한다.

③ 기후변화 관련 목표: 기업이 설정한 기후변화 관련 목표와 이에 대한 진행 상황에 대한 정보를 공개해야 하는데 이는 에너지 효율성 개선, 탄소 배출 감축, 재생에너지 도입 등이 목표가 될 수 있다.

④ 목표 달성을 위한 전략 및 계획: 기업이 설정한 기후변화 관련 목표와 이를 달성하기 위한 전략 및 계획을 설명해야 한다.

⑤ 탄소 배출 및 에너지 사용: 기업의 탄소 배출량과 에너지 사용량 등의

기본적인 환경 성과 지표를 제공해야 한다.

표 Ⅳ-2 NFRD 기후변화 관련 공시 내용

<table>
<tr><th colspan="2">공시항목</th><th>내용</th></tr>
<tr><td colspan="2">사업 모델</td><td>• 기후영향이 사업 모델, 재무계획에 미치는 위험과 기회
• 기업의 사업 모델이 기후에 미치는 긍정적·부정적 영향
• 기후변화 시나리오를 적용한 사업 모델, 전략의 회복성</td></tr>
<tr><td colspan="2">정책과 실사(Due diligence) 절차</td><td>• 기후변화 관련 기업 정책(기후변화 완화/적응정책)
• (파리 기후협정, 국가목표와 연계한) 온실가스 배출 목표
• 기후 위험과 기회에 대한 이사회 감독
• 기후 위험과 기회를 관리/평가하는 경영진의 역할과 기능</td></tr>
<tr><td colspan="2">정책실사 결과</td><td>• 기후변화 관련 기업 정책실시 결과
• 온실가스 배출 목표 시간별 달성 수준</td></tr>
<tr><td colspan="2">주요 위험 관리 방안</td><td>• 기후변화 위험을 단/중/장기로 식별해 평가하는 절차
• 기업가치사슬상 단/중/장기로 기후변화 위험
• 기후변화 관련 세부 위험 관리 절차
• 기후변화 위험 식별/평가/관리를 전체 위험 관리 체계에 통합</td></tr>
<tr><td rowspan="5">주요 성과 지표</td><td>온실가스</td><td>• Scope 1 온실가스 배출량
• Scope 2 온실가스 배출량
• Scope 3 온실가스 배출량
• 온실가스 배출량 절대 목표</td></tr>
<tr><td>에너지</td><td>• 에너지 총 소비량/총 생산량
• 에너지 효율성 달성 목표
• 재생에너지 소비/생산 목표</td></tr>
<tr><td>물리적 위험</td><td>• 급성 및 만성 물리적 기후 위험이 큰 지역에 투입된 자산</td></tr>
<tr><td>제품 및 서비스</td><td>• 기후변화 적응/완화하는 제품 및 서비스로부터 창출되는 수익 비중
• 기후변화 적응/완화하는 자산 혹은 프로세스 관련 운영 지출(OpEx) 및 자본지출(CaEx)</td></tr>
<tr><td>녹색 금융</td><td>• 녹색채권 비율</td></tr>
</table>

자료: 김수연(2021)

1.2 EU 그린 딜(EU Green Deal)과 관련 후속 규제

EU 그린 딜은 유럽연합(EU)이 기후변화에 대응하고 지속 가능한 발전을 촉진하기 위해 2019년 12월에 채택한 포괄적인 정책 아젠다이다. 그린 딜 발표 이후 이를 실현하기 위한 다양한 규제 정책들이 수립되었다. EU 그린 딜의 목표와 하위 목표는 〈표 Ⅳ-3〉에 정리되어 있다. 그린 딜이 추구하는 목표는 크게 네 가지로, 이는 유럽 그린 딜의 핵심 구성요소이기도 하다. 첫 번째 목표는 기후변화 대응이며, 하위 목표는 온실가스 배출 저감, 재생에너지 사용 확대, 에너지 효율성 향상이다. 두 번째 목표는 환경 보호와 보전으로, 하위 목표는 생물 다양성의 유지와 복원, 대기와 수질의 개선, 자원의 지속 가능한 활용이다. 세 번째 목표는 사회적 포용성과 공정한 전환으로, 하위 목표는 새로운 일자리 창출과 지역사회의 발전이 있다. 네 번째 목표는 혁신과 투자 촉진이며, 하위 목표는 친환경 기술의 연구 및 개발, 투자와 혁신이다.

목표를 달성하기 위한 이행수단도 그린 딜에서 제시하고 있다. 첫 번째 목표의 이행수단은 2050년까지 탄소중립 달성이다. 이는 산업 부문에서[18] 온실가스 배출을 크게 줄이는 것이 현실적으로 어려운 만큼 다른 부문에서 발생하는 온실가스를 대폭 줄여 전체적으로 순배출량을 '0'으로 만드는 것이 합리적이기 때문이다.[19] 두 번째 목표의 이행수단은 '오염제로전략(Zero Pollution Ambition)'으로, 이는 사람과 자연을 위한 깨끗한 물 확보, 대기질 개선으로 인한 인간의 건강과 생산성 증대, 토지 및 토양오염의 유해 수준 감소, 건

---

18 2019년 기준, 산업 부문이 차지하는 온실가스 배출 비중은 약 24.2%로, 이는 전 세계 온실가스 배출에서 상당한 부분을 차지한다. 이러한 배출은 주로 제조업과 건설업에서 발생하며, 구체적으로 철강 제조, 화학 및 석유화학 산업, 식품 및 담배 제조 등에서 에너지 사용으로 발생되는 온실가스 배출이 주를 이룬다. 보다 자세한 내용은 WRI(2023)를 참조하기 바란다. 온실가스 배출량이 가장 많은 부문은 에너지 생산 및 사용 부문이며, 그다음으로는 농업, 임업 및 기타 토지이용 부문(Agriculture, Forestry, and Other Land Use, AFOLU)이고 산업 부문은 세 번째이다.

19 특히 탄소 배출량이 많은 철강, 시멘트 등과 같은 중공업 부문이나 선박 및 항공과 같은 운송 부문에서는 2050년까지 탄소 배출량을 크게 줄이는 것이 어려울 것으로 전망된다. 이에 대한 자세한 내용은 IEA(2020)를 참조하기 바란다.

강한 화학물질 관리, 산업 공해 최소화 등 5가지 세부 정책 과제로 구성된다. 세 번째 목표의 이행수단은 친환경 기술 채택과 에너지 전환이며, 세부 정책 과제로는 혁신 및 연구개발 투자, 청정에너지 기술 도입, 기후기술 및 혁신 지원, 신재생에너지 확대, 에너지 효율성 향상, 전력망 현대화 및 그리드 구축 등이 있다. 네 번째 목표의 이행수단은 친환경 기술의 연구 및 개발 촉진과 장려정책 도입이다. 여기에 포함된 대표적인 세부 정책 과제로는 연구개발 투자 확대, 혁신 허브 설립, 세금 인센티브, 규제 완화, 유럽 녹색채권 발행 등이 있다. 이와 같은 관점에서 볼 때, 유럽연합의 그린 딜 정책은 기후변화와 환경보전을 위한 정책일 뿐만 아니라, 유럽연합의 지속 가능한 성장과 글로벌 경쟁력 강화를 위한 전략이기도 하다.

표 Ⅳ-3 EU 그린 딜 목표 및 이행수단

목표	하위목표	이행수단
기후변화 대응	온실가스 배출 저감, 재생에너지 사용 확대, 에너지 효율성 향상	2050년까지 탄소중립 달성
환경 보호와 보전	생물 다양성의 유지와 복원, 대기와 수질의 개선, 그리고 자원의 지속 가능한 활용	오염제로전략
사회적 포용성과 공정한 전환	새로운 일자리 창출, 지역 커뮤니티의 발전	친환경 기술의 채택과 에너지 전환
혁신과 투자 촉진	친환경 기술의 연구 및 개발, 투자와 혁신	친환경 기술 연구 및 개발 촉진, 정책적 장려정책 도입

EU는 2021년 6월, 유럽연합 그린 딜 핵심목표인 기후변화 대응을 구체화시키기 위한 일환으로 '유럽기후법(European Climate Law)'을 제정하였다.[20] 유

20 EU의 입법 과정은 일반적으로 EU 집행위원회(EU Commission)가 제안하고, EU 의회(European Parliament)가 이를 채택한 후, 최종적으로 EU 이사회(Council of the European Union)가 승인하는 단계를 거친다. 유럽기후법도 이와 같은 과정을 거쳐 2021년 4월 21일 EU 의회를 통과하였고, 6월 24일 이사회에서 최종 승인되었다. 유럽기후법 관련 자

럽기후법은 EU의 온실가스 감축 목표와 탄소중립성을 법적으로 확립하고, 이를 위한 감축 경로, 모니터링 및 보고 메커니즘을 명확히 정의함으로써 EU의 기후 정책을 법적으로 구현하고 강제화하기 위해 만들어졌다. 주요 내용은 크게 세 가지로 요약할 수 있다. 첫째, 온실가스 감축 목표를 명시했다. 2020년 유럽연합은 2030년까지 온실가스 배출량을 1990년 대비 40% 이상 감축한다는 목표를 55% 감축으로 강화하였으며, 이를 유럽기후법에 명시했다. 둘째, 관련 법률 개정 제안이다. 새로운 2030년 온실가스 감축 목표를 달성하기 위해 필요한 관련 법률[21]의 개정을 2021년 6월까지 제안하기로 했다. 셋째, 정기적 평가 및 권고이다. 유럽기후법은 2050년 기후 중립을 달성하기 위해 2030년부터 2050년까지의 온실가스 감축 경로를 설정하고, 이를 정기적으로 평가할 것을 명시하고 있다. 또한 특정 회원국의 행동이 기후 중립 목표에 부합하지 않는다고 판단될 경우, EU 집행위원회가 해당 회원국에 적절한 권고를 할 수 있으며, 회원국은 이를 충분히 고려해야 하는 의무를 지니게 된다.

EU 집행위원회는 2030년까지 유럽연합의 온실가스 배출량을 최소 55% 감축하는 중간 기후 목표를 실현하기 위해, 12개의 입법안[22] 제·개정과 1개의 기금 신설을 포함하는 탄소 감축 입법 패키지인 'Fit for 55'[23]를 2021년 7월 제안했다. Fit for 55는 그린 딜의 목표를 달성하기 위한 구체적인 행동

세한 내용은 https://climate.ec.europa.eu/eu-action/european-climate-law_en 참조.

21 예를 들어, 온실가스 배출권 거래제 지침, 재생에너지 지침 등이 있다. 온실가스 배출권 거래제 지침안의 주요 개정 내용으로는 배출 상한 총 허용량의 점진적 감소, 배출권 경매 확대, 항공 및 해운 부문의 포함, 탄소국경조정제도 도입 등이 있다. 2021년 7월 14일, EU 집행위원회는 'Fit for 55'의 일환으로 배출권 거래제 개정안을 공식적으로 제안했다.

22 입법안(立法案, Legislative Proposal)은 새로운 법을 제정하거나 기존 법을 개정하기 위해 공식적으로 제안된 법률 초안을 말한다. 입법안은 다양한 주체에 의해 제안될 수 있으며, 그 내용은 법률로 확정되기 전에 여러 단계의 심의와 검토를 거친다.

23 이에 대한 구체적인 내용은 https://commission.europa.eu/strategy-and-policy/priorities-2019-2024/european-green-deal/delivering-european-green-deal/fit-55-delivering-proposals_en 참조.

계획이자 유럽기후법의 집행법 역할을 하는 입법안이다. 제시된 12개의 입법안은 〈표 Ⅳ-4〉에 정리되어 있듯이, 기존 법안을 강화한 8개의 법안, 신규로 제안된 4개의 법안, 그리고 포용적 전환을 위한 지원 대책인 사회기후기금으로 구성되어 있다. 12개의 제·개정안 내용은 〈표 Ⅳ-5〉에 설명되어 있다. 핵심적인 제·개정안의 내용을 살펴보면, 먼저 목표 강화에 속하는 노력분담규정 강화는 현재 유럽배출권거래시장(EU Emission Trading System, EU ETS)의 대상이 아닌 수송, 농업, 건물, 폐기물 처리 부문을 대상으로 온실가스 감축 목표를 2005년 대비 29%에서 40%로 상향 조정하고, 회원국이 이를 달성하도록 돕는 것을 목표로 하고 있다. 토지이용·변경·임업(LULUCF) 온실가스 감축 규정 개정안은 2030년까지 순 제거 배출량을 기존의 2억 6,500만 톤에서 3억 1,000만 톤으로 증가시키는 내용을 담고 있다. 자동차 탄소배출 규제 기준 강화안인 신규 승용차 및 소형 상용차에 대한 배출 개정은 2035년부터 EU에서 신규로 판매되는 승용차 및 소형 상용차의 CO_2 배출을 "0"으로 만드는 것을 목표로 한다. 또한, 지속 가능한 항공 연료 의무화와 항공 운송 연료 기준 마련 안은 유럽연합이 항공 부문에서 지속 가능한 항공 연료 사용을 촉진하기 위해 제안한 규제이다. 이 규제의 구체적인 목표는 2025년까지 항공 기업이 사용하는 항공 연료 중 지속 가능한 항공 연료의 사용 비율을 최소 2%로 증가시키고, 2030년까지 이 비율을 5%로 증가시키는 것이다.

표 Ⅳ-4 Fit for 55 구성

구분	내용
감축 목표강화	• 노력분담규정 분담 규정 강화 • 토지이용, 변경, 임업(LULUCF, Land Use, Land-change & Forestry) 온실가스 감축규정 개정 • 재생에너지 지침 개정 • 에너지 효율 지침 개정
규정강화	• 자동차 탄소배출 규제 기준 강화 • 신규 인프라 배치를 위한 대체연료인프라 규정 개정

구분	내용
	• 지속가능한 항공연료 의무화 등 항공운송 연료 기준 마련(ReFuel Aviation) • 해상운송 연료 기준 마련
신규법안	• 항공분야 배출권 거래제 강화 • 해운, 육상운송 및 건축물 분야 배출권 거래제 신설 • 에너지조세지침 개정 • 탄소국경조정제도(CBAM) 신규 도입
사회기후기금 (Social Climate Fund) 신설	• 혁신 촉진, 연대강화, 취약계층 지원 강화

표 IV-5 Fit for 55 주요 내용

정책	내용
EU ETS 개편	ETS를 통한 온실가스 감축 목표 확대(2005년 대비 62% 감축), 항공 무상할당 축소, 건물과 도로운송 부문에 별도 배출권 거래제도(ETS) 도입
탄소국경조정제도 도입	수입품에 탄소기반 관세 부과
기후사회기금 조성	건물과 도로운송 ETS 도입에 따른 취약한 가구, 소기업, 도로교통 이용자 등을 지원하는 기금 창설
노력분담규정(Effort Sharing Regulation, ESR) 개정	ETS 제도 외에 부문의 감축목표 상향(2005년 대비 29%에서 40%)
LULUCF 부문 온실가스 감축규정 개정	2030년까지 최소한 CO_2 3억 1천만톤 순제거(기존 2억 6500만톤). 회계 및 컴플라이언스 절차 단순화 및 모니터링 강화
2030 목표에 부합한 재생에너지 지침 개정	EU에너지 믹스에서 재생에너지 비율을 32%에서 40%로 확대, 섹터별 세부 목표 설정 및 강화
2030 목표에 부합한 에너지 효율 지침 개정	주요 에너지 소비 효율 목표를 기존의 32.5%에서 최종 에너지 소비 효율 36%, 1차 에너지 소비 효율 39%로 강화. 연간에너지 감축의무 확대, 공공건물 에너지 소비 감소와 취약소비자층 보호 조치 등의 에너지 효율 향상 노력 규정

정책	내용
에너지세제지침 개정	에너지 세율 기준을 양(볼륨)이 아닌 실질적인 에너지 효율 및 환경성과기준(탄소집약도)으로 변경, 에너지 세율 확대, 면제 적용되어온 항공유 및 선박유에 세금 부과
신규 승용차 및 소형상용차에 대한 CO_2 배출규정 개정	2035년까지 승용차 및 소형상용차 CO_2 100% 감축
지속가능한 항공연료를 위한 ReFuelEU항공개정	2025년까지 항공 기업이 사용하는 항공 연료 중 지속가능한 항공 연료의 비율을 최소 2%로 증가시키고 2030년까지는 이 비율을 5%로 증가(2050년 63%), EU공항에서 출발하는 항공편의 EU공항의 대체연료 공급을 위한 인프라 보충
녹색해양공간을 위한 FuelEU해상규정	5천톤 이상 선박에 대한 탄소집약도 단계적 감축(2050년 75% 감축)
대체연료기반시설 구축지침 개정	대체연료의 충전이나 보충을 위한 인프라 구축 확대

EU 탄소국경조정제도(Carbon Border Adjustment Mechanism, CBAM)[24]는 탄소배출 규제가 강한 국가에서 상대적으로 규제가 약한 국가로 탄소 배출이 이전하는 '탄소 유출(Carbon Leakage)' 문제를 해결하기 위해, 해당 제품의 생산과정에서 발생하는 탄소 배출량 추정치에 세금을 부과하는 조치이다. CBAM은 2021년 7월 14일에 유럽 집행위원회에 의해 제안 및 발표되었으며, EU 의회와 이사회(Council of the European Union)의 합의를 거쳐 2023년 5월 17일에 발효되었다. 이 제도는 〈표 Ⅳ-4〉 및 〈표 Ⅳ-5〉에 나타나 있듯이 'Fit for 55' 패키지의 일환이다. EU 탄소국경조정제도의 주요 내용은 〈표 Ⅳ-6〉에 정리되어 있다. 주요 내용을 살펴보면, 탄소국경조정제도의 대상은 유럽으로 수입되는 철강, 알루미늄, 비료, 전기, 시멘트, 수소 제품이다. 시행 시기는 2023년 10월부터이며, 첫 3년간은 적용 대상 품목의 수입업자가 탄소

24 자세한 내용은 https://taxation-customs.ec.europa.eu/carbon-border-adjustment-mechanism_en 참조.

배출량만을 보고하면 되고, 2026년부터는 단계적으로 세금을 확대할 예정이다. 탄소 배출량은 Scope 1 기준이며[25], EU 온실가스배출권 거래제도(EU ETS)에 연동된 탄소 가격이 적용된다. 매년 약 100억 유로의 수입이 발생할 것으로 전망되며, 이는 7,500억 유로에 이르는 코로나19 경제회복 기금 상환에 사용될 예정이다. EU 탄소국경조정제도에서 부과되는 세금은 아래의 식으로 계산된다.

CBAM 세금 = CBAM 세율 × 탄소 배출량 = (EU ETS 탄소 가격 − 수출국 탄소 가격) × (제품 탄소배출량 − EU 동종제품기업이 획득한 탄소배출권 무료 할당량)

위 식에서 EU ETS 탄소 가격은 전 주 EU 탄소배출권 경매의 주간 평균 결제 가격을 기준으로 하며, 탄소 배출량에 포함되는 온실가스는 7가지 모두가 아니라 이산화탄소(CO_2), 아산화질소(N_2O), 과불화탄소(PFCs) 세 가지이다. 이 식을 통해 알 수 있듯이, EU 탄소국경조정제도 도입 시 부과되는 세금의 크기는 수출국과 EU 간의 탄소 가격 차이와 탄소배출권 무상할당량 차이에 따라 결정된다. 〈표 Ⅳ−6〉에 나타나 있듯이, EU는 2035년까지 무상할당량을 0으로 줄일 계획이기 때문에, 수출국이 EU와 같은 비율로 무상할당량을 줄이지 않는다면 수출 시 부담해야 할 세금의 크기는 증가하게 된다.

표 Ⅳ−6 EU 탄소국경조정제도 주요 내용

구분	최종안
대상 품목	철강, 알루미늄, 시멘트, 비료, 수소, 전기
산정방식 및 범위	시멘트, 전기, 비료에 대해서는 Scope 1과 Scope 2, 나머지 품목군에 대해서는 Scope 1

25 단, 시멘트, 비료는 전력 사용에서 발생되는 온실가스 배출이 탄소발자국에서 차지하는 비율이 높기 때문에 Scope 1과 Scope 2 관점에서 탄소배출량을 측정해야 한다. Scope 1, 2에 대한 자세한 내용은 10장을 참조.

구분	최종안
차감청구	교역국에서 지불한 탄소비용에 대해 보조금 등 제외
위반 시 제재	미납 인증서당 100유로
운영	EU 차원의 중앙등기소, 각국 내 관할당국 설치
무상할당 비율	2026년 95%, 2027년 90%, 2028년 85%, 2029년 77.5%, 2030년 70%, 2031년 60%, 2032년 50%, 2033년 35%, 2034년 20%, 2035년 0%
전환 기간	2023.10.1~2025.12.31

일반적으로 EU의 입법 절차는 EU 집행위원회(European Commission), 유럽 의회(European Parliament), EU 이사회(Council of the European Union) 간의 협상을 통해 법안에 대한 잠정 합의를 도출한 뒤, 유럽 의회와 EU 이사회의 승인을 거쳐 법률로 채택된다.[26] 그러나 EU 공급망 실사 지침은 공급망에서 발생할 수 있는 인권 및 환경 관련 부정적 영향을 식별하고 해결할 의무를 기업에 부여할 뿐만 아니라, 역·내외 모든 기업에 적용되는 포괄적 법안이라는 점 때문에 일반적인 절차에 비해 합의 도출에 이르기까지 많은 어려움이 있었다.

EU 집행위원회가 법률안 초안을 제안한 것은 2022년 2월이었다. 제안 후, 지속적인 협상을 거쳐 2023년 12월에는 EU 집행위원회, 유럽 의회, EU 이사회 간 3자 협의(Trilogue)가 타결되며 잠정 합의에 도달했다. 그러나 독일 등 이미 자국에서 공급망 실사법을 시행 중인 일부 국가들이[27] 기업의 과도한 부담을 우려하며 기권 의사를 표명하면서, 2024년 2월 EU 이사회는 잠정 합의안을 부결시켰고, 이에 따라 지침은 좌초될 위기에 치했다.[28] 이후

26 EU 공급망 도입 배경에 대한 내용은 대한상공회의소(2024)를 참조하였다.

27 영국의 「현대판 노예제 방지법」(2015)을 시작으로, 프랑스는 「기업 실사의무법」(2017), 네덜란드는 「아동노동 실사의무법」(2019), 독일은 「공급망 실사법」(2021)을 각각 제정하며 기업의 인권 및 환경 실사를 법제화해 왔다.

28 EU 이사회는 인구수에 따라 투표에서 의사결정 지분이 부여되기 때문에, 독일과 같이 인구가 많은 나라가 반대하면 법안이 채택되기 어렵다. CSDDD도 이러한 경우에 해당

EU 이사회 의장국인 벨기에의 주도하에 협상이 재개되었고, 규제 적용 기준을 크게 완화하는 방향으로 합의안이 수정되었다. 이에 따라 2024년 3월 EU 이사회는 수정된 합의안을 승인하였으며, 해당 타협안은 4월과 5월에 각각 유럽 의회와 EU 이사회의 최종 승인을 받았다. 최종 승인된 지침은 7월 5일 EU 관보(EU Official Journal)에 EU 회원국 언어로 게재되었으며, 게재 후 20일이 경과한 2024년 7월 25일부터 발효되었다. EU 공급망 실사 지침은 발효 후 2년간 각 회원국에서 국내법으로 전환하는 절차를 거쳐, 이후 기업에 실제로 적용될 예정이다.

2024년 3월에 승인된 최종안에 따르면, EU 공급망 실사 지침은 〈표 Ⅳ-7〉에 정리되어 있듯이 EU 역내 및 역외 기업 모두에 적용되며, 적용 기준은 일반 기업과 로열티 수익 기업에 따라 다르다. EU 역내 기업은, 직전 회계연도를 기준으로 일반 기업은 평균 임직원 수가 1,000명을 초과하고 연간 전 세계 순매출액이 4억 5,000만 유로를 초과해야 적용되며, 로열티 수익 기업은 로열티 수익이 2,250만 유로를 초과하고 전 세계 순매출액이 8,000만 유로를 초과해야 적용된다. EU 역외 기업은 전전년도 회계연도를 기준으로 일반 기업은 EU 역내 순매출액이 4억 5,000만 유로를 초과해야 적용되고, 로열티 수익 기업은 로열티 수익이 2,250만 유로를 초과하면서 EU 역내 순매출액이 8,000만 유로를 초과해야 적용된다. 또한 위 기준에 직접 해당하지 않더라도, 최종 모기업(Ultimate Parent Company)이 이러한 기준을 충족하면 모기업으로부터 실사를 요구받을 수 있으므로, 기업은 실사 적용 범위를 면밀히 검토해야 한다.

한다. 독일에서는 자유민주당 소속의 재무장관과 법무장관이 CSDDD에 반대 입장을 보였으나, 사민당 소속인 노동장관은 자유민주당에 입장 선회를 요구했다. 또한, 독일 산업협회 및 경제인연합회 등 산업계는 CSDDD에 대해 강력히 반대했다.

표 Ⅳ-7 EU 공급망 실사 지침 적용 대상 기업

EU 역내 기업(직전년도 회계기준)		EU 역외 기업(전전년도 회계기준)	
일반 기업	로열티 수익 기업	일반 기업	로열티 수익 기업
• 평균 직원 수 1,000명 초과 • 전 세계 순매출액 4.5억 유로 초과	• 로열티로 인한 수익 2,250만 유로 초과 • 전 세계 순매출액 8,000만 유로 초과	• EU 역내 순매출액 4.5억 유로 초과	• 로열티로 인한 수익 2,250만 유로 초과 • 전 세계 순매출액 8,000만 유로 초과

자료: 대한상공회의소, 「EU수출기업을 위한 공급망 실사 지침」, 2024

EU는 이러한 광범위하고 포괄적인 규제의 성격을 감안하여, 지침 발효 시점인 2024년을 기준으로 3~5년의 유예기간을 설정하고, 일정 요건을 충족하는 기업부터 단계적으로 적용하기로 했다. 이에 따라 〈표 Ⅳ-8〉에 정리된 바와 같이 2027년부터 2029년까지 적용 대상이 단계적으로 확대된다. 2027년에는 임직원 수 5,000명 및 전 세계 순매출 15억 유로를 초과하는 EU 역내 기업과, EU 역내 순매출 15억 유로를 초과하는 EU 역외 기업이 적용 대상이다. 2028년에는 임직원 수 3,000명 및 전 세계 순매출 9억 유로를 초과하는 EU 역내 기업과, EU 역내 순매출 9억 유로를 초과하는 EU 역외 기업으로 적용 대상이 확대된다. 2029년에는 원래 목표였던 임직원 수 1,000명 및 전 세계 순매출 4억 5,000만 유로를 초과하는 EU 역내 기업뿐만 아니라, EU 역내 순매출 4억 5,000만 유로를 초과하는 EU 역외 기업과 일정 요건을 충족하는 로열티 수익 기업까지 포함되며, 2024년에 설정된 모든 적용 대상 기업에 대한 적용이 완료된다.

표 Ⅳ-8 EU 공급망 실사 지침 적용 대상 시기

	2027년	2028년	2029년(두 조건 중 하나만 충족)
역내 기업	• 2026년 임직원 수 5,000명 및 전 세계	• 2026년 임직원 수 3,000명 및 전 세계	• 2025년도 임직원 수 1,000명 및 전 세계

	2027년	2028년	2029년(두 조건 중 하나만 충족)
	순 매출액 15억 유로 초과 • 2025년도 임직원 수 1,000명 및 전 세계 순매출액 4.5억 유로 초과	순매출액 9억 유로 초과 • 2025년도 임직원 수 1,000명 및 전 세계 순매출액 4.5억 유로 초과	순매출액 4.5억 유로 초과 • 2027년, 2028년 모두 로열티 수익 2,250만 유로 초과 및 전 세계 순 매출액 8,000만 유로 초과하는 로열티 수익 기업
역외 기업	• 2026년 EU 역내 순매출액 4.5억 유로 초과 • 2025년 EU 역내 순매출액 15억 유로 초과	• 2027년 EU 역내 순매출액 4.5억 유로 초과 • 2026년 EU 역내 순매출액 9억 유로 초과	• 2027년, 2028년 모두 EU 역내 순매출액 4.5억 유로 초과 • 2027년, 2028년 모두 EU 역내 순 매출액 4.5억 유로 초과
공시연도	2028년	2029년	2030년

자료: 대한상공회의소, 「EU수출기업을 위한 공급망 실사 지침」, 2024

이러한 단계적 적용 일정 아래, 기업이 수행해야 할 실사 의무의 구체적 내용은 3자 합의안과 최종안 간 큰 차이가 없으며, 적용 대상 기업은 실사 정책을 수립하고, 부정적 영향을 확인·평가·우선순위화하며, 잠재적 부정적 영향을 예방·완화하고 실제 발생한 영향을 제거·최소화해야 한다. 또한, 불만 접수 절차를 마련하고, 실사의 효과적 이행을 위해 모니터링하며, 그 결과를 대중에게 공시할 의무도 이행해야 한다.

공급망 실사 범위도 3자 합의안과 유사하게 유지되며, 자사·자회사뿐만 아니라 활동망 내의 직접·간접 비즈니스 파트너, 즉 업스트림(원자재·부품 공급 단계)과 다운스트림(유통·운송 단계)까지 포함된다. 다만, 다운스트림에서 소비자 사용 및 폐기 단계는 제외되며, 서비스 및 금융 산업에서는 업스트림에 대해서만 실사 의무가 적용된다.

제재 규정도 최종안에서 유지되었다. 지침 위반 시 과징금은 관할 당국이 부과 결정을 내린 직전 회계연도의 전 세계 연결 매출액을 기준으로 하며, 최대 5%까지 부과될 수 있다. 그룹사는 최종 모회사가 보고한 연결 매출액이 적용된다. 기한 내 벌금을 납부하지 않으면 관할 당국은 기업명과 위반 내용을 담은 공개 성명서를 발표할 수 있으며, 이는 기업의 평판 리스크를 초래할 수 있다. 아울러, 기업의 실사 의무 위반으로 피해가 발생한 경우 피해자는 민사상 손해배상을 청구할 수 있다. 특히 노동조합, NGO, 인권·환경 단체 등 다양한 이해관계자들이 피해자를 대신해 손해배상 소송을 제기할 수도 있으나, 이들 단체의 대체 청구권 인정 여부는 각 회원국의 국내법에서 자율적으로 정하도록 변경되었다.

협력사의 단독 귀책으로 발생한 손해에는 기업의 책임이 발생하지 않지만, 협력사와 기업 간 공동 인과관계가 인정되면 연대책임을 질 수 있다. 따라서 기업은 실사 의무 위반 시 과징금 및 민사상 책임이 모두 발생할 수 있으므로, 주요 비즈니스 관계(Chain of activities) 전반에 걸쳐 실사 의무를 철저히 이행할 필요가 있다.

ESRS(European Sustainability Reporting Standards) 공시 의무는 CSDDD(공급망 실사 지침)의 실사 의무와는 별개의 규제이지만, 내용적으로 밀접한 관련이 있다. CSDDD는 기업의 공급망에서 발생할 수 있는 인권 및 환경 리스크에 대한 실사 자체를 규율하는 행동 규범인 반면, ESRS는 기업이 지속가능성 정보(예: 공급망 리스크, 인권·환경 영향 등)를 공시하기 위한 기준으로, 공급망 관리와 관련된 정보를 보고할 것을 요구한다. 따라서 법적 성격은 다르지만, ESRS 공시 의무를 충족하기 위해서는 공급망 실사에 준하는 정보 수집과 관리 체계를 마련해야 하며, 실질적으로 CSDDD 수준의 실사 체계가 필요하다.

한편, 두 규제는 적용 대상 기업의 규모와 시기에서도 차이를 보인다. ESRS 공시 의무는 〈표 Ⅳ-9〉에 정리되어 있듯이 2025년부터 상장 대기업을 시작으로, 2029년까지 상장·비상장 중소·중견기업과 EU 내 자회사 등으로 단계적으로 확대된다. 반면, CSDDD 실사 의무는 2027년부터 임직원 5,000명 이상 대기업에 적용되며, 2029년에 임직원 1,000명 이상 기업과 일정 매출 기준을 충족하는 기업으로 확대된다. 따라서 CSDDD 실사 의무가 아직 적용되지 않는 기업이라도, ESRS 공시 의무 대상에 해당한다면 공급망 실사 체계를 사전에 준비해야 한다. 특히, 국내 기업 중 EU 내에 설립된 대기업(역외 기업의 EU 내 종속기업 포함)을 계열사로 두고 있거나, EU 역내에서 일정 매출을 초과하는 역외 지배기업에 해당하는 기업은 ESRS 공시 의무화 일정에 맞춰 공급망 실사 기반의 관리 체계를 구축할 필요가 있다.

표 Ⅳ-9 기업 규모별 ESRS 기준안 적용 시기

2024년(2025년 공시)	2025년(2026년 공시)	2026년(2027년 공시)	2028년(2029년 공시)
• 회계연도 동안 평균 직원 수 500명을 초과하는 상장 대기업 • 연결재무제표가 대기업 기준을 충족하고, 회계연도 동안 평균 직원 수 500명을 초과하는 모기업	• 회계연도 동안 평균 직원 수 500명 이하의 상장 대기업 • 연결재무제표가 대기업 기준을 충족하고, 회계연도 동안 평균 직원 수 500명 이하인 모기업	• 초소형기업 외 상장 소기업 및 중기업 • 기타상장 신용기관 및 보험회사	• 초소형기업 외 상장 소기업 및 중기업을 자회사로 둔 제3국 기업 • EU 내 대기업을 자회사로 둔 역외 지배 기업

EU는 2023년 2월 1일, 미국의 인플레이션 감축법(IRA), 중국의 친환경 전략, 일본의 그린 성장 전략에 대응하여 그린 딜 산업계획(Green Deal Industry Plan)을 발표하였다. 이 계획은 규제 환경 개선, 원활한 자금 조달, 숙련 인력 강화, 교역 활성화의 네 가지 전략을 중심으로 EU의 친환경 산업 경쟁력을 강화하기 위한 것이다(<표 Ⅳ-10> 참조). 우선 규제 환경 개선은 기존 산업이 친환경적으로 전환할 때 적용되는 규제를 완화하여 기업의 부담을 줄이고, 새로운 친환경 사업 진출을 촉진하려는 전략이다. 이를 위해 EU는 '넷제로 산업법'[29], '핵심 원자재법'[30], '대체 인프라 규정'을 도입할 계획이다.

29 넷제로 산업법(Net-Zero Industry Act)은 EU가 2030년까지 태양광, 풍력, 배터리, 수소 등 전략적 청정기술의 연간 EU 수요의 최소 40%를 역내에서 생산하도록 목표를 설정한 법안이다. 이를 위해 인허가 절차를 간소화하고, 주요 넷제로 기술 제조 프로젝트를

또한 친환경 핵심 기술 투자와 개발을 촉진하기 위해 유럽국부펀드(European Sovereign Fund)를 설립하기로 하였으며, 이를 통해 청정 에너지·신재생 자원·친환경 기술 등 전략 산업에 대한 공공 투자를 확대하고 민간 투자 참여를 촉진할 계획이다. 아울러 숙련 인력 강화를 위해 '넷제로 아카데미'를 설치하고, 기후중립 관련 자격 인증 제도를 마련하여, 친환경 산업의 인적 자원 기반을 확보할 계획이다. 마지막으로, 교역 활성화를 위해 '핵심 광물 클럽'[31], '넷제로 산업 파트너십' 등의 국제 협력 플랫폼을 구축하여 글로벌 공급망 안정성 강화 및 전략적 자원 확보를 추진하기로 했다.

표 Ⅳ-10 EU 그린 딜 산업계획 주요 내용

전략	주요 내용
규제 환경 개선	• 넷제로사업법, 핵심원자재법, 대체인프라규정
원활한 자금 조달	• 유럽국부펀드 신설
숙련 인력 강화	• 넷제로아카데미 설치, 숙련 인력자격인증
교역 활성화	• 핵심광물클럽, 넷제로산업파트너십

전략 프로젝트로 지정해 우선 처리하며, 공공조달에서 지속가능성 및 공급망 회복력 기준을 반영하도록 규정하고 있다. 또한 2030년까지 연간 5천만 톤 이상의 CO_2 저장 역량을 확보하는 목표도 포함된다. 이 법은 미국의 인플레이션 감축법(IRA) 등에 대응해 EU의 청정기술 제조 역량을 강화하고 글로벌 경쟁력을 확보하기 위한 EU 그린 딜 산업계획의 핵심 법안으로 자리하고 있다.

30 핵심원자재법(Critical Raw Materials Act)은 EU가 전략 산업에 필수적인 원자재의 안정적 공급을 확보하기 위해 제정한 법으로, 2030년까지 EU 내에서 전략 원자재의 10%를 채굴, 40%를 가공, 25%를 재활용하도록 목표를 설정하고 있다. 이를 위해 허가 절차를 간소화하고, 특정 프로젝트를 전략 프로젝트로 지정해 신속히 승인하며, 공급망 다변화와 재활용 확대를 통해 대외 의존도를 낮추는 것을 핵심 내용으로 하고 있다.

31 핵심광물클럽이란 미국과 EU 간의 국제 연합으로, 전기차 배터리에 들어가는 핵심 광물에 대한 중국 의존도를 낮추고, 회원국에게 전기차 보조금을 지원하기 위한 연합이다.

1.3 지속가능한 금융공시 규정(Sustainable Finance Disclosure Regulation, SFDR)[32]

EU는 2018년 3월, 10개 주요 과제로 구성된 'EU 지속 가능한 금융 행동 계획(The EU Sustainable Finance Action Plan, SFAP)'을 발표하였다. 이 계획은 금융 시스템이 지속 가능한 개발을 지원하고, 환경 및 사회적 이슈에 효과적으로 대응하도록 전환하기 위한 유럽연합 전략이다. SFAP에 근거하여 EU는 이후 여러 규제 제도를 만들게 되므로, 10개의 과제를 먼저 살펴볼 필요가 있다. 10개 과제는 '분류체계 및 표준화', '금융기관의 책임 강화', '지속가능한 금융시장 인프라 구축', '기업 책임 강화', '확장된 투자자 정보', '투자자 보호 및 투자 자문 강화', '금융 규제자와 감독기관의 지원', '금융 교육과 연구', '국제 차원의 지속 가능한 협력', '금융 교육과 보급'이며, 이에 대한 간략한 설명은 〈표 Ⅳ-11〉에 정리되어 있다.

지속 가능한 금융공시 규정(SFDR)은 SFAP의 일환으로 만들어진 규제이다. SFDR(지속 가능한 금융공시 규정)은 투자자들에게 필요한 정보를 제공하여 지속 가능한 투자에 대한 이해를 높이고, 합리적 투자 결정을 지원하는 것을 목적으로 한다. 또한, 투자를 유치한 기업과 자산 운용사에게 지속 가능한 투자에 대한 정보를 공개하도록 요구함으로써 금융 시장의 투명성을 높이는 규제이다. SFDR은 2019년 12월 9일 EU 의회를 통과하여 정식으로 채택되었고, 2021년 3월부터 시행되고 있다.

SFDR의 적용 대상은 EU 역내 금융서비스 부문이며, 특히 펀드를 운용하는 자산운용회사가 주 대상이다.[33·34] 적용 대상 기관은 기관 수준에서 지속 가능한 위험과 부정적 영향을 어떻게 통합하는지를 보고해야 하며, 또한

---

32 SFDR 자세한 내용은 https://finance.ec.europa.eu/regulation-and-supervision/financial-services-legislation/implementing-and-delegated-acts/sustainable-finance-disclosures-regulation_en 참조.

33 이하 내용은 공경신(2021)을 참조하였다.

34 따라서 금융기관은 SFDR의 의무사항뿐만 아니라 NFRD에서 요구하는 정보도 공시해야 한다.

ESG 관련 제품에 대해서도 이러한 위험과 부정적 영향을 분류하고 보고해야 한다. SFDR은 모든 자산 운용사가 투자를 결정할 때 지속 가능한 위험을 체계적으로 고려하도록 요구하고 있다.

대상 기관의 공시 의무는 두 가지로 나뉜다. 하나는 금융기관 단위의 공시 사항이고, 다른 하나는 판매 상품 단위의 공시 사항이다. 먼저 금융기관 단위의 공시 사항을 살펴보면, 지속 가능성에 대한 주요 부정적인 영향(Principal Adverse Impacts on sustainability factors, PAI on sustainability factors)을 금융회사의 웹사이트에 공시해야 한다. 관련된 정량적 공시 내용은 〈표 Ⅳ-12〉에 정리되어 있다. 금융기관 단위에서 의무적으로 공시해야 할 내용은 크게 세 가지이다. 첫째는 기업에 대한 투자 시 적용되는 지표, 둘째는 국가에 대한 투자 시 적용되는 지표, 셋째는 부동산 자산에 대한 투자 시 적용되는 지표이다. 이 중 앞의 두 지표는 다시 환경과 사회 관련 지표로 세분된다. 부동산 자산에 대한 투자 지표는 화석 연료와 에너지 효율 두 가지로 세분된다.

금융기관 단위에서 의무적으로 공시해야 할 내용을 보면, 환경 부문에서는 주로 온실가스 배출량 및 농도와 관련된 항목들이 대부분을 차지하고 있다. 온실가스 배출량 및 농도는 금융기관 자체의 배출량뿐만 아니라 피투자 기관의 배출량 및 농도 정보까지, 즉 Scope 3[35]까지 포함해 공시하도록 규정하고 있다. 사회 부문에 포함되는 공시 항목은 주로 인권 및 차별과 관련된 요소들이며, 피투자 기업이 UNGC(유엔 글로벌 콤팩트) 원칙 및 OECD 다국적 기업을 위한 지침(OECD Guidelines for Multinational Enterprises)을 어느 정도 준수하고 있는지를 포함한다. 앞서 언급했듯이, UNGC 원칙에는 인권, 노동, 환경, 반부패 등 10대 원칙이 포함되며, OECD 다국적 기업을 위한 지침은 기업의 책임 있는 비즈니스 관행에 관한 권고사항을 다루고 있다. 〈표 Ⅳ-12〉에 정리된 정량적 공시 외에도, PASI 식별 및 우선순위 선정 정책, PASI를

35 Scope 3 배출량은 기업의 가치사슬에서 발생하는 모든 온실가스 배출을 의미한다. 이는 직접적인 배출(Scope 1) 및 전기와 같은 에너지원의 사용으로 인한 간접 배출(Scope 2) 외의 모든 간접 배출을 포함한다. 자세한 내용은 10장 참조.

완화하기 위한 계획, 국제 표준 준수 여부, 과거와의 비교 등에 대해 정성적인 설명을 하도록 규정하고 있다. 최소 500명의 직원을 둔 금융회사는 매년 6월 30일까지 지속가능한 요소들에 대한 부정적 영향에 대한 정보를 의무적으로 공시해야 하며, 소규모 금융회사는 이 규정을 준수하지 않는다면 그 사유를 설명해야 한다.

금융기관은 판매 상품 단위의 공시도 의무적으로 수행해야 한다. SFDR은 금융상품을 성격에 따라 크게 세 가지로 분류하며, 각 유형에 따라 요구되는 공시 내용도 달리 규정하고 있다. 먼저, 제6조는 지속 가능성을 주요 목표로 하지 않는 일반 금융상품(So-called Article 6 products)에 대한 규정으로, 일반금융 상품에 대해서도 금융기관은 투자 성과에 영향을 미칠 수 있는 지속 가능성 위험을 어떻게 통합하고 있는지, 이를 고려하지 않는다면 그 사유를 명확히 설명하도록 요구한다. 제8조는 환경적 또는 사회적 특성을 촉진하는 금융상품(Light green products)을 규정하며, 이러한 상품은 해당 특성을 어떻게 달성할 것인지에 대한 전략과 방법론을 구체적으로 공시해야 한다. 특히, 금융기관은 이러한 펀드에 대해 계약 전 공시를 할 때, 규제기술표준(Regulatory Technical Standards, RTS) 양식(Template)에 따라 펀드가 추진하는 환경적·사회적 특성, 이러한 특성의 달성을 측정하는 데 사용되는 지속 가능성 지표, 펀드의 투자 전략, 그리고 관리자가 해당 펀드에 대해 주요 부정적 영향을 고려하는지 여부 등을 명시해야 한다. 제9조는 지속 가능한 투자를 명확히 목표로 하는 금융상품(Dark green products)을 규정하며, 이러한 상품은 해당 목표를 달성하기 위한 전략과 방안을 상세히 공시해야 한다. 또한, 제9조에 해당하는 펀드 역시 계약 전 공시에서 RTS 양식에 따라 목표로 하는 지속 가능한 투자 내용, 성과 달성 방법, 성과 측정 지표, 투자 전략, PAI 고려 여부 등을 구체적으로 명시해야 한다.

SFDR 제도의 시행이 가져올 가장 큰 긍정적인 효과는 모든 금융기관이 동일한 양식으로 동일한 자료를 보고하게 됨에 따라, 투자자들이 통일된 기준하에서 금융기관과 금융상품의 지속 가능성 노력을 비교할 수 있다는 점이다. 이로 인해 그린워싱 문제는 상당 부분 완화될 것으로 기대된다. 반면, 문제는 규정 준수를 위해 대량의 자료가 필요하다는 점에서 금융기관의 인적·물적 비용 증가가 불가피하고, 피투자 기업으로부터 규정에 맞는 정보가 원활히 제공되기 어렵다는 것이다. 아직까지 기업의 ESG 공개에 대한 글로벌 기준이 없기 때문에 정보의 가용성과 품질이 매우 다양할 것으로 예상되며, 업계에서는 MiFID II(Markets in Financial Instruments Directive II) 도입 당시와 유사한 수준의 비용이 발생할 것으로 보고 있다.[36] 우리나라 기업 중 유럽에 진출한 기업이나 유럽 금융기관으로부터 투자를 유치한 기업은 SFDR과 관련된 지속 가능성 정보를 요청받을 수 있다.

표 Ⅳ-11 EU 지속 가능한 금융 행동계획(SFAP)의 10개 과제

10개 과제	주요 내용
분류체계 및 표준화 (Setting sustainability criteria)	지속 가능한 투자를 식별하고 측정하기 위한 표준화된 분류체계를 개발하고, 투자 제품의 지속 가능성을 평가하기 위한 표준을 정립한다.
금융기관의 책임 강화 (Strengthening financial institutions' responsibility)	금융기관이 고객의 지속 가능한 투자 요구를 충족시키고, 지속 가능한 투자를 촉진하기 위해 책임을 강화하고 적절한 정책을 채택한다.
지속가능한 금융 시장 인프라 구축 (Incorporating sustainability in financial market infrastructures)	지속 가능한 금융 시장 인프라를 발전시켜 투자자들이 지속 가능한 투자를 할 수 있도록 돕는다.
기업 책임 강화 (Enhancing corporate responsibility)	기업의 지속 가능성 보고서 작성 등을 요구하고, 기업의 사회적 책임과 환경적 영향을 추적한다.
확장된 투자자 정보 (Expanding investor information)	투자자들이 지속 가능한 투자에 대한 정보에 쉽게 접근할 수 있도록 지원한다.
투자자 보호 및 투자 자문 강화 (Strengthening protection and investment consulting)	투자자들이 지속 가능한 투자 결정을 내릴 때 필요한 정보를 제공하고, 투자자들의 권리를 보호한다.

36 MiFID II는 유럽연합(EU)에서 금융 시장의 투명성과 투자자 보호를 강화하기 위해 도입된 규제 프레임워크로, 2007년에 도입된 MiFID I을 개정하여 2018년 1월 3일에 시행되었으며, 금융 서비스 산업 전반에 걸쳐 다양한 규제를 포함하고 있다.

10개 과제	주요 내용
금융 규제자 및 감독기관의 지원 (Supporting financial regulators and supervisory authorities)	지속 가능한 금융 시스템을 지원하기 위해 규제 및 감독기관의 협력과 지원한다.
금융교육과 연구(Financial education and research)	지속 가능한 금융에 대해 이해를 높이고, 전문가들을 지원하기 위해 교육 및 연구를 실시한다.
국제 차원의 지속 가능한 협력 (International sustainable finance)	국제적인 차원에서 지속 가능한 금융을 촉진하고, 국제적인 기준을 개발하고 채택한다.
금융 교육 및 보급 (Financial education and dissemination)	지속 가능한 금융에 대한 인식을 높이기 위해 교육 및 보급 활동을 실시한다.

표 Ⅳ-12 SFDR 정량적 의무보고사항: 금융기관 단위

기업에 대한 투자 시 적용되는 지표	기후 및 다른 환경 관련 지표	온실 가스 배출	온실가스 배출량	• Scope 1 온실가스 배출량 • Scope 2 온실가스 배출량 • 2023년 1월 1일부터 Scope 3 온실가스 배출량 • 전체 온실가스 배출량
			탄소발자국	• 탄소발자국
			투자회사의 온실가스 강도	• 피투자기업의 온실가스 강도
			화석연료 부문 노출도	• 화석연료 분야에 있는 기업에 대한 투자 비중
			재생불가 에너지 소비 및 생산비율	• 피투자기업의 재생불가 에너지 생산 점유율
			고영향 기후부문별 에너지 소비 강도	• 피투자기업의 수익 대비 에너지 소비량(GWH/백만유로)
		생물 다양성	생물다양성 민감한 지역에서의 부정적인 영향을 미치는 활동	• 생물다양성에 민감한 지역에서 피투자회사의 활동이 부정적인 영향을 미치는 경우 해당 피투자회사에 대한 투

				자 비중
		물	오염수 방출	• 피투자기업의 오염수 배출량(투자액 백만유로당 배출량, 가중 평균으로 계산)
		폐기물	유해 폐기물 비율	• 투자액 백만유로당 피투자회사에 의해 발생하는 위험폐기물(톤)
	사회·노동자, 인권, 부패 방지, 뇌물 금지	사회·노동자	UNGC 원칙, 다국적 기업을 위한 OECD 지침 위반	• UNGC 원칙, 다국적 기업을 위한 OECD 지침 위반 기업에 대한 투자 비중
			UNGC 원칙, 다국적 기업을 위한 OECD 지침 준수 모니터링 체계 및 규정 준수 구조 부재	• UNGC 원칙 및 다국적 기업을 위한 OECD 지침의 준수 여부, 관련 고충 및 불만 처리 구조, 모니터링 정책이 없는 피투자 기업에 대한 투자 비중 등과 관련된 정보 공시
			조정되지 않은 성별 임금 격차	• 피투자기업의 조정되지 않은 성별 임금 격차
			이사회의 성별 다양성	• 피투자기업 이사회의 남녀 비율
			논란성 무기에 대한 노출 정도(대인지뢰, 화학무기, 생화학무기 등)	• 논란의 여지가 있는 무기의 제조 또는 판매에 관련된 피투자기업 비중
국가 등에 대한 투자 시 적용되는 지표	환경		온실가스 농도	• 피투자국가의 온실가스 강도
	사회		사회적 위반 국가	• 국제조약 및 협약, UN 원칙, 국가 법률에서 언급되는 사회적 위반에 해당하는 피투자 국가의 수
부동산 자산 투자 시 적용되는 지표	화석연료		부동산 자산을 통한 화석연료 노출 정도	• 화석연료의 추출, 저장, 운송, 제조에 관련된 부동산 자산에 대한 투자 비중
	에너지 효율		에너지 비효율적인 부동산 자산 노출 정도	• 에너지 효율이 낮은 부동산 자산에 대한 투자 비중

자료: 공경신(2021)

1.4 EU 지속 가능한 분류체계 규정(EU Taxonomy Regulation)[37]

EU 지속 가능한 분류체계 규정은 2018년 제정된 지속가능금융 행동계획(SFAP)의 10개 과제 중 첫 번째 과제를 위해 만들어진 규정이다.[38] 2019년 12월에 제정되었으며, 2020년 7월에 발효되었다. 저탄소 경제 또는 녹색 경제로의 전환을 위해서는 금융의 역할이 무엇보다 중요하며, 이를 위해서는 먼저 녹색 활동이 무엇인지를 판별할 수 있는 기준이 마련되어야 한다. 그래야만 그린워싱을 하고 있는 기업을 식별하고, 녹색 금융상품이나 녹색 채권(Green bond) 등을 선별하여 투자가 환경 친화적으로 이루어질 수 있다.

EU 지속 가능한 분류체계 규정은 6개의 환경 목표와 목표별 기술심사 기준(Technical Screening Criteria, TSC) 등 27개 조항으로 구성되어 있다. 환경 목표는 EU 지속 가능한 분류체계 규정[39] 9조에 명시되어 있다. 9조에 따르면 환경 목표는 기후변화 완화(Climate mitigation), 기후변화 적응(Climate adaptation), 수자원 및 해양자원의 지속 가능한 사용과 보호(The sustainable use and protection of water and marine resources), 순환경제로의 전환(The transition to a circular economy), 오염 예방과 관리(Pollution prevention and control), 생물다양성과 생태계의 보호 및 회복(The protection and restoration of biodiversity and ecosystems) 등 6개로 구성되어 있다. EU의 지속 가능한 분류체계 규정에서는 경제활동이 4가지 조건을 모두 충족시킬 때 녹색 활동으로 정의하고 있다. 4가지 조건은 ① 6가지 환경 목표 중 하나 이상에 기여할 것 ② 기여한 환경 목표 이외의 다른 목표에 중대한 피해를 발생시키지 않을 것 ③ 최소 안전기준(Minimum Safeguards, OECD 다국적 기업 가이드라인, ILO 협약, UN 인권과 기업활동 지침 등)에 부합할 것 ④ 기술심사기준(Technical Screening Criteria)을 충족할 것 등이다. 마지막 조건은 환경적으로 녹색 활동을 구분하는 기준이지만, 인권과 노동 등 최소한의 사회적 기준을 준수하지 못한다면 친환경 활동에서 배제하도

37 자세한 내용은 https://finance.ec.europa.eu/sustainable-finance/tools-and-standards/eu-taxonomy-sustainable-activities_en 참조.

38 규정(Regulation)이므로 자국 법 제정이 필요 없다.

39 보다 정확히는 Regulation (EU) 2020/852이다.

록 함으로써 환경 목표에 사회적 가치를 통합하기 위한 조치라 할 수 있다.

EU 지속 가능한 분류체계 규정은 2단계 위임법률(Delegated Act)을 통해 6가지 친환경 목표별 구체화된 기술심사기준을 입법화할 예정이다. EU 집행위원회가 가장 먼저 만든 것은 기후변화 완화 및 적응 목표와 관련된 기술심사기준이다. 이 기술심사기준은 기후변화 완화 및 적응 목표에 상당한 기여를 하면서 다른 환경 목표에 중대한 피해를 입히지 않는 경제활동을 판단하기 위한 기준이다. EU 지속 가능한 분류체계 규정 기후위임법(Climate Delegated Act)은 관련 기술 심사기준을 규정하기 위해 2021년 4월 21일 채택되었고,[40] 2022년 1월부터 시행되었다. 이 법은 이후 두 차례 개정되었다. 첫 번째 개정은 2022년 3월 9일에 채택되어 2023년 1월 1일부터 시행되었으며, 천연가스 및 원자력 발전을 전환 활동으로 새롭게 포함하고 이에 대한 별도의 기술심사기준을 마련하는 데 중점을 두었다. 두 번째 개정은 2023년 6월 27일에 채택되어 2024년 1월 1일부터 시행되었으며, 핵심은 일부 기존 경제활동의 기술심사기준을 수정·보완하고, 제조업과 운송을 새로운 경제활동으로 추가하고, 보고 의무를 보다 명확히 하는 것이었다. 한편 수자원과 해양 자원의 지속가능한 사용과 보호, 순환경제로의 전환, 오염 예방과 관리, 생물다양성과 생태계의 보호 및 복원과 관련된 기술심사기준은 2023년 6월 27일에 공표되었고, 11월 12일 채택되어 2024년 1월 1일부터 시행되고 있다.[41]

EU 지속가능성 분류체계는 환경적으로 지속 가능한 경제활동을 규정하는 것으로 시작되었으나, 현재 그 범위를 사회적 지속가능성으로 확대하기 위해 EU 사회분류체계(Social Taxonomy)도 개발 중이다.[42] 이 작업은 유럽 집행위원회 자문기구로서의 지위를 가진 지속 가능 금융 플랫폼(Platform on Sustainable Finance)[43]이 수도하였다. 이 플랫폼은 사회 분류체계 규정에 대한

---

40 2021년 제정된 기후위임법은 2022년 1월부터 시행되었다.

41 이에 대해서는 Official Journal of the European Union 2023/2486 참조.

42 현행 EU 지속 가능한 분류체계 규정 내용 가운데 최소안전기준(Minimum Safeguards)을 보다 구체화한 것이라 볼 수 있다.

43 Platform on Sustainable Finance는 2020년에 EU 집행위원회가 설립한 자문 기구이다. 이 플랫폼은 지속 가능한 금융을 촉진하기 위해 만들어졌으며, EU의 지속 가능한 분류체계

최종 보고서인 『Final Report on Social Taxonomy』를 2022년 2월에 발표하였다. 플랫폼은 사회 분류체계 규정의 구조가 기존의 지속 가능한 분류체계와 동일하도록 제안했지만, 과학을 기반으로 경제활동과 연결이 용이한 친환경 목표와 판단 기준과는 달리, 사회적 목표와 판단 기준은 정량화하기 어려운 특성을 가지고 있기 때문에[44] 차별화가 필요하다고 지적하였다. 또한 이러한 문제로 인해 사회적 목표와 판단 기준은 국제적인 규범과 원칙에[45] 기반할 수밖에 없음을 강조하였다.

이 보고서에서 제시하고 있는 사회 분류체계 규정의 목적은 세 가지이다.[46·47] 첫째는 양질의 일자리(Decent work, 가치사슬 근로자 포함) 창출이다.[48] 양질의 일자리 개념은 근로자를 인간 또는 인격체로 보아야 한다는 관점에서 비롯된다. 이 보고서에서는 양질의 일자리를 구성하는 요소로 고용 창출, 사회적 보호, 근로권, 사회적 대화를 들고 있다. 네 요인들이 의미하는 바를 살펴보면, 먼저 고용 창출(Employment Creation)은 양질의 일자리 창출을 위해 경제적으로 활동적인 노동 시장을 유지하고 적극적으로 고용이 창출되어야 한다는 것을 의미한다. 사회적 보호(Social Protection)는 양질의 일자리를 통해 노동자들이 사회적으로 안정적이고 보호된 환경에서 근무할 수 있도록 보장하는 것을 의미하며, 여기에는 적절한 임금, 노동시간의 제한, 퇴직금, 건강보험 등과 같은 사회적 혜택을 보장해야 한다는 의미가 포함된다. 노동권(Labour Rights)은 노동자의 기본 권리를 존중해야 한다는 것으로, 이는 자유로운 노동 협정의 협상, 노동 조건의 존중, 직업 안전 및 보건 규정의 준수를 포함한다. 사회적 대화(Social Dialogue)는 노동자와 관련 이해관

규정과 같은 주요 정책 이니셔티브를 개발하고 구현하는 데 중요한 역할을 하고 있다.

44 정량화될 수 없는 특성의 대표적인 예로는 단체교섭권, 세금 투명성 등이 있다.

45 The European Convention on Human Rights, The UN SDGS, the UN Declaration of Human Rights 등이 대표적인 예이다.

46 지속 가능 금융 플랫폼은 사회 분류체계 규정의 목표를 제시하는 가장 설득력 있는 방법은 다양한 경제 활동이 어떤 유형의 이해관계자에게 영향을 미칠 수 있는지를 명확히 하는 것이라고 하였다.

47 이하의 내용은 Platform on Sustainable Finance(2022) 참조.

48 양질의 일자리 개념은 국제노동기구나 UN의 SDGs 8번째 목표와 호환된다.

계자 간의 개방적이고 건설적인 대화와 협력을 촉진해야 한다는 것으로, 이는 노동조합의 참여, 기업 내 의사결정에 대한 노동자의 참여, 그리고 노동자와 경영진 간의 상호작용을 강화하는 것을 의미한다. 이러한 양질의 일자리 목표는 유럽연합에만 국한되어서는 안 된다고 보고서는 강조하고 있다. 이는 기본적으로 EU 사회적 분류체계 규정에서 제시하는 양질의 일자리 개념이 UN에서 제시한 SDGs의 8번째 목표에 근거하고 있기 때문이다. 따라서 양질의 일자리 목표에는 가치사슬에 있는 근로자도 포함된다.

둘째, 최종 사용자(End-users)로서 적절한 생활 수준과 복지 보장이다. 이 목표는 노동자를 특정 상품과 서비스의 최종 사용자로 보고, 건강이나 안전에 대한 위험 노출과 생활 필수품 소비가 삶의 질과 복지에 미치는 영향을 강조한다. 이를 위해 소비자 보호, 건강, 식품, 주거, 교육 등 경제적·사회적 권리의 실현을 위한 하위 목표가 설정되고 있다.

셋째, 포용적이고 지속 가능한 공동체와 사회 구축이다. 이 목표는 기업 활동이 공동체와 사회에 미치는 영향을 고려하여 인권을 존중하고 지원하는 데 초점을 둔다. 특히 토지 권리, 원주민 권리, 인권 옹호자, 취약계층 등 기본적인 권리 보호가 필요한 집단에 대한 지원을 강조하며, 전기·물 등 기본 경제 인프라와 서비스의 접근성과 이용 가능성을 개선하거나 유지하기 위한 하위 목표가 설정되어 있다.

지속 가능 금융 플랫폼에 의해 제안된 사회 분류체계 규정이 앞으로 어떻게 진행될지는 불분명하다. 현재 유럽 집행위원회는 이 제안을 어떻게 발전시킬지에 대한 합의가 부족하여, 진행을 보류한 상태이다.

1.5 기업 지속 가능성 정보공시 지침(Corporate Sustainability Reporting Directive, CSRD)[49]

NFRD(비재무정보 공시 지침)는 여러 준비 단계를 거쳐 2018년에 시행되었으

49 CSRD의 자세한 내용은 https://finance.ec.europa.eu/regulation-and-supervision/financial-services-legislation/implementing-and-delegated-acts/corporate-sustainability-reporting-directive_en과 김수연(2021) 참조.

나, 시행 후 몇 가지 문제점들이 노출되었다. 그중 핵심적인 내용은 세 가지이다. 첫째, 2017년과 2019년에 가이드라인과 기후 관련 정보 지침을 담은 부록을 각각 발표했음에도 불구하고, 정보 공시가 기업의 지속 가능성을 판단하는 데 불충분하다는 지적이 있었다. 둘째, 2014년 NFRD 제정 이후 EU의 ESG 관련 정책들이 새로 도입되거나 강화됨에 따라 NFRD와 이러한 정책들 간의 연계성이 부족하다는 문제가 제기되었다. 셋째, NFRD라는 명칭이 환경 및 사회 관련 요인들이 기업의 재무 성과와 관련이 없다는 불필요한 오해를 야기할 수 있어, 지속 가능성 정보가 재무 정보와 동등한 수준으로 고려될 필요가 있다는 점이 강조될 필요가 있었다.

이러한 문제점들을 반영하기 위해 만들어진 새로운 정보 공시 규제가 '기업 지속가능성 보고 지침(CSRD)'이다. EU 집행위원회는 2019년 4월 21일 NFRD 개정안으로 CSRD를 제안하였다. 개정의 핵심은 2014년 NFRD 제정 이후 진전된 EU의 ESG 관련 정책과의 연계성 보완 및 지속가능성 공시 정보의 신뢰성, 접근성, 일관성, 비교 가능성 강화에 중점을 두었다. 정보 공시 적용 대상 기업 범위와 공시 항목을 대폭 확대하고, 검증(감사)을 강화했으며, 디지털 분류 체계에 기반하여 표준화된 지속가능성 정보를 제공하도록 한 것이 특징이다.

개정된 주요 내용을 살펴보면 먼저 적용 대상의 확대이다. 적용 대상은 ① EU 회원국 내 상장 및 비상장 대기업으로 종업원 250명 이상, 순매출액 4천만 유로 이상, 자산총액 2천만 유로 이상 중 2가지 조건을 충족하는 기업, ② 유럽 시장에 상장된 중소기업(단 초소형 상장사는 제외[50]), ③ 비EU 기업의 EU 자회사이다. CSRD 적용으로 약 49,000개 사(모든 유한책임회사 매출액 75%)가 지속 가능성 정보 의무공시 범위에 포함될 것으로 추정된다.[51] 공시 항목은 이중중요성을 더욱 강조하였으며 NFRD와 비교해 지배구조 항목을 확대하였다.

---

50 소형 기업은 직전 연도 평균 종업원 수 10명 이하, 순매출액 70만 유로 이하, 자산총액 35만 유로 이하의 3가지 요건 중 2가지를 충족하는 기업을 의미한다.

51 단, 중소기업은 코로나로 인한 경제적 어려움을 반영하여 적용 시점을 대기업 시행 이후 3년이 경과한 시점으로 완화하였다.

개정된 구체적인 공시 주제 및 관련 내용은 〈표 Ⅳ-13〉에 정리되어 있다. 〈표 Ⅳ-1〉에 정리된 NFRD의 공시 주제 및 내용과 비교해 두 가지 특징적인 점을 발견할 수 있다. 첫째, NFRD는 크게 5가지 공시 영역으로 구성되어 있었으나, 이를 환경, 사회, 지배구조의 3가지 영역으로 단순화시키면서 지배구조 영역이 명시적으로 포함되었다. 둘째, 환경 영역에 포함된 주제들이 앞서 언급한 지속가능한 분류체계 규정에서 정의된 환경 항목과 일치하도록 개정되었다. 이를 통해 CSRD는 NFRD 개정 이후 새롭게 만들어진 여러 규제 정책들과의 연계성을 높이고, 지배구조 영역을 포함시켰다는 특징을 확인할 수 있다.

〈표 Ⅳ-13〉에는 CSRD가 기업에게 요구하는 정보 공시 주제와 내용이 정리되어 있다. CSRD는 이들 주제를 서술할 때 포함시켜야 할 구체적인 내용도 제시하고 있으며, 이는 2017년 TCFD 권고안을 반영한 것이다. 이 지침의 주요 내용은 다음과 같다.

① 지속 가능성 관련 사업 모델과 전략(예: 지속 가능성 관련 위험과 사업 모델의 회복력, 지속 가능성 이슈로 인한 기회, 파리협정에 부합하는 사업 모델과 전략 등)
② 지속 가능성 목표 설정 및 시행 절차
③ 지속 가능성 관련 경영진 및 이사회의 역할과 책임
④ 지속 가능성 관련 정책
⑤ 지속 가능성 실사 절차 및 공급망 관리
⑥ 사업 관계를 포함한 제품·서비스 가치사슬 내 실제적 및 잠재적 악영향과 이를 완화, 예방, 제거하기 위한 방안 및 조치 결과
⑦ 지속 가능성 및 관련 이슈에 대한 위험 관리 방법
⑧ ①~⑦과 관련된 공시 측정 지표(Indicators)
⑨ 지적 재산, 인적 자원, 사회적·관계 자본을 포함한 무형적 정보 공시
⑩ 이중중요성 관점에서 식별한 지속 가능성 정보 평가 과정 및 이를 단·중·장기 관점에서 고려했는지 여부에 대한 정보 공개

CSRD는 기업이 공시한 정보에 대해 외부 검증을 의무화하고 있다. 이는 투자자와 이해관계자가 지속가능성 정보의 정확성과 신뢰성을 확인할 필요가 있다는 요구에 따른 것이다. 검증에 관한 세부 내용은 아직 마련되지 않았으며, 향후 위임입법을 통해 구체화될 예정이다. 우선 2026년 10월 1일까지 제한적 검증(Limited assurance) 기준이 위임입법으로 채택될 예정이고, 이후 2028년 10월 1일까지는 재무제표 감사 수준에 해당하는 합리적 검증(Reasonable assurance) 기준으로 상향하는 표준이 마련될 계획이다.

표 Ⅳ-13 CSRD 공시 주제 및 내용

분류	내용(혹은 주제)
환경	• 기후변화 완화 및 적응 • 수자원 및 해양자원 • 자원 사용과 순환경제 • 오염 • 생물다양성과 생태계 보호
사회	• 성별 평등 포함한 공평한 노동기회, 동일업무 동일임금 및 교육, 인력개발, 장애인 고용 및 포용 • 안정성 있고, 적합한 고용을 포함한 근로조건, 임금, 근로자 대화, 단체교섭권 및 근로자 참여, 일/삶의 균형, 건강/안전한 근무환경 • 국제인권협약, UN 인권협약, ILO 협약, EU 기본권 헌장에 기초한 인권, 자유와 민주적 원칙에 대한 존중
지배구조	• 지속가능성 문제에 대한 경영진, 이사회의 역할과 기능 • 부패/뇌물 방지를 위한 기업 윤리 및 기업 문화 • 로비를 포함해 수행되는 정치적 활동 • 대금 지불 절차를 포함한 사업파트너 관계 관리 체계 • 공시절차를 포함한 내부 통제 및 위험관리 체계

NFRD와 CSRD는 기본적으로 기업이 투자자들에게 지속 가능한 정보를 공시할 때 비교 가능성과 자료의 신뢰성을 높이기 위한 지속 가능 경영보고서 지침의 표준화를 목표로 하고 있다. 유럽 집행위원회는 지속 가능 경영보고서 기준 지침안을 유럽재무보고자문그룹(European Financial Reporting Advisory

Group, EFRAG)에 위임하였다. EFRAG는 EU 그린 딜, Taxonomy, SFDR 등 기존 법적 프레임과의 부합성을 고려하고, 국제 기준 제정 기관 간의 정합성 제고를 위해 GRI, IIRC(International Integrated Reporting Council, 국제통합보고위원회), SASB, IFRS 재단 등과 협력하여 작업을 수행했으며, 2023년 7월에 CSRD를 기반으로 한 지속 가능 경영보고서 지침안인 ESRS 기준안을 발표하였다. 이에 대해서는 7장에서 자세히 설명한다.[52]

1.6 EU 옴니버스 법안(Omnibus Act)

EU는 지난 수년간 지속가능성 전환을 가속화하기 위해 다양한 ESG 관련 규제체계를 마련해왔다. 비재무정보공시지침(NFRD)을 시작으로 유럽 그린딜(European Green Deal)을 뒷받침하는 일련의 정책들이 도입되었으며, 기업과 금융기관의 지속가능성 공시, 리스크 관리, 책임 이행을 강화하는 방향으로 설계되었다. 그러나 이러한 규제들이 실제 적용되는 과정에서 기업의 행정적 부담이 과도하다는 비판이 제기되었고, 일부 제도는 산업계와 회원국 간 입장 차이로 인해 입법 과정에서 상당한 진통을 겪었다. 이에 따라 EU는 규제의 실효성을 높이고 기업의 수용 가능성을 제고하기 위한 제도적 정비에 착수했으며, 이러한 맥락에서 EU 옴니버스 법안(Omnibus Act)이 제안되었다.

EU 집행위원회는 2024년 12월 20일 '지속가능금융을 위한 제1차 옴니버스 규정(First Omnibus Regulation for Sustainable Finance)' 초안을 공식 발표하였다. 이 법안은 CSRD, CSDDD, EU Taxonomy, CBAM 등 기존에 제정된 여러 지속가능성 규제를 하나의 입법 패키지로 묶어 동시에 개정하거나 유예하는 방식으로 구성되었으며, 규제 간 정합성과 일관성을 높이는 동시에 기업의 행정 부담을 완화하는 것을 주요 목적으로 한다. 이러한 내용이 담긴 옴니버스 법안 초안은 발표 이후 2025년 상반기 동안 유럽 의회와 이사회(Council)에서 논의가 이어졌으며, 2025년 하반기에는 삼자협상 절차가 본격적으로 개시될 예정이다. 따라서 해당 법안은 아직 정식 입법 단계가 아닌

52 협력 기관은 10개이며 CDP(Carbon Disclosure Project), CDSB(Climate Disclosure Standards Boar), TCFD, UNGC 등도 포함되어 있다.

정책 초안 수준에 머물러 있으며, 실제 제도화 여부는 향후 입법기관 간 협의 결과에 달려 있다.

주요 내용으로는 CSRD의 적용 대상 축소 및 보고 일정 최대 2년 연기, 보고서 공시 항목 간소화, CSDDD에서 공급망 실사 범위를 직접 공급자(Tier−1)로 한정하고 실사 주기를 매년에서 5년으로 완화하고 CSRD 및 ESRS 보고 과정에서 기업의 초기 부담을 줄이기 위해 가치사슬 기반 보고 의무를 한시적으로 완화[53], 기후전환계획 수립 의무는 유지하되 이행 책임과 제재·민사책임 규정은 회원국 자율 기준으로 전환하는 방안이 포함되었다. 또한 EU Taxonomy와 CBAM 등 기타 지속가능성 규제도 일정 연기와 보고 기준 간소화가 반영되었다.

EU 택소노미 규정은 다른 규제보다 간소화가 가장 빠르게 추진되고 있다. 2025년 7월 4일 EU 집행위원회는 옴니버스 I 패키지의 일환으로 택소노미 공시 의무 완화 위임법(Delegated Act)을 채택하였다. 이 위임법은 2025년 2월 초안 공개와 이해관계자 의견수렴을 거쳐 마련되었으며, 유럽의회와 이사회의 검토를 받고 있다. 최종 승인은 2025년 말로 예상되며, 간소화 조치는 2026년 1월 1일부터 2025 회계연도 데이터에 적용되지만, 기업은 선택적으로 2026 회계연도부터 적용할 수도 있다. 이번 위임법에 따라 비금융 기업은 운영비(Operating Expenditure, OpEx 이하 OpEx)가 전체 OpEx 대비 10% 이하이고, 해당 OpEx가 기업의 핵심 사업모델과 직접적 관련이 없다고 판단될 경우, 해당 OpEx에 대한 EU 택소노미 적합성 평가를 면제받을 수 있다. 이 경우 기업은 해당 운영비 총액과 해당 운영비 비중이 낮은 사유만 보고하면 되며, 운영비 관련 핵심성과지표(KPI, Key Performance Indicators) 제출 의

---

53 구체적으로, 기업이 보고 초기 단계에서 가치사슬 전반의 ESG 데이터를 즉시 확보하기 어려운 경우, 자체 운영 데이터(Own operations)만 우선 보고하도록 허용하며, 가치사슬 관련 정보는 추가로 확보되는 범위 내에서 단계적으로 공개할 수 있도록 했다. 아울러 공급망 실사 요건은 위험 기반(Risk−based) 접근 방식을 도입해, 기업이 모든 공급망을 동일하게 평가할 필요 없이 ESG 위험이 특히 높은 핵심 공급자나 활동을 우선적으로 실사·보고할 수 있도록 하였다. 예를 들어, 환경 파괴나 인권 침해 가능성이 큰 고위험 국가의 공급자는 초기 단계에서 우선적으로 평가·보고하고, 상대적으로 리스크가 낮은 공급자는 이후 단계적으로 포함할 수 있도록 했다.

무는 면제된다. 또한 '중대한 환경 피해 방지(Do No Significant Harm, DNSH)' 원칙 중 오염 방지·통제 기준이 간소화되어, 기업은 모든 화학물질을 전수 평가할 필요 없이 고위험 화학물질 중심의 간단한 체크리스트 방식으로 관리할 수 있다. 보고 템플릿과 공시 항목도 크게 축소되어, 비금융 기업은 약 64%, 금융기관은 약 89%의 데이터 포인트가 감소했고, 간결한 요약형 양식이 도입되었다.

종합하면, EU 옴니버스 법안은 지속가능성 규제의 체계성과 기업의 수용 가능성을 동시에 고려하려는 조정 시도로 볼 수 있다. 그러나 이러한 규제 완화가 기업의 지속가능성 책임을 약화시키고, ESG 정책의 일관성과 신뢰성을 훼손할 수 있다는 우려도 제기되고 있다.

2 미국

미국은 앞서 설명한 바와 같이 유럽연합에 비해 ESG에 기반한 투자나 경영을 투자자나 기업이 받아들이는 속도가 더딘 편이다. 이는 여러 요인이 있겠으나, 미국의 경제가 기본적으로 주주의 이익을 최우선시하는 앵글로-색슨 자본주의에 기반하고 있기 때문이라고 생각된다. 이러한 이유로 미국은 ESG에 기반한 투자나 경영을 활성화하려는 노력이 유럽에 비해 적극적이지 않았다. 예를 들어, 미국은 유럽연합과 달리 경제 활동 중 어떤 것을 녹색으로 분류할지에 대한 기준을 아직 마련하지 않고 있다.

ESG에 기반한 투자나 경영에 소극적이었던 미국의 태도가 다소 적극적으로 바뀐 것은 2020년 이후이다. 2021년 3월 미국 노동부는 해석지침서(Interpretive Bulletin)[54]를 통해 근로자퇴직소득안정법(ERISA)에서 ESG를 고려한 투자의 허용 범위를 명확히 했으며[55], 2024년 3월 6일에는 미국 증권거래위

---

54 법률, 규정 또는 정책의 해석 및 설명을 제공하는 문서를 가리킨다.

55 이와 관련한 상세 내용은 https://corpgov.law.harvard.edu/2021/10/14/new-dol-guidance-on-esg-and-proxy-voting/ 참조.

원회(Securities and Exchange Commission, SEC)[56]가 기후정보 공시 의무화 규정 최종안을 확정한 바 있다.[57]

SEC가 바이든 행정부의 기후변화 대응 정책의 일환으로 기후 위험에 대한 기업 정보의 투명성을 개선하고 책임을 강화하기 위해 기존의 기업 기후정보 공시 체계를 수정하겠다고 발표한 시점은 2021년이었다. 2022년 3월 규정 초안이 만들어졌고, 그해 12월에 최종안을 의결할 예정이었으나, 산업계와 공화당의 반대로 1년 이상 연기되었다. 이 기간 동안 SEC는 전 세계 이해관계자로부터 약 24,000건의 의견서를 받아 초안을 재검토하는 과정을 거쳤고, 2024년 3월에 위원회 5명 중 3명의 찬성으로 최종안이 통과되었다. 최종안은 원안에 비해 기업에 부담이 덜 가는 선에서 투자자에게 유용한 정보를 제공할 수 있도록 수정되었다. 구체적으로는 미국 내 상장기업에 대해 Regulation S－K[58]에 1500번 항목을 신설하여 정기보고서(10－K[59], 20－F[60])

---

56 미국 증권거래위원회(SEC)는 총 5명의 위원으로 구성된다. 이들은 대통령에 의해 임명되며, 상원의 인준을 받는다. 위원의 임기는 5년이며, 위원장은 대통령이 임명한다. 정치적 중립성을 유지하기 위해 한 정당이 3명 이상의 위원을 차지할 수 없다. SEC의 역할은 투자자 보호, 시장의 투명성 유지, 자본 시장의 효율적 운영이다.

57 엄밀히 말하면 SEC는 정부 기관은 아니며, 이로 인해 2024년 3월에 최종 승인된 SEC의 기후정보 공시안이 월권이라는 주장도 일부 주에서 제기되고 있다.

58 Regulation S－K는 미국 증권거래위원회(SEC) 규정 중 하나로, 기업이 SEC에 제출해야 하는 보고서와 문서에 관한 내용을 규정하고 있다. Regulation S－K는 회사가 제출해야 하는 다양한 문서에 대한 요구사항을 명시하고 있으며, 여기에는 10－K, 10－Q, 8－K와 같은 보고서뿐만 아니라, 프록시 서명문, 배분계획 등도 포함된다. Regulation S－K는 이러한 문서들이 포함해야 하는 정보의 종류와 형식, 제출 기한 등을 규정하여 투자자들이 신뢰할 수 있는 정보에 접근할 수 있도록 한다. 10－Q는 SEC에 의해 요구되는 분기별 재무보고서이며, 8－K는 기업이 주요 사건이나 중요한 변화가 발생했을 때 SEC가 요구하는 특별 보고서이다.

59 10－K는 미국 기업이 SEC에 제출하는 연례 보고서로, 미국 증권거래위원회(SEC)의 Regulation S－K에 따라 작성된다. 10－K 보고서에는 기업의 영업 및 재무 상태에 대한 상세한 정보가 포함된다. 재무제표, 경영의 논의 및 분석, 이사회 구성원 및 감사위원회에 관한 정보, 법률적 논란 및 리스크 요인 등이 주요 내용이다.

60 20－F는 SEC에게 외국 기업이 제출하는 연례 보고서로, 미국의 기업이 아닌 외국 기업이 SEC에 상장되거나 미국에 증권을 판매하기 위해서는 20－F를 제출해야 한다. 20－F는 미국의 Regulation S－K 대신 Regulation S－X에 따라 작성된다. 20－F 보고서에는

와 증권신고서61에 기후정보를 공시하도록 하였으며, 미국에 상장된 외국 기업에 대해서는 Regulation S-X에 14번 항목을 신설하여 재무제표 주석으로 정보를 공시하도록 하였다. 상세 내용은 〈표 Ⅳ-14〉에 정리되어 있다.

표 Ⅳ-14 미국 SEC 기후정보 공시 규정 내용

Regulation S-K (정기보고서 및 증권신고서 공시 요구사항)	
항목(Items) 1500~1504	• 기후 관련 정의 • 기후 관련 거버넌스 • 기업의 전략, 비즈니스 모델, 전망에 미치는 기후 관련 위험 영향 • 기후 관련 위험 관리 • 기후 관련 지표 및 목표 등
항목 1505~1506	• 온실가스 배출량(Scope 1&2) • 온실가스 배출량 인증
항목 1507	• 기후 관련 공시 세이프 하이버
항목 1508	• 공시 일정 및 XBRL1 등
Regulation S-X (재무제표 공시 요구사항)	
조항(Article) 14-01~14-02	• 기후 관련 재무제표 등

주: XBRL은 "eXtensible Business Reporting Language"의 약자로, 비즈니스 보고를 위한 확장 가능한 언어이다. 이는 금융 및 비금융 기업이 재무 및 비재무정보를 표준화된 형식으로 교환하고 공유할 수 있도록 하는 국제 표준으로 이를 통해 정보를 쉽게 읽고 분석할 수 있으며, 투자자, 감독기관, 금융기관 등 다양한 이해관계자들이 데이터를 효율적으로 활용할 수 있다.

자료: 삼일PWC ESG platform, 「미국 SEC기후공시 최종안」, 2024.3

외국 기업의 재무 상태, 경영의 논의 및 분석, 주요 위험 요인, 지배구조 등이 포함된다. 또한 해당 국가의 법률 및 규정, 그리고 회계 기준에 대한 정보도 제공해야 하며, 외국 기업이므로 해당 보고서에는 통화, 회계 기준, 국가 간 거래 등과 같은 특정한 내용이 포함될 수 있다.

61 SEC에 보고하는 증권신고서는 회사가 증권을 발행하거나 판매하기 위해 SEC에 제출해야 하는 문서이다. 증권신고서는 투자자들에게 회사가 발행하려는 증권에 대한 정보를 제공하고, 이에 따라 투자 결정을 내릴 수 있도록 돕기 위한 것이다.

승인된 SEC 기후정보 공시 규정은 기본적으로 TCFD 공시 체계에 기반하고 있다. SEC 기후정보 공시 규정에서 기업에게 요구하고 있는 공시정보를 요약하면 다음과 같다.[62]

- 사업 전략, 경영 실적 또는 재무 상태에 중대한 영향을 미쳤거나 미칠 가능성이 있는 기후 관련 위험
- 기후 관련 위험이 상장기업의 전략, 비즈니스 모델 및 전망에 미치는 실제 또는 잠재하는 중대한 영향
- 기업이 중대한 기후 관련 위험을 완화하거나 위험에 적응하기 위한 활동을 수행한 경우, 그러한 활동으로 인하여 직접적으로 발생하는 중대한 지출 또는 재무적 영향의 추정치 및 가정치에 대한 정량적/정성적 설명
- 저탄소 전환 계획, 시나리오 분석 또는 내부 탄소 가격의 사용을 포함하여 중대한 기후 관련 위험을 완화하거나 적응하기 위한 기업의 활동
- 기후 관련 위험에 대한 이사회의 감독 및 중대한 기후 관련 위험을 평가하고 관리하는 경영진의 역할
- 중대한 기후 관련 위험을 식별, 평가 및 관리하기 위한 모든 과정. 기업이 이러한 위험을 관리하는 경우 그러한 절차가 기업의 전체 위험 관리 시스템 또는 과정에 통합되는지 여부와 그 방법
- 사업 전략, 경영 실적 또는 재무 상태에 중대한 영향을 미쳤거나 중대한 영향을 미칠 가능성이 있는 기업의 기후 관련 목표, 목표 달성 및 목표 달성 과정에서 발생하는 중대한 지출 및 재무적 영향에 대한 추정 및 가정
- 유가 시가총액 7,500만 달러 이상 기업의 경우 Scope 1 및 Scope 2 배출량
- 온실가스 배출량 Scope 1 및 Scope 2가 투자자에게 중요한 정보로 판단되는 경우, 제한적 검증[63] 수준의 검증을 거친 배출량 공시(유동시가총

62 이하의 내용은 SHIN & Kim, Newsletter 2382 "미국증권거래위원, 기후공시 의무화 규정 최종안 통과"에서 가져왔다.

액 7억 달러 이상 기업의 경우 추가 전환 기간 이후에는 합리적 검증 수준의 검증 필요)

- 허리케인, 토네이도, 홍수, 가뭄, 산불, 이상 기온 및 해수면 상승과 같은 악천후 및 기타 자연 조건으로 인해 발생한 자본화 비용(Capitalized cost)64, 비용 처리된 지출, 그리고 손실 등(재무제표 주석 공시 대상)
- 탄소 상쇄 및 재생에너지 크레딧 또는 인증서(REC)와 관련된 비용 지출 및 손실 등(기업이 공시한 기후 관련 목표 또는 목표를 달성하기 위한 계획의 중요한 요소로 사용되는 경우, 재무제표 주석에 공시)
- 기업이 재무제표를 작성하기 위해 사용한 추정 및 가정이 악천후 및 기타 자연 조건 또는 공시된 기후 관련 목표 또는 전환 계획과 관련된 위험 및 불확실성에 의해 중대한 영향을 받은 경우, 그 영향에 대한 정성적 설명

승인된 미국 SEC 기후정보 공시 규정의 도입 시기와 공시 항목은 기업 규모에 따라 단계적으로 시행된다. 관련 내용은 〈표 Ⅳ-15〉와 〈표 Ⅳ-16〉에 정리되어 있다. 유가총액이 7억 달러 이상인 기업은 1502(d)(2), 1502(e)(2),

---

63 제한적 검증(Limited Assurance)은 재무 보고서나 비재무정보의 신뢰성을 검토하는 과정에서 사용되는 검증 수준 중 하나이다. 이는 완전한 신뢰성을 보장하지는 않지만, 특정 요소나 정보를 제한된 범위 내에서 신뢰할 수 있는 수준으로 검증함으로써 정보의 신뢰성을 높이는 것을 목적으로 한다. 주로 비용이나 시간 등의 제한적인 요인으로 인해 전체 정보에 대한 검증이 어려운 경우에 사용될 수 있다. 제한적 검증은 검증인이 제공된 정보에 중대한 왜곡이 없다는 것을 확인하기 위해 수행되지만, 그 범위와 깊이는 합리적 검증(Reasonable Assurance)보다 덜하다. 제한적 검증 보고서는 "우리가 수행한 절차에 따라 중대한 왜곡이 발견되지 않았다"는 형태로 표현된다. 이는 합리적 검증 보고서에서 제공하는 확신 수준보다는 낮지만, 여전히 중요한 신뢰성을 제공한다.

64 자본화 비용은 자산을 새로 취득하거나 기존 자산을 복구·개량하여 미래에 경제적 효익을 가져올 것으로 기대되는 지출로, 당기에 비용으로 처리하지 않고 자산으로 인식하는 금액을 말한다. 예를 들어, 기업이 홍수로 피해를 입은 공장을 복구하면서 총 10억 원을 지출하였고, 이 중 7억 원을 공장의 가치로 포함시켜 자산으로 계상한 경우, 이 7억 원이 자본화 비용에 해당한다. SEC 규정은 허리케인, 홍수, 산불, 이상 기온 및 해수면 상승 등 기후 관련 사건으로 인해 발생한 이러한 자본화 비용도 일정 기준 이상이면 재무제표 주석에서 공시하도록 요구하고 있다.

1502(c)(2) 조항을 제외한 공시 내용은 2025년까지 의무적으로 공시해야 하며, 온실가스와 관련해서는 2026년까지 Scope 1, 2 관점에서 배출량을 공시해야 한다.[65] 승인된 미국 SEC 기후정보 공시 규정은 공시한 온실가스 배출량에 대한 검증도 요구하고 있는데 2029년까지는 제한적 검증(Limited assurance)을 허용하나 2033년까지는 합리적 검증(Reasonable assurance)[66]을 요구하고 있다. 이들 표를 통해 알 수 있듯이 유가총액 규모가 작을수록 의무화 규정 시기도 다소 늦고 충족해야 하는 검증 수준도 낮다.

표 Ⅳ-15 기업 규모별 기후공시 일정

	정성 및 정량 공시		온실가스 배출량 공시 및 검증			
	1500~1504[3]	지출 및 재무적 영향 1502(d)(2) 1502(e)(2) 1502(c)(2)	온실가스 감축량 (Scope1,2) (1505)	제한적 검증 (1506)	합리적 검증 (1506)	XBRL 적용 (1507)
유가총액 7억 달러 이상	2025년 정보 (26년 공시)	2026년 정보 (27년 공시)	2026년 정보 (27년 공시)	2029년 정보 (30년 공시)	2033년 정보 (34년 공시)	26년 정보 (27년 공시)
유가총액 7억 달러 미만 ~7,500만 달러 이상 + 연매출 1억 달러 이상 (SRC[1], ERC[2] 제외)	2026년 (27년 공시)	2027년 (28년 공시)	2028년 (29년 공시)	2031년	면제	26년 정보 (27년 공시)

---

65 SEC의 경우 온실가스 계산을 할 때는 지분법을 적용하고 있다. 반면 EFRAG와 ISSB는 모두 GHG Protocol을 고려하기 때문에 유사하다고 할 수 있지만 ESRS에서는 운영통제력(재무 및 운영통제)을 보다 구체적으로 언급하고 있다.

66 합리적 검증은 외부 감사인 또는 검증기관이 기업의 기후정보 공시를 더욱 광범위하게 검토하고, 신뢰성을 더 높이는 과정이다. 이는 보다 신뢰할 수 있는 정보를 제공하기 위해 공시된 정보의 합리성과 정확성을 보장하기 위한 과정으로서, 더 많은 검증 및 검토가 이루어진다. 합리적 검증은 공시된 정보에 대한 완전한 신뢰성을 제공하기 위해 사용될 수 있다. 이는 주로 신뢰성과 투명성이 높은 정보가 필요한 상황에서 적용된다.

유가총액 7,500만 달러 미만 + 연매출 1억 달러 미만, SRC, ERC 포함	2027년 (28년 공시)	2028년 (29년 공시)	면제	면제	면제	27년 정보 (28년 공시)

주1: Smaller reporting Company

주2: Emerging Growth Company

주3: 지출 및 재무적 영향, Scope 1&2, 인증, XBRL 제외

자료: 삼일PWC(2024)

표 Ⅳ-16 공시 조항 설명

조항	상세
1502(d)(2)	기후 관련 위험을 완화하거나 적응하기 위한 활동으로 인해 직접적으로 발생하는 중대한 지출 및 재무제표에 미치는 중대한 영향에 관한 추정 및 가정에 대한 정량적/정성적 설명
1502(e)(2)	공시된 전환 계획으로 인해 직접적으로 발생하는 중대한 지출과 재무제표에 미치는 중대한 영향에 관한 추정 및 가정에 대한 정량적/정성적 설명
1502(c)(2)	공시된 목표 달성 또는 목표 달성 과정에서 발생하는 중대한 지출과 및 재무제표에 미치는 중대한 영향

승인된 최종안은 2022년 초안에 비해 다소 완화된 기준을 가지고 있다. 주요 변경 사항은 다음과 같다. 첫째, Scope 3 온실가스 배출량 공시 의무가 면제되었으며, 기업은 Scope 1 및 Scope 2 배출량을 산출할 때 산정 대상의 범위(혹은 경계)를 직접 결정할 수 있도록 하였다. 만약 결정한 범위가 연결 재무제표의 범위와 다르다면, 그 사유를 공시하도록 하였다. 또한, 항목별로 재무제표에 미치는 영향을 평가하도록 하는 규정이 삭제되었다. 대신, 총 영향이 세전 이익 또는 시가총액의 1%를 초과하는 경우에만 재무제표에 직접 반영된 금액을 공시하도록 하였다. 마지막으로, 기업 규모에 따라 공시 의무에 대한 유예 기간이 부여되었다.

지금까지의 설명처럼, 미국 SEC는 기후변화 관련 공시 규정을 최종 확정하며 기업이 공시해야 할 구체적인 항목과 기준을 규정했다. 그러나 이러한

규정에 대해 웨스트버지니아와 조지아를 비롯한 25개 주는 과도한 규제일 뿐만 아니라, SEC가 연방 정부의 공식 행정부 기관이 아닌 만큼 이러한 광범위한 규제를 제정할 권한이 없다고 주장하며 소송을 제기했고, 여러 기업과 단체들도 이에 동참했다. 현재 이들 소송은 제8 순회 항소법원으로 통합되어 심리 중이며, 그 영향으로 규정의 시행은 사실상 중단된 상태다. 한편, 2025년 트럼프 대통령 취임 이후 새롭게 임명된 SEC 의장은 법원에서의 규정 방어를 철회하겠다고 공식 선언했고, SEC는 규정 자체를 철회하는 방안도 검토하기 시작했다. 트럼프 행정부는 의회 예산 과정에서 규정 미집행을 명시하는 방안까지 논의 중이다. 이러한 법적·정치적 상황이 맞물리면서 SEC의 기후 공시 규정은 현재 사실상 유보 상태에 있으며, 향후 법원의 판결과 트럼프 행정부의 정책 방향에 따라 그 시행 여부가 최종적으로 결정될 전망이다.

3 영국

영국은 기후변화와 지속가능한 투자를 촉진하기 위해 다양한 법률 및 규제를 도입하고 있다. 먼저 기후변화법이다. 영국의 기후변화에 관한 법률은 최초로 2008년에 제정되었으며, "기후변화법 2008(Climate Change Act 2008)"로 알려져 있다. 이 법률을 통해 영국이 온실가스 배출량을 줄이고 기후변화에 대응하기 위한 법적 구조가 만들어졌다.[67] 2008년 법의 핵심 내용은 2050년까지 온실가스 배출량을 1990년 대비 80% 이상 감축하는 목표를 설정하고, 영국 정부가 연도별 온실가스 배출량 저감 목표를 수립하도록 규정하는 것이었다. 이 법안은 2019년에 개정되었다. 2019년 개정된 "기후변화법 2019(Climate Change Act 2019)"는 기존의 기후변화 대응 목표를 더욱 강화하여, 2050년까지

67 영국 기후변화법에 대한 자세한 내용은 https://www.legislation.gov.uk/ukpga/2008/27/contents 참조.

온실가스 배출량을 1990년 대비 80% 이상 줄이는 것에 더해 2050년까지 탄소중립을 달성한다는 목표를 포함하였다.

ESG 정보 공시와 관련하여 영국은 2018년에 「회사(기타 보고) 규정(Companies (Miscellaneous Reporting) Regulations 2018)」을 도입하였다. 이 규정에 따라, 매출 3,600만 파운드 초과, 자산총액 1,800만 파운드 초과, 직원 250명 초과 조건 중 2개 이상에 해당하는 기업은 사회적 책임, 환경, 다양성, 임금 등 사회·환경적 요소를 포함한 지속가능경영 보고서를 의무적으로 작성해야 한다. 공시의 실효성을 높이기 위해, 영국 금융감독청(Financial Conduct Authority, FCA)은 ESG 관련 용어를 표준화하는 'Terminology Standard'를 제정하여 기업들이 사용하는 용어의 일관성을 확보하고, 투자자들이 ESG 정보를 보다 쉽게 이해하고 비교할 수 있도록 하였다. 또한 FCA는 2024년 5월부터 펀드 명칭과 마케팅 자료에서 ESG 관련 표현을 과장하거나 부정확하게 사용하는 것을 금지하는 'Anti−Greenwashing 규칙'을 시행하여 ESG 정보의 투명성과 신뢰성을 한층 강화하였다.

영국은 국제적으로 권고된 TCFD(Task Force on Climate−related Financial Dis−closures) 권고안에 따라 기후관련 정보 공시 의무화를 적극 추진해 왔다. 2021년에는 대기업과 금융기관을 대상으로 TCFD 권고안을 따른 기후 관련 위험 및 기회 공시를 의무화하는 법률이 제정되었고, 2023/24 회계연도부터는 공공기관과 일부 상장기업에도 공시 범위가 확대되었다. 최근에는 국제지속가능성기준위원회(ISSB)가 발표한 S1·S2 표준을 기반으로 한 「UK 지속가능성 보고 기준(UK Sustainability Reporting Standards, UK−SRS)」 제정도 추진 중이며, 2025년에는 상장기업에 대한 적용 여부가 결정될 예정이다.

금융기관에 대한 규제도 강화되고 있다. 금융감독청은 금융상품의 ESG 관련 정보 공시, 용어 표준화, Anti−Greenwashing 규칙 등을 통해 공시의 투명성과 소비자 보호를 강화하고 있으며, 영국 중앙은행 산하 프루덴셜 규제청(Prudential Regulation Authority, PRA)은 은행, 보험사 등 금융기관이 기후리스크를 식별·평가·관리하고 이를 내부 통제와 경영전략에 적절히 반영했는지 감독하는 역할을 수행하고 있다. 또한 영란은행은 금융감독기관으로서의 역할과 별개로, 자신이 보유한 자산과 운영활동이 기후변화에 얼마나 영향을 받을 수 있는지, 그리고 그에 어떻게 대응하고 있는지를 국제적으로 통용되는 TCFD 권고안에 따라 매년 보고서를 통해 공개하고 있다. 다만 최근 영국 정부는 녹색 분류체계(Green Taxonomy) 구축 계획을 복잡성과 실효성 부족을 이유로 2025년 7월에 공식적으로 철회하기로 결정하였으며, 대신 지속가능성 공시요건(Sustainability Disclosure Requirements) 프레임워크, 그린워싱 방지 규칙(Anti-Greenwashing Rule) 등 공시의 투명성과 투자자 보호를 위한 규제에 주력하고 있다.

이처럼 영국은 기후변화 대응 및 ESG 공시 규제 체계를 선도적으로 발전시켜 왔으며, 최근에는 국제 기준과의 정합성을 고려한 보고체계 도입과 투자자 보호를 위한 규제 강화를 병행하고 있다. 이러한 정책들은 기업의 지속가능성을 높이고 투자자의 정보 접근성과 신뢰성을 개선하는 데 중요한 역할을 하고 있다.

4 한국

최근 우리나라는 ESG 기반의 투자 및 경영을 정착시키기 위해 정부 차원의 제도적 기반을 강화하고 있다. 2021년 1월, 금융위원회는 「기업공시제도 종합방안」을 발표하며, 자산 2조 원 이상 코스피 상장회사는 2025년부터, 모든 상장회사는 2030년부터 ESG 정보 공시를 단계적으로 의무화하겠다는 계획을 제시하였다. 그러나 2023년 10월, 금융위원회는 기업의 준비 부담을 고려해 이행 시점을 2026년 이후로 연기하겠다고 발표하였다. 최근에는 도입 시점이 2027년 이후 또는 2029년(회계연도 2028년)까지 연기될 가능성도 거론되고 있다.

공시 의무화가 실효성을 갖기 위해서는 이를 뒷받침할 공시 기준의 마련이 필수적이다. 이에 따라 2024년에는 한국지속가능성기준위원회(KSSB)가 국제 회계기준(IFRS)에서 제정한 지속가능성 공시 기준(IFRS S1, S2)을 기반으로 한 「지속가능경영보고서 지침안」을 발표하였다. 이 지침안은 국내 기업들이 ESG 관련 정보를 보다 일관되고 체계적으로 보고할 수 있도록 안내하는 가이드라인으로, 향후 정식 기준 제정 및 시행 시점은 관계기관 간 협의와 국제 동향을 반영해 2026년 이후로 조정될 예정이다.

공공부문에서도 ESG 기반 투자를 촉진하기 위한 정책이 병행되고 있다. 국민연금은 2018년 「책임투자 활성화 방안」을 통해 개별 기업의 ESG 수준을 평가하고, 총 자산의 50%까지 ESG 요소를 고려해 투자하겠다는 방침을 밝힌 바 있다. 또한 환경부는 2020년 「녹색채권 가이드라인」을 수립하고, 2021년에는 EU 분류체계와 유사한 구조의 한국형 녹색분류체계(K-taxonomy)[68]를 발표함으로써 녹색경제 활동에 대한 정의와 투자 유도 기준을 제시하였다.

이처럼 우리나라는 ESG 공시 제도의 기반을 마련하고, 이를 제도화하기 위한 정책적 노력을 민간과 공공 영역 모두에서 병행하고 있다. 향후에는 ESG 공시 의무화 일정과 공시 기준의 정비 수준에 따라, 국내 ESG 생태계의 제도적 정착이 본격화될 것으로 전망된다.

68 자세한 내용은 환경부(2021), 「한국형 녹색분류체계 지침서」 참조.

부록

ESG 관련 주요 연혁

년도	주요 사건 및 정책
1987	• UNEP & WCED, 'Our Common Future' 보고서에서 Sustainable Growth 정의 공표
1997	• GRI(Global Reporting Initiative) 설립
1999	• 코피 아난 다보스 포럼(1월)에서 기업의 사회적 책임을 강조하고, UN Global compact 창설을 제안
2000	• GRI 1st 지속가능성보고서 지침 제시 • UN global Compact 발족(7월), 10대 원칙 공표, 전 세계 46개 기업들이 자발적으로 서명 • UN MDGs 발표
2004	• Who Cares Wins Initiative 출범 • Who Cares Wins Initiative 『Who cares wins-connecting financial markets to changing world』 보고서 발표, ESG 용어 최초로 등장 • UNEP FI 『The Materiality of Social, Environmental and Social Governance Issues to Equity Pricing』 발표
2006	• 4월 ESG 총본부격 UN PRI 결성, 지속가능한 투자원칙(6가지 책임투자원칙) 공표
2007	• IPCC 『4차 평가보고서』 발표
2010	• 기후채권이니셔티브(Climate Bonds Initiative, CBI) 기후채권기준 1.0 발표
2011	• PRI, UNEP FI, UN Global Compact, 『Universal Ownership-Why environmental externalities matter to institutional investors』 보고서 발표
2014	• NFRD(기업의 비재무정보 공시) 제정 • 영국의 비영리단체 The Climate Change와 CDP(Carbon Disclosure Project) 주도의 자발적 캠페인 RE100 시작
2015	• UN SDGs 발표 • PRI, 『Fiduciary Duty in the 21st Century』 발표 • 12월 TCFD 발족 • 12월 파리기후변화협정(Paris Agreement) 채택 • UN 2030 Agenda for sustainable development

년도	주요 사건 및 정책
2016	• 1월 PRI 4년 프로젝트인 『Fiduciary Duty in the 21st Programme』 시작 • EU 파리기후협약 승인(10월)
2017	• TCFD 기후관련 재무정보 공시를 위한 지침서 발표(TCFD 권고안)
2018	• NFRD EU에서 시행 • EU Sustainable Finance Action Plan 발표 • EU Taxonomy Regulation 제안
2019	• EU 그린 딜 발표(2월) • EU Taxonomy Regulation 제정(12월) • CBI 기후채권기준 3.0 발표 • 미국 BRT(Business Roundtable)는 이해관계자의 가치극대화를 기업 목적으로 천명(주주우선원칙에서 이해관계자 효용극대화원칙으로 전환)
2020	• 1월, WEF(World Economic Forum)에서 지속가능성과 이해관계자가 핵심 의제로 다루어짐 • 3월 유럽연합 기후변화법(European Climate law) 발의 • 7월 EU Taxonomy Regulation 발효
2021	• 3월 EU 지속가능금융공시규제(SFDR) 시행 • 4월 EU NRDF를 CSRD로 전환 결정 및 제안 • 5월 Fir for 55 제안 • 7월 EU 기후변화법 발효 • 12월 EU 집행위원회는 EU Taxonomy regulation 관련 각 목표별 기여도를 결정할 기술선별기준 상세 기준을 위임법률로 제정 예정
2022	• EU 기업의 지속가능성 보고서는 EU Taxonomy를 활용해 지속가능한 경제활동을 공시해야 함 • 2월 CSRD 완성 계획 예정, 2023년부터 적용 • 3월 미국 SEC 기후정보공시 기준 개정 제안 • 6월 EU 집행위원회는 탄소국경조정제도(Carbon Border Adjustment Mechanism, CBAM) 제안 초안 공개 예정
2023	• IFRS S1(지속 가능성 관련 재무 정보 공시에 대한 일반 요구사항) 및 S2(기후 관련 공시) 발표 • 7월 유럽 지속가능성 보고 기준(ESRS) 채택
2024	• EU CSRD 발효 • 미국 SEC 기후정보공시 기준 최종안 승인
2026	• EU 탄소국경조정제도(CBAM) 실행

part V

지속 가능 정보 공시 기준안: GRI, SASB

V

지속 가능 정보 공시 기준안: GRI, SASB

ESG 구조에서 핵심은 기업이 투자자와 이해관계자들에게 지속 가능한 이슈와 관련하여 발생할 수 있는 문제, 이를 해결하기 위한 정책, 그리고 이를 관리하는 지배구조를 투명하게 알리는 것이다. 이는 투자자와 이해관계자들이 이를 통해 기업의 장기적인 경쟁력을 평가할 수 있기 때문이다. 그런데 이때 문제가 되는 것은 기업의 재무정보를 제공하는 공시는 국제회계기준위원회(IASB)가 마련한 국제회계기준(IFRS)을 따르는 단일 기준[1]이 있어 기업 간 비교가 가능하지만, 비재무정보를 담고 있는 지속가능경영보고서는 통일된 기준이 없어 기업 간 비교가 어렵다는 것이다.

지속가능경영보고서의 작성 지침 기준안 마련의 필요성은 오래전부터 제기되어 왔다. 초기에는 GRI(Global Reporting Initiative), SASB(Sustainability Accounting Standards Board, 지속가능성 회계기준위원회), CDP(Carbon Disclosure Project), TCFD (Task Force on Climate-related Financial Disclosure) 등이 지속가능경영보고서의 작성 지침 기준안을 마련해 공표하였다. 최근에는 이러한 기준을 바탕으로

---

1 국제회계기준(IFRS, International Financial Reporting Standards)은 2004년에 국제회계기준위원회(IASB, International Accounting Standards Board)에 의해 발표되었다. IFRS는 점진적으로 전 세계적으로 채택되고 있지만, 각 국가 및 지역의 규제기관이나 정부에 의해 채택되는 과정은 다르다. 일부 국가는 IFRS를 전적으로 채택하고 있으며, 다른 국가는 IFRS를 자국의 회계기준(GAAP, Generally Accepted Accounting Principles)과 조합하여 사용하고 있다. 우리나라 기업들은 IFRS 방식과 GAAP을 혼용하여 사용하고 있다. 각국은 고유의 GAAP 방식을 가지고 있지만, 두 방식 간의 차이가 크지 않아 재무정보의 비교는 가능하다.

EU와 IFRS(International Financial Reporting Standards) 재단이 각각 지속가능경영보고서 공시 지침 기준안을 발표했다. 5장에서는 먼저 EU 안과 IFRS 안의 바탕이 된 GRI와 SASB의 지속 가능 정보 공시 기준안을 살펴본다.

1 GRI 기준

GRI는 지속 가능한 발전과 기업의 사회적 책임에 대한 보고를 촉진하기 위해 설립된 비영리 기구로, 지금까지 지속가능경영보고서를 작성하는 데 가장 널리 사용되고 있는 기준을 제공해 왔다. 1997년 보스턴에서 Exxon Valdez 기름 유출 사건을 계기로 설립되었으며, 설립 당시부터 기업, 시민사회, 투자자, 정부, 국제기구 등 다양한 이해관계자들이 참여해왔다.

2022년 기준으로, 전 세계에서 가장 큰 250개 기업(G250) 중 78%, 58개국의 상위 100대 기업(N100) 중 68%가 지속가능경영보고서를 작성할 때 GRI 기준을 사용하고 있다. 또한, 아메리카 지역에서는 75%, 아시아-태평양 및 유럽에서는 68%, 중동 및 아프리카에서는 62%의 기업들이 GRI 기준을 채택하고 있다. 이는 GRI가 다양한 산업과 지역에서 가장 보편적으로 채택되고 있는 기준임을 나타낸다.[2]

GRI가 제정한 지속가능경영보고서 공시 기준은 기업이나 조직이 사회적, 환경적, 경제적 영향을 체계적으로 평가하고 이를 외부에 보고할 수 있도록 설계되어 있으며, 다양한 이해관계자의 정보 요구를 반영하는 구조로 구성되어 있다. 2006년에는 지속가능경영보고서 작성을 위한 지침으로 G3 기준을 발표하였고, 이후 2011년에는 G3.1, 2013년에는 G4를 순차적으로 발표하였다. G4는 중대성(Materiality) 원칙을 중심으로, 조직이 중요하다고 판단한 주제를 자율적으로 선정하여 보고할 수 있도록 유도한 기준으로, 당시에는

2 자세한 내용은 https://www.globalreporting.org/news/news-center/four-in-five-largest-global-companies-report-with-gri/ 참조.

지속가능성 공시의 대표적인 국제 가이드라인으로 널리 활용되었다. 즉, 모든 주제를 다 보고할 필요는 없으며, 조직이 판단하기에 경제적·환경적·사회적 영향이 크다고 여겨지는 주제만을 선택적으로 공시하라는 방향을 명확히 제시함으로써, 공시 주제의 결정에 있어 조직의 자율성과 책임을 강조하였다. 다만, G4는 공시 항목과 관련 설명이 서로 다른 문서에 흩어져 있어 활용이 다소 불편하다는 한계가 있었다. 예를 들어, 특정 공시 항목은 하나의 목록에서 코드 형태로 제시되고, 그 항목의 정의나 작성 방법 등 구체적인 설명은 수십 페이지에 이르는 별도의 적용 설명서에서 따로 찾아야 했다. 공시 항목과 세부 설명이 분리된 구조는 보고서 작성자나 이해관계자에게 정보 접근의 비효율성을 초래하였다. 이러한 한계를 해결하기 위해 GRI는 2016년 10월, 기존의 G4 가이드라인을 대체하는 새로운 형태의 'GRI 기준(GRI Standards)'을 도입하였다. 이 기준은 모듈형 체계를 기반으로 하며, 모든 조직에 공통적으로 적용되는 보편기준(Universal Standards)[3], 주제별 공시에 대한 세부 항목을 담은 주제기준(Topic Standards), 산업별 특성을 반영한 부문기준(Sector Standards)으로 구성된다. 이와 같은 체계를 통해 보고 대상 주제와 관련된 공시 항목, 정의, 적용 방법, 유의사항 등을 하나의 문서 안에서 통합적으로 확인할 수 있게 되었으며, 그 결과 보고 기준의 활용성과 실용성이 크게 향상되었다. 아울러, 2018년 7월 1일부터는 GRI 기준에 따라 지속가능경영보고서를 작성하고자 하는 모든 조직은 기존의 G4를 사용할 수 없으며, 반드시 GRI 기준을 적용해야 한다는 규정이 공식적으로 시행되었다. GRI 기준은 『OECD 다국적 기업에 대한 지침(OECD Guidelines for Multinational Enterprises)』,[4] 『OECD 책임 있는 비즈니스 행동을 위한 실사(OECD Due Diligence for Responsible Business Conduct)』,[5] 『UN 기업 및 인권에 대

---

3 모듈형 체계란, 하나의 큰 기준 문서로 모든 내용을 담는 대신, 주제별로 나뉜 여러 개의 독립된 문서(모듈)로 기준을 구성한 방식이다. 이 체계에서는 기업이 자신의 상황이나 업종에 맞는 문서만 선택해 사용할 수 있어 더 유연하고 효율적인 보고가 가능하다.

4 자세한 내용은 https://www.oecd.org/daf/inv/mne/48004323.pdf이나 OECD(2011) 참조.

5 자세한 내용은 https://www.oecd.org/investment/due-diligence-guidance-for-responsible-business-conduct.htm이나 OECD(2018) 참조.

한 지침 원칙(UN Guiding Principles on Business and Human Rights)』[6] 등에 기초해 만들어졌다.

GRI 기준은 방금 설명했듯 〈그림 Ⅴ-1〉과 같이 크게 세 부문, GRI 보편기준(Universal standards), GRI 부문기준(Sector standards), GRI 주제기준(Topic standards)으로 구성되어 있다.[7] 이하에서는 GRI 기준에 있어 각 기준의 역할 및 포함된 내용에 대해 살펴본다. 앞서 언급하였듯이 GRI 기준 중 가장 최신 버전은 GRI G4이다. 그러나 GRI G4 버전 역시 해마다 필요에 따라 개정이 이루어지고 있는데 이하에서는 2021년 발표된 기준 내용을 소개한다.

기관이나 조직이 GRI 기준에 따라 지속 가능 경영 보고서를 작성하려면, 먼저 GRI 부문(또는 산업)기준을 이용하여 해당 산업의 핵심 주제를 파악해야 한다. 이후 파악된 핵심 주제에 대한 내용을 서술할 때는 GRI 주제기준을 참고하여 어떤 내용을 포함할지 결정하면 된다. 이하에서는 GRI 보편기준, GRI 부문(또는 산업)기준, GRI 주제기준에 포함된 내용들을 구체적으로 살펴본다.

1.1 GRI 보편기준(GRI Universal standards)

GRI 보편기준은 〈그림 Ⅴ-1〉에 나타나 있듯이 GRI 1, GRI 2, GRI 3 세 부분으로 구성되어 있다. GRI 1은 기초(Foundation)로 GRI 기준의 목적, 체계 및 주요 개념을 소개하고 기관이나 조직이 GRI 기준에 따라 지속가능경영보고서를 작성할 때 준수해야 할 요구사항과 보고 원칙[8] 등에 대해 설명하고 있다. 주요 개념과 관련해서는 영향(Impact), 중요 주제(Material Topics), 실

---

6 자세한 내용은 https://www.ohchr.org/documents/publications/guidingprinciplesbusinesshr_en.pdf이나 United Nations(2011) 참조.

7 이하에는 편의상 GRI G4 대신 GRI로 표현한다. GRI 기준안에 대한 자세한 내용은 https://www.globalreporting.org/standards 참조.

8 보고 원칙은 기관이나 조직이 GRI 기준에 따라 지속가능경영보고서를 작성할 때 유념해야 할 원칙이다. 원칙은 정확성(Accuracy), 균형성(Balance), 명확성(Clarity), 비교 가능성(Comparability), 완전성(Completeness), 지속 가능성 맥락(Sustainability context), 시의성(Timeliness), 검증 가능성(Verifiability) 등 8가지이다.

사(Due Diligence), 이해관계자(Stakeholders) 등이 의미하는 바를 설명하고 있다. 요구사항은 기관이나 조직이 GRI 기준에 따라 지속가능경영보고서를 작성할 때 유념해야 할 사항들이다. 예를 들어, GRI 2에 포함된 조직 세부 사항, 지속 가능성 보고에 포함된 개체, 보고 기간, 빈도 및 연락처, 정보 재편성, 외부 검증 등의 항목은 반드시 포함해야 하며, 이들을 제외한 다른 정보는 생략할 수 있지만, 그 이유는 보고서에 명확히 서술하도록 규정하고 있다.

GRI 2는 일반정보공개(General Disclosures)로, 기관이나 조직의 기본적인 정보, 사업 활동, 지배구조, 정책 등에 대한 정보를 제공하기 위한 공시 기준을 다루고 있다. GRI 2는 5개의 절로 구성되어 있으며, 1절은 기관이나 조직의 보고 관행(The Organization and Its Reporting Practices)에 대해 다룬다. 이 절에서는 기관이나 조직이 관련 정보를 공개할 때 포함해야 할 5가지 항목을 규정하고 있다. 5가지 항목은 '기관이나 조직에 대한 상세 정보', '지속가능경영보고서에 포함된 모든 개체', '보고 기간, 빈도 및 접촉 부서', '정보의 수정(Restatements of Information)', '외부 감사'이다. 1절에서는 또한, 5개 항목을 서술할 때 포함해야 할 내용과 유의해야 할 사항들을 설명하고 있다. 예를 들어, 기관이나 조직의 상세 정보와 관련해서는 기관이나 조직의 법적 이름, 소유권 및 법적 형태, 본사 위치, 공장이 있는 국가 등의 정보를 공개하도록 규정하고 있다.

2절은 '활동과 근로자(Activities and Workers)'에 관한 내용으로, 기관이나 조직의 활동, 직원, 및 기타 근로자에 관한 정보를 제공할 때 포함해야 할 항목들을 설명하고 있다. GRI는 이와 관련하여 3가지 주요 항목을 서술하도록 규정하고 있다. 3가지 항목은 '활동, 가치사슬 및 기타 비즈니스 관계', '직원', '직원이 아닌 근로자'이다. 2절에서는 이들 항목을 서술할 때 포함해야 할 구체적인 내용들을 설명하고 있다. 예를 들어, '활동, 가치사슬 및 기타 비즈니스 관계'와 관련해서는 기관이나 조직이 활동하고 있는 산업, 제공하는 제품 및 서비스, 공급망, 그리고 공급망의 하류(Downstream)에 위치한 기업들과 기타 비즈니스 관계에 있는 기관과 조직에 대한 정보를 공개하도록 요구하고 있다. 또한, '직원'과 관련해서는 직원을 정규 근로자, 임시 근로자, 파견 근로자로 세분화하여 각각의 수 및 비율에 대한 정보를 공시하도록 요구하고 있다.

3절은 '지배구조(Governance)'에 관한 내용으로, 기관이나 조직이 지배구조와 관련된 사항을 지속가능경영보고서에 포함할 때 다뤄야 할 항목들을 설명하고 있다. GRI는 지배구조와 관련하여 13개 항목을 보고서에 포함하도록 규정하고 있다. 13개 항목은 '기관이나 조직의 지배구조 및 구성원', '최고의사결정기구의 지명 및 선출', '최고의사결정기구의 장', '영향 관리를 감독함에 있어 최고의사결정기구의 역할', '영향 관리 책임의 위임', '지속가능경영보고에 있어 최고의사결정기구의 역할', '이해상충(Conflict of Interest)', '중요한 우려 사항의 전달(Communication of Critical Concerns)', '최고의사결정기구의 집단적 지식', '최고의사결정기구의 성과 평가', '보수 정책들', '보수를 결정하는 과정', '연간 총 보수 비율'이다. 3절에서는 이들 항목을 서술할 때 포함해야 할 내용과 유의해야 할 사항들을 구체적으로 설명하고 있다. 예를 들어, '보수 정책'과 관련해서는 최고의사결정기구 구성원과 최고경영자의 보수 정책, 그리고 이 보수 정책이 기관이나 조직의 재무 성과, 환경 보호 목표 및 사회적 책임과 어떻게 연계되는지를 명확히 설명하도록 요구하고 있다.

4절은 기관이나 조직의 지속 가능한 발전 전략 및 책임 있는 비즈니스 행동을 위한 정책과 실천에 관한 정보를 다루며,[9] 이와 관련하여 7개의 주제를 공시하도록 요구하고 있다. 구체적으로 7개의 주제는 '지속가능발전 전략에 대한 진술', '정책 약속', '정책 약속의 이행(Embedding Policy Commitments)', '부정적인 영향을 치유하는 과정', '의견 수렴 및 우려 표명 메커니즘', '법과 규정 준수', '가입한 단체' 등이다. 4절에서는 이 7개 항목을 공개할 때 포함해야 할 내용을 상세히 설명하고 있다. 예를 들어, 기관이나 조직이 '지속가능발전 전략에 대한 진술'을 작성할 때는, 지속 가능한 발전을 어떻게 정의하고 있으며, 그 정의가 조직의 비전, 사명, 목표 및 사업 모델과 어떻게 조화를 이루는지를 다루어야 한다. 또한, 지속 가능한 발전 목표가 조직의 장

---

9 4절은 Strategy, policies and practices이다.

기적 성공과 경쟁력에 어떻게 기여하는지를 설명해야 한다. 이를 통해 조직은 단순히 지속 가능한 발전을 지향한다고 말하는 것에서 나아가, 그 전략이 실제로 조직의 경영 방침과 의사결정 과정에 어떻게 반영되고 있는지를 명확히 제시해야 한다.

5절은 기관이나 조직의 이해관계자 참여 방안에 관한 내용을 다루고 있다. GRI는 이와 관련하여 기관이나 조직이 두 가지 항목, 즉 '이해관계자 참여 방안'과 '노동단체 협약'을 공개하도록 요구하고 있다. '이해관계자 참여 방안'과 관련해서는 참여하는 이해관계자의 범주와 그들이 어떻게 식별되는지, 이해관계자 참여의 목적이 무엇인지, 그리고 조직이 이해관계자와 의미 있는 협력을 보장하기 위한 방법이 무엇인지 설명해야 한다. GRI의 지속가능경영보고서는 후술하는 SASB와 여러 면에서 차이가 있는데, 가장 핵심적인 차이는 GRI가 이해관계자 중심인 반면, SASB는 주로 투자자와 주주를 중심으로 한다는 점이다. 이는 GRI의 지속가능경영보고서가 기업이 영향을 미치는 중요한 사안을 모든 이해관계자의 관점에서 파악하도록 요구하는 반면, SASB는 주로 투자자에게 미치는 영향을 중점적으로 고려한다는 것을 의미한다. 따라서 GRI를 이용해 지속가능경영보고서를 작성할 때는 SASB에 비해 포함해야 할 내용이 더 많을 수밖에 없다.

GRI 3는 중요 주제(Material Topics)에 관한 내용으로, 기관이나 조직이 경제, 환경, 그리고 사람들에게 미치는 주요 영향을 식별하는 과정과 이 과정에서 판명된 중요 주제를 목록화하고 이를 관리하는 정책을 서술할 때 필요한 정보를 설명하고 있다. 주요 영향을 식별하는 과정과 관련하여 GRI는 기관이나 조직의 활동이 이해관계자에게 어떤 영향을 미치는지 파악하는 과정과 중요 주제를 선정하는 과정에서 어떤 이해관계자의 의견이 반영되었는지에 대한 설명을 요구하고 있다. 이해관계자에게 미친 영향을 설명할 때는 기관이나 조직의 활동과 비즈니스 관계 전반에서 경제적, 사회적, 인적 측면에서 발생할 수 있는 실질적/잠재적, 부정적/긍정적인 영향을 어떻게 식별했는지, 그리고 식별된 영향에 대한 우선순위 선정 과정을 설명해야 한다. 또한, 중요 주제를 관리하는 정책과 관련해서는 기관이나 조직이 식별된 중요 주제를 예방, 완화, 치유하기 위해 사용한 정책, 이러한 정책의 효과성을 추적하는 방법, 그리고 이들 정책을 실행하는 과정에서 이해관계자가 어떤 역할을 했는지에 대한 정보를 공시하도록 규정하고 있다.

그림 V-1 GRI 기준안 구조

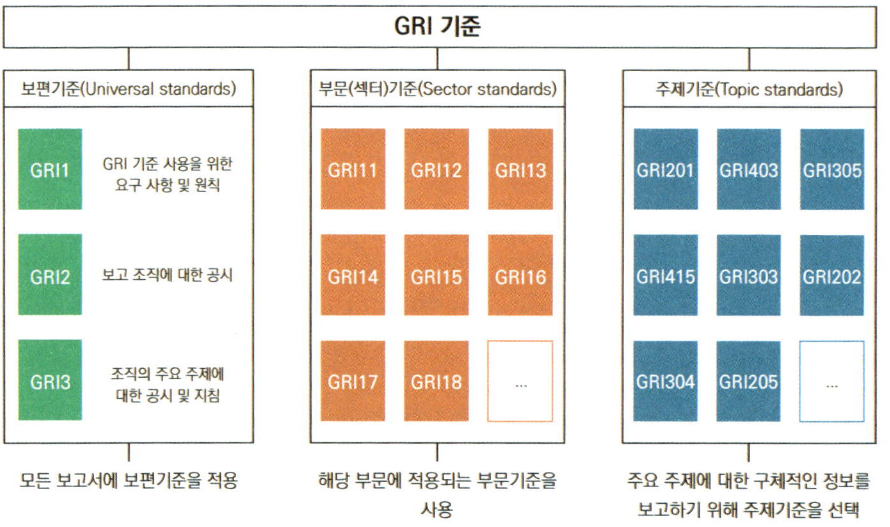

1.2 GRI 부문기준(GRI Sector standards)

기관이나 조직이 경제, 환경, 사람에게 미치는 영향은 기관이나 조직의 특성에 의해 결정되기도 하지만, 대부분은 해당 기관이나 조직이 속한 산업의 특성에 기인하는 경우가 많다. 이런 이유로 지속가능경영보고서 작성 지침은 일반적으로 산업 차원에서 제공된다. GRI 역시 기관이나 조직이 지속가능경영보고서를 작성할 때 다루어야 할 주요 주제에 대해 산업별 기준안을 제시하고 있다.

GRI는 자체적으로 개발한 산업 분류체계를 사용하고 있다. GICS(Global Industry Classification Standard), Industry Classification Benchmark(ICB), International Standard Industrial Classification(ISIC), North American Industry Classification System(NAICS), Sustainable Industry Classification System(SICS) 등과 같은 기

존의 산업 분류체계는 주로 기업의 수익 원천을 기준으로 산업을 구분한다.[10] 반면 GRI 부문기준은 기존 산업 분류 방식과 유사하게, 기업의 주요 사업 활동과 수익 원천을 기준으로 산업을 구분하지만, 각 산업에 맞는 지속 가능성 주제를 정리하고 이를 바탕으로 보고서 작성 지침을 제공한다는 특징이 있다. GRI는 '부문(Sector)'이라는 개념을 사용하는데, 이는 통상적인 '산업(Industry)'보다 넓은 개념이다.

GRI 부문기준을 개발하는 기관은 글로벌 지속가능성 기준위원회(Global Sustainability Standards Board, 이하 GSSB)이다.[11] GSSB는 현재까지 '공통분모(Common Denominator)'라 불리는 3개의 GRI 부문기준을 발표했다. 이 기준들은 GRI 11(석유 및 가스 부문, 2021), GRI 12(석탄 부문, 2022), GRI 13(농업 및 어업 부문, 2022)이다. 현재는 광업(Mining sector)과 섬유 및 의류(Textile & Apparel) 부문에 대한 기준안을 준비 중이다. 〈표 V-1〉에는 지금까지 개발이 완료된 부문뿐만 아니라 향후 개발 예정인 부문이 정리되어 있다. 이 표를 통해 알 수 있듯이, 모든 개발이 완료되면 GRI는 총 39개의 부문기준을 제공하게 될 것이다.

---

10 기존의 산업 분류체계에 대해서는 사례분석상자 11 참조.

11 GSSB는 GRI에서 운영하는 독립적인 기구로, 지속가능성 보고 기준을 개발하고 유지하는 역할을 맡고 있다. 이 위원회는 다양한 이해관계자의 의견을 반영하여 글로벌 지속가능성 보고 기준을 설정하고 지속적으로 업데이트한다.

표 V-1 GRI 부문기준 개발 현황 및 예정 부문 목록

Group 1: 기본 재료 및 필수재(Basic materials and needs)
석유 및 가스, 석탄, 농업 및 어업, 광업, 음식, 섬유 및 의류, 은행, 보험, 자산관리, 유틸리티, 재생에너지, 산림, 금속가공(Metal processing)
Group 2: 산업
건축자재, 항공우주 및 국방, 자동차, 건설, 화학, 기계 및 장비, 제약, 전자
Group 3: 교통, 인프라, 관광
미디어와 통신, 소프트웨어, 부동산, 교통 인프라, 해운, 트럭운송, 항공, 교역 및 유통 물류, 포장
Group 4: 기타 서비스 및 경공업
교육서비스, 가정용 내구재, 관리 보건의료, 의료 기기 및 서비스, 소매, 보안 장비 및 교정 시설, 음식점, 상업 서비스, 비영리 기관보안 서비스

GRI 부문기준은 기관이나 조직이 지속가능경영보고서를 작성할 때 참고해야 할 부문별 중요 주제와 주제별로 공시해야 할 정보를 설명한다. 정보공개는 먼저 중요 주제를 관리하는 방법과 절차를 서술하고, 이어서 해당 중요 주제와 관련된 현황을 보고하도록 한다. 예를 들어, 석유 및 가스 부문기준에서는 온실가스 배출량에 대해 〈표 V-2〉에 나타나 있듯이, 기업이 온실가스 배출을 저감하기 위해 어떤 노력을 하고 있는지를 서술한 후, 온실가스 배출량에 대한 구체적인 정보를 공시하도록 규정하고 있다.

부문마다 고유한 특성이 있기 때문에 중요하다고 여겨지는 주제는 부문별로 다를 수 있다. 이런 이유로 GRI 부문기준에서 제시하는 중요 주제는 부문마다 다르다. 지금까지 발표된 GRI 11(석유 및 가스 부문) 기준안과 GRI 12(농업 및 어업 부문) 기준안에서 제시된 중요 주제를 비교한 내용이 〈표 V-3〉에 정리되어 있다. 이 표를 통해 상당 부분의 주제가 공통적임을 알 수 있지만, 몇몇 주제는 부문의 특성에 따라 차이가 있음을 확인할 수 있다. 예를 들어, 농업 및 어업 부문에서는 석유 및 가스 부문에 포함되지 않은 토양 건강(Soil Health), 살충제 사용(Pesticide use), 동물 건강 및 복지

(Animal Health and Welfare) 등의 주제가 포함되어 있다. 또한, 이 표를 통해 GRI가 모든 이해관계자를 대상으로 기관이나 조직이 환경, 사회, 경제에 미치는 영향을 고려하기 때문에, SASB 기준안을 사용하는 경우보다 더 많은 중요 주제가 다뤄진다는 것을 확인할 수 있다. 〈부표 V－1〉에는 〈표 V－3〉에 있는 주제들을 설명하고 있다.

표 V-2 GRI 부문기준 요구 양식 예시: 석유 및 가스 부문기준에서는 온실가스 배출량

기준	공시	부문기준 참조 번호
주제관리(Management of the Topic)		
GRI3: 중요주제관리	공시 3-3 중요주제관리 추가 권장사항 • 가스연소(플래어링) 환기 관리를 위한 조치 및 해당 조치의 효과	11.1.1
주제기준공시(Topic standard disclosures)		
GRI302: 에너지 2016	공시 302-1 조직 내 에너지 소비	11.1.2
	공시 302-2 외부 에너지 소비	11.1.3
	공시 302-3 에너지 강도	11.1.4
GRI305: 배출 2016	공시 305-1 직접(Scope1) GHG 배출 추가적인 부문 권장사항 • Scpoe 1 배출량 중 메탄 비중 • Scpoe 1 배출량 중 고정배출, 연소배출, 공정배출, 누출배출 비중	11.1.5
	공시 305-2 간접(Scope2) GHG 배출	11.1.6
	공시 305-2 기타 간접(Scope3) GHG 배출	11.1.7
	공시 305-4 GHG 배출 강도	11.1.8

표 V-3 중요 주제 비교: 석유/가스 부문 Vs 농업/어업 부문

석유 및 가스 부문	농업 및 어업 부문
• 온실가스배출(GHG emission) • 기후적응, 회복력, 전환(Climate adaption, resilience & transition) • 대기배출(Air emission) • 생물다양성(Biodiversity) • 폐기물(Waste) • 물과 폐수배출량(Water & Effluents) • 폐쇄 및 재활(Closure & rehabilitation) • 자산 무결성 및 중대 사고 관리(Asset integrity & critical incident management) • 직업 건강 및 안전(Occupational health & safety) • 고용관행(Employment practices) • 차별금지와 동일기회(Non-discrimination and equal opportunity) • 강제 노동과 현대 노예(Forced labor & modern slavery) • 결사의 자유와 집단협상(Freedom of association & collective bargaining) • 경제적 영향(Economic impacts) • 지역사회(Local communities) • 토지와 자원권리(Land & resource rights) • 원주민 권리(Rights of indigenous peoples) • 이해상충과 보안(conflict & security)	• 배출(Emission) • 기후적응과 회복력(Climate adaption, resilience) • 생물다양성(Biodiversity) • 자연생태계전환(Natural ecosystem conversion) • 토양 건강(soil health) • 살충제 사용(Pestcide use) • 물과 폐수배출량(Water & Effluents) • 폐기물(Waste) • 식량안보(Food security) • 식품건강(Food health) • 동물 건강 및 복지(Animal health & welfare) • 지역사회(Local communities) • 토지와 자원권리(Land & resource rights) • 원주민 권리(Rights of ihdigenous peoples) • 차별금지와 동일기회(Non-discrimination and equal opportunity) • 강제 및 강압노동(Force or compulsory labor) • 아동노동(Child labor) • 결사의 자유와 집단협상(Freedom of association & collective bargaining) • 직업 건강 및 안전(Occupational health & safety) • 고용관행(Employment practices) • 생계소득과 임금(Living income & living wage) • 경제적 포용(Economic inclusion) • 공급망 추적성(Supply chain traceability) • 공공정책(Public policy)

1.3 GRI 주제기준(Topic standards)

GRI 주제기준은 기관이나 조직이 경제, 사회, 환경에 미치는 주제와 관련하여 어떤 정보를 공개해야 하는지를 설명한다. 다만, 지배구조와 관련된 정보를 공개할 때 포함해야 할 내용은 GRI 보편기준의 GRI 2에 정리되어 있다는 점을 유념할 필요가 있다.

GRI 주제기준은 GRI200, GRI300, GRI400으로 구성되며, 기관이나 조직이 경제, 환경, 사회에 미치는 영향을 이해관계자가 명확히 이해할 수 있도록 돕는 것을 목적으로 한다. 이 기준은 기관이나 조직이 속한 부문에 관계없이, 경제, 환경 및 사회에 미칠 수 있는 영향을 주제별로 어떤 내용을 공시해야 하는지에 대한 정보를 제공한다. 기관이나 조직이 경제, 환경, 사회에 미치는 영향은 속해 있는 부문별로 다를 수 있으므로, 지속가능경영보고서를 작성할 때는 먼저 GRI 부문기준을 참조하여 속한 부문에서 중요한 주제들을 파악한 뒤,[12] 해당 주제에 대해 어떤 내용을 공시해야 할지는 GRI 주제기준을 참고하면 된다. GRI 주제기준은 해당 주제에 대해 기관이나 조직이 어떻게 관리하고 있는지를 먼저 서술하고, 그다음으로 해당 주제와 관련된 자료를 제시하도록 요구한다. 또한, GRI 주제기준은 해당 주제를 관리할 때 서술해야 할 내용과 관련 자료[13]를 제시할 때 포함해야 할 정보에 대한 지침도 제공하고 있다.

이제 GRI 주제기준을 구성하는 GRI 200, 300, 400 시리즈의 구체적인 내용을 살펴보자.[14] 먼저, 경제에 대한 영향을 다루는 GRI 200 시리즈는 201~207까지의 주제로 구성되어 있다. 이 시리즈에는 경제 성과(201,

12 GRI의 부문기준은 총 40개 부문으로 제시될 예정이지만, 현재로서는 4개 부문만이 발표된 상태이다. 이러한 제한으로 인해 GRI 지침을 이용해 지속가능경영보고서를 작성하는 기관이나 조직 중 아직 발표되지 않은 부문에 속한 기업들은 중요 주제를 선정할 때, GRI 주제기준을 참고하여 기관이나 조직 차원에서 중요도 평가를 통해 자체적으로 중요 주제를 선정하거나, SASB나 CDP 등의 다른 프레임워크를 활용해 중요 주제를 선정하고 있다.

13 가능하면 자료는 외부 검증된 자료를 제공하도록 요구하고 있다.

14 GRI 200~400 시리즈 내용은 2016년 발표되었다.

Economic Performance), 시장 존재(202, Market Presence), 간접 경제 영향(203, Indirect Economic Impacts), 조달 관행(204, Procurement Practices), 반부패(205, Anti-corruption), 반경쟁적 행동(206, Anti-competitive Behavior), 세금(207, Tax) 등이 포함된다. 〈표 V-4〉는 GRI 200 시리즈에 포함된 이 7개 주제의 의미와 각 주제를 서술할 때 포함해야 할 내용의 예시를 제공하고 있다. 이 표를 참고하면 각 주제를 이해하고 보고서를 작성하는 데 유용할 것이다.

표 V-4 GRI 200(경제) 시리즈 주제와 예시

주제번호	주제	주제 의미	예시
201	경제 성과	기관이나 조직의 경제적 성과와 지속 가능성	연간수익, 운영비용, 시장 점유율, 기후변화로 인한 재무적 영향 및 기타 위험과 기회
202	시장 존재	기관이나 조직이 운영되는 지역사회에서 가지는 경제적 영향력과 고용 관행	현지에서의 고용비율, 현지 공급업체와의 협력, 최저임금에 관한 법률 및 규정에 따라 급여를 받는 근로자 비율
203	간접 경제 영향	경제 전반에 미치는 간접적인 영향	지역사회에 대한 기여, 인프라 개발(교통 링크[1], 공공시설, 건강 및 복지센터, 스포츠센터 등 포함)
204	조달 관행	조달 정책 및 관행이 경제에 미치는 영향	공정무역제품 구매, 지역 공급업체 이용
205	반부패	부패방지를 위한 정책 및 실행	내부감사시스템, 부패방지교육
206	반경쟁적 행동	경쟁법규 준수와 반경쟁적 행위방지	반독점법 준수, 불공정거래행위 방지
207	세금	조직의 세금 납부와 관련된 투명성 및 책임	세금 전략 공개, 국가별 세금 납부 내역 보고

주1: "교통 링크"는 특정 지역이나 장소를 다른 지역이나 장소와 연결하는 교통수단이나 인프라를 의미한다. 이는 도로, 철도, 항공, 해상 교통 등 다양한 형태의 교통 인프라를 포함할 수 있다. 예를 들어, 새로운 도로를 건설하거나 철도 노선을 확장하는 것이 "교통 링크"의 일환이 될 수 있다.

기관이나 조직이 환경에 미칠 수 있는 영향을 이해관계자의 관점에서 다루는 GRI300 시리즈는 301~308까지의 항목으로 구성되어 있다. 구체적으로 GRI300 시리즈는 재료(301, Materials), 에너지(302, Energy), 물 및 폐수(303, Water & Effluents), 생물다양성(304, Biodiversity), 배출물(305, Emissions), 폐기물(306, Waste), 환경법 준수(307, Environmental Compliance), 공급업체 환경 평가(308, Supplier Environmental Assessment)로 이루어져 있다. 〈표 V-5〉는 GRI 200 시리즈와 마찬가지로, 300 시리즈에 포함된 8개 주제의 의미와 각 주제를 서술할 때 고려해야 할 내용을 예시와 함께 제공하고 있다. 이 표를 참고하면 환경 관련 주제를 더 잘 이해하고, 보고서를 작성하는 데 도움이 될 것이다.

표 V-5 GRI 300(환경) 시리즈 주제 및 예시

주제번호	주제	주제 의미	예시
301	재료	조직이 사용하는 재료의 종류와 양	원자재 소비량, 재활용 재료 사용 비율
302	에너지	에너지 소비량 및 효율개선 노력	총 에너지 사용량, 재생 가능 에너지 비율
303	물 및 폐수	물 사용과 폐수배출 관리	총 물 사용량, 폐수처리 및 재사용량
304	생물다양성	조직의 활동이 생물다양성에 미치는 영향	보호지역 내 활동, 멸종위기종 보호
305	배출물	온실가스 및 기타 배출물 관리	이산화탄소 배출량, 오염물질 배출 감소 노력
306	폐기물	폐기물 관리와 처리 방법	폐기물의 재활용 비율, 위험 폐기물 관리
307	환경법 준수	환경 관련 법규 준수 여부	환경규제 준수 여부, 벌금 및 제재 사례
308	공급업체 환경 평가	공급업체의 환경적 영향 평가	주요 공급업체의 환경관리 기준 평가, 공급업체의 환경 인증, 공급망 내 탄소배출량 측정

GRI 400(사회) 시리즈는 401~418까지의 항목으로 구성되어 있으며, GRI 200 시리즈나 GRI 300 시리즈보다 훨씬 다양한 주제를 다루고 있다. 구체적으로, GRI 400 시리즈는 고용(401, Employment), 노동 관계 관리(402, Labor Management Relations), 직업 건강 및 안전(403, Occupational Health & Safety), 교육 및 훈련(404, Training & Education), 다양성 및 평등 기회(405, Diversity & Equal Opportunity), 차별 금지(406, Non-discrimination), 결사의 자유 및 단체 교섭(407, Freedom of Association & Collective Bargaining), 어린이 노동(408, Child Labor), 강제 노동 및 의무 노동(409, Forced or Compulsory Labor), 보안 관행(410, Security Practices), 원주민 권리(411, Rights of Indigenous Peoples), 인권 평가(412, Human Rights Assessment), 지역사회(413, Local Communities), 공급업체 사회 평가(414, Supplier Social Assessment), 공공 정책(415, Public Policy), 고객 건강 및 안전(416, Customer Health & Safety), 마케팅 및 라벨링(417, Marketing & Labeling), 고객 개인정보(418, Customer Privacy)로 구성되어 있다. 〈표 V-6〉은 GRI 200 시리즈 및 GRI 300 시리즈와 마찬가지로, GRI 400 시리즈에 포함된 18개 주제의 의미와 각 주제를 서술할 때 포함해야 할 내용의 예시를 제공하고 있다.

표 V-6 GRI 400(사회) 시리즈 주제 및 예시

주제번호	주제	주제 의미	예시
401	고용	고용관행 및 일자리 창출	고용률, 신규 일자리 창출, 직원 유지율
402	노동 관계 관리	노동자와의 관계 관리 및 협상 과정	노동조합과의 협상 사례, 파업 대응
403	직업 건강 및 안전	직장의 건강과 안전확보	사고발생률, 안전교육프로그램
404	교육 및 훈련	직원교육 및 훈련 프로그램	직무관련교육시간, 교육 투자 금액
405	다양성 및 균등 기회	직장에서의 다양성과 기회 균등 보장	성별 및 인종 다양성 비율, 평등 기회 정책

주제번호	주제	주제 의미	예시
406	차별 금지	차별행위 예방 및 대응	차별사건보고 및 처리 절차
407	결사의 자유 및 단체교섭	결사의 자유 보장과 단체 교섭권	노동자 결사의 자유 보장 사례
408	어린이 노동	어린이 노동방지	어린이 노동금지 정책, 공급망 점검
409	강제 노동 및 의무 노동	강제 노동 및 의무 노동의 방지	강제 노동금지 정책, 공급망 점검
410	보안 관행	보안 관행 및 안전보장	보안인력교육, 인권보호조치
411	원주민 권리	원주민 권리 보호 및 증진	원주민과의 협력 사례, 전통지식 보호
412	인권 평가	인권 관련 위험 및 대응	인권영향 평가, 구제조치
413	지역사회	지역사회와의 관계 및 기여활동	지역사회개발 프로젝트, 기부활동
414	공급업체 사회 평가	공급업체의 사회적 책임평가	주요 공급업체의 사회적 평가
415	공공 정책	공공 정책에 대한 조직의 참여	공공 정책 로비 활동, 정치적 기부금
416	고객 건강 및 안전	고객의 건강과 안전보장	제품안전성 시험, 리콜 절차
417	마케팅 및 라벨링	제품 마케팅 및 라벨링의 투명성	광고의 진실성 검토 및 제품 정보 공개
418	고객 개인정보	고객 개인정보 보호 및 관리	데이터 보호 정책, 개인정보 유출 대응

GRI 주제기준의 200, 300, 400 시리즈에 포함된 주제와 내용은 앞서 설명했지만, 이것만으로는 GRI 주제기준을 완전히 이해하기는 어렵다. 각 주제의 의미뿐만 아니라, 주제를 서술할 때 포함해야 할 정보 공개 자료에 대해서도 보다 자세한 설명이 필요하다. 그러나 GRI 주제기준에 포함된 모든 주제와 각 주제에 대해 요구되는 공시 내용을 모두 다루기에는 그 범위가 너

무 방대하다. 이런 이유로 201 경제적 성과를 중심으로 GRI 주제기준에서 요구하는 사항을 상세히 소개한다. 충분하지는 않지만 이를 통해 GRI 주제기준의 구조를 대략적으로 이해할 수 있을 것이라 생각된다.

〈부표 V－2〉에는 201 경제적 성과와 관련된 내용을 작성할 때 요구되는 사항이 정리되어 있다. 이 표는 먼저 경제적 성과를 어떻게 관리하는지를 설명하도록 하고, 이어서 경제적 성과를 서술할 때 공개해야 할 정보 요구사항을 제공하고 있다. 경제적 성과와 관련된 공개 사항은 201－1 직접적으로 생성된 경제가치 및 분배, 201－2 기후 변화로 인한 재무적 영향 및 기타 위험과 기회, 201－3 확정형 편익 계획 의무 및 기타 퇴직 계획, 201－4 정부로부터 받은 재정 지원의 네 가지 부문으로 나뉜다. 또한, 〈부표 V－2〉에는 이 네 가지 부문의 정보를 공개할 때 포함해야 할 세부 사항에 대한 정보도 제시되어 있다. 예를 들어, 201－1과 관련된 정보를 공개할 때는 기관이나 조직이 창출한 경제적 가치(수입), 비용을 제외한 이윤, 수입의 분배 방식 등을 포함해야 하며, 이 정보는 외부 감사를 받은 재무 정보를 바탕으로 공시하도록 규정하고 있다.

7장에서 자세히 다루겠지만, 지속가능 정보 공시에서 이중중요성(Double Materiality) 개념은 매우 중요한 역할을 한다. 이 개념은 기업이 지속 가능한 정보를 공시할 때, 사회나 환경 요인이 기업의 재무에 미치는 영향뿐만 아니라, 기업이 사회와 환경에 미치는 영향도 함께 공시해야 한다는 것을 의미한다. 여러 차례 강조하였듯이 GRI 주제기준은 이중중요성 개념에 기반하여 기관이나 조직이 관련 정보를 공개하도록 요구하고 있다. 그러나 '기후 변화로 인한 재무적 영향 및 기타 위험과 기회(201 경제적 성과)'를 제외하면, 대부분의 기준은 기업이 환경과 사회에 미치는 영향에 더 많은 비중을 두고 있음을 알 수 있다. 이는 기업은 투자자뿐만 아니라 모든 이해관계자의 이익을 고려하며, 책임 있는 역할을 해야 한다는 기업에 대한 GRI의 관점을 반영한 것이다.

2 가능성회계기준위원회(Sustainable Accounting Standard Board, SASB)[15] 기준[16]

2.1 SASB 기준의 취지 및 특성[17]

최근 ESG 투자 및 ESG 경영 확대를 위한 국제기구와 정부 차원의 규제 정책들이 적극적으로 도입되면서 투자 환경이 크게 변했다. 경제 전반에 변화가 생기면, 시장이 자본을 효율적으로 배분하기 위해 필요한 정보도 달라지게 마련이다. 특히 자본시장의 투자자는 기업가치를 결정하는 요인에 영향을 미치는 제도적 움직임에 매우 민감하다. 재무회계가 매출, 당기 순이익 등과 같은 재무정보를 통해 기업가치를 평가하는 데 중점을 두었다면, 지속가능성 회계(또는 지속가능경영회계, Sustainability Accounting)는 기업이나 조직이 환경적, 사회적, 경제적 지속 가능성을 고려한 이산화탄소 배출량, 에너지 사용, 노동 관행, 사회적 기여 등과 같은 활동과 그 영향을 측정하여 정보를 제공한다. 따라서 투자자들은 지속가능성 회계를 재무회계와 함께 활용함으로써, 기업의 장기적 가치 창출 역량에 영향을 미치는 중요한 요소들을 보다 포괄적이고 전체적인 관점에서 파악할 수 있다. SASB 기준은 기업이 환경적, 인적, 사회적 자본에 관한 비재무적 정보를 체계적으로 보고할 수 있도록 설계되었다. 이를 통해 투자자는 기업 간 비재무정보를 보다 정확하게 비교할 수 있으며, 장기적인 기업의 가치 창출 능력을 평가하는 데 필요한 핵심 정보를 얻을 수 있다.[18]

---

15 SASB는 기업이 환경적, 사회적, 지배구조(ESG)와 관련된 주요 정보를 투자자들에게 투명하고 일관된 방식으로 보고할 수 있도록, 산업별로 특화된 지속가능성 회계 기준을 개발하고 제공하는 비영리 단체이다. SASB는 2011년 미국의 Jean Rogers 박사에 의해 설립되었다. Jean Rogers는 엔지니어링과 지속가능성 부문에서 경력을 쌓은 전문가로서, 기업이 환경적, 사회적 영향을 더 효과적으로 보고하고 관리할 수 있도록 지속가능성 정보의 표준화를 목표로 SASB를 창립했다. SASB는 이를 운영하던 Value Reporting Foundation이 2022년 IFRS 재단에 통합되면서, 해당 재단 산하의 기준으로 편입되었다.

16 이하 SASB 기준안으로 사용한다. 금융위원회(2017, 2018)를 참고하였다.

17 이에 대한 자세한 내용은 SASB(2017) 참조.

18 그러나 기본적으로 지속가능성 회계는 지속가능성 사안이 기업의 재무에 미치는 영향을

투자자는 기업이 여러 이해관계자에게 미치는 영향보다는, 기업의 재무에 직접적으로 영향을 미치는 핵심 정보에 더 관심을 갖는다. 비재무적 정보는 재무 정보처럼 정확하게 수치화하기 어려워, 모든 영향을 파악해 투자의사결정을 내리는 것은 현실적으로 어렵고, 이러한 접근법이 항상 합리적인 투자로 이어진다고 보장할 수는 없다. 대신, 기업의 재무에 장·단기적으로 영향을 미칠 수 있는 핵심적인 지속가능성 정보를 파악하는 것이 보다 효과적일 수 있다. 이러한 점을 고려하여, SASB 기준안은 투자자가 최소한의 비용과 노력을 들여 필요한 정보를 얻고, 이를 바탕으로 결정을 내릴 수 있도록 설계되었다. 요약하면, GRI 기준안은 모든 이해관계자를 중시하는 반면, SASB 기준은 투자자를 주 대상으로 한다.

2.2 SASB 중요도 지도(Materiality Map)[19]

SASB 기준은 기업이 재무제표를 통해 제공할 수 없는 비재무적 정보를 정확하고 비교 가능하게 제공하기 위해 만들어졌다. 그러나 기업의 비재무적 정보는 개별 기업보다는 산업 차원의 특성에 의해 결정되는 경우가 많다. 철강 산업은 특성상 온실가스를 많이 배출할 수밖에 없으며, 이는 향후 해당 기업의 재무에 큰 영향을 미칠 수 있다. 반면, 은행 산업은 온실가스 배출이 적기 때문에, 온실가스 배출량이 은행의 재무에 미칠 가능성은 작다. 이러한 점을 반영하여, SASB는 산업을 77개로 분류하고, 산업별로 중요한 지속가능성 주제를 정리하여, 이들에 대한 정보를 공개할 때 어떤 내용을 어떻게 공개해야 하는지에 대한 지침을 개발하였다. 이 지침을 "중요도 지도(Materiality Map)"라고 부른다.

SASB는 산업별 중요도 지도를 만들기 위해 GICS 산업 분류를 포함한 기존 산업 분류체계와는 달리, 지속가능성과 관련된 위험과 기회를 기준으로 산업을 분류하는 SICS®(Sustainable Industry Classification System)를 개발했다.

적절히 평가할 가치평가 방법과 시장가격이 부족해 정확한 가치 측정이 어렵다는 본질적인 문제는 여전히 있다.

19 이에 대한 자세한 내용은 https://sasb.ifrs.org/standards/materiality-map/ 참조.

SASB의 SICS® 산업 분류체계는 〈표 V-7〉에 정리된 바와 같이 11개 부문(Sector)과 77개 산업으로 구성되어 있다. SASB 산업 분류체계는 기존 산업 분류체계와 다소 차이가 있다. 기존 산업 분류체계는 주로 수익의 원천을 기준으로[20] 산업을 분류하는 반면, SASB는 지속가능성 관련 위험과 기회를 기준으로 산업을 분류하기 때문이다. 이와 같은 관점에서 보면 GRI와 SASB의 산업분류 기준은 유사한 구조를 지닌다. 두 기준 모두 지속가능성 이슈가 산업별로 상이하게 나타난다는 점에 주목하여, 유사한 위험과 기회를 공유하는 기업들을 하나의 산업으로 분류하는 방식을 채택하고 있기 때문이다. 그러나 위험과 기회를 식별하는 관점에는 근본적인 차이가 존재한다. GRI는 이중중대성(Double Materiality), 특히 기업이 외부 환경과 사회에 미치는 '영향중요성(Impact Materiality)'을 기준으로 유사한 영향을 끼치는 기업들을 같은 산업군으로 묶는다. 반면 SASB는 재무적 중요성(Financial Materiality)에 기반하여, 지속가능성 이슈가 기업의 재무 성과에 미치는 영향이 유사한 기업들을 동일 산업으로 분류한다. 이처럼 위험·기회의 중대성 판단 기준이 서로 다르기 때문에, GRI와 SASB는 산업분류 체계뿐 아니라 산업별로 식별되는 중요 주제(Material Topics)에서도 차이를 보인다.[21·22]

SASB의 산업 분류체계는 앞서 언급한 것처럼 유사한 지속가능성 위험과 기회를 가진 기업들을 같은 산업으로 묶기 때문에, 기존 산업 분류체계와는 전

---

20 "수입의 원천을 기준으로 한다"는 표현은 기존 산업 분류체계가 기업이 어떤 제품이나 서비스를 통해 수익을 창출하는지를 기준으로 산업을 구분하는 방식을 의미한다. 자동차를 생산하고 판매하는 기업은 "자동차 산업"에, 은행 서비스를 제공하는 기업은 "금융 산업"에 속하는 식이다.

21 예를 들어, 석유 및 가스 산업의 분류 방식에서도 GRI와 SASB는 차이를 보인다. GRI는 이 산업을 'GRI 11: 석유 및 가스 부문'이라는 하나의 단일 부문으로 다루며, 해당 산업 전반에 적용되는 공통 공시기준을 제시한다. 반면 SASB는 재무적 중요성의 관점에서 세부 산업 간의 ESG 이슈가 상이하다고 보고, 이를 보다 세분화하여 ① 탐사 및 생산(Exploration & Production), ② 수송 및 저장(Midstream), ③ 정제 및 마케팅(Refining & Marketing)의 세 가지 산업군으로 나누어 개별 기준을 마련하고 있다.

22 SASB와 GRI는 모두 자체적으로 개발한 산업 분류체계를 사용하고 있지만, SASB는 지속가능성과 관련된 위험과 기회를 중심으로 산업을 분류하는 반면, GRI는 수익의 원천을 기준으로 하면서도 지속 가능성 주제를 추가적으로 다룬다는 차이점이 있다.

혀 다른 결과를 낳을 것처럼 보이지만, 실제로는 상당한 유사성을 보이기도 한다. 예를 들어, 포드나 제너럴 모터스와 같은 자동차 제조업체는 기존의 NAICS 체계에서 NAICS 코드 3361(자동차 제조업)로 분류되며, SASB의 SICS® 분류에서도 운송 부문(Transportation Sector)의 자동차 산업(Automobiles Industry)으로 분류된다. 산업 명칭은 다르지만 실질적으로 같은 산업으로 분류되는 것이다.

그러나 다각화된 사업을 운영하는 기업의 경우, 사용되는 분류체계에 따라 분류 결과는 달라질 수 있다. 예를 들어, 테슬라는 전기차 외에도 태양광 패널, 에너지 저장 시스템 등 재생에너지 관련 제품을 주요 사업으로 운영하고 있다. NAICS는 주요 수익원이 되는 제품을 기준으로 하나의 산업만 지정하는 반면, SASB는 기업의 전체가 아니라 각 사업 부문이 속한 산업의 지속가능성 이슈를 기준으로 여러 산업에 걸쳐 분류할 수 있음을 명시하고 있다. SASB는 2017년판 적용지침서(Implementation Guide)에서 다음과 같이 설명한다: "A company may fall into more than one industry if it generates significant revenue from multiple business activities that are exposed to different sustainability risks and opportunities."(SASB Implementation Guide, 2017, p. 6). 이러한 기준은 특히 다각화된 기업(Conglomerates)이나 에너지·테크 융합 기업(예: Tesla, Alphabet 등)에 적용되며, 예컨대 테슬라는 SASB의 SICS® 체계에서는 운송 부문의 자동차 산업과 재생 가능 자원 및 대체 에너지 부문의 태양에너지 및 프로젝트 개발 산업으로 각각 분류될 수 있다.

표 V-7 SASB 기준의 산업 분류

소비재	식음료
• 가정 및 개인용품 • 대형 및 전문 유통 및 배급 • 전자상거래 • 의류, 액세서리 및 신발류 • 건축품 및 가구 • 가전제품 제조 • 완구류 및 스포츠용품	• 농산물 • 육류, 가금류 및 유제품 • 가공식품 • 비알코올음료 • 알코올음료 • 담배 • 식품 유통 및 배급 • 식당

헬스케어 • 바이오기술 및 제약 • 의료장비 및 의약품 • 헬스케어 제공 • 헬스케어 유통 • 관리형 의료 • 약품 유통	**재생가능 자원 및 대체 에너지** • 바이오연료 • 태양 에너지 및 프로젝트 개발자 • 풍력 에너지 및 프로젝트 개발자 • 연료 전지 및 공업용 전지 • 임업 경영 • 펄프 및 종이 제품
인프라 • 전력 및 발전 • 가스 유틸리티 및 유통 • 수자원 유틸리티 및 서비스 • 폐기물 관리 • 엔지니어링 및 건축 서비스 • 주택건설 • 부동산 • 부동산 서비스	**추출물 및 광물 처리** • 석유 및 가스 – 탐사 및 생산 • 석유 및 가스 – 중류 • 석유 및 가스 – 정제 및 판매 • 석유 및 가스 – 서비스 • 석탄 사업 • 철강 제조 • 금속 및 채광 • 건축 자재
금융 • 상업은행 • 투자은행 및 중개 • 자산관리 및 보관활동 • 소비자 금융 • 모기지 금융 • 증권 및 상품거래 • 보험	**서비스** • 교육 • 전문 및 상업 서비스 • 호텔 및 숙박 • 카지노 및 게임 • 레저시설 • 광고 및 엔터테인먼트 • 미디어 제작 및 배급
기술 및 통신 • 제조전문서비스업(EMS) 및 제조자설계생산(ODM) • 소프트웨어 및 IT 서비스 • 하드웨어 • 반도체 • 통신 서비스 • 인터넷 미디어 및 서비스	**자원 변환** • 화학 • 우주항공 및 국방 • 전기 및 전자장비 • 산업기계 및 제품 • 용기 및 포장
운송 • 자동차 • 자동차 부품 • 차량 렌트 및 리스	

- 항공
- 항공 운송 및 물류
- 해상 운송
- 철도 운송
- 도로 운송
- 크루즈선

사례분석상자 11: 기존의 산업 분류체계

기존의 산업 분류체계에는 여러 가지가 있으며, 주로 기업의 주요 사업 활동과 수익 원천을 기준으로 산업을 구분한다. 대표적인 산업 분류체계로는 다음과 같은 것들이 있다.

1. SIC(Standard Industrial Classification) 코드

SIC 코드는 미국에서 개발된 산업 분류체계로, 1937년에 처음 도입되었다. 주로 기업의 주요 사업 활동을 기준으로 산업을 분류하며, 4자리 숫자로 구성된다. SIC 코드는 다양한 산업에서 널리 사용되어 왔지만, 현재는 NAICS 코드로 대체되는 경우가 많다.

2. NAICS(North American Industry Classification System)

NAICS는 미국, 캐나다, 멕시코에서 공통적으로 사용되는 산업 분류체계로, 1997년에 SIC 코드를 대체하기 위해 도입되었다. NAICS는 2자리에서 6자리 숫자로 구성되며, 기업의 주요 사업 활동과 수익 원천에 따라 산업을 분류한다. NAICS는 북미 자유무역 협정(NAFTA)에 따라 세 국가 간의 통일된 산업 분류체계를 제공하기 위해 만들어졌다.

3. ISIC(International Standard Industrial Classification)

ISIC는 유엔 통계국에서 개발한 국제 표준 산업 분류체계로, 전 세계적으로 사용되고 있다. ISIC는 주로 정부 통계, 경제 연구, 국제 무역 분석 등에 사용되며, 기업의 주요 사업 활동에 따라 산업을 분류한다. ISIC는 여러 단계로 구성되며, 각 단계는 산업 활동을 점점 더 세분화한다.

4. GICS(Global Industry Classification Standard)

GICS는 MSCI와 S&P 다우존스 인덱스가 공동으로 개발한 산업 분류체계로, 주로 금융 시장에서 사용된다. GICS는 기업의 주요 수익 원천과 사업 활동을 기준으로 11개 부문, 24개 산업군, 69개 산업, 158개 하위산업으로 세분화된다. 주식 분석, 포트폴리오 구성 등에 널리 활용된다.

5. ICB(Industry Classification Benchmark)

ICB는 FTSE 그룹이 개발한 산업 분류체계로, GICS와 유사하게 금융 시장에서 널리 사용된다. ICB는 10개 산업 부문, 19개 산업군, 41개 부문, 114개 하위 부문으로 구성되며, 기업의 주요 사업 활동에 따라 산업을 분류한다. 주로 유럽과 아시아의 금융 시장에서 사용된다.

77개 산업별 중요도 지도를 만들기 위해 SASB는 지속가능성 주제를 다섯 가지로 구분했다. 첫째, 환경(Environment)이다. 이는 재생 불가능한 천연자원의 사용(예: 광물, 생태계, 생물다양성 등)과 기업의 유해한 배출이 환경에 미치는 영향을 다루며, 이러한 요인이 기업의 재무 상태나 영업 성과에 미치는 영향을 포함한다. 둘째, 사회적 자본(Social Capital)이다. 이는 사회에서 기업 활동의 사회적 역할에 대한 인식과, 기업이 사회적 운영 인가(Social License to Operate, SLO)[23]를 얻기 위해 사회에 기여해야 하는 기대와 관련된다. 여기에는 고객, 지역사회, 공공 및 정부와의 관계 관리, 인권, 취약 집단 보호, 지역 경제 개발, 재화와 용역의 접근성 및 품질, 가격 적정성, 책임 있는 비즈니스 관행, 고객 프라이버시 등의 사안이 포함된다. 셋째, 인적 자본(Human Capital)이다. 이는 기업의 장기적 가치를 실현하기 위한 핵심 자산인 인적 자원(직원 및 계약자)에 대한 관리와 관련된다. 직원 참여, 다양성, 성과 보수, 보상, 그리고 직원 생산성에 영향을 미치는 주제를 다루며, 특정 능력과 기술이 요구되는 경쟁이 치열한 시장에서 직원을 유치하고 유지하는 문제도 포함된다. 또한 근로 조건, 노사 관계, 직원의 건강 및 안전 관리, 특

23 이에 대한 자세한 내용은 사례분석상자 12 참조.

히 위험한 근무 환경에서의 안전 문화 조성도 다룬다. 넷째, 사업 모델 및 혁신(Business Model & Innovation)이다. 이 영역은 지속가능성 이슈가 기업의 혁신 전략과 사업 모델에 어떤 영향을 미치는지를 다룬다. 특히, 자원 회수, 생산공정의 혁신, 제품의 설계 및 폐기 등 기업의 가치 창출 과정 전반에서의 효율성과 책임성을 중심으로 구성된다. 또한, 이 주제는 단순한 제품과 서비스의 혁신을 넘어서, 기업이 소유하거나 관리하는 자산이 초래하는 환경적·사회적 영향에 대한 관리 노력도 포함된다. 이러한 요소들은 단순한 '윤리적' 고려를 넘어, 실제로 기업의 비용 절감, 규제 대응 능력, 브랜드 가치, 소비자 수요, 투자 유치 등과 직결되기 때문에, SASB는 이를 재무적으로 중요한 항목으로 간주하여 공시 기준에 반영하고 있다. 다섯째, 리더십 및 지배구조(Leadership & Governance)이다. 이 항목은 기업의 사업 방식이나 산업 특성상, 정부, 지역사회, 고객, 직원 등 다양한 이해관계자와의 이익 충돌 가능성이 존재하는 사안에 대해, 기업이 이를 얼마나 효과적으로 식별하고 관리·감독할 수 있는지를 평가하는 영역이다. 구체적으로는 규제 준수, 정치적 영향력 행사, 리스크 및 안전관리 체계, 이해상충 방지, 반경쟁적 행위 억제, 부패 및 뇌물수수 방지 등, 기업의 윤리적·법적 책임 이행과 관련된 핵심 요소들을 포함한다. 이러한 요소들은 단순한 컴플라이언스 수준을 넘어, 실제 규제 위반 시 벌금·소송, 인허가 제한, 고객 이탈, 평판 훼손, 투자자 신뢰 저하 등 직접적인 재무적 손실로 이어질 수 있기 때문에, SASB는 이를 재무적으로 중요한 거버넌스 이슈로 간주하고, 기업이 이러한 리스크를 어떻게 식별하고 통제하는지를 투명하게 공시할 것을 요구한다.

〈그림 V-2〉에는 위에서 언급한 다섯 가지 주제와 이를 구성하는 주요 항목인 하위 주제가 정리되어 있다. 〈그림 V-2〉에서 볼 수 있듯이, 다섯 가지 주제는 총 30개의 하위 주제로 구성되어 있다. SASB 기준은 30개의 하위 주제를 기반으로 산업별로 중요한 하위 주제를 선정하여 산업별 중요도 지도를 만들었다. 77개 산업별 중요도 지도에서 30개 하위 주제 중 어떤 주제를 중요 주제로 지정했는지를 77개 모든 산업별로 소개하는 것은 현실적으로 불가능하다.[24] 대신 〈표 V-8〉에는 77개 산업 중 10개 산업의 주요 공시 주제가 정리되어 있다. 비록 10개 산업별 주요 공시 주제만 정리되어 있지만, 이를 통해 산업별로 공시 주제가 어떻게 달라지는지 충분히 이해할 수 있을 것이다.

그림 V-2 SASB 지속가능성 주제 및 하위 주제

환경
- 온실가스 배출
- 대기질
- 에너지 관리
- 연료 관리
- 물 및 폐수 관리
- 폐기물 및 유해물질 관리
- 생물다양성 영향

사회적 자본
- 인권 및 지역사회 관계
- 접근성 및 적정가격
- 고객 편익
- 데이터 보안 및 고객 프라이버시
- 공정한 공개 및 라벨링
- 공정한 마케팅 및 광고

인적 자본
- 노사관계
- 공정 노사관행
- 다양성 및 포용성
- 직원 건강, 안전, 복지
- 보상 및 복리후생
- 직원 채용, 계발, 유지

리더십 및 지배구조
- 체계적 위험 관리
- 사고 및 안전성 관리
- 사업 윤리 및 지급 투명성
- 경쟁적 행위

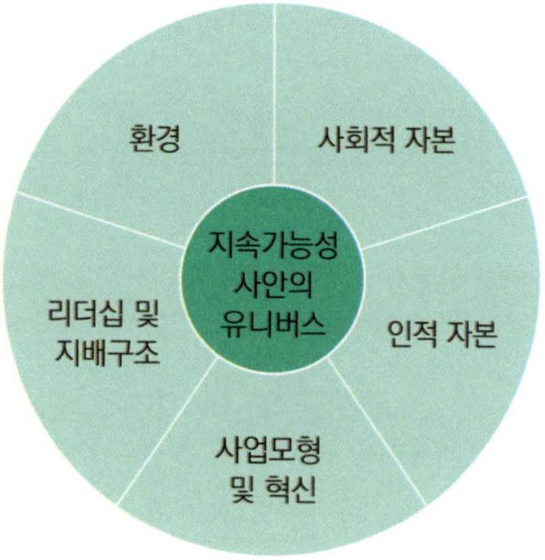

24 77개 산업별 중요도 지도는 https://sasb.ifrs.org/standards/download/ 참조.

- 규제포획 및 정치적 영향력
- 자재 조달
- 공급망 관리

사업 모형 및 혁신
- 재화와 용역의 수명주기에 걸친 영향
- 자산 및 영업에 미치는 환경적·사회적 영향
- 제품 포장
- 제품 품질 및 안전성

사례분석상자 12: 사회적 운영 인가(SLO)의 개념과 발전

사회적 운영 인가(Social License to Operate, SLO)는 기업이나 조직이 그들의 사업 활동을 수행할 때 지역사회, 이해관계자, 그리고 일반 대중으로부터 비공식적이지만 중요한 승인 또는 수용을 받는 것을 의미한다. 이는 법적 허가나 규제 당국의 승인을 넘어서서, 사회적 차원에서의 신뢰와 지지를 확보하는 개념이다.

사회적 운영 인가(Social License to Operate, SLO)의 개념은 특정 개인이 발명한 것이 아니라, 기업의 사회적 책임(CSR)과 지속 가능성에 대한 논의가 발전하면서 자연스럽게 형성되었다. 이 개념은 1990년대 후반부터 2000년대 초반 사이에 광산업과 같은 자원 개발 분야에서 처음 등장했으며, 특히 지역사회와 환경에 대한 영향에 대한 우려가 높아짐에 따라 주목받기 시작했다. SLO라는 용어를 공식적으로 사용하게 된 것은 1997년으로, 당시 국제광업협회(International Council on Mining and Metals, ICMM)의 일원으로 활동했던 캐나다의 광산업 전문가인 짐 쿠니(Jim Cooney)가 이 개념을 언급한 것이 시초로 알려져 있다. 쿠니는 광산업에서의 사회적 수용과 신뢰 구축의 중요성을 강조하면서 SLO라는 용어를 사용했고, 이 개념이 확산되었다.

SLO의 개념은 이후 다른 산업으로 확장되었으며, 현재는 에너지, 임업, 인프라 개발, 그리고 농업 등 다양한 분야에서 널리 사용되고 있다. 이는 기업이 법적 요건을 충족하는 것만으로는 충분하지 않으며, 지역사회와의 긍정적인 관계를 유지하고, 그들의 지지를 받는 것이 필수적이라는 인식을 반영한 것이다.

표 V-8 **10개 산업별 주요 공시 주제**

부문	주요 공시 항목
가정 및 개인용품	물 관리, 제품 환경 · 보건 · 안전 성과, 포장재 수명주기 관리
산업용 기계	에너지 관리, 작업자 보건 및 안전, 연비 및 사용단계 배출량
상업은행	데이터 보안, 금융포용 및 역량구축, 시스템적 위험관리 등
전력발전	온실가스 배출 및 에너지 자원 계획, 대기질, 물 관리 등
주택건설	토지이용 및 생태학적 영향, 작업자 보건 및 안전 등
철강 제조	온실가스 배출량, 대기 배출량, 에너지 관리, 물 관리, 폐기물 관리 등
전기 및 전자장비	에너지 관리, 유해 폐기물 관리, 제품 안전, 제품수명주기 관리 등
투자은행 및 중개	기업윤리, 전문가적 진실성, 종업원 인센티브 및 위험 감수 등
하드웨어	제품 보안, 종업원 다양성 및 포용, 제품수명주기 관리 등
화학	온실가스 배출량, 에너지 관리, 물 관리, 유해 폐기물 관리 등

GRI 기준과 SASB 기준의 가장 큰 차이점은 GRI가 기업이 다양한 이해관계자에게 미치는 사회적, 경제적, 환경적 영향을 포괄적으로 공시하도록 요구하는 반면, SASB는 투자자에게 중요한 재무적 영향을 미치는 요소들에 초점을 맞추어 공시하도록 요구한다는 점이다. 따라서 SASB가 요구하는 정보 공시의 범위는 GRI에 비해 상대적으로 좁을 수밖에 없다. 이러한 차이는 〈표 V-9〉에서 확인할 수 있다. 〈표 V-9〉는 석탄 산업에 대한 GRI 기준과 SASB 기준의 공시 주제를 비교한 것이다. SASB의 공시 주제는 GRI의 여러 주제들을 포괄할 수 있다. 예를 들어, SASB의 '안전, 인권 및 원주민 권리'는 GRI의 '원주민 권리, 이해 상충과 보안, 강제 노동과 현대판 노예' 등을 포함할 수 있다. 그러나 GRI 기준에 포함되어 있는 대기오염물질 배출, 폐기물 관리, 폐쇄 및 복구, 고용 관행, 경제적 영향, 지역사회에 대한 영향 등은 SASB 기준안에는 없다.

표 V-9 GRI 기준과 SASB 기준의 주요 공시 주제 비교: 석탄 산업

GRI 기준	SASB 기준
• 온실가스 배출(GHG Emission, Scope 3) • 기후변화 적응, 회복력과 전환(Climate adaptation, resilience and transition) • 대기오염물질 배출(Air Emission) • 생물다양성(Biodiversity) • 폐기물(Waste) • 물과 폐수배출량(Water and Effluents) • 폐쇄와 재생(Closure and rehabilitation) • 자산무결점과 중요사건관리(Asset Integrity and critical incident management) • 직장건강과 안전(Occupational health and safety) • 고용관행(Employment practices) • 차별금지와 동일기회(Non-discrimination and equal opportunity) • 강제 노동과 현대 노예(Forced labor and modern slavery) • 결사 권리와 단체 교섭의 자유(Freedom of association and collective bargaining) • 경제적 영향(Economic Impacts) • 지역사회(Local Communities) • 토지와 자원권리(Land and resource rights) • 원주민 권리(Rights of indigenous peoples) • 이행상충과 보안(Conflict and security) • 반경쟁 행위(Anti-competitive behavior) • 반부패(Anti-corruption) • 정부에 대한 지불(Payment in governments) • 공공정책(Public policy)	• Scope 1 온실가스배출 • 물 관리(Water management) • 생물다양성(Biodiversity Impacts) • 안전, 인권 및 원주민 권리(Security, Human Rights & the Rights of Indigenous People) • 보유 자산 가치 평가 및 자본 지출(Reserves valuation & Capital Expenditure) • 기업 윤리 및 보상 측정(Business Ethic & Pay measure) • 법적 및 규제 환경의 관리(Management of the Legal & Regulatory Environment)

2.3 SASB 기준의 구조

SASB는 여러 차례 언급된 바와 같이 산업별 중요도 지도를 개발했다. SASB 기준안은 산업별로 지속가능경영보고서에 포함해야 할 내용이 다르지만, 내용을 서술하는 방법에 대한 지침은 동일하다. SASB 산업별 기준에서

는 해당 산업에 대한 설명을 제공하며, 여기에는 주요 사업 모델과 각 산업 부문에 대한 가정이 포함된다. SASB 기준은 공시 주제, 회계 지표, 기술 프로토콜, 활동 지표 등 4가지 항목을 서술하도록 요구한다.

공시 주제는 각 산업에서 중요하다고 판단되는 정보를 다루며, 이러한 주제들이 기업의 가치 창출에 어떻게 영향을 미칠 수 있는지를 간략하게 설명한다. 회계 지표는 특정 공시 주제와 관련된 기업의 성과를 측정하는 도구이다. 이 지표는 정량적(숫자로 표현)일 수도 있고, 정성적(질적 분석)일 수도 있다. 예를 들어, 온실가스 배출량(정량적)이나 직원 만족도(정성적)가 회계 지표가 될 수 있다. 이 지표를 통해 투자자나 이해관계자는 기업이 특정 지속 가능성 주제에 대해 어떻게 성과를 내고 있는지를 평가할 수 있다. 기술 프로토콜은 회계 지표를 어떻게 정의하고, 측정하며, 보고해야 하는지를 구체적으로 안내하는 지침이다. 각 회계 지표에 대해 어떤 데이터가 필요한지, 이 데이터를 어떻게 수집하고 처리해야 하는지, 그리고 최종적으로 이를 어떻게 표시해야 하는지 등에 대한 명확한 규정을 제공한다. 이를 통해 기업 간의 데이터를 비교할 수 있도록 일관성을 유지할 수 있다. 활동 지표는 기업의 사업 규모를 나타내는 지표이다. 매출액, 생산량, 직원 수 등이 활동 지표가 될 수 있다. 이 지표는 회계 지표와 함께 사용되어, 성과 데이터를 정규화(데이터를 일정 기준으로 맞추는 것)하고 비교할 수 있게 한다. 예를 들어, 두 회사의 온실가스 배출량을 비교할 때, 단순한 배출량 수치만 비교하는 대신, 배출량을 매출액이나 생산량으로 나눠서 비교하면 더 공정하고 유의미한 비교가 가능하다.

철강 산업을 통해 SASB 기준안에 따라 지속가능 정보를 공시할 때 지속가능경영보고서를 어떻게 작성해야 하는지 살펴보자. 먼저, 사례분석상자 13에는 철강 산업에 대한 산업 설명이 제시되어 있다. 이를 통해 산업을 설명할 때는 산업의 정의 및 구성 요소, 생산 공정, 제품 종류, 산업의 국제적 규모, 예외 사항 및 구분점[25]이 포함되어야 함을 알 수 있다.

---

25 "예외 사항 및 구분점"이라는 표현은 특정 산업이나 활동에 대해 일반적으로 적용되지 않거나 다른 산업과 차별화되는 특별한 조건이나 규칙을 의미한다. 예외 사항은 일반적

철강 산업의 핵심적인 중요 주제 중 하나는 온실가스 배출이고 이를 측정하기 위한 회계지표는 글로벌 Scope 1 배출총량이다. SASB 기준안은 철강 산업에서 온실가스 배출량이 왜 중요한지를 설명하고 있으며, 그 내용은 사례분석상자 14에 실려 있다. SASB 기준에서는 온실가스 배출량이 중요한 이유(즉, 공시 주제에 대한 설명)를 먼저 제시한 후, 온실가스 배출량 성과를 측정하기 위해 어떤 지표를 어떻게 사용해야 하고, 보고해야 하는지를 설명하고 있다. 이에 대한 구체적인 내용은 사례분석상자 15에 정리되어 있다. 사례분석상자 15에 따르면, 온실가스 배출량의 지표로는 Scope 1 배출량을 사용하도록 요구되며, Scope 1 배출량을 공시할 때 유념해야 할 사항들, 즉 기술 프로토콜이 1번부터 6번까지 나열되어 있다. 비록 사례분석상자 15에는 생략되어 있지만, 이 6개의 하위항목에는 보다 세분된 요구사항이 명시되어 있다. 예를 들어, 1번 항목과 관련해서는 다음과 같은 세부 지침이 포함된다.

(1.1) 모든 온실가스(GHG) 배출량은 이산화탄소 환산(CO_2-e) 톤으로 통합하여 공시하며, 발표된 100년 기준 지구온난화지수(Global Warming Potential, GWP) 값에 따라 계산해야 한다. 현재까지 발표된 자료 중에서는 IPCC 제5차 평가 보고서(2014년)상의 GWP 값이 기준으로 선호된다.

(1.2) 배출 총량은 상쇄, 배출권, 또는 기타 유사 메커니즘을 통한 배출량 감축이나 보상을 고려하기 전 대기 중으로 배출된 온실가스(GHG)량을 의미한다.

철강 제조 산업의 예를 종합해보면, SASB 기준안이 요구하는 지속가능성 주제 및 회계 지표는 〈표 V-10〉에 정리된 내용과 같다.

인 규칙이나 기준에서 벗어나는 특별한 경우나 조건을 가리킨다. 예를 들어, 대부분의 철강 제조 기업은 광석을 채굴하지 않지만, 만약 특정 기업이 채굴 활동도 함께 한다면, 이는 예외적인 상황으로서 별도의 기준이 필요할 수 있다. 구분점은 다른 산업이나 부문과 구별되는 특징이나 기준을 의미한다. 철강 제조 산업과 금속 및 광산 산업을 구분하는 명확한 기준을 설명하는 경우가 이에 해당한다.

사례분석상자 13: SASB 철강 산업 설명

철강 제조 산업은 제철·제강 시설을 갖춘 철강 제조자 및 철강 주조 공장을 보유한 기업으로 구성된다. 철강 제조자 부문은 자체 제철소에서 철강 제품을 생산하는 기업들로 구성되며, 이러한 제품에는 압연강판, 주석도금강판, 파이프, 튜브, 그리고 스테인리스강, 티타늄, 고합금강으로 만든 제품이 포함된다. 다양한 제품을 주조하는 철강 주조 공장은 일반적으로 다른 회사로부터 철강을 구입한다. 철강 제품의 유통, 수입, 수출 등을 담당하는 금속 서비스 센터 및 기타 금속 도매업체도 철강 제조 산업에 포함된다.
철강 생산은 주로 철광석을 사용하는 순산소전로(Basic Oxygen Furnace, BOF)와 고철을 사용하는 전기 아크로(Electric Arc Furnace, EAF) 두 가지 공정으로 이루어진다. 이 산업의 많은 기업들은 국제적인 규모로 운영된다. 참고로, 대부분의 경우 철강 제품을 생산하기 위해 광석을 직접 채굴하는 기업은 없으며, 이와 관련된 기업들은 금속 및 광산 산업(Metals & Mining, EM-MM)을 위한 별도의 SASB 기준이 적용된다.

사례분석상자 14: SASB 중요주제 요약(온실가스 배출량)

철강 제조는 생산 공정과 현장 연료 연소 과정에서 주로 이산화탄소와 메탄을 포함한 상당한 양의 온실가스(Greenhouse Gas, GHG)를 직접 배출한다. 기술이 개선되면서 조강 생산 톤당 GHG 배출량이 감소했지만, 철강 제조 산업은 여전히 다른 산업에 비해 탄소 집약적이다. 기후변화로 인한 위험 요소에 대응하기 위해 GHG 배출량을 감축하려는 규제 노력이 기후변화 완화 정책으로 이어질 수 있으며, 이는 철강업체에게 추가적인 규제 준수 비용과 위험을 초래할 수 있다. 그러나 GHG 배출을 비용 효과적으로 감축하면 운영 효율성을 높일 수 있으며, 이는 GHG 배출량을 제한하거나 비용을 부과하는 규제로 인한 연료비 증가의 잠재적인 재무적 영향을 완화할 수 있다.

사례분석상자 15: 온실가스 회계 지표와 기술 프로토콜

EM-IS-110a.1. 글로벌 Scope 1 배출 총량 및 배출 제한 규정 적용 비율

1. 기업은 교토의정서에서 다루는 7가지 온실가스(GHG), 즉 이산화탄소(CO_2), 메탄(CH_4), 아산화질소(N_2O), 수소불화탄소(HFCs), 과불화탄소(PFCs), 육불화황(SF_6), 삼불화질소(NF_3)의 대기 중 배출과 관련하여 글로벌 Scope 1 배출 총량을 공시해야 한다.
2. Scope 1 배출량은 세계자원연구소(World Resources Institute, WRI)와 세계지속가능발전기업협의회(World Business Council on Sustainable Development, WBCSD)가 발표한 「온실가스 회계처리 및 보고기준(The Greenhouse Gas Protocol: A Corporate Accounting and Reporting Standard, GHG Protocol)」의 2004년 3월 개정본에 소개된 방법론에 따라 정의 및 계산해야 한다.
3. 기업은 배출을 직접적으로 제한하거나 감축하기 위한 목적으로 배출량 제한 규정 또는 프로그램이 적용되는 글로벌 Scope 1 GHG 배출 총량 비율을 공시해야 한다. 이러한 규정이나 프로그램에는 탄소배출권 거래제, 탄소세/탄소요금제, 배출량 통제(예: 명령 및 통제 방식), 허가 기반 메커니즘 등이 포함된다.
4. 기업은 이전 보고 기간 대비 배출량에 변동이 있을 경우, 그 변동이 배출량 감축, 사업 매각, 인수, 합병, 생산량 변동, 및/또는 계산 방법론 변경에 따른 것인지 논의할 수 있다.
5. 탄소정보공개 프로젝트(CDP) 또는 그 밖의 기관(예: 국가 공시 규제 제도)의 현행 온실가스 배출 보고가 범위 및 통합 방식 측면에서 이 기준과 상이한 경우, 기업은 그러한 배출량을 공시할 수 있다. 단, 주요 공시는 위에서 기술된 지침에 따라 이루어져야 한다.
6. 기업은 연속 배출 모니터링 시스템(Continuous Emissions Monitoring Systems, CEMS), 공학 계산 또는 물질수지 계산을 통한 데이터 산출 등 배출량 공시에 사용된 계산 방법론에 대해 논의할 수 있다.

EM-IS-110a.2. Scope 1 배출량을 관리하기 위한 장단기 전략과 배출량 감축 목표, 성과 분석에 대한 논의

1. 기업은 Scope 1 온실가스(GHG) 배출량을 관리하기 위한 장단기 전략 또는 계

획에 대해 논의해야 한다.

2. 기업은 배출량 감축 목표를 논의해야 하며, 해당하는 경우 목표 대비 성과를 분석해야 한다.
3. 기업은 계획 및/또는 목표 달성에 필요한 활동과 투자, 계획 및/또는 목표 달성에 영향을 미칠 수 있는 위험 요소나 제약 요인에 대해 논의해야 한다.
4. 기업은 전략, 계획 및/또는 감축 목표의 범위(예: 서로 다른 사업단위, 지리적 위치 또는 배출원과의 관계)를 논의해야 한다.
5. 기업은 전략, 계획, 및/또는 감축 목표가 지역, 국내, 국제, 또는 부문별 제도를 포함한 배출량 제한 및/또는 배출량 보고 기반 제도나 규제(예: 유럽연합 배출권 거래제, 퀘벡 탄소배출권 거래제, 캘리포니아 탄소배출권 거래제)와 관련되거나 연관성을 갖는지 여부를 논의해야 한다.
6. 전략, 계획, 및/또는 감축 목표의 공시는 보고 기간 동안 진행 중이거나 완료된 활동에 한정해야 한다.

표 V-10 철강 제조 산업 지속가능성 주제 및 회계 지표

주제	회계 지표	범주	측정 단위	코드
온실가스 배출량	글로벌 Scope 1 배출 총량, 배출 제한 규정이 적용되는 비율	정량적	이산화탄소 환산 톤 CO_2-e (t), 백분율(%)	EM-IS-110a.1
	Scope 1 배출량을 관리하기 위한 장·단기 전략과 배출량 감축 목표, 배출량 감축 목표 대비 성과 분석에 대한 논의	논의 및 분석	n/a	EM-IS-110a.2
대기 배출량	다음 오염물질의 대기 배출량: (1) CO(일산화탄소), (2) NOX(질소산화물) (N_2O(아산화질소) 제외), (3) SOX(황산화물), (4) 미세먼지(PM10), (5) 망가니즈(MnO),	정량적	톤(t)	EM-IS-120a.1

주제	회계 지표	범주	측정 단위	코드
	(6) 납(Pb), (7) 휘발성 유기화합물(VOCs), (8) 다환 방향족 탄화수소류(PAHs)			
에너지 관리	(1) 총 에너지 소비량, (2) 그리드(grid) 전력 비율, (3) 재생가능에너지 비율	정량적	기가줄(GJ), 백분율(%)	EM-IS-130a.1
	(1) 총 연료 소비량, (2) 석탄 비율, (3) 천연가스 비율, (4) 재생가능 에너지 비율	정량적	기가줄(GJ), 백분율(%)	EM-IS-130a.2
물 관리	(1) 총 담수 취수량, (2) 재활용 비율, (3) 물 스트레스 지수가 높거나 극히 높은 지역에서의 비율	정량적	천세제곱미터(m^3), 백분율(%)	EM-IS-140a.1
폐기물 관리	폐기물 발생량, 유해 폐기물 비율, 재활용 비율	정량적	톤(t), 퍼센트(%)	EM-IS-150a.1
전 종업원(workforce) 보건 및 안전	(a) 정규직 종업원(Full-time employee) 및 (b) 간접고용 종업원(Contract employee)의 (1) 총 기록 재해율(Total Recordable Incident Rate, TRIR), (2) 사망률, (3) 아차사고 빈도율(Near Miss Frequency Rate, NMFR)	정량적	비율	EM-IS-320a.1
공급망 관리	환경적·사회적 문제에서 비롯되는 철광석 또는 석탄 조달 위험 관리 절차에 대한 논의	논의 및 분석	n/a	EM-IS-430a.1

SASB 기준안은 활동 지표를 포함하도록 되어 있다. 〈표 V-11〉에는 철강 산업에 대해 SASB 기준안에서 제시하는 활동 지표 항목이 정리되어 있다. 〈표 V-11〉에 따르면, 철강 산업의 경우 조강 방법별 조강 생산량 비율과 철광석 총 생산량에 대한 정보를 요구하고 있다. 활동 지표는 기업의 규모에 따라 중요 주제에 대한 회계 지표 값이 달라질 수 있기 때문에, 투자자들이 이를 고려하여 회계 지표를 정확하게 평가할 수 있도록 돕는 역할을 한다.

표 V-11 철강 제조 산업 활동 지표

활동 지표	범주	측정 단위	코드
조강 생산량 중 (1) 순산소로 공정을 통한 생산량 비율, (2) 전기 아크로 공정을 통한 생산량 비율	정량적	톤(t), 백분율(%)	EM-IS-000.A
철광석 총 생산량	정량적	톤(t)	EM-IS-000.B
원료탄 총 생산량	정량적	톤(t)	EM-IS-000.C

미국 증권법에 따라, 미국 자본시장에 상장된 기업들은 미국 증권거래위원회(Securities and Exchange Commission, SEC)에 정기보고서(10-K 또는 20-F)를 제출해야 한다. 이 정기보고서에는 기업의 지속가능성과 관련된 정보도 포함되며, 미국 주식시장에 상장된 많은 기업들이 이 정보를 보고할 때 SASB의 지침을 활용하고 있다. 이와 관련하여 Regulation S-K는[26] Form 10-K[27] 및 기타 SEC 제출 보고서에 포함되어야 할 비재무적 공시 요건을 규정하고 있으며, 기업은 이 보고서에서 재무 상태나 영업 성과에 중요한 영향을 미칠 수 있는 알려진 동향, 사건, 불확실성에 대해 경영진의 논의 및 분석(Management's Discussion and Analysis of Financial Condition and Results of Operations, MD&A) 항목에서 기술해야 한다.

26 Regulation S-K에 대해서는 4장 참조.

27 Form 10-K에 대해서는 4장 참조.

부표 V-1 GRI 부문기준 예시: 석탄 및 가스 부문

주제	내용 설명
온실가스 배출량 (GHG emissions, Topic 11.1)	온실가스 배출량은 이산화탄소(CO_2) 및 메탄(CH_4)과 같은 기후 변화에 기여하는 대기 배출물로 구성된다. 온실가스 배출량은 Scope 1, 2, 3 모두 포함한다.
기후 적응, 회복력 및 전환 (Climate adaption, resilience and transition Topic 11.2)	기후 적응, 회복력 및 전환(Climate Adaptation, Resilience & Transition) 항목은 조직이 현재 또는 예상되는 기후 변화 관련 위험에 어떻게 대응하고 적응하는지를 평가한다. 또한, 사회와 경제가 기후 변화의 영향을 견딜 수 있도록 조직이 어떤 방식으로 기여하는지, 즉 기후 회복력 강화에 있어 조직의 역할도 포함한다. 이 주제는 특히 저탄소 경제로의 전환 과정에서 조직의 전략과 대응 방식, 그리고 그 전환이 노동자와 지역사회에 미치는 영향을 다룬다.
대기오염 (Air emissions, Topic 11.3)	대기오염 배출물에는 대기, 생태계, 인간 및 동물 건강에 부정적인 영향을 미치는 오염물질이 포함된다. 이 주제는 황산화물(SOx), 질소산화물(NOx), 입자 물질(PM), 휘발성 유기 화합물(VOC), 일산화탄소(CO) 및 납, 수은, 카드뮴과 같은 중금속의 배출로 인한 영향을 다룬다.
생물다양성 (Biodiversity, Topic 11.4)	생물다양성(Biodiversity) 항목은 종 내 다양성, 종 간 다양성, 생태계 다양성이라는 세 가지 수준에서 생물의 다양성 전체를 포괄한다. 단순한 보존 차원을 넘어서, 생물다양성은 인간 건강, 식량 안보, 경제적 번영, 기후 변화 대응력(완화 및 적응)과 긴밀하게 연계되어 있다. 이 항목에서는 기업이 식물과 동물 종, 유전적 다양성, 자연 생태계에 어떠한 영향을 미치는지, 즉 생물다양성에 대한 직간접적 파괴 혹은 보호 활동을 어떻게 수행하고 있는지를 평가한다. 예를 들어, 탐사·개발·운영 활동이 습지, 산림, 보호 지역 같은 생태계에 미치는 영향, 멸종위험종 서식지 파괴, 복원 소지 및 서식지 보호 노력 등을 포함해 보고하도록 요구한다.
폐기물 (Waste, Topic 11.5)	폐기물은 보유자가 폐기하거나 폐기할 의도가 있는 것, 또는 폐기해야 하는 것을 의미한다. 적절하게 관리되지 않을 경우, 폐기물은 환경 및 인간 건강에 부정적인 영향을 미칠 수 있으며, 이러한 영향은 폐기물이 생성되고 처리된 장소를 넘어 확산될 수 있다. 이 주제는 폐기물로 인한 영향을 다루며, 특히 건설 및 복구 활동으로 인한 영향을 포함한다.

주제	내용 설명
물과 폐수량 (Water and effluents, Topic 11.6)	생명과 복지에 필수적인 담수에 대한 접근은 인간의 권리로 인정되고 있다. 조직이 채수하고 소비하는 물의 양과 폐수의 오염 정도는 생태계와 사람들에게 영향을 미칠 수 있다. 이 주제는 물의 채수 및 소비와 폐수의 오염 정도와 관련된 영향을 다룬다.
폐쇄 및 복구 (Closure and rehabilitation, Topic 11.7)	폐쇄 및 복구(Closure and Rehabilitation) 항목은 석유·가스·석탄 등 사업장에서 상업 활동이 종료될 때 자산과 시설을 어떻게 안전하게 정리하고 복구하는지를 다룬다. 이 과정에서 발생할 수 있는 환경 오염, 토지 붕괴, 지역사회 영향, 고용 변화, 경제적 부담 등을 일관되게 관리하고 보고해야 함을 강조한다. 기업이 폐쇄 계획을 사전에 마련하지 않거나 절차를 제대로 이행하지 않을 경우, 벌금, 운영 자산의 손실, 지역사회의 반발, 또는 정부의 복구 책임 전가 등과 같은 직접적인 비용이 발생할 수 있다. 따라서 이 항목은 기업이 현장 폐쇄와 복구 활동을 어떻게 계획하고 실행하며, 그에 따른 환경적·사회적 리스크를 어떻게 통제·보고하는지를 공시하도록 규정하고 있다.
자산 무결성 및 중대사고 관리 (Asset integrity and critical incident management)	자산 무결성 및 중대사고 관리 항목은 기업이 운영하는 설비 및 인프라의 안전성과 유지 상태(Asset Integrity)를 보장하고, 예상치 못한 사고(Eventual Critical Incidents)로 인한 사망, 부상, 환경 오염, 지역사회 피해, 인프라 파손 등을 예방하고 통제하는 활동에 초점을 맞춘다. 여기에는 공정 안전(Process Safety) 전략, 정기적인 유지보수 및 검사, 비상 대응 체계 구축, 사고 원인 분석과 재발 방지 대책 등이 포함된다. 이러한 중대사고는 종종 운영 중단, 법적 제재, 복원 비용 증가, 평판 손실 등으로 이어져 기업의 재무적 리스크로 직결될 수 있다.
직업보건 및 안정 (Occupational health and safety)	건강하고 안전한 작업 환경은 인간의 권리로 인정된다. 직업 건강 및 안전은 근로자의 신체적, 정신적 피해 예방 및 근로자의 건강 증진을 포함한다. 이 주제는 근로자의 건강 및 안전과 관련된 영향을 다룬다.
고용관행 (Employment practices)	고용관행은 조직이 직무 창출, 고용 조건 및 근로자의 근무 환경에 대한 접근 방식을 의미한다. 이 주제는 또한 조직의 공급망에서의 고용 및 근무 조건을 다룬다.

주제	내용 설명
비차별 및 기회균등 (Non-discrimination and equal opportunity)	차별 없는 자유는 인간의 기본 권리이자 직장에서의 필수적인 권리이다. 차별은 개인의 자격에 따라 공정한 기회를 박탈하거나 불평등한 부담을 강요할 수 있다. 이 주제는 차별, 다양성, 포용 및 균등 기회와 관련된 영향을 다룬다.
강제 노동과 현대판 노예 (Forced labor and modern slavery)	강제 노동은 벌금이나 처벌의 위협하에 어떤 사람에게 노역이나 봉사를 강요하는 모든 작업 또는 서비스로 정의된다. 강제 노동으로부터의 자유는 인간의 기본 권리이자 직장에서의 필수적인 권리이다. 이 주제는 조직이 강제 노동과 현대판 노예 문제를 식별하고 해결하기 위한 접근 방식을 다룬다.
결사의 자유 및 단체교섭 (Freedom of association and collective bargaining)	결사의 자유와 단체교섭은 인권이자 직장에서의 기본적인 권리이다. 이는 고용주와 근로자가 사전 승인이나 간섭 없이 단체를 결성하고 가입하며, 근로 조건 및 고용 조건을 단체적으로 협상할 권리를 포함한다. 이 주제는 단체 결성의 자유와 교섭과 관련된 조직의 접근 방식과 그로 인한 영향을 다룬다.
경제적 영향 (Economic impacts)	조직의 경제적 영향은 그 조직이 창출한 가치가 경제 시스템에 어떻게 영향을 미치는지를 의미한다. 이러한 영향은 예를 들어, 조직의 조달 관행이나 근로자 고용을 통해 나타날 수 있다. 또한, 조직이 지원하는 인프라 투자 및 서비스는 지역사회의 복지와 장기적 발전에도 중요한 역할을 할 수 있다. 이 주제는 지역, 국가, 그리고 세계적 수준에서의 경제적 영향을 다룬다.
지역사회(Community)	지역사회는 조직의 활동에 의해 영향을 받거나 영향을 받을 수 있는 지역에서 살거나 일하는 개인들로 구성된다. 조직은 지역사회의 취약성을 이해하고, 조직의 활동이 지역사회에 미칠 수 있는 영향을 파악하기 위해 지역사회와의 참여를 적극적으로 수행해야 한다. 이 주제는 지역사회에 미치는 사회적, 경제적, 문화적, 건강 및 인권적 영향을 다룬다.
토지와 자원 권리 (Land and Resource Rights)	땅과 자원 권리는 토지, 어업, 산림 및 기타 자연자원을 사용하고 관리하며 통제할 권리를 포괄한다. 조직의 땅과 자원 사용이 이러한 자원의 가용성과 접근성에 미치는 영향은 지역사회와 다른 이용자들에게 영향을 미칠 수 있다. 이 주제는 조직의 땅과 자원 사용이 인권과 소유권을 포함한 지역사회에 미치는 영향을 다룬다.

주제	내용 설명
원주민 권리 (Indigenous Rights)	원주민은 취약한 집단으로 간주되며, 조직의 활동 결과로 인해 부정적인 영향을 더욱 심하게 경험할 위험이 더 높다. 원주민은 유엔 원주민 권리 선언 및 기타 권위 있는 국제 인권 기구에서 규정된 집단 및 개인 권리를 가지고 있다. 이 주제는 원주민의 권리에 미치는 영향을 다룬다.
이해상충과 보안 (Conflict and security)	조직의 활동은 충돌을 유발하거나, 기존 충돌을 심화시킬 수 있다. 보안 인력을 통해 충돌을 관리하는 것은 조직이 안전하고 생산적으로 운영될 수 있도록 중요한 역할을 할 수 있지만, 동시에 사람들의 인권에 영향을 미칠 수 있다. 이 주제는 조직의 보안 관행과 충돌 지역에서의 운영 방식을 다룬다.
반경쟁적 행동 (Anti-competitive behavior)	반경쟁적 행동은 조직이 잠재적 경쟁자와의 담합, 우월한 시장 지위의 남용, 또는 경쟁자의 배제를 통해 시장 경쟁을 제한하는 행위를 의미한다. 이러한 행위는 가격 조정, 입찰 담합, 시장 또는 생산량 제한, 지리적 구역, 고객, 공급업체, 지역 또는 제품 라인의 할당 등을 포함할 수 있다. 이 주제는 반경쟁적 행동으로 인한 영향을 다룬다.
반부패(Anti-corruption)	반부패는 조직이 부패와 관련된 위험을 어떻게 관리하는지를 나타낸다. 부패는 뇌물 수수, 사기, 협박, 공모, 자금 세탁 또는 부정·불법 행위를 유도하거나 받는 행위를 포함한다. 이 주제는 부패로 인한 영향과 조직의 계약 및 소유권 투명성과 관련된 접근 방식을 다룬다.
정부에 대한 지불 (Payments to Government)	정부에 대한 지불의 투명성 부족은 공공 자금의 비효율적 관리, 불법 금융 흐름, 부패에 기여할 수 있다. 이 주제는 조직의 정부에 대한 지불 관행과 그러한 지불의 투명성에 대한 접근 방식이 미치는 영향을 다룬다.
공공 정책(Public policy)	조직은 로비 활동이나 정치적 당사자, 또는 특정 원인에 금융적 또는 비금융적 기여를 통해, 직접 또는 중개기관을 통해 공공 정책 개발에 참여할 수 있다. 이러한 참여는 사회에 이익을 주는 공공 정책의 발전을 촉진할 수 있지만, 부패, 뇌물, 부당한 영향력 행사 또는 조직의 이익이 불균형적으로 대표되는 문제와 관련될 수도 있다. 이 주제는 조직의 공공 정책 참여 방식과 그로 인한 영향을 다룬다.

부표 V-2 GRI 주제기준 상술: 경제적 성과(201)

대분류	대분류 개요	정보공개 주제	내용
주제관리 정보공시 (Topic managemet disclosure)	GRI 기준에 따라 보고하는 조직은 각각의 주요 주제를 어떻게 관리하는지 보고해야 한다. 경제적 성과를 주요 주제로 결정한 조직은 GRI 3: 주요 주제 2021의 공개 3-3을 사용하여 해당 주제를 어떻게 관리하는지 보고해야 한다.		핵심 주제 2021의 공개 3-3을 사용하여 경제적 성과를 관리하는 방법을 보고하여야 한다.
주제 정보공시 (Topic disclosure)	조직은 가능한 경우 감사된 재무제표 또는 내부 감사된 경영 회계 자료에서 숫자를 사용하여 경제적 공시에 대한 정보를 작성해야 한다. 예를 들어 다음과 같은 방법으로 데이터를 작성할 수 있다. • 국제회계기준위원회(IASB)가 발행한 관련 국제회계기준(IFRS) 및 IFRS 해석위원회가 개발한 해석(특정 IFRS는 일부 공개에 대해 참조됨) • 국제회계사연합(IFAC)에 의해 발행된 국제공공부문회계기준(IPSAS) • 금융보고 목적으로 국제적으로 인정받는 국가 또는 지역 기준	정보공개 201-1 직접적으로 생성된 경제가치 및 분배	보고 조직은 다음 정보를 보고해야 한다: 요구사항 a. 아래에 나열된 조직의 글로벌 운영의 기본 구성 요소를 포함하여 발생주의에 따른 직접적으로 생성된 경제가치 및 분배(EVG&D), 현금 기반으로 자료가 제시되는 경우, 다음 기본 구성 요소를 보고하는 것 외에도 이 결정에 대한 정당성을 보고: • 직접적으로 생성된 경제가치: 수입 • 분배된 경제가치: 운영 비용, 직원 임금 및 혜택, 자본 공급자에 대한 지급, 국가별 정부에 대한 지급 및 지역 투자 • 유지된 경제가치: '직접적으로 생성된 경제가치'에서 '분배된 경제가치'를 차감한 것 b. 중요한 경우 국가, 지역 또

대분류	대분류 개요	정보공개 주제	내용
			는 시장 수준에서 EVG&D를 별도로 보고하고 중요성을 정의하는 데 사용된 기준을 보고 2.1 공개 201-1에서 명시된 정보를 보고할 때, 보고 조직은 해당하는 경우 조직의 외부감사를 받은 재무 또는 손익 계산서(P&L) 또는 내부 감사된 경영 회계 자료에서 EVG&D를 보고
주제 정보공시 (Topic disclosure)	조직은 가능한 경우 감사된 재무제표 또는 내부 감사된 경영 회계 자료에서 숫자를 사용하여 경제적 공개에 대한 정보를 작성해야 한다. 예를 들어 다음과 같은 방법으로 데이터를 작성할 수 있다. • 국제회계기준위원회(IASB)가 발행한 관련 국제회계기준(IFRS) 및 IFRS 해석위원회가 개발한 해석(특정 IFRS는 일부 공개에 대해 참조됨) • 국제회계사연합(IFAC)에 의해 발행된 국제공공부문회계기준(IPSAS) • 금융보고 목적으로 국제적으로 인정받는 국가 또는 지역 기준	정보공개 201-2 기후 변화로 인한 재무영향 및 기타 리스크 및 기회	보고 조직은 다음 정보를 보고해야 한다: 요구사항 기후 변화로 인해 운영, 수익 또는 지출에 중요한 변화를 초래할 수 있는 잠재적 위험 및 기회, 물리적 및 전환위험 및 기회 포함 • 위험 또는 기회와 관련된 영향에 대해 설명 • 조치가 취해지기 전 위험 또는 기회의 재무적 파급 효과 • 위험 또는 기회를 관리하기 위해 사용된 방법 • 위험 또는 기회를 관리하기 위해 취해진 조치의 비용 a. 공개 201-2에서 명시된 정보를 보고할 때, 보고 조직이 재무적 파급 효과나 비용을 계산하거나 수익을 예측하는 시스템을 갖고 있지 않다면, 필요한 시스템을 개발하

대분류	대분류 개요	정보공개 주제	내용
			기 위한 계획 및 일정을 보고해야 한다.
		공개 201-3 확정형 편익 계획 의무 및 기타 퇴직 계획	보고 조직은 다음 정보를 보고해야 한다: 요구사항 a. 만약 계획 부채가 조직의 재원으로 충당된다면, 해당 부채의 추정정치 b. 계획의 연금 부채를 지불하기 위해 별도의 기금이 있는 경우: • 그 계획의 부채가 충당되는 정도에 대해 추정치와 이를 충당하기 위해 마련된 자산의 범위 • 그 추정치가 어떤 기준으로 도출되었는지 • 그 추정치가 언제 작성되었는지 c. 연금 부채를 충당하기 위해 마련된 기금이 충분하지 않은 경우, 고용자가 그 부족분을 완전히 충당하기 위해 채택한 전략과 예상되는 일정에 대한 설명 d. 급여해서 직원 또는 고용주가 기여하는 비율 e. 은퇴 계획에 참여 수준, 의무적 또는 자발적 계획에 참여하는 정도, 지역별 또는 국가별 계획에 참여하는 정도, 혹은 금전적 영향을 미치는 계획에 참여하는 정도 등

대분류	대분류 개요	정보공개 주제	내용
주제 정보공시 (Topic disclosure)	조직은 가능한 경우 감사된 재무제표 또는 내부 감사된 경영 회계 자료에서 숫자를 사용하여 경제적 공개에 대한 정보를 작성해야 한다. 예를 들어 다음과 같은 방법으로 데이터를 작성할 수 있다. • 국제회계기준위원회(IASB)가 발행한 관련 국제회계기준(IFRS) 및 IFRS 해석위원회가 개발한 해석(특정 IFRS는 일부 공개에 대해 참조됨) • 국제회계사연합(IFAC)에 의해 발행된 국제공공부문회계기준(IPSAS) • 금융보고 목적으로 국제적으로 인정받는 국가 또는 지역 기준	공개 201-4 정부로부터 받은 재정 지원	보고 조직은 다음 정보를 보고해야 한다: 요구사항 a. 보고 기간 동안 조직이 정부로부터 받은 재정 지원의 총 금액, 포함: • 세액 감면 및 세액 공제 • 보조금 • 투자 국고보조금, 연구 및 개발 국고보조금 및 기타 관련 형태의 국고보조금 • 수상(awards) • 로열티 면제 기간(royalty holidays) • 수출 신용 기관(ECAs)으로부터의 재정 지원 • 재정 인센티브 • 운영을 위해 정부로부터 받은 다른 재정 혜택 b. 국가별 201-4-a에서의 정보 c. 정부의 지분은 어느 정도인지 여부 정보공개 요구사항 2.5 201-4에서 명시된 정보를 편집할 때, 보고 조직은 일반적으로 인정되는 회계 원칙을 일관되게 적용하여 정부로부터 받은 재정 지원의 금액을 식별해야 한다.

part VI

지속 가능 정보 공시 기준안: TCFD 권고안

1 TCFD 권고안
2 TCFD 권고안의 산업별 추가 요구사항
3 TCFD 권고안의 수용 정도

VI

지속 가능 정보 공시 기준안: TCFD 권고안

기후 관련 재무정보 공개 협의체(Task Force on Climate-related Financial Disclosures, TCFD) 권고안의 핵심은 기업이 기후변화와 관련된 위험과 기회를 파악하고, 이를 관리하는 전략을 수립하며, 이러한 내용을 투자자 및 기타 이해관계자에게 투명하게 공개하는 데 있다. 기후변화가 기업의 재무 상태와 장기적인 생존 가능성에 직접적인 영향을 미칠 수 있다는 점에서 그 중요성이 점차 강조되고 있다.

TCFD는 특히 지배구조(Governance), 전략(Strategy), 위험 관리(Risk Management), 그리고 측정항목(혹은 지표) 및 목표(Metrics and Targets)라는 4가지 주요 영역에서 기후 관련 정보를 공시할 것을 권고하고 있다. 이러한 구조는 기업이 기후 관련 위험을 체계적으로 평가하고, 이를 기반으로 장기적인 계획을 수립하는 데 초점을 둔다. TCFD 권고안은 GRI 기준과 SASB 기준과 두 가지 측면에서 차이가 있다. 첫째, GRI와 SASB는 지속가능성 정보를 공시할 때 포함해야 할 주제와 필요한 설명을 구체적으로 제시하는 '보고 기준'인 반면, TCFD 권고안은 기후변화 관련 정보에 한정하여, 기업이 이를 지배구조·전략·위험관리·지표 및 목표라는 4가지 핵심 영역에 따라 체계적으로 공개하도록 요구하는 '프레임워크(Framework)'라는 점에서 구별된다. 이를 통해 기업은 기후 관련 위험과 기회를 식별하고 전략적으로 대응할 수 있으며, 이러한 체계는 결과적으로 경영 시스템을 기후변화 위험과 기회에 맞게 전환하는 데 필요한 강력한 가이드라인으로 작동한다. 둘째, TCFD 권고안은 SASB 기준과 마찬가지로 투자자 중심의 접근 방식을 취한다. 즉, 기후 관련 위험과 기회를 재무적으로 중요한 요소(Material financial factors)로 규정하고, 이를 투자자의 의사결정 과정에 반영하는 데 중점을 둔다.

최근 공표된 여러 지속가능성 공시 기준안은 TCFD 권고안이 제시한 4가지 핵심 영역을 공시 체계에 반영하고 있다. 이로 인해 TCFD 권고안은 단순히 기업이 기후변화라는 글로벌 도전에 대응하도록 돕는 도구를 넘어, 다양한 지속가능성 정보 공시 체계의 핵심 프레임워크로 자리 잡았다. 후술하겠지만, IFRS 지속가능성 공시 기준(특히 IFRS S1과 S2) 역시 기후변화뿐만 아니라 광범위한 지속가능성 이슈를 지배구조, 전략, 위험 관리, 측정항목과 목표라는 4가지 영역에 따라 공시하도록 규정하고 있다. 본서의 6장에서는 TCFD 권고안의 특성과 구성 요소를 상세히 설명하고, 지속가능성 정보 공시 체계에서 TCFD가 차지하는 위치와 그 중요성에 대해 논의한다.

1 TCFD 권고안[1]

기후변화에 효율적이고 능동적으로 대응하기 위해 금융의 역할은 매우 중요하다. 금융은 모든 산업 활동의 근간이며 제품 및 서비스 생산과 유통 전 과정에서 자본 흐름을 결정짓는 핵심 요소이다. 이러한 배경에서 EU와 미국을 포함한 국제사회는 금융을 기후변화 해결의 효과적인 수단으로 활용하기 위한 범지구적 노력을 추진해왔으며, 그 일환으로 TCFD가 설립되었다.

TCFD는 2015년 12월 G20 재무장관과 중앙은행 총재의 요청에 따라 금융안정위원회(Financial Stability Board, FSB)가 설립한 민간 주도형 태스크포스로,

---

1 TCFD 권고안의 내용은 TCFD(2017a), TCFD(2017b)나 https://www.fsb-tcfd.org/recommendations/ 참조. TCFD(2017a)는 TCFD의 핵심 권고안으로, 기후변화 관련 재무정보 공시에 관한 지침을 제공하며, 기업들이 기후변화와 관련된 위험과 기회를 어떻게 공시해야 하는지에 대한 구체적인 권고사항을 포함하고 있다. 반면, TCFD(2017b)는 TCFD 권고안의 실제 구현에 관한 지침서로, 기업들이 권고안을 어떻게 적용할 수 있는지에 대한 사례와 가이드라인을 제공하며, 기후 시나리오 분석, 위험 관리, 공시 방법 등에 대한 상세한 설명이 담겨 있다.

기후변화 관련 재무정보 공시 체계를 마련함으로써 금융시장 참가자가 기후 관련 위험과 기회를 보다 정확하게 평가할 수 있도록 지원하는 것을 목적으로 한다. 공시 체계가 효과적으로 작동한다면, 투자·대출·보험계약 등 다양한 금융 활동은 기후변화 위험을 보다 적절하게 반영하여 이루어지며, 금융시장 참여자는 이를 바탕으로 자금을 기후변화 대응과 저탄소 경제로의 전환에 효율적으로 배분할 수 있다.

TCFD는 마이클 블룸버그가 위원장을 맡아 이끌었으며, 2017년에는 기후변화가 기업의 재무 성과와 가치에 미치는 영향을 보다 투명하게 공개하도록 권장하는 권고안(Recommendations)을 발표하였다. 이후 2023년 10월, TCFD는 임무를 성공적으로 완수하고 해산되었으며, 그 역할은 국제회계기준재단(IFRS Foundation) 산하 국제지속가능성기준위원회(ISSB)로 이관되었다.

2017년 발표된 TCFD 기후변화와 관련된 재무 정보 공개 권고안(Climate-related Financial Disclosure Recommendations)은 금융기관뿐만 아니라 일반 기업도 기후변화와 관련된 재무 정보를 공시해야 한다고 규정하고 있다. 권고안은 두 가지 중요한 의미를 지닌다. 첫째, 기관이나 조직이 기후변화 관련 이슈에 대응하기 위해 준비하고 있는 전략과 조치를 공시할 때 준거가 될 수 있다. 둘째, 앞으로 기후변화 관련 이슈에 대해 기관이나 조직이 어떻게 대응해야 할지를 계획할 때 지침으로 활용될 수 있다. 〈표 Ⅵ-1〉에는 TCFD 기후변화 관련 권고안의 주요 항목과 그 내용이 정리되어 있다. 이 표에 따르면, 기후변화 관련 정보 공시 권고안은 지배구조, 전략, 위험 관리, 측정항목과 목표 등 4개의 주요 영역과 11개의 세부 항목으로 구성되어 있다.

기관이나 조직에 투자하거나 대출을 고려하는 투자자는 기후변화 관련 위험과 기회를 어떻게 식별·평가·관리·감독하고 있는지를 파악하기 위해 해당 기관의 이사회와 경영진의 구성과 역할에 주목할 수밖에 없다. 지배구조 영역에서는 이러한 점을 명확히 공개하도록 권고하며, 이에 따라 공시해야 할 정보는 다음 두 가지이다.

- a) 기후변화 관련 위험과 기회에 대한 이사회의 관리 및 감독
- b) 기후변화 관련 위험과 기회의 평가와 관리에 대한 경영진의 역할

기후변화 이슈는 전통적으로 다뤄지던 경영 주제가 아니므로, 기관이나

조직은 위 항목들을 공시하는 과정에서 어려움을 겪을 수 있다. 이를 고려해 TCFD는 지배구조 공시에 대한 구체적인 지침을 마련하고, 기관이나 조직이 다음과 같은 사항을 명확히 설명하도록 권고하고 있다. 이사회 관련 공시에서는 기후변화 이슈가 이사회에 어떻게 보고되고 얼마나 자주 논의되는지, 이사회 또는 산하 위원회가 전략, 주요 행동 계획, 위험 관리 등을 심사·결정할 때 기후변화 이슈를 어떻게 반영하는지, 그리고 목표 대비 성과를 어떤 방식으로 모니터링·감독하는지를 설명하도록 권고하고 있다. 경영진 관련 공시에서는 기후변화 위험과 기회 관리 책임이 특정 경영진이나 위원회에 어떻게 위임되는지, 이들이 이사회(또는 산하 위원회)에 어떤 방식으로 보고하는지, 그리고 실제로 기후변화 이슈를 어떻게 감독·관리하는지를 구체적으로 설명하도록 권고하고 있다.

표 VI-1 TCFD 권고안 구성

영역	항목	주요 권고 내용
지배구조	a) 기후변화 관련 위험과 기회에 대한 이사회의 관리 및 감독	• 기후변화 관련 이슈에 대해 이사회 및 이사회 산하 위원회(감사, 위험 및 기타위원회)에 전달되는 횟수 및 과정 • 이사회 및 이사회 산하 위원회가 전략, 주요 행동계획, 위험관리, 년 예산, 사업계획들을 심사하거나 지침을 내릴 때, 주요 자본지출을 감독할 때, 자산을 습득할 때, 폐기할 때 등 기후변화 관련 이슈들을 감안하는지 여부 • 이사회가 기후변화 관련 이슈들에 대처하기 위해 설정된 목표 및 대상들에 이행 정도를 감시 및 감독하는 방안
	b) 기후변화 관련 위험과 기회의 평가와 관리에 대한 경영진의 역할	• 기관이 기후변화 관련 책임을 경영진이나 위원회 차원에서 맡기고 있는지, 그리고 만약 그렇게 하고 있다면, 경영진이나 위원회가 이사회 또는 이사회 산하 위원회에 보고를 하는지 여부와 그 책임이 기후변화 관련 이슈들의 평가와 관리까지 포함하고 있는지를 설명

영역	항목	주요 권고 내용
전략	a) 단기, 중기, 장기에 걸쳐 기관이 파악한 기후변화 관련 위험 및 기회 요인	• 자산과 기반시설(Infrastructure)은 기후변화로 인해 중·장기적으로 영향을 크게 받을 수 있다는 점을 고려해, 기관은 단기·중기·장기를 어떻게 구분하는지에 대한 기준을 명확히 설명해야 함 • 기관의 재무에 중요한 영향을 미칠 수 있는 단기, 중기 및 장기별 잠재적인 기후변화 관련 이슈에 대한 설명 • 기관의 재무에 중요한 영향을 미칠 수 있는 위험 및 기회 요인을 식별하는 과정에 대한 설명
	b) 기후변화 관련 위험 및 기회가 기관의 사업, 전략 및 재무계획에 미치는 영향	• 식별된 기후변화 관련 위험 및 기회가 기관의 사업 및 전략에 미치는 영향을 서술할 때는, 제품·서비스, 공급 및 가치사슬, 적응 및 감축행동, R&D 투자, 사업형태와 설비가 위치한 장소 등에 대한 내용을 포함해야 함 • 기후변화 관련 이슈가 재무계획 과정이나 분석 기간에 어떻게 반영되었는지, 그리고 식별된 위험과 기회의 우선순위가 어떻게 결정되었는지에 대해 서술 • 기후변화 관련 이슈가 재무계획에 미치는 영향은 영업비용 및 수입, 자본지출 및 자본 분배, 자산습득 및 자산처분(Acquistion or divestments)의 영역에서 서술되어야 함 • 기후변화 관련 시나리오가 기관의 전략 및 재무계획을 작성하는 데 반영되었다면, 시나리오에 대한 설명이 공개되어야 함
	c) 2℃ 이내 상승 등을 포함한 다양한 가상적인 기후변화 시나리오를 고려해서, 기후변화로 인한 위험이나 기회에 대응하는 전략의 회복력(Resilience)에 대한 설명[1)	• 저탄소 경제로의 전환을 감안해 기관은 기후변화 관련 위험 및 기회에 기관의 전략이 얼마나 회복력이 있는지를 설명해야 함 • 기관은 기후변화 관련 위험과 기회가 전략에 미칠 수 있는 영향에 대해 논의하고, 그러한 위험과 기회에 대응하기 위해 전략이 얼마나 회복력이 있는지를 설명해야 함

영역	항목	주요 권고 내용
위험관리	a) 기후변화 관련 위험 평가 및 식별 과정	• 기관이 다른 위험과 비교해 기후변화 관련 위험의 상대적 중요성이 어떻게 결정되는가에 대해 설명해야 함 • 기관은 고려된 다른 관련 요소들뿐만 아니라, 기존의 요구사항과 새로 도입된 요구사항(예: 배출량 제한)을 어떻게 고려하고 있는지 설명해야 함 • 또한, 기관은 식별된 위험의 잠재적 크기와 범위를 어떻게 평가했는지, 위험 관련 용어를 어떻게 정의했는지, 그리고 현재 활용 중인 위험 분류 체계를 함께 공개하는 방안을 고려해야 함
	b) 기후변화 관련 위험을 관리하는 과정	• 기관은 식별된 위험을 어떻게 줄이고, 이전하며, 통제하고 있는지를 포함하여 기후변화 관련 위험들을 관리하는 과정을 설명해야 함 • 기관은 내부적으로 기후변화 관련 위험의 중요도를 어떻게 결정하는지, 그리고 식별된 기후변화 관련 위험들의 우선순위가 어떻게 정해지는지를 설명해야 함
	c) 기후변화 관련 위험의 식별, 평가 및 관리 과정을 기관의 전반적인 위험관리 체계에 통합하는 과정	• 기관은 기후변화 관련 위험의 식별, 평가 및 관리 과정이 기존의 위험 관리 체계와 어떻게 연계되어 있는지를 설명해야 함
측정항목과 목표 (Metrics and targets)	a) 기관이 전략 및 위험관리 절차에 따라 기후변화 관련 위험과 기회를 평가할 때 사용하는 측정항목 혹은 지표	• 기관은 기후변화 관련 위험과 기회를 측정하고 관리하기 위한 주요 측정항목(혹은 지표)을 제공해야 함 • 기관은 관련이 있고 해당되는 경우, 물·에너지·토지 사용·폐기물 관리 등과 관련된 기후변화 관련 위험에 대한 측정항목을 포함할 것을 고려해야 함 • 기후변화 관련 이슈가 중요한 경우, 기관은 보수 정책에 이러한 이슈가 포함되는지 여부를, 그리고 포함된다면 어떻게 반영되는지를 설명해야 함 • 관련이 있는 경우, 기관은 저탄소 경제로의 전환을 위해 고안된 제품이나 서비스

영역	항목	주요 권고 내용
		로부터 발생하는 수입과 같은 기후변화 관련 기회뿐만 아니라 내부 탄소 가격(Internal carbon price)을 제공해야 함 • 추세 분석을 위해 과거 기간의 측정항목(지표)도 제공되어야 함
	b) Scope1 1, 2, 3(필요할 경우) 온실가스 배출량과 관련 위험	• Scope 1, 2, 3 수준에서의 온실가스 배출량은 비교 가능하기 위해 GHG Protocol methodology에 근거해서 계산되어야 함 • 필요하다면, 기관은 업계에서 널리 사용되는 온실가스(GHG) 효율성 지표를 함께 제시하는 것이 좋음 • 추세 분석을 위해 과거 배출량 통계들도 제공되어야 함 • 명확하지 않은 경우, 기관이나 조직은 기후변화 관련 측정항목을 계산하거나 추정할 때 사용된 방법론에 대해 설명해야 함
	c) 기후관련 변화 위험과 기회를 관리하기 위해 사용하는 기관의 목표와 목표대비 성과	• 기관은 예상되는 규제, 시장 제약 또는 기타 목표에 따라 GHG 배출량, 물 사용, 에너지 사용 등 주요 기후변화 관련 목표들을 설명해야 함 • 기타 목표로는 효율성 향상, 재무 목표, 재무 손실 허용한도(Financial loss tolerances), 제품의 생애주기 전반에서 감축된 온실가스(GHG) 배출량 등이 포함될 수 있음 • 목표를 설명할 때는 그것이 절대적인 관점인지 강도(Intensity) 관점인지에 대해 명확히 하고, 적용되는 기간과 성과가 측정되는 기준 연도 등을 포함하여 설명해야 함. 또한, 목표 대비 성과를 평가하기 위한 주요 측정항목들도 설명해야 함

주1: 회복력이란 "조직이 기후변화로 인한 물리적 · 전환적 충격에도 불구하고, 기능과 전략을 유지하고 장기적으로 적응 · 성장할 수 있는 능력"을 의미한다. 다시 말해, 단순한 위험 대응 차원을 넘어, 급격한 정책 변화, 기술 혁신, 물리적 충격 등에도 전략이 적응 · 유지 · 발전할 수 있는 견고성과 유연성을 의미한다.

자료: TCFD(2017b)

투자자나 기타 이해관계자는 기후변화 관련 이슈들이 단기·중기·장기에 걸쳐 기관이나 조직의 사업, 전략, 재무 계획에 어떻게 영향을 미칠 수 있는지를 알고 싶어 한다. 이는 이러한 정보를 통해 기관이나 조직의 향후 재무 성과를 예측할 수 있기 때문이다. 전략 영역은 기관이나 조직이 이와 관련된 재무 정보를 투자자나 기타 이해관계자에게 제공할 목적으로 만들어졌다. 이 영역은 다음 세 가지 항목으로 구성된다.

- a) 단기·중기·장기에 걸쳐 기관이나 조직이 파악한 기후변화 관련 위험 및 기회에 대한 설명
- b) 기후변화 관련 위험 및 기회가 기관이나 조직의 사업, 전략 및 재무 계획 등에 미치는 영향에 대한 설명
- c) 2℃ 이내 상승 등을 포함한 다양한 가상 기후변화 관련 시나리오를 고려해, 기관이나 조직의 전략이 기후변화 관련 위험과 기회에 얼마나 회복력(혹은 대응력)이 있는지 설명

a) 항목과 관련해 TCFD는 기관이나 조직이 단기, 중기, 장기별로 예상되는 기후변화 영향을 명확히 공시할 것을 권고한다. 기후변화 이슈는 자산과 기반시설의 내구연한에 중·장기적으로 큰 영향을 미치는 특성이 있으므로, 기관은 각 기간을 어떻게 정의하는지와 해당 기간 동안 재무에 중대한 영향을 미칠 수 있는 기후변화 관련 위험과 기회, 그리고 이를 식별하는 과정을 함께 설명해야 한다. 또한, 정보 공시 시 기후변화 관련 위험과 기회를 산업 부문(예: 에너지, 농업 등)과 지리적 위치별로 세분화해 보고하는 것이 바람직하다고 권고한다.

TCFD는 기관이나 조직이 기후변화와 관련된 위험과 기회를 식별할 때 고려해야 할 다양한 요인들을 제시하고 있다. TCFD에서 제시한 기후변화 관련 위험은 〈표 Ⅵ－2〉에 정리되어 있으며, 이러한 위험은 기관이나 조직의 운영비용을 증가시키거나[2] 수익을 감소시키는 재무적 관점에 기초하고 있

2 기후변화 관련 이슈로 인해 영업비용이 늘어나는 대표적인 요인으로는 이행비용(Compliance cost) 및 보험료(Insurance premium)의 증가를 들 수 있다.

다. TCFD는 기후변화 관련 위험을 저탄소 경제로의 전환에 따른 전환위험(Transition risk)과 물리적 위험(Physical risk)으로 구분하고 있다. 저탄소 경제로의 전환에 따른 위험은 다시 정책 및 법적 요인, 기술적 요인, 시장적 요인, 그리고 평판적 요인 등 네 가지 유형으로 세분된다.

정책 및 법적 요인과 관련된 전환위험은 저탄소 경제로의 전환을 위해 정부가 도입하는 정책 및 법률(혹은 규제) 강화에 따른 위험을 의미한다. 여기에는 온실가스 배출 비용 증가, 강화된 배출량 보고 의무, 기존 제품과 서비스에 대한 규제 강화, 그리고 법적 소송에 노출될 위험 증가 등이 포함된다. 기술적 요인과 관련된 전환위험은 저탄소 경제로의 전환 과정에서 발생할 수 있는 기술적 위험을 말한다. TCFD는 이와 관련해 기존 제품 및 서비스의 저탄소화 전환, 새로운 기술 개발 실패로 인한 투자 손실, 저탄소 기술로의 전환에 소요되는 비용 등을 구체적인 사례로 들고 있다. 시장위험은 저탄소 경제로의 전환 과정에서 시장 내에서 발생할 수 있는 위험을 의미한다. TCFD는 이와 관련해 소비자 행동의 변화로 인한 제품 및 서비스 수요 감소, 원자재 비용 증가 등을 구체적인 사례로 들고 있다. 평판위험은 저탄소 경제로의 전환 과정에서 기관이나 조직의 평판이 악화될 때 발생할 수 있는 위험을 의미한다. TCFD는 이에 대해 소비자 선호의 변화, 해당 부문에 대한 낙인, 이해관계자의 우려 증가나 부정적인 피드백 증가 등을 예로 제시하고 있다.

물리적 위험은 기후변화로 인해 기관이나 조직의 시설이 파손되거나 영업 손실이 발생할 수 있는 위험을 의미한다. TCFD가 제시한 물리적 위험은 급성위험(Acute risk)과 만성위험(Chronic risk)으로 나뉜다. 급성위험은 태풍과 같은 극단적인 기후 현상으로 인해 발생하는 위험이며, 만성위험은 강수량 패턴의 변화, 기후 패턴의 극단적인 변동성, 평균 기온 상승, 해수면 상승 등 장기적인 기후 변화로 인해 발생할 수 있는 위험을 뜻한다.

기후변화를 완화하거나 기후변화에 적응하려는 노력은 기관이나 조직에 새로운 기회를 제공할 수 있다. TCFD는 기후변화 관련 기회를 창출할 수 있는 다섯 가지 유형을 제시하고 있으며, 이는 〈표 Ⅵ－3〉에 정리되어 있다.

첫 번째 유형은 자원 효율성이다. 생산, 유통 과정, 건물, 기계, 운송수단 등에 사용되는 자원의 효율성을 높이면 에너지 사용이 줄어들고, 이로 인해 운영비용도 감소하게 된다. 자원 효율성은 이러한 기회를 반영하고 있다[3]. 두 번째 유형은 에너지원이다. 국제에너지기구(International Energy Agency, IEA)는 기후변화협약의 배출량 저감 목표를 달성하기 위해 신재생에너지와 같은 저탄소 에너지원으로의 전환이 필수적이라고 강조한다. 에너지원 유형은 이러한 전환의 중요성을 반영하고 있다. 저탄소 에너지원으로의 전환을 통해 기관이나 조직은 향후 예상되는 화석연료 가격 상승 위험을 줄일 수 있으며, 자본 시장에서의 접근성이 개선되어 자본 조달 비용이 낮아지는 등의 기회를 얻을 수 있다. 세 번째 유형은 제품과 서비스이다. 저탄소 배출 제품이나 서비스를 발 빠르게 개발하는 기관이나 조직은 경쟁력을 높일 수 있고, 변화하는 소비자 및 생산자 선호에 신속하게 대응할 수 있다는 측면에서 시장 점유율이나 매출 등을 확대할 수 있는 기회를 확보할 수 있다. 제품과 서비스 유형은 이러한 기회를 반영하고 있다. 네 번째 유형은 시장이다. 여기서 시장은 기관이나 조직이 저탄소 경제로의 전환에 따라 새로운 시장 기회를 확보할 수 있는 가능성을 의미한다. 정부, 개발금융기관, 소규모 지역 기업 등 저탄소 경제 전환을 적극적으로 추진하는 주체와 협력하는 기관이나 조직은 이러한 기회를 더 효과적으로 활용할 수 있다. 시장 유형은 이러한 기회 포착 가능성을 반영한다. 다섯 번째 유형은 회복력이다. 회복력은 기관이나 조직이 예상되는 기후변화에 대응해 생산 공정을 재설계하고, 전략을 조정하며, 기반시설 및 건물에 대한 투자를 신속하게 진행할 수 있는 능력을 의미한다. 이러한 능력이 뛰어난 기관이나 조직은 기후변화로 인한 위험을 최소화할 뿐 아니라 새로운 사업 기회를 창출할 가능성도 높다. 특히, 고정자산의 내구연한이 길고 생산·유통 체계가 광범위하며, 공익사업·기반시설·자연자원에 대한 의존도가 높은 기관이나 조직일수록 기후변화에 유연하게 대응할수록 더 큰 기회를 확보할 수 있다.

전력 영역의 b) 항목과 관련한 TCFD의 정보 공시 권고사항은 크게 네

3 이와 같은 관점에서 본다면 기술혁신도 기후변화 관련 자원의 효율성 유형에 해당된다.

가지이다. 첫째, 기관이나 조직은 기후변화로 인한 위험과 기회가 사업과 전략에 어떤 영향을 미치는지를 설명해야 한다. 특히 이러한 영향은 제품과 서비스, 공급망과 가치사슬, 적응 및 감축 활동, 연구개발 투자, 사업 운영 방식과 시설 위치 등 운영 전반에서 나타날 수 있으므로, 관련 정보를 구체적으로 공개하도록 권고한다. 둘째, 기후변화 관련 이슈가 기관이나 조직의 재무 계획 과정 및 분석 기간에 어떻게 반영되고 있는지, 그리고 위험과 기회의 우선순위가 어떻게 결정되는지를 공개할 것을 권장한다. 셋째, 기관이나 조직은 기후변화로 인한 위험과 기회가 재무 계획에 어떤 영향을 미치는지를 설명해야 한다. 특히 운영비용과 수입, 자본 지출과 이동, 자산의 취득·처분, 자본시장 접근성 등이 이러한 위험과 기회에 따라 어떻게 변할 수 있는지를 구체적으로 공시하도록 권고한다. 넷째, 기관이나 조직이 기후변화 관련 시나리오 분석을 수행했고, 그 결과가 전략이나 재무 계획 수립에 영향을 미쳤다면 해당 내용을 공개하도록 권고한다.

c) 항목은, 앞서 언급한 대로 저탄소 경제로의 전환이 불가피하다는 점(즉, 지구 평균기온 상승을 2℃ 이하로 제한해야 한다는 목표)을 전제로 한다. 이에 따라 기관이나 조직은 기후변화와 관련된 위험과 기회에 대응하기 위해 자사의 전략이 얼마나 탄력적이고 유연하게 설계되어 있는지를 설명해야 한다. 구체적으로는 기후변화로 인해 영향을 받을 수 있는 사업 부문을 식별하고, 이러한 위험과 기회를 해결하기 위해 전략이 어떻게 조정될 수 있는지를 명확히 공시해야 한다. 또한, 전략 수립 과정에서 고려한 기후변화 관련 시나리오와 각 시나리오에 따른 분석 기간을 함께 공시함으로써, 이해관계자 특히 투자자가 조직의 전략적 회복성과 장기적 대응 능력을 평가할 수 있도록 해야 한다[4].

위험관리(Risk Management) 영역은 기관이나 조직이 기후변화 관련 위험을 식별, 평가 및 관리하는 과정을 투자자나 다른 이해관계자에게 알리기 위해 설계되었다. 이 영역은 세 가지 항목으로 구성된다.

4 시나리오를 미래예측 분석에 적용하는 방법에 대해서도 TCFD는 지침을 제공하고 있으며, 이에 대해서는 TCFD(2017b)의 Section D 참조.

- a) 기후변화 관련 위험들을 평가하고 식별하는 과정
- b) 기후변화 관련 위험들을 관리하는 과정
- c) 기후변화 관련 위험의 식별, 평가 및 관리 과정을 기관이나 조직의 전반적인 위험관리 체계와 통합하는 과정

TCFD 권고안에 따르면, a) 항목에서는 기후변화 관련 위험과 기회를 어떻게 식별하고 평가하는지에 대한 정보를 공개하도록 권장하고 있다. 이때, 기관이나 조직이 다른 위험과 비교하여 기후변화 관련 위험의 상대적 중요성을 어떻게 결정하는지를 강조하여 다루도록 요구하고 있다[5]. 또한, 기관이나 조직이 기후변화 관련 기존 및 새로운 규제 요건(예: 배출 제한)을 어떻게 반영하고 있는지, 식별된 위험의 잠재적 크기와 범위를 어떻게 평가하고 있는지 등을 공개하도록 권고하며, 사용된 위험에 대한 정의와 참조된 기존 위험 분류 체계에 대한 설명도 포함하도록 권장한다. b) 항목과 관련해서는, 기관이나 조직이 식별된 위험을 어떻게 줄이고, 이전하고[6], 수용하고[7], 통제하는지에 대한 과정, 그리고 기후변화 관련 위험의 중요도를 결정하고 우선순위를 설정하는 방식을 공개하도록 권고한다. c) 항목과 관련해서는, 기관이나 조직이 기후변화 관련 위험의 식별, 평가 및 관리 과정을 기존의 위험관리 체계와 어떻게 통합하고 있는지를 공개하도록 권장하고 있다.

---

5 이 과정에서 기관이나 조직은 금리·환율 변동, 공급망 위험 등 다른 경영 위험과 비교해 기후변화 관련 위험이 재무 성과와 사업 지속성에 얼마나 중요한지를 정량적·정성적으로 평가하고, 그 결과를 명확히 설명해야 한다. 예를 들어, 탄소세 인상으로 인한 연간 생산비용 증가가 환율 변동으로 인한 비용 변동보다 두 배 이상 크고 장기적으로 지속될 것으로 예상된다면, 해당 기관이나 조직은 기후변화 관련 위험을 다른 재무적 위험보다 더 중요한 위험으로 분류하여 보고해야 한다.

6 위험 이전은 특정 위험을 다른 기관이나 조직, 혹은 보험사와 같은 제3자에게 이전하는 것을 의미한다.

7 위험 수용은 식별된 위험이 존재하지만, 그 위험을 감수할 수 있다고 판단하여 이를 받아들이는 것을 의미한다. 조직이 위험을 수용하는 이유는 그 위험이 발생할 확률이 낮거나, 발생하더라도 그 영향이 크지 않다고 판단되거나, 위험을 줄이거나 이전하는 비용이 그 위험을 수용하는 것보다 클 때이다.

투자자와 기타 이해관계자는 기관이나 조직이 기후변화 관련 위험과 기회를 어떻게 측정하고 관리하고 있는지에 대해 높은 관심을 갖고 있다. 이는 기후변화 위험이 이윤에 어떤 영향을 미치는지, 조직이 재무적 책임을 이행할 역량이 있는지, 그리고 기후 관련 위험에 어느 정도 노출되어 있는지를 평가하기 위함이다. 측정항목(혹은 지표)과 목표는 이러한 요소들을 평가하기 위한 영역이다. 이 영역은 다음 세 가지 항목으로 구성된다:

- a) 조직이 전략 및 위험관리 절차에 따라 기후변화 관련 위험과 기회를 평가하기 위한 측정항목에 대한 정보 공개,
- b) Scope 1, 2, 3(필요한 경우) 수준에서의 온실가스 배출량 및 관련 위험에 대한 정보 공개,
- c) 기후변화 관련 위험과 기회를 관리하기 위해 조직이 사용하는 목표와 목표 대비 성과에 대한 설명이다.

a) 항목과 관련한 TCFD 지침 내용은 네 가지로 요약된다. 첫째, TCFD는 기관이나 조직이 기후변화 관련 위험과 기회를 평가하고 관리하기 위해 사용한 주요 측정항목(혹은 지표)을 공개하도록 권장한다[8]. 둘째, TCFD는 기후변화 관련 이슈가 중요한 경우, 기관이나 조직이 관련 측정항목의 성과가 보수정책(Remuneration policies)에 통합되고 있는지, 통합된다면 그 방식이 무엇인지에 대한 정보를 공시하도록 권장한다. 셋째, TCFD는 관련성이 있다면, 기관이나 조직이 저탄소 경제로의 전환을 위해 고안된 제품·서비스에서 발생하는 매출과 같은 기후 관련 기회, 그리고 내부 탄소가격(Internal carbon price)에 대한 정보를 공시하도록 권장한다. 넷째, TCFD는 기관이나 조직이 추세 분석을 가능하게 하기 위해 과거 기간의 측정항목도 함께 제공할 것을 요구한다.

b) 항목과 관련해 TCFD가 제시한 지침은 세 가지이다. 첫째, Scope 1, 2, 3 수준에서의 온실가스 배출량은 비교 가능성을 위해 온실가스 프로토콜

---

8 또한, 관련이 있고 적용 가능한 경우, 물, 에너지, 토지 사용, 폐기물 관리와 관련된 기후변화 관련 위험에 대한 측정항목도 정보 공개에 포함할 것을 권고하고 있다.

(GHG Protocol) 방법론[9]에 근거해 계산하도록 권고하고 있다. 둘째, TCFD는 적절한 경우 기관이나 조직이 산업별로 일반적으로 사용되는 온실가스(GHG) 효율성 비율을 제공할 것을 권장한다. 예를 들어, 에너지 소비량이 많은 산업에서는 산출량 단위당, 종업원 1명당, 또는 단위 부가가치당 온실가스 배출량과 같은 배출 집약도(Emission intensity) 지표를 공개하는 것이 필요하다[10]. 마지막으로, 추세 분석을 위해 과거 배출량 통계도 제공하도록 권고하고 있다.

c) 항목과 관련해 TCFD는 기관이나 조직이 다음의 내용을 공개할 것을 권장하고 있다. 첫째, TCFD는 기관이나 조직이 예상되는 규제, 시장 제약, 또는 기타 기후 관련 목표에 따라 온실가스(GHG) 배출량, 물 사용량, 에너지 사용량 등 주요 기후변화 관련 목표를 명확히 설명할 것을 권고한다. 둘째, TCFD는 목표를 설명할 때 해당 목표가 절대적 관점인지, 아니면 배출강도(Intensity) 관점인지를 명확히 하고, 적용 기간과 성과 측정을 위한 기준연도, 그리고 목표 대비 성과를 평가하기 위해 사용되는 주요 성과 지표를 함께 공시할 것을 권장한다.

---

9 온실가스 프로토콜 방법론은 세계자원연구소(World Resources Institute, WRI)와 세계지속가능발선기업협의회(WBCSD)가 공농으로 개발한, 현재 가장 널리 사용되고 있는 온실가스 배출량 측정 방법이다. 이 방법론에 대한 자세한 설명은 10장에서 다룬다. 여기서 '프로토콜'은 특정한 절차나 방법을 정의하는 규칙의 집합을 의미한다. 따라서 온실가스 프로토콜은 온실가스 배출량을 측정하고 보고하는 데 필요한 일련의 표준 절차와 지침을 의미한다. '프로토콜'은 외교적 맥락에서도 사용되는데, 이 경우에는 국가 간 협상이나 의전 행사에서 따르는 공식적인 규칙과 절차를 의미한다.

10 예컨대, 에너지 소비량이 많은 산업에 대해서는 산출량 단위당, 종업원 1명당, 단위 부가가치당 온실가스 배출량과 같은 온실가스 배출량 집약도(Emission intensity)와 관련된 측정항목들을 공개할 필요가 있다.

표 VI-2 TCFD의 기후변화 관련 위험과 잠재적 재무영향

유형	기후변화 관련 위험	잠재적인 재무영향
전환위험 (Transition risks)	**정책과 법(Policy and Legal)** • GHG 가격의 증가 • 배출량 공시의무 강화 • 기존제품과 서비스에 대한 명령과 규제 • 소송에 대한 노출	• 영업비용 증가 • 전손, 자산 파손 및 정책변화에 따른 기존자산의 조기 폐지 • 벌과금이나 판결에 기인한 비용 증가나 제품 및 서비스의 수요 감소
	기술 • 기존 제품이나 서비스의 저탄소 배출 제품이나 서비스로의 대체 • 새로운 기술에 대한 투자실패 • 저탄소 배출 기술로의 이행에 따른 비용	• 기존자산의 전손과 조기 폐지 • 제품과 서비스에 대한 수요 감소 • 새 기술에 대한 R&D 지출 • 기술개발을 위한 자본투자 • 새로운 실행과 과정을 채택하고 사용하는 데 소용되는 비용
	시장 • 소비자 행위의 변화 • 시장신호의 불확실성 • 원자재 비용 증가	• 소비자 선호의 변화에 따른 제품 및 서비스 수요 감소 • 에너지나 물과 같은 요소가격 변화와 폐수처리와 같은 생산에 따른 결과물(Output requirement)에 따른 생산비용 증가 • 갑작스럽고 예기치 못한 에너지 비용 증가 • 수익 구성과 수익원의 변화에 따른 수입 감소
	평판 • 소비자 선호의 변화 • 분야의 낙인 • 이해관계자 우려와 부정적인 이해관계자 피드백의 증가	• 제품과 서비스에 대한 수요 감소로 인한 수입의 감소 • 계획된 제안의 승인 지연이나 공급사슬 중단 등에 기인한 생산시설 감소로 인한 수입 감소 • 사업장 관리와 계획에 대한 부정적인 영향으로 인한 수입 감소
물리적 위험 (Physical risks)	**급성위험** • 태풍이나 홍수와 같은 극단적인 날씨 사건의 혹독성 증가	• 생산시설 축소에 따른 수입 감소 • 건강, 안전상의 문제와 관련된 사업자에 대한 부정적인 영향으로 인한 수입 감소 및 비용 증가

유형	기후변화 관련 위험	잠재적인 재무영향
	만성위험 • 강수패턴의 변화, 날씨패턴에서의 극단적인 가변성 • 평균기온 상승 • 해수면 상승	• 시설 파손에 따른 자본비용 증가 • 수력발전을 위한 수량 부족이나 화석 연료나 핵발전을 위한 냉각수 부족 등으로 인한 사업비용 증가 • 고위험지역에 있는 자산에 대한 보험료 증가

자료: TCFD, 『Implementing the Recommendations of the Task Force on Climate-related Financial Disclosures』, 2017

표 VI-3 TCFD의 기후변화 관련 기회와 잠재적 재무영향

유형	기후변화 관련 기회	잠재적인 재무영향
자원효율성 (Resource efficiency)	• 보다 효율적인 운송수단의 사용 • 보다 효율적인 생산 및 배분과정의 사용 • 재활용 • 보다 효율적인 건물로의 전환 • 물 사용과 소비의 절약	• 효율성 향상이나 비용 절감을 통한 운영비용 감소 • 생산능력 향상에 따른 수입 증가 • 고에너지 등급 건물과 같은 고정자산 가치의 증가 • 비용을 절감시키는 (건강, 안전도 및 직원만족도 향상과 같은) 사업장 관리 및 계획에 대한 편익
에너지원 (Energy source)	• 저탄소 배출 에너지 사용 • 지원정책인센티브(Supportive policy incentives) 사용 • 새 기술 사용 • 탄소시장 참여 • 에너지 생산의 분권화	• 저감비용 절감에 따른 운영비용 감소 • 향후 화석연료가격 증가에 따른 위험 감소 • GHG 배출량에 대한 위험 감소와 그에 따른 탄소비용 변화에 내한 민감도 감소 • 저탄소 배출 기술투자에 대한 수익 • 저탄소 생산자에 대한 투자자 선호 증가로 자본가용성(Capital availability) 증가 • 제품 및 서비스 수요 증가를 야기시키는 평판 관련 편익

유형	기후변화 관련 기회	잠재적인 재무영향
제품 및 서비스 (Products and services)	• 저탄소 배출 제품 및 서비스의 개발 및 확대 • 기후변화적응과 보험위험 해결책의 개발 • R&D와 혁신을 통한 신상품 및 서비스 개발 • 사업 영역을 다변화시키는 역량 • 소비자 선호의 이동	• 저탄소 배출 상품 및 서비스 수요 창출을 통한 수입 증가 • 적응 필요성에 대응하는 새로운 해결책 마련을 통한 수익 증대 (예: 보험 리스크 전가를 위한 상품 및 서비스 개발) • 변화된 소비자 선호 반영을 통한 기업 경쟁력 제고
시장 (Markets)	• 새로운 시장에 대한 접근 • 공공부문 인센티브 사용 • 보험적용이 필요한 새로운 자산과 장소에 대한 접근	• 신흥시장 접근(정부와 개발은행과의 파트너십)을 통한 수입 증가 • 자산의 다변화(그린본드와 기반시설)
탄력성 (혹은 회복성) (Resilience)	• 신재생에너지 프로그램 참여와 에너지 효율이 높은 수단의 채택 • 자원 대체와 다변화	• 계획 등의 탄력적인 운영으로 인한 시장가치 증가 • 공급사슬의 신뢰성 강화와 여러 조건에서의 운영 능력 향상 • 회복성 보장과 관련된 신상품 및 서비스 개발을 통한 수입 증가

자료: TCFD(2017b)

2 TCFD 권고안의 산업별 추가 요구사항

TCFD 권고안은 산업 전반에 걸쳐 기후변화와 관련된 위험과 기회를 평가하고 관리할 때 일관된 기준을 적용할 것을 요구한다. 그러나 일부 산업은 고유한 위험과 기회가 존재하기 때문에 기후변화로 인해 다른 산업보다 더 큰 영향을 받을 수 있다. 금융, 에너지, 운송, 재료 및 건물, 농업·식품·임산물 부문이 이에 해당한다. 이 산업들은 기후변화에 대한 취약성이 높고[11], 경제 전반에 걸쳐 광범위한 영향을 미칠 가능성이 크다. 이러한 이유로, TCFD는 이들 산업에 대해 보다 구체적이고 세부적인 정보 공시 요구사항을 추가적으로 규정하고 있다. 이는 각 산업이 직면한 고유한 기후 관련 위험을 보다 명확히 평가할 수 있게 하고, 투자자와 기타 이해관계자가 정확한 정보를 기반으로 의사결정을 내릴 수 있도록 지원하기 위함이다. 제2절에서는 이러한 산업을 대상으로 TCFD 권고안에서 제시하는 구체적인 세부 요구사항을 살펴본다.

2.1 금융부문

금융안정위원회(FSB)가 TCFD를 설립한 핵심 목적은 투자자와 기타 이해관계자가 금융 부문의 탄소 관련 자산 집중도와 기후변화로 인한 금융 시스템의 위험 노출을 명확히 파악할 수 있도록 기후 관련 재무정보 공시 체계를 구축하는 데 있었다. FSB가 금융 부문의 정보 공개에 특히 주목한 이유는 크게 두 가지다. 첫째는 기후변화와 관련된 위험을 조기에 평가하고 시장 규율[12]을 강화할 수 있고, 둘째는 감독 당국이 기후변화로 인해 금융 부문에 발생할 수 있는 위험의 중요도와 이 위험이 전파될 가능성이 높은 경로를 체계적으로 평가·분석할 수 있는 자료를 확보할 수 있기 때문이다. 이러한 금융 부문의 중요성을 감안하여, TCFD는 금융 산업에 대해 일반 권고사항 외에도 추가적인 재무 정보 공시를 요구하고 있다. 이는 5개 산업 중 금융 부문에 특화된 지침으로, 투자자와 감독 기관이 금융 시스템의 기후 리스크를 보다 정확하게 이해하고 대응할 수 있도록 하기 위함이다.

TCFD는 금융 부문을 은행, 보험회사, 자산 소유자, 자산 운용사 등 네 가

---

11 비금융 부문 중에서도 사업이나 운영 과정에서 온실가스 배출이 많고, 에너지나 물에 대한 의존도가 높은 산업은 다른 산업에 비해 재무적 영향을 크게 받을 수 있다. 이런 사업이 여기에 해당한다.

12 시장 규율이란 기업이 시장의 요구에 따라 자발적으로 규범과 기준을 준수하는 것을 의미한다. 기후변화 관련 재무 정보를 공개하면 시장 참여자들(투자자, 고객, 규제 당국 등)이 기업의 기후변화 대응 능력을 평가할 수 있게 된다. 이러한 투명성은 기업이 기후변화 위험을 관리하고 친환경적 경영을 촉진하도록 압력을 가한다. 즉, 기업은 기후변화 위험에 대한 정보를 정확하게 공개하고, 그에 따라 더 책임감 있는 행동을 하도록 유도된다.

지 범주로 구분하고, 범주별로 추가적으로 공개해야 할 정보에 대한 별도의 지침을 제공하고 있다[13]. 〈표 Ⅵ-4〉에는 금융 부문 외에도 앞서 언급한 4개의 비금융 부문에 대한 추가적인 정보 요구사항이 함께 포함되어 있다. 〈표 Ⅵ-4〉에 따르면, 금융 부문에서는 자산 소유자에 대한 추가적인 정보 공개 요구가 가장 많았고, 비금융 부문에서는 모든 산업에서 전략 영역의 b)와 c), 측정항목 및 목표 영역의 a)에 대한 추가 정보 공시가 공통적으로 권고되고 있다.

표 Ⅵ-4 금융부문 및 비금융부문에 대한 TCFD의 추가적인 재무정보 공개 내용

		지배구조		전략			위험관리			측정항목과 목표		
		a	b	a	b	c	a	b	c	a	b	c
금융부문	은행(Banks)			o			o			o		
	보험회사(Insurance companies)				o	o	o	o		o		
	자산소유자(Asset owners)				o	o	o	o		o	o	
	자산운용사(Asset Managers)				o		o	o		o	o	
비금융부문	에너지(Energy)				o	o				o		
	운송(Transportation)				o	o				o		
	자재 및 건물(Materials and buildings)				o	o				o		
	농업, 식품 및 임산물 (Ag, Food and Forest Products)				o	o				o		

자료: TCFD(2017b)

13 이하의 내용은 TCFD(2017b)의 D장(Supplemental Guidance for the financial sector) 내용을 정리하였다.

TCFD는 〈표 Ⅵ-4〉에서 정리된 바와 같이, 은행 산업에 대해 전략, 위험 관리, 측정항목과 목표의 각 a) 항목에 대한 추가적인 정보 공개를 규정하고 있다. 이는 은행이 대출, 기타 금융 중개 활동, 그리고 자체 사업을 통해 기후변화와 관련된 위험과 기회에 크게 노출될 수 있기 때문이다. 예를 들어, 대규모 화석연료를 생산하거나 사용하는 기관이나 조직에 대한 대출, 신용 거래 및 지분 보유는 은행의 기후변화 관련 위험도를 증가시킨다. 이러한 특성으로 인해 투자자와 기타 이해관계자는 기후변화 위험이 큰 산업이나 기업에 대한 은행의 대출, 신용 거래, 지분 보유 현황을 파악하기를 원한다. TCFD는 투자자와 기타 이해관계자의 정보 요구를 충족하기 위해 은행이 추가적인 정보를 공시할 것을 권고하고 있다.

은행 산업에 권고된 추가 정보 공개 사항을 보면, 전략 부문의 a) 항목과 관련하여 TCFD는 은행이 보유한 탄소 관련 자산(Carbon-related assets)에 대한 신용 노출(Credit esposure)[14] 집중도를 공개할 것을 요구한다. 또한, TCFD는 은행이 대출 및 금융 중개 활동에서 직면하는 기후변화 위험(전환위험 및 물리적 위험)을 공시할 것을 권장한다. 위험 관리 영역의 a) 항목과 관련해, TCFD는 은행이 기후변화로 인한 위험을 단순히 '기후 위험'으로만 보고하지 말고, 기존 은행 산업의 전통적 위험 범주인 신용 위험, 시장 위험[15], 유동성 위험, 운영 위험[16] 등으로 구체적으로 분류해 공시할 것을 권장한다. 예를 들어, 탄소집약 산업에 대한 대출 부실 가능성은 신용 위험, 탄소 가격 급등으로 인한 투자 손실은 시장 위험, 기후 재해로 인한 대출 상환 지연은 유동성 위험, 홍수나 폭풍으로 인한 지점·IT 인프라 피해는 운영 위험으로

14 신용 노출(Credit exposure)은 은행이 신용 위험(Credit risk)에 얼마나 노출되어 있는지를 나타내는 개념이며, 신용 위험은 대출을 받은 채무자(기업, 개인, 정부 등)가 빌린 돈을 상환하지 못할 가능성으로 인해 은행이나 금융기관이 입을 수 있는 손실 위험을 의미한다. 신용거래에 의해 발생하는 위험에만 국한되는 것이 아니다.

15 시장 위험은 금융 시장의 가격 변동에 따라 은행이 보유한 자산이나 부채의 가치가 변동하는 위험을 의미하는 것으로 주가, 금리, 환율, 상품 가격 등의 변동에 영향을 받는다.

16 은행의 내부 절차, 시스템, 인력 또는 외부 사건으로 인해 손실이 발생할 위험을 의미하며, 이에는 기술적 오류, 내부 통제 실패, 사기, 법적 문제 등을 포함한다.

분류할 수 있다. 또한, 은행이 위험 관리 과정에서 강화된 공시 작업반(Enhanced Disclosure Task Force, EDTF)이 제시한 '주요 및 신흥 위험(Top and Emerging Risks)' 분류 체계를 활용하고 있다면, 각 위험이 현재 얼마나 중대한지(Top Risk), 또는 향후 새롭게 부각될 가능성이 있는지(Emerging Risk)를 평가하고 이를 공시할 것을 권장한다[17]. 이 체계는 전통적 위험 분류와 독립적으로 작동하며, 위험이 새롭고 중대하다면 전통적 범주와 관계없이 Top 또는 Emerging Risk로 보고할 수 있다. TCFD는 두 체계를 함께 활용할 경우 보고 품질이 향상된다고 보고 있으며, 은행이 기후 관련 위험을 전통적인 위험 범주에 연결해 분류하는 동시에, 해당 위험이 주요 위험인지, 새롭게 부각되는 위험인지 여부를 함께 공시하도록 권장한다. 이를 통해 투자자와 감독 당국은 은행이 직면한 기후 관련 위험의 성격과 시급성을 동시에 파악할 수 있다.

TCFD 은행 부문에 대한 측정항목 a) 항목 요구사항은 은행이 단기·중기·장기 관점에서 기후 변화와 관련된 전환위험 및 물리적 위험이 대출과 금융 중개 사업에 미치는 영향을 평가하기 위해 신용 노출 주식 및 채권 보유[18], 거래 포지션[19] 등 관련 노출 수준을 공시하고, 가능하다면 이를 산업별, 지

---

17 강화된 공시 작업반(Enhanced Disclosure Task Force, 이하 EDTF)은 '주요 위험'과 '신흥 위험'을 정의하는 위험 분류 체계를 제시하고 있다. EDTF는 금융안정위원회(FSB)에 의해 설립된 기관으로, 은행의 재무 위험 공시를 위한 권고안을 마련하는 역할을 한다. EDTF에 따르면, '주요 위험'이란 위험 범주, 사업 영역, 지리적 위치 전반에 걸쳐 재무 성과, 평판, 지속 가능성, 그리고 기업 운영에 단기적으로(보통 1년 이내) 영향을 미칠 수 있는 위험을 의미한다. 반면, '신흥 위험'은 장기적으로 나타날 가능성이 있으며, 발생할 경우 기업의 사업 전략에 중대한 영향을 미칠 수 있는 높은 불확실성을 가진 위험으로 정의된다.

18 은행이 보유한 기업의 주식(Equity) 및 채권(Debt)이 기후 위험이 높은 산업에 얼마나 노출되어 있는지 측정하는 것을 의미한다. 이와 관련된 지표로는 은행이 석유·가스 기업의 채권을 얼마나 보유하고 있는지, 기후 친화적인 기업(예: 재생에너지 기업)의 주식 보유 비율이 얼마나 되는지, 은행의 투자 포트폴리오에서 탄소 집약적 산업의 비중이 어느 정도인지 등을 들 수 있다.

19 거래 포지션(Trading position)은 은행이 단기적인 시세 변동에서 이익을 얻기 위해 보유하는 주식, 채권, 파생상품 등 시장성 금융상품의 순 보유량을 의미한다. 기후변화 관련 맥락에서는, 은행이 금융시장에서 탄소 배출량이 높은 기업의 유가증권, 탄소배출권

역별, 신용등급별, 평균 만기 기준으로 세분화하여 제공하도록 권장한다[20]. 이러한 지표는 반드시 은행의 전략 및 위험 관리 프로세스와 연계되어야 하며, 투자자와 감독 당국이 이해하기 쉽도록 작성되어야 한다. 또한, TCFD는 은행이 기후변화 관련 기회 사업의 규모뿐만 아니라, 탄소 관련 자산의 절대 규모와 총 자산에서 차지하는 비율도 함께 공시할 것을 권장한다[21].

최근 발생하는 대부분의 자연재해가 지구 온난화에서 비롯되고 있다는 점을 고려하면, 보험회사는 기후변화의 영향을 크게 받을 수밖에 없다. 특히 보험회사의 핵심 사업인 보험 계약은 이러한 영향을 직접적으로 받는 만큼 기후 관련 재무정보 이용자들은 보험회사가 보험 계약과 투자 의사결정을 내릴 때 기후변화로 인한 위험과 기회를 어떻게 평가·관리하는지가 주요 관심사이다. 이러한 특성을 반영하여 TCFD는 보험회사에 대해 전략 영역의 b)와 c) 항목, 위험 관리 영역의 a)와 b) 항목, 그리고 측정 항목 및 목표 영역의 a) 항목에서 추가 정보를 공시하도록 권고하고 있다.

TCFD는 보험회사가 전략 영역의 b) 항목을 공시할 때, 기후 관련 위험과 기회가 핵심 사업과 상품·서비스에 어떤 영향을 주는지를 설명하도록 권장한다. 예를 들어 홍수 위험이 커지는 경우, 고객은 보험 가입 여부나 상품을 선택하는 방식에 영향을 받고, 보험사는 위험의 일부를 재보험사에 넘겨야 할지 판단하게 되며, 브로커는 어떤 재보험사를 연결할지를 고심하게 된다. 따라서 보험회사는 이러한 기후 변화가 고객, 재보험사, 브로커와의 관계에 어떤 영향을 미치는지를 구체적으로 밝혀야 한다[22]. 또한 녹색 인프라

파생상품, 기후 관련 금융상품(예: 그린본드, ESG 연계 상품) 등을 단기적으로 보유·거래하는 규모를 나타내며, 기후 관련 위험 노출을 파악하기 위한 지표로 활용된다.

20 산업 분류는 GICS(Global Industry Classification Standard)를 따르거나, 재무 보고 요구사항과 일치하는 국가 분류 체계를 따르도록 권장된다.

21 탄소 관련 자산에 대한 명확한 정의는 없다. TCFD는 GICS(Global Industry Classification Standard)에 따라 에너지 및 유틸리티 부문과 관련된 자산을 탄소 관련 자산으로 사용할 것을 은행에 제시했다. 따라서 탄소 관련 자산에는 수도 시설, 독자적인 전력 생산, 재생 가능 전력 생산 산업은 포함되지 않는다.

22 기후변화로 인해 자연재해와 환경적 리스크가 증가하면 보험회사는 고객(보험 가입자), 재보험사(자신이 인수한 위험을 일부 인수해 주는 보험사), 그리고 재보험 계약을 중개

보험[23]이나 특수 기후 위험 자문 서비스와 같은 기후 관련 상품 및 서비스[24], 기후 관련 고객 참여 활동[25], 그리고 특정 기후 관련 제품이나 역량이 개발 중인지 여부에 대한 정보도 함께 공시할 것을 권장한다.

전략 영역의 c) 항목과 관련하여 TCFD는 보험회사가 계약 시 기후변화 관련 시나리오 분석을 수행하는 경우, 분석 모델에 사용된 주요 상수(Parameters)와 가정 등을 포함한 시나리오를 설명하도록 제안한다. 특히 날씨와 관련된 심각한 위험에 노출된 보험회사에는 기후변화로 인한 물리적 위험을 설명하기 위해 극단 시나리오 분석[26]을 사용하고, 기간별 시나리오

할 브로커를 더욱 신중하게 선택하게 된다. 예를 들어, 기후 위험이 높은 지역의 기업이나 개인에게 보험을 제공할지 여부와 보험료 수준을 재검토할 수 있으며, 탄소 배출 감축 등 기후 대응이 우수한 기업과의 거래를 선호하고, 석탄이나 해운과 같은 고위험 산업에 대한 보험 제공을 제한할 수도 있다. 또한, 자연재해 발생 빈도가 높아질수록 원보험사(Cedent)는 손실 위험을 분산하기 위해 재보험사에 넘기는 위험 규모를 늘릴 가능성이 크다. 이처럼 기후 관련 위험과 기회는 보험회사가 고객과 파트너(재보험사, 브로커)를 선정하는 기준에 직접적인 영향을 미친다.

23 녹색 인프라 보험은 재생에너지 발전소(태양광, 풍력), 친환경 건축물, 전기차 충전소, 홍수 방지 시설 등 기후변화 대응 및 지속가능성을 고려한 인프라에 특화된 보험 상품이다. 기존 보험 상품과 달리, 기후 위험을 반영하여 보험료를 책정하거나, 친환경 기술을 사용하는 기업에 대해 보험 혜택을 제공할 수도 있다. 예를 들어, 태양광 발전소가 기후 변화로 인해 예상보다 적은 전력을 생산할 경우 발생하는 손실을 보장하는 보험이 이에 해당한다.

24 이는 기업이 기후 변화로 인한 재무적 위험을 분석하고 대비할 수 있도록 컨설팅하는 서비스이다. 예를 들어, 보험 회사가 제조업체에게 기후 변화로 인해 원자재 가격이 상승할 위험을 분석해주거나, 농업 회사가 기상이변으로 인해 수확량이 줄어들 가능성을 평가하는 데 도움을 줄 수 있다. 기업이 기후 위험을 줄이기 위한 맞춤형 보험 솔루션을 찾을 수 있도록 지원하는 역할도 포함된다.

25 이는 보험사가 고객(기업 또는 개인)과 기후 변화 대응 전략을 논의하고, 지속가능한 사업 모델 전환을 지원하는 활동을 의미한다. 기업이 온실가스를 줄이기 위해 친환경 설비를 도입한다면, 보험사가 이에 대한 재정적 인센티브(보험료 할인 등)를 제공하는 방식이나, 개인 고객에게 기후 위험을 줄이는 생활 방식(예: 친환경 주택 개조, 전기차 사용 등)에 대한 정보와 혜택을 안내하는 프로그램 등이 이에 속한다.

26 극단 시나리오 분석은 기후변화로 인해 발생할 수 있는 최악의 상황을 가정하여 그 영향과 결과를 평가하는 방법이다. 이 분석은 발생 확률은 낮지만 심각한 결과를 초래할 수 있는 폭우, 가뭄, 폭염, 허리케인 같은 극단적 기상 현상에 대비하기 위해 수행된다.

분석 결과를 추가적으로 설명할 것을 권장한다[27].

TCFD는 보험회사에게 재보험 및 보험 포트폴리오에서 기후 관련 위험을 어떻게 식별하고 평가하는지를 명확히 공시할 것을 권장한다. 여기서 재보험 포트폴리오는 보험회사의 역할에 따라 의미가 달라질 수 있다. 원보험사(Cedent)의 경우, 고객으로부터 인수한 보험 위험 중 일부를 재보험사에 이전한 계약들의 집합을 의미하며, 재보험사(Reinsurer)는 여러 원보험사로부터 인수한 재보험 계약들의 전체 구성을 뜻한다. 따라서 보험회사는 자신이 원보험사인지 재보험사인지에 따라[28], 재보험을 통해 어떤 기후 위험을 분산·관리하고 있는지를 지역, 사업 부문, 제품군별로 구분해 설명해야 하며, 다음과 같은 위험을 포함하도록 권장하고 있다.

이를 통해 기후변화가 기업의 자산, 운영, 재무에 미칠 수 있는 물리적 위험을 이해하고, 이에 대한 대비책을 마련하는 것이 목적이다. 특히, 보험회사와 같이 날씨에 크게 영향을 받는 산업에서는 극단 시나리오 분석을 활용하여 기후변화로 인한 잠재적 피해와 손실을 예측하고, 리스크 관리 전략을 강화하는 데 사용된다.

27 보험산업의 기후 관련 시나리오에서는 단기(0~5년), 중기(5~15년), 장기(15~30년 이상)로 나누어 미래의 기후 변화가 보험 산업에 미칠 영향을 분석한다. 단기(약 0~5년)에서는 현재 및 가까운 미래의 기후 위험을 평가하는 단계로, 기후 정책, 규제 변화, 시장 반응이 주요 고려 요소가 되며, 이에는 기후 관련 보험료 조정, 신재생에너지 확대 정책에 따른 기업 위험 변화, 극단적 기후 현상의 빈도 증가 여부 등이 포함된다. 보험회사는 최근 몇 년간의 기후 데이터와 예측 모델을 활용해 보험료 산정 방식 조정이나 특정 지역·산업에 대한 위험 평가 강화 등의 조치를 취할 수 있다. 중기(약 5~15년)는 기후 변화의 가속화와 이에 따른 시장·산업 구조 변화를 반영하는 단계이다. 보험회사는 특정 산업(예: 화석연료 관련 기업)에 대한 보장 제한 정책 검토, 기후 위험이 큰 지역에 대한 재보험 전략 강화, 새로운 기후 보험 상품 개발 등을 고려할 수 있다. 장기(약 15~30년 이상)는 장기적으로 기후 변화가 물리적·경제적 환경에 미치는 근본적인 영향을 분석하는 단계이다. 예를 들어, 2°C 이상 온난화가 진행될 경우 해수면 상승, 극단적 기후 이벤트 증가, 농업·수자원 변화, 도시 인프라 영향 등이 예상되므로 이에 따른 위험 관리가 필요하다. 보험회사는 장기적인 기후 모델을 기반으로 신규 보험 상품 개발(예: 기후 적응형 보험), 특정 지역에서의 사업 축소 또는 확대 결정, 장기적인 위험 분산 전략 등을 마련할 수 있다.

28 원보험사(Cedent)는 고객에게 보험을 판매한 뒤 일부 위험을 재보험사에 이전해 손실 위험을 분산하는 보험사를 의미한다. 재보험사(Reinsurer)는 이러한 위험을 여러 원보험사로부터 인수하여 재보험 서비스를 제공하는 보험사를 뜻한다.

- 물리적 위험: 기후 변화로 인해 기상 관련 재해(예: 홍수, 태풍, 폭염 등)의 빈도와 강도가 증가하면서 발생하는 위험
- 전환위험: 자산 가치 하락[29], 에너지 비용 변화[30], 탄소 규제 도입[31] 등으로 인해 보험 대상(Insurable Interest)이 감소하면서 발생하는 위험
- 책임 위험(Liability risk): 기후 변화와 관련된 소송 증가 가능성으로 인해 법적 책임이 강화될 위험

측정 항목 및 목표 영역의 a) 항목과 관련해, TCFD는 보험회사에 대해 재산보험(Property Business) 부문에서 날씨로 인한 재난 위험에 대한 총 위험 노출 정보를 관할 지역별로 공시할 것을 권장한다. 예시로는 날씨와 관련된 재난으로 인해 발생할 수 있는 연간 총 예상손실액(Annual aggregated expected losses)을 제시하고 있으며, 이를 통해 투자자와 감독 당국이 해당 보험회사의 기후 관련 위험 노출 수준을 보다 명확히 파악할 수 있도록 하고 있다.

자산 소유자(Asset Owner)는 자신 또는 수익자를 대신해 자산을 투자·관리하는 기관으로, 공공 및 민간 연기금, 보험사와 재보험사, 대학 기부금(Endowment) 및 재단(Foundation)을 포함한다. 이들은 감독 기관이나 수익자가 설정한 투자 지침(Mandate)과 투자 전략에 따라 자산을 운용하며, 투자 전략,

---

29 기후 변화로 인해 부동산·산업 시설 등의 가치가 하락하면서 보험 가입이 어려워질 수 있다. 예를 들어, 해안 지역이나 홍수 위험이 높은 지역의 부동산은 기후 위험 증가로 인해 보험료가 급등하거나 아예 보험 가입이 거부될 가능성이 있으며, 탄소 배출이 많은 공장이나 오래된 화석연료 기반 시설은 시장 가치는 떨어지지만 위험은 증가하기 때문에 보험사가 보장 범위를 축소할 수 있다.

30 기후 정책 및 시장 변화로 인해 화석연료 관련 산업의 운영 비용이 증가하면서, 기존 보험 가입자(예: 정유·석탄 기업)의 재정적 부담이 커지고 보험 수요가 줄어들 가능성이 있다. 반면, 신재생에너지 전환을 위한 인프라(태양광·풍력 발전소) 투자가 증가하면서, 보험회사는 새로운 형태의 위험을 평가해야 한다.

31 탄소세, 배출권 거래제(ETS) 등 탄소 감축을 위한 정책이 강화되면서, 기존 화석연료 중심 산업이 위축될 수 있다. 예를 들어, 정부가 탄소 배출이 많은 산업에 과도한 규제를 부과하거나 사업 운영을 제한하면, 해당 기업들은 보험 가입 수요를 줄이거나 보험 가입이 불가능해질 수 있다. 이에 따라, 보험회사는 친환경 사업이나 저탄소 경제로 전환하는 기업에 대한 보험 상품 개발이 필요하게 된다.

자산 클래스(Asset Class), 지역별로 광범위하게 분산된 포트폴리오를 보유하고 있다. 또한, 필요에 따라 자산 운용사(Asset Manager)를 선임해 투자를 위탁하기도 한다.

자산 소유자가 기후변화 관련 재무 정보를 공개하면, 수익자와 기타 이해관계자는 단순한 투자 지침 수준을 넘어, 실제 투자 과정에서 기후 위험과 기회가 어떻게 반영되고 있는지를 평가할 수 있다. 이는 자산 소유자가 투자사슬 최상위에서 보유한 영향력을 활용해, 자신이 투자하는 기관·조직이 양질의 기후 관련 정보를 공개하도록 유도할 수 있기 때문이다. 결과적으로, 자산 소유자의 공시는 자산 운용사와 투자 대상 기업 등 투자사슬 전반에서 정보 투명성을 높여, 투자자가 보다 정확한 정보에 기반해 의사결정을 내릴 수 있도록 돕는다. 이러한 특성 때문에 TCFD는 자산 소유자에게 은행, 보험회사, 자산 관리자보다 더 포괄적이고 상세한 기후 관련 재무 정보 공개를 권고하고 있다.

〈표 Ⅵ-4〉에 따르면, TCFD는 자산 소유자에게 전략 영역(b, c), 위험 관리 영역(a, b), 측정 항목 및 목표 영역(a, b)에서 추가적인 정보 공시를 권고한다. 전략 영역의 b) 항목과 관련해, TCFD는 자산 소유자가 기후 관련 위험과 기회를 투자 전략에 어떻게 반영하는지를 설명하도록 제안한다. 이때 설명 방식은 전체 펀드나 투자 전략 차원에서 기후 위험과 기회의 반영 여부를 기술하거나, 자산 클래스별로 구분해 각 투자 전략에서 기후 요인이 어떻게 반영되는지를 구체적으로 제시하는 방식으로 이루어질 수 있다. 또한 전략 영역의 c) 항목에서는, 시나리오 분석을 수행하는 자산 소유자가 해당 분석 결과를 실제 투자 판단에 어떻게 활용하는지를 명확히 설명할 것을 권상한다. 예를 들어, 특정 자산에 대한 투자 여부를 결정할 때 기후 관련 시나리오 분석이 어떤 방식으로 의사결정에 반영되는지를 구체적으로 제시하도록 권고한다.

위험 관리 영역의 a) 항목과 관련해, TCFD는 자산 소유자가 기후 관련 위험에 대한 정보를 확보하고 이를 평가할 수 있는 역량을 강화하기 위해 투자 대상 기업과 어떻게 소통하고 있는지를 설명할 것을 권장한다[32]. 또한

b) 항목에서는, 자산 소유자가 저탄소 경제로의 전환을 고려하여 포트폴리오의 투자 비중을 어떻게 조정하고 있는지, 그리고 조정이 어떤 방식으로 실행·관리되고 있는지를 구체적으로 공시할 것을 권고한다.

측정 항목과 목표 영역의 a) 항목에서는 자산 소유자에게 각 펀드 또는 투자전략에서 기후변화와 관련된 위험과 기회를 평가하는 데 사용된 측정 항목(혹은 지표)을 설명하도록 권장한다. 또한, 자산 소유자는 이러한 측정 항목이 시간에 따라 어떻게 변했는지에 대해서도 설명해야 하고, 관련성이 있다면 투자 결정 및 모니터링 과정에서 사용한 측정 항목도 제공하도록 권고한다.

TCFD는 측정 항목 및 목표 영역의 b) 항목과 관련해, 자산 소유자가 데이터를 확보할 수 있거나 합리적으로 추정할 수 있는 경우, 펀드별 또는 투자 전략별 가중평균 탄소집약도(Weighted Average Carbon Intensity, WACI)를 공시할 것을 권장한다. 또한, 사용된 측정 방법론을 명확히 설명하고, 의사결정에 유용하다고 판단되는 기타 지표(예: 탄소 발자국, 탄소 노출 지표)를 함께 공개할 것을 권장한다. TCFD는 이러한 지표들이 기후변화로 인한 복잡한 위험을 완벽하게 포착하지 못할 수 있음을 인식하고 있다. 예를 들어, 동일한 탄소 발자국을 가진 두 기업이 있더라도 한 기업은 탄소 감축을 위한 강력한 전환 전략을 보유할 수 있고, 다른 기업은 그렇지 않을 수 있다. 이처럼 단순히 탄소 발자국만을 기준으로 위험을 판단하는 것은 불완전할 수 있으며, 기업이 직면한 기후 관련 위험을 온전히 반영하지 못할 가능성이 있다. 그럼에도 불구하고, TCFD는 가중평균 탄소집약도와 탄소 발자국 정보를 공개하는 과정이 향후 보다 정교하고 효과적인 기후 위험 평가 지표를 개발하는 중요한 첫걸음이 될 것으로 보고 있다[33].

자산 운용사(Asset Manager) 또는 투자 운용사(Investment Manager)는 고객을

---

32 이러한 과정이 정착되면, 피투자 회사들도 자산소유자가 원하는 정보를 정확히 파악할 수 있을 뿐만 아니라 자산소유자가 원하는 정보가 통일되고 규격화되기 때문에 피투자 회사들도 기후변화 위험을 평가하는 데 필요한 자료를 보다 체계적으로 축적할 수 있다.

33 TCFD는 일부 자산소유자들은 자료의 가용성과 방법론적 문제 때문에 투자자산 중 일부에서만 가중평균탄소집약도 보고가 가능하다는 것을 알고 있다.

대신해 자산을 투자·관리하도록 고용된 전문가로, 수탁자(Fiduciary)로서의 책임을 수행한다. 이들은 투자 관리 계약(Investment Management Agreement, IMA)이나 상품 명세(Product Specification)에 명시된 고객의 투자 지침과 위임 사항(Mandate)에 따라 자산을 운용하며[34], 투자 결과로 발생하는 성과(이익 또는 손실)는 전적으로 고객에게 귀속된다[35].

자산 운용사와 그 고객(자산 소유자)에게 기후 관련 위험과 기회가 얼마나 중요한지는 투자 유형[36] 및 목표, 투자하는 자산 클래스(Asset Classes)[37], 투자 위임 사항(Investment Mandates)[38] 등 여러 변수에 따라 달라진다. 자산 운용사가 상장기업인 경우, 기후변화 관련 재무 정보 공개의 주요 대상은 두 집단으로 나뉜다. 첫째는 자산 운용사 자체의 기후 관련 위험과 기회를 이해하

---

34 투자관리계약(IMA)과 상품명세(Product Specification)의 가장 큰 차이는 돈을 맡기는 투자자의 유형과 계약 방식에서 나타난다. 기관투자자나 대규모 자산 소유자(예: 연기금, 보험사 등)는 특정 자산 운용사와 1:1로 맞춤형 투자관리계약을 체결해 자신이 설정한 투자 지침과 전략에 따라 자산을 운용하도록 위탁한다. 반면, 공모펀드나 ETF와 같은 집합투자상품은 다수의 개인·기관 투자자가 동일한 상품에 투자하는 구조이므로, 운용사는 개별 계약 대신 상품명세서를 통해 표준화된 투자 목표와 전략, 위험 한도를 제시하고 이에 따라 자산을 운용한다.

35 자산 운용사의 고객은 기본 자산(Underlying Assets)의 소유자로서, 투자 자산이 노출된 전환 위험 및 물리적 위험의 대부분을 부담하는 반면, 저탄소 경제로의 전환과 관련된 투자 기회에서 발생하는 잠재적 수익 역시 누린다.

36 단기 수익을 추구하는 투자자와 장기적 지속가능성을 고려하는 투자자는 기후 위험에 대한 관심이 다를 수 있다. 예를 들어 ESG(환경·사회·거버넌스) 투자 전략을 사용하는 운용사는 기후 위험을 더 중요하게 고려하는 반면, 단기적 수익 극대화를 목표로 하는 헤지펀드는 상대적으로 덜 신경 쓸 수 있다.

37 주식(Equities), 채권(Bonds), 부동산(Real Estate), 인프라(Infra) 등 투자 대상에 따라 기후 위험과 기회의 영향이 다르다. 예를 들어, 재생에너지 관련 기업의 주식을 보유한 경우, 저탄소 경제 전환이 기회가 될 수 있으며, 반대로, 석유·가스 산업 채권에 투자한 경우, 탄소 규제 강화가 해당 산업에 위험이 될 가능성이 크다.

38 자산 운용사가 고객(연기금, 기관투자자 등)의 요구에 따라 투자 전략을 설정하는 방식이 기후 위험평가에 영향을 미친다. 예를 들어 어떤 기관투자자는 탄소 집약적인 기업에 대한 투자를 제한하는 정책(Exclusion Policy)을 자산 운용사에 요구할 수도 있는 반면 특정 고객은 최대 수익을 목표로 하되, 기후 위험은 고려하지 않는 전략을 운용사에 요구할 수도 있다.

고, 이를 어떻게 관리하는지를 파악하려는 자산 운용사의 주주이며, 둘째는 운용사가 제공하는 개별 금융상품과 투자 전략별 기후 관련 정보에 관심을 갖는 고객(Investors or clients)이다.

자산 운용사의 고객은 자신이 투자한 자산이 어떤 방식으로 관리되는지 직접 확인하기 어렵기 때문에, 기후변화 관련 위험과 기회가 자산 구성별로 어떻게 관리되고 있는지를 파악하기 위해 자산 운용사가 제공하는 보고 정보에 의존할 수밖에 없다. 이에 따라 TCFD는 자산 운용사가 고객을 대상으로 정보를 공개할 때 포함해야 할 사항을 명확히 제시하고 있다. 구체적으로, TCFD는 자산 운용사에게 전략 영역(b), 위험 관리 영역(a · b), 측정 항목 및 목표 영역(a · b)에서 추가적인 정보를 공시할 것을 권고한다.

전략 영역의 b) 항목과 관련해, TCFD는 자산 운용사가 각 금융상품이나 투자 전략에서 기후 관련 위험과 기회가 어떻게 반영되는지, 그리고 저탄소 경제로의 전환이 해당 상품과 전략에 어떤 영향을 미칠 수 있는지를 명확히 설명할 것을 권고한다. 위험 관리 영역의 a) 항목에서는, 자산소유자와 마찬가지로 자산 운용사가 투자 대상 기업과의 적극적인 소통(Engagement)을 통해 기후 관련 위험 자료를 확보하고 평가 역량을 강화하기 위해 어떤 노력을 기울이고 있는지를 공시하도록 권장한다. 또한, 상품별 또는 투자 전략별로 중요한 기후 관련 위험을 어떻게 식별하고 평가하는지에 대해 구체적으로 설명할 것을 요구한다[39]. 위험 관리 영역의 항목 b)와 관련해서는, 자산 운용사가 상품별 및 투자 전략별로 중요한 기후변화 관련 위험을 어떻게 관리하고 있는지를 설명하도록 권고한다. 또한, 측정 항목 및 목표 영역의 a)와 b) 항목과 관련해서는, TCFD가 자산 운용사에게 요구하는 공시 내용이 자산 소유자와 동일하다고 명시하고 있다.

앞서 언급했듯이, TCFD는 자산 소유자와 자산 운용사에게 기후변화 관련 위험 측정 항목으로 가중평균 탄소집약도나 탄소발자국을 사용할 것을 권고하고 있다. 이하에서는 TCFD가 제시하고 있는 가중평균 탄소집약도나 탄

39 여기에는 해당 과정에서 활용하는 자원(Resources) 및 도구(Tools)에 대한 설명이 포함된다.

소발자국을 포함한 위험 지표들에 대해 살펴본다. TCFD가 위험 지표로 제시하고 있는 측정 항목은 가중평균 탄소집약도(Weighted average carbon intensity), 총탄소배출량(Total carbon emissions), 탄소발자국(Carbon footprint), 탄소집약도(Carbon intensity), 탄소 관련 자산에 대한 노출도(Exposure to carbon related assets) 등 5가지이다.

첫 번째 지표인 가중평균 탄소집약도(Weighted Average Carbon Intensity)는 자산 포트폴리오가 탄소 집약적인 기업에 얼마나 노출되어 있는지를 보여준다. 이때 가중치는 투자 기업(발행자)의 Scope 1 및 Scope 2 온실가스 배출량을 기반으로 계산되며, 소유 지분 비율이 아니라 포트폴리오 전체의 현재가치 대비 해당 투자 자산의 가치 비중을 기준으로 산정된다는 점이 특징이다. 가중평균 탄소집약도는 모든 자산 유형에 쉽게 적용할 수 있고[40], 계산이 단순하며 투자자와의 소통이 용이하고, 자산 포트폴리오의 분해 및 속성 분석이 가능하다는 장점이 있다. 반면, 수입(혹은 매출)을 기준으로 자료를 정규화하기 때문에[41] 고가의 제품을 판매하는 기업에게 유리하게 작용할 수 있으며, 이상치(Outliers)에 민감하다는 단점이 있다. n개의 기업으로 구성되어 있는 임의의 자산구성 α의 가중평균 탄소집약도 계산 방식은 다음과 같으며, 단위는 $(CO_2e\,/\text{수입 백만달러})$이다.

$$\text{가중평균 탄소집약도} = \sum_{i=1}^{n}\left(\frac{\text{투자의 현재가치}_i}{\text{현자산구성가치}}\right)\times\left(\frac{\text{발행자의 }Scope\,1\text{및 }Scope\,2\text{ 배출량}_i}{\text{발행자 수입}_i}\right)$$

두 번째 지표는 총탄소배출량이다. 총탄소배출량 지표는 특정 자산구성에서 발생하는 온실가스(GHG) 배출량을 절대적인 관점에서 나타낸 것이다. 가중평균 탄소집약도와는 달리, 총탄소배출량은 투자된 기업의 Scope 1 및 Scope 2 온실가스 배출량이 소유 지분(Equity ownership approach)에 따라 가중

40 이는 가중평균 탄소집약도는 기업(발행자)의 Scope 1 및 Scope 2 온실가스 배출량과 해당 기업에 대한 투자 비율(포트폴리오 내 비중)을 알면 계산되기 때문이다.

41 가중평균탄소집약도에서는 기업이 발생시키는 온실가스 배출량을 그 기업의 수익(매출)으로 나눈 값으로 배출량이 정규화된다.

치가 결정된다. 예를 들어, 한 투자자의 투자 규모가 특정 기업의 시가총액의 5%를 차지한다면, 그 기업의 온실가스 배출량에서 투자자의 가중치는 5%가 된다. 이 방법은 주로 상장주식에 적용되지만, 기업의 전체 자본에 걸쳐 GHG 배출량을 할당함으로써 채권, 부동산, 사모펀드, 대체자산 등 다른 자산 유형에도 적용할 수 있다[42]. 이 방법의 장점은 자산구성의 GHG 배출량을 GHG 프로토콜에 맞게 계산할 수 있고[43], 자산구성의 GHG 배출량 변화를 지속적으로 추적할 수 있으며, 자산구성의 분해와 속성 분석이 가능하다는 것이다. 그러나 이 방법은 자료가 정규화되지 않았기 때문에 자산구성 간의 비교가 어렵고, 탄소 배출량은 변화가 없더라도 기업의 시가총액 변화로 인해 값이 달라질 수 있다는 단점이 있다[44]. n개의 기업으로 구성되어 있는 임의의 자산구성 α의 총탄소배출량 지표는 다음과 같이 표시된다.

$$\text{총탄소배출량} = \sum_{i=1}^{n} \left(\frac{\text{투자의 현재가치}_i}{\text{발행자의 시가총액}_i} \right) \times \text{발행자 } i\text{의 } Scope\,1,2\; GHG\text{배출량}$$

세 번째 지표는 탄소발자국이다. 탄소발자국은 자산구성의 총탄소배출량을 해당 자산구성의 시장가치로 나누어 정규화한 값이다. 이 지표는 자산구성의 총탄소배출량을 현 시장가치에 따라 정규화하기 때문에 기준 자산구성이나 다른 자산구성과 비교가 가능하며, 투자자에게 직관적으로 이해될

42 기업이 발행한 채권(회사채)에 투자하는 경우, 투자자는 주식 보유자와는 달리 기업의 부채에 투자하는 것이다. 따라서 투자자가 투자한 채권 금액이 기업의 전체 자본(부채+자기자본)에서 차지하는 비율을 계산하여 해당 비율만큼 기업의 온실가스 배출량을 할당할 수 있다. 예를 들어, A기업이 총 5조 원의 자산(부채 3조+자기자본 2조)을 보유하고 있고, 투자자가 A기업의 채권에 500억 원을 투자했다면, 기업의 전체 자산 대비 비율(500억 원/5조 원)을 계산하여 탄소배출량을 할당할 수 있다.

43 GHG 프로토콜에서는 기업이 탄소배출량을 계산할 때 소유 지분 접근법, 운영 통제 접근법, 재무 통제 접근법 중 하나를 선택하도록 규정하고 있다.

44 예를 들어, 발행자 i의 Scope 1과 2에 해당하는 온실가스(GHG) 배출량이 변하지 않더라도, i의 시가총액이 변하면 i의 총 탄소발자국 값뿐만 아니라 자산 구성에서 i의 총 탄소발자국에 대한 기여도도 변하게 된다.

수 있고, 자산구성을 분해하여 속성 분석을 수행할 수 있다는 장점이 있다. 반면, 탄소발자국은 기업 간의 탄소 효율성 차이와 규모의 차이를 충분히 반영하지 못하며[45], 시가총액의 변화로 인해 실제 탄소 관리 성과와 관계없이 지표가 변동할 수 있어 해석이 왜곡될 가능성이 있다[46]. n개의 기업으로 구성되어 있는 임의의 자산구성 α의 탄소발자국은 아래와 같이 표시되며 단위는 (CO_2e/투자 백만달러)이다.

$$\text{탄소발자국} = \frac{\sum_{i=1}^{n}\left(\frac{\text{투자의 현재 가치}_i}{\text{발행자의 시가총액}_i}\right)\times \text{발행자의 } Scope1,2\ GHG\text{배출량}_i}{\text{자산구성의 시장가치(백만달러)}}$$

네 번째 지표는 탄소집약도이다. 탄소집약도는 수입(매출) 백만 달러당 총 탄소배출량을 나타내며, 자산구성의 탄소 효율성을 측정한다. 이 지표는 기업의 수입 기준으로 기업(또는 발행자)의 규모를 반영함으로써 산출량의 효율성을 평가할 수 있다는 특징이 있다. 장점으로는 기준 자산구성이나 다른 자산구성과의 비교가 가능하고, 기업 규모에 따른 차이를 반영하며, 자산구성의 분해와 속성 분석이 용이하다는 점이 있다. 반면, 계산이 다소 복잡하고, 기업의 시가총액 변화가 잘못 해석될 수 있다는 단점이 있다. n개의 기업으로 구성되어 있는 임의의 자산구성 α의 탄소집약도는 아래와 같이 표시되며 단위는 (CO_2e/수입 백만달러)이다.

$$\text{탄소집약도} = \frac{\sum_{i=1}^{n}\left(\frac{\text{투자의 현재 가치}_i}{\text{발행자의 시가총액}_i}\right)\times \text{발행자의 } scope1,2\ GHG\text{배출량}_i}{\sum_{i=1}^{n}\left(\frac{\text{투자의 현재 가치}_i}{\text{발행자의 시가총액}_i}\times \text{발행자 수입 백만달러}\right)}$$

45 예를 들어, 가중평균 탄소집약도는 기업의 GHG 배출량을 기업의 매출액으로 정규화하기 때문에 탄소 효율성과 규모가 어느 정도 반영된다.

46 예를 들어, 기업의 주가가 상승하여 시가총액이 증가하면, 탄소배출량이 동일하더라도 탄소발자국은 줄어들게 되며, 반대로 주가 하락으로 시가총액이 줄어들면 탄소발자국은 증가한다.

다섯 번째 지표는 탄소 관련 자산 노출도(Exposure to Carbon-Related Assets)로, 특정 자산구성에서 탄소 관련 산업이나 부문에 속한 자산이 차지하는 비율 또는 금액을 나타낸다. 이 지표는 포트폴리오가 온실가스 배출량이 높은 산업(예: 화석연료, 에너지 집약 산업)에 얼마나 투자되어 있는지를 측정하며, 자산 분류별로 적용할 수 있고 기업의 Scope 1 및 Scope 2 배출량 데이터에 직접 의존하지 않는다는 장점이 있다. 반면, 탄소 관련 자산에 포함되지 않은 산업이나 부문에 대한 정보는 제공하지 않는다는 한계가 있다[47]. 동 지표는 절대량의 관점에서는 $\sum_{i=1}^{n}$탄소관련자산에 투자된가치(백만달러)로 표시되고, 비율 관점에서는 $\dfrac{\sum_{i=1}^{n}\text{탄소관련 자산에 투자된 현(시장)가치}}{\text{자산구성의 현(시장)가치}}\times 100$으로 표시된다.

2.2 에너지 부문

에너지는 대부분의 경제활동에 필수적인 투입요소이다. 석유와 가스(Oil and gas)추출산업, 석탄채굴산업, 전기사업자(Electric utility) 등이 에너지 부문의 핵심산업이다. 에너지 부문에 속한 기관이나 조직은 기후변화로 인해 물리적 위험과 전환위험에 크게 노출되어 있으며, 이는 운영 비용과 자산 가치에 직접적인 영향을 미칠 수 있다. 물리적 위험 측면에서, 에너지 부문은 수자원 의존성, 강력한 폭풍 및 홍수 대응 등의 문제에 직면해 있다. 특히, 석유·가스·석탄 채굴 산업과 전기 생산 과정에서의 냉각 시스템은 물 사용량이 많아 물 부족이 발생한다면 생산 차질과 비용 증가로 이어질 수 있다. 전환위험으로는 정책 변화, 탄소 가격 도입, 신기술 발전, 시장 수요 변화 등이 주요한 영향을 미친다. 현재 전력 생산의 상당 부분이 화석연료에 의존하기 때문에, 전기사업자는 전력 생산 과정에서 Scope 1 직접 배출을 발생시키며, 전력을 구매해 사용하는 기업들은 Scope 2 간접 배출을 발생시

47 GICS(Global Industry Classification Standard)의 분류에서는 탄소 관련 자산은 에너지와 유틸리티 분야만 포함된다.

킨다. 이러한 특성으로 인해 향후 20~30년간 저탄소 경제로의 전환이 진행되면서 전기사업자는 정책 및 시장 환경 변화에 따라 자산 가치 변동과 재무적 영향을 피하기 어렵다. 석유·가스·석탄 채굴 산업 역시 화석연료 수요 감소와 대체 에너지원 확대로 인해 유사한 전환 위험에 직면해 있다.

결과적으로, 에너지 부문에 속한 기관과 조직은 기후변화로 인한 물리적·전환 위험을 재무적 영향 분석에 포함시켜야 하며, 이에 기반한 기후 관련 정보 공개가 필수적이다.

에너지 부문에 속한 기관과 조직은 자본 집약적이며, 고정 자산 및 공급망 관리를 위한 대규모 재정 투자가 필요하기 때문에 다른 산업보다 장기적인 사업 전략과 자본 배분 계획을 수립해야 한다. 특히 발전소, 송전망, 정유 시설 등과 같은 주요 인프라는 수십 년 동안 운영되므로, 탄소 감축정책, 신기술 도입, 에너지 수요 변화와 같은 요인이 기관과 조직의 사업 전략과 재무 성과에 장기적으로 큰 영향을 미칠 수 있다. 따라서, 에너지 기업은 기후 관련 위험과 기회를 면밀히 평가하고 이를 미래 지속가능성과 수익성을 고려한 의사결정에 반영하는 것이 중요하다. 또한, 기후 변화가 사업 전략과 재무 계획에 미치는 영향을 투자자와 기타 이해관계자가 정확히 평가하고 의사결정을 내릴 수 있도록, 에너지 부문 기업은 의사결정에 유용한 기후 관련 정보를 투명하게 공개하는 것이 필수적이다. 이에 따라, TCFD는 에너지 부문에서 다음 세 가지 측면에서 정성적·정량적 평가와 잠재적 영향에 초점을 맞춘 지표를 추가적으로 공시할 것을 권고하며, 이러한 지표 예시는 〈표 Ⅵ-5〉에 정리되어 있다.

- 준수 비용 및 운영 비용 변화에 따른 위험과 기회: 규제 변화와 운영 효율성 차이는 기업의 준수 비용과 운영 비용에 직접적인 영향을 미치며, 이로 인해 재무적 위험과 기회가 동시에 발생할 수 있음. 예로는 탄소세 및 배출권 거래제 도입으로 인한 비용 증가, 효율적 설비 도입을 통한 비용 절감, 노후화된 발전소·비효율적인 설비 운영으로 인한 유지비 상승, 경제성이 낮아 미개발된 화석연료 매장지의 투자 가치 하락 등이 있음[48].

- 규제 및 시장 기대 변화에 대한 노출: 정책·규제 변화와 소비자·투자자의 ESG 요구 증대는 에너지 산업에 직접적인 영향을 미치며, 특히 기존 화석연료 중심 자산의 가치를 하락시키는 주요 요인이 됨. 주요 예로는 재생에너지 의무 비중 확대, 탄소 가격제 도입, 친환경 에너지 선호 강화, 투자자의 화석연료 투자 회피 등이 있음[49].
- 투자 전략 변화: 저탄소 경제로의 전환은 에너지 산업에 새로운 투자 기회와 동시에 기존 자산의 위험을 가져옴. 에너지 기업은 전통적인 화석연료 중심 전략을 유지할 경우, 정책 변화와 시장 수요 감소로 인해 기존 자산이 좌초되고 장기적인 수익성이 악화될 위험이 큰 반면 저탄소 전환에 대응해 투자 전략을 조정한다면 새로운 성장 기회를 확보할 수 있음. 재생에너지 발전 프로젝트 확대(태양광, 풍력 등), 탄소 포집·저장(CCS) 및 활용 기술 투자, 수자원 사용 효율화를 위한 첨단 기술 적용, 그리고 저탄소 연료·수소 에너지 분야 진출이 이에 포함됨[50].

---

48 기업이 환경 규제를 준수하거나 운영하는 데 드는 비용이 변할 수 있으며, 이는 위험이 될 수도 있고 새로운 기회가 될 수도 있다. 예컨대, 노후화된 시설은 에너지를 많이 소비해 운영 비용을 증가시키며, 경제성이 낮아 개발되지 않은 화석 연료 매장지는 자산 가치 하락으로 이어질 수 있다.

49 정부의 정책 변화나 소비자 및 투자자의 요구가 달라지면 기업이 새로운 규제를 따르거나 시장의 요구에 맞춰 사업을 조정해야 한다. 예컨대, 재생에너지의 비중이 확대되면, 기존 화석연료 기반 기업은 이 변화에 적응해야 한다.

50 기업은 변화하는 환경과 시장 흐름에 맞춰 태양광과 풍력과 같은 재생에너지에 대한 투자 기회를 확대하거나, 탄소 배출을 줄이기 위한 탄소 포집 기술을 도입하며, 공장과 발전소에서 물을 더욱 효율적으로 사용하는 방식을 적용하는 등 새로운 분야에 투자할 필요성이 커질 수 있다.

표 VI-5 에너지 부문 지표 예시

재무 범주	기후변화 범주	지표 보기	지지 (alignment)	합리성	석유 및 가스	석탄	전기 공급
수입	GHG 배출량	Scope 3 배출량 추정(사용된 방법론 및 배출계수 포함)	GRI: 305-3 CDP: EU4.3	• 가치사슬에 있는 기업들로부터 많은 온실가스가 배출되는 경우 저탄소 배출 기술의 개발을 촉진시킬 수 있음 • 배출량이 많을수록 미래에 매출이 크게 줄어들 위험이 큼	○	○	○
수입	위험적응 및 완화	저탄소 대안에 대한 투자로부터 수입 및 비용 절약		• 기후변화 관련 신제품과 기후변화 관련 제품이나 서비스부터의 수입 • 운영 효율성을 제고시키는 자본투자로부터의 재정적 이익(예:에너지 비용 절감)	○	○	○
지출	GHG 배출량	현재탄소가격 혹은 가격 범위		• (기관이나 조직의 주요 자산 평가에 사용된) 내부 탄소 가격은 투자자들에게 위험 평가 시 투입된 가정의 타당성을 적절히 이해할 수 있도록 도움을 제공	○	○	○
지출	위험적응 및 완화	저탄소대안에 대한 지출(예: R&D, 시설, 제품 혹은 서비스)		• 전환위험을 관리하려면 신기술에 대한 지출이 필요함 • 지출 수준은 핵심 사업의 미래 수익성에 영향을 미칠 수 있는 정도를 나타냄	○	○	○
지출	위험적응 및 완화	장기자산 대 단기자산에 대한 자본배분 비율		• 기후변화 영향은 범위와 시기 측면에서 불확실성이 있음 • 단기 및 장기자산에 대한 자본의 배분비율을 통해 조직이나 기관의 새로운	○	○	○

재무 범주	기후변화 범주	지표 보기	지지 (alignment)	합리성	석유 및 가스	석탄	전기 공급
				기후변화 관련 위험과 기회에 적응할 수 있는 잠재성 정도를 알 수 있음			
지출	물	물 스트레스가 높은 지역에서 추출된 물 비율		• 물 스트레스는 공급 비용 증가, 운영에 대한 영향, 규제 강화, 물 취수 접근 감소로 이어질 수 있음 • 물 스트레스가 높은 지역에서 추출된 물 공급 비율은 생산비용증가와 생산력의 제약 정도를 나타냄	○	○	○
지출	GHG 배출량	연소, flared 탄화수소, 환기구에서 직접 방출, 순간적인 배출 및 노출로부터의 총배출량(Gross global scope 1 emissions)		• Scope 1 배출량이 상당히 많을 경우, 제품생산에서 배출되는 온실가스를 줄이도록 하는 규제의 영향을 받을 수 있으며, 이는 미래 소득 능력의 감소를 초래할 수 있음	○		
지출	에너지 /연료	현재와 계획된 미래 사업들에 대한 공급비용(예:비용곡선 또는 가격범위 표시를 통해 제품별, 자산별, 지역별로 세분할 수 있음)		• 수요가 감소하는 시장에서는 공급비용이 낮은 기업은 계속해서 시장에 남을 수가 있기 때문에 공급비용은 중요함 • 공급 비용에 대한 이해는 투자자에게 자산 구성의 취약성과 소득 창출 능력에 대한 정보를 제공할 수 있음	○	○	
자산	물	물 스트레스가 높은 지	SASB: IF0101-06	• 물 스트레스는 생산능력 저하 혹은 중단이나 운영	○	○	○

재무 범주	기후변화 범주	지표 보기	지지 (alignment)	합리성	석유 및 가스	석탄	전기 공급
		역에 투입된 자산		시설의 조기 축소를 초래할 수 있음 • 물 스트레스가 있는 지역에서의 자산 가치는 자산 평가에 잠재적으로 영향을 미칠 수 있다는 정보를 제공함			
자산	위험적응 및 완화	저탄소대안(예컨대 자본 시설 혹은 자산)에 대한 투자(CapEx)	GRI:G4-OG2 CDP:EU4.3	• 새로운 기술에 대한 투자는 전환위험을 관리하는 데 필요함 • 투자수준을 통해 향후 핵심사업으로부터의 소득창출 능력이 어느 정도 영향을 받을 수 있을지 가늠할 수 있음	○	○	○
자산	GHG 배출량	유형별 매장량 및 잠재적인 배출량을 제공하기 위한 배출계수 표시	SASB:NR0101-23	• 저탄소 경제로의 전환은 매장량 혹은 장기자산의 가치에 영향을 미칠 수 있음 • 잠재적인 배출량에 대한 정보는 투자자로 하여금 규제수단과 수요변화가 소득창출 능력에 미치는 영향에 대해 판단할 수 있게 함	○	○	
자본	위험적응 및 완화	자본회수기간 혹은 배치된 자본에 대한 수익	CDP:CC3.3	• 기후변화의 영향은 그 심각도와 지속 기간에 대한 불확실성에 크게 좌우됨 • 자본 회수 기간이나 배치된 자본에 대한 이해는 새로운 기후변화 관련 위험 및 기회에 대한 기관이나 조직의 취약성을 평	○	○	○

재무 범주	기후변화 범주	지표 보기	지지 (alignment)	합리성	석유 및 가스	석탄	전기 공급
				가하는 데 도움이 될 수 있으며, 저탄소로의 전환 기간 동안 낮은 재무 수익을 창출하는 현 자산 구성을 지속할 수 있는 유연성에 대한 정보를 제공할 수 있음			

자료: TCFD(2017b)

2.3 운송부문

운송부문은 항공화물, 항공여객, 해양운송, 철도운송, 트럭 서비스, 자동차로 구성되어 있다. 운송은 특히 최근 들어 생산과 사용 측면에서 온실가스 배출량과 에너지 소비의 상당 부분을 차지하고 있다. 이로 인해 운송부문은 사용 측면에서 정책 및 규제의 압력을 받고 있으며, 새로운 기술 도입과 효율성 개선을 위한 투자 필요성으로 인해 비용에 영향을 받을 수 있다.

종합하면, 운송부문에 속한 기업은 두 가지 측면에서 기후변화 관련 위험과 기회가 재무에 영향을 미친다. 첫째, 정책 입안자들이 운송 수단의 온실가스 배출량과 효율성 목표를 강화할 가능성이 있다. 둘째, 탄소 배출이 적고 연료 효율성이 높은 운송 수단(예: 전기차) 관련 신기술이 경쟁 및 투자 환경에 변화를 가져올 것이다. 이러한 기술 혁신과 새로운 시장 진입자들로 인해 기존 기업들은 경쟁력을 상실할 수 있으며, 그 결과 매출이 감소하고 비용이 증가하여 이윤이 줄어들 수 있다. 이러한 두 가지 요인의 영향은 운송제품(자동차, 트럭, 항공기, 선박)의 제품 수명이 길기 때문에 더욱 복잡해진다.

에너지부문과 마찬가지로, 운송부문에서도 기후변화 관련 위험 및 기회를 고려할 때 장기자산에 대한 투자와 장기 계획이 특히 중요하다. 따라서 TCFD는 운송부문의 정보 공개는 다음 사항들에 대한 정성적 및 정량적 평가와 잠재적 영향에 초점을 맞춘 지표를 추가적으로 공개할 것을 권장하고 있으며, TCFD가 운송부문에 속한 기관이나 조직을 위해 권고한 지표 예시는 〈표 Ⅵ-6〉에 정리되어 있다.

- 설비와 R&D 투자의 조기 전손, 정책 변화나 새로운 기술의 출현으로 인한 현 제품의 단계적 폐지와 같은 현 공장이나 설비에 대한 재무적 위험
- 새로운 기술에 대한 R&D 투자와 여러 운송 수단들에 대한 수요 이동
- 온실가스 배출 기준 및 연료 효율성 강화를 요구하는 규제에 대응하는 새로운 기술을 활용할 기회

표 Ⅵ-6 운송부문 지표 예시

재무 범주	기후변화 범주	지표 보기	지지 (alignment)	합리성	항공화물	항공여객	해양	철도	트럭	자동차
수입	에너지/ 연료	지역별, 무게별 판매가중 평균차량연료 경제성[1]/수송인원수	SASB: TR0101-09	• 연료비용과 이에 따른 배출량은 운송회사에게는 매우 중요 • 기관이나 조직이 보다 효율적인 설비로 전환을 어떻게 하고 있는지에 대한 이해는 잠재적 비용과 규제영향에 대한 통찰을 제공	○	○	○	○	○	○
수입	위험적응 및 완화	저탄소 대안으로의 투사에 대한 수입/비용 절감(예:R&D, 설비, 제품 및 서비스)	CDP: CC3.2,3.3,CCX6.1 SASB: TR0102-4	• 새로운 제품 및 기후변화 관련 세붐과 서비스로부터의 수입 흐름 및 운영 효율성을 향상시키는 자본지출투자에 대한 수익	○	○	○	○	○	○
수입	위험적응 및 완화	차종별(예:가수차량, 디젤	SASB: TR0101-10	• 전환위험을 관리하기 위해서는 새로운						○

재무 범주	기후변화 범주	지표 보기	지지 (alignment)	합리성	항공화물	항공여객	해양	철도	트럭	자동차
		차량, 배터리 전기자동차, 대체동력차량) 차량 판매(과거, 현재 및 예상)		기술이 필요 • 저탄소 배출 차량에 대한 수요는 증가할 것임. 따라서 핵심 사업에서 저탄소 차량을 더 적극적으로 사용하는 회사는 저탄소 경제에서 성공할 가능성이 더 높음.						
수입	위험적응 및 완화	새로운 선박들에 대한 에너지효율 설계지수(EEDI)	SASB: TR0303-05	• 국제해사기구(International Maritime Organization, IMO)에 따르면, 2013년 1월 이후 건조된 모든 선박은 EEDI 효율성 기준을 준수해야 함 • 전체적으로 저탄소 배출 선박(EED 설비 비율이 높은 선박)의 비율이 높은 회사는 효율성 규제가 기업 재무에 영향을 미칠 수 있는 저탄소 경제로의 전환에 유리한 위치에 있음을 나타냄			○			
지출	위험적응 및 완화	저탄소운송설비 혹은 운송 서비스에 대한 R&D 지출(OpEx)	SASB: TR0201-F (Age of fleet)	• 새로운 기술에 대한 투자는 전환위험을 관리하는 데 필요함 • 지출 수준을 통해 향후 핵심사업의 소득창출능력이 관련	○	○	○	○	○	○

재무 범주	기후변화 범주	지표 보기	지지 (alignment)	합리성	항공화물	항공여객	해양	철도	트럭	자동차
				위험 및 기회로부터 어느 정도 영향을 받을 수 있을지 가늠할 수 있음						
지출	에너지/연료	연료소비량 및 육상, 항공, 해상 및 철도운송에 대한 신재생에너지 비율	SASB:TR0201,2-03 TR0301-03 TR0401-03	• 저탄소 경제로의 전환으로 화석연료 사용은 점차 줄어드는 반면 신재생에너지 사용량은 점차 증가할 것임 • 현 자산에서 신재생에너지원이 차지하는 비율은 향후 핵심사업의 소득창출 능력과 자산손상가치의 정도를 판단하는 중요한 척도임	○	○	○	○	○	○
지출	GHG 배출량	육상 운송수단-지역별 GHG 배출량: 규제요건/목표 대비 주요 지역의 주요 제품들의 GHG 배출량/배출강도	CDP:AU2.3	• 전환 위험의 일부는 지역별 제품 효율 규제의 잠재적 실행에서 비롯됨 • 이러한 지역에 있는 기관이나 조직의 운영 방식과 비준수로 인한 위헌 및 영향을 파악하는 것이 매우 중요함					○	○
자산	GHG 배출량	운송제품들(항공, 선박, 철도, 트럭, 자동차)의 생애주기 GHG 배	SASB: TR101-01/02/03, TR0102-02/05/06	• 기관이나 조직의 제품 생애주기 배출량 및 원재료 활용을 어떻게 관리하고 있는지를 통해 저탄소 경	○	○	○	○	○	○

재무 범주	기후변화 범주	지표 보기	지지 (alignment)	합리성	항공화물	항공여객	해양	철도	트럭	자동차
		출량		제로의 전환에 대한 기관이나 조직의 적응능력을 판단할 수 있음						
자산	위험적응 및 완화	저탄소 운송설비 혹은 운송서비스에 대한 투자 (CapEx)	SASB: TR0201-F (Age of fleet)	• 새로운 기술에 대한 투자는 전환위험을 관리하는 데 필요함 • 투자수준을 통해 향후 핵심사업으로부터의 소득창출능력이 어느 정도 영향을 받을 수 있을지 가늠할 수 있음	○	○	○	○	○	○

주1: 지역과 차량의 무게에 따라 판매된 차량의 연료 효율을 가중 평균한 값을 의미
자료: TCFD(2017b)

2.4 재료 및 건물부문

재료 및 건물부문(Materials and Building)은 금속 및 채굴(Metals and Mining), 화학(Chemicals), 건축재료(Construction Materials), 자본재 및 부동산 관리와 개발 산업 등이 포함된다. 이 부문의 기관이나 조직은 전형적으로 자본 집약적이며, 고정된 위치에 있는 공장, 장비, 건물에 대한 대규모 투자가 필요하고, 원재료와 정제 재료에 대한 의존도가 높다. 이러한 특성으로 인해 다른 부문에 비해 기후변화 관련 위험에 적응할 수 있는 유연성이 상대적으로 떨어진다.

또한, 이 부문은 에너지 소비가 많아 온실가스(GHG) 배출량이 많고, 물의 가용성에 크게 의존하며, 날씨 변동으로 인한 급성 및 만성 위험에 취약하다. 이와 더불어 자본 집약적이며 공장 및 설비의 수명이 길기 때문에, 가속화된 연구, 개발, 시연 및 배치(Research, Development, Demonstration, and

Deployment, R&DDD)가 매우 중요하다. 따라서 R&DDD 계획과 진행 상황에 대한 정보 공개는 재료 및 건물부문에 속한 기관이나 조직이 기후변화 관련 위험과 기회를 현재와 미래에 어떻게 관리하는지를 파악하는 데 필수적이다. 따라서 TCFD는 재료 및 건물부문의 정보 공개는 다음 사항들에 대한 정성적 및 정량적 평가와 잠재적 영향에 초점을 맞춘 지표를 추가적으로 공개할 것을 권장하고 있으며, TCFD가 재료 및 건물부문에 속한 기관이나 조직을 위해 권고한 지표 예시는 〈표 Ⅵ-7〉에 정리되어 있다.

- 배출 규제 강화 및 탄소 배출 비용 부과에 따른 비용 영향
- 건축자재와 부동산 분야는 운영에 영향을 미치는 급성 날씨 변동의 빈도와 심각성, 그리고 증가하는 물 부족과 관련된 위험을 평가해야 함
- 효율성을 높이고, 에너지 사용을 줄이고, 폐기물 순환 제품 솔루션(Closed-loop product solutions)을 지원하는 제품이나 서비스의 기회

표 Ⅵ-7 재료 및 건물부문 지표 예시

재무 범주	기후변화 범주	지표 보기	지지 (alignment)	합리성	금속 및 채굴	화학	건축자재	자본재	부동산
수입	위험적응 및 완화	저탄소 대안으로의 투자에 대한 수입/비용 절감(예: R&D, 설비, 제품 및 서비스)	CDP:CC3.2, 3.3,CC6.1 SASB:IF0403-1	• 새로운 제품 및 기후변화 관련 제품과 서비스로부터의 수입흐름 및 운영효율성을 향상시키는 자본지출투자에 대한 수익	○	○	○	○	○
지출	위험적응 및 완화	저탄소대안에 대한 지출(OpEx) (예: R&D, 기술, 제품. 서비스)	GRI302-5	• 새로운 기술에 대한 투자는 전환위험을 관리하는 데 필요함 • 투자수준을 통해 향후 핵심사업으로부터의 소득창출능력이 어느 정도인지를 가늠할 수 있음	○	○	○	○	○

재무 범주	기후변화 범주	지표 보기	지지 (alignment)	합리성	금속 및 채굴	화학	건축자재	자본재	부동산
지출	에너지/ 연료	에너지원별 소비된 총량(예: 구매된 전기양 및 신재생에너지)	SASB: IF0404-02 GRI:302-1	• 금속 및 채굴은 에너지와 배출 집약적인 산업임. 건물 역시 에너지 및 연료소비(특히 heating 관련)의 상당 부분을 차지하고 있음. • 에너지원별 에너지 소비수준을 이해하는 것은 저탄소경제로의 시나리오에서 전환위험뿐만 아니라 특정에너지 소비와 관련한 규제조치의 잠재적 영향을 파악하는 데 도움이 됨	○	○	○	○	○
지출	에너지/ 연료	석탄, 천연가스, 석유 및 신재생에너지로부터 소비된 연료량-비율	SASB: NR302-04		○	○	○	○	○
지출	에너지/ 연료	총 에너지 집약도는 제품의 생산량, 판매량, 또는 정보 가치에 따라 달라지는 에너지 소비 효율성을 나타냄. 이는 제품의 유형과 특성에 따라 다양한 기준(예: 톤당 제품, 판매 금액, 제품 수 등)으로 측정될 수 있음.	GRI302-3	• 저탄소 경제로의 전환에서, 생산 과정에서 달성된 에너지 효율 수준은 투자자에게 전환위험에 따른 소득 창출 능력과 제품 포트폴리오 구성의 취약성에 대한 중요한 정보를 제공함	○	○	○	○	○
지출	에너지/ 연료	(입주자별 혹은 square당) 건물에너지집약도	SASB: IF0402-02 GRI: G4-CRE1 GRESB:	• 저탄소 경제로의 전환에서, 자산의 에너지 효율 수준은 투자자에게 전환 위험에 따른 부동산의 소득 창출					○

재무 범주	기후변화 범주	지표 보기	지지 (alignment)	합리성	금속 및 채굴	화학	건축 자재	자본재	부동산
			Q25.2	능력과 포트폴리오 구성의 취약성에 대한 정보를 제공함					
지출	물	물 스트레스가 높은 지역에서 취수된 담수의 비율	SASB: NR0401-05	• 물 스트레스는 공급 비용 증가, 실질적인 생산 중단, 생산을 위한 물 취수에 대한 규제 입법을 초래할 수 있음 • 물 스트레스 지역에서 취수된 물의 비율은 상당한 비용 발생이나 생산 능력 제한 가능성에 대한 중요한 정보를 제공함	○	○	○	○	○
지출	물	(입주자별 혹은 square당) 물집약도	GRI: G4-CRE2 GRESB: Q27.2	• 물 스트레스는 공급비용 증가, 세입자들에게 실질적인 물 공급 중단, 소비목적의 취수에 대한 규제입법화를 초래할 수 있음 • 건물에 대한 물 집약도는 상당한 비용이나 서비스능력에 대한 제한과 관련된 전환위험 가능성에 대한 정보를 제공함					○
지출	GHG 배출량	• (입주자별 혹은 square당) 건물의 GHG배출량 집약도 • 새 건축이나 재	GRI:G4-CRE3/CRE4	• 저탄소 경제로의 전환에서, 자산의 에너지 효율 수준은 투자자에게 전환 위험에 따른 자산의 소득 창출 능	○	○	○	○	○

재무 범주	기후변화 범주	지표 보기	지지 (alignment)	합리성	금속 및 채굴	화학	건축자재	자본재	부동산
		개발로부터의 GHG배출량 집약도		력과 포트폴리오 구성의 취약성에 대한 정보를 제공함					
자산	지역	지정된 홍수지역에 있는 건물, 공장 및 재산의 면적	GRESB: Q15.1.15.2 SASB: IF0401-13, 02-13 SASB: IF0402-13	• 홍수 위험은 서비스 가능성에 영향을 줄 수 있는 물질적 위험을 초래할 수 있음 • 홍수 위험의 잠재적 영향과 관련된 재정적 의미를 이해하면, 투자자는 자산 구성의 소득 창출 능력에 대한 잠재적 영향을 파악할 수 있음	○	○	○	○	○
자산	GHG 배출량	(잠재적 미래 배출량에 대한 정보를 제공하기 위한) 매장량의 세분화 및 관련된 배출계수에 대한 표시	SASB: NR0101-23	• 저탄소경제로의 전환은 매장량(reserves) 가치에 영향을 미침 • 잠재적인 미래배출량에 대한 정보 제공은 투자자에게 규제조치와 수요변화가 소득창출능력에 미치게 될 영향을 파악할 수 있게 함	○				
자산	위험적응 및 완화	자산별 지속가능하다고 판명된 것의 비율	GRESB: NC5.2/CA2/Q30.1/Q30.2/Q31	• 탄소가격책정 및 저탄소부동산으로의 전환과 규제조치들은 기존 부동산의 재무적 생존 가능성에 영향을 미침 • 지속가능성 인증을 받은 자산의 비율에 대한 정보 제공은 투자자가 규제 조치와 수					○

재무 범주	기후변화 범주	지표 보기	지지 (alignment)	합리성	금속 및 채굴	화학	건축자재	자본재	부동산
				요 변화가 부동산 자산 구성의 소득 창출 능력에 미칠 잠재적 영향을 파악하는 데 도움이 됨					
자산	위험적응 및 완화	저탄소대안에 대한 투자(CapEx)	GRI302-5	• 새로운 기술에 대한 투자는 전환위험을 관리하는 데 필요함 • 투자수준을 통해 향후 핵심사업으로부터의 소득창출능력이 어느 정도 영향을 받을 수 있을지 가늠할 수 있음	○	○	○	○	○

자료: TCFD(2017b)

2.5 농업, 식품 및 임산물 부문

농업, 식품 및 임산물(Agriculture, Food, and Forest Products) 부문에는 음료, 농산물, 포장 식품 및 육류, 종이 및 임산물 등이 포함된다. 이 부문에서의 기후변화 관련 위험과 기회는 토지 사용, 생산 방식, 토지 사용 패턴의 변화로 발생하는 GHG 배출, 물 및 폐기물 관리 등에서 비롯된다.

이 부문의 기후변화 관련 전환 및 물리적 위험은 생산자인지 식품 및 섬유 가공업자인지에 따라 다르게 나타날 수 있다. 농업이나 산림 기업과 같은 생산자들은 가공업자들보다 온실가스(GHG) 배출과 물 위험(예: 극단적인 날씨 사건이나 강수 패턴의 변화)으로 인해 더 큰 재무적 영향을 받을 수 있다. 농업 및 산림 생산자들은 주로 토지 경작이나 토지 사용 변경(예: 방목, 토양 경작 관행, 보전 관행, 사육장 관행, 삼림 벌채 및 조림)을 통해 상당량의 GHG를 발생시키는 비점오염원이다. 반면, 식품, 음료 및 섬유 가공업자(예: 종이)는 직접적인 GHG 배출(Scope 1)보다 공급망 및 가치사슬에서 발생하는 간접적인 GHG 배출(Scope 3)이 더 많다. 가공업자들은 물 및 폐기물 관리에 있어 생산자와 유사한 위험과 기회에 직면한다[51]. 예를 들어, 음료 및 종이 가공업자들은 물 자원에 크게 의존한다.

농업, 식품 및 임산물 부문에서 기후변화 관련 위험과 기회의 영향을 평가하는 일은 복잡하다. 이는 토지 사용, 물, 폐기물, 탄소 격리, 생물다양성 보존 등과 같은 기후변화 관련 요소 간에 복잡한 상충 관계와 상호작용이 존재하기 때문이다. 식량 생산을 위해 더 많은 토지를 경작하면 삼림 벌채가 발생하여 탄소 격리 능력이 감소할 수 있으며, 물 사용이 증가하면 해당 지역의 생물다양성이 위협받을 수 있다. 이러한 상충 관계는 농업, 식품, 임산물 부문에서 의사결정을 더욱 어렵게 만든다. 또한, 토지 사용 및 보존에 대한 정책과 규제는 특정 지역에서 토지나 물 자원의 사용을 제한하거나 금지할 수 있다. 따라서 이 부문에서 기후변화 대응 전략을 수립할 때는 다양한 요소들을 종합적으로 고려해야 한다. 이러한 특성을 감안해, TCFD는 농업, 식품 및 임산물 부문의 정보 공개는 다음 세 가지 사항들에 대한 정성적 및 정량적 평가와 잠재적 영향에 초점을 맞춘 지표를 추가적으로 공개할 것을 권장하고 있으며, TCFD가 농업, 식품 및 임산물 부문에 속한 기관이나 조직을 위해 권고한 지표 예시는 〈표 Ⅵ-8〉에 정리되어 있다.

- 산출물 단위당 탄소 및 물 집약도를 낮춤으로써 발생하는 효율성 증가
- 산출물 단위당 투입 요소 및 폐기물 감소
- 저탄소 및 물 집약도가 낮은 신제품 및 서비스 개발

---

51 폐기물에 대한 위험과 기회에는 종이, 나무 쓰레기, 폐수, 생산 과정 후 발생하는 동물 부산물과 같은 잔류 물질도 포함된다.

표 VI-8 농업, 식품 및 임산물 부문 지표 예시

재무 범주	기후변화 범주	지표 보기	지지 (alignment)	합리성	음료	농업	포장 식품 및 육류	종이 및 임산물
수입	위험적응 및 완화	저탄소 대안으로의 투자에 대한 수입/비용 절감(예: R&D, 설비, 제품 및 서비스)	CDP:CC3. 2,3.3,6.1	• 새로운 제품 및 기후변화 관련 제품과 서비스로부터의 수입흐름 및 운영효율성을 향상시키는 자본지출투자에 대한 수익	○	○	○	○
지출	위험적응 및 완화	저탄소/물 대안에 대한 지출(OpEx) (예: R&D, 기술, 제품. 서비스)	GRI: G4-0G2 CDP: EU4.3	• 새로운 기술에 대한 투자는 전환위험을 관리하는 데 필요함 • 투자수준을 통해 향후 핵심사업으로부터의 소득창출능력이 어느 정도 영향을 받을 수 있을지 가늠할 수 있음	○	○	○	○
지출	물	총취수량 및 소비량	SASB:CN0 101-06	• 물 스트레스는 공급비용 증가, 생산능력 불능, 생산을 위한 취수 규제 입법화를 초래할 수 있음 • 물 스트레스가 높은 지역에서의 취수된 비율 및 소비량 정보를 통해 비용 발생이나 생산능력 제한과 관련된 위험 정도를 파악할 수 있음	○	○	○	○
지출	물	물 스트레스가 높은 지역에서의 취수량 및 소비량 비율	SASB:CN0 101-06		○	○	○	
지출	물	물 스트레스가 높은 지역에 약정된 자산가치	SASB:IF01 01-06	• 물 스트레스는 생산능력을 제한하거나 자산을 강제 철거할 수 있게 함 • 물 스트레스 지역에 있는 자산 수준을 통해 자산가치에 대한 잠재적 영향을 판단할 수 있음	○	○	○	○

재무 범주	기후변화 범주	지표 보기	지지 (alignment)	합리성	음료	농업	포장 식품 및 육류	종이 및 임산물
자산	GHG 배출량	비기계적 (Scope 1): 생물학적 과정에서의 배출	CDP: FBT1.3c	• 농업에서는 기계 장비에서 발생하는 온실가스 배출보다 생물학적 과정에서 발생하는 배출이 더 많음 • 농업이 생물학적 체계(System)에 의존하기 때문에, 온실가스(GHG)의 배출과 흡수 과정은 단순히 농기계에서 나오는 배출보다 훨씬 더 복잡한 방식으로 이루어짐 • 따라서, 농지에서 발생하는 생물학적 배출이 얼마나 되는지를 파악하고, 지속적인 변화나 특정 사건으로 인해 최근 또는 미래에 어떤 변화가 예상되는지 이해하는 것이 중요함 • 이는 농업 생산과 토지 이용에 미치는 재무적·규제적 영향을 평가하는 데 필수적인 요소임	○	○	○	○
자산	GHG 배출량/ 토지사용	토지사용변화 (Scope 1): 토지사용 결과와 토지이용변화(예:서식지에서 농지로 전환)로 인한 탄소저	CDP: FBT1.3c	• 농업부문의 경우 기계에서 배출되는 것보다 비기계부문에서 배출되는 GHG 양이 많음 • 생물학적 체계에 대한 의존은 GHG의 배출이나 제거가 농지 사용에 사용되는 기계장비의 배		○	○	○

재무 범주	기후변화 범주	지표 보기	지지 (alignment)	합리성	음료	농업	포장 식품 및 육류	종이 및 임산물
		량의 변화		출보다 일반적으로 보다 복잡한 과정을 통해 발생함 • 기관이나 조직의 생산 및 토지 사용에 대한 재무 및 규제영향을 평가하려면, 토지와 관련된 생물학적 배출량 범위뿐만 아니라, 지속적인 변화나 특정사건(예: 기후변화, 농업방식 변화)으로 인해 현재 또는 미래에 어떤 변화가 발생할 수 있는지를 이해하는 것이 중요 • 이는 농업 생산과 토지 이용에 미치는 재무적·규제적 영향을 평가하는 데 필수적임				
지출	GHG 배출량	기계배출 (Scope 1): 농장이나 시설에서 운영되는 장비 또는 기계에서 발생하는 온실가스 배출량	SASB:CN0101-01, CDP FBT 1.3b	• 가치사슬에서 비교적 많은 탄소가 배출되는 경우 탄소 가격을 포함한 탄소배출을 저감시키는 규제를 초래할 가능성이 있음. 이로 인해 미래 수익 창출 능력이 크게 감소할 수 있음.		○		○
지출	GHG 배출량	• 구매한 에너지 (Scope 2): 농장이나 시설에서	CDP FBT 1.3b			○	○	○

재무 범주	기후변화 범주	지표 보기	지지 (alignment)	합리성	음료	농업	포장 식품 및 육류	종이 및 임산물
		소비를 위해 구매된 전기, 스팀 및 열 생산과정에서 발생하는 배출량						
자산	위험적응 및 완화	저탄소/물 대안에 대한 투자(CapEx) (예: 자본설비 혹은 자산)	GRI: G4-OG2 CDP: EU4.3	• 전환 위험을 관리하기 위해 새로운 기술에 대한 투자가 필요함 • 투자 규모는 핵심 사업의 미래 수익 창출 능력이 얼마나 영향을 받을 수 있는지를 보여주는 지표가 될 수 있음	○	○	○	○

자료: TCFD(2017b)

3 TCFD 권고안의 수용 정도[52]

TCFD는 2018년부터 매년 이행 정도와 개정 상황을 담은 『TCFD 현황 보고서(TCFD Status Report)』를 발표하고 있다. 이 보고서에 따르면, TCFD 권고안을 지지하고 수용하는 기관의 수는 꾸준히 증가하고 있다. 2023년 보고서에 따르면, 2023년 기준 TCFD를 지지하는 기관이 4,800개 이상으로 증가했으며, 세계 경제의 약 60%를 차지하는 19개 국가 및 지역에서는 TCFD 기반 정보 공개 규정이 법적으로 도입되었거나 도입을 검토 중이다.

52 자세한 내용은 TCFD(2023) 참조 혹은 https://www.fsb-tcfd.org/publications/ 참조.

2022년 기준으로, TCFD 권고안에 따라 적어도 5개의 권고사항을 준수한 기업의 비율은 58%로, 2020년의 18%에 비해 크게 증가했지만, 모든 권고사항을 완전히 준수한 기업은 4%에 불과했다. 특히 기업들은 지속가능성 보고서와 연차 보고서에서 TCFD 권고사항을 준수하는 경향이 높았으나, 재무보고서에서의 공시는 상대적으로 적었다. 다시 말해, 기업이 기후 관련 정보를 보고하기는 하지만, 재무적 영향까지 명확하게 공시하는 경우는 아직 많지 않다.

또한, 기후행동 100+(Climate Action 100+) 이니셔티브[53]의 구성원인 자산관리 규모 47조 달러 이상인 500명의 투자자들은 전 세계에서 온실가스 배출이 가장 많은 기업에게 TCFD 권고안에 기반한 기후변화 관련 정보 공개를 요구하고 있다. 이들 기업뿐만 아니라, 110개 이상의 정부 기관도 TCFD 권고안을 지지하고 있으며, 일부 국가는 이를 정책과 지침서에 포함시키고 입법 및 규제를 통해 TCFD 정보 공개를 요구하는 방향으로 나아가고 있다.

TCFD의 2023년 보고서에 따르면, 기후변화가 기업의 사업, 전략 및 재무계획에 미치는 영향을 공시한 기업의 비율은 여전히 낮으며, 기업이 기후변화 관련 재무 정보를 공시하는 데 겪는 어려움이 여전한 것으로 나타났다.

SASB와 GRI는 지속가능성 보고에서 "어떤 내용(What to disclose)"을 공개해야 하는지를 다루는 반면, TCFD는 이러한 내용을 "어떻게 기술할 것인지(How to disclose)"에 대한 방법론적 지침을 제공하고 있다. 다음 장에서 살펴보겠지만 TCFD 공시 지침은 2024년 공표된 ESRS 및 IFRS 지속가능성 공시기준에서 요구하는 정보 작성 방식의 주요 프레임워크로 반영되고 있다. 이런 관점에서 본다면, TCFD 권고안에서 제시하고 있는 지속가능경영보고서 작성 프레임워크는 국제적으로 점점 더 중요하게 통용되는 기준으로 자리매김할 것으로 생각된다.

---

53 기후행동 100+(Climate Action 100+)는 세계에서 가장 많은 온실가스를 배출하는 기업들을 대상으로 기후변화에 대한 책임을 묻고 기후변화 대응을 촉구하기 위해 조직된 글로벌 투자자 이니셔티브이다. 이 이니셔티브는 2017년에 시작되었으며, 전 세계에서 자산 규모가 47조 달러 이상인 500여 명의 투자자들이 참여하고 있다.

part VII

지속 가능 정보 공시 기준안: ESRS, IFRS

Ⅶ

지속 가능 정보 공시 기준안: ESRS, IFRS

기업의 지속가능경영보고서 기준안 개발은 초창기에는 GRI, SASB, TCFD에 의해 주도되었지만 최근 기준안 개발을 주도한 곳은 유럽연합의 EU재무보고자문그룹(European Financial Reporting Advisory Group, 이하 EFRAG)과 IFRS 재단 산하의 국제지속가능성기준위원회(International Sustainability Standards Board 이하 ISSB)이다[1]. EU EFRAG이 주도한 기준안은 유럽지속가능성공시표준(European Sustainability Reporting Standard, 이하 ESRS 기준안)이며[2] ISSB가 주도해 발표한 지침안은 IFRS 기준안이다. 향후 기업이 지속가능경영보고서를 작성할 때 사용될 지침안은 이들 두 기준안이 가장 많이 사용될 것으로 전망된다. 이하에서는 이들 두 안에 대해 자세히 살펴본다.

---

1 6장에서 설명한 것처럼, ESRS 및 IFRS 기준안에서도 TCFD 권고안에서 제시한 주제에 대한 기술 방법을 준용하고 있다.

2 ESRS 기준안이라는 표현보다는 기준안을 뺀 ESRS가 옳은 표현이나 전자로 표현하는 것이 이해하기가 쉽기 때문에 이하에서는 ESRS 기준안으로 표기한다. 또한 기준안이라는 말 대신 표준안이라 표기하는 경우도 많다.

1 ESRS 기준안[3]

1.1 기본적인 구조와 ESRS 1

ESRS는 2023년 1월 발효된 CSRD에서 요구하는 지속가능성 정보공개 의무를 구체화한 보고 기준이다[4]. ESRS 기준안은 EFRAG가 주도해 마련되었으며 2022년 11월 초안이 공개되었다. 이 초안은 2022년 4월 이후 대폭 완화되면서 TCFD, IFRS S1·S2, 그리고 가장 널리 활용되는 GRI 기준을 적극적으로 반영해 기업의 공시 부담을 줄였다. 구체적으로 정보공개 요구사항은 136개에서 84개로, 정량 및 정성 데이터 포인트는 2,161개에서 1,144개로 간소화되었다. 또한 CSRD가 직원 수 250명 이상 기업에 대해 2024년(2023년 정보)부터 공시를 의무화한 것과 달리, ESRS 초안은 적용 대상을 500명 이상으로 상향하고 시행 시기도 2025년(2024년 정보) 공시로 연기하였다[5]. 해당 초안은 2022년 11월 EU 집행위원회에 제출된 이후, 유럽환경청과 유럽중앙은행을 포함한 다양한 EU 기관 및 회원국의 검토와 협의를 거쳤다. 그 결과 2023년 6월 EFRAG가 최종 ESRS를 유럽연합 집행위원회에 제출했으며,

---

3 ESRS 기준안의 내용은 https://www.efrag.org/en 참조.

4 ESRS 기준안은 CSRD 이행을 위한 일종의 관리도구의 성격을 가지고 있다.

5 4장에서 설명했듯이, 2025년 Omnibus 패키지에서는 CSRD 및 ESRS 적용 대상 기업의 범위를 다시 대폭 축소하는 기존 위임법을 수정하는 위임법(Amending Delegated Act) 제정이 포함되었다. 직원 수 기준은 기존 250명에서 1,000명으로 상향 조정되었으며, 기존에 적용되던 재무 요건도 강화되어 매출 기준은 4천만 유로에서 5천만 유로로, 자산 기준은 2천만 유로에서 2천5백만 유로로 상향되었다. 또한 CSRD 보고 일정은 최대 2년까지 연기되고, 이를 위해 2차(Wave2)·3차(Wave3) 적용 대상 기업의 보고 의무 발효를 일시 중단하는 "Stop–the–clock" 메커니즘이 도입되었다. 이에 따라 2차 대상 기업의 최초 보고는 2028년(2027년 정보), 3차 대상 기업은 2029년(2028년 정보)으로 연기된다. 다만 이러한 변경 내용은 현재 유럽연합 집행위원회가 제안한 단계에 머물러 있으며, EU 의회 법사위원회(JURI) 논의 과정에서 일차적으로 합의에 이르지 못한 이후 재검토 및 수정 논의가 진행 중이다. 유럽의회와 EU 이사회의 최종 승인 절차를 거쳐야 법적으로 확정되기 때문에 Omnibus 패키지가 최종 채택된다면 CSRD의 적용 범위와 보고 내용이 현행 대비 크게 완화될 전망이지만, 현시점에서는 제안 단계임을 유의해야 한다.

같은 해 7월 31일 집행위원회가 CSRD 이행을 위해 ESRS를 위임법(Delegated Act) 형태로 공식 채택하였다. 이를 통해 ESRS는 CSRD에서 요구하는 지속가능성 정보공개 의무를 구체적으로 실행하기 위한 세부 보고 기준으로 확정되었다[6].

ESRS 공시 기준은 〈표 Ⅶ-1〉에 정리되어 있듯이 2개의 공통 기준(Cross-cutting Standards)인 ESRS 1, 2와 환경(5개), 사회(4개), 지배구조(1개)와 관련된 지속가능성 이슈를 포괄하는 10개의 주제별 기준(Topic-specific Standards)으로 구성되어 있다. ESRS 1은 일반요구(General requirement)사항으로 기업이 CSRD에 따라 지속가능경영보고서를 작성할 때 적용되는 필수 개념과 원칙을 규정하고 있다(〈표 Ⅶ-2〉 참조). 구체적으로는, ESRS 1인 일반요구사항은 ESRS 기준안에 기초해서 기업이 지속가능경영보고서를 작성할 때 유념해야 할 사항, 주요 개념들에 대해 설명하고 있다[7]. 주요 개념과 관련해서는 이중중요성, 지속가능성 공급망(Supply chain)[8] 실사, 가치사슬(Value chain)에 대해 자세히 규정하고 있다. 이중중요성과 관련해서는 중요성을 영향중요성(Impact materiality)과 재무중요성(Financial materiality)과 구분하고 각각의 개념에 대해 서술하고 있다. 영향중요성은 기업이 사회 및 환경에 미치는 영향을 뜻하며, 재무중요성은 사회나 환경의 변화가 기업의 재무에 미치는 영향을 의미한다. ESRS 1은 두 가지 중요성이 상호 의존적이며, 일반적으로 기업이 사회·경제·환경에 미치는 영향을 평가하는 영향평가(Impact Assessment)에서 출발한다고 규정한다. 영향평가를 통해 중요한 것으로 식별된 주제는 단기적으로는 기업의 재무 성과에 큰 영향을 미치지 않을 수 있지만, 장기적으로는 재무에 유의미한 영향을 줄 수 있다고 설명한다. 즉, ESRS 기준에 따라 지속가능경영보고서를 작성할 때는 이중중요성(Double Materiality) 중에서도 영향중요성(Impact Materiality)을 우선적으로 고려해야 함을 강조한다.[9] 영향중

---

6 ESRS 기준안은 EU 이사회 및 의회에 각각 제출되어 심사 및 승인 절차를 거치게 될 것이다.

7 이는 GRI Universal 기준 중 GRI1에 해당된다.

8 공급망은 제품이나 서비스가 생산되어 소비자에게 전달되는 전체 과정을 의미하며, 외부 공급자와의 상호작용을 포함한다.

요성 평가를 통해 식별된 기업의 사업운영을 통해 발생하는 영향들을 '영향'으로, 재무중요성 평가 과정을 통해 식별된 (지속가능성) 재무위험과 기회를 '위험과 기회'로 각각 정의하고 있다. 또한 ESRS는 이중중요성 평가가 기업의 가치사슬 전반을 대상으로 이루어져야 함을 명확히 하며, 기업 경계[10](Boundary)를 넘어 상류(공급망)와 하류(제품·서비스 사용 및 폐기 단계) 활동까지 포괄적으로 고려해야 함을 규정하고 있다. 특히 공급망 및 공급망 실사(Due diligence)를 통한 위험과 영향의 체계적 식별을 강조한다.[11]

ESRS 기준안에 기초해 기업이 지속가능경영보고서 작성할 때 중요성 평가(Materiality assessment)는 핵심이다. ESRS 기준안도 기업이 이해관계자들에 미치는 영향에 기초해서 지속가능경영보고서를 작성하도록 요구하고 있지만 이해관계자들에게 미치는 모든 영향을 평가할 수는 없고 따라서 중요성 평가를 할 수밖에 없기 때문이다. 이중중요성이 기업의 중요성 평가 시 기본 방향을 제공한다면, 공급망 실사는 기업이 중요한 주제를 판단하고 영향을 관리하는 수단이다. 지속가능성 공급망 실사는 기업이 사업 과정에서 환경과 사람들에게 미칠 실제적 또는 잠재적 부정적 영향을 확인하고, 이를 예방, 완화, 설명하는 과정이다. 투자자는 기업의 공급망 실사 정보를 통해 동일한 위험 요소에 대해 해당 기업이 다른 기업에 비해 얼마나 효과적으로 위험과 기회를 관리하는지 평가할 수 있다[12].

---

9 이는 앞서 언급한 GRI 기준과 같다.

10 기업 경계(Boundary of a Company)는 기업이 지속가능성 보고서나 재무제표 등을 작성할 때 포함할 활동, 운영, 자회사, 연관 단체 및 기타 중요한 요소들을 정의하는 범위를 의미한다. 이는 기업의 영향, 책임 및 성과를 명확하게 정의하고 보고하기 위해 필수적이다.

11 공급망 및 공급망 실사와 관련해서도 2025년 Omnibus 패키지에서 보고 의무가 완화되었으며, 이에 대한 구체적인 내용은 4장 참조.

12 ESRS는 기업이 가치사슬 전반에서 발생할 수 있는 실제적·잠재적 부정적 영향을 식별하고 이에 대한 대응을 공시하도록 요구하지만, 구체적인 공급망 실사 절차나 방법론 자체를 제시하지는 않는다. 대신, 기업이 OECD 다국적기업 가이드라인이나 UNGP(기업과 인권 이행원칙)와 같은 국제 기준을 참고하여 자체적으로 실사 프로세스를 설계·운영할 것을 전제로 하고 있다.

ESRS 1은 지속가능경영보고서의 보고 범위와 보고 위치를 명확히 규정한다. 보고 범위는 환경, 사회, 지배구조와 관련된 모든 중요한 영향, 위험 및 기회에 관한 정보를 포함해야 하며, 이는 이중중요성 평가를 통해 식별된 주제를 포괄한다. 보고 위치는 기업의 경영(혹은 사업)보고서(Management report) 내 별도의 섹션으로 포함되어야 하며, 별도의 독립 보고서 형태로 제출할 수 없다. 일반적으로 경영보고서는 상장기업을 포함한 다수의 기업에서 공시가 법적으로 의무화되어 있으며, 재무제표와 함께 기업의 경영 성과에 관한 핵심 정보를 제공한다. CSRD와 ESRS는 이러한 지속가능성 공시가 재무보고와 동일한 수준의 검증과 공개 요건을 충족하도록 요구한다.

표 Ⅶ-1 ESRS 기본구조

공통표준	주제별 표준		
	환경(E)	사회(S)	지배구조(G)
ESRS 1 (일반요구사항)	ESRS E1 기후변화	ESRS S1 자체인력(임직원)	ESRS G1 기업행동
ESRS 2 (일반공시사항)	ESRS E2 환경오염	ESRS S2 가치사슬 내 임직원	
	ESRS E3 수자원 및 해양자원	ESRS S3 지역사회	
	ESRS E4 생물다양성과 생태계	ESRS S4 소비자 및 최종사용자	
	ESRS E5 자원사용 및 순환경제		

표 Ⅶ-2 ESRS 1 일반요구사항 구조

	내용
1장	유럽 지속가능성 보고 기준(ESRS)에 따른 기준 및 공개의 범주
2장	정보의 질적 특성
3장	지속가능정보 공개의 기초가 되는 이중중요성
4장	지속가능성 공급망 실사(Sustainability due diligence)
5장	가치사슬 혹은 공급망
6장	시계(Time horizons)
7장	지속가능성 정보 준비 및 발표
8장	지속가능경영보고서(Sustainability statements)의 구조
9장	기업 보고의 다른 부분 및 연계정보와의 연계
10장	이행조항(Transitional provisions)

1.2 ESRS 2

ESRS 2는 기업이 ESRS 기준에 따라 지속가능성 보고서를 작성할 때 모든 기업이 공통적으로 공시해야 하는 일반 공시 요구사항(General Disclosures)을 규정하고 있다. ESRS 2는 다음 다섯 가지 주요 공시 영역으로 구성된다.

- 기본 정보(Basis for Preparation, BP)
- 지배구조(Governance, GOV)
- 전략(Strategy and Business Model, SBM)
- 중요성 평가(Impact, Risk and Opportunity – Materiality Assessment, IRO)
- 측정항목 및 목표(Metrics and Targets)

이 다섯 영역은 기업의 지속가능성 보고서의 기본 구조를 형성하며, TCFD 권고안의 핵심 요소(지배구조, 전략, 위험관리, 지표 및 목표)와 유사한 체계를 보인다. 다만 ESRS 2는 TCFD보다 보고 범위(Reporting boundary), 가치사슬(Value chain) 반영, 중요성 평가 절차(Materiality process) 등을 보다 구체적으로 규정하고 있으며, 재무 및 비재무정보를 통합적으로 연결하는 공시체계를 제시한다[13](〈표 Ⅶ-3〉 참조).

ESRS 2의 기본정보(Basis for preparation, BP) 부분에서는 기업이 다음과 같은 핵심 사항을 공시하도록 요구한다. 기업의 명칭과 일반적 식별 정보, 지속가능성 보고서가 재무제표와 통합된 형태(통합보고서)인지 또는 별도로 작성된 것인지(개별보고서) 여부, 기업의 주요 사업 활동과 운영 지역, 직원 수 및 인력 구성, 그리고 보고 경계의 설정 근거와 가치사슬 포함 범위 등이 이에 포함된다.

'지속 가능성과 관련된 지배구조(Governance, Gov)' 정보 공개 요구사항은 다섯 가지 항목(GOV1~GOV5)으로 구성되어 있다. GOV 1은 기업의 행정·경영·감독 기구(administrative, management and supervisory bodies)가 지속가능성과 관련된 사안에 대해 어떠한 역할과 책임을 수행하며, 이를 어떤 구조와 절차를 통해 감독하는지를 명확히 공시하도록 요구하는 조항이다. 즉, GOV 1은 기업의 최고 의사결정기구(이사회 및 이에 상응하는 기구)가 지속가능성 전략의 수립, 위험 및 기회 관리, 내부 통제 및 보고체계를 어떻게 지도하고 감시하는지를 설명하는 데 목적이 있다. 공시 요구사항의 주요 범주는 다음과 같다.

- 지속가능성 전략 및 관련 정책에 대한 감독과 책임
- 지속가능성 위험과 기회의 관리 및 의사결정 절차
- 지속가능성 관련 위원회 및 조직 구조
- 행정·경영·감독 기구 구성원의 역할 및 권한 위임
- 지속가능성 보고서의 검토·승인과 관련된 감독 절차
- 행정·경영·감독 기구의 전체 및 각 구성원이 보유하거나 활용할 수 있는 지속 가능성 관련 전문 인력과 이를 위한 교육 프로그램에 대한 설명
- 구성원 지명·선정 시 지속가능성과 관련된 기준(예: 다양성, 전문성, 경험 등)

---

13 예를 들어, TCFD 권고안은 기업이 중요하다고 판단되는 기후 관련 정보를 공시하되, 범위(자회사, 협력사 등)는 기업이 자율적으로 설정 가능하다. 명확한 정의나 공시 단위 규정은 없다.

GOV 2는 "지속가능성 관련 정보의 제공 및 논의된 사안(Information Provided to and Sustainability Matters Addressed by the Administrative, Management and Supervisory Bodies)"으로, 기업의 이사회(또는 이에 상응하는 감독기구)와 경영진이 지속가능성과 관련된 정보를 어떤 방식으로 전달받고, 보고받으며, 논의하는지를 설명하도록 요구하는 조항이다. 이 항목의 목적은 최고 의사결정기구가 지속가능성 관련 현황, 위험 및 기회, 주요 사안에 대한 정보를 충분히 인지하고 판단할 수 있는 체계를 갖추고 있는지를 명확히 보여줌으로써, 지속가능성 정보의 투명성과 거버넌스의 실효성을 확보하는 데 있다.

- 이사회 및 그 산하 위원회(예: 감사위원회, ESG위원회 등)에 대한 지속가능성 정보의 보고·전달 체계와 주기(Frequency)
- 지속가능성 정보를 제공하는 부서·경영진·위원회 등 내부 담당 주체의 역할과 책임
- 지속 가능성 정보의 형식, 내용, 검토 절차[14]
- 지속가능성 관련 데이터 흐름 및 내부 커뮤니케이션 구조[15]
- 보고기간 동안 이사회(또는 이에 상응하는 감독기구)가 실제로 논의·검토·결정한 주요 지속가능성 사안의 개요(예: 기후변화 대응전략, 인권 및 공급망 관리, 환경·안전 리스크, 지속가능성 목표 이행 현황 등)

GOV 3는 지속가능성과 인센티브 제도의 연계(Integration of sustainability-related performance in incentive schemes)로, 기업이 이사회 및 경영진의 보상·인센티브 제도에 지속가능성 관련 성과를 어떻게 반영하고 있는지를 공시하도록 요구하는 조항이다. 이 항목의 목적은 지속가능성 목표가 실제 보상 및 인센티브 체계에 통합되어 있는지를 명확히 제시함으로써, 지속가능성

---

14 지속가능성 정보는 정기 보고서, 경영진 브리핑 자료, 대시보드, 위험 평가 보고서 등의 형식으로 제공되며, 그 내용에는 주요 지속가능성 지표(KPI), 성과 달성 현황, 위험 및 기회 분석, 정책 이행상황 등이 포함되고, 이러한 정보는 이사회 및 위원회가 검토·질의한 후 필요시 피드백이나 추가 조치를 지시하는 절차를 통해 관리된다.

15 지속가능성 데이터의 흐름과 내부 커뮤니케이션 구조란, 각 부서에서 수집된 정보가 ESG 담당 조직의 검토를 거쳐 경영진과 이사회로 보고되고, 이를 위해 명확한 보고 라인·검증 절차·위원회 간 협의체계를 갖춘 과정을 의미한다.

전략이 실질적인 경영 유인체계(Incentive mechanism)로 작동하고 있음을 이해할 수 있도록 하는 데 있다. 공시 요구사항의 주요 범주는 다음과 같다.

- 인센티브 제도의 주요 구조 및 특징[16]
- 지속가능성 관련 목표나 영향이 성과평가 기준으로 사용되는지 여부
- 지속가능성 성과지표가 보상정책 또는 평가 기준에 포함되는 방식
- 변동급 중 지속가능성 목표에 연동되는 비율
- 인센티브 제도의 승인·갱신 권한을 가진 조직 수준[17]

GOV 4는 지속가능성과 관련된 실사에 대한 설명(Statement on Due Diligence)으로, 기업이 지속가능성 실사 절차가 자사의 지속가능성 보고서 내 어디에, 어떤 방식으로 반영되어 있는지를 명확히 제시하도록 요구하는 조항이다. 이 항목의 목적은 이해관계자가 기업의 지속가능성 실사 체계의 구조와 실제 운영 현황을 한눈에 파악할 수 있도록 하는 데 있다. 아울러 GOV 4는 기업에게 새로운 법적·행동적 의무나 실사 수행 자체를 요구하는 것이 아니라, 다른 법령이나 국제 기준(예: OECD 가이드라인, UNGP 등)에 따라 이미 수행된 실사의 주요 단계와 결과가 보고서 내 어디에 반영되어 있는지를 체계적으로 연결(Mapping)하도록 요구한다. 공시 요구사항의 주요 범주는 다음과 같다.

- 지속가능성 실사 프로세스의 주요 단계와 내용에 대한 연결[18]

---

16 인센티브 제도의 주요 구조 및 특징이란, 회사가 직원이나 임원에게 보상과 인센티브를 어떤 방식으로 제공하는지에 대한 기본 틀과 운영 방식을 의미하며, 예를 들어 인센티브가 금전·주식 등 어떤 형태로 지급되는지, 단기·장기 성과를 어떻게 구분해 평가하는지, 그리고 성과 평가 기준이나 지급 조건이 어떻게 설정되어 있는지 등을 포함한다.

17 이는 보상이나 인센티브 제도의 내용을 최종적으로 결정하거나 변경할 수 있는 주체가 어느 수준의 조직인지를 의미한다. 예를 들어, 어떤 회사에서는 이사회가 임원 보상제도를 승인하고, 어떤 회사에서는 보상위원회(Remuneration Committee)나 경영진(HR 부서 등)이 그 권한을 가질 수도 있다.

18 "지속가능성 실사 프로세스의 주요 단계와 내용에 대한 매핑"이란, 기업이 수행한 실사의 주요 단계(예: 위험 식별 → 예방 및 완화 → 모니터링 → 시정조치)가 지속가능성 보고서의 어느 부분(예: 환경·인권·거버넌스 관련 공시 항목)에 반영되어 있는지를 표나 설명으로 연결해 보여주는 것을 의미한다. 예를 들어, 인권 실사 결과가 ESRS S1(근

• 실사 절차의 실제 적용 방식 및 보고 내 반영 수준 설명[19]

GOV 5는 지속가능성 공시에 대한 위험관리 및 내부통제(Risk Management and Internal Controls over Sustainability Reporting)로, 기업이 지속가능성 보고서를 작성하는 과정에서 어떤 위험관리와 내부통제 체계를 갖추고 있는지를 공시하도록 요구하는 조항이다. 이 항목의 목적은 지속가능성 정보의 정확성·완전성·신뢰성을 확보하기 위한 기업의 내부 관리체계를 명확히 공개하여, 이해관계자가 기업의 보고 품질과 통제 수준을 평가할 수 있도록 하는 데 있으며 공시 요구사항의 주요 범주는 다음과 같다.

• 지속가능성 보고와 관련된 위험관리 및 내부통제 시스템의 범위와 주요 구성요소[20]
• 위험평가 접근 방식 및 우선순위 산정 방법론
• 주요 위험요인 및 대응전략(통제활동 포함)[21]
• 위험평가 및 내부통제 결과의 내부 반영 방식[22]

로자 관련)에, 환경 리스크 평가가 ESRS E1(기후변화) 또는 E2(오염)에 반영되었다는 사실을 독자가 한눈에 확인할 수 있도록 보고서 내 위치를 명시하는 것이다. 즉, 매핑은 실사의 실제 내용과 공시 항목을 연결해 주는 안내 역할을 한다.

19 "실사 절차의 실제 적용 방식 및 보고 내 반영 수준 설명"이란, 기업이 수행한 지속가능성 실사 절차가 실제로 어떻게 운영되었는지를 구체적으로 밝히고, 그 결과가 지속가능성 보고서의 각 공시 항목에 어느 수준으로 반영되어 있는지를 설명하는 것을 의미한다. 예를 들어, 인권이나 환경 분야에서 어떤 리스크 평가 방법을 사용했는지, 식별된 주요 위험과 영향이 어떤 대응 조치(예: 예방, 완화, 시정)로 이어졌는지, 그리고 이러한 결과가 보고서 내 어느 부분에 수치나 서술 형태로 포함되어 있는지를 보여주는 것이다. 즉, 이 항목은 실사 절차가 형식적으로 존재하는지가 아니라, 그 절차가 실제 경영활동과 보고 내용에 어떻게 연결되어 작동하는지를 투명하게 드러내는 것에 초점을 둔다.

20 지속가능성 공시에 적용되는 내부 절차, 검토 프로세스, 책임 주체 등 조직적 구조를 설명하는 것을 의미한다.

21 기업이 지속가능성 보고 과정에서 발생할 수 있는 주요 위험을 파악하고, 그 위험을 줄이거나 예방하기 위해 어떤 관리 조치(통제활동)를 취하고 있는지를 설명하는 것을 의미한다. 예를 들어, 데이터 오류나 보고 누락 위험을 줄이기 위해 내부 검증 절차를 강화하거나, 외부 검증 기관의 점검을 받거나, 가치사슬 내 데이터 품질 관리 시스템을 도입하는 등의 방법이 이에 해당한다.

22 이는 기업이 위험관리나 내부통제를 통해 발견한 문제점이나 개선사항을 실제 업무에

• 평가 결과의 정기 보고체계[23]

'전략(Strategy)'은 기업의 전략과 비즈니스 모델이 지속가능성 사안 및 가치사슬에 어떤 영향을 미치는지, 또한 이해관계자의 의견이 전략과 비즈니스 모델에 어떻게 반영되는지, 그리고 중대한 영향·위험 및 기회에 대한 평가 결과가 기업의 전략과 비즈니스 모델에 어떻게 활용되는지를 이해할 수 있도록 공시하도록 요구하는 부분이다. 이 장은 세 가지 공시 요구사항(SBM 1~3)으로 구성되어 있다.

SBM 1은 전략, 비즈니스 모델 및 가치사슬(Strategy, Business Model and Value Chain)로, 기업이 전략·비즈니스 모델·가치사슬의 핵심 요소를 공시하도록 요구하는 조항이다. 이 항목의 목적은 기업의 전략과 사업구조가 지속가능성 사안에 어떤 영향을 미치는지, 또한 중대한 영향·위험 및 기회가 기업의 가치사슬 어디에서 발생하는지를 이해할 수 있도록 하는 데 있다. 공시 요구사항의 주요 범주는 다음과 같다.

• 기업의 주요 제품·서비스군, 시장, 고객집단, 지리적 인력 분포, 그리고 특정 시장에서 금지되거나 제한된 제품·서비스에 대한 정보, 보고기간 중 주요 변화(예: 신규 또는 중단된 제품·시장 등) 등을 포함한 전략과 관련된 주요 요소를 설명
• 재무제표상의 총매출을 중요한 ESRS 산업 부문별로 구분하고, IFRS 8(영업부문 보고)에[24] 따른 구분 정보와 가능한 한 일치시켜 제시하는 방

어떻게 반영하는지를 설명하는 것을 의미한다. 예를 들어, 위험평가 결과 데이터 오류가 발견되었다면 ESG 부서가 보고 절차를 수정하거나, 감사 기능이 검증 기준을 강화하는 식으로 개선조치를 시행하는 과정을 말한다. 즉, 단순히 위험을 평가하는 데 그치지 않고, 그 결과가 내부 시스템과 절차의 개선으로 이어지는 연결 구조를 보여주는 것이다.

23 이는 기업이 위험평가나 내부통제 활동의 결과를 정기적으로 이사회나 감사위원회 등 감독기구에 보고하는 절차와 주기를 의미한다. 예를 들어, ESG 관련 내부통제 점검 결과를 분기별 또는 연 1회 이사회에 보고하거나, 감사위원회가 위험관리 부서로부터 주요 리스크 현황과 개선조치 진행 상황을 정기적으로 보고받는 체계가 이에 해당한다. 즉, 이 항목은 지속가능성 보고의 신뢰성을 유지하기 위해 감독기구가 정기적으로 정보를 확인하고 관리하는 구조를 설명하는 것이다.

식으로 산업별 매출 공시[25]

- 기존 매출 구분 외에, 중대한 영향이 있거나 기업이 주요 활동을 수행하는 추가 산업부문(ESRS sector)을 명시하여 기업의 실제 사업 영역을 제시[26]
- 기업이 화석연료, 화학제품, 논란이 되는 무기 제조 등 특정 산업 부문에서 활동하는 경우, 해당 부문에서의 매출 및 관련 활동 내역을 공시
- 기업의 주요 투입요소(Inputs)와 산출물(Outputs), 공급망·유통망 등 가치사슬 구조와 기업의 위치, 그리고 주요 거래 상대방과의 관계를 포함한 비즈니스 모델 및 가치사슬 설명[27]

SBM 2는 이해관계자의 관심사와 견해(Interests and Views of Stakeholders)로, 기업이 이해관계자(Stakeholders)의 의견과 관심사를 자사의 전략 및 비즈니스 모델에 어떻게 반영하고 있는지를 공시하도록 요구하는 조항이다. 이 항목의 목적은 이해관계자의 관심사와 견해가 기업의 전략 수립과 사업 운영에 어떤 영향을 미치는지를 이해할 수 있도록 하는 데 있다. 공시 요구사항의

---

24 IFRS 8「Operating Segments(영업부문 보고)」는 기업이 여러 사업을 운영할 때 사업 부문별로 재무 성과를 공시하도록 정한 국제회계기준이다, 예를 들어, 이 기준에 따르면 삼성전자는 스마트폰을 만드는 IM부문, 반도체를 생산하는 DS부문, TV와 가전을 만드는 CE부문 등으로 나누어 매출을 보고해야 한다.

25 예를 들어, 회사가 여러 사업(예: 제조, 유통, 서비스)을 운영한다면, 각 사업이 전체 매출에서 얼마나 차지하는지를 구분해 공시해야 한다. 이때 산업 구분은 ESRS에서 정한 주요 산업 부문(ESRS sector)을 기준으로 해야 한다. 가능하면 IFRS 8(영업부문 보고)의 구분 방식과 맞추어 제시해야 한다.

26 예를 들어, 한 제조기업이 매출 대부분을 '전자제품' 부문으로 보고하더라도, 동시에 '배터리 재활용'이나 '탄소저감 기술개발' 같은 새로운 활동을 하고 있다면, 이러한 부문도 추가 산업부문으로 함께 공시해야 한다는 것을 의미한다. 즉, 이 조항은 단순히 기존 매출이 큰 분야만이 아니라, 기업이 새롭게 진출하거나 환경·사회적으로 중요한 영향을 미치는 사업 영역까지 포함해 공시하라는 의미이다.

27 기업의 비즈니스 모델 및 가치사슬 설명이란, 기업이 어떤 자원과 투입요소를 사용해 제품이나 서비스를 만들어 내는지, 그리고 그 과정에서 공급업체, 유통업체, 고객 등과 어떤 관계를 맺고 있는지를 보여주는 것이다. 즉, 기업이 가치사슬 전체(공급 → 생산 → 판매) 속에서 어떤 역할을 하고 있는지를 설명하는 공시다.

주요 범주는 다음과 같다.

- 이해관계자 참여(Stakeholder engagement): 기업은 주요 이해관계자(예: 고객, 직원, 공급업체, 지역사회 등)와 어떤 방식으로 소통하고 있는지, 참여의 목적과 조직 방식, 그 결과가 기업의 전략에 어떻게 반영되는지를 요약해 설명해야 함
- 이해관계자의 의견 및 관심사에 대한 기업의 인식: 기업은 실사나 중요성 평가(Materiality assessment) 과정에서 파악한 이해관계자의 주요 의견과 관심사가 자사의 전략 및 비즈니스 모델과 어떤 관련이 있는지를 설명해야 함
- 이해관계자 의견을 반영한 전략·비즈니스 모델의 변경 사항: 기업이 이해관계자의 견해를 반영해 전략이나 비즈니스 모델을 수정했거나 앞으로 수정할 계획이 있다면, 그 변경 내용과 이유, 일정을 명시해야 함
- 이사회 등 주요 의사결정기구의 정보보고 체계 및 반영: 이사회 또는 이에 상응하는 감독기구가 이해관계자의 의견과 이익에 대해 어떤 방식으로 정보를 보고받고, 이를 전략적 의사결정에 어떻게 반영하는지를 설명해야 함

SBM 3는 중대한 영향·위험 및 기회와 전략 및 비즈니스 모델의 상호작용(Material Impacts, Risks and Opportunities and their Interaction with Strategy and Business Model)으로, 기업이 중대한 영향, 위험 및 기회를 식별하고, 이들이 전략 및 비즈니스 모델과 어떤 방식으로 상호작용하는지를 공시하도록 요구하는 조항이다. 이 항목의 목적은 중요성 평가를 통해 파악된 영향·위험 및 기회가 기업의 전략, 비즈니스 모델, 자원 배분에 어떤 변화를 가져오는지를 이해할 수 있도록 하는 데 있다. 공시 요구사항의 주요 범주는 다음과 같다.

- 중대한 영향·위험 및 기회의 개요: 기업은 중요성 평가 결과를 바탕으로 식별된 주요 영향·위험 및 기회의 내용과 그 집중 영역(사업모델, 운영, 가치사슬 상·하류 등)을 요약해 설명해야 함
- 전략적 영향 및 대응방안: 중대한 영향·위험 및 기회가 기업의 전략,

가치사슬, 의사결정 과정에 미치는 현재 및 예상되는 효과를 제시하고, 이에 대응하기 위해 전략이나 비즈니스 모델을 수정했거나 수정할 계획이 있다면 그 내용을 명시해야 함

• 중대한 영향의 성격 및 발생 경로: 기업의 긍정적·부정적 영향이 사람과 환경에 미치는 효과, 영향의 원천(전략 또는 비즈니스 모델과의 연계성), 예상 시계열(단기·중기·장기), 그리고 자체 활동 또는 거래 관계에서의 발생 여부를 설명해야 함

• 현재의 재무적 영향: 중대한 위험 및 기회가 현재 재무상태[28], 재무 성과[29], 현금흐름에[30] 미치는 영향과 향후 1년 내 자산·부채 평가액에 중대한 조정 가능성이 있는 항목을 공시해야 함

• 예상되는 재무적 영향(단기·중기·장기): 향후 위험 및 기회가 재무 성과에 미칠 것으로 예상되는 효과를 제시하고, 이를 관리하기 위한 투자·매각 계획, 신사업 추진, 혁신활동, 자금조달 방안 등을 포함해야 함

• 전략과 비즈니스 모델의 회복탄력성(Resilience): 기업의 전략과 비즈니스 모델이 중대한 영향·위험에 대응하고 기회를 활용할 수 있는 능력을 질적 또는 정량적으로 분석하여, 분석 방법과 적용 시계열(단기·중기·장기)을 함께 공시해야 함

• 변동사항의 비교: 이전 보고기간과 비교해 중대한 영향·위험·기회의 주요 변화가 있을 경우 이를 명시해야 함

• 공시 범위의 명확화: 공시된 영향·위험 및 기회 중 ESRS 주제별 기준 공시요구사항에 해당하는 항목과 기업 고유(entity-specific) 항목을 구분

---

28 재무 상태(Financial Position)에 미치는 영향이라 함은 자산, 부채, 자본에 미치는 영향을 말한다.

29 재무 성과에 미치는 영향은 구체적으로는 매출, 비용, 이익에 미치는 영향을 말한다.

30 현금흐름(Cash Flow)이란, 일정 기간 동안 기업에 현금이 들어오고(Inflow) 나가는(Outflow) 흐름을 의미하며, 기업의 실제 자금 이동 상황을 보여주는 지표이다. 이는 장부상의 이익이 아니라 실제 현금의 유입과 유출을 나타내는 개념으로, 보통 영업활동, 투자활동, 재무활동으로 구분하여 분석한다. 즉, 현금흐름은 기업이 얼마나 돈을 벌고, 쓰고, 남겼는지를 나타내기 때문에, 재무 건전성과 유동성(자금 운용 능력)을 평가하는 핵심 지표라 할 수 있다.

해 제시해야 함

- 주제별 ESRS와의 연계 공시: 기업은 위의 설명들을 관련 주제별 ESRS(E1~S1 등)의 공시 항목과 함께 제시할 수 있으나, 이 경우에도 ESRS 2 내에서 중대한 영향·위험 및 기회의 요약 정보를 별도로 포함해야 함. 즉, 주제별 공시와 병행하더라도 전략·비즈니스 모델 수준의 통합적 맥락을 ESRS 2에 명확히 제시.

'영향, 위험 및 기회에 대한 관리(Impact, risk and opportunity management, IRO)'는 투자자와 이해관계자 등 보고서 이용자가 기업의 중대한 영향, 위험 및 기회를 어떻게 식별하고 평가했는지를 이해할 수 있도록 하기 위한 공시 요구사항(Disclosure requirements)이다. 즉, 여기서는 기업의 중대성 평가 절차가 어떤 방식으로 수행되는지와, 그 결과 어떤 정보가 지속가능성 보고서에 반영되는지를 체계적으로 다룬다. IRO는 IRO1~2로 구성되어 있다.

IRO－1은 중대한 영향·위험 및 기회를 식별하고 평가하는 절차를 설명하는 공시요구사항이다. 기업은 이러한 영향·위험 및 기회를 어떻게 식별하고, 그중 어떤 요소를 중대한 것으로 판단하는지에 관한 절차를 명확히 기술함으로써, 보고서 이용자가 기업의 판단 과정을 이해할 수 있도록 정보를 제공해야 한다. 이 공시요구사항에서 다루는 주요 항목의 범주는 다음과 같다.

- 방법론 및 가정(Methodologies and Assumptions): 기업은 영향·위험 및 기회를 식별하고 평가하는 과정에서 어떤 방법론을 적용했는지, 어떤 가정(Assumptions)을 두었는지를 명확히 설명해야 함. 이는 평가 절차의 일관성과 비교가능성을 확보하기 위한 기본 정보임.
- 영향 식별·평가 및 우선순위화(Process for Identifying and Prioritising Impacts): 기업은 인권·환경 등 이해관계자에게 미칠 수 있는 잠재적·실제적 영향을 어떻게 파악하고 평가하는지를 개요 형태로 제시해야 하며, 이 과정에는 위험이 높은 활동, 사업관계, 지역적 요인의 고려 여부, 자체 운영 및 사업관계로 인한 영향의 범위, 이해관계자 및 외부 전문가와의 협의 절차, 그리고 영향의 심각도(Severity)와 가능성(Likelihood)을 기준으

로 한 우선순위화 과정이 포함됨. 또한 긍정적 영향이 있는 경우 규모(Scale), 범위(Scope), 가능성(Likelihood)에 따른 평가를 수행하며, 정성적·정량적 임곗값(Thresholds) 등 중대성 판단에 사용된 기준을 명시해야 함.

- 재무적 위험 및 기회 평가(Process for Assessing Financial Risks and Opportunities): 기업은 재무적 영향을 미칠 수 있는 위험과 기회를 식별·평가하는 절차를 설명해야 하며, 특히 기업의 영향 및 의존관계가 재무적 위험 및 기회와 어떻게 연결되는지를 밝히고, 각 항목의 가능성, 규모, 성격을 판단하는 기준을 제시해야 함. 또한 지속가능성 관련 위험이 기존 리스크 관리체계 내에서 어떤 우선순위를 갖는지를 설명해야 함.
- 의사결정 및 내부통제 절차(Decision–Making and Internal Control Procedures): 중대성 평가와 관련된 의사결정 구조, 책임 주체, 내부통제 절차를 구체적으로 설명해야 함. 이는 중대성 판단이 기업 내부에서 어떤 절차를 거쳐 검토·승인되는지를 보여주는 핵심 정보임.
- 전사적 위험 및 경영 관리 절차와의 통합(Integration with Overall Risk and Management Processes): 영향 및 위험 관리 절차가 기업의 전사적 위험관리체계(ERM, Enterprise Risk Management)와 어떻게 연계되는지를 명시해야 함. 또한, 기회관리가 전사적 경영 과정에 어떻게 통합되어 있는지도 함께 설명.
- 입력자료 및 데이터 범위(Input Parameters and Data Scope): 평가 과정에서 사용된 데이터 출처, 적용 범위, 가정의 세부 수준(level of detail) 등을 구체적으로 공개해야 함. 이는 중대성 평가의 근거와 신뢰성을 검증할 수 있도록 하기 위한 것임.
- 절차의 변경 및 검토 이력(Changes and Review History): 중대성 평가 절차가 이전 보고기간 대비 변경되었는지, 마지막 수정 시점과 향후 개정 계획은 무엇인지를 명시해야 함. 이 정보는 기업의 중대성 평가체계가 지속적으로 개선·발전되고 있는지를 보여주는 근거로 작용함.

IRO–2는 지속가능성 보고서에 포함된 공시요구사항의 명시(Disclosure Requirements in ESRS covered by the undertaking's sustainability statement)로, 기업이

지속가능성 보고서에서 준수한 공시요구사항을 명확히 보고하도록 요구하는 공시요구사항이다. 기업은 중대성 평가 결과를 토대로, 어떤 주제별 공시요구사항을 이행했는지와 어떤 주제를 비중요(Not material)로 판단하여 생략했는지를 투명하게 공개해야 한다. 이를 통해 보고서 이용자는 기업이 보고서에 포함한 공시항목의 범위와, 중대성 판단에 따른 생략 사유를 이해할 수 있다. 이 공시요구사항에서 다루는 주요 항목의 범주는 다음과 같다.

- 공시요구사항 목록(List of Disclosure Requirements Complied With): 기업은 중대성 평가 결과를 반영하여 지속가능성 보고서에 포함된 공시요구사항 목록을 제시해야 함. 각 공시항목이 보고서의 어느 페이지 또는 단락에 위치하는지도 함께 명시하며, 이를 콘텐츠 인덱스(Content index) 형식으로 제시할 수 있음. 또한, ESRS 부속서(Appendix B)에 열거된 타 EU 법령(EU legislation)에서 유래한 데이터포인트 목록을 포함해야 하며, 각 항목에 대해 보고서 내 위치를 표시하고, 중대하지 않은 경우에는 "Not material"로 표기해야 함.
- 비중요 주제의 설명(Explanation of Omitted or Non–Material Topics): 기업이 중대성 평가 결과에 따라 특정 주제의 공시요구사항을 생략한 경우, 그 사유를 설명해야 함. 특히 기후변화(ESRS E1)를 비중요 주제로 판단하여 관련 모든 공시를 생략할 경우, 그 판단의 근거와 함께 향후 기후변화가 중요해질 수 있는 조건에 대한 전망적 분석(Forward–looking analysis)을 반드시 제시해야 하며, 다른 주제의 경우에는 간략한 형태의 중대성 평가 결과 설명으로 대체할 수 있음.
- 중대 정보의 판단 기준(Material Information Determination): 기업은 어떤 기준과 임곗값을 사용하여 중대한 정보를 결정했는지를 설명해야 함. 이는 ESRS 1 제3.2절('Material matters and materiality of information')에 제시된 기준을 어떻게 적용했는지를 보여주는 부분으로, 중대성 판단 과정의 투명성과 일관성을 확보하기 위한 핵심 공시요소임.
- 중대성 평가와 공시의 연계(Link between Materiality Assessment and Disclosure Coverage): 기업은 중대성 평가 결과가 실제 공시 범위와 어떻게 연결되

는지를 명확히 제시해야 함. 즉, 어떤 항목이 중대하다고 판단되어 보고서에 포함되었는지, 반대로 중대하지 않다고 판단되어 생략되었는지를 체계적으로 구분하여 보고해야 함.

- 투명성과 비교가능성의 확보(Ensuring Transparency and Comparability): 이 공시는 보고서 이용자가 보고범위, 생략 이유, 공시의 위치를 한눈에 파악할 수 있도록 하기 위한 것임. 기업은 이를 통해 공시의 명확성, 추적가능성(Traceability), 비교가능성(Comparability)을 보장해야 함.

정책 및 조치에 관한 최소공시요구사항은 기업이 중대한 지속가능성 사안을 관리하기 위해 수행하는 정책과 조치에 대해 최소한으로 공시해야 할 사항을 규정한다. 이 요구사항은 기업이 실제 및 잠재적 중대한 영향을 예방·완화·시정하고, 중대한 위험을 관리하거나 중대한 기회를 추구하기 위해 수행하는 활동에 적용된다. 이 장은 IRO(영향·위험·기회 관리)에 포함되어 있으며, IRO가 "무엇이 중요한가를 판단하는 장"이라면, MDR(Minimum Disclosure Requirement)은 "그 중요한 사안을 어떻게 관리·이행하는가를 공시하는 장"에 해당한다. 즉, IRO가 중대성 평가 결과를 통해 '무엇이 중요하다고 판단했는가'를 제시한다면, MDR은 그 판단 결과에 따라 '어떻게 대응하고 실행하고 있는가'를 보여주는 단계이다. 또한, 주제별(Topical) 및 산업별(Sector-specific) ESRS의 관련 공시요구사항과 함께 적용되어야 하며, 기업 고유(Entity-specific) 공시를 작성할 때에도 동일하게 적용된다. MDR은 정책(P) 및 조치(A)로 구성되어 있다.

MDR-P는 기업이 중대한 지속가능성 사안을 관리하기 위해 채택한 정책을 공시하도록 요구하는 최소 공시요구사항이다. 기업은 각 중대한 사안에 대해 어떠한 정책을 보유하고 있는지, 그 정책이 어떤 목적을 가지고 어떤 범위에서 시행되는지를 구체적으로 공개해야 한다. 이를 통해 보고서 이용자는 기업이 실제·잠재적 영향을 예방·완화·시정하고, 위험을 관리하며, 기회를 추구하기 위해 어떤 방침을 가지고 있는지를 이해할 수 있다. 이 공시요구사항에서 다루는 주요 항목의 범주는 다음과 같다.

- 정책의 주요 내용(Key Contents of the Policy): 기업은 해당 정책의 핵심

내용과 일반적 목적을 설명하고, 그 정책이 어떤 중대한 영향·위험 및 기회와 관련되는지를 명시해야 함. 또한 정책의 이행 모니터링 절차에 대해서도 구체적으로 서술해야 함.

- 정책의 범위 및 제외사항(Scope and Exclusions): 정책이 적용되는 활동, 가치사슬, 지리적 범위, 그리고 해당되는 이해관계자 그룹 등을 명확히 제시해야 하며, 정책의 적용에서 제외되는 영역이 있다면 그 예외 사항도 함께 명시해야 함.
- 책임 수준(Accountability and Governance Level): 정책의 시행에 대해 최고 책임을 지는 조직 내 직위 또는 수준을 명확히 밝혀야 함. 이는 기업 내에서 정책이 단순 선언이 아닌, 책임 있는 관리 체계 하에 운영되고 있음을 보여주는 핵심 정보임.
- 외부 기준 및 이니셔티브 준수(Reference to External Standards or Initiatives): 해당 정책이 국제기준, 업계 표준, 또는 제3자 이니셔티브(예: UNGC, OECD Guidelines 등)를 준거로 하고 있는 경우, 그 참조를 명시해야 함. 이를 통해 정책이 국제적 기준에 부합하는지 여부를 명확히 할 수 있음.
- 이해관계자 고려(Consideration of Stakeholders' Interests): 정책을 수립할 때 주요 이해관계자의 의견과 이익을 어떻게 고려했는지를 설명해야 함. 이 항목은 정책 결정 과정의 포용성(Inclusiveness)과 정당성(Legitimacy)을 보여주는 지표로 작용함.
- 정책의 접근성 및 공개(Availability and Accessibility of the Policy): 해당 정책이 영향을 받을 수 있는 이해관계자나 정책 이행에 참여해야 하는 이해관계자에게 어떤 방식으로 공개되고 접근 가능한지를 설명해야 함. 이는 정책이 단순히 내부 문서에 그치지 않고, 실제 이해관계자에게 전달되고 이행되는지를 보여주는 근거로 작용함.

MDR-A는 기업이 중대한 지속가능성 사안을 관리하기 위해 수행 중이거나 계획 중인 조치 및 투입 자원을 공시하도록 요구하는 최소 공시요구사항이다. 기업은 각 중대한 사안에 대해 어떤 구체적 행동을 취하고 있으며, 그 실행을 위해 어떤 자원이 배정·계획되어 있는지를 명확히 공개해야 한다. 이를 통해 보고서 이용자는 기업이 실제·잠재적 영향을 예방·완화·시정하고, 위험을 관리하며, 기회를 추구하기 위해 어떤 실질적 조치를 취하고 있는지를 이해할 수 있다. 이 공시요구사항에서 다루는 주요 항목의 범주는 다음과 같다.

- 주요 조치의 개요(Key Actions Taken or Planned): 기업은 보고기간 중 수행한 주요 조치와 향후 계획된 조치를 모두 제시해야 함. 각 조치의 예상되는 결과를 설명하고, 해당 조치가 정책의 목표나 관련 측정항목(혹은 지표)·목표 달성에 어떻게 기여하는지를 명확히 밝혀야 함.
- 조치의 범위(Scope of the Actions): 각 조치가 적용되는 활동, 가치사슬 단계, 지리적 영역, 및 영향을 받는 이해관계자 그룹의 범위를 구체적으로 제시해야 함. 이는 조치의 적용대상과 실질적 영향을 파악하기 위한 핵심 정보임.
- 조치의 이행 기간(Time Horizons of Implementation): 기업은 각 조치를 완료하려는 예상 시기를 제시해야 하며, 단기·중기·장기 구분 등 일정에 따라 실행 계획을 명확히 해야 함.
- 피해자 구제 관련 조치(Actions to Provide or Support Remedy): 기업이 실제로 발생한 중대한 부정적 영향에 대한 구제를 제공하거나, 그 과정에서 협력·지원한 조치가 있는 경우, 그 구체적인 내용과 결과를 함께 공시해야 함.
- 조치의 진행상황(Progress of Actions or Action Plans): 이전에 공시된 조치 또는 실행계획의 이행 경과를 정성적·정량적 정보 형태로 업데이트해야 함. 이를 통해 보고서 이용자는 기업의 조치가 실제로 얼마나 진전되고 있는지를 평가할 수 있음.
- 재정적 자원 및 자금 조달(Financial Resources and Funding Arrangements): 조치계획의 이행에 유의미한 운영비용(Opex) 또는 자본지출(Capex)이 필요한 경우, 기업은 다음 사항을 공시해야 함.
  - 현재 및 향후 조치계획에 배정된 재정적·비재정적 자원의 유형을 설명하고, 필요시 지속가능금융상품(Sustainable finance instruments) — 예를

들어 그린본드(Green bonds), 소셜본드(Social bonds), 그린론(Green loans) 등과의 연관성, 그 목적(환경·사회적 목표), 그리고 실행이 재정 지원, 공공정책, 시장 여건 등 특정 전제조건에 의존하는지를 명시해야 함

▸ 현재 배정된 재정 자원의 금액을 제시하고, 해당 금액이 재무제표의 관련 항목과 어떻게 연계되는지를 설명해야 함

▸ 향후 계획된 추가 재정 자원의 금액도 함께 제시해야 함

측정항목 및 목표(Metrics and Targets: 중대한 지속가능성 사안에 대한 지표 및 목표 공시)는, 기업이 각 중대한 지속가능성 사안과 관련하여 설정한 측정항목(혹은 지표) 및 목표에 대해 공시할 때 포함해야 하는 최소 공시요구사항(Minimum Disclosure Requirements)을 규정한다. 기업은 이러한 공시를 통해 보고서 이용자가 기업의 성과와 목표 달성 수준을 명확히 이해할 수 있도록 해야 한다. 또한, 이 공시요구사항은 관련 주제별 및 산업별 ESRS의 공시요구사항과 함께 적용되며, 기업 고유공시를 작성할 때에도 동일하게 적용된다. 이 장은 측정항목의 최소요구사항(Metrics MDR−M)과 목표의 최소요구사항(Metrics MDR−T)으로 구성되어 있다.

MDR−M은 기업이 중대한 지속가능성 사안의 성과와 관리 효과성을 측정하기 위해 사용하는 지표를 공시하도록 요구하는 최소 공시요구사항이다. 기업은 사안별로 어떠한 지표를 활용하고 있으며, 그 지표를 통해 조치의 효과와 성과를 어떻게 평가하고 있는지를 명확히 공개해야 한다. 이를 통해 보고서 이용자는 기업이 설정한 정책과 조치가 실질적인 개선으로 이어지고 있는지를 판단할 수 있다. 이 공시요구사항에서 다루는 주요 항목의 범주는 다음과 같다.

• 성과 및 효과성 평가 지표(Performance and Effectiveness Metrics): 기업은 각 중대한 영향·위험 및 기회에 대해 성과와 효과성을 평가하기 위해 사용하는 지표를 공개해야 함. 이는 기업이 조치(MDR−A)를 통해 달성하고자 하는 목표의 진척도를 확인하는 핵심 수단임.

• ESRS 및 기업 고유 지표 포함(Including ESRS and Entity−Specific Metrics): 공시되는 지표는 ESRS에서 정의된 표준 지표뿐만 아니라, 기업이 자체적

으로 개발하거나 외부 기준에서 차용한 고유 지표도 포함해야 함. 이는 산업별·기업별 특성을 반영해 보다 포괄적인 성과 평가를 가능하게 함.

- 지표의 방법론 및 가정(Methodologies and Assumptions): 각 지표에 대해 측정에 사용된 방법론과 주요 가정을 명확히 제시해야 함. 또한, 적용된 방법론의 한계가 존재한다면 함께 설명해야 하며, 이를 통해 지표의 해석 가능성과 신뢰성을 확보해야 함.
- 외부 검증 여부(External Validation): 지표의 산정이 제3의 기관(Assurance provider 외의 외부 검증기관)에 의해 검증된 경우, 그 사실과 검증기관의 명칭(Name of the validating body)을 명시해야 함. 이는 지표의 정확성과 신뢰성을 보강하기 위한 조항임.
- 명확한 지표 정의 및 명명(Labeling and Definition of Metrics): 모든 지표는 의미 있고 명확한 이름과 정의를 사용해 표시해야 함. 이는 보고서 이용자가 지표의 내용과 측정 목적을 오해 없이 이해할 수 있도록 하기 위한 것임.

MDR-T는 기업이 중대한 지속가능성 사안과 관련하여 설정한 측정 가능한 목표를 공시하도록 요구하는 최소 공시요구사항이다. 기업은 사안별로 정책(MDR-P)과 조치(MDR-A)의 효과성을 추적하고, 그 이행 성과를 평가하기 위해 설정한 시간 기반·결과지향형 목표(Time-bound, Outcome-oriented targets)를 명확히 공개해야 한다. 이를 통해 보고서 이용자는 기업이 중대한 영향·위험 및 기회에 대응하기 위해 어떤 수준의 성과를 목표로 삼고, 그 진척을 어떻게 측정·관리하고 있는지를 파악할 수 있다. 이 공시요구사항에서 다루는 주요 항목의 범주는 다음과 같다.

- 조치 효과성의 추적(Tracking Effectiveness of Actions): 기업은 중대한 영향·위험 및 기회에 대응하기 위해 수행한 조치가 얼마나 효과적인지를 지표(Metrics)를 통해 추적해야 함. 이는 정책 목표 달성 여부를 정량적으로 평가하기 위한 핵심 단계임.
- 측정 가능하고 시간 기반의 목표(Measurable, Time-Bound Targets): 기업은 각 사안에 대해 측정 가능하고 결과지향적이며 시간 기반(Time-bound)

인 목표를 설정해야 함. 각 목표는 정책 목적과의 연관성을 명확히 하며, 사람·환경·기업에 대한 예상 결과를 기준으로 정의되어야 함.

- 목표의 주요 구성요소(Key Elements of Each Target): 각 목표는 정책 목적과의 연계성을 명확히 하고, 목표 수준과 측정 단위, 적용 범위(활동·가치사슬·지역), 기준값과 기준연도, 적용 기간 및 중간목표를 포함해야 함. 또한 목표를 설정할 때 사용된 방법론과 주요 가정, 시나리오·데이터 출처·정책 정합성을 제시하고, 환경 관련 목표가 과학적 근거에 기반했는지 여부를 명시해야 함. 아울러 이해관계자 참여 여부와 방식을 설명하고, 목표·지표·측정방식이 변경되었다면 그 사유와 비교가능성에 미친 영향을 밝혀야 함. 마지막으로 기업은 목표 대비 실제 성과, 진척 상황 및 추세 분석 결과를 함께 공시해야 함.
- 목표 미설정 시의 공시(Disclosure When No Targets Are Set): 기업이 특정 사안에 대해 측정 가능한 목표를 설정하지 않았다면, 그 사실을 명시하고 목표 설정 계획 또는 설정하지 않은 이유를 설명해야 함. 또한 목표가 없더라도, 정책·조치의 효과성을 추적하고 있다면 그 프로세스, 달성 수준의 정의, 및 진척을 평가하기 위한 정성·정량 지표와 기준 기간을 공개해야 함.
- 성과 관리 및 검토(Performance Monitoring and Review): 기업은 설정된 목표에 대한 성과와 진척을 주기적으로 모니터링하고, 성과가 계획과 일치하는지 여부를 평가해야 함. 또한 추세 및 성과의 주요 변화 요인을 분석해 공시함으로써 이해관계자가 기업의 지속가능성 목표 달성 경로를 명확히 이해할 수 있도록 해야 함.

표 Ⅶ-3 ESRS 2 구조

사항	주요 내용
기본정보 (Basis for Preparation, BP-1~2)	• 지속가능성 보고서의 일반적 작성기준(BP-1) • 특정 상황에 관한 공시(BP-2)
지배구조 (Governance, GOV1~5)	• 이사회 및 경영진의 역할(GOV-1) • 이사회 및 경영진에 제공되는 정보와 논의되는

사항	주요 내용
	지속가능성 사안(GOV-2) • 성과보상체계 내 지속가능성 성과의 통합(GOV-3) • 지속가능성 실사(Due Diligence) 체계에 대한 설명(GOV-4) • 지속가능성 보고 관련 위험관리 및 내부통제(GOV-5)
전략 (Strategy and business model, SBM1~3)	• 전략, 사업모형 및 가치사슬(SBM1) • 이해관계자들의 관심과 견해(SBM2) • 중대한 영향·위험·기회와 전략·사업모형 간의 상호관계(SBM3)
영향, 위험 및 기회에 대한 중요성 평가 (Materiality assessment of sustainability impacts, risks and opportunities, IRO1~2)	• 중대한 영향·위험 및 기회를 식별하고 평가하는 절차의 설명(IRO1) • 지속가능성 보고서에 포함된 공시요구사항의 명시(IRO2) • 정책에 대한 최소공시요구사항(MDR-P) • 조치에 대한 최소공시요구사항(MDR-P)
측정항목(지표)과 목표 (Metrics and Targets)	• 중대한 지속가능성 사안에 대한 지표(MDR-M) • 정책 및 조치의 효과성을 추적하기 위한 목표 공시(MDR-T)

1.3 ESRS 주제별 기준안

ESRS 주제별 기준안은 CSRD의 공시 요구사항 기반해서 총 10개의 주제로 구성되어 있다. ESRS 주제별 기준안의 자세한 내용은 〈표 Ⅶ-4〉~〈표 Ⅶ-6〉에 정리되어 있듯이, 환경 분야 5개, 사회 분야 4개, 지배구조 분야 1개로 구성되어 있다. 이들 표에서 주목할 점은, 10개 주제별 기준안을 구성하는 세부 지표가 대부분 기관의 영향 중요성을 평가하는 것과 관련되어 있지만, 동시에 위험 및 기회가 기관에 미치는 영향을 나타내는 지표도 포함하고 있다는 점이다[31]. 환경 분야에서는 이러한 영향을 재무적 측면에서 반

31 특이한 점은 기후변화 주제에는 영향에 따른 재무효과는 세부 지표에 포함되어 있지 않다.

영하는 반면, 다른 주제에서는 위험 및 기회 관리와 관련된 목표를 서술하는 형태로 제시하고 있다. 이는 CSRD가 NFRD보다 이중중요성을 더욱 강조하고 있음을 보여주는 사례라 할 수 있다.

환경 분야는 기후변화(E1), 환경오염(E2), 수자원 및 해양자원(E3), 생물다양성 및 생태계(E4), 자원사용 및 순환경제(E5)로 구성된다. 5개 환경 분야의 특이점은 두 가지로 나눌 수 있다. 첫째, 목표와 관련된 차이점이다. ISSB 기준안은 지구 온도 상승 폭을 1.5℃로 유지하기 위한 목표를 요구하지 않는 반면, ESRS 기준안은 유럽 그린 딜 내 환경 목표에 따라 지구 온도 상승 폭 1.5℃에 대한 기여도를 평가하도록 요구하고 있다. 둘째, 생물다양성 및 생태계(E4) 분야는 TNFD[32]에서 규정한 18개 산업에만 적용된다는 점이다[33].

사회(Social) 분야는 〈표 Ⅶ-5〉에 정리되어 있듯이 4개의 주제(S1~S4)로 구성되어 있다. 사회 분야의 특이한 점은 S1과 S2로 분리하여 자체 임직원과 가치사슬 내 근로자를 구분하고 있다는 것이다. 또한, 인권은 대부분 별도의 주제로 다루어지지만, 여기서는 S1 및 S2에 분산되어 있다.

ESRS는 향후 10개의 주제별 기준을 산업별로 제정할 계획이다. 앞서 언급했듯이, ESRS에서 제시한 10개 주제는 기업들이 중요성 평가를 수행할 때 사용된다. 향후 산업별 주제 기준이 마련되면, 기업은 중요성 평가 시 10개 모든 주제를 고려할 필요 없이 해당 산업에 제시된 주제만을 대상으로 평가할 수 있어, 중대성 평가가 보다 간소화될 것으로 예상된다[34].

---

32 TNFD(Taskforce on Nature-related Financial Disclosures)는 2021년에 설립되었으며, 기업이 자연 자본과 생태계에 미치는 영향을 투명하게 보고하도록 함으로써 생태계와 생물다양성 손실에 따른 위험을 관리하고, 투자자들이 이러한 정보를 바탕으로 보다 나은 결정을 내릴 수 있도록 돕는 것을 목표로 하고 있다.

33 농업, 건설, 석유 및 가스, 화학, 광업, 제약바이오, 소비재 등이 포함된다.

34 앞서도 설명했듯이 SASB는 산업별로 중요도 지도(Materility map)를 만들어 산업별로 중요한 주제를 제공하고 있다.

표 Ⅶ-4 ESRS 주제별 환경 기준: E1~E5

	세부 지표
E1 (기후변화)	E1-1 기후변화 완화를 위한 전환계획
	E1-2 기후변화 완화 및 적응관리 정책
	E1-3 기후변화 정책 실행 및 resource
	E1-4 기후변화 완화 및 적응을 위한 목표
	E1-5 에너지 소비 및 믹스
	E1-6 Scope 1,2,3의 총온실가스배출량
	E1-7 탄소배출권구매를 통해 감축되거나 완화된 총온실가스 배출량
	E1-8 내부탄소가격
	E1-9 중대한 물리적/전환적 위험 및 잠재적 기후관련 기회로 예상되는 재무효과
E2 (환경오염)	E2-1 환경오염관련정책
	E2-2 환경오염관련 실행 및 resource
	E2-3 환경오염관련목표
	E2-4 대기, 수질 및 토양오염
	E2-5 유해물질 및 최고유해물질
	E2-6 환경오염관련 영향, 위험 기회로 인해 예상되는 재무효과
E3 (수자원 및 해양자원)	E3-1 수자원 및 해양자원 정책
	E3-2 수자원 및 해양자원 관련 실행 및 resource
	E3-3 수자원 및 해양자원 관련 목표
	E3-4 물소비량
	E3-5 수자원 및 해양자원관련 영향, 위험 기회로 인해 예상되는 재무효과
E4 (생물다양성 및 생태계)	E4-1 생물다양성 및 생태계 관련전환계획
	E4-2 생물다양성 및 생태계 관련정책
	E4-3 생물다양성 및 생태계 관련 실행 및 resource
	E4-4 생물다양성 및 생태계 관련목표
	E4-5 생물다양성 및 생태계 변화와 관련된 영향지표
	E4-6 생물다양성 및 생태계 변화와 관련된 영향, 위험 및 기회로 인해 예상되는 재무효과

	세부 지표
E5 (자원사용 및 순환경제)	E5-1 자원사용 및 순환경제 관련정책
	E5-2 자원사용 및 순환경제 관련 실행 및 resource
	E5-3 자원사용 및 순환경제 관련 목표
	E5-4 자원 유입
	E5-5 자원유출
	E5-6 자원사용 및 순환경제 관련 영향, 위험 및 기회로 인한 예상되는 재무효과

자료: 삼일PWC(2023)

표 Ⅶ-5 ESRS 주제별 사회 기준: S1~S4

	세부 지표
S1 (자체근로자, 임직원)	S1-1 자체인력정책
	S1-2 영향에 대해 근로자대표와 근로자가 참여하는 프로세스
	S1-3 근로자대표와 근로자가 우려 사항을 제기하고, 부정적인 영향을 교정하기 위한 프로세스
	S1-4 자체인력에 중대한 영향에 대한 조치, 자체인력과 관련된 중대한 위험을 완화하고 기회를 촉진하기 위한 접근방식, 그리고 임직원관련 조치에 대한 효과성
	S1-5 중대하고 부정적인 영향을 관리하고, 긍정적인 영향을 촉진하며, 중대한 위험 및 기회 관리와 관련된 목표
	S1-6 자체인력의 특성
	S1-7 자체인력의 비정규직 근로자 특성
	S1-8 단체교섭 적용범위 및 사회적 대화
	S1-9 임직원 다양성
	S1-10 적정 임금
	S1-11 사회보장
	S1-12 장애인
	S1-13 교육 및 역량개발
	S1-14 건강 및 안전
	S1-15 일과 삶의 균형

	세부 지표
	S1-16 보수(임금격차 및 총보수)
	S1-17 사고, 고충 및 심각한 인권영향
S2 (공급망 내 근로자)	S2-1 공급망 내 근로자 관련정책
	S2-2 영향 측면에서 공급망 내 근로자가 참여하는 절차
	S2-3 공급망 내 근로자가 우려사항을 제기하고, 부정적인 영향을 교정하기 위한 절차
	S2-4 공급망 내 인력에게 중대한 영향에 대한 조치, 중대한 위험을 완화하고 기회를 촉진하기 위한 접근방식, 관련 조치에 대한 효과성
	S2-5 중대하고 부정적인 영향을 관리하고, 긍정적인 영향을 촉진하며, 중대한 위험 및 기회 관리와 관련된 목표
S3 (지역사회)	S3-1 기업활동에 영향을 받는 지역사회 관련 정책
	S3-2 영향측면에서 기업활동에 영향을 받는 지역사회 및 지역사회대표가 참여하고 소통하는 절차
	S3-3 기업활동에 영향을 받는 지역사회 및 지역사회대표가 우려 사항을 제기하고, 부정적인 영향을 교정하기 위한 절차
	S3-4 지역사회에 중대한 영향에 대한 조치, 중대한 위험을 완화하고 기회를 촉진하기 위한 접근방식, 관련 조치에 대한 효과성
	S3-5 중대하고 부정적인 영향을 관리하고, 긍정적인 영향을 촉진하며, 중대한 위험 및 기회 관리와 관련된 목표
S4 (소비자 및 고객)	S4-1 소비자 및 최종 사용자 관련 정책
	S4-2 영향 측면에서 소비자 및 최종 사용자가 참여하고 기업과 소통하는 절차
	S4-3 소비자 및 최종 사용자가 우려사항을 제기하고, 부정적인 영향을 교정하기 위한 절차
	S4-4 소비자 및 최종 사용자에게 중대한 영향에 대한 조치, 중대한 위험을 완화하고 기회를 촉진하기 위한 접근방식, 관련 조치에 대한 효과성
	S4-5 중대하고 부정적인 영향을 관리하고, 긍정적인 영향을 촉진하며, 중대한 위험 및 기회 관리와 관련된 목표

자료: 삼일PWC(2023)

표 Ⅶ-6 **ESRS 주제별 지배구조 기준: G1**

	세부 지표
G1 (비즈니스 수행방식)	G1-1 기업문화 및 비즈니스 수행정책
	G1-2 공급망 관계 구축 및 관리
	G1-3 부패 및 뇌물방지
	G1-4 부패/뇌물수수
	G1-5 정치적 영향력 및 로비
	G1-6 결제관행

자료: 삼일PWC(2023)

1.4 적용 시기 및 단계적 적용

ESRS 기준안에 따라 지속가능경영보고서를 작성해야 하는 시기는 기업의 규모에 따라 달라진다. 적용 시기는 〈표 Ⅶ-7〉에 정리되어 있다. 회계연도 동안 직원 수가 500명을 초과하는 상장 대기업이나, 연결재무제표가 대기업 기준을 충족하며 회계연도 동안 평균 직원 수가 500명을 초과하는 모기업은 2025년부터 의무적으로 공시해야 한다. 또한, EU 역내 기업이 아니더라도 EU 내 대기업을 자회사로 둔 EU 역외 기업도 2029년부터 지속 가능성 관련 정보를 의무적으로 공시해야 한다.

ESRS는 모든 기업에게 10개 주제를 모두 공시하도록 요구하지 않는다. 일부 공시 항목에 대해서는 유예 기간이 적용되며, 그 내용은 다음과 같다. 먼저, 환경 관련 재무 효과(E1–9), S1 중 S1–12(장애인), S1–14(건강 및 안전), S1–15(일과 삶의 균형)에 대한 공시는 1년의 유예 기간이 주어진다. 또한, 기후 변화로 인한 재무 효과(E1–9)에 대한 공시는 3년간 유예된다. 직원 수가 750명 이하인 기업은 Scope 3 배출량과 총 온실가스 배출량(E1) 및 S1(자체 임직원)에 대한 공시가 1년간 유예된다. 생물다양성(E4), 공급망 내 근로자(S2), 지역사회(S3), 소비자 및 고객(S4) 부문에 대한 공시는 2년간 유예되며, 그 외 일부 주제에 대해서도 2년간의 유예 기간이 적용된다.

ESRS가 처음 도입될 당시에는 중대성 평가 결과와 관계없이 E1(기후변화)

과 S1(자체 임직원)의 공시가 의무적으로 요구되었으나, 이후 중대성 평가 결과에 따라 공시 여부를 결정하는 방식으로 변경되었다. 이에 따라, E1이 중대 이슈로 선정되지 않았다면 기업은 해당 내용을 공시하지 않아도 되지만, 공시 제외 사유를 중대성 평가 결과와 함께 상세히 설명해야 한다. 따라서 E1은 여전히 중요한 주제로 간주되며, 기업이 중대성 평가를 어떻게 수행하고 관리하는지가 핵심적인 요소가 된다. 또한, 생물다양성(E4)이나 비고용 인력 관련 데이터는 자발적 공시로 전환됨에 따라, 기업들의 데이터 공개 범위가 약 40~60% 축소되었다.

표 Ⅶ-7 기업별 ESRS 기준안 적용 시기

FY2024(2025 공시)	FY2025(2026공시)	FY2026(2027공시)	FY2028(2029공시)
• 회계연도 동안 평균 직원 수 500명을 초과하는 EU 상장 대기업 • 연결재무제표가 대기업 기준을 충족하고, 회계연도 동안 평균 직원수가 500명을 초과하는 모회사	• 회계연도 동안 평균 직원수 500명을 이하의 상장대기업 • 연결재무제표가 대기업 기준을 충족하고, 회계연도 동안 평균 직원수가 500명 이하인 모회사	• 초소형기업 외 상장 소기업 및 중소기업 • 기타상장 신용기관 및 보험회사	• 초소형기업 외 상장된(EU PIE) 소기업 및 중기업을 자회사로 둔 EU 역외기업 • EU 내 대기업을 자회사로 둔 EU 역외기업

1.5 글로벌 기준안과의 상호 운용성(Interoperability)

CSRD는 EU 집행위와 유럽재무보고자문그룹(EFRAG)에 ESRS와 GRI, IFRS(또는 ISSB) 등 글로벌 지속가능성 공시 기준 간의 상호 운용성을 강화할 것을 요구하고 있다. 이에 따라 ESRS 기준안 작성 과정에서 최대한 다른 글로벌 기준 이니셔티브를 반영하도록 요청되었다. 그 결과, ESRS는 GRI 및 IFRS 기준안과 중복되는 항목에서 높은 일관성을 유지하고 있다. EU 집행위는 이러한 일관성이 지속가능성 정보의 글로벌 비교 가능성을 높이고, 통합된 글로벌 프레임워크 개발에 기여할 것으로 보고 있다.

한편, ESRS는 환경, 사회, 지배구조 이슈 전반을 포괄하는 주제별 기준안을 포함하고 있는 반면, ISSB 기준안은 현재 기후 분야에 대해서만 세부적인 주제별 기준안을 마련하고 있다. 또한, ESRS는 이중 중대성 평가를 기반으로 기업이 사람과 환경에 미치는 영향뿐만 아니라, 사회 및 환경 이슈가 기업의 재무적 위험과 기회를 어떻게 유발하는지를 함께 보고하도록 요구한다. 반면, IFRS 기준안은 사회적 및 환경적 이슈가 기업의 재무적 위험과 기회를 창출하는 방식에 초점을 맞춘다는 점에서 차이가 있다.

GRI 기준에 따른 중대성 평가는 ESRS의 영향 중대성 평가의 기반이 된다. 이를 위해 유럽재무보고자문그룹(EFRAG)과 GRI는 ESRS와 GRI 기준 간의 상호 운용성을 높이기 위해 협력하고 있다. 협력의 일환으로, EFRAG와 GRI는 공동 성명을 발표하여 ESRS와 GRI 기준 간의 상호 운용성을 확인하였다. 이를 통해 기업은 GRI 기준을 참조하여 ESRS에 따른 공시를 준비할 수 있으며, 이는 기업의 공시 부담을 줄이는 데 기여할 것으로 예상된다. 또한, GRI 기준과 ESRS 기준안에서 다루고 있는 이중 중대성 평가나 제3자 검증[35]과 같은 주제에 대한 추가 지침이 제공되거나 기준이 더욱 명확해질 것으로 예상된다. 따라서, 기업들은 진행 상황을 지속적으로 모니터링할 필요가 있다.

ISSB 기준안과 ESRS 기준안은 재무 중대성의 개념과 판단 방향이 전반적으로 같기 때문에 기업이 ESRS 기준을 적용하여 재무 중대성을 평가하든 IFRS 기준을 적용하여 평가하든 동일한 개념으로 인정된다.

---

35 GRI와 ESRS 모두 지속가능성 보고의 신뢰성과 투명성을 높이기 위해 제3자 검증을 강조한다. ESRS는 기업이 보고한 지속가능성 정보에 대해 독립적이고 전문적인 제3자로부터 제한적 보증(Limited assurance)을 받을 것을 요구한다. 이는 재무 감사보다는 덜 엄격하지만, 지속가능성 정보의 정확성과 신뢰성을 확보하기 위한 절차이며, 향후 합리적 보증(Reasonable assurance)으로 점진적 전환이 예상된다. 반면, GRI 기준에서는 외부 검증이 필수 사항은 아니지만, 기업이 외부 검증을 받을 경우 검증에 사용된 표준, 획득한 보증 수준, 보증 프로세스를 포함한 외부 보증 보고서를 공개하도록 권장한다. 두 기준 모두 제3자 검증을 통해 보고된 지속가능성 정보의 신뢰성과 투명성을 강화하는 것을 목표로 하며, 기업은 이러한 요구 사항을 충족하기 위해 내부 통제 시스템을 구축하고 독립적인 제3자의 검증을 받을 필요가 있다.

2 IFRS 기준안

2.1 IFRS 구조와 특성

G20과 국제증권위원회기구(International Organization of Securities Commissions, IOSCO)를 포함한 각국 정부와 정책당국은 IFRS 재단에게 국제적으로 통용될 수 있는 기업의 지속가능성 정보(ESG) 공시 기준을 제정해 달라고 요청하였다. 이에 따라 2021년 11월 유엔기후변화협약(United Nations Framework Convention on Climate Change, UNFCCC) 당사국 총회(COP26, 글래스고 총회)에서 IFRS 재단 이사회는 IFRS 재단 내 국제지속가능성기준위원회(ISSB)의 설립을 발표하였고, ISSB에게 국제적으로 통용될 수 있는 기업의 지속가능성 정보 공시 기준 제정을 일임하였다. 사실 통용될 수 있는 지속가능성 정보 공시 기준을 마련하기 위한 움직임은 그 전부터 있어 왔다. 예컨대 2020년에 앞서 설명한 GRI를 포함한 주요 5대 이니셔티브(GRI, SASB, IIRC, CDSB, CDP)를 중심으로 ESG 공시 기준을 통합하자는 논의가 있었다.

기준안 제정은 사실상 두 축으로 이루어져 왔다. 하나는 GRI 기준을 기반으로 한 유럽연합 중심의 ESRS 기준이며, 다른 하나는 IFRS 재단이 중심이 된 IFRS 기준이다. 앞서 설명했듯이, 2021년 ISSB 설립 이후, ISSB는 기후정보공개기준위원회(Climate Disclosure Standards Board, CDSB), 지속가능성회계기준위원회(SASB), 국제통합보고위원회(IIRC)를 관리하는 가치보고재단(Value Reporting Foundation, VRF)을 순차적으로 합병하였다. 이에 따라, 기존에 기업의 지속가능성 정보 공시 기준을 제공하던 SASB 기준이 IFRS 기준안에 큰 영향을 미치는 구조가 자연스럽게 형성되었다.

ISSB는 2023년 3월에 초안을 작성한 후, 2023년 6월 26일 지속가능성 관련 재무정보 공시 기준인 IFRS S1과 IFRS S2를 발표했다. IFRS S1은 모든 지속가능성 관련 재무정보 공시에 적용되는 일반적인 공시 기준인 반면, IFRS S2는 S1을 토대로 기후변화 관련 재무정보 공시에 특화된 공시 기준이다.

IFRS S1 및 S2는 ISSB가 인수한 SASB의 기준을 바탕으로 하며, 공시 기준

보고 체계는 TCFD 권고안을 그대로 채택하고 있다는 특징이 있다. 따라서, GRI와 달리 투자자의 투자 의사결정에 중요한 사항을 중심으로 공시하도록 요구한다. 보다 정확하게는, 지속가능성 주제 중 기업의 재무에 중요한 영향을 미치는 요인을 공시하도록 규정하며, TCFD 권고안에 따라 지배구조, 전략, 위험관리, 측정항목 및 목표의 네 가지 영역을 보고하도록 명시하고 있다. 또한 IFRS 재단 산하 국제회계기준위원회(IASB)가 2001년 제정한 회계기준은 단일한 국제회계기준으로서 제정 때부터 전 세계적으로 통일된 적용을 목표로 하였다. 반면, 국제지속가능성기준위원회(ISSB)의 IFRS S1과 S2는 만들 때부터 목표가 글로벌 최소기준(Global baseline)이었다. 즉, IFRS S1과 S2는 처음부터 각국이 필요에 따라 조정해 적용할 수 있도록 설계되었다.

2.2 IFRS S1[36]

IFRS S1은 기업이 일반 목적 재무 보고의 이용자가 기업에 자원을 제공하기 위한 의사결정을 할 때, 기후변화를 제외한 유용한 지속가능성 관련 위험 및 기회에 대한 정보를 제공하도록 요구하고 있다. IFRS S1은 〈표 Ⅶ-8〉에 정리되어 있듯이, 개념적 기반, 핵심 요소, 일반 요구사항, 판단·불확실성 및 오류, 부록으로 구성되어 있다.

표 Ⅶ-8 IFRS S1 기본구조

구분	주요 내용
개념적 기반	• 공정한 표시 • 중요성 • 보고기업 • 연계된 정보
핵심요소	• 지배구조 • 전략 • 위험관리 • 지표(혹은 측정항목) 및 목표

36 관련 내용은 지속가능성기준위원회(2023a)와 IFRS(2023a) 참조.

구분	주요 내용
일반요구사항	• 지침의 원천 • 공시의 위치 • 보고 시기 • 비교정보 • 준수 문구
판단 · 불확실성 및 오류	• 판단 • 측정 불확실성 • 오류
부록	• A: 용어의 정의 • B: 적용 지침 • C: 지침의 원천 • D: 유용한 정보의 질적 특성 • F: 시행일 및 경과 규정

개념적 기반은 IFRS S1에서 빈번히 사용되는 개념들에 대한 설명서로, '공정한 표시', '중요성', '보고 기업', '연계된 정보'에 대한 개념을 설명하고 있다. 중요성의 개념은 "일반목적재무보고서(재무제표 및 지속가능성 관련 재무공시 포함)에서 특정 정보를 누락하거나 잘못 기재하거나 불분명하게 함으로써 주요 이용자의 의사결정에 영향을 미칠 것으로 합리적으로 예상되는 경우, 그 정보는 지속가능성 관련 재무공시의 맥락에서 중요하다"로 정의하고 있다.

기업이 지속 가능한 경영을 위해 취한 조치나 정책은 다른 분야나 항목에 영향을 미치는 경우가 일반적이다. 기업 A가 생산 및 소비 과정에서 많은 온실가스를 배출하는 제품을 생산하고 있었으나, 저탄소 대체재에 대한 소비자 선호가 증가하면서 수요가 크게 감소하자 해당 제품을 생산하는 공장을 폐쇄하기로 결정했다고 가정해보자. 이는 기업 A가 직면한 위험에 공장 폐쇄라는 전략으로 대응한 것이다. 온실가스를 많이 배출하는 제품의 생산을 중단한 결정은 지구 온난화에 대한 긍정적인 영향을 미쳤지만, 동시에 공장이 위치한 지역에서는 실업 증가 등 지역 경제에 부정적인 영향을 미칠 수 있다.

이처럼 온실가스 배출을 줄이는 조치나 낙후된 지역 경제를 활성화하기 위한 고용 창출은 모두 기업이 지속 가능한 경영을 위해 필요한 행동이다. 이 예에서 볼 수 있듯이, 특정 목적을 위한 정책은 다른 목적에도 영향을 미치며, 대개 상충되는 관계에 있다. 이러한 상충 관계를 줄이기 위해서는 특정 목적을 위한 정책을 실행할 때는 실행 전에 파생될 수 있는 다른 부작용도 고려해야 한다. IFRS 기준안은 이를 반영하기 위해 '연계된 정보'를 강조하고 있다. '연계된 정보'의 취지는 기업이 특정 목적을 위한 결정을 내릴 때, 그 이유를 일반목적재무보고서의 이용자가 이해할 수 있도록 정보를 공시하는 데 있다.

'연계된 정보'는 여러 형태로 발생한다. IFRS S1에서는 '연계된 정보'를 동일 공시 내 항목 간의 연계와 기업이 제공하는 공시 정보 간의 연계로 분류한다. 후자는 다시 지속가능성 관련 재무공시 내의 연계와, 지속가능성 관련 재무공시와 기업이 발행한 다른 일반목적재무보고서 간의 연계로 세분된다. 각 유형의 대표적인 예는 다음과 같다.

- 관련된 항목 간 연계의 전형적인 예로는 식별된 위험에 대응하기 위해 어떤 전략을 세울 때 다른 위험을 발생시킬 수 있다는 것을 들 수 있음.
- 지속가능성 관련 재무공시 내의 연계는 지배구조, 전략, 위험관리, 지표(혹은 측정항목) 및 목표에 대한 공시 간의 연계를 의미하며, 이의 전형적인 예는 위험관리를 통해 식별된 위험에 대응하기 위해 전략을 세웠다면 왜 그런 전략을 세웠는지를 명확히 설명하는 것임.
- 지속가능성 관련 재무공시와 기업이 발행한 다른 일반목적재무보고서 간의 연계는 지속가능성 관련 재무공시가 기업의 재무제표에 미치는 영향을 설명하는 것을 의미하며, 전형적인 예는 지속가능성 관련 위험이 식별되고 이에 대응하는 전략이 재무제표에 어떻게 반영되는지를 설명하는 것임.

IFRS S1에서는 '연계된 정보'의 구체적인 사례를 제공하고 있는데, 이는 사례분석상자 16에 정리되어 있다.

IFRS S1의 '공정한 표시' 요구사항에서는 기업이 지속가능성 관련 위험 및 기회에 대해 목적에 부합하는 정보를 충실하게 공시하고, 재무공시의 보고 기업이 재무제표의 보고 기업과 동일하도록 할 것을 요구한다. 예를 들어, IFRS 회계기준을 사용하여 연결재무제표를 작성하는 지배기업은 자신과 종속기업뿐만 아니라 가치사슬 전반에 걸쳐 지속가능성 관련 위험 및 기회에 대한 중요한 정보를 공시해야 한다.

핵심 요소는 지배구조, 전략, 위험관리, 지표(혹은 측정항목) 및 목표 등 4 요소로 구성되어 있는데, 이는 IFRS S1에서 가장 중요한 부문이다. 모든 지속가능성 주제 중 재무적으로 중요한 주제로 선정될 경우, 관련 정보는 이 4가지 요소를 기반으로 공시되어야 한다. 이들 4 요소는 TCFD 권고안과 동일하며, 각각은 지속가능성 관련 재무정보 공시의 핵심 역할을 수행한다. 이하에서는 각 요소의 목적과 요구되는 공시 사항을 구체적으로 살펴본다.

사례분석상자 16: IFRS S1 연계된 정보 사례

1. 한 제약회사가 비윤리적 실험에 대한 소송에 노출되었다. 이 기업은 전략적 대응이 어떻게 재무제표상의 충당부채 인식 및 연관된 운영비용의 인식으로 이어졌는지, 혹은 이어지지 않았는지 설명해야 할 수 있다.
2. 한 전자제품 제조업체가 제조 과정에서 발생하는 온실가스 배출량을 줄이기 위해 탄소중립(net zero) 목표를 공개적으로 발표하였다. 이에 따라, 기업은 에너지 조달을 재생 가능한 자원으로 전환하고, 에너지 효율이 높은 설비에 투자하는 새로운 전략을 채택한다. 이 기업은 이러한 전략이 목표 달성을 위해 자본지출 증가와 에너지 효율이 낮은 설비에 대한 손상 검토를 어떻게 초래했는지, 또한 에너지 가격과 변동성의 하락, 고객 수요 증가로 인한 수익 및 판매 이윤의 증가로 어떻게 이어졌는지를 설명해야 할 수 있다.
3. 한 공급업체는 종업원 처우와 권리 존중에 대한 우수한 기록(특히 이 부분에서 기업의 접근 방식이 다른 많은 동료 기업보다 뛰어났음)으로 인해 제품에 대한 수요가 증가했음을 알게 되었다. 이 기업은 이러한 종업원 처우와 관련한 전략과 성과가 어떻게 기업을 유리한 위치에 놓이게 했으며, 수익 증가로 이어졌는지를 설명해야 할 수 있다.

4. 한 기업은 탄소중립 목표를 달성하기 위해 디젤 동력 차량을 전기 차량으로 교체하는 온실가스 배출량 계획을 가지고 있다. 전기 차량으로의 전환은 디젤 차량에 비해 훨씬 많은 자본 투자를 필요로 한다. 이 전환 계획에 따르면, 각 차량은 경제적 내용 연수가 끝날 때 교체될 예정이다. 기업은 현재 차량이 손상되지 않았고, 따라서 감가상각률이나 내용 연수의 변경을 재무제표에 반영할 필요가 없다고 결론 내렸다. 그러나, 기업은 이 전환 계획이 미래 현금 흐름에 어떤 영향을 미칠지 고려해야 하며, 재무제표의 회계처리가 이러한 전환 계획과 일치하는지를 설명해야 할 수 있다.

지배구조에 대한 지속가능성 관련 재무공시의 목적은 일반목적재무보고서 이용자가 기업이 지속가능성 관련 위험과 기회를 감시, 관리, 감독하기 위해 사용하는 지배구조 절차[37]와 통제[38]를 이해할 수 있도록 하는 데 있다. 이를 위해 IFRS S1이 요구하는 정보는 TCFD 권고안에서 제시한 것과 같이 크게 두 가지이다. 첫 번째는 지속가능성 관련 위험과 기회를 감독할 책임이 있는 이사회, 이사회에 속한 위원회 또는 이에 상응하는 지배구조 기구와 그 구성원들에 관한 것이다. 두 번째는 지속가능성 관련 위험과 기회를 감시, 감독, 관리하는 지배구조 절차와 통제 및 그 과정에서의 경영진 역할에 관한 것이다.

첫 번째와 관련된 구체적인 정보 요구사항은 다음과 같다.

- 지속가능성 관련 위험 및 기회에 대한 책임이 의사결정 기구 또는 그 구성원에게 어떻게 부여되는지를 설명하는 운영 규정, 위임 권한, 직무 기술서 및 기타 관련 정책에 대한 정보
- 의사결정기구나 그 구성원이 지속가능성 관련 위험 및 기회에 대응하기 위해 기업이 마련한 전략을 감독할 적절한 기량과 역량을 갖추고

---

37 지배구조 절차는 기업 내에서 지속가능성 관련 이슈를 다루기 위해 마련된 공식적인 절차를 의미한다. 예를 들어, 여기에는 이사회 회의, 위원회 활동, 정책 결정 과정 등이 포함된다.

38 이러한 절차가 효과적으로 실행되도록 하기 위한 제도적 장치와 메커니즘을 의미하며, 여기에는 내부 감사, 리스크 관리 시스템, 규제 준수 프로그램 등이 포함될 수 있다.

있는지, 또는 이러한 기량과 역량을 향상시키기 위한 교육 계획이 있는지에 관한 정보

- 의사결정기구나 그 구성원이 지속가능성 관련 위험 및 기회에 대한 정보를 어떻게, 그리고 얼마나 자주 안내받는지에 관한 정보
- 의사결정기구나 그 구성원이 기업의 전략, 주요 거래에 대한 의사결정, 위험관리 프로세스 및 관련 정책을 감독할 때 지속가능성 관련 위험과 기회를 어떻게 고려하는지에 관한 정보[39]
- 의사결정기구 또는 그 구성원이 지속가능성 관련 위험과 기회에 대한 목표를 어떻게 감독하는지, 목표 대비 성과를 어떻게 감시하는지, 그리고 관련 성과 지표가 보상 정책과 어떻게 연계되어 있는지에 관한 정보

두 번째와 관련된 구체적인 정보 규정 사항은 다음과 같다.

- 지속가능성 관련 위험과 기회 관리 역할이 특정 경영진 직책이나 경영진 위원회에 위임되는지, 그리고 해당 직책이나 위원회가 어떻게 감독되는지에 대한 정보
- 경영진이 지속가능성 관련 위험과 기회를 관리하기 위해 활용하는 통제와 절차, 그리고 이들이 다른 내부 기능과 어떻게 통합되는지에 대한 정보

전략에 대한 지속가능성 관련 재무공시의 목적은 일반목적재무보고서 이용자가 기업의 지속가능성 관련 위험과 기회를 관리하기 위한 전략을 이해할 수 있도록 하는 것이다. 구체적으로, 기업은 일반목적재무보고서 이용자가 다음을 이해할 수 있도록 정보를 공시해야 한다.

- 기업 전망에 영향을 미칠 것으로 합리적으로 예상되는 지속가능성 관련 위험 및 기회
- 이러한 지속가능성 관련 위험 및 기회가 기업의 사업모델과 가치사슬에 미치는 현재 영향 및 예상 영향

---

39 이에는 의사결정기구 또는 그 구성원이 이러한 위험 및 기회와 관련된 상충 관계(trade-off)를 고려했는지에 대한 정보도 포함된다.

- 이러한 지속가능성 관련 위험 및 기회가 기업의 전략 및 의사결정에 미치는 영향
- 이러한 지속가능성 관련 위험 및 기회가 보고 기간 동안 기업의 재무상태, 재무 성과 및 현금흐름에 미치는 영향과 단기, 중기 및 장기적으로 예상되는 영향, 그리고 이러한 위험 및 기회가 기업의 재무계획에 어떻게 반영되었는지
- 이러한 지속가능성 관련 위험 및 기회에 대한 기업 전략과 사업모델의 회복력[40]

전략 영역에서는 이 다섯 가지 사항의 정보 공시에 대한 구체적인 지침을 제공하고 있다. 지속가능한 위험과 기회는 문단 30~31, 사업모델과 가치사슬은 문단 32, 전략 및 의사결정은 문단 33, 재무상태, 재무성과 및 현금흐름은 문단 34~40, 회복력은 문단 41~42를 통해 구체적인 지침이 설명되고 있다.

위험관리에 대한 지속가능성 관련 재무공시의 목적은 일반목적재무보고서 이용자가 투자 대상 기업의 지속가능성 관련 위험 및 기회를 식별, 평가, 우선순위 설정 및 감시 과정을 이해하도록 하는 데 있다. 이러한 목적을 달성하기 위해 다음과 같은 정보를 공시하도록 요구하고 있다. 첫째, 기업이 지속가능성 관련 위험(및 기회)을 식별, 평가, 우선순위 설정 및 감시하기 위해 사용하는 절차와 관련된 정책이다. 둘째, 지속가능성 관련 위험 및 기회를 식별, 평가, 우선순위 설정 및 감시하는 절차가 기업의 전반적인 위험관리 절차에 통합되는 범위와 방식이다.

첫 번째와 관련해서는 보다 구체적인 정보 공시 사항이 요구되며, 그 내용은 다음과 같다.

- 기업이 사용하는 투입변수와 매개변수에 대한 정보(예: 자료 출처, 프로세스에서 다루는 운영 범위에 대한 정보)[41]

---

40 기업 전략의 회복력은 일반목적재무보고서 이용자가 지속가능성 관련 위험에서 발생하는 불확실성에 대해 기업이 대처할 수 있는 능력을 이해할 수 있도록 정보를 공시하는 것을 의미한다.

- 기업이 지속 가능한 위험 및 기회를 식별하기 위해 시나리오 분석을 활용하는지 여부 및 그 방식
- 기업이 이러한 위험의 성격, 발생 가능성, 그리고 영향의 크기를 어떤 방식으로 평가하는지에 대한 정보(예: 정성적 요소, 정략적 임곗값 또는 기타 판단 기준을 사용하는지)
- 기업이 지속 가능한 위험을 다른 유형의 위험과 비교하여 우선순위를 설정하는지 여부 및 그 방식
- 기업이 지속 가능한 위험을 감시하는 방식
- 기업이 사용하는 절차가 직전 보고 기간과 비교하여 변경되었는지와 어떻게 변경되었는지와 관련된 정보

지표(혹은 측정항목) 및 목표에 대한 지속가능성 관련 재무공시의 목적은 일반목적재무보고서 이용자가 기업의 지속가능성 관련 위험 및 기회에 대한 성과를 이해할 수 있도록 하는 것이다. 여기에는 기업이 설정한 모든 목표와 법률이나 규제에 따라 충족해야 하는 목표에 대한 진척도가 포함된다. 이를 위해 기업은 기업 전망에 영향을 미칠 것으로 예상되는 각 지속가능성 관련 위험 및 기회에 대해 다음 사항을 공시해야 한다.

- 적용 가능한 IFRS 지속가능성 공시 기준에서 요구하는 지표[42]
- 지속가능성 관련 위험 또는 기회를 평가하는 지표와 해당 지속가능성 관련 위험 또는 기회와 관련한 기업의 성과를 측정하는 지표[43]

---

41 예를 들어, A 기업이 IPCC(기후변화에 관한 정부 간 협의체)의 기온 상승 예측 데이터와 온실가스 배출량 1톤당 50달러의 탄소세를 사용해 기후 위험에 대한 재무 효과를 분석했다면, IPCC의 기온 상승 예측 데이터는 투입변수가 되고, 온실가스 배출량 1톤당 50달러 탄소세는 매개변수가 된다.

42 이는 IFRS 기준에서 요구하는 구체적인 환경, 사회, 지배구조(ESG) 성과 지표로, 온실가스 배출량, 에너지 사용량, 물 소비량 등을 포함한다.

43 이는 기업이 자체적으로 설정한 지속가능성 목표의 달성을 평가하고 관리하기 위해 사용하는 지표를 의미한다. 이러한 지표는 기업의 특수한 상황이나 전략에 맞춰질 수 있으며, 예를 들어 환경 관리 프로그램의 효과성, 사회적 책임 활동의 결과, 지배구조 개선 노력의 성과 등이 포함될 수 있다.

위에서 언급된 지속가능성 관련 위험 또는 기회를 평가하는 지표와 해당 지속가능성 관련 위험 또는 기회와 관련한 기업의 성과를 측정하는 지표는, 기업이 자체적으로 설정한 지속가능성 목표의 달성을 평가하고 관리하기 위해 사용하는 지표를 의미한다. 이와 같이 IFRS 지속가능성 공시 기준에서 요구하는 지표가 없는 경우, 기업은 자체적으로 개발한 지표의 정의와 측정 방식을 명확히 설명하고, 해당 지표가 3자 검증을 거쳤는지 여부, 지표를 계산하는 데 사용된 방법, 계산에 활용된 투입 계수, 해당 방법의 한계 및 가정에 대한 정보를 공시해야 한다. IFRS 지속가능성 공시 기준이 없다면, 기업은 SASB(지속가능성회계기준위원회)나 CDSB(기후정보공개기준위원회) 등의 지침을 참고하여 정보를 공시할 수 있다.

일반 요구사항에는 지침의 출처, 공시 위치, 보고 시기, 비교 정보, 준수 문구 등의 내용이 포함된다. 지침의 출처는 기업 전망에 영향을 미칠 것으로 예상되는 지속가능성 관련 위험 및 기회를 식별할 때, 어떤 기준을 사용해야 하는지에 대한 지침을 제공한다. 가장 우선적으로는 IFRS 지속가능성 공시 기준을 적용해야 하며, 관련 IFRS 지속가능성 공시 기준은 부록 B1~12에 정리되어 있다. 그러나 이 공시 기준은 구체적이지 않을 뿐만 아니라, 산업별로도 구체적인 항목을 제시하지 않는다. 예를 들어, IFRS S1은 "지속가능성 관련 위험과 기회는 단기, 중기 또는 장기에 걸쳐 기업의 현금 흐름, 자금 조달 접근성 또는 자본 비용에 영향을 미칠 것으로 예상되는 것"과 같이 공시 기준을 매우 모호하게 설명하고 있다.

IFRS S1에서는 부록 B1~12를 통해 지속가능성 관련 위험과 기회에 대한 기준을 모호하지만 자체적으로 제공할 뿐만 아니라, SASB 기준의 산업기반 공시 주제와 물 및 생물다양성과 관련해서는 CDSB 프레임워크 적용 지침을 사용하는 것도 허용하고 있다. SASB는 77개 산업별 중요도 지도를 만들어 산업별로 중요한 지속가능성 주제를 선정하였다. 이 지도를 만들 때, SASB는 산업의 특성을 고려하여 기업이 직면하는 모든 위험과 기회를 포함한 것이 아니라, 기업의 재무에 중요한 영향을 미치는 위험과 기회만을 선정했기 때문에 이는 IFRS S1 기준과도 부합한다.

기업 입장에서는 IFRS S1의 모호한 공시 기준보다 SASB 산업별 중요도 지도에서 식별된 주제를 가능한 지속가능성 관련 위험과 기회로 선정하는 것이 더 편리할 수 있다. 앞서 언급했듯이, IFRS S1에서는 SASB 기준을 활용할 수 있도록 허용하고 있으며, 이는 두 기준이 연계되어 있다는 사실을 뒷받침한다. 이러한 상호 호환성은 기업이 두 기준을 연계하여 활용할 수 있도록 하며, 지속가능성 정보 공시의 일관성과 비교 가능성을 높이는 데 기여한다.

IFRS S1은 일반목적재무제표와 지속가능성 관련 재무정보 공시를 함께 고려할 수 있도록 설계되어 있다. 따라서 지속가능성 관련 재무정보 공시는 일반목적재무제표와 동시에 보고해야 하며, 보고 기간도 일반목적재무제표와 동일해야 한다. 또한, 지속가능성 관련 재무정보 공시는 일반목적재무보고의 일부로 포함되어야 하지만, 구체적인 공시 위치는 IFRS S1에서 명확하게 규정하지 않았다[44]. IFRS S1에서는 지속가능성 관련 재무정보 공시가 일반목적재무보고서의 일부로서 경영진설명서 또는 이와 유사한 보고서에 포함될 수 있다고 포괄적으로 규정하고 있다. 유사한 보고서에는 '경영진 보고서', '경영진 논의 및 분석', '운영 및 재무 검토', '통합 보고서', '전략 보고서' 등이 포함되며, IFRS S1은 각 관할권에서 지속가능성 정보의 공시 위치를 결정할 수 있도록 허용하고 있다.

IFRS 기준에서는 상업적으로 민감한 정보 보호를 일정 부분 허용한다. IFRS S1 문단 B35에 따르면, 기업이 지속가능성 관련 기회에 대한 정보를 공시하는 것이 상업적으로 민감하다고 판단되는 경우, 해당 정보의 공시를 생략할 수 있다. 다만, 위험과 관련된 정보는 반드시 공개해야 하며, 상업적 민감성을 이유로 공시를 생략할 수 없다. 기업이 기회 정보를 공시하지 않기로 결정했다면, 그 이유를 명확히 설명해야 하며, 민감한 정보를 보호하면서도 투자자와 이해관계자에게 필요한 정보를 제공할 수 있는 대체 공시 방안을 고려하도록 규정하고 있다.

---

44 ESRS 기준안에서는 지속가능성 관련 정보를 사업보고서의 일부로 공시하도록 요구하고 있다. 일반목적재무보고란 통상적으로 재무제표를 포함하는 보고서를 의미한다.

반면, ESRS 기준에서는 상업적으로 민감한 정보, 특히 지식재산권(IP), 영업비밀, 노하우 또는 혁신성과와 관련된 특정 정보에 대해 공시를 생략할 수 있는 기준을 명시하고 있다. ESRS 1 문단 108~110에서는 다음과 같은 조건을 충족하는 경우, 해당 정보를 공시하지 않을 수 있다고 규정하고 있다.

- 해당 정보가 기밀성이 유지되고 있으며, 관련 업계 내에서 일반적으로 알려지거나 쉽게 접근할 수 없는 경우[45]
- 해당 정보가 기밀성을 유지함으로써 상업적 가치를 가지는 경우
- 기업이 해당 정보를 기밀로 유지하기 위해 합리적인 조치를 취한 경우

이러한 조건을 충족한다면, 기업은 해당 정보를 생략할 수 있지만, 해당 공시 요건을 충족하기 위해 특정 정보를 제외한 나머지 모든 관련 정보는 공개해야 한다. 또한, 기업은 해당 정보를 생략하더라도 전체 공시의 적절성과 타당성을 유지하도록 합리적인 노력을 기울이도록 규정하고 있다. 따라서 ESRS 기준에서는 기업이 상업적으로 민감한 정보를 보호할 필요가 있다면, 공시 방식을 조정할 수 있도록 허용하지만 IFRS 기준처럼 공시를 완전히 생략하는 것은 허용하지 않는다. 대신 특정 수치를 공개하지 않더라도 질적(Qualitative) 설명을 통해 해당 지속가능성 전략과 관련된 핵심 내용을 공시하도록 요구하고 있다.

IFRS 지속가능성 관련 재무정보 공시 기준은 다른 기준에서 달리 허용하거나 요구하지 않는 한, 당기에 공시된 모든 값에 대해 전기의 비교 정보를 공시하도록 요구하고 있다[46]. 서술적이거나 기술적인 지속가능성 관련 재무정보 공시의 경우에도, 이러한 비교 정보가 보고 기간의 지속가능성 관련 재무공시를 이해하는 데 유용하다면, 기업은 다른 ISSB 기준서에서 달리 허용하거나 요구하지 않는 한, 보고 기간에 공시된 모든 정보에 대해 전기의

---

45 예를 들어, 이에는 영업비밀, 경쟁상 민감한 정보, 특허 출원 전의 기술정보, 합병 및 인수 관련 정보 등이 포함된다.

46 다만, IFRS S1 지속가능성 공시 기준에서 요구하는 정보가 법률이나 규정에 의해 금지되거나, 상업적으로 민감한 경우에는 해당 정보를 공시하지 않아도 된다. 예를 들어, 식별된 지속가능성 관련 기회와 이를 실현하기 위한 전략이 기업의 경제적 이득을 실현하는 데 불리하게 작용할 경우, 해당 정보는 공시하지 않아도 된다.

비교 정보를 제공해야 한다. 단, 기준이 적용되는 첫해(2024년)에 한해, 최초 적용일 이전의 비교 정보는 미공개가 허용된다. 이와 같은 공시 요구사항을 포함하여, IFRS 지속가능성 관련 재무정보 공시 기준의 모든 요구사항을 준수하여 지속가능성 관련 재무공시를 작성한 기업은 "기업이 ISSB 기준을 준수하였음"이라는 문구를 기재할 수 있다. 다시 말해, IFRS 지속가능성 관련 재무정보 공시기준의 모든 요구사항을 준수하지 않은 경우에는, 기업이 IFRS 지속가능성 관련 재무정보 공시기준을 준수하였다고 기술하는 것을 허용하지 않는다.

마지막으로 '판단, 측정 불확실성 및 오류(Judgements, Measurement uncertainty, Errors)'에 대한 설명이다. 지속가능성 관련 재무공시를 준비하는 과정에서 기업은 다양한 판단을 내리며, 이러한 판단은 추정과는 별개로 기업의 지속가능성 관련 재무공시에 보고되는 정보에 중요한 영향을 미칠 수 있다. 예를 들어, 기업은 다음과 같은 사항에서 판단을 내린다. 이때, 기업은 어떤 근거로 판단을 내렸는지에 대한 정보를 일반목적재무보고서 이용자가 이해할 수 있도록 제공해야 한다.

- 기업의 전망에 영향을 미칠 것으로 합리적으로 예상되는 지속가능성 관련 위험과 기회를 식별하는 과정
- IFRS 지속가능성 재무정보 공시 기준의 문단 54~58에 따라 적용할 지침을 결정하는 과정
- 지속가능성 관련 재무공시에 포함할 중요 정보를 식별하는 과정
- 특정 사건이나 상황 변화가 중요한지 평가하고, 이에 따라 기업의 가치사슬 전반에서 영향을 받는 지속가능성 관련 위험과 기회의 범위를 재평가해야 하는지 판단하는 과정(문단 B11 참조)

IFRS S1에 따라 기업이 지속가능성 관련 재무 정보를 공시할 때, 불확실성을 포함한 수치를 보고하는 경우가 많다. 여기서 '측정 불확실성'이란, 기업이 일반목적재무보고서의 이용자가 지속가능성 관련 재무공시에 보고된 값에 영향을 미치는 중요한 불확실성을 이해할 수 있도록 정보를 제공해야 한다는 의미이다. 이를 위해 기업은 높은 수준의 측정 불확실성이 있는 공

시된 값을 식별하고, 그 원천[47], 계산 방법, 사용된 가정, 공시된 값과 관련된 예상 불확실성의 해소 시점, 합리적으로 가능한 결과의 범위 등에 대한 정보를 공시해야 한다. 이는 지속가능성 관련 재무공시에 보고된 값을 직접 측정할 수 없고 추정해야만 할 때 측정 불확실성이 발생하는데 이 경우라도 추정에 사용된 방법, 근거를 합리적으로 설명한다면 투자자들에게 유용한 정보를 제공할 수 있기 때문이다.

IFRS S1에 따라 기업이 지속가능성 관련 재무 정보를 공시할 때, 여러 이유로 보고된 수치에 오류가 발생할 수 있다. 실무적으로 적용이 불가능하지 않는 한, 기업은 공시된 과거 기간의 비교 값을 재작성하여 중요한 전기 오류[48]를 수정해야 한다.

IFRS S1 지침서의 마지막에는 부록이 포함되어 있으며, 그 내용은 〈표 Ⅶ-9〉에 정리되어 있다. 부록에는 본문에서 언급된 기준의 적용 및 해석에 활용될 수 있는 추가적인 설명(예시 포함)과 지속가능성 관련 위험 및 기회를 식별할 때 사용할 수 있는 구체적인 지침에 대한 설명이 담겨 있다.

표 Ⅶ-9 IFRS S1 부록 내용

구분	내용
A: 용어의 정의	기준에서 사용된 주요 용어의 의미 제시
B: 적용 지침	기준 적용 및 해석에 활용할 수 있는 부가 설명 제시
C: 지침의 원천	지속가능성 관련 위험 및 기회에 적용가능한 IFRS 기준 부재 시, 관련 정보를 식별하기 위한 판단에 적용하는 지침의 원천 제시
D: 유용한 정보의 질적 특성	지속가능성 관련 재무정보의 유용성 확보·보강을 위한 질적 특성 설명
E: 시행일 및 경과 규정	IFRS S1 시행일 및 기준 최초 적용에의 완화 규정 제시

47 원천의 예로는 미래 사건의 결과, 측정 기법, 또는 기업의 가치사슬 데이터의 가용성과 품질에 대한 값의 의존성을 들 수 있다.

48 전기 오류는 과거 기간의 지속가능성 관련 재무공시에서 발생한 하나 이상의 누락이나 왜곡 표시를 의미한다.

2.3 IFRS S2 기후 관련 공시[49]

IFRS S2는 IFRS S1의 공시원칙을 기초로 기업이 기후 관련 위험과 기회에 대해 필요한 정보를 공시하도록 규정하는 주제별 기준으로, 일반목적재무보고의 이용자가 기업에 자원을 제공하는 의사결정을 할 때 유용한 기후 관련 정보를 제공하는 것을 목적으로 한다. IFRS S2는 S1 공시 기준안에 따라, 공시를 위한 정보를 지배구조, 전략, 위험관리, 지표(측정항목) 및 목표의 네 가지 영역으로 나누어 요구하고 있다. IFRS S1과의 차이는 '지속가능성 관련 위험 및 기회' 대신 '기후 관련 위험 및 기회'를 사용하고 있다는 것이다. 기후 관련 위험은 TCFD 권고안에 따라 물리적 위험과 전환위험으로 세분하고 있다.

IFRS S2는 〈표 Ⅶ-10〉과 〈표 Ⅶ-11〉에 정리되어 있듯이 본문과 부록으로 구성되어 있다. 본문은 기후 관련 위험 및 기회 정보에 대한 4가지 핵심요소 중심의 공시 요구사항과 산업 전반 및 산업 기반 공시 요구사항에 대해 규정하고 있다. 부록은 IFRS S1과 다르게 용어 정의, 적용 지침, 시행일 및 경과 규정으로 구성되어 있다. 이 규정은 기업이 기후 변화에 대한 대응을 명확히 하고, 투자자와 이해관계자에게 신뢰할 수 있는 정보를 제공함으로써 보다 투명한 재무보고를 가능하게 한다.

표 Ⅶ-10 IFRS S2 구성

기준 본문		기후 관련 위험 및 기회 정보에 대하여, 4가지 핵심요소 중심의 공시 요구사항과 산업 전반 및 산업 기반 공시 요구사항 규정
부록	A. 용어의 정의	기준에서 사용된 주요 용어의 의미 제시
	B. 적용 지침	IFRS S2 기준 적용 및 해석에 활용할 수 있는 부가 설명 제시
	C. 시행일 및 경과 규정	IFRS S2 기준서의 시행일 및 기준 최초 적용에의 완화 규정 제시

49 IFRS S2 자세한 내용은 https://www.ifrs.org/issued-standards/list-of-standards/ifrs-sustainability-standards/ifrs-s2-climate-related-disclosures/ 참조.

표 Ⅶ-11 IFRS S2 본문 핵심 구성

구분	내용
지배구조	기후 관련 위험 · 기회를 감시 · 관리 · 감독하는 의사결정기구와 경영진의 역할
전략	기후 관련 위험 · 기회가 기업의 사업모형 · 가치사슬, 전략 · 의사결정, 재무상태 · 재무 성과 · 현금흐름에 미치는 영향, 그리고 기업의 전략 · 사업모형의 기후 회복력
위험관리	기후 관련 위험 · 기회를 식별하고 평가하는 데 사용하는 절차와 정책, 그리고 이러한 절차가 기업 전체 위험관리 절차에 통합되는 방식
지표 및 목표	산업 특성과 무관한 산업 전반 지표, 산업 특성별로 달라질 수 있는 산업 기반 지표, 그리고 기업의 기후 관련 목표와 목표의 진척도

IFRS S2의 핵심 부문 역시 4개 영역에 대한 지침이다. 4개 영역에 대한 지침은 IFRS S1의 내용과 거의 동일하다. 각 영역의 지침을 간단히 살펴보면, 먼저 지배구조 영역에서는 IFRS S1과 마찬가지로 의사결정기구와 경영진의 역할에 대한 정보를 공시하도록 규정하고 있다. 의사결정기구와 관련해서는, 기후 관련 위험 및 기회가 의사결정 과정에서 어떻게 고려되고 책임에 반영되는지에 대한 정보를 공시하도록 요구하고 있다. 또한, 기업의 전략 감독을 위해 적절한 인력을 확보하려는 노력, 의사결정기구가 기후 관련 목표를 설정하고 진척도를 감독하는 방식, 그리고 관련 성과 지표가 보상 정책에 포함되는지와 그 방식에 관한 정보를 공시하도록 규정하고 있다. 경영진의 역할과 관련해서는, 기후 관련 위험 및 기회를 감시, 관리 및 감독하는 데 적용되는 지배구조와 그에 따른 통제 및 절차, 경영진의 책임에 대한 설명을 요구하는데, 여기에는 경영진의 역할이 위임되는지 여부와 위임된 역할을 감독하는 방법, 기후 관련 위험 및 기회 감독에 적용되는 통제와 절차에 대한 정보가 포함된다. 관련 정보를 공시할 때는, IFRS S1에서 언급된 내용을 '지속가능한 관련 위험 및 기회' 대신 '기후 관련 위험 및 기회'로 대체하여 적용하면 된다.

전략과 관련해서도 IFRS S1과 마찬가지로 '기후관련 위험과 기회', '사업모형과 가치사슬', '전략과 의사결정', '재무 상태, 재무 성과 및 현금흐름', '기후 회복력'의 다섯 가지 정보를 공시하도록 규정하고 있다. IFRS S2에서 전략 부분의 요구사항 중 중점적으로 살펴볼 필요가 있는 부분은 '전략과 의사결정', '기후 회복력'이다. '전략과 의사결정'에서는 기업이 기후 관련 위험 및 기회에 어떻게 대응했는지, 그리고 앞으로 어떻게 대응할 계획인지에 대한 정보를 제공할 때, 다음과 같은 정보를 공시하도록 요구하고 있다.

① 기업의 사업모형에 대한 현재의 변화와 예상되는 변화를 공시해야 함. 여기에는 기후 관련 위험 및 기회를 관리하기 위한 자원 배분도 포함. 이러한 변화의 예로는 탄소, 에너지, 또는 물 집약적인 사업의 관리나 중단 계획, 수요 변화나 공급망 변화에 따른 자원 배분, 자본적 지출 또는 연구개발(R&D) 비용을 추가로 투입하여 사업을 개발하는 과정에서의 자원 배분, 그리고 인수 및 매각 등이 포함.

② 직접적인 완화 및 적응을 위한 현재의 노력과 예상되는 노력(예: 생산 공정이나 설비의 변경, 시설 재배치, 인력 조정 및 제품 사양 변경)

③ 간접적인 완화 및 적응을 위한 현재의 노력과 예상되는 노력(예: 고객 및 공급망과의 협력)

④ 모든 기후 관련 전환 계획(기업의 전환 계획을 개발하는 데 사용된 주요 가정 및 기업의 전환 계획이 의존하는 요소에 대한 정보 포함)[50]

⑤ 모든 기후 관련 목표[51]를 기업이 어떻게 달성할 계획인지에 대한 정보

⑥ 기업이 ①~⑤에 따라 공시된 활동들을 수행하기 위해 자원을 어떻게 조달하고 있으며, 앞으로 어떻게 조달할 계획인지에 대한 정보

⑦ 기업이 ①~⑤에 따라 과거 보고 기간에 공시된 계획의 진척도에 대한 양적 및 질적 정보

⑧ 현재 및 예상 영향과 기업의 사업모형 및 가치사슬상 기후 관련 위험 및 기회가 집중된 부분에 대한 설명

---

50 IFRS S2에서 요구하는 "기후 관련 전환 계획(Climate Transition Plan)"은 기업이 탄소 중립(Net Zero) 목표 달성이나 기후 변화 대응을 위한 전략적 변화를 어떻게 수행할 것인지에 대한 계획을 의미한다. 이러한 전환 계획을 공시할 때는 단순한 목표 설정이 아니라, 이를 실행하기 위해 사용된 주요 가정과 계획이 의존하는 요소들을 포함해야 한다.

51 IFRS S2 지침의 문단 33~36에 따라 기술된 모든 온실가스 배출량 목표 포함.

IFRS S2에서 요구하는 기후 회복력에 대한 정보 공시의 주요 목적은, 일반목적재무보고서 이용자가 기업이 기후 관련 위험과 기회를 식별한 후, 기후 변화와 그에 따른 상황 변화 및 불확실성에 대해 기업의 전략과 사업모형이 얼마나 잘 대응하고 적응할 수 있는지를 명확히 이해할 수 있도록 하는 데 있다. 이를 통해 보고서 이용자가 가장 궁금해하는 것은 기업이 기후변화에 대응해 단기, 중기, 장기적으로 전략과 사업 모델을 어떻게 조정하고 적응할 수 있는지에 대한 능력이다. IFRS S2는 이러한 기업의 역량에 대한 정보 공시를 위해 세 가지 사항을 요구하고 있다.

① 기후 관련 시나리오 분석에서 식별된 영향에 대응하기 위해(기후 관련 위험에 대한 대처와 기후 관련 기회 활용을 포함) 기업이 보유하고 있는 기존 재무자원의 가용성과 유연성
② 기존 자산을 재배치, 용도 변경, 개선 또는 해체할 수 있는 기업의 능력
③ 기후 회복력을 위한 기후 관련 완화, 적응 및 기회에 대한 기업의 현재 투자의 영향과 계획된 투자의 영향

일반목적재무보고서의 이용자가 기후 회복력과 관련하여 기업의 역량만큼이나 관심을 가지는 것은 기후 관련 시나리오 분석이 얼마나 정확하게 수행되었는지이다. 이는 기후 회복력의 출발점이 각 시나리오별로 예상되는 기후변화가 기업의 사업에 어떤 영향을 미칠지를 분석하는 데 있기 때문이다. 시나리오별로 기후변화가 기업에 미치는 영향이 정확하게 예측되어야, 이를 바탕으로 적절한 전략을 수립할 수 있다. 따라서, 일반목적재무보고서의 이용자는 기업이 기후 관련 시나리오 분석을 어떤 방식으로 수행했는지를 알고 싶어 한다. 이를 충족하기 위해 S2는 다음과 같은 정보 공시를 요구하고 있다.

- 분석에 사용된 기후 관련 시나리오 및 해당 시나리오의 원천
- 다양한 기후 관련 시나리오가 분석에 포함되었는지 여부
- 분석에 사용된 기후 관련 시나리오가 기후 관련 전환위험 또는 물리적 위험과 연관이 있는지
- 여러 시나리오 중에서 기업이 기후변화에 관한 최신 국제 협약에 부합

하는 시나리오를 사용했는지 여부

• 기업이 선택한 기후 관련 시나리오가 기후변화, 기후변화에 따른 다양한 가능성(상황 전개), 또는 불확실성에 대해 기업의 회복력을 평가하는데 적합하다고 판단한 이유
• 분석에 사용된 기간 범위
• 분석에 사용된 사업의 범위(예: 분석에 사용된 사업장의 위치 및 사업단위)
• 기업이 운영되는 관할권의 기후 관련 정책, 거시경제 동향, 국가 또는 지역 수준의 변수(예: 지역 날씨 패턴, 인구특성, 토지 이용, 기반시설 및 천연자원의 가용성), 에너지 사용 및 믹스, 기술 개발 분석에 사용된 주요 가정

위험 관리와 관련된 정보 공시 요구 지침은 IFRS S1과 거의 유사하다. 반면 IFRS S2에서 요구하는 지표(측정항목) 및 목표에 대한 요구사항은 기후변화 특성을 반영하고 있다. IFRS S2는 일반목적재무보고서 이용자가 기후 관련 위험과 기회에 따른 기업의 성과를 명확히 이해할 수 있도록 하기 위해, 지표 및 목표와 관련된 기후 관련 재무정보를 다음과 같이 공시하도록 요구한다.

• 산업 전반에서 공통적으로 사용되는 지표에 대한 정보
• 해당 산업에서 일반적으로 사용하는 사업모형, 주요 활동, 또는 공통적인 운영 방식과 관련된 산업 기반(혹은 산업별) 지표
• 기후 관련 위험을 완화하거나 적응하고 기후 관련 기회를 활용하기 위해 기업이 설정한 목표, 그리고 법률이나 규제에 따라 반드시 충족해야 하는 목표(이러한 목표의 달성 여부를 평가하기 위해 의사결정기구 또는 경영진이 사용하는 지표 포함)

산업 전반 지표에 대한 정보 공시 요구사항은 온실가스, 기후 관련 전환위험, 기후 관련 물리적 위험, 기후 관련 기회, 자본 배치, 내부 탄소 가격, 보상 등 7가지로 구성되어 있다. 이 중 온실가스와 관련된 정보를 공시할 때 요구사항은 매우 구체적이다. 몇 가지 주요 요구사항을 소개하면 다음과 같다.

- 온실가스 배출량은 이산화탄소 환산톤(Tonnes of CO_2 equivalent, tCO_2e)으로 표시
- Scope 1, 2, 3 배출량[52]은 각각 보고
- 측정 방법은 GHG Protocole에서 제시하는 방법을 따라야 하며[53], Scope 2 계산 시 지역 기반[54]에 근거해서 측정해야 함

기후 관련 전환 위험 및 물리적 위험과 관련해서는, 이러한 위험에 취약한 자산 또는 사업 활동의 금액과 백분율을 공시하도록 요구하고 있다. 기후 관련 기회와 관련해서는, 기후 관련 기회에 부합하는 자산 또는 사업 활동의 금액과 백분율로 정보를 공시해야 한다. 자본 배치와 관련해서는, 기

---

52 Scope 3 온실가스 배출량에 대한 공시 요구사항은 기업의 가치사슬에서 발생하는 온실가스 배출 정보를 제공함으로써, 투자자가 기업이 직면한 전환 위험을 보다 명확히 이해할 수 있도록 하는 데 초점을 맞추고 있다. 이에 따라, 기업은 GHG Protocol에서 정의한 15개 Scope 3 배출 범주를 고려해야 하며, 해당 정보가 중요할 경우 이를 공시해야 한다. 또한, Scope 3 배출량의 세부적인 정보가 중요하다면 추가 공시가 요구된다. 특히 금융업(자산 관리, 상업 은행, 보험 등)에서 활동하는 기업은 금융 배출량(Financed Emissions)을 공시해야 하며, IFRS S2 적용 지침에 따라 Scope 1, Scope 2, Scope 3 배출량으로 구분된 총 금융 배출량(절대치)을 포함해야 한다. 일부 산업에서는 각 자산군별(Asset Class) 배출량을 추가로 공시할 수도 있다. Scope 3 온실가스 배출량에 대한 보다 구체적인 내용은 10장에서 자세히 다룬다.

53 자세한 측정 방법에 대한 설명은 WRI & WBCSD(2004)나 https://ghgprotocol.org/corporate-standard 참조.

54 지역 기반 계산 방법(또는 위치 기반 계산 방법, Location-based method)은 에너지 사용과 관련된 온실가스 배출량을 산정할 때 주로 사용되며, 기업이 위치한 특정 지역의 전력망에서 발생하는 평균 탄소 배출 계수를 활용하여 온실가스 배출량을 계산하는 방식이다. 이 방법은 해당 지역의 전력 생산과 소비 패턴에 따라 전력 소비로 인한 온실가스 배출량을 계산한다. 계산식은 다음과 같다:
온실가스 배출량 = 전력 소비량(MWh) × 지역별 전력망 배출 계수(kg CO_2e/MWh).
이와 반대되는 방식은 시장 기반 계산 방법(Market-based method)이다. 이 방법은 기업이 선택할 수 있는 전력 소스의 배출 계수를 사용하여 온실가스 배출량을 계산한다. 기업이 재생 가능 에너지 인증서(Renewable Energy Certificate, REC)나 전력 구매 계약(Power Purchase Agreement, PPA)을 통해 구입한 청정 에너지를 반영하여, 실제 에너지 구매 선택에 기반한 배출량 산정을 가능하게 한다. 예를 들어, 100% 재생 가능 에너지 인증서를 구입한 경우, 해당 전력의 배출 계수는 0이 될 수 있다.

후 관련 위험과 기회에 대비하여 배치된 자본 지출, 자금 조달, 또는 투자 금액을 공시하도록 요구한다. 내부 탄소 가격과 관련해서는, 기업이 탄소 가격을 의사결정에 어떻게 적용하고 있는지에 대한 설명(예: 투자 의사결정, 이전 가격, 시나리오 분석 등)과 기업이 온실가스 배출량의 원가를 평가할 때 사용하는 온실가스 배출량 톤당 가격 등의 정보를 공시하도록 규정하고 있다. 보상과 관련해서는, 기후 관련 사항이 경영진 보상에 반영되는지 여부와 그 반영 방식에 대해 기술하고, 당기에 인식된 경영진 보상 중 기후 관련 고려사항과 연계된 보상의 백분율을 공시하도록 요구하고 있다.

IFRS S2는 특정 산업의 사업모형과 활동에 관련된 산업기반 지표를 공시하도록 규정하고 있다. 이는 기후 관련 위험과 기회의 영향이 산업별로 다르기 때문에, 투자자가 산업의 특성을 이해하는 데 중요한 역할을 한다. IFRS S2는 기업이 이를 이행하기 위해 개정된 SASB 기준을 참고하여, 산업기반 지침의 공시 주제와 관련 지표를 사용할 수 있도록 허용하고 있다. 앞서 언급했듯이, SASB의 산업별 기준은 구체적인 지표를 통해 기업가치에 기반한 의사결정을 하는 투자자에게 유용한 정보를 제공하고 있다[55].

---

55 자세한 내용은 https://sasb.ifrs.org/standards/download/ 참조.

part VIII

ESG 평가 기관별 평가 방법

VIII

ESG 평가 기관별 평가 방법

ESG 구조에서 가장 핵심적인 역할을 하는 부문은 기업의 지속가능성 정보 공시 기준이다. 이는 투자자가 신뢰할 수 있고 비교 가능한 지속가능성 정보를 얻기 위해 표준화된 공시 기준 지침이 필수적이기 때문이다. 그러나 실제로는 투자자가 기업의 지속가능성 정보를 직접 분석하기보다는 이를 대신 분석하는 평가사(Rater)들이 정보를 제공하고, 투자자는 이를 구매하여 투자에 활용하고 있다.

초기 ESG 평가 기관들은 대체로 규모가 작았다. ESG 점수[1]를 평가하기 위해 최초로 설립된 평가사는 1983년 프랑스의 Vigeo Eiris이며, 1988년에는 미국에서 Kinder, Lydenberg & Domini(KLD)가 설립되었다. 이후 ESG 평가가 일반화되면서 여러 평가사가 등장하였고, 최근에는 기존 금융 자료 제공 회사들이 소규모 평가사를 흡수하며 대형화되는 추세이다. 예를 들어, MSCI는 2010년 KLD를, Morningstar는 2020년 Sustainalytics를, 무디스(Moody's)는 2019년 Vigeo Eiris를, S&P Global은 2019년 RobecoSAM을 각각 인수하였다.

현재 기업의 ESG 점수를 평가하는 기관의 수는 정확한 수를 파악하기 어려울 만큼 많다. 이는 ESG 평가사들이 ESG 구조에서 중요한 역할을 하고 있음을 의미한다. 실제로 기업들은 여러 평가사로부터 평가를 받고 있지만[2],

1 기업의 ESG 점수를 평가하는 것은 기업의 지속 가능성 정도를 평가하는 것과 같은 의미이다.

2 ESG 평가사들은 가능한 한 많은 기업을 평가하는 것이 좋다. 왜냐하면 평가사들의 고객은 투자자들이고, 투자자들은 더 많은 기업 정보를 원하기 때문이다. 이러한 구조 때문

문제는 동일한 기업에 대해서도 평가사의 평가 결과가 다르다는 것이다.

8장에서는 평가사의 평가 방법을 소개한다. 이를 통해 각 평가사의 기준을 이해하고, 평가 결과가 차이가 나는 이유를 짐작할 수 있다. 각 평가사의 평가 방법은 해당 기관의 웹사이트 등에 공개된 정보로만 확인할 수 있으며, 평가사들은 평가 방법을 고유 자산으로 간주하기 때문에 상세한 정보를 제공하지 않는다. 이로 인해 평가사들 간의 평가 방법을 상세히 비교하는 데는 한계가 있으며, 평가사들은 주로 투자자들에게 자료를 제공하는 것을 목적으로 하기 때문에, 이중 중대성 중 E, S, G 요소가 기업의 재무에 미치는 영향에 초점을 맞추고 있다.

1 MSCI[3]

1.1 특징 및 기본구성

MSCI(Morgan Stanley Capital International)는 2024년 6월 기준 17,000개 이상의 발행체[4]를 대상으로 ESG 등급을 평가하고 있다[5]. MSCI 평가는 기업의 핵심 사업을 기준으로, 해당 산업이 직면한 ESG(환경, 사회, 지배구조) 관련 위험과 기회를 분석하고, 이를 통해 같은 산업 내에서 기업들을 비교하는 데 초점을 맞춘다. 따라서 MSCI ESG 등급은 기업의 지속 가능성을 절대적으로 평가하는 것이 아니라, 기업의 환경, 사회적 책임, 및 지배구조 수준이 산업 평균과 비교해 얼마나 벗어나 있는지를 평가하는 것이다[6]. 이탈의 정도가

에 신용평가와는 달리, 기업들은 평가사에 비용을 지불하지 않는다.

3 MSCI 평가 방법론에 대한 자세한 설명은 MSCI(2019), MSCI(2022) 참조.

4 발행체라 함은 주식이나 채권 같은 유가증권을 발행하는 주체를 말한다. 이에는 기업, 정부(중앙 및 지방정부), 공공기관, 국제기구, 특수목적법인(SPV) 등을 포함한다. MSCI 평가를 받고 있는 발행체 중 기업의 수는 8,500개 정도이며 자회사를 포함할 경우 평가를 받는 기업의 수는 14,000개 이상이다.

5 자세한 내용은 https://www.msci.com/web/msci/esg-ratings 참조.

클수록 기업의 ESG 등급은 낮아지거나 높아지며, 투자자들은 이를 바탕으로 투자 적합성을 판단한다. MSCI ESG 평가 모형은 다음 네 가지 주요 질문을 통해 기업으로부터 정보를 수집하고 평가한다.

- 기업 또는 해당 산업이 직면한 주요 ESG 관련 위험 및 기회는 무엇인가?
- 기업이 해당 위험과 기회에 얼마나 노출(Exposure)되어 있는가?
- 기업이 주요 위험과 기회를 어떻게 관리하고 있는가?
- 기업의 ESG 전반적 수준은 어떠하며, 동일 산업의 글로벌 동료 기업들과 비교해 어떤 위치에 있는가?

이 네 가지 질문에서 알 수 있듯이, MSCI ESG 등급의 특징은 두 가지로 요약된다. 첫째, 등급은 ESG와 관련된 위험과 기회에 대한 노출 정도와 이를 관리하는 역량을 함께 고려해 산정된다. 따라서 특정 사안에서 높은 위험 노출도를 가진 기업이라도 이를 효과적으로 관리하고 있다면 높은 긍정적인 평가를 받을 수 있다. 둘째, MSCI ESG 등급은 절대평가가 아닌 상대평가 방식으로 결정된다. 즉, 기업이 속한 동일 산업 내 다른 기업들과의 비교를 기반으로 평가가 이루어진다.

MSCI의 ESG 평가는 〈표 Ⅷ-1〉에 정리되어 있듯이 3개 영역(Pillar), 10개 주제(Themes), 35개의 주요 이슈(Key Issue, KI)들로 구성되어 있다[7]. 3개 영역은 환경(E), 사회(S), 지배구조(G)이며, 3개 영역은 다시 10개 주제로 구성된다. 10개 주제를 보다 구체적으로 살펴보면, 환경 영역[8]에는 기후변화(Climate Change), 자연자원(Natural Resources), 오염 및 폐기물(Pollution and Waste), 환경적 기회(Environmental Opportunities) 등 4개 주제가, 사회 영역에는 인적 자본(Human Capital), 제품 책임(Product Liability), 이해관계자 반대(Stakeholder Opposition),

---

6 ESG 등급 평가사의 평가는 대부분 산업 단위에서 평가를 하고 있기 때문에 산업단위의 평가가 MSCI만의 특징은 아니다.

7 35개의 주요 이슈는 230개의 세부 지표로 세분화되며, 주요 이슈와 세부 지표는 매년 수정된다.

8 환경 영역의 4개 주제 중 '환경적 기회'를 제외한 나머지 주제들은 기업이 직면하는 환경 관련 위험 정도를 평가하기 위한 것이다.

사회적 기회(Social Opportunities) 등 4개 주제가, 지배구조 영역에는 기업 지배구조(Corporate Governance)와 기업 행동(Corporate Behavior) 등 2개 주제가 각각 포함된다.

MSCI의 평가 주제와 주요 이슈는 CSRD의 공시 주제와 유사한 부분이 많지만, 두 제도는 근본적으로 다른 목적을 가진다. CSRD의 공시 주제는 기업이 사회와 환경에 미치는 영향을 이해관계자에게 알리는 것을 주목표로 한다. 반면, MSCI의 주제는 특정 사안이 기업의 재무에 미칠 잠재적 영향을 평가해 투자자에게 정보를 제공하는 데 주목적이 있다. 예를 들어, 탄소 배출량의 경우 CSRD는 기업이 배출하는 총량에 초점을 맞추는 반면 MSCI는 배출량 자체뿐 아니라 이를 관리하기 위해 기업이 어떤 정책과 절차를 운영하는지도 함께 평가한다. 이러한 세부 항목에는 관리 활동이 포함되며, 이를 통해 기업의 위험 노출도와 관리 역량을 동시에 측정한다.[9]

표 Ⅷ-1 MSCI ESG 평가 구성

영역(Pillar)	주제(Theme)	ESG 주요 이슈(key issues)
환경	기후변화	• 탄소배출량 • 제품 탄소발자국 • 환경영향에 대한 재원조달 • 기후변화 취약성
	자연자원(Natural resources)	• 물 스트레스 • 생물다양성 및 토지사용 • 원재료구매

9 예를 들어, MSCI의 탄소 배출량 관련 위험 노출도 평가는 사업 구조(Cardinal Business Exposure)와 지역별 규제 환경(Geographic Exposure)을 기준으로 이루어진다. 사업 구조 평가는 핵심 사업 부문의 매출 또는 자산 비중에 따라 점수를 부여하며, 지역별 규제 환경 평가는 해당 기업이 속한 지역의 탄소 규제 강도에 따라 기존 점수를 최대 ±50% 범위에서 조정한다. 관리 역량 평가는 감축 목표 설정(Targets Score), 감축 활동 실행(Mitigation Score), 성과 중심 정량 지표(Performance Score)의 세 가지 요소로 구성된다. 감축 목표 설정은 목표의 존재 여부와 목표 수준의 공격성을, 감축 활동 실행은 재생에너지 사용, 온실가스 포집, CDP 공시 등 실제 이행 조치를, 성과 지표는 톤당 매출 배출량 등 업계 평균과 비교한 정량적 성과를 평가한다.

영역(Pillar)	주제(Theme)	ESG 주요 이슈(key issues)
	오염 및 폐기(Pollution & waste)	• 유독물질 배출 및 폐기 • 포장재 및 폐기물 • 전력 낭비
	환경기회 (Environmental opportunities)	• 청정기술 관련 기회 • 그린빌딩 관련 기회 • 신재생에너지 분야 기회
사회	인적자본	• 노무관리 • 건강 및 안전 • 인적자본개발 • 공급망 노동기준
	제품책임(Product liability)	• 제품 안전 및 품질 • 화학물질안전 • 금융상품 안전성 • 개인정보보호 및 자료보안 • 책임투자 • 건강 및 인구통계학적 위험
	이해관계자 반대	• 이해관계자의 반대 • 지역사회와의 관계
	사회적 기회	• Communications 접근성 • 금융 접근성 • 의료서비스 접근성 • 영양과 건강 기회
지배구조	기업지배구조	• 이사회 • 보수체계 • 소유권 및 통제 • 회계
	기업행태	• 기업윤리 • 조세 투명성

MSCI 평가는 기업이 속한 하위산업(Sub−industry) 단위에서 식별된 위험과 기회를 기준으로 진행된다. 즉, 기업은 산업별로 분류되고, 하위산업별로 등급이 매겨진다. 동일 산업 내 기업들은 개별적으로 노출 정도는 다를 수 있

지만, 동일한 유형의 위험과 기회에 직면하게 된다. MSCI는 기업을 산업별로 분류하기 위해 GICS(Global Industry Classification Standard)를 사용한다[10]. 이 분류체계는 MSCI와 S&P가 1999년에 공동 개발한 것으로, 산업을 11개 부문(Sector), 24개 산업그룹(Industry Group), 69개 산업(Industry), 158개 하위산업(Sub-industry)으로 세분한다. MSCI의 ESG 평가는 이 158개 하위산업 단위를 기준으로 수행되며, 동일 하위산업 내 기업은 유사한 유형의 위험과 기회에 직면한다.

1.2 평가 방법

MSCI의 기업별 ESG 등급 평가에서 가장 핵심적인 부분은 주요 이슈이다. MSCI에서 고려하는 주요 이슈는 대략 35개라고 앞서 언급했다. 그러나 이 35개의 이슈가 모두 기업 평가에 사용되는 것은 아니다. MSCI의 산업 전문가들은 35개 주요 이슈를 대상으로 159개 하위산업별로 중요하다고 판단되는 이슈들을 선정하고, 이 선정된 이슈들을 바탕으로 평가를 실시한다. 하위산업별로 대체로 35개 주요 이슈 중 약 10개 내외의 이슈가 평가에 사용된다. 이 중 기업지배구조와 관련된 4개 주요 이슈는 모든 하위산업에 공통으로 적용되며, 하위산업 특성에 따라 추가로 6개 정도의 주요 이슈가 평가 대상으로 선정된다.

MSCI ESG 등급에서 사용되는 위험과 기회는 실질적인 위험과 기회만을 포함한다. 다시 말해, 산업별로 10개 내외의 주요 이슈가 평가 대상으로 선정된다는 것은, 해당 산업에서 실질적인 위험이나 기회가 35개 주요 이슈 중 약 10개라는 것을 의미한다. 여기서 실질적인 위험과 기회는, 기업이 그 위험으로 인해 실제로 비용 증가에 직면하거나, 해당 기회를 통해 이윤 창출에 중요한 역할을 할 수 있는 경우로 정의된다.[11] MSCI ESG 등급 평가에

---

10 주요 평가사인 S&P Global(구 RobecoSam) 역시 GICS 산업 분류를 따르고 있다.

11 예를 들어, 화학 산업에서는 특정 투입물의 사용 금지와 같은 재처리 요구 규제정책이 주요 위험으로 간주되며, LED 조명 산업에서는 청정 기술과 관련된 기회들이 주요 기회로 간주된다.

사용되는 위험 및 기회는 탄소 집약도, 물 집약도, 상해율 등과 같은 표출된 영향[12]을 산업별로 평균과 범위를 측정하는 정량 모형(Quantitative model)을 통해 식별된다[13].

MSCI ESG 등급 평가에서 하위산업별로 선정된 주요 이슈에 대한 점수는 위험 노출 정도(Exposure)와 위험 관리 정도(Management)를 동시에 고려하여 결정된다.[14] 이는 산업의 전반적인 특성으로 인해 위험 노출도나 기회 노출도가 높더라도, 이를 관리하는 기업의 능력에 따라 실질적인 위험과 기회의 정도가 달라지기 때문이다. 따라서 주요 이슈에서 좋은 점수를 받기 위해서는 위험 관리는 위험 노출 정도에 비례해야 한다. 즉, 특정 이슈에 대해 좋은 점수를 받기 위해서는 위험 노출도가 높은 산업에 속한 기업은 강력한 관리책을 사용해야 하며, 반면 위험 노출도가 낮은 산업에 속한 기업은 다소 느슨한 관리책을 사용해도 된다. 높은 위험 노출에 직면한 기업이 느슨한 관리대책을 사용할 경우, 위험 노출도가 낮지만 동일한 관리대책을 가진 기업보다 점수가 낮다[15].

주요 이슈에 대한 값이 어떻게 결정되는지 구체적으로 살펴보자. 먼저, 하위산업(Sub-industry) 단위로 선정된 주요 이슈별로 각 기업의 위험 노출 정도를 산정한다. 이때 위험 노출은 기업의 사업 구조, 지리적 운영 범위, 제품·서비스 특성 등 다양한 요인을 반영해 정량·정성적으로 평가된다[16].

---

12 여기서 영향이라 함은 TCFD 정의에 따르면 위험이나 기회가 기업에 미치는 정도로 정의된다. 다시 말하면 기업의 행위로 인해 기후변화가 야기되는 영향을 의미하지 않는다.

13 TCFD에 따르면 위험은 전환위험과 물리적 위험으로 나뉜다. 예를 들어, 철강 산업처럼 탄소 집약도가 높은 제품을 생산하거나 서비스를 제공하는 기업은 전환위험에 직면할 가능성이 높기 때문에, 철강 산업에서는 탄소 배출량이 주요한 위험 요인이 된다.

14 기회 지표에서 '노출'은 현재 사업이나 지리적 위치에 따라 기업이 이점을 얻을 가능성을 의미하며, '관리'는 이러한 기회를 활용할 수 있는 기업의 역량을 뜻한다.

15 전력 회사들은 일반적으로 물 의존도가 높지만, 위치한 지역에 따라 물과 관련된 위험은 크게 다를 수 있다. 예를 들어, 사막에 위치한 전력 회사는 물 공급이 풍부한 지역에 위치한 회사보다 물 관련 위험이 더 높다. 물 부족 지역에 있는 기업들은 물이 풍부한 지역에 위치한 기업들보다 관련 위험을 완화하기 위해 더 다양한 방법을 사용해야 한다.

16 세분화 대상은 핵심사업 혹은 사업 부문(Business segments), 가동 위치, 외부 조달된 생산 그리고 정부 계약 의존도와 같은 요소들이 포함된다.

개별 기업의 위험 노출 점수는 0에서 10점 사이의 값을 가지며, 해당 위험에 대한 노출이 전혀 없으면 0점, 노출이 매우 높으면 10점이 주어진다. 다음 단계로, 기업의 특정 수준의 위험 또는 기회에 대한 관리 점수를 계산한다. 관리 점수는 특정 위험과 기회를 관리하기 위해 사용해온 전략들과 그 성취 정도를 감안해 계산된다. 관리 점수 역시 관리 노력의 증거가 없으면 0점, 관리 노력이 매우 실효성 있다고 판단되면 10점의 값을 갖는다. 단, 위험 관리 점수는 기업 차원에서 계산된 값이 곧 최종 점수가 아니다. 실질적인 관리 점수는 선정된 주요 이슈(또는 지표)에 대해 과거 3년간 발생한 논란(Controversies)을 반영해 산출되며, 논란이 있다면 해당 점수에서 차감된다. 관리가 매우 우수하고 지난 3년간 관련 논란이 전혀 없었다면 최고 점수인 10점을 받는다.

〈그림 Ⅷ-1〉은 선정된 주요 이슈에 대해 위험 노출도 점수와 위험 관리 점수를 결합한 종합점수가 어떻게 결정되는지를 보여준다. 이 그림에서 알 수 있듯이, 위험 노출도가 높은 기업이 낮은 기업과 같은 점수를 받기 위해서는 더 강력한 위험 관리 수단을 사용해야 한다. 예컨대 전통적인 방법[17]으로 전력을 생산하는 유틸리티(utility) 기업은 단순히 전력을 배송하고 전환하는 유틸리티 기업보다 탄소배출과 유해물질 배출량을 줄이는 강력한 정책을 사용해야 같은 점수를 받을 수 있다. 또한, 〈그림 Ⅷ-1〉을 통해 알 수 있듯이, 주어진 위험 노출도에서 위험 관리를 잘하는 기업일수록, 주어진 위험 관리 수준에서 위험 노출이 작은 기업일수록 높은 점수를 받는다. 예를 들어, 위험 노출도가 전혀 없음에도 불구하고 중간 정도의 관리 노력을 기울이는 기업은 해당 주요 이슈에서 10점을 받을 수 있다. 이 그림을 통해 MSCI의 주요 이슈에 대한 점수는 다음과 같은 방식으로 계산된다는 것을 알 수 있다.

- KI점수 = 관리점수 − 위험노출도 + 7 (위험노출도 ≥ 2)
- KI점수 = 관리점수 + 5 (위험노출도 = 0,1)

17 예컨대 화석연료를 사용하는 방법.

그림 Ⅷ-1 위험 노출도와 관리 노력을 결합한 선정된 주요 이슈 점수

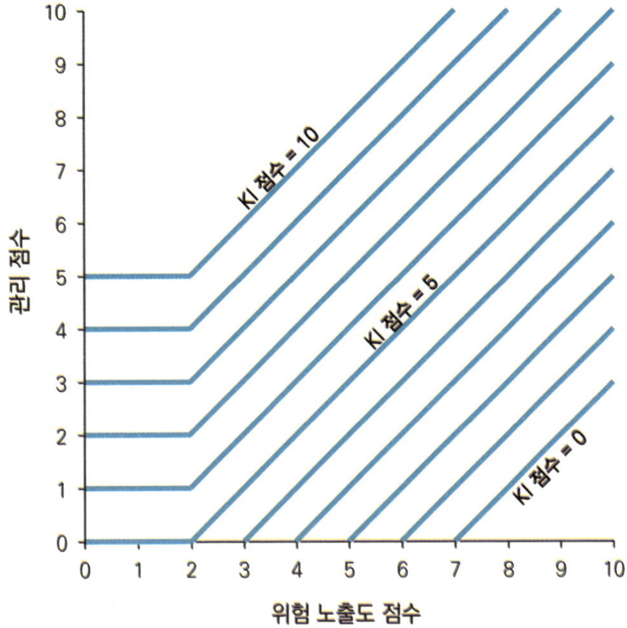

기회에 대한 평가도 위험에 대한 평가와 유사하다. 다만, 기회 노출도와 관리 노력을 연계시키는 방식은 다소 다르다. 개별 기업의 기회 노출도는 기업의 제품·서비스 구성, 주요 사업 부문, 그리고 위치한 지정학적 요인을 바탕으로 관련성을 측정한다[18]. 반면, 관리는 기업이 이러한 기회를 활용할 수 있는 역량으로 평가된다. 선정된 주요 기회 이슈에 대한 점수가 결정되는 과정은 〈그림 Ⅷ-2〉에 나타나 있다. 이 그림에서 알 수 있듯이, MSCI ESG 등급에서 선정된 기회 관련 주요 이슈에 대한 기업의 점수는 기회 노출 정도에 따라 계산 방법이 달라진다. 해당 기회 노출이 제한적인 기업[19]

18 기회 노출도는 특정 기회가 그 기업에 얼마나 중요한지, 또는 그 기업이 해당 기회를 얼마나 잘 활용할 수 있는지에 대한 측정이다. 기업의 현 사업 내용(예: 주로 어떤 제품이나 서비스를 제공하는지)과 기업이 위치한 지정학적 요인(예: 기업이 운영되는 지역의 특성, 경제적/정치적 환경 등)에 따라 기회와의 관련성이 결정되기 때문에 이들은 측정 기준으로 사용된다.

19 "기회 노출이 제한적인 기업"이라는 표현은, 해당 기업이 특정 기회에 노출될 가능성이

은 노출 정도에 관계없이 0~10점 범위의 중간값인 5점을 받지만, 해당 기회 노출도가 높은 기업은 관리 노력에 따라 높은 점수나 낮은 점수를 받을 수 있다. 매우 강력한 관리 노력을 기울이는 기업은 해당 기회 노출도가 증가할수록 높은 점수를 받지만, 관리 노력을 전혀 하지 않은 기업(관리 점수가 0인 기업)은 노출 정도가 10일 때에도 0점을 받게 된다. 또한, 〈그림 Ⅷ-2〉에 나타나 있듯이, 기회 노출도가 높음에도 불구하고 관리 노력을 하지 않은 기업은 기회 노출이 매우 제한적인 기업보다 낮은 점수를 받는다. 〈그림 Ⅷ-2〉를 통해 MSCI의 기회 관련 주요 이슈 점수는 다음과 같이 계산된다는 것을 유추할 수 있다.

- KI점수 = 0.05(관리점수 − 5) × 기회노출도 + 0.5(관리점수 + 5)

그림 Ⅷ-2 **기회 노출 정도와 관리 노력을 결합한 선정된 주요 이슈 점수**

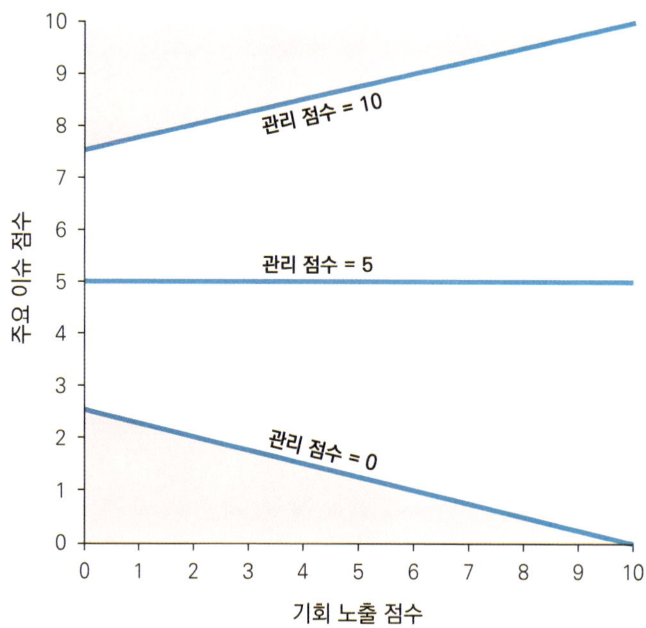

낮거나 그 기회가 기업의 주요 사업 활동에 큰 영향을 미치지 않는 경우를 의미한다. 다시 말해, 이러한 기업은 특정 기회와의 연관성이 낮아, 그 기회로부터 얻을 수 있는 이익이나 영향이 제한적이라는 뜻이다.

앞서 언급했듯이, 주요 이슈에 대한 관리 점수는 관리 노력의 실효성을 기반으로 계산된 점수에서 논란 이슈를 반영해 차감한 결과로 구해진다. MSCI ESG 등급 산정에 사용되는 논란 사례는, 기업의 운영이나 제품이 환경·사회·지배구조(ESG)에 부정적인 영향을 미쳤다는 주장과 관련된 사건 또는 지속적 사안으로 정의된다. MSCI가 지정한 논란 사례는 총 28개로, 여기에는 유출, 사고, 규제 조치와 같은 단일 사건, 동일 시설에서 발생한 건강 및 안전 벌금, 동일한 제품 라인과 관련된 반경쟁적 행동에 대한 여러 혐의, 동일 기업에 대한 여러 차례의 지역사회 항의, 또는 동일 유형의 차별을 주장하는 여러 개인 소송 등이 포함된다. 이 28개 논란 사례에 대해 매일 뉴스와 이슈를 모니터링하며, 상황에 따라 Fail, Watch List, Pass의 세 가지로 분류된다. 중대한 점수 변화가 발생하면, 분석가가 검토를 수행하고 등급을 재산정한다.

각 논란 사례는 사회적 또는 환경적 영향의 정도에 따라 평가되며, 〈표 Ⅷ-2〉에 나타나 있듯이 '매우 심각(Very severe)', '심각(Severe)', '보통(Moderate)', '미미(Minor)'의 네 등급으로 구분된다. 이슈당 최대 5점까지 차감될 수 있다. MSCI ESG 등급 계산에서 주목할 점은, 미래에 중대한 위험을 초래할 수 있는 구조적 문제를 나타내는 논란 사례가, 미래 위험 발생 가능성이 불확실한 논란 사례보다 주요 이슈 점수에서 더 큰 폭으로 공제된다는 것이다.

표 Ⅷ-2 논란 이슈에 대한 평가

		영향의 성격(Nature of impact)			
		극심 (Egregious)	심각 (Serious)	중간 (Medium)	최소 (Minimal)
영향의 규모 (Scale of impact)	매우 넓음	매우 심각	매우 심각	심각	보통
	넓음	매우 심각	심각	보통	보통
	제한적	심각	보통	미미	미미
	좁음	보통	보통	미미	미미

1.3 ESG 점수 계산방법

MSCI ESG 평가등급에서 개별 기업의 점수가 계산되는 과정은 〈그림 Ⅷ-3〉에 정리되어 있다. 먼저, 선정된 10개 주요 이슈의 점수를 계산한 뒤, 이를 바탕으로 10개 주제별 점수를 산출한다. 이 중 지배구조와 관련된 4개의 주요 이슈인 이사회, 보수체계, 소유권 및 통제, 회계는 모든 하위산업에 공통적으로 포함되므로, 주제당 하나의 주요 이슈가 포함된다. 따라서 주제 점수는 대체로 해당 주요 이슈의 점수와 일치한다. 주제 점수가 결정되면, 환경, 사회, 지배구조의 각 영역별 점수가 계산된다.

영역별 점수가 어떻게 계산되는지 한 산업을 예로 들어 살펴보자. 석유·가스 탐사 하위산업(Oil & Gas Drilling Sub-Industry)의 환경 영역에 속하는 주요 이슈는 탄소배출량, 생물다양성과 토지사용, 유독물질 배출 및 폐기(Toxic Emissions & Waste)이다. 이들 이슈가 속한 상위 주제는 각각 기후변화, 자연자원, 오염 및 폐기다. 주요 이슈 점수는 앞서 설명한 방법으로 산출되며, 해당 주제 점수로 그대로 반영된다. 주제별 점수는 가중평균을 통해 환경 영역 점수로 집계된다.

가중 평균 계산에는 가중치가 필요하며, MSCI는 주요 이슈별로 가중치를 부여하고 있다. 예를 들어, 석유-가스 탐사 하위산업에서 환경 영역에 속한 주요 이슈들에 대한 가중치는 탄소배출량 15.6%, 생물다양성과 토지사용 15.1%, 유독물질 배출 및 폐기 10.8%로 주어졌다. 따라서 환경 영역의 가중치는 이들 세 가중치의 합인 41.5%가 된다. 이들 주요 이슈 값이 각각 10, 9, 8로 계산되었다면 환경 영역 점수는 $10\times\frac{15.6}{41.5}+9\times\frac{15.1}{41.5}+8\times\frac{10.8}{41.5}=9.12$가 된다. 사회 영역의 점수도 환경 영역과 동일한 방법으로 계산된다.

기업의 지배구조 점수는 0~10점 사이의 값을 가지며, 각 기업은 10점 만점으로 시작하여 지배구조와 관련된 100여 개의 주요 측정 항목(혹은 지표)에 대한 평가를 기반으로 점수가 차감되는 방식으로 결정된다. 기업의 지배구조 점수는 〈그림 Ⅷ-4〉에 정리되어 있듯이, 주요 지표와 관련된 점수의 합을 계산한 뒤, 이 점수를 10점 만점에서 차감하여 구해진다.

그림 Ⅷ-3 MSCI의 개별 기업 ESG 점수 결정 구조도

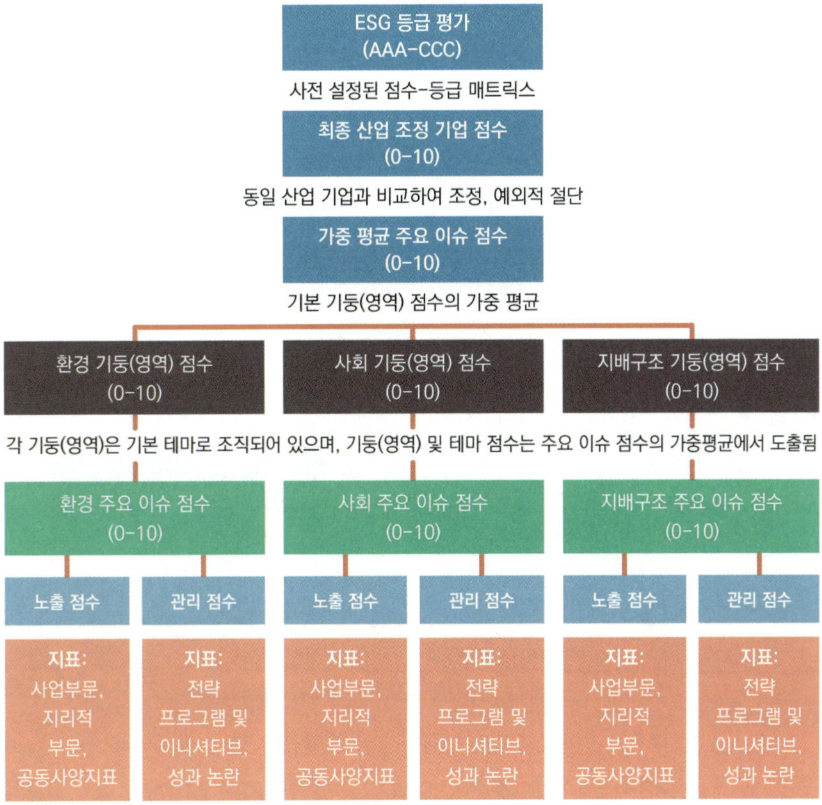

그림 Ⅷ-4 기업지배구조 점수 산정 구조

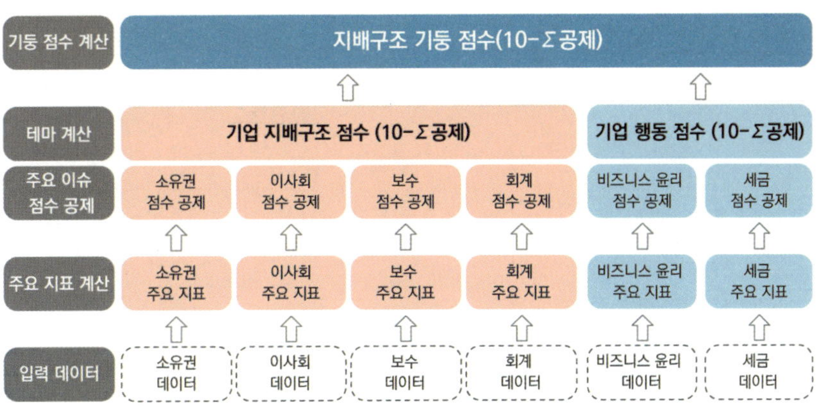

출처: MSCI ESG Ratings Methodology(2020)

환경, 사회, 지배구조 영역에서 점수가 계산된 후, 이들 세 값을 가중 평균하면 총점이 계산된다. 그러나 이 값이 최종 점수는 아니다. 가중 평균된 점수는 산업별 분포 특성을 감안해 보정된다[20]. 보정이 이루어진 후, 각 기업의 최종 산업조정된(Final industry-adjusted) 점수가 계산되며, 〈표 Ⅷ-3〉에 정리된 바와 같이 백분율에 따라 AAA에서 CCC까지의 등급이 부여된다. 다시 한번 강조하지만, MSCI의 기업 평가는 절대평가 방식이 아니라, 동일 산업 내 다른 기업과 비교한 ESG 관련 성과와 관리 역량을 기준으로 하는 상대평가이다.

표 Ⅷ-3 MSCI 최종 ESG 등급

문자등급	최종 산업 조정 기업 점수	%
AAA	8.6~10.0	5%
AA	7.1~8.6	15%
A	5.7~7.1	19%
BBB	4.3~5.7	21%
BB	2.9~4.3	19%
B	1.2~2.9	12%
CCC	0.0~1.4	6%

20 이러한 보정을 흔히 정규화(Normalization)라고 하는데, 정규화 방법에는 여러 가지가 있다. 매출액 등을 기준으로 보정하여 정규화하는 방법도 있고, 경제학에서처럼 표준정규분포를 만들기 위해 Z값으로 정규화하는 방법도 있다. 그러나 어떤 보정 방법이 사용되는지는 공개되지 않고 있다.

1.4 가중치 계산방법 및 활용 자료

MSCI의 ESG 등급 계산에 있어 핵심은 주요 이슈에 대한 점수 계산과 주요 이슈에 대한 가중치이다. MSCI의 ESG 점수는 여러 단계를 거쳐 계산되고 단계마다 가중 평균이 적용되지만 사용되는 가중치는 주요 이슈에 대한 가중치 하나만 알면 된다. 이는 앞에서 예로 든 석유-가스탐사 하위산업을 통해 확인할 수 있다. 환경 영역에 속한 주요 이슈들은 탄소배출량, 생물다양성과 토지사용, 유독물질 배출 및 폐기(Toxic emission & Waste)이며 이들에 대한 가중치는 각각 15.6%, 15.1%, 10.8%인데 3개의 주요 이슈로 구성된 환경 영역의 가중치는 이들 세 가중치의 합인 41.5%이다.

MSCI ESG 평가에 사용되는 주요 이슈들은 GICS의 158개 하위산업별로 35개의 주요 지표(또는 이슈) 중에서 약 10개 내외가 선정된다. 하위산업별로 선정된 주요 이슈들의 가중치는 두 가지 요인을 고려해 5%에서 30%의 값을 갖는다. 첫 번째 요인은 해당 하위산업의 환경 및 사회적 영향 기여 정도로, 이 영향은 고(High), 중(Medium), 저(Low)로 구분된다[21]. 두 번째 요인은 선정된 주요 이슈가 위험 및 기회 요인으로 구체화될 것으로 예상되는 시기로, 3단계로 구분된다[22]. 〈표 Ⅷ-4〉에는 MSCI가 사용하는 하위산업별 주요 이슈들에 대한 가중치 구조가 정리되어 있다[23]. 이 표에 나타나 있듯이, 위험 및 기회 요인으로 구체화될 것으로 예상되는 기간이 5년 이상으로 예상되고 환경 및 사회적 영향이 크지 않은 주요 이슈는 가장 낮은 가중치를 받게 된다. 반대로, 구체화될 시기가 2년 이하로 예상되며 환경적 및 사회적 영향이 큰 주요 이슈는 가중치가 가장 높다. 이 두 가중치의 차이는 3배 이상인 것으로 알려져 있다.

---

21 예컨대, 탄산음료(Soft drink) 산업의 이산화탄소 배출 주요 이슈 가중치는 전체 산업 평균 이산화탄소 배출집약도 대비 탄산음료 산업의 이산화탄소배출 집약도가 고, 중, 저인지를 판단해서 영향의 정도가 결정된다.

22 단기는 2년 이하, 중기는 2~5년, 장기는 5년 이상이다.

23 〈표 Ⅷ-4〉에 정리되어 있는 주요 이슈 가중치 구조는 하위산업 기준인데 산업 내 기업별로 차이가 나는 경우 기업의 핵심제품과 사업부분, 사업장의 위치, 외주생산, 정부 계약 등의 탄력성 등을 반영해 가중치가 일부 조정될 수 있다.

표 Ⅷ-4 **MSCI ESG 하위산업 기준 주요 이슈(지표)에 대한 가중치 구조**

		위험/기회가 구체화되는 예상 시작	
		단기 (〈2년)	장기 (5+년)
환경 및 사회에 대한 기여도	산업이 주 기여자	가장 높은 가중치	
	산업이 작은 기여자		가장 낮은 가중치

자료: MSCI, MSCI ESG Ratings Methodology(2020)

MSCI의 주요 이슈에 대한 가중치는 158개 하위산업 단위에서 결정되기 때문에, 모든 하위산업의 주요 이슈와 가중치를 소개하는 것은 적절하지 않다. 몇 개의 하위산업 단위의 주요 이슈와 가중치를 비교해 보더라도, 하위산업별로 주요 이슈와 가중치가 상당히 다르다는 사실을 확인할 수 있다.[24] 〈표 Ⅷ-5〉는 일부 하위산업의 주요 이슈와 가중치가 정리되어 있다[25]. 이 표에서 알 수 있듯이, 하위산업별로 주요 이슈뿐 아니라 가중치에도 상당한 차이가 있다. 예를 들어, 석유·가스 탐사 하위산업(Oil & Gas Drilling Sub-Industry)의 경우 환경 영역에는 탄소배출(15.6%), 생물다양성과 토지사용(15.1%), 유독물질 배출 및 폐기(10.8%)가 포함되며, 사회 영역에는 건강과 안전(18.5%), 지역관계(6.9%)가, 지배구조 영역에는 33.1%의 가중치가 부여된다. 반면, 반도체 하위산업에서는 환경 영역에 청정기술개발(16.1%), 물 스트레스(11.5%), 인적자본 개발(22.3%), 논란 원천(10.7%), 공급망 노동관리(0.1%), 제품 안전과 품질(0.1%)이 포함되며, 지배구조 가중치는 39.2%이다. 주요 이슈와 가중치의 차이는 동일한 부문(Sector)에 속한 하위산업 간에도 나타난다. 예를 들어, 석유·가스 탐사 하위산업과 석유·가스 장비 및 서비스 하위산업은 모두 에

24 158개의 주요 이슈와 가중치에 대해서는 https://www.msci.com/our-solutions/esg-investing/esg-industry-materiality-map 참조.

25 선정된 주요 이슈들의 가중치를 합하면 100%가 된다.

너지 부문에 속하지만, 두 하위산업 간에도 주요 이슈와 가중치에서 일부 차이가 있다.

기업의 지배구조 가중치는 앞서 설명했듯이, 이사회, 보수 체계, 소유권 및 통제, 회계 등 네 가지 주요 이슈로 구성된 지배구조 주제가 모든 하위 산업에 공통적으로 포함되기 때문에 최소 33%로 책정된다. 이는 다른 평가 기관보다 높은 수준이다. 〈표 Ⅷ-6〉에 따르면, 지배구조 가중치가 높은 하위산업 중 하나인 다양화된 지원 서비스(Diversified Support Services)[26]는 그 비중이 63.8%에 달한다.

표 Ⅷ-5 하위산업 주요 이슈와 가중치

	환경 영역	사회 영역	지배구조 영역
석유-가스탐사	• 탄소배출(15.6%) • 생물다양성과 토지사용 (15.1%) • 유독물질 배출과 폐기 (10.8%)	• 건강과 안전(18.5%) • 지역관계(6.9%)	• 지배구조(33.1%)
대형전기장비 (Heavy Electrical equipment)	• 청정기술 기회(27.3%) • 유독물질 배출과 폐기 (11.9%) • 생물다양성과 토지사용 (0.3%)	• 노동관리(22.9%) • 건강과 안전(0.4%)	• 지배구조(40.8%)
여객항공 (Passenger airlines)	• 탄소배출(19%)	• 제품안전과 품질(16%) • 개인정보 및 데이터 보안(Privacy & Data security, 16%) • 노동관리(16%)	• 지배구조(40.8%)

---

26 Diversified Support Services 하위산업에는 인프라와 설비 관리, 로지스틱스와 운영 지원, 인력 관리, 교육·훈련, 보안 등과 같은 다양한 지원 서비스를 제공하는 기업들이 포함된다. 예를 들어, Brambles(물류 팔레트·컨테이너 관리), Rollins(해충 방제), FirstService (부동산·시설 관리) 등이 이에 속하며, 이들은 건설·운송·소프트웨어처럼 특정 기능에 한정되지 않고 기업 운영 전반을 지원하는 외부 서비스 기업들로 분류된다.

	환경 영역	사회 영역	지배구조 영역
다양화된 은행 (Diversified banks)	• 환경영향에 대한 재원조달(Financing environmental impacts, 12.9%)	• 인적자본개발(15.1%) • 소비자금융보호(14.7%) • 개인정보 및 데이터 보안(Privacy & Data security, 16%)	• 지배구조(33.1%)
반도체	• 청정기술 기회(16.1%) • 물 스트레스(11.5%)	• 인적자본개발(22.3%) • 논란이 있는 조달 (controversial sourcing, 10.7%) • 공급망노동기준(0.1%) • 제품안전과 품질(0.1%)	• 지배구조(39.2%)
전기공급	• 유독물질 배출과 폐기 (11.9%) • 신재생에너지 기회 (16.1%) • 탄소배출(10.3%) • 물 스트레스(8.5%) • 생물다양성과 토지사용(3.4%)	• 인적자본개발(14.4%) • 지역관계(1.6%) • 건강과 안전(0.1%) • 개인정보 및 데이터 보안(Privacy & Data security, 0.1%)	• 지배구조(35.5%)
석유 및 가스 장비 및 서비스	• 탄소배출(19.5%) • 생물다양성과 토지사용(19.4%) • 유독물질 배출과 폐기 (0.7%) • 물 스트레스(0.2%)	• 건강과 안전(14.5%) • 개인정보 및 데이터 보안(Privacy & Data security, 0.8%) • 인적자본개발(0.6%)	• 지배구조(35.4%)

표 Ⅷ-6 지배구조 가중치가 높은 하위산업

부문/하위산업	지배구조 가중치
다양화된 지원 서비스(Diversified support service)	63.8%
건설 및 기계(Construction & Engineering)	57.1%
상업인쇄(Commercial Printing)	53.1%
사무 서비스 및 용품(Office Services & Supplies)	52.2%

부문/하위산업	지배구조 가중치
무역 회사 및 유통업체(Trading Companies & Distributors)	51.5%
해양 항만 및 서비스(Marine Ports & Services)	49.4%
산업 기계 및 용품 및 부품 (Industrial machinery & Supplies & Components)	46.9%
산업 복합기업(Industrial Conglomerates)	46.9%
항공우주 및 방위산업(Aerospace & Defense)	46.9%
승객 지상 운송(Passenger ground transportation)	46.2%
공항 서비스(Airport services)	44.8%
환경 및 시설 관리 서비스(Environmental & Facilities services)	44.7%
전기 부품 및 장비(Electrical components & Equipment)	44%
인적 자원 및 고용 서비스(Human resource & Employment services)	43.7%
고속도로 및 철도(Highways & Railtracks)	43.5%
항공 화물 및 물류(Air freight & Logistics)	42.4%
화물 지상 운송(Cargo ground transportation)	41.8%
데이터 처리 및 외주 서비스(Data processing & Outsourced services)	41.3%
농업 및 농장 기계(Agricultural & Farm machinery)	41%
건설 기계 및 중장비 운송 장비 (Construction machinery & Heavy transportation equipment)	40.9%
대형 전기 장비(Heavy electrical equipment)	40.8%
보안 및 경보 장비(Security & Alarm equipment)	37.3%
해양운송(Marine transportation)	37.2%
건축자재(Building products)	35.2%
철도운송(Rail transportation)	34%

MSCI는 개별 기업의 ESG 등급을 계산하기 위해 여러 종류의 자료를 활용하고 있는데 특징적인 것은 공개된 자료만을 사용하고 있다는 것이다.

즉, 설문조사나 기업이 제공한 자료는 사용하고 있지 않다. MSCI가 활용하고 있는 대표적인 자료로는 학계, 정부, NGO로부터 지역별 혹은 부문별 거시자료[27], 기업의 정보공개 자료[28], 정부 자료집, 1,600개 이상의 언론, NGO, 특정 기업들에 대한 기타 이해관계자 자료 등이다. MSCI는 기업의 ESG 등급 보고서를 공시하기 6~8주 전에 자료 확인 및 입증을 위한 알림 서비스(Alert information)를 제공한다. 이를 통해 기업은 검토의견을 제시할 수 있다.

MSCI ESG 등급은 기본적으로 GICS 하위산업(8자리 코드) 단위 기준으로 산정된다. MSCI ESG 연구팀은 하위산업별로 선정된 주요 이슈와 가중치의 적절성을 매년 검토하며, 이를 통해 새롭게 부각된 문제와 중요성이 낮아진 문제를 식별하여 주요 지표와 가중치를 조정한다. 이 과정에서 각 산업의 주요 이슈 선정 및 신규 이슈 도입과 관련해 고객과 협의가 이루어진다. 산업별 주요 이슈는 해당 산업이 미치는 상대적 외부 영향과 각 위험의 지속기간을 고려해 결정된다.

---

27 거시자료를 활용하는 대표적인 기관으로는 미국 에너지부(US Department of Energy), 미국 노동부 노동통계국(US Bureau of Labor Statistics), 국제노동기구(International Labour Organization, ILO), 세계야생생물기금(World Wildlife Fund, WWF), 국제통화기금(International Monetary Fund, IMF), 세계보건기구(World Health Organization, WHO), 세계자원연구소(World Resources Institute, WRI), 세계은행(World Bank), 각국 중앙은행, 투명성 국제(Transparency International), 미국 환경보호청(US EPA) 등이 있다. 환경 관련 거시자료는 미국 유해화학물질 배출목록(U.S. Toxic Release Inventory, TRI), 포괄적 환경대응 및 책임정보 시스템(Comprehensive Environmental Response, Compensation, and Liability Information System, CERCLIS), 유해화학물질허가제도(Resource Conservation and Recovery Act, RCRA)의 폐기물 데이터 관리 시스템(Hazardous Waste Data Management System) 등을 활용하고 있다.

28 기업 정보 공개 자료로는 Form 10-K, 지속가능경영 보고서, 대체보고서(proxy report), 투자자 공시, 재정 및 규제 보고서, 환경사회보고서, 탄소공개프로젝트(Carbon Disclosure Project, CDP) 보고서, AGM 결과(AGM results) 등이 활용되고 있다. 이 중 CDP 자료는 기본적으로 기업 설문조사에 기반하고 있다.

2 S&P Global

2.1 S&P Global 기관 소개 평가 방법 개요[29]

S&P Global은 처음에는 SAM(Sustainable Asset Management) Group으로 시작했다. SAM 그룹은 1995년 스위스 취리히에서 설립된 지속 가능한 개발을 중심으로 한 투자 전문 회사였다. 2006년, 네덜란드의 자산 관리 회사인 Robeco가 SAM 그룹의 다수 지분을 인수하면서 Robeco의 일부가 되었고, 회사 이름도 RobecoSAM으로 변경되었다. 이후 RobecoSAM은 자산 관리, 지수, 영향 분석 및 투자, 지속 가능성 평가 및 벤치마킹 서비스를 제공하는 지속가능 투자에 특화된 전문 기관으로 더욱 자리매김하였다[30].

RobecoSAM이 ESG를 단순히 투자 여부를 결정하는 스크리닝 차원을 넘어 투자 결정의 전반적인 차원에서 활용할 수 있는 역량을 갖추게 된 배경에는 무엇보다도 Smart ESG 방법론을 사용하여 ESG를 기업 성과의 요인으로 규정하고, 최초로 기업의 ESG 지수를 만든 점에서 찾을 수 있다. RobecoSAM의 ESG 분석은 기업의 지속가능성 평가(Corporate Sustainability Assessment, CSA)를 토대로 이루어진다. RobecoSAM은 이 평가를 기초로 매년 3,500개 이상의 상장 대기업들을 대상으로 ESG 평가를 수행하고, 이를 통해 획득된 재무적으로 중요한 기업의 지속가능성 정보를 데이터베이스화하고 있다. 축적된 CSA 자료는 모그룹인 투자회사뿐만 아니라, 다른 투자자들의 투자 전략에도 많이 활용되고 있다.

2019년에는 신용평가와 금융 정보 및 분석 서비스를 전문으로 제공하는 S&P Global이 RobecoSAM의 ESG 평가 사업을 인수하면서 중요한 변화가 일어났다. 이 거래에는 RobecoSAM이 제공하는 기업지속가능성 평가도 포함되었다. 인수를 통해 S&P Global은 자사의 ESG 제품 포트폴리오를 통합하

---

29 S&P Global ESG 평가 방법에 대한 자세한 내용은 S&P Global(2023a), S&P Global(2023b), https://www.spglobal.com/esg/csa/methodology, https://www.spglobal.com/esg/our-methodology 참조.

30 Robeco는 1929년에 설립되었다.

고 확장할 수 있게 되었다. 사실, 두 기관은 1999년부터 S&P 다우존스 인덱스와 협력하여 Dow Jones 지속 가능성 지수(DJSI, Dow Jones Sustainability Index) 및 S&P ESG Index 시리즈를 매년 발표해 왔다.

S&P Global은 MSCI와 공동 개발한 GICS 산업 분류를 이용하여 60개 산업[31]에 대해 산업별 설문지를 활용하여 기업의 지속가능성을 평가하고 있다[32]. 기업의 지속가능성은 경제, 환경, 사회를 포괄하는 기업의 재무와 관련된 다양한 지속가능성 기준에 따라 평가된다. 기업의 지속가능성 점수는 0~100 사이의 값을 가지며 기업의 순위는 기업이 속한 산업 내에서 결정된다. 산업 그룹 최상위 10% 기업들은 DJSI World에 편입된다. S&P Global의 CSA 평가를 통해 만들어지는 DJSI와 DJSI World를 통해 투자자는 산업별로 지속 가능성 선도기업들과 후발 기업들을 식별하고, 이들의 성과를 추적할 수 있어, 이를 투자 포트폴리오 결정에 활용할 수 있다.

S&P Global의 CSA 평가 역시 MSCI 평가와 마찬가지로 단계별로 이루어진다. MSCI는 3개의 영역(Pillar), 10개의 주제(Theme), 35개의 주요 이슈(Key issue)와 이를 구성하는 항목들로 나누어, 가장 하위 단위인 항목에 대한 점수를 토대로 주요 이슈, 주제별, 영역별, 총점수를 순차적으로 계산한다. S&P Global의 평가 방법도 이와 유사하다. S&P Global은 평가 점수를 계산하기 위해 3개의 차원(Dimension)[33], 기준(Criterion), 항목으로 나누어, 항목별, 기준별, 차원별, 총점수를 순차적으로 계산한다. 여기서 차원과 기준은 MSCI의 영역(Pillar)과 주요 이슈에 해당한다.

S&P Global은 비재무적 요소가 투자자의 의사결정에 보다 유용하고 포괄적인 정보를 제공한다는 확신을 가지고 있다. 이러한 믿음에 기반하여, S&P Global의 CSA는 각 산업과 밀접하게 관련되며, 기업의 재무 성과에 중요한 영향을 미치지만 기존 재무 분석에서는 등한시되었던 장기적 관점의 지속 가능성 요인들을 식별하여 평가에 반영하도록 설계되었다. S&P Global은 CSA를 통해 지속가능성 주요 이슈(또는 기준)에 대한 기업의 인식과 이를 해

---

31 GICS 분류에서는 산업은 69개로 나누었으나 S&P Global은 60개만을 대상으로 하고 있다.
32 앞서 언급했듯이 MSCI의 평가는 산업군 하위 단위인 하위산업 차원에서 이루어지고 있다.
33 3개 차원은 경제, 환경, 사회이다.

결하기 위해 사용한 전략들을 파악하고, 이를 토대로 기업의 지속가능성 대응 역량을 평가한다.

S&P Global의 CSA는 통합적 접근 방식을 기반으로 한다. 즉, 기업이 온라인을 통해 제출한 비공개 자료와 공개된 보고서·웹사이트 정보, 산업별 특화 지표, 동일 산업 내 비교 분석 결과를 종합해 평가를 수행한다. 특히 MSCI가 주로 공개 자료를 활용하는 것과 달리, CSA는 기업이 직접 제공한 비공개 자료를 핵심 평가 요소로 적극 반영함으로써, 공개 자료만을 기반으로 한 평가보다 더욱 심층적인 분석을 가능하게 한다. CSA 결과는 투자자들에게 중요한 정보를 제공할 뿐만 아니라, 평가 항목이 기업 경영 성과와 밀접하게 연관된 지속가능성 이슈로 구성되어 있어 궁극적으로 기업의 경영 개선에도 기여할 수 있다[34].

2.2 재무 중요도(Financial materiality) 분석

S&P Global의 CSA 평가는 재무 중요도 분석에서 출발한다. S&P Global의 지속가능성 투자 분석가(SI 분석가)는 60개 산업을 대상으로, 기업가치에 직접적으로 기여하는 지속가능성 요인과 재무 성과에 장기적으로 중요한 영향을 미치는 요인을 식별한다. 분석의 핵심은 각 산업의 고유한 기업가치 동인을 파악하는 것이다. 이를 위해 S&P Global은 기존의 정량 연구를 활용해 과거 재무 성과와 높은 상관관계를 보였던 무형 요소를 도출하고, SI 분석가들은 이를 바탕으로 산업별로 장기적인 경제·사회·환경 요인이 기업의 성장, 위험, 비용, 그리고 미래 재무 성과에 미치는 영향을 평가한다. 이렇게 식별된 요인들은 영향의 규모와 발생 가능성에 따라 우선순위가 매겨지고, 그 결과가 산업별 가중치 설정의 근거로 활용된다. 이 과정을 통해 작성된 중요도 매트릭스(Materiality matrix)와 산출된 중요도 지수는 CSA에서 산업별 지속가능성 기준의 적용 여부와 가중치를 결정하는 기초 자료로 쓰인다.

---

34 지속가능성이 세계적인 추세로 자리 잡고 있어 피할 수는 없지만 이를 충족하기 위해서는 비용이 많이 들기 때문에 사실 아직 많은 기업들은 지속가능성의 비용적 측면을 많이 생각하고 있다.

〈그림 Ⅷ-5〉에는 제약산업의 재무 중요도 매트릭스가 예시되어 있다[35]. 〈그림 Ⅷ-5〉에서 확인할 수 있는 핵심 정보는 두 가지다. 첫째, SI 분석가들에 따르면 제약산업에서는 제품의 품질 및 안전성(Product Quality & Safety), 혁신 관리(Innovation Management) 등을 포함해 장기적으로 재무 성과에 중요한 영향을 미칠 것으로 예상되는 주제는 11개다. 둘째, 분석결과에 따르면, 제품의 품질과 안전성이 제약산업의 기업가치 동인(Drivers)과 재무 성과에 미치는 영향이 가장 클 뿐만 아니라, 향후에도 그 영향이 가장 클 것으로 평가된 반면, 환경경영 및 제품책임관리(Environmental Management & Product Stewardship)[36]와 고객관계관리(Customer relationship management)는 두 측면에서 모두 낮게 평가되었다는 점이다[37]. 따라서 제약산업의 CSA에서는 제품의 품질과 안전성에 매우 높은 가중치가 부여되는 반면, 환경경영 및 제품책임관리와 고객관계관리에는 낮은 가중치가 부여된다.

그림 Ⅷ-5 제약산업의 재무 중요도 매트릭스 예시

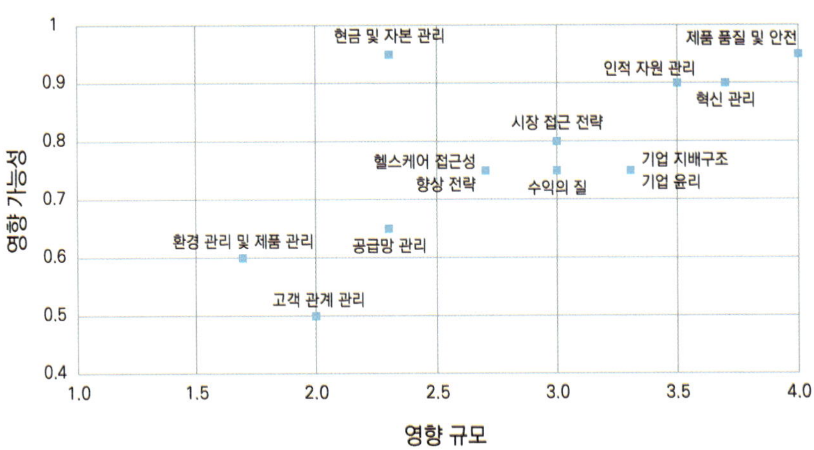

---

35 〈그림 Ⅷ-5〉의 제약산업에 대해 예시되어 있는 이슈들은 MSCI의 35개 주요 이슈들에 해당한다.

36 제품 스튜어드십(Product stewardship)이란 생산공정 및 포장 등 모든 부분에서 유해물질이 제거되어 생산 제품이 가장 높은 제품의 질을 충족시키고 있는지, 사람과 동물과 환경에 안전한지를 보는 주제이다.

37 〈그림 Ⅷ-5〉의 오른쪽 상단에 위치한 이슈일수록 재무 중요도가 높다.

2.3 산업별 평가기준

S&P Global의 CSA 평가는 모든 산업에 적용되는 공통 기준과 산업별 특성을 반영한 산업 고유 기준으로 구성되어 있다. 공통 기준은 S&P Global의 산업 분석가들이 파악한 주요 글로벌 지속가능성 과제를 토대로 결정되며, 표준 관리 관행[38]이나 성과 측정과 관련된 기업 지배구조, 인적 자원 개발, 위험 및 위기 관리 등을 포함한다. 공통 기준은 산업별로 다소 차이가 있지만, 전체 평가에서 약 40~50%를 차지한다. 산업 고유 기준은 특정 산업에 속한 기업이 직면하는 위험과 기회를 반영한 질문들로 구성되며, 대부분의 산업에서 공통 기준보다 차지하는 비중이 크다. 이는 산업별 지속가능 경영 기회와 위험이 일반적인 위험이나 기회보다 기업의 장기적인 성공에 더 중요한 역할을 한다고 보기 때문이다.

S&P Global의 기업 CSA 평가는 산업별로 지속가능성 선도 그룹을 식별하기 위해 상대평가를 실시한다. 예를 들어, 제조업에 속한 기업의 기후 변화 위험 노출 및 대응 관리는 은행의 기후 변화 위험 노출 및 대응 관리와 직접 비교할 수 없다. 복잡한 공급망과 물류를 가진 산업의 기후 변화 관련 CSA 평가는 주로 탄소 배출량 관리에 대한 노력에 초점을 맞춘다. 반면, 금융 서비스 산업에서는 저탄소 경제로의 전환을 촉진하는 금융상품의 개발 및 운영 수준과 혁신적인 자금 조달 서비스 제공 여부가 주요 평가 기준이 된다.

앞서 언급했듯이, 경제, 환경, 사회 차원의 가중치는 산업마다 구성도 다를 뿐만 아니라 값도 다르다. 예를 들어, 〈그림 Ⅷ-6〉에 나타나 있듯이 환경 차원의 가중치는 전기 유틸리티 산업에서 은행이나 제약 산업보다 높다. 반면 사회 차원의 가중치는 제약 산업이 43%로 세 산업 중 가장 높고 전기 유틸리티 산업은 29%로 가장 낮다. 산업별로 가중치가 다른 이유는 재무에

38 "표준 관리 관행"은 기업이 일반적으로 따르는 관리 절차와 방법을 의미한다. 예를 들어, 기업 지배구조와 관련된 표준 관리 관행은 이사회 구성, 경영진의 역할과 책임, 주주와의 소통 방식 등을 포함할 수 있으며, 인적 자원 관리에서는 직원 채용, 교육 및 훈련, 성과 평가와 보상 체계 등이 표준 관리 관행의 예가 될 수 있다.

영향을 미치는 동인들이 산업마다 다르기 때문이다. 산업별로 공통 기준과 산업별 고유 기준이 차지하는 비중도 차원마다 다르다. 예를 들어, 〈그림 Ⅷ－6〉에 나타나 있듯이 경제 차원에서 제약 산업은 산업별 기준이 26%, 일반 기준이 22%로 산업별 기준이 높으나 은행 산업은 일반 기준이 24%, 산업별 기준이 19%로 일반 기준의 비중이 더 높다.

〈표 Ⅷ－7〉에는 금융, 전기 유틸리티, 제약 산업에서 차원별로 어떤 기준들이 평가 항목으로 사용되고 있는지가 정리되어 있다. 앞서 언급했듯이 S&P Global의 평가 항목은 모든 산업에 공통으로 적용되는 기준과 산업 고유의 기준으로 구성되어 있다. 예를 들어, 〈표 Ⅷ－7〉에 나타나 있듯이 경제 차원에서 기업 행동 강령(Code of Business Conduct), 기업 지배구조, 중요도, 위험 및 위기 관리 항목들은 공통 기준인 반면, 범죄 방지 정책 및 수단(Anti－Crime Policy & Measures)은 은행 산업에만, 고객 관계 관리는 은행 및 전기 유틸리티 산업에만, 조세 정책은 은행 및 제약 산업에만 적용되는 산업 고유 기준이다. 〈표 Ⅷ－7〉에서 확인할 수 있는 또 다른 사실은, 동일한 기준이라도 CSA 내에서 산업별로 가중치가 다를 수 있다는 점이다. 예를 들어, '직업 보건과 안전'은 은행, 전기 유틸리티, 제약 산업의 사회적 차원에 모두 포함되지만, 가중치는 각각 3%, 4%, 3%로 차이가 있다. 또한 동일한 기준이 여러 산업에 적용될 때, 산업의 특수성을 반영하기 위해 질문 구성이 달라질 수 있다.

그림 Ⅷ-6 차원별 공통기준 및 산업고유기준 가중치 구성

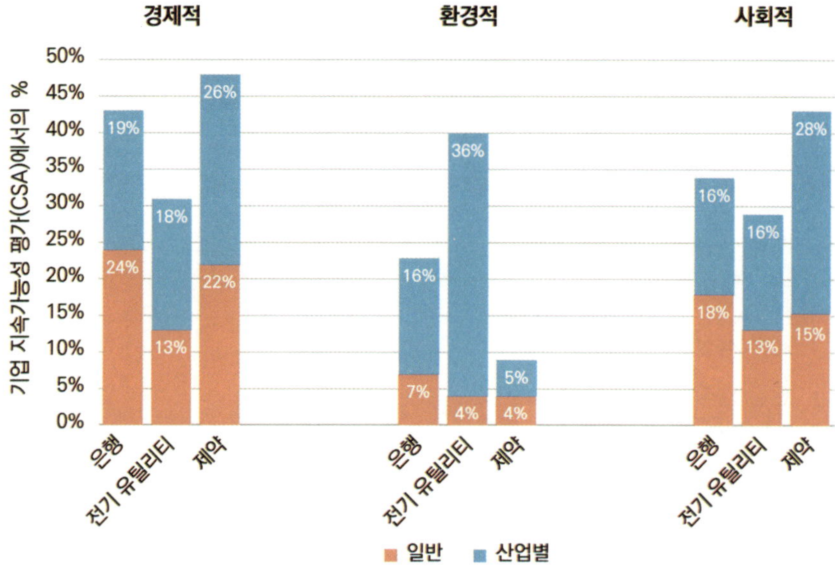

표 Ⅷ-7 은행, 전기 유틸리티, 제약산업에 대한 기준 및 차원 가중치 비교

		금융	전기 유틸리티	제약	비고
경제 차원	범죄 방지 정책/조치	○			산업군고유
	기업 행위 규범	○	○	○	일반
	기업 거버넌스	○	○	○	일반
	고객 관계 관리	○	○		산업군고유
	재무 안정성 및 체계적 리스크	○			산업군고유
	정보 보안 및 사이버보안	○	○		산업군고유
	혁신 관리		○	○	산업군고유
	시장 기회		○		산업군고유
	마케팅 관행			○	산업군고유
	중요성	○	○	○	일반
	제품 품질 및 리콜 관리			○	산업군고유
	위험 및 위기 관리	○	○	○	일반

		금융	전기 유틸리티	제약	비고
	공급망 관리		○	○	산업군고유
	세무 전략	○		○	산업군고유
	총 경제차원 가중치	43%	31%	48%	일반
환경 차원	생물 다양성		○		산업군고유
	사업 위험 및 기회	○			산업군고유
	기후 전략	○	○	○	
	전력 생산		○		산업군고유
	환경 정책 및 관리 시스템	○	○	○	일반
	환경 보고	○	○	○	일반
	운영 효율성	○	○	○	일반
	전송 및 배포		○		산업군고유
	전송 및 배포		○		산업군고유
	총 환경 차원 가중치	23%	40%	9%	
사회 차원	비용 부담 해소			○	산업군고유
	대출 및 자금 조달에서의 논쟁적 문제 및 딜레마	○			산업군고유
	기업 시민권 및 자선 활동	○	○	○	일반
	금융 포용	○			산업군고유
	건강 결과 분배			○	산업군고유
	인적 자본 개발	○	○	○	일반
	노동 관행 지표 및 인권	○	○	○	일반
	직업 보건 및 안전	3%	4%	3%	일반
	사회적 보고	○	○	○	일반
	이해관계자 관여		○		산업군고유
	약품 및 제품 접근성 개선 전략			○	산업군고유
	인재 유치 및 유지	○	○	○	일반
	총 사회차원 가중치	34%	29%	43%	

2.4 CSA 점수 평가 과정

S&P Global의 연간 CSA 평가는 기업의 재무 상태에 중요한 영향을 미치는 경제적, 환경적, 사회적 기준에 초점을 맞춘 설문조사로 시작된다. 기업에게 보내는 설문지는 객관성을 보장하기 위해 정성적 답변을 요구하는 질문을 최대한 제한하며, 대부분의 질문은 사전에 정의된 다중선택형(Predefined multi-choice)이다. S&P Global의 CSA 평가는 수집된 지속가능성 자료를 기반으로 이루어지며, 기업별 점수는 〈그림 Ⅷ-7〉에 제시된 5단계 과정을 통해 계산된다.

1단계인 질문 수준(Question level)에서는, CSA 평가에 참여한 기업의 설문조사에서 획득한 정보를 바탕으로 문항별 점수가 계산된다. 각 문항은 0에서 100점 사이의 점수를 가지며, 각 문항의 가중치는 사전에 공개된다. 기업의 답변에 따라 0에서 100점 사이의 점수가 할당된다. 정성적 답변이 요구되는 질문은 S&P Global 산업 분석가가 평가한 후 정량적 점수로 전환하며, 이 전환 방식은 사전에 기업에 공지된다. 기업은 설문조사에 응답할 때 반드시 근거 자료를 제출해야 하며, 적절한 자료를 제출해야만 해당 질문에서 최고점을 받을 수 있다. 〈표 Ⅷ-8〉과 〈표 Ⅷ-9〉에는 제약 및 금융 산업의 CSA에 사용되는 질문들이 예시로 제시되어 있다. 이 표를 통해 알 수 있듯이, CSA 설문지에는 질문 내용, 가중치, 질문의 의도 등이 명시되어 있다. 가중치는 앞서 설명했듯이 SI 분석가에 의해 산업별 재무 중요도 분석에 기초하여 결정된다.

2단계에서는 1단계에서 산출된 점수에 언론 및 이해관계자 분석(Media & Stakeholder Analysis, MSA) 결과를 반영한다. MSA는 기업의 지속가능성을 모니터링하기 위해, 부정적인 평판이나 재무적 영향을 초래할 수 있는 현재의 논란을 평가하는 방법이다. 구체적으로, MSA는 논란이 되는 사건과 관련해 기업의 의도적 개입, 관리 소홀, 또는 부주의한 실수 등에 대한 다양한 증거를 언론과 이해관계자로부터 수집하고, 그 심각도에 따라 1단계에서 산출된 항목별 지속가능성 점수를 하향 조정하는 데 활용된다.

3단계에서는 기준별(Criterion level) 점수를 계산한다. 각 기준은 여러 질문

항목으로 구성되며, 기준별 점수는 해당 기준에 포함된 질문 항목별 점수를 1~2단계에서 산출된 값과 가중치를 적용해 평균하여 산출된다. 이때 사용되는 가중치는 설문지에 제시된 가중치를 따른다. 4단계에서는 경제, 환경, 사회 차원별 점수가 계산된다. 차원별 점수는 해당 차원을 구성하는 기준별 점수를 가중 평균하여 산출된다. 이때 적용되는 가중치는 전체 설문에서 각 기준이 차지하는 비중이기 때문에 모든 기준의 가중치 합은 1이 된다. 이 가중치 역시 사전에 기업에게 공개된다. 예를 들어, 〈그림 Ⅷ-7〉에 나타나 있는 것처럼 어떤 산업군의 경제 분야가 5개의 기준(기준 1~기준 5)으로 구성되어 있고, 각각의 가중치가 7%, 10%, 8%, 5%, 8%로 주어졌다면, 이 기업의 경제 분야 점수는 다음과 같이 표시된다.

$$EcoP = Cr_1 \times \frac{7}{38} + Cr_2 \times \frac{10}{38} + Cr_3 \times \frac{8}{38} + Cr_4 \times \frac{5}{38} + Cr_5 \times \frac{8}{38}$$

여기서 $EcoP$는 경제차원점수, Cr_i는 i기준 점수이다.

환경 및 사회 차원의 점수 역시 위에서 소개된 경제 차원의 점수와 같은 방식으로 계산하면 된다.

마지막 5단계에서는 총점수를 계산한다. 최종 점수는 4단계에서 산출된 차원별 점수에 각 차원의 가중치를 곱해 가중 평균하여 구한다. 차원별 가중치는 해당 차원을 구성하는 모든 기준의 가중치를 합산한 값이다. 예를 들어, 경제 차원이 5개 기준으로 구성되어 있고 각 기준의 가중치가 합계 38%라면, 경제 차원의 가중치는 38%가 된다.

그림 Ⅷ-7 RobecoSAM CSA 평가 구조도

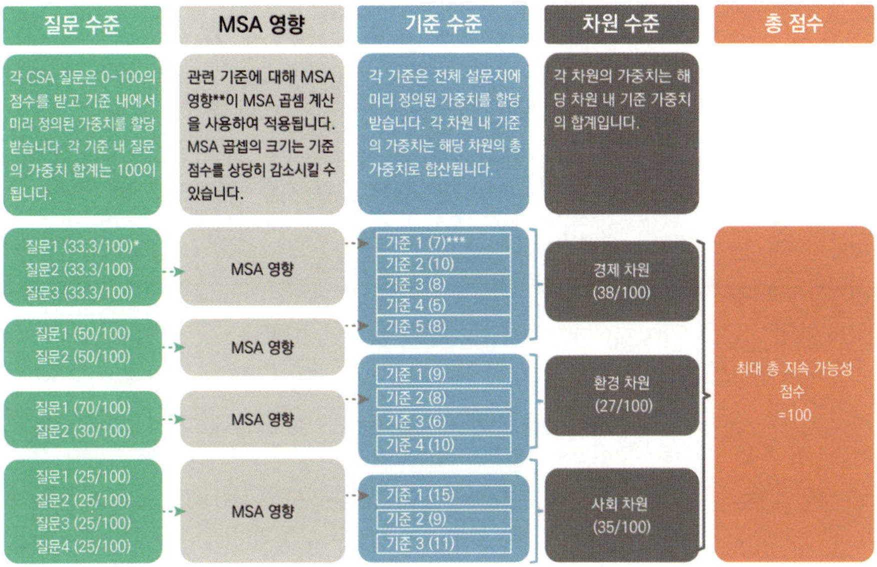

* 사전 정의된 질문 가중치

** 미디어 및 이해관계자 분석(MSA). CSA의 선택된 기준은 MSA 영향을 할당받습니다. MSA 영향은 MSA 사례에서 발생하는 부정적 영향의 크기에 따라 기준 점수를 하향 조정하는 데 사용됩니다.

*** 사전 정의된 기준 가중치

이 다이어그램에 제공된 질문, 기준 및 차원 가중치는 설명 목적으로만 사용됩니다. 실제 질문, 기준 및 해당 가중치는 산업에 따라 다릅니다.

출처: RobecoSAM

표 Ⅷ-8 제약산업의 예시

질문: 방법들	개발도상국과 선진국들에서 귀사의 의약품 접근도를 높이기 위한 접근법 설명. 관련 자료 제공.
점수	0~100
기준(criterion) 내에서의 가중치	50%
기준(criterion)	제품접근도 향상을 위한 전략(Strategy to improve access to drugs or products)
차원(Dimension)	Social
RobecoSAM 근거	소외된 환자들은 종종 경제적 제약으로 인해 치료에 접근할 수 없습니다. 이 문제는 개발 도상국에서만 흔한 것이 아니라, 선진국가에서도 점점 더 심각한 우려가 되고 있습니다. 이러

	한 도전은 헬스케어 산업의 기업들에게 약품과 제품에 대한 접근을 제공하는 이니셔티브를 설계하고 실행할 기회를 제공합니다. 이러한 문제를 해결하기 위해 혁신적인 조치를 취하는 기업은 신뢰성 증진, 기업 및 제품 브랜드 개선, 그리고 그들의 제품과 서비스의 시장 침투도 증가 등의 혜택을 얻을 수 있습니다. 따라서 RobecoSAM은 제약 산업의 기업들에게 이러한 문제에 대한 전략이 있는지를 묻고 있습니다.
가능한 답	부여된 점수
a) 잠재적 접근 방법 목록(회사가 적용 가능한 모든 항목 선택 가능)	(선택된 접근 방법에 따라) 0 - 100
b) 해당 없음	'해당 없음'으로 표시된 질문은 점수가 매겨지지 않으며, 해당 질문의 가중치는 같은 기준에 있는 다른 질문들 사이에 균등하게 재분배됩니다. 이 옵션은 분석가가 해당 질문이 회사의 사업 모델에 적용되지 않는다고 동의하는 경우에만, 예외적인 경우에 부여됩니다.
c) 알려지지 않음(not known)	0

표 Ⅷ-9 금융산업 예시

질문: 고객 데이터 보안 및 데이터 프라이버시(Customer data security & Data privacy)	귀사의 온라인 금융 서비스/시스템 플랫폼은 어떤 질적 및 보증 측면을 포괄합니까? 지원 문서를 제공해 주십시오.
점수	0~100
기준(criterion) 내에서의 가중치	15%
기준(criterion)	고객 관계 관리(Customer relation management)
차원(Dimension)	Economy
RobecoSAM 근거	새로운 생활 양식, 예를 들어 유연한 근무 시간, 증가된 이동성, 집에서 근무하는 것 등이 온라인 서비스에 대한 소비자 태도를 변화시키고 있습니다. 온라인 서비스를 포함하는 다채

	널 전략을 채택함으로써, 회사는 제품 제공, 서비스 가용성 및 표준화를 향상시키고 고객 충성도를 높이며 비용을 절감할 수 있습니다. RobecoSAM은 온라인 서비스 은행이 제공하는 서비스 유형을 평가합니다. 네트워크화된 데이터와 글로벌화된 기업 활동은 정보의 다양한 처리를 요구하며, 따라서 기업은 포괄적인 (온라인) 개인 정보 보호 정책을 갖추고 있어야 합니다. 지난 수십 년 동안 데이터 침해 사례가 급격히 증가함에 따라, RobecoSAM은 기업이 적절한 보안 시스템과 데이터 침해로 인한 잠재적 비용을 평가할 능력을 갖추고 있는지를 묻습니다.
가능한 답	부여된 점수
a) 잠재적 접근 방법 목록(회사가 적용 가능한 모든 항목 선택 가능)	(선택된 접근 방법에 따라) 0 - 100
b) 해당 없음	'해당 없음'으로 표시된 질문은 점수가 매겨지지 않으며, 해당 질문의 가중치는 같은 기준에 있는 다른 질문들 사이에 균등하게 재분배됩니다. 이 옵션은 분석가가 해당 질문이 회사의 사업 모델에 적용되지 않는다고 동의하는 경우에만, 예외적인 경우에 부여됩니다.
c) 알려지지 않음(not known)	0

지금까지 S&P Global의 CSA 점수가 5단계로 나누어 계산되는 과정을 설명했다. 앞서 설명된 내용을 잘 이해했다면, S&P Global의 CSA 점수는 다음의 간단한 식으로 요약될 수 있음을 알 수 있다.

$$\text{기업의 } CSA\text{ 점수} = \sum_{i}^{n} Q_i \times WQ_i \times (WCr_i)$$

여기서 Q_i는 질문 i의 점수, WQ_i는 질문 i의 가중치(질문지에 포함), WCr_i는 질문 i가 속해 있는 기준의 가중치이다.

위 식을 이용해 계산된 기업의 CSA 점수는 0에서 100 사이의 값을 가진다. 기업의 CSA 점수가 계산되면, DJSI(Dow Jones Sustainability Index)에 포함시킬 기업을 결정하기 위해 동일한 산업에 속한 기업 간 순위가 매겨진다. DJSI에 사용되는 산업 분류는 CSA에서 사용된 60개 산업이 아니라, 이를 GICS 산업 그룹(Industry Group) 기준으로 재분류한 24개의 산업 그룹이다. 산업 그룹에서 최고 점수를 받은 기업은 산업 그룹 선도기업으로 선정되어 DJSI 웹사이트에 공지된다.

2.5 MSA 분석과 기준별 가중치

CSA 지속가능성 평가의 필수 요소 중 하나는 기업의 평판, 재무 상황, 그리고 핵심 사업에 부정적인 영향을 미치는 환경·경제·사회적 사건에 대한 기업의 개입 및 대응 수준이다. 이를 평가하기 위해 S&P Global은 인쇄매체·온라인 미디어, 정부 기관, 규제 당국, 씽크탱크 등에서 공개적으로 제공되는 정보를 지속적으로 모니터링한다. 이 과정에서 환경, 사회, 거버넌스 문제를 전문으로 다루는 주요 비즈니스 인텔리전스 공급자인 RepRisk[39]가 사전에 편집·선별한 미디어 및 이해관계자 관련 자료를 활용한다.

MSA에 포함될 수 있는 사례는 경제범죄, 부패, 사기, 불법 상업 관행, 인권 침해, 노동 분쟁, 직장 안전 문제, 재난 사고, 환경 사고 등으로 매우 다양하다. 그러나 모든 사건이 MSA 분석에 포함되는 것은 아니다. 분석 대상에 포함되기 위해서는 기업이 책임져야 할 특정 부정적 사건에 관여했으며, 그 사건이 기업의 명시된 정책이나 목표에 위배되거나, 해당 사건을 통해 관리 실패 또는 시스템·절차상의 결함이 드러나야 한다. 또한 재무적 중요성 요건도 충족해야 하며, 예를 들어 사건으로 인해 고객 손실, 부채 증가,

39 RepRisk는 1998년 스위스 취리히에 설립된 ESG(환경·사회·지배구조) 데이터 및 분석 전문 기업으로, 전 세계 기업, 프로젝트, 국가, 산업 부문을 대상으로 ESG 관련 리스크 정보를 수집·평가한다. 전 세계 10만 개 이상의 출처(뉴스, NGO 보고서, 정부 자료, 블로그 등)를 매일 모니터링하며, 인공지능과 분석가 검증을 결합해 부정적 사건, 논란, 평판 리스크를 식별하고 기업·프로젝트별 ESG 리스크 프로파일을 작성한다. 이러한 데이터는 투자기관의 ESG 리스크 평가, 공급망 실사, 평판 리스크 관리, 규제 준수 모니터링 등에 활용되며, 국제 기준(UNGC, OECD 가이드라인 등)에 맞춘 리스크 분류 체계를 적용한다.

소송 및 벌금 노출, 사업 운영 중단 등으로 상당한 평판 손상과 재정적 피해가 발생할 가능성이 높아야 한다. 일단 MSA 사례로 포함되면, S&P Global은 기업이 향후 유사한 사고 가능성을 줄이고 부정적 영향을 최소화하기 위한 조치를 취할 것을 기대한다. 이를 위해 S&P Global은 해당 기업과 지속적으로 연락하며, 문제 해결 과정과 대응 조치의 효과를 평가하고, 사건이 완전히 해결될 때까지 관련 정보를 모니터링한다.

MSA 영향 평가는 특정 사건이 MSA 사례에 포함될지 여부를 식별하는 것에서 시작된다. 선정된 MSA 사례는 사건의 영향과 기업의 대응 수준을 기준으로 점수가 매겨지며, 이 점수는 MSA 승수(MSA multiplier)를 산정하는 데 활용된다. MSA 승수는 사례의 부정적 영향을 반영해 CSA 기준(Criteria) 점수를 조정하는 계수로, 부정적 영향이 클수록 해당 기준 점수의 하락 폭이 커진다. MSA 평가 결과는 기업의 총 지속가능성 점수를 낮추고, DJSI 지수 편입 여부에도 영향을 미칠 수 있다. 평가 과정에서 발생한 공개된 문제를 명확히 하기 위해 S&P Global이 기업과 접촉할 수 있으며, 기업은 이를 통해 분석가에게 추가 정보를 제공할 수 있다. 분석가는 이 정보를 바탕으로 DJSI 지수 위원회에 건의할 때 기업의 대응을 평가 자료로 활용한다. DJSI 지수 위원회는 S&P Global과 S&P Dow Jones 지수를 각각 대표하는 2명씩 총 4명으로 구성되며, 분기별로 회의를 열어 기업의 총 지속가능성 점수와 무관하게 적격성 변화를 결정한다.

CSA 점수 계산에서 가중치는 두 번 적용된다. 첫째, 기준별 점수를 계산할 때 사용하는 가중치로, 이는 〈표 Ⅷ-8〉과 〈표 Ⅷ-9〉에 제시된 기준 내 가중치(Weight within criterion)이다. 둘째, 차원별 점수를 계산할 때 사용하는 가중치로, 이는 전체 설문에서 해당 기준이 차지하는 비중(Weight out of the total questionnaire)을 의미한다. 차원별 가중치는 해당 차원을 구성하는 모든 기준이 전체 설문에서 차지하는 비중을 합산하여 산출되며, 기준 내 가중치와 마찬가지로 매년 변경될 수 있다. 두 가중치는 모두 사전에 기업에 공지된다.

〈표 Ⅷ-10〉은 제약 산업의 차원별 가중치를 보여준다. 이 표를 통해 세부 기준이 추가되거나 제외됨에 따라 차원별 가중치(즉, 해당 차원이 전체 설문에서 차지하는 비중)가 매년 조정된다는 점을 확인할 수 있다. 예를 들어, 2023년 환경 차원에서는 '배출량', '자원 효율성 및 순환', '폐기물', '물' 기준이 추가되고, '환경 보고(Environmental Reporting)'와 '운영의 환경 효율성(Operational Eco-efficiency)' 기준은 제외되었다.

표 VIII-10 차원별 가중치: 제약산업

	세부 기준	가중치	22년으로부터의 변화
지배구조 및 경제차원	투명성 및 보고: 2	2	new
	위험 및 위기 관리	4	0
	정책영향	2	0
	비즈니스 윤리	6	0
	공급망 관리	4	0
	조세 전략	2	0
	정보 보안/사이버 보안 및 시스템: 2	2	0
	혁신	6	0
	품질 및 recall 관리	6	-1
	기업지배구조	9	0
	중요성	2	0
		45	1
환경 차원	환경정책과 관리체제	2	0
	배출량	2	new
	자원효율성과 순환	1	new
	폐기물	1	new
	물	1	new
	기후전략	2	0

	세부 기준	가중치	22년으로부터의 변화
	생물다양성	2	0
	제품책임관리(Product stewardship)	2	new
		13	2
사회 차원	노동관행지표	3	0
	인권	3	0
	인적자원개발	6	-1
	인재유치 및 유지(Talent attraction and retention)	7	0
	직장 건강 및 안전	3	-1
	의료(Healthcare) 접근성	5	0
	의료비용 부담완화(Addressing cost burden)	4	0
	건강성과기여도(Health outcome contribution)	5	0
	마케팅관행(Marketing practices)	6	-1
		42	-3

CSA는 매년 검토를 거쳐 보고 품질을 향상시키고, 이미 문제로 인식된 사항을 지속적으로 점검하며, 향후 수년 내 기업에 영향을 미칠 것으로 예상되는 지속가능성 이슈에 새롭게 대응할 수 있도록 방법론을 수정한다. 이러한 접근 방식을 통해 CSA는 투자자와 기타 이해관계자에게 과소평가된 주제를 알리고, 기업이 향후 규제 변경이나 평가에 포함될 수 있는 새로운 지속가능성 주제에 대비할 수 있도록 한다. 전년도 결과에 대한 상세 검토는 평가 연도 말에 이루어지며, 이를 통해 개선이 필요한 분야를 식별하고 점수 산정 방식을 보완하며, 방법론을 명확히 하고 질문서에서 제외할 항목을 조정한다.

3 Refinitiv 평가 방법[40]

3.1 개요 및 특징

Refinitiv는 금융 시장 참가자들에게 실시간 금융시장 데이터와 이를 기반으로 한 분석 결과를 제공하는 글로벌 금융 서비스 선도 기업 중 하나이다. 고객사는 금융기관, 투자자, 기업, 정부 기관 등 다양하다. 2018년 10월, 톰슨로이터(Thomson Reuters)가 금융·리스크 부문을 블랙스톤(Blackstone) 그룹에 매각하면서 해당 부문은 'Refinitiv'라는 이름으로 재편되었으며[41], 2021년에는 다시 런던 증권거래소 그룹(London Stock Exchange Group, LSEG)에 인수되었다[42].

Refinitiv는 최소 2002년부터 ESG 관련 업무를 시작한 것으로 알려져 있으며, LSEG에 인수된 이후 이 분야를 더욱 확장했다. 현재 Refinitiv의 ESG 서비스에는 ① 기업 ESG 점수 평가, ② 기업의 ESG 정책·성과·기록에 대한 상세 실사 보고서를 제공해 투자자의 윤리적 투자 결정을 지원하는 ESG 실사, ③ 금융 자문가와 자산 관리자가 ESG 요인을 투자 결정에 통합할 수 있도록 돕는 지속가능금융 데이터와 분석이 포함된다. Refinitiv는 전 세계 시가총액의 70% 이상을 포괄하는 ESG 데이터베이스를 운영하며, 2002년 자료부터 500개 이상의 ESG 측정항목을 제공하고 있다.

Refinitiv의 ESG 점수는 다른 주요 ESG 평가사와 마찬가지로 동일 업종 내 기업과의 상대적 성과를 측정하도록 설계되었으며, MSCI와 달리 기업이

---

40 Refinitiv ESG 평가 방법론에 대한 자세한 설명은 Refinitiv(2023)이나 https://www.refinitiv.com/en/sustainable-finance/esg-scores 참조.

41 이 매각을 통해 Blackstone Group은 Thomson Reuters의 금융 및 리스크 사업 부문에서 55%의 지분을 인수했으며, 나머지 지분은 Thomson Reuters가 유지했다. 이로 인해 Refinitiv는 독립적인 브랜드로서 운영되기 시작했다.

42 이 거래는 약 270억 달러 규모로 이루어졌으며, 이를 통해 LSEG는 금융 시장 데이터 및 분석 서비스 분야에서 더욱 강력한 입지를 확보하게 되었다. 이 인수는 LSEG의 사업 포트폴리오를 확장하고, 글로벌 금융 시장에서의 경쟁력을 강화하는 중요한 전략적 움직임으로 평가받고 있다.

제공한 자료를 기반으로 평가가 이루어진다. 평가는 배출량, 환경 제품 혁신, 인권, 주주 등 10개 주요 주제로 구성되며, 해당 기업이 심각한 논란에 연루된 경우 이를 반영해 최종 ESG 점수를 산정한다. 이때 논란 점수의 반영 방식은 MSCI나 S&P Global과는 다르다.

Refinitiv는 기업의 ESG 점수를 평가하기 위해 톰슨로이터 사업분류(Thomson Reuters Business Classification, 이하 TRBC)를 이용하고 있다. TRBC 산업 분류는 다섯 가지 주요 수준으로 구성되어 있으며, 구체적으로는 10개 경제 부문(Economic Sector), 28개 사업 부문(Business Sector), 54개 산업 그룹(Industry Group), 136개 산업(Industry), 837개 하위산업(Sub−Industry)으로 이루어져 있다[43]. Refinitiv의 ESG 평가는 54개 산업 그룹(Industry Group) 차원에서 이루어진다.

Refinitiv의 ESG 기업 점수는 전 세계 9,000개[44]의 기업들을 대상으로 하고 있으며, 기업별 ESG 평가 점수는 2002년부터 시계열 자료로 축적되어 있다. 점수는 백분위로 표시되며, 평가에 적용되는 매트릭스(측정항목)는 기업 규모를 반영하여 조정된다. Refinitiv는 자체 기준과 모델을 구축하고, 앞서 언급한 것처럼 기업이 제공한 자료를 바탕으로 산업에 기반한 상대적 순위를 결정한다[45]. Refinitiv는 이외에도, 앞서 소개한 두 평가 기관과는 달리 평가 점수를 계산하는 데 핵심인 가중치 결정 과정을 상세히 설명하고 있다는 특징이 있다. Refinitiv의 ESG 평가 방법에 적용되고 있는 주요 계산 원칙은 다음과 같다.

① Refinitiv의 ESG 점수는 ESG 요인의 상대적 성과를 기반으로 산정된다.

---

43 예를 들어, 경제부문(Economic Sector): 금융(Financials), 사업 부문(Business Sector): 은행(Banking), 산업그룹(Industry Group): 상업은행(Commercial Banks), 산업(Industry): 지역은행(Regional Banks), 하위산업(Sub−Industry): 중소 지역 은행(Small Regional Banks)이다.

44 지역별로는 북미 3,500개 이상, 유럽 2,100개 이상, 아시아(일본 제외) 1,250개 이상, 일본 450개 이상, 오세아니아 600개 이상, 아프리카 및 중앙아시아 300개 이상, 남미 350개 이상의 기업이 참여하고 있다.

45 개별 기업의 환경, 사회적 범주 및 논란 점수는 TRBC 산업 그룹을 기준으로 산업별 벤치마킹 기업이 결정되며, 이를 바탕으로 상대 평가가 이루어진다.

환경과 사회 부문은 Refinitiv가 개발한 글로벌 표준에 따라 개별 기업의 성과를 평가하며, 지배구조 부문은 해당 기업이 속한 국가의 법적 환경과 규제 프레임워크를 기준으로 평가한다. 즉, 환경과 사회 부문에서는 글로벌 기준이 평가의 척도가 되지만, 지배구조 부문에서는 각 국가의 법적 요건과 규제 관행에 대한 준수 수준이 평가 기준이 된다. 이에 따라 동일한 국가에 속한 기업이라도 지배구조 점수는 국가 기준 준수 정도에 따라 차이가 발생한다.

② ESG 요인들의 중요도는 산업마다 다르므로, Refinitiv의 매트릭스 중요도는 산업별로 평가되며, 중요도가 가장 높은 경우 10점, 가장 낮은 경우 1점이 부여된다.

③ 기업의 정보 공개는 Refinitiv ESG 방법론의 핵심 요소이다. 가중치가 비교적 낮은 분야에 대해 기업이 정보를 공개하지 않는다면, 해당 항목의 점수에 큰 영향을 미치지 않지만, 가중치가 높은 분야에 대해 정보를 공개하지 않을 때는 기업 점수에 큰 영향을 미친다.

④ Refinitiv의 ESG 평가에는 'ESG 논란 중첩 방식(ESG controversies overlay)'이 적용된다. 이는 기업의 환경, 사회, 지배구조(ESG)와 관련된 논란이나 부정적 사건을 평가해 ESG 데이터에 반영하는 방식이다. Refinitiv는 다른 평가 기관과 마찬가지로, 기업이 사회적 책임을 다하지 못해 심각한 논란을 일으켰는지를 검토하고 이를 점수에 반영한다. 이 과정에서 대기업이 시가총액 규모로 인해 논란의 영향이 과도하게 커지는 것을 방지하기 위해, 사건의 심각도에 따라 '심각도 가중치(Severity weight)'를 적용해 점수를 조정한다.

3.2 평가 항목과 가중치

Refinitiv의 ESG 점수는 다른 주요 평가 기관과 마찬가지로 상대평가 방식이며, 객관적 자료를 기반으로 한다. Refinitiv의 기업 ESG 평가 방법은 고유한 특징을 갖는데, 〈그림 Ⅷ-8〉에서 보듯이 MSCI나 S&P Global과 달리 ESG 점수가 두 부분으로 구성된다. 첫째, ESG 평가 점수는 공개 자료(Public domain)를 기반으로 기업의 ESG 성과를 측정한 점수다. 둘째, ESG 논란 점수(ESG Controversies Score)는 ESG 관련 논란과 그로 인한 지속가능성 영향, 기업의 대응을 시간 경과에 따라 포괄적으로 평가한 점수다. 최종 ESG 점수(ESG combined score, ESGC)는 이 두 점수의 평균으로 산출된다[46].

그림 Ⅷ-8 Refinitiv ESG 평가 구조

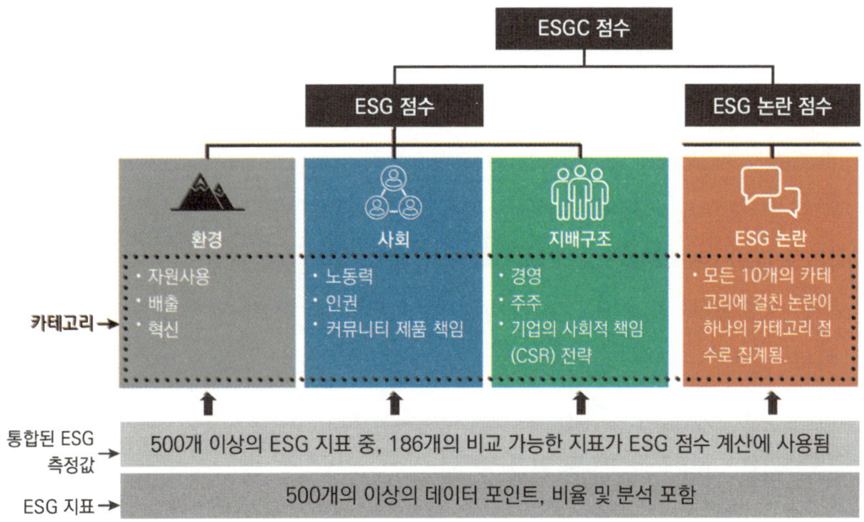

자료: Refinitiv(2022)

Refinitiv ESG 평가는 기업 차원에서 수집되는 500개 이상의 항목에 대한 자료에 기초하고 있다. 그러나 기업 간의 비교가 가능하도록 하기 위해 이들 항목 중 186개 항목이 평가의 핵심적인 역할을 하며 대략 한 산업당 이 중 70~170개 항목이 평가에 사용되고 있다. 항목은 다시 10개 범주(Category)[47]로 분류되고 10개의 범주는 다시 세 영역(환경, 사회, 지배구조)[48]으로 분류된다. 〈그림 Ⅷ-9〉에는 186개 핵심 항목이 10개 범주와 세 영역에 어떻게 연결되

46 두 점수를 종합해서 최종 점수를 계산하는 방법은 3.3에서 상세히 설명한다.

47 이는 MSCI의 주제와 같은 차원이다. Refinitiv 평가에서도 주제가 사용되는데 이는 MSCI에서는 항목에 해당된다.

48 Refinitiv 평가에서 영역은 MSCI의 기둥(Pillar)에 해당된다.

는지가 정리되어 있다. 이 그림을 통해 알 수 있듯이 환경 영역은 자원사용(Resource use, 20), 배출(Emission, 28), 혁신(Innovation, 20) 등 3개의 범주가, 사회 영역은 직원(Workforce, 30), 인권(Human rights, 8), 지역사회(Community, 14), 제품 책임(Product responsibility, 10) 등 4개 범주가, 지배구조에는 관리(Management, 35), 주주(Shareholders, 12), CSR 전략(CSR strategy, 9) 등 3개의 범주가 각각 포함되어 있다[49]. Refinitiv ESG 평가에 사용되는 영역과 범주는 MSCI와 유사한 측면도 있으나, 분명한 차이도 존재한다. MSCI의 10개 주제와 Refinitiv의 평가 범주는 개념적으로는 비슷하지만, 비교하면 차이가 뚜렷하다. 예를 들어, MSCI의 지배구조 영역은 '기업 지배구조'와 '기업 행태'로 구성되는 반면, Refinitiv의 지배구조 영역은 '관리', '주주', 'CSR 전략'으로 구성되어 가장 큰 차이를 보인다. 또한, 보고 기능이 제한적이거나 투명성이 부족한 기업, 형식적으로만 실행하는 기업과 달리, 실질적인 행동으로 산업이나 지역에서 선도적 역할을 하는 기업을 구별할 수 있도록 평가 항목이 충분히 세분화되어 있다.

그림 Ⅷ-9 Refinitiv ESG 평가 구조

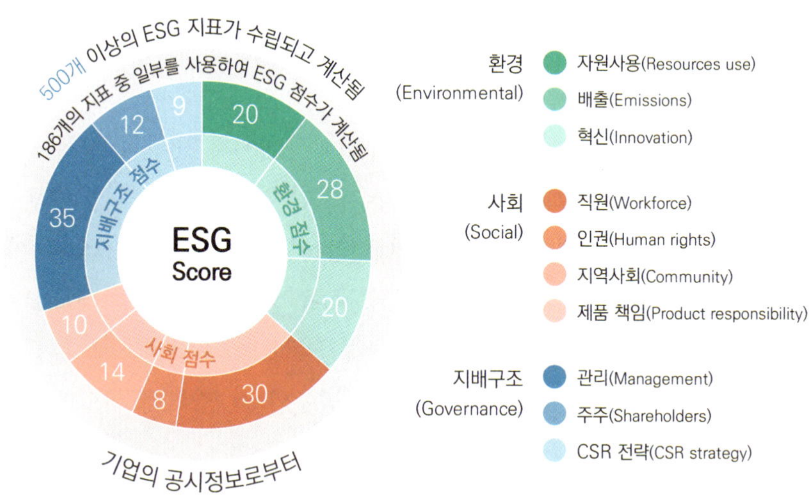

자료: Refinitiv(2022)

---

49 범주별 괄호 안의 숫자는 포함된 항목 수이다.

산업 그룹별 ESG 주제(Theme)[50]의 중요성을 객관적으로 평가하기 위해 Refinitiv는 10개 범주 단위에서 자체 ESG 중요도 매트릭스를 개발했다. Refinitiv ESG 평가에서의 중요성은 범주별 가중치의 크기로 정의된다[51]. 그러나 엄밀히 말하면, 산업 그룹별 범주 가중치는 해당 범주를 구성하고 있는 주제들의 중요도에 따라 결정되기 때문에, 범주 가중치는 궁극적으로 각 주제의 상대적 중요도에 의해 결정된다고 볼 수 있다. 주제의 상대적 중요성은 객관적이고 자료에 기반한 방법으로 계산된다[52]. 각 범주에 속해 있는 주제 중, 자료가 충분히 제공되는 주제만을 산업 그룹별 가중치의 대리변수로 사용된다. 주제와 자료는 일대일로 매칭된다. 즉, 하나의 주제에 하나의 자료가 대응된다. 자료가 충분히 공개되지 않는 일부 주제는 상대적 중요도의 대리변수로 활용되지 않는다. 〈표 Ⅷ-11〉에는 Refinitiv ESG 평가에 사용되는 10개 범주와 각 범주에 속한 주제, 대응되는 자료, 그리고 해당 주제의 가중치 계산 방법이 정리되어 있다. 예를 들어, 배출량 범주에 대응되는 자료로는 이산화탄소 배출량 통계가 사용되며, 가중치는 해당 산업 그룹에서 중윗값을 갖는 기업을 기준으로 산출된다. 이 표에 정리된 것처럼, 일부 주제에 대해서는 가용한 자료가 충분히 제공되지 않아 상대적 중요도의 대리변수가 활용되지 않지만, 이러한 경우에도 해당 주제는 기업의 ESG 보고서에 포함되며, Refinitiv ESG 데이터베이스에 기록된다.

50 MSCI 평가에서는 항목에 해당한다.

51 예를 들어, 환경 영역을 구성하는 세 범주인 배출량, 혁신, 자원 사용 중에서 어느 것이 더 중요한지는 산업 그룹마다 다를 수 있다.

52 앞서도 언급한 바 있지만 Refinitiv 평가에서 사용되고 있는 주제는 MSCI의 주제 개념보다 하위 개념이다.

표 Ⅷ-11 Refinitiv ESG 중요도 매트릭스 개요

영역	범주	주제	데이터 포인트	가중치 방법
환경	배출량	배출량	TR.Analytic 이산화탄소	산업 중간값 (Quant industry median)
		폐기물	TR.Analytic 총폐기물양	산업 중간값
		생물다양성*		
		환경관리체제*		
	혁신	제품 혁신	TR.EnvProducts (환경 혹은 녹색제품)	투명성 가중치 (Transparency weights)
		녹색제품 수입, 연구개발(R&D), 자본지출(CapEx) I	TR.Analytic 환경R&D	산업 중간값
	자원사용	물	TR.Analytic 물사용량	산업 중간값
		에너지	TR.Analytic 에너지사용량	산업 중간값
		지속가능한 포장*		
		환경적 공급망*		
지배구조	CSR 전략	CSR 전략	지배구조 범주와 영역에서 데이터 포인트	지배구조 범주별 데이터 포인트 수 / 지배구조 영역 전체 데이터 포인트 수
		ESG 보고와 투명성		
	관리 (Management)	구조(독립성,다양성, 위원회)	지배구조 범주와 영역에서 데이터 포인트	지배구조 범주별 데이터 포인트 수 / 지배구조 영역 전체 데이터 포인트 수
		보수		
	주주들	주주권리	지배구조 범주와 영역에서 데이터 포인트	지배구조 범주별 데이터 포인트 수 / 지배구조 영역 전체 데이터 포인트 수
		적대적 인수방어		
사회	지역사회	모든 산업에 동일하게 중요, 5점 부여		모든 산업 그룹에 동일하게 중요

영역	범주	주제	데이터 포인트	가중치 방법
	인권	인권	TR.Policy 인권	투명성 가중치
	제품책임	책임 있는 마케팅	TR.Policy 책임 있는 마케팅	투명성 가중치
		제품 질	TR.Product 제품 질 감시	투명성 가중치
		데이터 개인정보 보호	TR.Policy 데이터 개인정보 보호	투명성 가중치
	노동력 (Workforce)	다양성과 포용성	TR.여성근로자	산업 중간값
		경력개발 및 교육	TR.평균교육시간	투명성 가중치
		근로 여건	TR.노동조합대표	산업 중간값
		건강 및 안전	TR.손실일수 (Lost days)	투명성 가중치

자료: Refinitiv(2022)

Refinitiv의 기업 ESG 평가는 10개 범주별로 시작된다. 범주별 점수가 계산된 후, 가중치를 이용해 3 영역 점수(환경, 사회, 지배구조)가 산출된다. 따라서 Refinitiv의 기업 ESG 평가에서 핵심은 범주별 점수 계산과 각 범주에 할당된 가중치이다. MSCI의 가중치는 주제의 하위 단위인 주요 이슈에 부여하는 것과 달리, Refinitiv는 범주 단위에서 가중치를 부여한다.

범주별 중요도가 계산되는 과정을 설명하면 다음과 같다. 범주에 대한 기업의 응답은 숫자 형식으로 답하는 경우도 있고, 불리언(Boolean) 형식[53]으로 답하는 경우도 있다. Refinitiv에서는 두 형식의 응답 가중치를 계산하는 방법에 다소 차이가 있다. 먼저, 숫자 형식으로 답을 요구하는 환경 및 사회 영역에 포함되는 범주의 중요도 결정 과정을 살펴보면 다음과 같다. 첫 번째 단계에서는 해당 범주에 대해 기업의 영향을 잘 반영할 수 있는 자료를

53 불리언(Boolean) 형식은 컴퓨터 과학과 논리학에서 자주 사용되는 데이터 형식으로, "참(True) 혹은 예(Yes)" 또는 "거짓(False) 혹은 아니오(No)"라는 두 가지 값만을 가질 수 있는 형식을 의미한다.

선택한다. 두 번째 단계에서는 54개 산업 그룹에 대해 각 산업 그룹의 해당 자료에 대한 중간값을 찾는다. 세 번째 단계에서는 상대적 중간값(Relative median)을 계산한다. 상대적 중간값은 i 산업그룹의 상대적 중간값을 $Median_i$라고 한다면 $Median_i = \dfrac{Median_i}{\sum_{i=1}^{54} Median_i}$ 이 된다. 4단계에서는 산업그룹별로 구해진 값들을 이용해서 10분위 점수로 환산한다[54]. 즉 상대적 중간값이 상위 10%이면 10점, 하위 10%이면 1점이 각각 부여된다. 단, 사회 영역 내의 지역사회(Community) 범주는 모든 산업 그룹에서 동일한 중요도로 평가되기 때문에, 기본 점수인 5점이 전 산업 그룹에 동일하게 할당된다.

지배구조 영역에 속한 범주의 중요도는 환경 및 사회 영역의 범주와는 다른 방식으로 계산된다. 환경 및 사회 영역의 중요도가 주로 산업 그룹의 특성에 의해 결정되는 반면, 지배구조는 산업그룹의 특성보다는 국가 차원의 법적 환경과 규제 프레임워크에 의해 결정된다. 따라서 지배구조 영역은 산업별 특성보다 기업이 속한 국가의 지배구조 표준과 관행을 기준으로 평가되며, 그 중요도는 모든 산업에 동일하게 적용된다.

지배구조 영역은 관리(Management), 주주(Shareholders), CSR 전략(CSR Strategy)의 세 범주로 구성되며, 형식상 모든 산업에서 동일하게 중요한 것으로 간주되어 각 5점씩, 총 15점이 배정된다. 그러나 실제 가중치는 동일하지 않다. 각 범주의 가중치는 해당 범주에 포함된 데이터 포인트의 수와 중요도에 따라 조정된다. 예를 들어, 관리 범주는 다양한 데이터 포인트를 포함하고 중요성이 높아 10점의 가중치를 받는 반면, 주주 범주와 CSR 전략 범주는 데이터 포인트 수가 작고 중요도가 상대적으로 낮아 각각 3점과 2점이 부여된다.

지금까지 설명된 범주별 가중치 산출 결과는 〈표 Ⅷ-10〉에 제시되어 있다. 예를 들어, 항공우주·방위(Aerospace & Defense) 산업그룹에서는 배출량의 중요도가 4, 혁신의 중요도가 4, 인권의 중요도가 7로 계산되지만, 석탄(Coal) 산업그룹에서는 배출량과 자원 사용(Resource Use)의 중요도가 모두 10으로 계

---

54 상황에 따라 한 개 이상의 주제와 대응되는 자료 점수(data point)로 구성되는 범주도 발생할 수 있는데, 이 경우에는 두 점수의 중요도 가중평균으로 중요도 값이 계산된다.

산된다. 반면, 지배구조의 세 범주와 사회 영역의 지역사회(Community) 중요도는 산업에 관계없이 동일하게 적용된다.

불리언 데이터는 주로 "예", "아니오" 또는 "Null"로 응답된다. 예를 들어, "회사가 물 효율성 정책을 가지고 있습니까?"라는 질문에 "예"라면 1로, "아니오"라면 0으로 기록되며, 해당 데이터가 공시되지 않았다면 기본값으로 0이 할당된다. 각 데이터 포인트는 긍정적인지 부정적인지를 나타내는 극성을 가진다. 예를 들어, 배출 감소 정책을 시행하고 있는 것은 긍정적이지만, 환경 논란에 휘말리는 것은 부정적이다. 긍정적인 극성을 가진 데이터 포인트는 "예"가 1, "아니오" 또는 "Null"이 0으로 변환되고, 부정적인 극성을 가진 데이터 포인트는 "예" 또는 "Null"이 0, "아니오"가 1로 변환된다.

불리언 데이터 포인트의 가중치는 해당 산업 그룹 내의 공시 수준에 따라 결정된다. 산업 그룹 내에서 특정 데이터 포인트의 공시 비율이 높을수록 해당 데이터 포인트의 점수가 높아진다. 이렇게 할당된 점수는 숫자 형식으로 응답을 요구하는 범주와 동일한 방식으로 십분위 순위를 결정하는 데 사용되며, 이를 바탕으로 1~10점 사이의 십분위 순위 점수가 부여된다.

특정 산업그룹의 범주 가중치는 〈표 Ⅷ－12〉에 정리되어 있는 범주별 중요도에 기초해서 계산된다. 범주별 가중치 계산 과정을 소개하면 다음과 같다. 먼저 특정 산업 그룹의 범주별 중요도의 모든(10개 범주) 값을 합한 뒤 이 값을 해당 범주의 중요도 값으로 나눈 값이 해당 범주의 가중치가 된다. 즉 특정 산업그룹의 i범주 가중치를 ω_i라 하며 $\omega_i = \dfrac{i\text{범주 중요도}}{\sum_{i=1}^{10}\text{범주중요도}_i}$으로 계산된다. 특정 산업그룹의 범주 가중치가 결정되는 과정을 항공우주 및 방위 산업그룹의 예를 통해 설명해보자. 〈표 Ⅷ－12〉에 나타나 있듯이, 항공우주 및 방위 산업그룹의 10개 범주별 중요도를 합한 값은 46이다. 10개 범주 중 배출량 중요도 값이 4, 인권 7, 관리 10이기 때문에, 해당 범주의 가중치는 각각 $\frac{4}{46} = 0.09$, $\frac{7}{46} = 0.15$, $\frac{10}{46} = 0.22$가 된다. 이와 같은 방법으로 계산된 54개 산업 그룹의 범주별 가중치는 〈표 Ⅷ－13〉에 정리되어 있다.

〈표 Ⅷ－13〉의 결과를 통해 54개 산업 그룹의 영역별 가중치를 확인할 수 있다. 산업 그룹별 영역 가중치는 해당 영역에 속한 범주의 가중치를 더한 값으로 계산된다. 예를 들어, 물 및 관련 유틸리티 산업의 환경 영역에 속한 세 범주의 가중치 값이 각각 0.15, 0.13, 0.15이므로, 환경 영역의 가중치는 43%가 되며, 사회 영역은 31%, 지배구조 영역은 25%가 된다.

〈표 Ⅷ-12〉에 기반하여 각 영역에 속한 범주 가중치도 계산할 수 있다. 예컨대, 항공우주 및 방위 산업그룹의 경우, 환경 영역의 중요도 합이 11이다. 배출량의 중요도 값이 4이므로, 환경 영역 내에서 배출량의 가중치는 $\frac{4}{11}=0.36$이 된다. 이러한 방식으로 계산된 영역 내 범주별 가중치 값은 〈표 Ⅷ-14〉에 정리되어 있다.

표 Ⅷ-12 범주별 상대적 중간값에 기초한 십분위 순위 점수: 중요도

	환경			사회				지배구조		
산업그룹	배출	혁신	자원 사용	인권	제품 책임	직원	지역 사회	관리	주주	CSR 전략
항공우주와 방위	4	4	3	7	3	5	5	10	3	2
자동차와 부품	6	10	5	9	5	6	5	10	3	2
은행서비스	1	4	1	4	4	8	5	10	3	2
음료	8	3	8	9	7	6	5	10	3	2
생명공학 및 의료연구	4	1	6	1	5	3	5	10	3	2
화학	9	9	9	10	5	6	5	10	3	2
석탄	10	1	10	3	1	5	5	10	3	2
집합투자[1)]	1	1	1	1	2	3	5	10	3	2
통신 및 네트워킹	2	4	3	2	5	3	5	10	3	2
컴퓨터, 전화 및 가정용 전자제품	3	8	2	10	6	6	5	10	3	2
건설/엔지니어링	8	8	5	7	3	6	5	10	3	2
건설 자재	10	8	10	7	3	6	5	10	3	2
용기 및 포장	9	6	9	10	5	6	5	10	3	2

산업그룹	환경			사회				지배구조		
	배출	혁신	자원 사용	인권	제품 책임	직원	지역 사회	관리	주주	CSR 전략
다각화된 산업용품 도매업	3	7	4	9	1	6	5	10	3	2
다각화된 소매업	6	2	6	2	4	4	5	10	3	2
전기 유틸리티 및 IPP	10	8	9	4	3	8	5	10	3	2
전자장비 및 부품	7	6	8	5	2	4	5	10	3	2
식품/의약품 소매업	6	3	4	5	8	6	5	10	3	2
식품/담배	8	2	8	7	8	6	5	10	3	2
화물 및 물류 서비스	7	6	6	4	4	7	5	10	3	2
의료장비/용품	3	3	2	5	6	4	5	10	3	2
의료제공자/서비스	3	1	4	3	6	4	5	10	3	2
주택건설/건설 용품	6	9	6	8	5	6	5	10	3	2
호텔 및 엔터테인먼트 서비스	6	1	7	4	9	5	5	10	3	2
가정용품	6	10	5	7	5	5	5	10	3	2
산업복합기업	7	9	7	9	5	6	5	10	3	2
보험	1	3	1	3	4	6	5	10	3	2
투자 은행 및 투자서비스	1	3	1	1	3	4	5	10	3	2
투자지주주회사	7	2	8	2	1	2	5	10	3	2
여가제품	2	3	2	4	9	3	5	10	3	2
기계, 도구, 중장비, 기차 및 선박	5	10	4	6	5	4	5	10	3	2
미디어 및 출판	2	2	2	4	6	5	5	10	3	2
금속 및 광업	10	2	10	10	2	7	5	10	3	2
복합 유틸리티	10	9	9	6	4	7	5	10	3	2
천연가스 유틸리티	7	7	8	5	5	8	5	10	3	2
사무용 장비	4	10	3	10	7	5	5	10	3	2
석유 및 가스	7	7	9	10	4	8	5	10	3	2

산업그룹	환경			사회				지배구조		
	배출	혁신	자원 사용	인권	제품 책임	직원	지역 사회	관리	주주	CSR 전략
석유 및 가스 관련 장비 및 서비스	8	3	7	8	2	6	5	10	3	2
제지 및 산림 제품	10	9	10	6	1	7	5	10	3	2
여객 운송 서비스	7	3	7	5	4	8	5	10	3	2
개인 및 가정용 제품 및 서비스	6	4	6	8	10	7	5	10	3	2
제약	5	2	5	7	5	6	5	10	3	2
전문 및 상업 서비스	4	3	4	6	4	5	5	10	3	2
부동산 운영	6	4	6	2	2	8	5	10	3	2
신재생에너지	6	6	6	1	3	4	5	10	3	2
주거 및 상업용 부동산 투자 신탁(REITs)	8	2	8	1	3	5	5	10	3	2
반도체 및 반도체 장비	6	7	6	9	5	6	5	10	3	2
소프트웨어 및 IT 서비스	1	2	2	2	4	2	5	10	3	2
전문 소매업	3	2	3	3	5	4	5	10	3	2
통신 서비스	4	4	4	8	9	8	5	10	3	2
섬유 및 의류	3	4	4	8	7	8	5	10	3	2
교통인프라	7	2	7	6	3	9	5	10	3	2
우라늄	10	1	10	1	3	3	5	10	3	2
물 및 관련 유틸리티	9	8	9	3	2	8	5	10	3	2

주1: 뮤추얼 펀드, 헤지 펀드, 상장지수펀드(ETF), 부동산 투자신탁(REITs) 등임.
자료: Refinitiv(2022)

표 Ⅷ-13 **범주별 가중치 값**

산업그룹	환경			사회				지배구조		
	배출	혁신	자원 사용	인권	제품 책임	직원	지역 사회	관리	주주	CSR 전략
항공우주와 방위	0.09	0.09	0.06	0.15	0.07	0.11	0.11	0.22	0.06	0.04
자동차와 부품	0.10	0.16	0.08	0.15	0.09	0.10	0.089	0.16	0.05	0.03
은행서비스	0.02	0.10	0.02	0.10	0.09	0.19	0.12	0.24	0.07	0.05
음료	0.12	0.04	0.13	0.15	0.12	0.10	0.08	0.17	0.05	0.03
생명공학 및 의료연구	0.09	0.03	0.14	0.03	0.12	0.08	0.13	0.26	0.08	0.05
화학	0.13	0.13	0.13	0.15	0.07	0.09	0.07	0.15	0.04	0.03
석탄	0.20	0.02	0.19	0.06	0.02	0.10	0.10	0.20	0.06	0.04
집합투자[1)]	0.03	0.03	0.03	0.03	0.08	0.09	0.07	0.15	0.04	0.03
통신 및 네트워킹	0.05	0.10	0.07	0.05	0.14	0.07	0.13	0.26	0.08	0.05
컴퓨터, 전화 및 가정용 전자제품	0.06	0.14	0.04	0.18	0.11	0.11	0.09	0.18	0.06	0.04
건설/엔지니어링	0.14	0.14	0.09	0.12	0.05	0.11	0.09	0.18	0.05	0.04
건설 자재	0.15	0.12	0.15	0.11	0.04	0.11	0.08	0.16	0.05	0.03
용기 및 포장	0.13	0.09	0.14	0.16	0.07	0.09	0.08	0.16	0.05	0.03
다각화된 산업용품 도매업	0.06	0.14	0.04	0.18	0.02	0.12	0.10	0.20	0.06	0.042
다각화된 소매업	0.13	0.03	0.14	0.05	0.10	0.09	0.12	0.23	0.07	0.05
전기 유틸리티 및 IPP	0.16	0.13	0.14	0.07	0.05	0.13	0.08	0.17	0.05	0.03
전자장비 및 부품	0.13	0.11	0.15	0.10	0.04	0.08	0.10	0.20	0.06	0.04
식품/의약품소매업	0.11	0.05	0.08	0.10	0.15	0.12	0.10	0.20	0.06	0.04
식품/담배	0.13	0.03	0.13	0.12	0.13	0.11	0.09	0.17	0.05	0.03
화물 및 물류 서비스	0.12	0.11	0.10	0.08	0.08	0.12	0.10	0.19	0.06	0.04
의료장비/용품	0.06	0.06	0.05	0.12	0.14	0.09	0.12	0.24	0.07	0.05
의료제공자/서비스	0.07	0.02	0.09	0.07	0.15	0.10	0.12	0.25	0.07	0.05
주택건설/건설 용품	0.09	0.15	0.09	0.14	0.09	0.09	0.09	0.17	0.05	0.03

	환경			사회				지배구조		
산업그룹	배출	혁신	자원 사용	인권	제품 책임	직원	지역 사회	관리	주주	CSR 전략
호텔 및 엔터테인먼트 서비스	0.12	0.02	0.13	0.08	0.18	0.09	0.08	0.20	0.06	0.04
가정용품	0.10	0.16	0.08	0.12	0.09	0.09	0.09	0.17	0.05	0.03
산업복합기업	0.11	0.15	0.11	0.15	0.08	0.09	0.08	0.16	0.05	0.03
보험	0.03	0.08	0.03	0.08	0.11	0.15	0.13	0.27	0.08	0.05
투자 은행 및 투자서비스	0.03	0.08	0.03	0.03	0.08	0.12	0.16	0.31	0.09	0.06
투자지주주회사	0.16	0.04	0.19	0.05	0.02	0.05	0.12	0.24	0.07	0.05
여가제품	0.04	0.06	0.04	0.10	0.22	0.07	0.12	0.247	0.07	0.05
기계, 도구, 중장비, 기차 및 선박	0.09	0.18	0.08	0.11	0.09	0.08	0.09	0.19	0.06	0.04
미디어 및 출판	0.05	0.04	0.04	0.10	0.15	0.12	0.13	0.25	0.08	0.05
금속 및 광업	0.16	0.03	0.16	0.16	0.04	0.12	0.08	0.16	0.05	0.03
복합 유틸리티	0.15	0.13	0.14	0.09	0.06	0.10	0.08	0.16	0.05	0.03
천연가스 유틸리티	0.12	0.12	0.13	0.08	0.08	0.13	0.08	0.17	0.05	0.03
사무용 장비	0.06	0.16	0.05	0.17	0.12	0.09	0.09	0.17	0.05	0.03
석유 및 가스	0.11	0.10	0.13	0.16	0.06	0.12	0.08	0.16	0.05	0.03
석유 및 가스 관련 장비 및 서비스	0.15	0.05	0.13	0.15	0.04	0.11	0.09	0.19	0.06	0.04
제지 및 산림 제품	0.15	0.14	0.16	0.10	0.02	0.11	0.08	0.16	0.05	0.03
여객 운송 서비스	0.12	0.06	0.13	0.09	0.08	0.14	0.09	0.19	0.06	0.04
개인 및 가정용 제품 및 서비스	0.09	0.07	0.09	0.14	0.16	0.11	0.08	0.17	0.05	0.03
제약	0.09	0.03	0.10	0.14	0.10	0.12	0.10	0.21	0.06	0.04
전문 및 상업 서비스	0.08	0.07	0.09	0.13	0.08	0.10	0.11	0.22	0.07	0.04
부동산 운영	0.12	0.08	0.12	0.04	0.04	0.16	0.11	0.22	0.07	0.04
신재생에너지	0.14	0.13	0.13	0.02	0.07	0.07	0.11	0.23	0.07	0.05

산업그룹	환경			사회				지배구조		
	배출	혁신	자원 사용	인권	제품 책임	직원	지역 사회	관리	주주	CSR 전략
주거 및 상업용 부동산 투자 신탁(REITs)	0.16	0.04	0.17	0.02	0.07	0.10	0.11	0.21	0.06	0.04
반도체 및 반도체 장비	0.10	0.12	0.10	0.16	0.09	0.10	0.09	0.17	0.05	0.03
소프트웨어 및 IT 서비스	0.03	0.06	0.05	0.06	0.11	0.07	0.07	0.31	0.09	0.06
전문 소매업	0.08	0.05	0.06	0.08	0.12	0.10	0.13	0.26	0.08	0.05
통신 서비스	0.07	0.06	0.07	0.14	0.16	0.14	0.09	0.08	0.05	0.04
섬유 및 의류	0.05	0.07	0.07	0.15	0.13	0.15	0.10	0.19	0.06	0.04
교통인프라	0.12	0.04	0.13	0.11	0.06	0.16	0.09	0.19	0.06	0.04
우라늄	0.21	0.02	0.21	0.02	0.07	0.07	0.10	0.21	0.06	0.04
물 및 관련 유틸리티	0.15	0.13	0.15	0.05	0.04	0.13	0.09	0.17	0.05	0.03

주1: 뮤추얼 펀드, 헤지 펀드, 상장지수펀드(ETF), 부동산 투자신탁(REITs) 등임.

자료: Refinitiv(2022)

표 Ⅷ-14 산업그룹별 범주 가중치

산업그룹	환경			사회				지배구조		
	배출	혁신	자원 사용	인권	제품 책임	직원	지역 사회	관리	주주	CSR 전략
항공우주와 방위	0.36	0.36	0.27	0.34	0.16	0.25	0.25	0.67	0.20	0.13
자동차와 부품	0.29	0.48	0.24	0.35	0.21	0.24	0.20	0.67	0.20	0.13
은행서비스	0.17	0.67	0.17	0.19	0.18	0.39	0.24	0.67	0.20	0.13
음료	0.42	0.14	0.44	0.33	0.27	0.23	0.18	0.67	0.20	0.13
생명공학 및 의료연구	0.35	0.10	0.55	0.07	0.34	0.22	0.37	0.67	0.20	0.13
화학	0.32	0.34	0.34	0.30	0.18	0.23	0.20	0.67	0.20	0.13
석탄	0.49	0.05	0.46	0.22	0.07	0.35	0.36	0.67	0.20	0.13
집합투자[1)]	0.33	0.33	0.33	0.09	0.21	0.25	0.45	0.67	0.20	0.13
통신 및 네트워킹	0.24	0.47	0.29	0.13	0.36	0.17	0.34	0.67	0.20	0.13

산업그룹	환경			사회				지배구조		
	배출	혁신	자원 사용	인권	제품 책임	직원	지역 사회	관리	주주	CSR 전략
컴퓨터, 전화 및 가정용 전자제품	0.24	0.60	0.16	0.37	0.22	0.21	0.19	0.67	0.20	0.13
건설/엔지니어링	0.38	0.38	0.24	0.34	0.13	0.29	0.24	0.67	0.20	0.13
건설 자재	0.37	0.24	0.39	0.39	0.18	0.23	0.20	0.67	0.20	0.13
용기 및 포장	0.37	0.24	0.39	0.39	0.18	0.23	0.20	0.67	0.20	0.13
다각화된 산업용품 도매업	0.06	0.14	0.04	0.18	0.02	0.12	0.10	0.20	0.06	0.042
다각화된 소매업	0.13	0.03	0.14	0.05	0.10	0.09	0.12	0.23	0.07	0.05
전기 유틸리티 및 IPP	0.16	0.13	0.14	0.07	0.05	0.13	0.08	0.17	0.05	0.03
전자장비 및 부품	0.13	0.11	0.15	0.10	0.04	0.08	0.10	0.20	0.06	0.04
식품/의약품소매업	0.11	0.05	0.08	0.10	0.15	0.12	0.10	0.20	0.06	0.04
식품/담배	0.13	0.03	0.13	0.12	0.13	0.11	0.09	0.17	0.05	0.03
화물 및 물류 서비스	0.12	0.11	0.10	0.08	0.08	0.12	0.10	0.19	0.06	0.04
의료장비/용품	0.06	0.06	0.05	0.12	0.14	0.09	0.12	0.24	0.07	0.05
의료제공자/서비스	0.07	0.02	0.09	0.07	0.15	0.10	0.12	0.25	0.07	0.05
주택건설/건설 용품	0.09	0.15	0.09	0.14	0.09	0.09	0.09	0.17	0.05	0.03
호텔 및 엔터테인먼트 서비스	0.12	0.02	0.13	0.08	0.18	0.09	0.08	0.20	0.06	0.04
가정용품	0.10	0.16	0.08	0.12	0.09	0.09	0.09	0.17	0.05	0.03
산업복합기업	0.11	0.15	0.11	0.15	0.08	0.09	0.08	0.16	0.05	0.03
보험	0.03	0.08	0.03	0.08	0.11	0.15	0.13	0.27	0.08	0.05
투자 은행 및 투자서비스	0.03	0.08	0.03	0.03	0.08	0.12	0.16	0.31	0.09	0.06
투자지주주회사	0.16	0.04	0.19	0.05	0.02	0.05	0.12	0.24	0.07	0.05
여가제품	0.04	0.06	0.04	0.10	0.22	0.07	0.12	0.247	0.07	0.05
기계, 도구, 중장비, 기차 및 선박	0.09	0.18	0.08	0.11	0.09	0.08	0.09	0.19	0.06	0.04
미디어 및 출판	0.05	0.04	0.04	0.10	0.15	0.12	0.13	0.25	0.08	0.05
금속 및 광업	0.16	0.03	0.16	0.16	0.04	0.12	0.08	0.16	0.05	0.03

산업그룹	환경			사회				지배구조		
	배출	혁신	자원 사용	인권	제품 책임	직원	지역 사회	관리	주주	CSR 전략
복합 유틸리티	0.15	0.13	0.14	0.09	0.06	0.10	0.08	0.16	0.05	0.03
천연가스 유틸리티	0.12	0.12	0.13	0.08	0.08	0.13	0.08	0.17	0.05	0.03
사무용 장비	0.06	0.16	0.05	0.17	0.12	0.09	0.09	0.17	0.05	0.03
석유 및 가스	0.11	0.10	0.13	0.16	0.06	0.12	0.08	0.16	0.05	0.03
석유 및 가스 관련 장비 및 서비스	0.15	0.05	0.13	0.15	0.04	0.11	0.09	0.19	0.06	0.04
제지 및 산림 제품	0.15	0.14	0.16	0.10	0.02	0.11	0.08	0.16	0.05	0.03
여객 운송 서비스	0.12	0.06	0.13	0.09	0.08	0.14	0.09	0.19	0.06	0.04
개인 및 가정용 제품 및 서비스	0.09	0.07	0.09	0.14	0.16	0.11	0.08	0.17	0.05	0.03
제약	0.09	0.03	0.10	0.14	0.10	0.12	0.10	0.21	0.06	0.04
전문 및 상업 서비스	0.08	0.07	0.09	0.13	0.08	0.10	0.11	0.22	0.07	0.04
부동산 운영	0.12	0.08	0.12	0.04	0.04	0.16	0.11	0.22	0.07	0.04
신재생에너지	0.14	0.13	0.13	0.02	0.07	0.07	0.11	0.23	0.07	0.05
주거 및 상업용 부동산 투자신탁(REITs)	0.16	0.04	0.17	0.02	0.07	0.10	0.11	0.21	0.06	0.04
반도체 및 반도체 장비	0.10	0.12	0.10	0.16	0.09	0.10	0.09	0.17	0.05	0.03
소프트웨어 및 IT 서비스	0.03	0.06	0.05	0.06	0.11	0.07	0.07	0.31	0.09	0.06
전문 소매업	0.08	0.05	0.06	0.08	0.12	0.10	0.13	0.26	0.08	0.05
통신 서비스	0.07	0.06	0.07	0.14	0.16	0.14	0.09	0.08	0.05	0.04
섬유 및 의류	0.05	0.07	0.07	0.15	0.13	0.15	0.10	0.19	0.06	0.04
교통인프라	0.12	0.04	0.13	0.11	0.06	0.16	0.09	0.19	0.06	0.04
우라늄	0.21	0.02	0.21	0.02	0.07	0.07	0.10	0.21	0.06	0.04
물 및 관련 유틸리티	0.15	0.13	0.15	0.05	0.04	0.13	0.09	0.17	0.05	0.03

주1: 뮤추얼 펀드, 헤지 펀드, 상장지수펀드(ETF), 부동산 투자신탁(REITs) 등임.
자료: Refinitiv(2022)

3.3 ESG 평가 점수 계산 방법

Refinitiv 기업 ESG 평가 점수는 4단계로 계산된다. 1단계에서는 ESG 범주 점수(ESG category scores)가 계산된다. 설문조사 질문은 숫자 형식의 답을 요하는 질문과 '예' 혹은 '아니오' 형식으로 답을 요하는 불리안 질문으로 구분된다. 불리안 형식의 질문의 경우 '예'로 답했으면 1의 값이 주어지고, 해당되는 질문에 대한 답이 없으면 '0'의 값이 주어진다. 예를 들어, "물의 효율성을 높이는 정책을 운영하고 있습니까?"라는 질문에 대한 답이 기업정보에 포함된 어떤 자료에도 없다면 그 기업은 해당 질문에 '0'의 값을 받게 된다. 반면 부정적인 질문에 '예'라 답했으면 '0'의 값을, '아니오'라 답했으면 '1'의 값을 받는다[55]. 숫자 형식의 답변을 요구하는 질문에서는 각 항목의 극성(값이 높을수록 긍정적인지 또는 부정적인지)이 중요하다. 예를 들어, 재활용된 물의 양이 많다는 것은 긍정적인 반면, 배출이 많은 것은 부정적이다[56]. 모든 산업에 대해 동일한 질문이 주어지는 것은 아니다. 어떤 지표들은 특정 산업에만 관련이 있다. 특정 지표가 특정 분야와 관련이 없다면 해당 값은 관련이 없는 것으로 간주된다[57].

Refinitiv ESG 등급구조는 3개 영역과 10개 범주로 구성되어 있다는 것은 앞서 언급한 바 있다. 10개 범주 점수와 ESG 점수는 백분위 순위 점수 방법론을 이용하여 계산된다. 백분위 순위 점수는 다음 세 가지 요인에 의해 결정된다.

- 해당 기업보다 더 나쁜 기업은 몇 개입니까?
- 해당 기업과 동일한 값을 갖는 기업은 몇 개입니까?
- 해당 기업보다 높은 값을 갖는 기업은 몇 개입니까?

---

55 예컨대, "환경적 논란을 가졌습니까?"라는 질문에 '예'라고 답했으면 '0'의 값을, '아니오'라고 답했으면 '1'의 값을 갖는다.

56 예컨대, 관리 중인 환경 자산(Environmental assets under management)은 금융부문에만 관련이 있다.

57 N/R로 표시된다.

백분위 순위 점수는 이러한 순위를 기반으로 결정된다. 따라서 이상치에 대해 민감하지 않다. 백분위 순위 점수는 다음과 같이 계산된다.

$$\text{백분위순위점수} = \frac{\text{더 나쁜 가치(수)를 가진 기업 수} + \frac{\text{해당 기업과 동일한 가치(수)를 가진 기업 수}}{2}}{\text{가치(수)를 응답한 기업 수}}$$

구체적으로 개별 기업의 범주별 점수가 어떻게 계산되는지를 22개 기업으로 구성된 물 및 관련 유틸리티 산업 그룹을 통해 설명해 보자. 배출 범주는 〈표 Ⅷ−15〉에서 "TR.AnalyticCO$_2$"로 표시되어 있으며, 값이 낮을수록 더 좋은 성과를 나타낸다. 〈표 Ⅷ−15〉에는 22개 기업 중 11개 기업이 응답한 값만 정리되어 있다. 이는 22개 기업 중 11개 기업만이 해당 질문에 응답했기 때문이다. 예를 들어, 기업 JKL은 해당 질문에 0.000005라는 값을 응답했으며, 이는 응답한 기업 중 가장 낮은 값으로, 기업 JKL이 이산화탄소를 가장 적게 배출하는 기업임을 나타낸다. 기업 JKL의 백분위 순위 점수는 위의 백분위 순위 점수 공식을 이용해 계산되며, 그 결과 기업 JKL의 백분위 순위 점수는 0.954545가 된다.

〈표 Ⅷ−16〉은 답이 불리안 방식으로 주어질 때 백분위 순위 점수가 어떻게 계산되는지를 보여준다. 〈표 Ⅷ−16〉에서는 배출 저감 수단을 사용하고 있는지에 대한 질문에 기업들이 '예' 또는 '아니오'로 응답한다. '예'라고 응답한 기업에게는 1의 값이, '아니오'라고 응답한 기업에게는 0의 값이 할당된다. 이 경우에도 백분위 순위 점수는 백분위 순위 점수 계산 공식을 통해 계산된다. 〈표 Ⅷ−16〉에 따르면, 이 질문에 응답한 기업은 총 12개이며, 이 중 1의 값을 받은 기업은 5개다. 따라서 이들 기업의 백분위 점수는 해당 공식에 따라 0.79가 되며, 0의 값을 할당받은 기업은 백분위 점수가 0이 된다.

숫자 형식으로 응답이 되었든 불리안 방식으로 응답이 되었든, 위 공식을 이용해 백분위 순위 점수가 계산되면, 기업별로 이 점수가 합산된다. 〈표 Ⅷ−17〉에는 'ABC' 기업의 백분위 순위 합산 점수가 계산되어 있다. 기업별 백분위 순위 점수 합산은 통상적으로 범주별로 이루어진다. 예를 들어, 〈표

Ⅷ－17〉에서는 배출량 범주에 속한 항목들의 백분위 순위 점수가 합산되어 있다. 단순 합산이 이루어지기 때문에, 범주에 속한 각 항목의 가중치는 모두 동일하다는 것을 알 수 있다.

표 Ⅷ-15 숫자로 표시되는 질문의 백분위 순위 전환 방법

설명	JKL	ABC
해당 기업보다 나쁜 값을 가진 기업 수	10	9
해당 기업과 동일한 값을 가진 기업 수	1	1
해당 기업보다 좋은 값을 가진 기업 수	11	11

회사 이름	Eikon 코드	DFO 코드	값	백분위 값	백분위 계산 방법
JKL	TR.AnalyticCo2	ENER003V	0.000005	0.954545	(10+(1/2))/11
ABC	TR.AnalyticCo2	ENER003V	0.000123	0.863636	(9+(1/2))/11
LMN	TR.AnalyticCo2	ENER003V	0.000182	0.772727	(8+(1/2))/11
PQR	TR.AnalyticCo2	ENER003V	0.000189	0.681818	(7+(1/2))/11
ENR	TR.AnalyticCo2	ENER003V	0.00019	0.590909	(6+(1/2))/11
MSE	TR.AnalyticCo2	ENER003V	0.000211	0.5	(5+(1/2))/11
MNO	TR.AnalyticCo2	ENER003V	0.000218	0.409091	(4+(1/2))/11
EMJ	TR.AnalyticCo2	ENER003V	0.000314	0.318182	(3+(1/2))/11
UVW	TR.AnalyticCo2	ENER003V	0.000438	0.227273	(2+(1/2))/11
CBD	TR.AnalyticCo2	ENER003V	0.001081	0.136364	(1+(1/2))/11
PSF	TR.AnalyticCo2	ENER003V	0.001142	0.045455	(0+(1/2))/11

자료: Refinitiv(2022)

표 VIII-16 불리안 질문의 백분위 점수 전환 방법

회사 이름	Eikon 코드	DFO 코드	값	불리안 질문에 대한 기본 값	백분위 값	백분위 계산 방법
JKL	TR.PolicyEmissions	ENERDP0051	Yes	1	0.791666667	(7+(5/2))/12
ABC	TR.PolicyEmissions	ENERDP0051	Yes	1	0.791666667	(7+(5/2))/12
LMN	TR.PolicyEmissions	ENERDP0051	Yes	1	0.791666667	(7+(5/2))/12
PQR	TR.PolicyEmissions	ENERDP0051	Yes	1	0.791666667	(7+(5/2))/12
ENR	TR.PolicyEmissions	ENERDP0051	Yes	1	0.791666667	(7+(5/2))/12
MSE	TR.PolicyEmissions	ENERDP0051	No	0	0	0
MNO	TR.PolicyEmissions	ENERDP0051	No	0	0	0
EMJ	TR.PolicyEmissions	ENERDP0051	No	0	0	0
UVW	TR.PolicyEmissions	ENERDP0051	Null	0	0	0
CBD	TR.PolicyEmissions	ENERDP0051	Null	0	0	0
PSF	TR.PolicyEmissions	ENERDP0051	Null	0	0	0
XYZ	TR.PolicyEmissions	ENERDP0051	Null	0	0	0

표 VIII-17 기업별 백분위 순위 점수 합산: 배출량 범주

회사 이름	Eikon 코드	DFO 코드	값	백분위 값
ABC	TR.AnalyticCO_2	ENER003V	0.000166844	0.833333333
ABC	TR.PolicyEmissions	ENERDP0051	1	0.7
ABC	TR.TargetsEmissions	ENERDP0161	1	0.9
ABC	TR.BiodiversityImpactReduction	ENERDP019	1	0.766666667
ABC	TR.WasteReductionInitiatives	ENERDP062	1	0.933333333
ABC	TR.EnvPartnerships	ENERDP070	1	0.766666667
ABC	TR.EnvRestorationInitiatives	ENERDP076	1	0.8
ABC	TR.ClimateChangeRisksOpp	ENERDP089	1	0.733333333
ABC	TR.PolicyWaterEfficiency	ENRRDP0121	0	0

회사 이름	Eikon 코드	DFO 코드	값	백분위 값
ABC	TR.PolicyEnergyEfficiency	ENRRDP0122	0	0
ABC	TR.TargetsWaterEfficiency	ENRRDP0191	0	0
ABC	TR.NOxSOxEmissionsReduction	ENERDP033	0	0
ABC	TR.eWasteReduction	ENERDP063	0	0
백분위 값들의 합				**6.433333**

자료: Refinitiv(2022)

2단계에서는 1단계에서 기업별 점수를 기초로 계산된 백분위 순위 점수와 범주별 가중치를 이용해 범주별 ESG 점수와 영역별 ESG 점수가 계산된다. 〈표 Ⅷ－18〉에는 물 및 관련 유틸리티 산업그룹에 속한 22개 기업의 ESG 점수가 계산되어 있다. 개별 기업의 ESG 총점수는 백분위 순위 점수와 범주별 가중치를 곱한 가중평균으로 구해진다. 예를 들어, ABC 기업의 ESG 총점수는 (0.15×0.66＋0.13×0.00＋0.15×0.44)＋(0.05×0.05＋0.04×0.58＋0.13×0.89＋0.09×0.34)＋(0.17×0.99＋0.05×0.84＋0.03×0.56＝0.5715이다. 〈표 Ⅷ－19〉에는 영역별 점수가 계산되는 과정이 나타나 있다. 예컨대 〈표 Ⅷ－19〉에 나타나 있듯이 환경 영역의 배출량, 자원사용 및 혁신 범주의 범주 가중치가 각각 0.15, 0.15, 0.13으로 계산되었다면 환경 영역 점수를 계산할 때 사용되는 세 범주의 가중치는 0.15/0.44, 0.15/0.44, 0.13/0.44가 되고 환경 영역의 점수는 0.98×0.34＋0.97×0.34＋0.85×0.29＝0.91이 된다.

3단계에서는 논란 점수(Controversies scores)가 계산된다. 논란 점수는 〈표 Ⅷ－20〉에 정리된 23개 주제를 기준으로 산정되며, 모든 논란 지표의 기본값은 0이다. 최근 발생한 모든 논란은 가장 최근의 연도에 반영되며, 이중계산은 허용되지 않는다. 논란이 없는 기업은 100점을 받는다. ESG 논란 점수는 23개의 주제에 따라 구성되며, 이 주제와 관련된 사건이 발생할 경우 해당 기업은 벌점을 받아 최종 점수(ESGC)와 등급이 하향 조정된다. 사건이 발생하고 개선되지 않으면, 그 사건의 영향은 지속적으로 ESGC 점수에 반영되며, 소송, 지속적인 입법 논쟁, 벌금 등이 이에 해당한다. 논란이 계속

될 경우, 새로운 미디어 소식이나 뉴스도 포함되어 점수에 반영된다. 시가총액이 큰 기업은 언론에 더 많이 노출되므로, 논란 이슈로 인해 더 큰 불이익을 받을 수 있다[58]. 이를 보정하기 위해 Refinitiv는 심각도(Severity) 가중치를 사용하며, 〈표 Ⅷ-21〉에 나타난 것처럼 시가총액이 100억 달러 이상이면 0.33, 20억 달러 이하일 경우에는 1의 가중치를 적용한다.

4단계에서는 ESGC 점수가 계산된다. ESGC 점수는 ESG 총점수에 ESG 논란 점수를 반영한 기업의 최종 점수이다. 〈표 Ⅷ-22〉에 따르면, 논란 점수가 ESG 점수와 같거나 크면 ESGC 점수는 ESG 점수와 동일하게 유지된다. 반면, 논란 점수가 ESG 점수보다 작으면 ESGC 점수는 두 점수의 평균으로 계산된다.

표 Ⅷ-18 물 및 관련 산업그룹 개별기업 ESG 점수 계산 예시

	환경			사회				지배구조			
산업그룹	배출량	혁신	자원사용	인권	제품책임	노동력	지역사회	관리	주주	CSR 전략	ESG 점수
물 및 관련 유틸리티	0.15	0.13	0.15	0.05	0.04	0.13	0.09	0.17	0.05	0.03	
ABC	0.66	0.00	0.44	0.05	0.58	0.89	0.34	0.99	0.84	0.56	0.5712
CBD	0.71	0.96	0.38	0.00	0.69	0.66	0.70	0.37	0.01	0.56	0.5479
DEF	0.03	0.00	0.00	0.00	0.00	0.57	0.11	0.21	0.14	0.54	0.1505
EFG	0.00	0.31	0.03	0.00	0.00	0.25	0.59	0.89	0.94	0.00	0.3278
EMJ	0.87	0.31	0.68	0.20	0.86	0.84	0.98	0.33	0.87	0.68	0.6394
EMQ	0.00	0.00	0.00	0.00	0.00	0.30	0.02	0.88	0.08	0.01	0.1948
ENR	0.92	0.81	0.85	0.75	0.97	0.93	0.66	0.40	0.49	0.86	0.7563
GPQ	0.24	0.31	0.00	0.00	0.17	0.02	0.16	0.56	0.56	0.00	0.2234
HIJ	0.61	0.31	0.50	0.65	0.42	0.80	0.80	0.48	0.27	0.37	0.5415

58 이를 시가총액편의(market cap bias)라 한다.

	환경			사회				지배구조			
산업그룹	배출량	혁신	자원사용	인권	제품책임	노동력	지역사회	관리	주주	CSR 전략	ESG 점수
IBD	0.00	0.00	0.00	0.00	0.00	0.07	0.30	0.51	0.49	0.00	0.1454
JKL	0.50	0.73	0.74	0.00	0.78	0.43	0.93	0.62	0.89	0.26	0.6115
LMN	0.76	0.31	0.56	0.00	0.47	0.48	0.48	0.17	0.24	0.26	0.4152
MNO	0.82	0.31	0.91	0.40	0.58	0.61	0.07	0.33	0.52	0.63	0.5399
MSE	0.55	0.00	0.62	0.85	0.17	0.75	0.84	0.77	0.35	0.91	0.5818
OPQ	0.29	0.00	0.32	0.00	0.17	0.36	0.48	0.15	0.42	0.08	0.2129
PQR	0.45	0.65	0.79	0.55	0.78	0.52	0.75	0.76	0.76	0.16	0.6404
PSF	0.97	0.88	0.97	0.95	0.92	0.98	0.89	0.15	0.73	0.34	0.7761
RST	0.08	0.31	0.00	0.00	0.17	0.20	0.59	0.42	0.42	0.00	0.2281
UVW	0.34	0.00	0.26	0.20	0.58	0.70	0.39	0.26	0.16	0.31	0.3164
VPF	0.16	0.31	0.15	0.00	0.17	0.11	0.25	0.88	0.90	0.00	0.3258
XYZ	0.39	0.00	0.21	0.40	0.17	0.39	0.48	0.95	0.73	0.51	0.4291
YQM	0.16	0.00	0.09	0.00	0.36	0.34	0.20	0.69	0.34	0.00	0.2501

자료: Refinitiv(2022)

표 Ⅷ-19 영역별 점수 계산 방법

<table>
<tr><th>영역</th><th>범주</th><th>범주 점수</th><th>범주 가중치</th><th>범주 가중치 합</th><th>공식: 범주 가중치 합</th><th>새로운 범주 가중치</th><th>공식: 새로운 범주 가중치</th><th>영역 점수</th><th>공식: 영역점수</th></tr>
<tr><td>환경</td><td>배출량</td><td>0.98</td><td>0.15</td><td rowspan="3">0.44</td><td rowspan="3">0.15+0.15+0.13</td><td>0.35</td><td>(0.15/0.44)</td><td rowspan="3">0.94</td><td rowspan="3">(0.98×0.35)
+(0.97×0.35)
+(0.85×0.29)</td></tr>
<tr><td>환경</td><td>자원사용</td><td>0.97</td><td>0.15</td><td>0.35</td><td>(0.15/0.44)</td></tr>
<tr><td>환경</td><td>혁신</td><td>0.85</td><td>0.13</td><td>0.29</td><td>(0.13/0.44)</td></tr>
<tr><td>사회</td><td>지역사회</td><td>0.89</td><td>0.09</td><td rowspan="4">0.31</td><td rowspan="4">0.09+0.05+0.04+
0.13</td><td>0.28</td><td>(0.09/0.31)</td><td rowspan="4">0.94</td><td rowspan="4">(0.89×0.28)
+(0.95×0.17)
+(0.92×0.13)
+(0.98×0.43)</td></tr>
<tr><td>사회</td><td>인권</td><td>0.95</td><td>0.05</td><td>0.17</td><td>(0.05/0.31)</td></tr>
<tr><td>사회</td><td>제품책임</td><td>0.92</td><td>0.04</td><td>0.13</td><td>(0.04/0.31)</td></tr>
<tr><td>사회</td><td>노동력</td><td>0.98</td><td>0.13</td><td>0.43</td><td>(0.13/0.31)</td></tr>
</table>

영역	범주	범주 점수	범주 가중치	범주 가중치 합	공식: 범주 가중치 합	새로운 범주 가중치	공식: 새로운 범주 가중치	영역 점수	공식: 영역점수
지배구조	주주	0.73	0.05	0.26	0.05+0.03+0.17	0.20	(0.05/0.26)	0.32	(0.73×0.20) +(0.34×0.13) +(0.19×0.67)
지배구조	CSR전략	0.34	0.03			0.13	(0.03/0.26)		
지배구조	관리	0.19	0.17			0.67	(0.17/0.26)		

자료: Refinitiv(2022)

표 Ⅷ-20 23개 논란 이슈

카테고리	이름	라벨	설명
지역사회	TR.ControvAntiCompetition	반경쟁 논란	반경쟁 행동(예: 반독점 및 독점, 가격 담합 등)과 관련된 논란 건수
	TR.ControvBusinessEthics	비즈니스 윤리 논란	비즈니스 윤리, 정치적 기부 또는 뇌물 및 부패와 관련된 논란 건수
	TR.ControvCopyrights	지적재산권 논란	특허 및 지적 재산권 침해와 관련된 논란 건수
	TR.ControvCriticalCountries	중요국가논란	기본적인 인권 원칙을 존중하지 않는 비민주적 활동과 관련된 논란 건수
	TR.ControvTaxFraud	세금사기논란	세금 사기, 불법적 금전 세탁과 관련된 논란 건수
인권	TR.ControvChildLabor	인권논란	아동 노동 문제와 관련된 논란 건수
	TR.ControvHumanRights	인권논란	인권 문제와 관련된 논란 건수
관리	TR.ControvMgComp	경영진 보상 논란	고위 경영진 또는 이사회 보상과 관련된 논란 건수

카테고리	이름	라벨	설명
제품책임	TR.ControvConsumer	소비자 논란	회사 제품이나 서비스와 직접적으로 관련된 소비자 불만과 관련된 논란 건수
	TR.ControvCustomerHS	고객 건강 및 안전 논란	고객 건강 및 안전과 관련된 논란 건수
	TR.ControvPrivacy	프라이버시 논란	직원 또는 고객의 프라이버시와 무결성과 관련된 논란 건수
	TR.ControvProductAccess	제품 접근성 논란	제품 접근성과 관련된 논란 건수
	TR.ControvRespMarketing	책임 있는 마케팅 논란	취약 소비자에게 유해한 마케팅 관행과 관련된 논란 건수
	TR.ControvResponsibleRD	책임 있는 연구 개발 논란	책임 있는 연구 개발과 관련된 논란 건수
자원사용	TR.ControvEnv	환경논란	회사의 환경 자원 또는 지역사회에 대한 영향과 관련된 논란 건수
주주들	TR.ControvAccounting	회계 논란	공격적이거나 불투명한 회계 문제와 관련된 논란 건수
	TR.ControvInsiderDealings	내부자 거래 논란	내부자 거래 및 기타 주식 가격 조작과 관련된 논란 건수
	TR.ControvShareholders	주주 권리 논란	주주 권리 침해와 관련된 논란 건수
직원	TR.ControvDiversityOpportunity	다양성 및 기회 논란	임금, 고용, 차별 및 괴롭힘과 관련된 논란 건수
	TR.ControvEmployeesHS	직원 건강 및 안전 논란	직원 건강 및 안전과 관련된 논란 건수

카테고리	이름	라벨	설명
	TR.ControvWorkingCondition	임금 또는 근로 조건 논란	임금 또는 근로 조건과 관련된 논란 건수
	TR.Strikes	파업	파업이나 산업 분쟁이 있었는지 여부

자료: Refinitiv(2023)

표 Ⅷ-21 시가 총액을 감안한 심각도 가중치

세계기준	시가총액 등급	심각도 비율
시가 총액 100억 달러 이상	대기업	0.33
20억 달러 이상	중견기업	0.67
20억 달러 미만	소기업	1

자료: Refinitiv(2022)

표 Ⅷ-22 ESGC 점수 계산 방법

시나리오	ESG 논란 점수	ESG 점수	ESGC 점수
논란 점수가 ESG 점수보다 크거나 같으면, ESG 점수 = ESGC 점수	100	89	89
논란 점수가 ESG 점수보다 작으면, ESGC 점수 = ESG 점수와 논란 점수의 평균	48	49	48.5

자료: Refinitiv(2022)

ESG 점수는 사용자 워크플로우에 원활하게 통합될 수 있도록 Refinitiv® Eikon에서 확인할 수 있다. ESG 점수는 ESG 회사 보기, Screener 앱, Eikon for Office, Eikon Portfolio Analytics(PORT) 애플리케이션을 통해 접근할 수 있으며, ESG 회사 보기에서는 기업의 성과를 한눈에 보여주는 문자 등급으로 점수가 표시되어 동종업체와 비교할 때 해당 기업의 ESG 약점과 강점을 확인할 수 있다.

점수는 먼저 백분위로 산정된 뒤, A부터 D까지의 문자 등급으로 전환된다. 각 등급은 다시 '+', '0', '−'의 세 단계로 세분된다. 〈표 Ⅷ−23〉에 따르면, A 등급은 뛰어난 상대적 성과를 보이며 중요한 ESG 정보를 매우 투명하게 공개한 기업에 부여된다. B 등급은 상대적으로 양호한 ESG 성과와 투명성을 보인 기업에 부여되며, D 등급은 ESG 성과가 미흡하고 투명성이 매우 낮은 기업에 부여된다.

표 Ⅷ-23 문자등급의 환산 방법

점수범위	등급	설명
0.0 〈= 점수 〈= 0.083333	D-	"D" 등급은 상대적으로 낮은 ESG 성과와 공개된 중요한 ESG 데이터의 투명성 부족을 의미
0.083333 〈 점수 〈= 0.166666	D	
0.166666 〈 점수 〈= 0.250000	D+	
0.166666 〈 점수 〈= 0.250000	C-	"C" 등급은 만족스러운 상대적 ESG 성과와 공개된 중요한 ESG 데이터의 중간 정도의 투명성을 의미
0.333333 〈 점수 〈= 0.416666	C	
0.333333 〈 점수 〈= 0.416666	C+	
0.333333 〈 점수 〈= 0.416666	B-	"B" 등급은 좋은 상대적 ESG 성과와 공개된 중요한 ESG 데이터의 평균 이상의 투명성을 의미
0.583333 〈 점수 〈= 0.666666	B	
0.666666 〈 점수 〈= 0.750000	B+	
0.750000 〈 점수 〈= 0.833333	A-	"A" 등급은 뛰어난 상대적 ESG 성과와 공개된 중요한 ESG 데이터의 높은 투명성을 의미
0.833333 〈 점수 〈= 0.916666	A	
0.916666 〈 점수 〈= 1	A+	

자료: Refinitiv(2022)

4 평가 기관들의 평가 결과 차이의 이유

지금까지 주요 3개 평가 기관의 평가 방법을 살펴보았다. 이들 기관은 각기 고유한 평가 방법론을 적용하며, 평가 범위, 항목, 가중치, 그리고 논란 이슈를 처리하는 방식이 서로 다르다. 따라서 동일한 기업이라도 평가 기관에 따라 결과가 달라질 수 있다. 실제로 Berg et al.(2022)에 따르면, Sustainalytics(SA), RobecoSAM(RS), Vigeo Eiris(VI), Asset4(A4), KLD(KL), MSCI(MS) 등 6개 평가 기관의 평가 결과 간의 상관관계를 분석한 결과, 전반적으로 중간 정도의 상관관계를 보였으며(평균 상관계수 0.54), 가장 높은 상관관계는 0.71, 가장 낮은 상관관계는 0.44로 나타났다. 영역별 상관관계를 분석한 결과, ESG 전반적인 등급보다는 더 낮은 상관관계를 보였다. 환경 분야의 평균 상관관계는 0.53으로, 0.23에서 0.68 사이의 분포를 보였다. 사회 영역의 평균 상관관계는 0.42로, 0.21에서 0.66 사이의 분포를 나타냈다. 지배구조 영역의 상관관계는 두 영역보다 훨씬 낮아 평균 0.30을 기록했으며, 상관계수는 −0.05에서 0.78 사이로 나타났다. 특히, MSCI와 다른 평가 기관 간의 상관계수는 전반적으로 0.4 이하로 나타나는 경우가 많아, MSCI의 평가 결과가 다른 기관들과 크게 다른 것으로 분석되었으며, 지배구조 영역에서의 상관계수는 특히 낮았다.

표 Ⅷ-24 6개 평가 기관 사이의 상관계수 비교

	KL SA	KL VI	KL RS	KL A4	KL MS	SA VI	SA RS	SA A4	SA MS	VI RS	VI A4	VI MS	RS A4	RS MS	A4 MS	평균
ESG	0.53	0.49	0.44	0.42	0.53	0.71	0.67	0.67	0.46	0.70	o.69	0.42	0.62	0.38	0.38	0.54
E	0.59	0.55	0.54	0.37	0.68	0.66	0.60	0.73	0.56	0.57	0.39	0.30	0.70	0.29	0.23	0.53
S	0.31	0.33	0.21	0.22	0.41	0.58	0.55	0.27	0.68	0.66	0.28	0.65	0.65	0.27	0.27	0.42
G	0.02	0.01	−0.01	−0.05	0.16	0.54	0.51	0.49	0.16	0.76	0.76	0.14	0.79	0.07	0.07	0.30

자료: Berg. F., J. F. Koelbel, and R. Rigobon(2022)

유사한 결과는 한국경제인협회가 2021년 4월 26일 발표한 '국내외 ESG 평가 동향과 시사점' 보고서에서도 확인된다. 이 보고서에 따르면, 매출액 상위 100대 기업을 대상으로 주요 국내외 ESG 평가 기관의 등급을 비교한 결과, 세 개 기관 모두 등급(점수)을 제공한 55개 기업의 평균 등급 격차는 1.4단계였다. 또한, 3단계 이상 차이가 나는 기업(평균 격차 2.2단계)은 22개로, 전체의 40%를 차지했다. 한국경제인협회가 비교한 평가 기관은 MSCI, Refinitiv(구 톰슨로이터), 기업지배구조원(KCGS) 세 곳이다. 〈표 Ⅷ-25〉에는 이들 세 평가 기관의 평가 결과에서 큰 차이를 보인 기업들의 평가 결과가 정리되어 있다[59]. 예를 들어, 현대제철과 기아자동차는 MSCI 평가에서는 최하위인 CCC 등급을 받은 반면, Refinitiv 평가에서는 각각 AA 등급과 A 등급을 받아, 5단계 및 4단계의 차이가 발생한 것으로 나타났다.

표 Ⅷ-25 주요 평가 기관들의 한국 기업 평가 결과 차이

기업명	조정등급*			등급격차			
	MSCI (7단계 등급)	Refinitiv (100점 만점)	KCGS (7단계 등급)	M-R**	M-K**	R-K**	등급격차 평균
현대제철	CCC	AA	BBB	***5단계***	***3단계***	**2단계**	2.2단계
기아자동차	CCC	A	A	***4단계***	***4단계***	**0**	
현대자동차	B	AA	A	***4단계***	***3단계***	**1단계**	
삼성중공업	CCC	A	BBB	***4단계***	***3단계***	**1단계**	
한국전력공사(주)	BB	AA	A	***3단계***	2단계	1단계	
한국가스공사(주)	BB	AA	A	***3단계***	2단계	1단계	
현대글로비스(주)	BB	AA	A	***3단계***	2단계	1단계	
현대건설(주)	BB	AA	A	***3단계***	2단계	1단계	
두산중공업(주)	BB	AA	A	***3단계***	2단계	1단계	
에쓰-오일(주)	BB	AA	AA	***3단계***	***3단계***	0	

59 〈표 Ⅷ-25〉는 〈표 Ⅱ-2〉와 같다.

기업명	조정등급*			등급격차			
	MSCI (7단계 등급)	Refinitiv (100점 만점)	KCGS (7단계 등급)	M-R**	M-K**	R-K**	등급격차 평균
현대모비스(주)	B	BBB	A	2단계	***3단계***	1단계	
롯데쇼핑(주)	B	BBB	A	2단계	***3단계***	1단계	
이마트	B	BB	A	1단계	***3단계***	2단계	
금호석유화학(주)	B	B	A	0	***3단계***	***3단계***	
비지에프리테일	BB	CCC	A	2단계	2단계	***4단계***	
에스원	BB	CCC	BBB	2단계	1단계	***3단계***	
씨제이대한통운(주)	BB	B	A	1단계	2단계	***3단계***	
호텔신라	BB	B	A	1단계	2단계	***3단계***	
한국항공우주산업(주)	BB	B	A	1단계	2단계	***3단계***	
오뚜기	B	CCC	BBB	1단계	2단계	***3단계***	
삼성전자(주)	A	AAA	BBB	2단계	1단계	***3단계***	
엘지전자(주)	A	AAA	BBB	2단계	1단계	***3단계***	

자료: 한국경제인협회(2021)

ESG 평가 기관의 평가는 기업의 지속가능성과 사회적 책임을 측정하는 중요한 도구로 자리 잡았다. 그러나 기관별 평가 결과가 크게 다르다면 이는 투자자들에게 혼란을 주고 기업의 ESG 성과 개선 의지를 약화시킬 수 있다. 이러한 평가 결과의 차이가 중요한 만큼, 그 원인을 규명하려는 학술 연구도 활발히 이루어지고 있다. 대표적인 연구로는 Dimson et al.(2020), Kotsantonis & Serafeim(2019), Christensen et al.(2019), Berg et al.(2022) 등이 있다.

기존 연구를 종합하면, 평가 기관 간 결과 차이는 평가 항목의 포함 범위, 각 항목에 부여하는 가중치, 항목을 측정하는 지표의 차이에서 비롯되는 것으로 나타난다. 그러나 대부분의 연구는 이러한 차이가 평가 결과에 구체적으로 얼마나 영향을 미치는지에 대한 분석이 부족하다. 반면 Berg, Koelbel, and Rigobon(2022)은 세 가지 요인이 평가 결과 차이에 미치는 기여도를 추정하였다. 이들은 평가 항목 포함 범위의 차이를 '평가 범위 차이(Scope divergence)'[60], 가중치의 차이를 '가중치 차이(Weight divergence)', 측정 지표의 차이를 '측정 차이(Measurement divergence)'로 정의하고, 요인별 기여도를 계산하였다.

연구 결과에 따르면, 측정의 차이가 56%로 가장 큰 기여도를 보였고, 평가 범위의 차이가 38%, 가중치의 차이가 6%를 차지했다. 이는 측정의 차이가 평가 결과의 차이를 발생시키는 주요 요인임을 보여준다. Kotsantonis & Serafeim(2019)의 연구에 따르면, 직원 건강 및 안전을 측정하기 위해 기업들이 사용하는 지표는 손실 시간 사건 비율(Lost Time Incident Rate), 손실 시간 빈도율(Lost Time Frequency Rate), 사고로 인한 재정적 손실(Financial Loss Due to Accidents), 상해율, 사고 건수 등 20가지가 넘는 것으로 나타났다. 평가 기관에서 이 중 어떤 지표를 사용하는지에 따라 결과는 달라질 수 있다.

---

60 이 개념은 평가 기관들이 ESG 성과를 평가할 때 서로 다른 속성 집합(attribute sets)을 사용함으로써 발생하는 차이를 의미한다. 속성 집합이란 ESG(환경, 사회, 지배구조) 평가에서 특정 기업의 성과를 측정하기 위해 고려하는 특정 속성들의 모음을 뜻한다. 이 속성들은 기업의 ESG 성과를 평가하는 데 사용되는 다양한 지표들이며, 예를 들어 탄소 배출, 노동 관행, 로비 활동 등 다양한 요소들이 포함될 수 있다. 각 ESG 평가 기관은 자신들만의 기준에 따라 이 속성 집합을 정의하고, 어떤 속성들이 평가에 포함될지를 결정한다. 이로 인해 평가 기관마다 서로 다른 속성을 포함하거나 제외하게 되는데, 이러한 차이가 바로 '범위의 차이'이다. 예를 들어, 한 평가 기관은 기업의 로비 활동을 평가에 포함시킬 수 있지만, 다른 평가 기관은 이를 포함하지 않을 수 있다. 이러한 차이는 서로 다른 범위를 사용함으로써 동일한 기업에 대한 평가가 다르게 나타나는 결과를 초래한다.

part IX

ESG와 기업가치

1 이론적 배경

2 실증분석 결과

IX

ESG와 기업가치

ESG 구조의 핵심은 ESG를 고려한 투자가 전통적인 재무정보 기반 투자 못지않게 수익성을 가지며 동시에 수탁자 의무에도 부합한다는 점이다. 코피 아난 전 유엔 사무총장을 비롯해 UNEP FI, UN Global Compact, PRI 등은 이러한 사실을 입증하고 ESG 제도의 정착을 촉진하는 데 주력해 왔다.

이와 관련된 대표적 연구가 『The Materiality of Social, Environmental, and Corporate Issues to Equity』임은 이미 언급하였다. 이 연구는 ESG 이슈에 효과적으로 대응한 기업이 그렇지 않은 기업보다 주식시장에서 더 높은 성과를 보였음을 보여준다. 그러나 이 연구는 두 가지 한계가 있다. 첫째, 정교한 통계 분석이 아닌 사례분석에 의존했기 때문에 결론이 특정 기업의 특수한 요인에 의해 좌우되었을 가능성이 있으며, 따라서 일반화에는 제약이 따른다. 둘째, 기업가치는 주식시장에서의 성과를 통해 투자자 관점에서 평가될 수 있지만, 동시에 당기순이익과 같은 재무적 지표를 통해서도 측정될 수 있다는 점이다.

다행히 학계 및 산업계에서는 PRI나 코피 아난의 노력과는 별개로, 평가기관의 ESG 점수를 이용해 두 가지 측면(기업 측면과 투자자 측면)에서 기업의 ESG 점수가 기업가치에 미치는 영향을 분석해 오고 있다. 9장에서는 발표된 관련 연구 논문들을 통해 ESG 점수와 기업가치 간의 관계를 자세히 살펴본다.

1 이론적 배경

ESG 점수가 높은 기업이 그렇지 않은 기업보다 더 높은 기업가치를 가질 수 있다는 이론적 배경은, ESG 투자뿐만 아니라 ESG 경영의 관점에서도 설명될 수 있다. ESG 경영 측면에서 ESG 점수가 높은 기업은 지속가능성을 고려한 운영을 통해 장기적인 이익을 증대시키고 위험을 줄이는 긍정적 효과를 창출할 수 있다. 이러한 효과가 나타나는 주요 요인은 다음 다섯 가지로 정리할 수 있다.

첫째, 위험관리의 개선이다. ESG 점수가 높은 기업은 환경, 사회, 지배구조(예: 부패 방지, 경영 투명성) 측면에서의 위험을 보다 효과적으로 관리한다. 이를 통해 법적 분쟁, 벌금, 브랜드 훼손 등의 리스크를 줄이고, 장기적으로 비용 절감과 안정적인 이익 창출이 가능하다. 둘째, 운영 효율성의 향상이다. ESG 전략을 채택한 기업은 자원 사용 효율을 높이고, 에너지 소비를 줄이며, 폐기물 관리를 개선한다. 이러한 효율성 증대는 비용 절감으로 이어지고 결과적으로 수익성을 강화한다. 셋째, 혁신 촉진이다. ESG 경영은 지속 가능한 제품과 서비스를 개발하도록 장려해 시장에서 차별화된 경쟁력을 확보하게 한다. 이는 매출 증가와 새로운 시장 기회 창출로 이어지며, 혁신 제품은 높은 마진을 제공해 장기적 수익성을 높인다. 넷째, 고객 충성도 및 브랜드 가치 제고이다. ESG 원칙을 준수하는 기업은 긍정적인 브랜드 이미지를 구축해 고객 충성도를 높인다. 이는 고객 유지 비용을 줄이고 신규 고객 확보를 용이하게 하기 때문에, 이로 인해 수요와 매출이 증가한다. 다섯째, 임직원 만족도 및 생산성 향상이다. ESG 점수가 높은 기업은 근무 환경을 개선하고 직원 만족도를 높여 생산성을 증대시키며, 우수 인재를 유치·유지한다. 이는 이직률 감소, 운영 비용 절감, 경쟁력 강화를 가능하게 한다.

ESG 경영은 이와 같이 다양한 경로를 통해 기업가치를 높일 수 있다. 다만, 이러한 과정에서 추가 비용이 발생할 수 있으므로, ESG 경영이 반드시 기업가치를 향상시킨다고 단정할 수는 없다.

ESG 이슈를 효과적으로 관리하는 기업이 투자 측면에서 기업가치를 높일 수 있다는 주장은 현대 포트폴리오 이론(Modern Portfolio Theory, MPT)으로 설명할 수 있다. 이 이론은 1952년 해리 마코위츠(Harry Markowitz)가 창안한 것으로, 투자자가 자산을 최적화하여 포트폴리오의 기대 수익률을 극대화하면서 동시에 위험을 최소화하는 방법을 설명한다.

현대 포트폴리오 이론의 핵심은 다변화(Diversification), 즉 분산 투자다. 다변화란 상관관계가 낮은 자산을 포트폴리오에 포함시켜 개별 자산의 변동성을 상쇄함으로써 전체 위험을 줄이는 방법이다. 이를 통해 투자자는 효율적 프론티어(Efficient Frontier)상에 위치한 포트폴리오를 구성할 수 있다. 효율적 프론티어는 주어진 위험 수준에서 기대 수익, 즉 위험 조정 수익률(Risk-adjusted return)을 최대화하는 포트폴리오들의 집합이다.

현대 포트폴리오 이론에서 효율적 프론티어는 투자자가 최적의 자산 배분을 선택하는 데 핵심적인 개념이다. 위험(표준편차)을 가로축, 기대 수익률을 세로축에 표시하면, 효율적 프론티어는 〈그림 Ⅸ-1〉과 같이 볼록한 곡선 형태로 나타난다. 이 곡선 위의 점들은 모두 효율적인 포트폴리오를 의미하며, 특히 우상향 구간에서는 위험이 증가할수록 기대 수익률도 그에 비례해 높아진다.

그림 Ⅸ-1 효율적 프론티어 예시

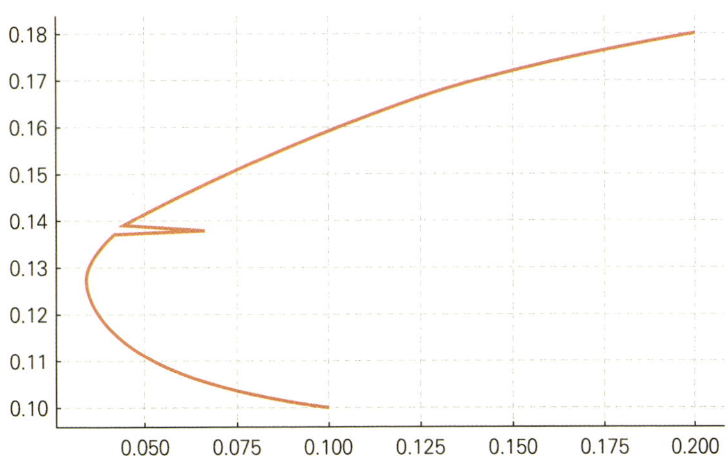

투자가 특정 항목에 과도하게 의존할 때, 이를 집중 위험(Concentration risk)[1]이 높다고 한다. 이는 해당 자산, 산업, 또는 지역에 문제가 발생할 경우, 포트폴리오 전체에 심각한 영향을 미칠 수 있기 때문이다. 예를 들어, 특정 산업이 불황에 접어들거나, 특정 국가의 경제가 침체기에 빠지면, 포트폴리오의 가치가 급격히 하락할 위험이 있다. 기업들의 ESG 관련 정보나 점수를 기반으로 투자를 할 때, 현대 포트폴리오 이론에 따르면 투자의 기대 수익이 증가할 수도, 감소할 수도 있다. 이처럼 상이한 결론이 도출되는 이유는 ESG 정보를 반영한 투자가 집중 위험을 증가시킬 수도 있고, 반대로 감소시킬 수도 있다는 상반된 견해가 존재하기 때문이다.

ESG 정보를 고려한 투자가 집중 위험을 증가시킬 수 있다는 견해는, ESG 관련 정보를 반영하면, 투자 대상 기업의 범위, 즉 투자 유니버스가 축소된다는 점에 근거한다. 현대 포트폴리오 이론의 핵심은 동일한 위험 수준에서 기대 수익을 최대화하거나, 주어진 기대 수익 수준에서 위험을 최소화하기 위해 분산 투자를 해야 한다는 것이다. 분산 투자는 다양한 자산에 투자하여 위험을 줄이는 전략인데, ESG 요인을 추가하면 특정 기준에 맞지 않는 기업들이 포트폴리오에서 배제될 수 있다. 이로 인해 투자 가능 대상이 줄어들어 포트폴리오의 다변화가 제한되고, 집중 위험이 높아져 수익률이 감소할 가능성이 있다. 반대로, ESG 정보를 고려한 투자가 집중 위험을 줄일 수 있다는 견해도 있다. 이 견해는 ESG 평점이 낮은 기업이 장기적으로 기업가치가 하락할 가능성이 크다는 전제에 기반한다. 이러한 기업을 사전에 배제하면 투자 유니버스가 축소되더라도 질적으로 더 우수한 기업만 남게 된다. ESG 정보는 투자자에게 이러한 선별에 필요한 통찰력을 제공해 더 나은 투자 결정을 가능하게 하며, 이를 통해 집중 위험으로 인한 수익률 저하를 방지할 수 있다.

이상의 두 가지 이론적 배경을 종합하면, ESG 경영 관점이든 투자 관점

---

1 집중 위험은 특정 자산, 산업, 지역에 과도하게 노출됨으로써 발생하는 위험을 의미한다. 이는 포트폴리오의 다양성이 부족하여 특정 이벤트나 시장 변화에 취약해지는 상황을 나타낸다.

이든, ESG 점수가 높은 기업이 반드시 더 높은 기업가치를 가진다고 이론적으로 단정할 수는 없다는 것이다. ESG 이슈를 잘 관리하는 기업의 가치가 그렇지 않은 기업보다 더 높은지에 대한 판단은 결국 실증 분석을 통해 검증되어야 한다.

기업의 ESG 요인이 기업가치에 미치는 영향을 실증 분석할 때 가장 중요한 고려사항은 기업가치의 정의다. 기업가치를 측정하는 방법은 다양하며, 어떤 방법을 사용하느냐에 따라 연구 결과가 달라질 수 있다. 관련 연구에서는 기업가치를 크게 기업 측면과 투자자 측면으로 구분해 측정한다. 기업 측면에서는 ESG 요인을 효과적으로 관리하는 기업이 재무 성과도 우수한지를 평가하고, 투자자 측면에서는 ESG 요인을 잘 관리하는 기업이 투자자에게 높은 수익률을 제공하는지를 평가한다. 기업의 재무 성과를 측정하는 방법으로는 ROE(Return on Equity, 자기자본이익률), ROA(Return on Assets, 총자산이익률), 주가 등이 사용된다. ROE는 기업이 자기자본을 얼마나 효율적으로 사용하여 이익을 창출하는지를 나타내는 지표로, 주주들이 투자한 자본 대비 기업이 벌어들인 순이익의 비율로 계산된다. ROE는 다음 세 가지 측면에서 기업가치를 잘 반영한다고 볼 수 있다. 첫째, 수익성 측면이다. ROE는 기업이 주주들의 자본을 얼마나 효과적으로 사용하여 수익을 창출하는지를 평가하므로, 높은 ROE는 기업이 주주 자본을 잘 활용하고 있음을 의미하며, 이는 긍정적인 신호로 해석된다. 둘째, 투자 매력도 측면이다. 투자자들은 높은 ROE를 보이는 기업을 선호하는데, 이는 높은 ROE가 주주에게 높은 수익을 제공할 가능성이 크기 때문이다. 따라서, ROE는 투자자들이 기업의 투자 가치를 평가하는 데 중요한 지표로 사용된다. 셋째, 경영 효율성 측면이다. ROE는 경영진의 자본 운용 능력을 평가하는 지표로도 활용된다. 높은 ROE는 경영진이 자본을 효율적으로 운용해 높은 수익을 창출하고 있음을 나타내며, 이는 경영 효율성을 긍정적으로 평가할 근거가 된다.

ROA는 기업이 보유한 총자산을 얼마나 효율적으로 활용하여 이익을 창출하는지를 나타내는 지표로, 기업의 모든 자산을 사용하여 벌어들인 순이익의 비율로 계산된다. ROA는 다음 세 가지 관점에서 기업가치를 잘 반영하는 중요한 지표이다. 첫째, 자산 효율성 측면이다. ROA는 기업이 자산을 얼마나 효율적으로 활용하고 있는지를 평가한다. 높은 ROA는 기업이 보유한 자산을 효과적으로 사용하여 수익을 창출하고 있음을 의미하며, 이는 자산 관리와 운용이 잘 이루어지고 있음을 나타낸다. 둘째, 비용 관리 측면이다. ROA는 기업의 자산 관리 능력과 비용 효율성을 평가하는 데 중요한 지표이다. 높은 ROA는 기업이 자산을 최대한 활용하여 비용을 최소화하고 수익을 극대화하고 있음을 보여준다. 이는 기업의 운영 효율성과 비용 절감 능력을 나타낸다. 셋째, 기업 비교 관점이다. ROA는 동일 산업 내에서 다른 기업들과 성과를 비교하는 데 유용하다. 자산 규모가 다른 기업 간의 효율성을 비교할 때, ROA는 각 기업이 자산을 얼마나 잘 활용하고 있는지를 상대적으로 평가할 수 있다.

결론적으로, ROE와 ROA는 기업의 이익 창출 능력과 효율성을 평가하는 핵심지표이며, 기업가치와 밀접하게 연결된다. 두 지표가 높다는 것은 자본과 자산이 효과적으로 운용되고 있음을 시사하며, 이는 투자자 신뢰를 높여 기업가치 제고로 이어질 수 있다[2].

$$ROE = \frac{\text{순이익}}{\text{자기자본}} \times 100,\ ROA = \frac{\text{순이익}}{\text{총자산}} \times 100$$

주가 역시 기업 측면에서 기업가치를 측정하는 방법이다. 주가는 시장에서의 기업평가를 반영하기 때문이다. 주가를 통해 기업가치를 평가할 때 시가총액이 사용되기도 하고, 주가를 주당 순이익(EPS, Earnings per Share)으로 나눈 PER(Price Earnings Ratio), 주가를 주당순자산가치(BVPS, Book value per Share)로 나눈 PBR(Price to Book Ratio)이 사용되기도 한다. PER은 기업의 수익성에 비해 주가가 적절한지를 평가하는 반면 PBR은 기업 자산가치에 비해 주가가 적절한지를 평가한다.

---

2 단, ROE는 재무 레버리지(부채 비율)에 영향을 받을 수 있다. 높은 부채를 사용하여 자기자본을 줄이면 ROE가 인위적으로 높아질 수 있다. 반면, ROA는 자산 전체를 기준으로 하기 때문에 이러한 영향을 덜 받는다.

$$PER = \frac{주가}{주당순이익(EPS)},\ EPS = \frac{순이익}{발행주식수}$$

$$PBR = \frac{주가}{주당순자산(BVPs)} \times 100,\ BVPs = \frac{순자산}{발행주식수},\ 순자산 = 총자산 - 총부채$$

투자자 관점에서 기업가치를 측정하는 방법으로 초과수익과 위험조정된 수익이 가장 많이 사용된다. 초과수익은 기업의 실제 수익이 표준 또는 기대수익을 얼마나 초과했는지를 나타내며, 일반적으로 경쟁사 대비 우월한 경쟁력을 가질 때 발생한다. 기대수익은 계산하거나 판단할 때, 그 값을 시장 평균 수익률이나 기업이 설정한 목표 수익률을 기준으로 삼는다[3]. 초과수익 측정지표로는 알파(α)가 가장 널리 쓰인다. 알파(α)는 포트폴리오나 개별 투자 자산이 벤치마크로 설정한 시장 수익률을 초과한 수익률을 의미하며, 이는 투자 관리자의 운용 능력을 평가하는 데 활용된다. 알파가 양수이면 시장을 초과하는 성과를, 음수이면 시장 대비 부진한 성과를 기록했음을 나타낸다. 알파는 다음과 같이 표시된다.

$$\alpha = R_i - (R_f + \beta(R_m - R_f))$$

여기서 R_i = 포트폴리오 혹은 자산 i의 실제수익률, R_f = 무위험자산수익률, R_m = 시장수익률, β = 포트폴리오 혹은 자산의 시장민감도[4]이다.

---

3 초과수익은 기업의 경제적 부가가치(Economic Value Added, EVA) 분석에 사용되기도 한다. EVA는 기업이 자본비용을 초과하여 창출한 순이익을 의미하며, 이는 초과수익 개념을 포함한다.
EVA = 영업이익 − (자본비용 × 투자자본)이며 EVA가 양수인 경우, 이는 기업이 자본비용을 초과하는 초과수익을 창출하고 있음을 의미한다. 초과수익은 기업의 실제 수익이 표준 또는 기대수익을 초과한 부분을 말한다.

4 베타(β)는 자산의 수익률 변동이 시장 수익률 변동에 대해 얼마나 민감하게 반응하는지를 나타내는 계수이다. 이는 자산의 수익률과 시장 수익률 간의 공분산을 시장 수익률의 분산으로 나누어 계산된다. $\beta = \frac{Cov(R_i, R_m)}{Var R_m}$, $\beta > 1$이면, 자산의 수익률이 시장 수익률보다 동일한 방향으로 더 크게 변동함을 의미한다. 예를 들어, β =1.5라면, 시장

위험 조정된 수익(Risk-Adjusted Return)은 투자 성과를 평가할 때 사용되는 핵심 개념으로, 동일한 수준의 위험을 감수했을 때 더 높은 수익을 올린 투자가 더 우수한 것으로 평가된다. 이는 단순히 수익률만을 고려하는 것이 아니라, 수익을 얻기 위해 감수해야 할 위험을 함께 고려함으로써, 투자 포트폴리오 간 성과를 보다 공정하게 비교할 수 있도록 한다. 주요 측정 방법으로는 샤프 비율(Sharpe Ratio), 트레이너 비율(Treynor Ratio)[5], 젠슨의 알파(Jensen's Alpha)[6] 등이 있으며, 이 중 샤프 비율이 가장 널리 사용된다. 샤프 비율은 투자 수익률에서 무위험 수익률을 차감한 초과 수익률을 포트폴리오의 수익률 변동성을 나타내는 표준편차로 나눈 값이다. 샤프 비율이 높을수록 동일한 위험 수준에서 더 높은 초과 수익을 얻었음을 의미하며, 이는 해당 포트폴리오가 위험 대비 얼마나 효율적으로 수익을 창출했는지를 보여준다. 샤프 비율은 다음의 식을 이용해 계산된다.

$$\text{투자포트폴리오}\, i\text{의}\ Sharpe\,ratio = \frac{R_i - R_f}{\sigma_i},\ \sigma_i = \text{포트폴리오}\, i\text{의 수익률 표준편차}$$

지금까지 설명한 기업가치를 측정하는 두 가지 방법은 앞서 언급한 두 가지 이론적 배경과도 연결된다. 기업가치 측정 방법을 충분히 이해했다면,

---

이 1% 변동할 때 자산은 1.5% 변동한다는 뜻이다. 이는 시장보다 높은 변동성을 가진 자산을 나타내며, 더 높은 위험과 잠재적 수익을 의미한다. $\beta < 1$이면 자산의 수익률이 시장 수익률보다 동일한 방향으로 덜 변동함을 의미한다. 예를 들어, $\beta = 0.5$라면, 시장이 1% 변동할 때 자산은 0.5% 변동한다. 이는 시장보다 낮은 변동성을 가진 자산을 나타내며, 더 낮은 위험과 잠재적 수익을 의미한다. $\beta < 0$이면, 자산의 수익률이 시장 수익률과 반대로 움직이는 경향이 있음을 의미한다. 이는 시장이 상승할 때 자산이 하락하고, 시장이 하락할 때 자산이 상승하는 것을 나타낸다. 베타를 통해 포트폴리오의 전체 위험 수준을 평가하고 조정할 수 있다. 투자자들은 원하는 위험 수준에 따라 베타가 높은 자산과 낮은 자산을 조합하여 포트폴리오를 구성할 수 있다.

5 트레이너 비율은 초과 수익률을 베타로 나눈 값으로 이는 시장 위험(체계적 위험)에 대한 보상을 측정한다.

6 젠슨의 알파는 실제 수익률과 CAPM 모델에 의해 예측된 기대 수익률 간의 차이를 측정한다.

기업 측면의 측정은 ESG 경영과, 투자자 측면의 측정은 ESG 투자와 각각 연관되어 있음을 쉽게 알 수 있을 것이다.

2 실증분석 결과

기업의 ESG와 관련된 위험 및 기회 요인에 대한 관리 정도가 기업가치에 미치는 영향에 대한 연구는 학계 및 관련 산업계[7] 중심으로 오래전부터 진행되어 왔다. 초기 관련 연구들은 기업의 CSR(Corporate Social Responsibility) 활동 정도가 기업가치에 어떤 영향을 미쳤는지를 분석하는 데 초점을 맞추고 있었다[8]. 분석 결과는 연구마다 상이했다. 예를 들어, Alexander와 Buchholz(1978), Cochran와 Wood(1984), Aupperle, Carroll, 그리고 Hatfield(1985) 등의 연구에서는 서로 다른 방법을 사용했지만, 공통적으로 기업의 CSR 활동이 기업가치에 긍정적인 영향을 미친다는 유의미한 관계를 발견하지 못했다. 반면, Blackburn, Doran & Shrader(1984)의 연구와, 기업의 CSR 활동이 기업가치에 미치는 영향을 다룬 40편 이상의 선행연구를 종합하여 메타분석[9]을 수행한 Orlitzky, Schmidt & Rynes(2003), Margolis, Elfenbein & Walsh(2009), Wang, Dou & Jia(2016)의 연구에서는 CSR이 기업가치와 양(+)의 관계를 갖는다는 결과가 제시되었다. 그러나 이러한 메타분석 연구들은 주요 단어(key word) 검색을 통해 선행연구를 선정함에 따라, 일부 관련성이 높은 연구가 제외되

---

7 관련 산업계라 함은 ESG 평가기관이나 투자은행 등을 의미한다.

8 관련 연구들에서 기업가치는 주가, ROE, ROA 등이 사용되었다.

9 메타연구(Meta-study)는 기존의 여러 개별 연구들을 종합적으로 분석하여 특정 주제나 연구 질문에 대한 보다 일반화된 결론을 도출하는 연구 방법론이다. 개별 연구들은 서로 다른 표본, 방법론, 시기, 지역 등을 사용하기 때문에 그 결과가 일관되지 않을 수 있다. 메타연구는 이러한 개별 연구들의 결과를 통합하고, 각 연구의 특성과 조건을 고려하여 종합적이고 객관적인 결론을 제시하는 것을 목적으로 한다. 이는 개별 연구들에 내재된 한계를 보완하고, 보다 강력하고 일반화된 결론을 도출할 수 있는 강력한 도구로, 특히 사회과학, 의학, 경제학 등 다양한 분야에서 널리 활용되고 있다.

었다는 한계를 지닌다. 이와 더불어, 기업의 사회적 책임이 기업가치에 미치는 영향을 분석한 기존 연구들은 CSR 수준을 측정하는 평가 지표가 ESG 평가 점수에 비해 정교성이 떨어진다는 한계가 있다[10].

종합하면, 기업의 CSR 활동이 기업가치에 미치는 영향에 대한 분석은 학계와 산업계를 중심으로 활발히 이루어졌으나, 결과는 일관되지 않아 CSR 활동이 기업가치를 높인다는 명백한 실증적 증거는 부족하다. 또한, 관련 연구들은 방법론적 한계와 자료의 제약을 안고 있다.

기업의 ESG 위험 및 기회 관리가 기업가치에 미치는 영향을 분석하는 연구는, 다양한 평가 기관에서 제공하는 ESG 점수가 등장하면서 활발히 진행되고 있다. 따라서 관련 연구들을 모두 분석 대상으로 삼는 것은 현실적으로 어렵다. 이런 한계를 고려할 때, 기업의 ESG 위험 및 기회 관리 수준이 기업가치에 미친 영향을 분석하는 데에는 메타연구를 활용하는 것이 현실적인 접근법이다. 이와 관련한 대표적인 연구로는 OECD(2020)와 NYU & RAM(2021)이다. 이하에서는 두 연구를 중심으로 기업의 ESG 관련 위험 및 기회 관리 정도가 기업가치에 어떤 영향을 미쳤는지를 살펴본다.

NYU & RAM(2021)은 2016년부터 2020년 사이에 발표된 ESG와 기업가치 간의 관계를 연구한 1,000개 이상의 논문을 분석하였다. 이 연구는 다양한 연구 프레임워크, 지표, 정의를 고려하여 이전의 메타분석과는 달리 기업가치를 재무 성과(예: ROE, ROA와 같은 운영 지표나 주가 성과)와 투자 성과(예: 알파나 주식 포트폴리오의 샤프 비율과 같은 지표) 두 관점에서 기업의 ESG 점수가 기업가치에 미치는 영향을 분석했다.

〈표 Ⅸ-1〉에는 2016~2020년 동안 발표된 245개의 연구를 대상으로, ROE, ROA, 주가와 같은 재무 성과에 초점을 맞춘 기업 관점에서 ESG 점수가 기업가치에 미친 영향을 분석한 결과가 정리되어 있다. 이 표에 따르면, ESG의 모든 요소를 고려한 연구 중 58%는 ESG 점수가 높은 기업이 더 나은

10 기업의 CSR 점수를 평가하는 기관도 많지 않았을 뿐만 자료에 대한 접근성도 높지 않았다. 이런 문제 때문에 많은 연구들에서는 기업의 CSR 점수는 연구자들의 설문조사를 이용하였다.

재무 성과를 보인 것으로 나타났고, 기후변화에만 초점을 맞춘 연구들에서는 57%가 기후변화 위험을 잘 관리하거나 저탄소 경제로의 전환을 잘 준비한 기업이 더 좋은 재무 성과를 거둔 것으로 나타났다. 반면, 부정적인 결과를 나타낸 연구는 각각 8%와 6%로 매우 적었다.

〈표 Ⅸ-2〉는 기업가치를 투자자 관점에서 측정한 연구들을 대상으로, ESG 점수가 기업의 초과수익이나 위험조정된 수익에 미친 영향을 분석한 결과를 요약하고 있다. 기업가치를 초과수익이나 위험조정된 수익 측면에서 평가했을 때, 긍정적인 결과는 다소 줄어들었으나 여전히 부정적인 결과보다 많았다. ESG의 모든 요소를 고려한 연구에서는 33%가 긍정적인 효과를 보였으며, 기후변화만을 고려한 연구에서는 43%가 긍정적인 효과를 보였다고 결론지었다. 반면, 부정적인 결과를 보인 연구는 각각 14%와 13%에 불과했다. 여기서 긍정적인 결과란 ESG에 기반한 투자 전략이 기업의 재무 성과에 기초한 전통적인 투자 전략보다 나은 성과를 보였다는 것을 의미한다. 이러한 결과는 ESG 관리가 전반적으로 긍정적 영향을 미칠 수 있음을 시사하며, 특히 기후변화 등 특정 ESG 요소에 집중한 기업일수록 투자자 관점에서 보다 일관된 성과를 낼 가능성이 높다는 점을 강조한다.

NYU & RAM(2021) 연구에서 또 하나의 주목할 점은, ESG 투자가 특히 사회적 또는 경제적 위기 동안 하방 위험을 줄이는 역할을 한다는 것이다. Fernández et al.(2019)은 2007~2009년 금융 위기 동안 독일의 녹색 뮤추얼 펀드가 다른 펀드보다 위험 조정 수익이 더 높았음을 발견했다. 또한, FTSE4Good[11]와 같은 여러 ESG 주식 시장 지수는 2008년 금융 위기 이후 비(非)ESG 지수보다 더 나은 성과를 보였고, 회복 속도도 더 빠른 것으로 나타났다[12]. 마지막으로, 2020년 1분기 COVID-19 팬데믹으로 인한 시장 하락기 동안, 26개의 ESG 인덱스 펀드 중 24개가 전통적인 펀드보다 더 나은 성과를 기록했으며, 3분기 말까지 ESG 중심 펀드의 45%가 해당 지수보

11 FTSE4Good는 FTSE Russell이 관리하는 주가지수 시리즈로, 환경, 사회 및 지배구조(ESG) 성과가 우수한 기업들을 대상으로 한다. 이 지수는 2001년에 처음 도입되었으며, 투자자들이 ESG 기준을 충족하는 기업에 투자할 수 있도록 돕기 위해 설계되었다.

12 자세한 내용은 Wu et al.(2017) 참조.

다 더 우수한 성과를 보였다[13].

표 IX-1 NYU-RAM 메타연구 분석결과: 기업 측면 연구

	긍정	중립	혼재	부정
기업(모두)	58%	13%	21%	8%
기업(기후변화)	57%	29%	9%	6%

표 IX-2 NYU-RAM 메타연구 분석결과: 투자자 측면 연구

	긍정	중립	혼재	부정
투자자(모두)	33%	26%	28%	14%
투자자(기후변화)	43%	22%	22%	13%

OECD(2020) 연구는 NYU & RAM(2021) 연구와 비슷한 시기에 수행되었으며, 기존 연구들을 분석했다는 점에서 유사하다. 그러나 NYU & RAM(2021)과 달리, 분석 대상 논문에서 긍정적·부정적 결과가 각각 몇 %를 차지하는지는 구체적으로 제시하지 않았다. 분석 결과, 긍정적인 결과 못지않게 부정적인 결과를 보인 연구도 많았으며, 긍정적인 결과는 주로 산업계 연구에서, 부정적인 결과는 주로 학계 연구에서 더 많이 나타났다.

OECD(2020) 연구에서는 혼재된 결과를 검증하기 위해 자체적으로 MSCI 9개 지수, STOXX 7개 지수, Thomson Reuter 4개 지수 등을 대상으로 ESG 관련 지수와 그렇지 않은 지수들의 샤프 비율을 계산하였다. 이 연구에 따르면 ESG 지수의 샤프 비율이 다른 지수의 샤프 비율보다 반드시 높다는 결과는 보여주지 못했다. 이 외에도 OECD(2020) 연구에서는 5개 평가 기관의 기업 ESG 점수를 토대로 점수가 가장 높은 기업들과 가장 낮은 기업들의 초과수익을 Fama-French 5 Factor 모형[14]을 이용해 추정하였는데 〈그림 IX

13 관련 내용은 Morningstar(2020) 참조.

-2>에서와 같이 평가 기관 3을 제외한 모든 평가 기관에서 ESG 점수가 가장 낮은 기업들의 초과수익이 가장 높은 기업들보다 높았다[15]. OECD(2020) 결과는 NYU & RAM(2021) 연구와는 달리 ESG 점수가 반드시 더 높은 금융 성과로 이어지지 않음을 시사한다. 그러나 OECD(2020) 연구와 NYU & RAM(2021) 연구 모두 ESG 점수가 높은 기업이 하방 위험에 강한 것으로 나타났다.

지금까지 살펴본 바와 같이, 'ESG 관련 위험이나 기회를 잘 관리할수록 기업가치가 높아진다'는 가설에 대해서는 연구 결과가 일관된 결론을 제시하지 못하고 있다. 그러나 최근 연구에서는 ESG 점수가 높은 기업이 더 우수한 재무 성과를 보이고 주가 또한 높다는 긍정적인 결과가 점차 늘고 있다. 이러한 변화의 주요 원인은 최근 강화된 정부 규제가 연구에 반영되기 시작했기 때문이다. 예를 들어, 탄소 배출량이 많은 기업이 배출에 따른 비용을 거의 부담하지 않는다면 탄소 배출이 재무 성과에 미치는 영향은 제한적이다. 그러나 탄소세를 부과하거나 배출권거래제에서 배출권을 100% 유상 할당하면, 이는 기업 재무에 직접적이고 상당한 영향을 미친다. 현재 대부분의 선진국은 배출권거래제를 도입해 온실가스 감축을 추진하고 있으나, 규제가 가장 엄격한 유럽 국가들조차도 여전히 배출권의 상당 부분을 무상으로 할당하고 있다. 다만 유럽은 무상 할당 비율을 단계적으로 축소해 2030년까지 100% 유상 할당을 목표로 하고 있다. 이러한 규제가 보편화되면 탄소 다배출 기업은 재무적으로 큰 타격을 받을 가능성이 높다. 앞으로

14 Fama-French 5 factor 모형의 자세한 내용은 부록 참조.

15 실제 기업의 알파를 계산하지 않고 Fama-French 5 factor 모형을 통해 추정한 값을 이용해서 ESG 점수가 높은 기업과 그렇지 못한 기업의 초과수익을 비교한 이유는 ESG 점수와 기업의 초과수익 간의 관계를 보다 체계적으로 분석하기 위해서이다. 단순히 실질 알파를 계산할 경우, 다양한 요인들이 수익률에 미치는 영향을 반영하지 못해 ESG 점수 자체의 효과를 명확하게 평가하기 어렵다. Fama-French 5 Factor 모형을 사용하면 시장의 전반적인 변동성, 기업의 크기, 가치 지표, 수익성, 투자 활동 등의 요인들을 통제한 상태에서 ESG 점수가 초과수익에 미치는 영향을 분석할 수 있다. 따라서 이 모형을 통해 ESG 점수의 순수한 영향력을 평가하고, ESG 점수가 기업의 초과수익에 독립적으로 기여하는지를 명확하게 파악할 수 있다.

ESG 관련 정부 규제가 더욱 강화될 것으로 예상되므로, ESG 위험을 효과적으로 관리하지 못하는 기업은 기업가치 하락 위험이 현재보다 훨씬 커질 것이다.

그림 IX-2 **ESG 상위 및 하위 20% 초과수익(α, 알파) 추정, 미국 2009~2019**

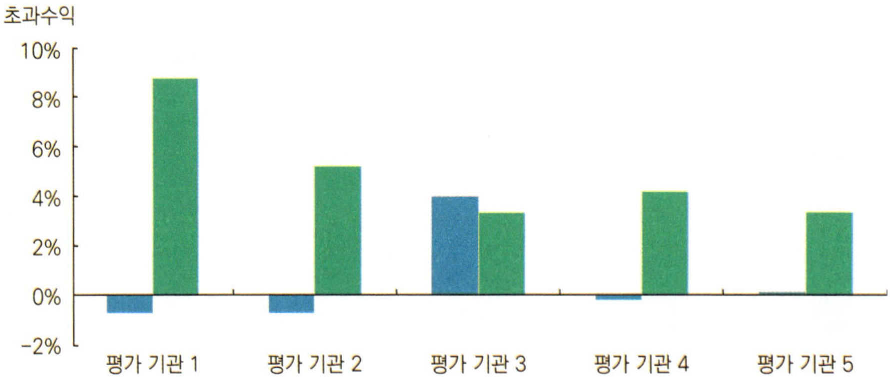

자료: Boffo, R., & Patalano, R. (2020)

부록

Fama-French 5 Factor 모형

Fama-French 5 Factor 모형은 금융 경제학자 Eugene Fama와 Kenneth French가 제안한 자산 가격결정 모형(Asset Pricing Model)으로, 주식의 수익률을 설명하기 위해 다섯 가지 요인을 고려한다. 이 모형은 기존의 Fama-French 3 Factor 모형에 두 가지 요인을 추가하여 확장된 형태로 다섯 가지 요인은 다음과 같다:

1. 시장 요인(Market Risk Premium, Mkt-RF): 시장 전체의 수익률에서 무위험 수익률(보통 국채 수익률)을 뺀 값이다. 이는 주식 시장의 전체적인 변동성에 따라 개별 주식의 수익률이 어떻게 영향을 받는지를 설명한다.
2. 규모 요인(Size Factor, SMB - Small Minus Big): 소형주의 수익률에서 대형주의 수익률을 뺀 값이다. 일반적으로 소형주가 대형주보다 높은 수익률을 가져오는 경향이 있다는 사실을 반영한다.
3. 가치 요인(Value Factor, HML - High Minus Low): 높은 (장부가치/시장가치) 비율을 가진 주식(가치주)의 수익률에서 낮은 비율을 가진 주식(성장주)의 수익률을 뺀 값이다. 가치주가 성장주보다 높은 수익률을 가져오는 경향을 설명한다.
4. 수익성 요인(Profitability Factor, RMW - Robust Minus Weak): 높은 수익성을 가진 기업의 주식 수익률에서 낮은 수익성을 가진 기업의 주식 수익률을 뺀 값이다. 수익성이 높은 기업이 더 높은 수익률을 가져오는 경향을 설명한다.
5. 투자 요인(Investment Factor, CMA - Conservative Minus Aggressive): 적게 투자하는 기업의 주식 수익률에서 많이 투자하는 기업의 주식 수익률을 뺀 값이다. 투자 활동이 적은 기업이 더 높은 수익률을 가져오는 경향을 설명한다.

이 모형은 개별 주식이나 포트폴리오의 수익률을 설명하는 데 사용되며, 이 다섯 가지 요인이 수익률에 미치는 영향을 분석한다. 이를 통해 투자자는 특정 주식이나 포트폴리오가 시장 수익률, 규모, 가치, 수익성, 투자 요인의 변동에 얼마나 민감한지를 이해할 수 있다.

part X

탄소회계와 자발적 탄소시장

1 조직의 범위(Organizational Boundary)
2 배출원(직접 배출, 간접 배출)별 온실가스 배출량 산정방법
3 법인형태 및 배출원 변화에 따른 기준년도 및 배출량 재산정 방법
4 온실가스 배출원 규명, 배출량 산정 및 감축량 산정
5 자발적 탄소시장 및 제거시장

X

탄소회계와 자발적 탄소시장

현시점에서 지속 가능한 사회로의 전환에서 가장 어려운 과제 중 하나는 환경 문제이며, 특히 온실가스 배출량을 줄이는 것이 핵심적인 도전 과제이다. 현재와 같은 수준으로 온실가스를 배출할 경우, 지구는 돌이킬 수 없는 비가역적인 상태에 이를 수밖에 없다는 사실을 모든 국가가 인식하고 있다. 이를 바탕으로, 2015년 파리기후협정에서는 모든 국가가 함께 노력하여 2100년까지 산업화 이전 시기(1850년~1900년) 대비 지구 온도 상승을 최대 2℃ 이내로 억제하고, 가능하면 1.5℃ 이내로 제한하는 것을 목표로 설정했다.

이 목표를 달성하기 위한 핵심적인 수단이 바로 탄소회계(Carbon Accounting)이다. 탄소회계는 기업, 조직, 정부 등이 온실가스 배출량을 측정, 추적, 보고하는 일련의 과정으로 정의할 수 있다. 일반적으로 회계라 하면 대차대조표나 손익계산서와 같은 재무회계를 떠올리기 쉽지만, 탄소회계는 여러 측면에서 재무회계와 차이가 있다[1]. 탄소회계를 올바르게 이해하기 위해서는 탄소회계를 구성하는 다양한 개념을 먼저 이해하는 것이 중요하다. 10장에서는 이러한 개념들을 중심으로 탄소회계에 대해 설명한다.

---

1 예컨대, 재무회계는 일반적으로 화폐 단위로 측정하며, 회계 원칙에 따라 자산, 부채, 수익, 비용 등을 정확히 계산하는 반면, 탄소회계는 온실가스 배출량을 이산화탄소 환산톤(tCO_2e) 단위로 측정한다. 이는 탄소회계는 직접적인 금전적 가치보다 환경적 영향을 중심으로 하기 때문이기도 하지만 온실가스 배출에 따른 피해의 크기는 온실가스가 비시장재여서 가치를 화폐화시키는 것이 쉽지 않기 때문이기도 하다.

1 조직의 범위(Organizational Boundary)[2]

탄소회계를 작성하는 첫 단계는 온실가스 배출량을 측정하는 것이다. 기관이나 조직이 온실가스 배출량을 측정할 때, 가장 먼저 해야 할 일은 배출 범위를 어디까지 설정할 것인지를 결정하는 것이다. 이 과정에서 조직의 경계는 중요한 지침을 제공한다. 조직의 경계(Organizational Boundary)는 온실가스 배출량을 계산할 때 어떤 사업장, 운영시설, 또는 비즈니스 활동을 포함할지를 결정하는 것을 의미한다. 이는 온실가스 배출량을 측정하고 보고할 때 적용할 경계를 설정하는 중요한 과정이다.

조직의 경계를 명확하게 정하지 않으면, 온실가스 배출량을 정확하게 산정하기 어렵게 되어, 보고의 신뢰성이 저하될 수 있다. 이로 인해 특정 배출원이 누락되거나, 중복 계산되는 등의 문제가 발생할 수 있으며, 그 결과 전체 배출량이 과소 또는 과대평가될 위험이 있다. 이는 기업의 환경 성과를 왜곡시킬 뿐만 아니라, 규제 준수에도 문제를 일으킬 수 있다. 결과적으로, 불명확한 경계 설정은 이해관계자와의 신뢰 문제로 이어질 수 있으며, 탄소 감축 목표를 달성하는 데에도 큰 장애물이 될 수 있다.

사업자가 온실가스 배출량을 산정할 때 적용할 수 있는 경계 기준은 출자비율기준(Equity Share Approach)과 통제력 기준(Control Approach) 두 가지이다. 사업자는 두 기준 중 하나를 선택해 배출량을 산정할 수 있다. 출자비율기준을 따를 경우, 사업자는 대상 사업에서 발생하는 온실가스 배출량을 그 사업에 대한 출자비율에 따라 계산한다. 출자비율은 사업자가 대상 사업에서 발생하는 위험과 이익에 대해 갖는 경제적 권리, 즉 손익을 의미한다. 일반적으로 사업 위험과 이익에 관해 사업자가 갖는 비율은 그 사업에 대한 소유권의 비율과 일치하기 때문에, 출자비율은 통상적으로 소유비율과 같은 의미로 사용된다. 그러나 만약 그렇지 않다면, 출자비율은 경제적 권리 비율을 반영하도록 조정되며, 사업자와 사업 간의 경제적 실제(Commercial reality)

---

2 자세한 내용은 WRI & WBCSD(2020) 참조.

가 법적 소유 형태에 우선하여 적용된다[3].

통제력 기준을 따를 때는, 사업자는 통제력을 지닌 사업에서 발생하는 온실가스 배출량은 100% 자신의 온실가스 배출량에 포함해야 한다. 반면, 사업자가 지분을 갖고 있지만 통제력이 없다면, 해당 사업의 온실가스 배출량은 포함되지 않는다. 통제력은 경영통제력(Operational control)과 재무통제력(Financial control)으로 세분된다. 대부분, 어떤 통제력 기준을 사용하든 결과는 크게 다르지 않으나, 석유·가스 산업에서는 어떤 기준을 사용하느냐에 따라 사업자의 온실가스 인벤토리에 큰 영향을 미칠 수 있다[4].

재무통제력은 사업자가 경제적 이익을 얻을 목적으로 해당 사업의 재무 및 경영 방침을 지시할 수 있는 경우를 의미한다[5]. 이때, 의결권의 영향도 고려되어야 하며, 이 기준은 국제재무회계기준과 일치한다. 따라서 재무회계의 통합 목적상 사업자의 그룹회사나 자회사로 간주되는 사업에 대해서는 사업자가 재무통제력을 가진다고 볼 수 있다. 단, 다른 출자사업자가 공동으로 재무통제력을 가지는 공동출자사업일 때에는 배출량이 출자비율 기준에 따라 산정된다. 경영통제력은 사업자나 자회사가 자산의 경영 방침을 완전히 도입하고 권한을 행사할 수 있는 경우를 의미한다[6]. 경영통제력 기

---

3 다소 복잡한 내용을 담고 있는 이 문장을 간단히 설명하면, "출자비율"은 보통 "소유비율"과 일치한다. 이는 사업자가 그 사업에서 발생하는 손익에 대한 권리를 의미한다. 그러나 일부 경우, 법적 소유비율이 실제 사업자가 그 사업에서 누리는 경제적 권리와 일치하지 않을 수 있다. 이때 "경제적 실제(Commercial reality)"는 사업자가 실제로 누리는 경제적 이익이나 위험에 따라 출자비율을 조정해야 한다는 뜻이다. 즉, 법적 소유비율이 아니라 실제로 그 사업에서 누리는 경제적 이익이나 부담을 기준으로 온실가스 배출량을 산정해야 한다는 의미이다. 예를 들어, 법적 소유권이 40%이지만 그 사업의 이익과 위험을 60% 부담한다면, 법적 소유권 비율이 아닌 60%를 기준으로 온실가스 배출량을 계산해야 한다는 것이다. 이처럼, 실제 사업에서 누리는 경제적 권리와 책임이 법적 소유 형태보다 더 중요한 기준이 된다는 점을 강조한다.

4 이에 대한 이유는 사례분석상자 17 참조.

5 예컨대, 회사 A가 자회사의 60% 지분을 보유하고 있고, 이 자회사에 대해 예산 승인, 자금 할당, 투자 결정, 비용 절감 계획 등과 같은 모든 재무 결정을 회사 A가 내린다면, 회사 A는 재무통제력을 가진다. 이 재무통제력은 자회사에서 발생하는 온실가스 배출량의 100%를 회사 A의 인벤토리에 포함시켜야 함을 의미한다.

준 하에서는 사업자나 자회사가 경영통제력을 가진 사업에서 발생하는 배출량을 100% 산정해야 한다.

어떤 기준을 사용할지는 사업자가 선택해야 하며, 어떤 기준이 더 적합한지는 목적에 따라 달라진다. 경제적 실제 측면에서 보면, 어떤 활동에서 경제적 이익을 얻고 있는 사업자가 그 활동으로 인해 발생한 온실가스 배출량에 대해 책임을 지는 것이 당연하므로, 출자비율 기준이 이를 잘 반영한다. 통제력 기준은 사업활동으로 인한 온실가스 배출 포트폴리오를 완전히 반영하지는 못하지만, 사업자가 직접적으로 영향력을 행사하여 감축할 수 있는 온실가스 배출량에 대해 완전한 책임을 지는 이점이 있다.

정부보고 및 배출권 거래제도와 관련해서는, 정부의 규제 프로그램이 항상 준수 여부를 감시하고 시행해야 하기 때문에, 준수 책임은 일반적으로 시설의 운영 주체에게 있다. 따라서 정부는 경영통제력 기준에 따른 보고를 요구한다. 반면, 책임 및 리스크 관리 측면에서는 최종적인 재무 책임이 배출 사업에 대한 출자비율이나 재무통제력을 가진 그룹회사가 부담하게 된다. 이 때문에 리스크 평가를 위해서는 경영통제력 기준보다는 출자비율 기준이나 재무통제 기준에 따른 온실가스 산정이 더 적합하다.

재무회계와의 조정 측면에서는 미래의 재무회계 기준은 온실가스 배출량을 부채로, 배출량 할당을 자산으로 간주할 가능성이 있다. 이러한 기준이 도입되면, 출자비율 기준과 재무통제력 기준은 온실가스 배출량 산정과 재무회계를 더 긴밀히 일체화시킬 수 있다. 이는 출자비율 기준과 재무통제력 기준이 재무회계에서 사용하는 기준과 일관성이 있기 때문이다. 출자비율 기준은 기업이 특정 사업에 대해 경제적 권리를 가지는 비율을 반영하며, 이는 재무제표에서 해당 사업의 수익이나 손실을 인식하는 방식과 일치한

---

6 예컨대, A사가 40%의 지분을 보유한 공장이 있으며, A사는 이 공장에서의 생산 계획 수립, 인력 배치, 유지보수 활동 관리, 안전 관리 등을 포함한 일상적인 운영 업무를 완전히 책임지고 있다고 하자. 비록 A사의 지분은 50% 미만이지만, A사가 모든 운영 방침을 수립하고 실행하고 있기 때문에 경영통제력을 가진 것으로 볼 수 있다. 이 경우, 경영통제력을 기준으로 한다면 A사는 이 공장에서 발생하는 모든 온실가스 배출량에 대해 책임을 져야 한다.

다. 즉, 기업이 소유한 지분만큼의 배출량을 산정하면, 재무제표에 반영된 경제적 이익과 손실과 직접적으로 연결될 수 있다. 마찬가지로, 재무통제력 기준은 기업이 실질적으로 통제하는 사업에서 발생하는 배출량을 산정하는 방식으로, 이는 재무회계에서 기업이 통제하는 자산과 부채를 재무제표에 포함하는 방식과 일관된다. 즉, 기업이 통제하는 범위 내에서의 배출량을 100% 책임지고 산정함으로써, 재무제표에서 인식되는 자산과 부채와의 일관성을 유지할 수 있다.

경영정보와 성과 추적 측면에서, 경영자는 자신이 통제하는 활동에 대해서만 책임을 지기 때문에 통제력 기준이 더 적합하다. 반면, 행정비용과 데이터 접근 용이성 측면에서는 출자비율 기준을 사용할 경우, 통제력 기준보다 행정비용이 더 많이 들 수 있다. 이는 기업이 통제권이 없는 공동출자사업에서 온실가스 배출량 데이터를 수집하는 데 어려움이 있을 수 있기 때문이다[7]. 마지막으로, 보고의 완전성 측면에서, 보고 대상 조직 범위에 포함된 사업을 검증할 때 필요한 대조 기록이나 자산 목록이 없을 때는 경영통제력 기준을 적용하면 보고의 완전성을 유지하기 어려울 수 있다.

사례분석상자 17: 석유·가스산업은 왜 적용되는 통제력 기준에 따라 온실가스 배출량이 크게 다른가?

석유·가스 산업에서는 통제력 기준에 따라 온실가스 인벤토리에 큰 영향을 미치는 이유는 이 산업의 특수한 구조와 운영 방식 때문이다.

첫째, 석유·가스 산업에서는 여러 기업이 공동으로 프로젝트를 운영하는 경우가 많다. 이러한 공동 운영에서는 각 기업이 프로젝트에 대한 지분을 보유하더라도,

7 특히, 기업이 여러 사업에 소규모로 출자하고 있다면, 각 사업에서 발생하는 배출량을 각각의 출자비율에 맞추어 산정해야 하는데 이는 복잡한 산정 과정을 필요로 하며, 데이터를 여러 출자 사업으로부터 수집하고 이를 통합하는 데 많은 시간과 비용이 소요될 수 있다.

통제력은 동일하지 않을 수 있다. 따라서, 통제력 기준을 적용할 때 지분은 있지만 통제력이 없는 기업의 배출량은 온실가스 인벤토리에 포함되지 않게 되며, 이로 인해 인벤토리에 반영되는 배출량이 달라질 수 있다.

둘째, 석유·가스 산업에서는 운영 통제권이 누구에게 있는지에 따라 온실가스 배출량이 크게 달라진다. 재무적 통제권은 있으나 일상적인 운영 통제권이 없는 기업은 해당 프로젝트의 온실가스 배출량을 온전히 책임지지 않을 수 있다. 이는 보고되는 온실가스 배출량에 큰 차이를 만든다.

셋째, 석유·가스 산업은 탐사, 생산, 정제, 운송 등 다양한 사업 활동으로 구성되어 있으며, 각 활동의 온실가스 배출 특성이 다르다. 통제력 기준을 어떻게 적용하느냐에 따라 포함되는 활동과 제외되는 활동이 달라지므로, 온실가스 인벤토리에 반영되는 총 배출량이 크게 달라질 수 있다.

마지막으로, 석유·가스 산업은 환경적 영향에 대한 규제가 엄격한 산업이다. 통제력 기준에 따라 배출량이 다르게 보고되면 규제 준수와 관련된 책임이 달라질 수 있으며, 이는 기업의 법적 및 재무적 리스크에도 영향을 미친다.

〈표 X-1〉에는 Holland Industries 사의 조직 구조가 정리되어 있다. 이 표를 통해 어떤 기준을 적용하느냐에 따라 기업의 산출량 산정이 어떻게 달라지는지 살펴보자. 예를 들어, Holland Industries 사는 Holland America 사의 83% 지분을 보유하고 있다. 이때 경영통제력과 재무통제력을 모두 가지고 있으므로, 통제력 기준을 적용하면 Holland America 사의 온실가스 배출량 전체가 Holland Industries 사의 배출량에 포함된다. 반면, 출자비율 기준을 적용하면 Holland America 사의 온실가스 배출량 중 83%만이 포함된다. BGB는 공동출자사업 형태로, Holland Industries 사의 자회사인 Holland America 사가 50%의 지분을 보유하고 있다. 출자비율 기준을 적용하면 Holland Industries 사는 41.5%(= 83% × 0.5)의 출자비율에 해당하는 BGB의 배출량을 포함하게 된다. 통제력 기준을 적용할 때는, BGB가 다른 기업과 공동출자이며 지분이 50% 미만이므로 경영통제력은 없고 재무통제력은 50%가 된다. 이때, 경영통제력 기준을 적용하면 BGB의 배출량은 포함되지 않지만, 재무통제력을 적용하면 50%가 포함된다.

표 X-1 Holland Industries 사의 조직구조와 온실가스배출량 산정

HOLLAND INDUSTRIES 완전 소유자회사 및 공동 출자사업 합작운영	법적형태	HOLLAND INDUSTRIES 사의 출자비용	경영통제력	HOLLAND INDUSTRIES 사의 재무 회계상의 취급	HOLLAND INDUSTRIES 사가 산정, 보고한 배출량	
					출자비율기준	통제력기준
Holland Switzerland	법인사업자	100%	Holland Industries	완전소유 자회사	100%	경영통제기준의 경우 100% 재무통제력기준의 100%
Holland America	법인사업자	83%	Holland Industries	자회사	83%	경영통제기준의 경우 100% 재무통제력기준의 100%
BGB	공동출자사업, 출자사업자 2사가 공동으로 재무통제력을 갖는다. 또 하나의 출자사업자는 Rearden 사	Holland America 사가 50% 소유	Rearden	Holland America 사 경유 간접소유하는 회사	41.5% (83%x50%)	경영통제기준의 경우 0% 재무통제력기준의 50% (50%x100%)
RW	Holland merica의 자회사	Holland America 사가 75% 소유	Holland America	Holland America 사 경유 간접소유하는 회사	62.25% (83%x75%)	경영통제기준의 경우 100% 재무통제력기준의 100%
Kahuna Chemicals	비법인 공동출자사업, 출자사업자 3사가 공동으로 재무통제력을 갖는다. 다른 출자사업자 2사는 ICT 사와 BCSD	33.3%	Holland Industries	출자비율로 연결된 공동출자사업	33.3%	경영통제기준의 경우 100% 재무통제력기준의 33.3%
QuickFix	법인 공동출자사업, 다른 출자자는 Majpx 사	43%	Holland Industries	자회사(Holland Industries 사가 재무통제력을 갖고 있다. 재무회계상으로	43%	경영통제기준의 경우 100% 재무통제력기준의 100%

HOLLAND INDUSTRIES 완전 소유자회사 및 공동 출자사업 합작운영	법적형태	HOLLAND INDUSTRIES 사의 출자비용	경영통제력	HOLLAND INDUSTRIES 사의 재무 회계상의 취급	HOLLAND INDUSTRIES 사가 산정, 보고한 배출량	
					출자비율기준	통제력기준
				Quick Fix 사를 자회사로서 취급하고 있다.)		
Nalb	법인 공동출자사업, 다른 출자자는 Nagua 사	56%	Nalb	관련 회사 (Holland Industries 사는 재무통제력을 갖지 않는다. 재무제표상 Nalb사를 관련 회사로 취급한다.)	56%	경영통제기준의 경우 0% 재무통제력기준의 0%
Syntal	법인사업자 Erewhon의 자회사	1%	Erewhon Co.	고정자산 투자	0%	경영통제기준의 경우 0% 재무통제력기준의 0%

자료: WRI & WBCSD(2020)

2 배출원(직접 배출, 간접 배출)별 온실가스 배출량 산정방법

조직의 경계가 결정되면, 그다음으로 사업활동 범위(Operational Boundary)를 설정해야 한다. 사업활동 범위는 조직이 온실가스 배출량을 산정할 때 어떤 배출 활동을 포함할지를 결정하는 중요한 개념이다. 범위는 온실가스 배출을 직접 배출과 간접 배출로 구분하며, 이러한 구분은 다시 세 가지 범주, 즉 Scope 1, Scope 2, Scope 3으로 세분화된다. Scope 1은 직접 배출이며, Scope 2와 Scope 3은 간접 배출이다.

Scope 1은 직접 온실가스 배출로 조직이 소유하거나 통제하는 배출원에서 발생하는 모든 직접적인 온실가스 배출을 의미한다. 예를 들어, 회사 소유의 보일러, 난로, 차량 등에서의 연료 연소로 발생하는 배출, 기업이 소유한 설비나 공정에서 화학적 생산 활동으로 발생하는 배출이 포함된다[8]. 또한, 발전사와 같은 에너지 생산 기업의 경우 자가 발전 설비에서 발생한 배출 중 타 조직에 판매된 전력에 대한 배출량도 Scope 1에 포함된다.

Scope 2는 조직이 소비를 위해 구매한 전력, 열, 증기 등을 생산하는 과정에서 발생한 온실가스 배출을 의미한다. 이는 기업이 외부에서 구매한 전력을 소비할 때 그 전력의 생산 과정에서 발생한 배출을 포함하며, 송배전(T&D) 과정에서 발생하는 전력 소모로 인한 배출도 Scope 2에 포함된다. 이 배출량은 송배전 시스템을 소유하거나 통제하는 사업자에 의해 Scope 2로 보고된다.

Scope 3은 조직의 활동 결과로 발생하지만, 조직이 직접 소유하거나 통제하지 않는 배출원에서 발생하는 온실가스 배출을 의미한다. GHG 프로토콜에서는 Scope 3 배출을 15개 범주(Category)로 분류하고 있으며, 이는 기업이 직접 소유하거나 통제하지 않는 배출원으로부터의 배출량, 즉 전체 공급망에서 발생하는 간접 배출을 포괄적으로 다루기 위해 고안되었다. Scope 3 배출량을 산정할 때는 모든 상품과 사업 활동에 대해 제품의 전 과정 평가(LCA)를 실시할 필요는 없다. 일반적으로 한두 가지 주요 온실가스 배출 활동에 초점을 맞추는 것이 더 효과적이다. 즉, 모든 세부적인 과정에 대해 전 과정 평가를 수행하지 않더라도, 주요 배출원에 초점을 맞추는 것만으로도 기업의 전체적인 온실가스 배출량을 투명하게 보고하고 효과적으로 관리할 수 있다. 전 과정 평가가 필요하지 않기 때문에, 투명성을 확보하기 위해 사업자의 가치사슬과 관련된 온실가스 배출량에 대한 일반적인 설명을 제공하는 것이 중요하다. 이를 위해 Scope 3 카테고리 대조표[9]를 활용하

---

8 바이오매스 연소로 인한 이산화탄소 배출은 Scope 1에 포함되지 않지만 별도로 보고해야 한다. 또한, 교토의정서에서 다루지 않는 온실가스 배출(CFCs, NOx)은 Scope 1에 포함되지 않으나 별도로 보고해야 한다.

9 Scope 3 온실가스 배출량을 산정할 때 사용되는 도구로, 다양한 사업활동과 가치사슬에서 발생하는 배출량을 구분하고 분류하는 데 사용된다. Scope 3은 여러 가지 카테고리

여 중요한 항목을 중심으로 보고하는 것이 바람직하다. 주요 항목을 판단할 때는 사업자가 온실가스 위험에 노출되는 정도, 잠재적 배출 감축 기회의 크기, 그리고 주요 이해관계자들이 중요하다고 인식하는 요소 등을 고려할 수 있다.

〈표 X－2〉에는 15개 범주에 대한 설명과 각 범주로부터의 배출량을 산정할 때 최소한 포함해야 하는 활동이나 과정이 설명되어 있다. 15개의 범주 중 1~8까지는 상류 Scope 3 배출(Upstream Scope 3 Emission)에 해당하며, 9~15까지는 하류 Scope 3 배출에 해당된다. 〈표 X－2〉에 정리된 바와 같이 Scope 3에 속하는 배출 활동은 15개 범주로 나누어지지만, 그 기본 원리는 동일하다. 이러한 기본 원리를 이해하기 위해 몇 개의 범주를 자세히 살펴볼 필요가 있다.

범주 1은 "구매한 재화 및 서비스"로, 회사가 제품을 수령하기 전까지 발생하는 모든 간접 배출을 포함한다. 여기에는 원자재의 추출, 농업 활동, 제조, 생산 및 가공 과정에서 발생하는 배출뿐만 아니라, 상류 활동에서 사용된 전력을 생산하는 활동, 상류 활동 중 발생한 폐기물을 처리하거나 폐기하는 작업, 토지 사용과 그에 따른 변화, 공급업체 간 자재나 제품을 운송하는 활동 등이 포함된다. 이 모든 활동에서 발생하는 배출은 Scope 3에 해당한다. 반면, 회사가 구매한 제품을 실제로 사용하면서 발생하는 배출은 Scope 1(예: 연료 사용) 또는 Scope 2(예: 전기 사용)로 분류되며, Scope 3에는 포함되지 않는다.

범주 3은 "Scope 1이나 Scope 2에 포함되지 않은 연료 및 에너지 관련 배출"을 의미하며, 보고 회사가 보고 연도 동안 구매하고 소비한 연료와 에너지의 생산과 관련된 배출을 포함한다. 이 범주는 연료나 전기를 소비하는 과정에서 발생한 배출을 제외하는데, 이러한 배출은 이미 Scope 1 또는 Scope 2에 포함되기 때문이다. Scope 1은 보고 회사가 소유하거나 통제하는

로 나뉘며, 이러한 카테고리 대조표는 카테고리별로 온실가스 배출원의 중요도를 판단하고, 어느 부분에서 상세한 분석이 필요한지를 결정하는 데 도움을 준다. 이를 통해 기업은 모든 활동을 전반적으로 평가하는 대신, 온실가스 배출에 있어 특히 중요한 부분에 집중할 수 있다.

시설에서 연료를 연소하면서 발생하는 배출을 포함하고, Scope 2는 보고 회사가 구매하여 소비하는 전기, 증기, 난방, 냉방을 생성하기 위해 연료를 연소하는 과정에서 발생하는 배출을 포함한다.

범주 15는 "투자"와 관련된 Scope 3 배출을 포함하며, 보고 회사가 보고 연도 동안 수행한 투자에 관련된 배출이 해당된다. 이 범주는 Scope 1이나 Scope 2에 포함되지 않은 배출을 다루며, 주로 투자 수익을 목적으로 하는 투자자나 금융 서비스를 제공하는 회사에 적용된다. 투자는 자본이나 금융을 제공하는 활동으로 간주되며, 이에 따라 하류 Scope 3 범주로 분류된다. 이 범주에서 다루는 투자 유형은 주식 투자, 채무 투자, 프로젝트 파이낸싱, 관리되는 투자 및 고객 서비스(Managed investments and client services)의 네 가지이다. 투자에서 발생하는 배출은 보고 회사의 투자 비율에 따라 배분되며, 투자 포트폴리오가 보고 연도 동안 자주 변할 수 있으므로, 보고 회사는 특정 시점(예: 보고 연도의 12월 31일)이나 연중 평균을 기준으로 투자를 식별하는 것이 좋다.

온실가스 전체 배출량을 파악하기 위해서는 Scope 2만 측정해도 충분하다[10]. 이는 온실가스 중 상당 부분은 에너지 생산 과정에서 발생하기 때문이다. 그럼에도 Scope 3까지 포함해 온실가스를 측정하는 것은 각 과정에서 온실가스 배출량이 얼마나 발생하며, 어디에서 감축하는 것이 가장 효과적인지를 파악할 수 있기 때문이다[11]. 이는 조직이 환경 영향을 효과적으로 관리하고, 규제 준수를 보장하며, 이해관계자에게 투명한 정보를 제공하기 위해 필수적이다. IPCC의 제6차 평가 보고서(2022)에 따르면 수요관리 정책은 2050년까지 글로벌 온실가스 배출을 최대 40~70%까지 줄일 수 있는 잠재력을 가지고 있는 정책으로 평가받고 있다. 이러한 잠재력을 실현하기 위해서는 Scope 3까지 포함한 온실가스 배출량을 측정하는 것이 무엇보다 중요하다.

---

10 전체 배출량 중 상당 부분을 파악할 수 있지만, 제조 공정, 원자재 생산, 물류 등에서 발생하는 배출은 파악할 수 없다.

11 관련해서는 사례분석상자 18~20 참조.

사례분석상자 18: IKEA Scope 3

IKEA는 사용 단계에서 에너지를 소비하는 모든 판매된 제품의 Scope 3(범위 3) 배출량을 추정했다. 제품에는 약 25개국에서 판매된 모든 유형의 가전제품(예: 냉장고, 냉동고, 스토브, 오븐)과 조명(예: 백열 전구, 형광등, 할로겐등)이 포함된다. IKEA는 먼저 수백 개의 제품을 15개의 제품 그룹으로 나눈 다음, 각 제품 그룹의 평균 전력 수요(와트 단위), 평균 연간 사용 시간, 평균 제품 수명을 결정하여 온실가스(GHG) 배출량을 계산했다. IKEA는 공급업체와 기타 전문가들로부터 제품 사용 프로필과 수명에 대한 정보를 얻어 제품의 예상 수명 동안의 에너지 사용량을 계산하고, 평균 전기 배출 계수를 적용하여 예상 수명 동안의 GHG 배출량을 계산했다.

그 결과 판매된 제품의 사용이 IKEA의 Scope 1~3 배출량의 20%를 차지했으며, 이는 약 600만 메트릭 톤의 GHG 배출량에 해당한다. Scope 3 인벤토리를 통해 IKEA는 판매된 제품의 효율성에 작은 변화가 전체 GHG 배출량에 큰 영향을 미칠 수 있다는 것을 깨달았다. 그 결과 IKEA는 2015년까지 판매되는 모든 제품이 2008년 시장의 제품보다 평균 50% 더 효율적이 되도록 하는 목표를 채택했다. IKEA는 이 전략이 연간 수백만 메트릭 톤의 GHG 감축을 달성할 것으로 기대하며, 이는 2010년 IKEA의 Scope 1 및 2 배출량(약 80만 메트릭 톤 CO_2e)보다 훨씬 많다.

사례분석상자 19: DHL Nordic Express Scope 3

DHL Nordic Express는 자사의 운송 활동에서 발생하는 온실가스(GHG) 배출량을 추정하기 위해 다양한 데이터를 활용했다. 이 회사는 트럭, 항공기, 기타 운송 수단의 연료 사용량과 이산화탄소 배출 계수를 기반으로 배출량을 계산했다. 특히, DHL Nordic Express는 서비스가 여러 국가에 걸쳐 제공되므로, 지역별 배출 계수를 적용해 보다 정확한 배출량을 평가했다. 평가 결과, 온실가스 총 배출량은

334,951 tCO_2로 집계되었으며, Scope 1은 7,265 tCO_2, Scope 2는 52 tCO_2, Scope 3는 327,634 tCO_2로 Scope 3 배출량이 압도적으로 많았다.

DHL Nordic Express는 이 평가를 통해 전체 배출량 중 큰 비중이 운송 활동에서 발생한다는 사실을 인식했다. 이를 해결하기 위해 DHL은 연료 효율성을 개선하고, 배출량이 적은 대체 연료를 사용하는 전략을 채택했다. 또한, 탄소 발자국을 줄이기 위해 지속 가능한 운송 솔루션을 도입했다. 이 사례는 DHL Nordic Express가 환경적 영향을 최소화하기 위해 구체적인 조치를 취한 것을 보여주며, 배출량 감소를 위한 지속적인 노력이 기후 변화 대응에 중요한 역할을 한다는 점을 강조한다.

사례분석상자 20: IKEA 소매점 이용을 위한 고객 이동

국제적인 가구 전문업체인 IKEA는 Business Leaders Initiative on Climate Change(BLICC) 프로그램에 참여하면서, 소비자 통행으로 인한 배출이 매장 내 배출보다 더 많다는 사실을 발견하고, 이를 줄이기 위해 노력하기로 결정했다. 이 배출량은 특히 IKEA의 매장들이 교외에 있는 경우에 큰 영향을 미친다. 이를 해결하기 위해 IKEA는 소비자에게 직접적인 영향을 미칠 수 있는 다양한 전략, 예를 들어, 행사나 새로운 매장 개설을 통해 더 지속 가능한 이동을 촉진하는 방안을 고려하고 있다.

소비자 통행으로 인한 배출은 특정 매장의 방문객을 대상으로 상당한 영향을 미친다. 예를 들어, IKEA 매장까지의 이동, 주차, 쇼핑 이용시간, 더 많은 방문객이 다른 매장에 비해 상당한 차이를 보인다. 이러한 배출을 줄이기 위해 IKEA는 대중교통 이용, 카풀, 기타 친환경적인 이동 방식을 장려하는 방법을 찾고 있다. 실제로 IKEA의 스웨덴 Jönköping 매장은 세 가지 주요 조치를 통해 고객 통행으로 인한 탄소 배출을 66%까지 줄인 사례가 있다.

이러한 노력을 바탕으로 IKEA는 다른 매장에도 유사한 전략을 적용할 가능성을 검토하고 있으며, 이를 통해 온실가스 배출에 미치는 영향을 줄일 방법을 모색하고 있다.

표 X-2 15개 범주 소개 및 최소 경계

범주 번호 및 이름	설명	최소 경계[1]
1. 구입한 제품 및 서비스(Purchased Goods and Services)	• 보고 연도에 보고 조직이 구매한 제품과 서비스의 추출, 생산, 운송(카테고리 2~8에 포함되지 않은 항목)	• 모든 상류(제품 수명 전 단계) 배출량, 구입한 제품과 서비스의 배출량 포함
2. 자본재(Capital goods)	• 보고 연도에 보고 조직이 구매한 자본재의 추출, 생산, 운송	• 모든 상류(제품 수명 전 단계) 배출량, 구입한 자본재의 배출량 포함
3. 연료 및 에너지 관련 활동(Fuel-and Energy-Related Activities)	• 보고 연도에 보고 조직이 구매한 연료와 에너지의 추출, 생산, 운송(Scope 1 또는 2에 포함되지 않은 항목)	• 구입한 연료의 상류 배출: 구입한 연료의 원료 추출부터 사용 전까지의 모든 상류 배출량 포함 • 구입한 전력의 상류 배출: 구입한 전력의 원료 추출부터 사용 전까지의 모든 상류 배출량 포함 • 송배전(T&D) 손실: 송배전 시스템에서 소비된 에너지의 모든 상류 배출량 포함 • 최종 사용자에게 판매된 전력의 생산에서 발생하는 배출: 최종 사용자에게 판매된 전력의 발생 배출량 포함
4. 상류 운송 및 유통(Upstream Transportation and Distribution)	• 보고 연도에 보고 조직이 구매한 제품의 운송 및 유통, 회사의 1차 공급업체와 자사 운영 간의 운송 및 유통(보고 조직이 소유하거나 통제하지 않는 차량 및 시설에서 발생하는 배출 포함) • 보고 연도에 보고 조직이 구매한 운송 및 유통 서비스, 여기에는 다음이 포	• 운송 및 유통 제공자가 사용한 차량과 시설에서 발생하는 Scope 1 및 Scope 2(예: 에너지 사용으로부터) • (선택 사항) 차량, 시설, 인프라 제조와 관련된 전 과정 배출

범주 번호 및 이름	설명	최소 경계[1)]
	함된다: 회사의 내부 물류(예: 구매한 제품의 입고 물류), 외부 물류(예: 판매된 제품의 출고 물류), 그리고 회사의 자체 시설 간의 운송 및 유통(보고 조직이 소유하거나 통제하지 않는 차량 및 시설에서 발생하는 배출 포함)	
5. 운영에서 발생한 폐기물(Waste generated in operations)	• 보고 조직의 운영에서 발생한 폐기물의 처리 및 처분(보고 조직이 소유하거나 통제하지 않는 시설에서 발생한 폐기물 포함)	• 폐기물 처리업체가 폐기물 처리 또는 처분 과정에서 발생시키는 Scope 1 및 Scope 2 배출량 • 선택 사항: 폐기물 운송으로 인한 배출량
6. 출장(Business travel)	• 보고 연도에 보고 조직이 소유하거나 운영하지 않는 차량으로 이루어진 업무 관련 직원 이동	• 차량 사용 중 발생하는 Scope 1 및 Scope 2 배출량(예: 에너지 사용으로 인한 배출) • 선택 사항: 차량이나 인프라 제조와 관련된 전 과정 배출량
7. 직원 통근(Employee commuting)	• 보고 연도에 보고 조직이 소유하거나 운영하지 않는 차량을 이용한 직원의 집과 근무지 간의 이동	• 직원과 교통수단 제공자가 차량 사용 중 발생시키는 Scope 1 및 Scope 2 배출량(예: 에너지 사용으로 인한 배출) • 선택 사항: 직원의 재택근무로 인한 배출량
8. 상류 임대 자산(Upstream leased assets)	• 보고 연도에 보고 조직(임차인)이 임대하고 Scope 1 및 Scope 2에 포함되지 않은 자산의 운영(임차인이 보고)	• 보고 조직이 운영하는 임대 자산에서 발생하는 임대인의 Scope 1 및 Scope 2 배출량(예: 에너지 사용으로 인한 배출) • 선택 사항: 임대 자산의

범주 번호 및 이름	설명	최소 경계[1)]
		제조 또는 건설과 관련된 전 과정 배출량
9. 하류 운송 및 유통 (Downstream transportation and distribution)	• 보고 연도에 보고 조직이 판매한 제품의 운송 및 유통, 여기에는 보고 조직의 운영과 최종 소비자(보고 조직이 운송비를 부담하지 않는 경우) 간의 운송 및 유통, 리테일 및 창고 서비스(보고 조직이 소유하거나 통제하지 않는 차량 및 시설에서 발생하는 배출 포함)가 포함된다.	• 운송업체, 유통업체 및 소매업체가 차량 및 시설 사용 중 발생시키는 Scope 1 및 Scope 2 배출량(예: 에너지 사용으로 인한 배출) • 선택 사항: 차량, 시설, 인프라의 제조와 관련된 전 과정 배출량
10. 판매된 제품의 가공 (Processing of sold products)	• 보고 연도에 보고 조직이 판매한 중간 제품의 가공(예: 제조업체에서 발생)	• 가공 중 발생하는 하류 기업의 Scope 1 및 Scope 2 배출량(예: 에너지 사용으로 인한 배출)
11. 판매된 제품의 사용 (Use of sold products)	• 보고 연도에 보고 조직이 판매한 제품 및 서비스의 사용	• 판매된 제품의 사용 중 발생하는 직접 사용 단계 배출량: 연료 사용으로 인한 제품의 직접 사용 배출, 최종 사용자가 소비하는 에너지(연료 또는 전기 포함) 사용으로 발생하는 배출, 판매된 제품이 소비되는 과정에서 배출되는 온실가스 • 선택 사항: 제품이 폐기될 때까지의 기간 동안 독립적으로 소비되는 에너지(연료 또는 전기 포함) 사용으로 발생하는 배출량
12. 판매된 제품의 수명 종료 처리(End-of-life treatment of sold products)	• 보고 연도에 보고 조직이 판매한 제품의 수명이 다한 후, 그 처리 및 폐기 과정에서 발생하는 배출	• 폐기물 처리 또는 제품 처리 과정에서 발생하는 폐기물 관리 회사의 Scope 1 및 Scope 2 배출량

범주 번호 및 이름	설명	최소 경계[1]
13. 하류 임대 자산 (Downstream leased assets)	• 보고 연도에 보고 조직(임대인)이 소유하고 다른 조직에 임대한 자산의 운영, Scope 1 및 Scope 2에 포함되지 않은 배출(임대인이 보고)	• 최소 범위: 임대 자산의 운영 중 발생하는 임차인의 Scope 1 및 Scope 2 배출량(예: 에너지 사용으로 인한 배출) • 선택 사항: 임대 자산의 제조 또는 건설과 관련된 전 과정 배출량
14. 프랜차이즈 (Franchises)	• 보고 연도에 보고 조직이 운영하는 프랜차이즈, Scope 1 및 Scope 2에 포함되지 않은 배출(프랜차이즈 운영자가 보고)	• 최소 범위: 프랜차이즈 운영 중 발생하는 프랜차이즈 운영자의 Scope 1 및 Scope 2 배출량(예: 에너지 사용으로 인한 배출) • 선택 사항: 프랜차이즈 제조 또는 건설과 관련된 전 과정 배출량
15. 투자(Investments)	• 보고 연도에 보고 조직이 운영하는 투자(주식 및 채권 투자, 프로젝트 금융 포함), Scope 1 및 Scope 2에 포함되지 않은 배출	• 최소 범위: 카테고리 15 (투자)에 대한 요구사항과 선택적 경계에 대한 설명은 〈표 X-3〉 참조

주1: GHG 프로토콜에서 "Minimum Boundary"라는 용어는 각 카테고리에서 최소한으로 포함해야 하는 온실가스 배출원 또는 활동 범위를 가리킨다. 즉, 조직이 특정 카테고리 내에서 배출량을 산정할 때, 반드시 고려해야 하는 최소한의 활동이나 배출원을 의미한다.

자료: WRI & WBCSD(2013)

ESG의 핵심 요소 중 하나는 ESG 투자이며, 온실가스 배출량은 금융 기관의 지속 가능성 평가에서 중요한 부분을 차지한다. 이러한 점을 고려할 때, 범주 15에 해당하는 투자 범주는 다른 범주들보다 더 큰 중요성을 가질 수 있다. 특히, 〈표 X－3〉에는 범주 15에 속하는 네 가지 투자 유형 중 세 가지(주식 투자, 채무 투자, 프로젝트 파이낸싱)에 대한 최소 요구 사항과 설명이 정리되어 있다. 네 번째 유형인 "관리된 투자 및 고객 서비스"는 금융 기관이 고객의 자산을 대신 관리하거나 투자하는 과정에서 발생하는 배출량을 의미한다. 이 유형은 금융 기관이 고객을 대신해 주식, 채무, 프로젝트에 투자하는 활동을 포함하며, 결과적으로 앞서 언급된 세 유형에 포함될 수 있다. 따라서, 관리된 투자 및 고객 서비스는 중복 계산을 피하기 위해 별도로 다루지 않았다.

주식 투자는 금융회사가 특정 기업의 주식을 직접 매수하거나, 펀드나 파생상품을 통해 간접적으로 기업에 투자하는 활동을 의미한다. 여기에는 자회사, 관계사, 또는 합작 벤처에 대한 투자가 포함될 수 있다. 이 경우, 금융회사는 이러한 기업에 대해 재무적 통제권을 가지거나 중요한 영향력을 행사할 수 있다. 예를 들어, 금융회사가 자회사의 주식을 50% 이상 보유하고 있다면, 해당 자회사는 금융회사의 재무제표에 포함되며, 자회사의 모든 활동(예: 온실가스 배출)이 금융회사의 책임으로 보고된다. 반면, 금융회사가 해당 투자에서 운영 또는 재무적 통제권을 가지고 있지 않다면(예: 지분이 20% 이하이거나 경영에 직접적으로 참여하지 않는 경우), 해당 투자에서 발생하는 온실가스 배출량은 금융회사의 Scope 3으로 간주되며, 금융회사는 투자된 기업에서 발생하는 배출량을 비례적으로 보고해야 한다.

채무 투자(용도가 명확한 자금 조달)는 금융회사가 회사채를 매수하거나 상업 대출을 제공하는 방식으로 특정 프로젝트나 기업 활동에 자금을 지원하는 것을 의미한다. 이 경우, 자금의 사용 목적이 명확하게 정의되어 있어야 하며, 금융회사는 이러한 투자가 이루어지는 동안 해당 프로젝트에서 발생하는 온실가스 배출량을 Scope 3에서 비례적으로 보고해야 한다.

프로젝트 파이낸싱은 금융회사가 자본 투자자나 채권 투자자로 참여하여 대규모 장기 프로젝트에 자금을 제공하는 활동을 의미한다. 금융회사는 자금을 제공한 프로젝트에서 발생하는 온실가스 배출량을 보고 연도 동안 Scope 3에서 비례적으로 보고해야 하며, 만약 금융회사가 초기 스폰서나 대출자라면, 프로젝트의 전체 예상 수명 동안 발생하는 배출량도 포함하여 보고해야 한다.

이러한 투자 활동에서 발생하는 온실가스 배출량은 금융회사의 지속 가능성 평가와 투자 결정에 중요한 영향을 미칠 수 있으며, 이를 통해 금융회사는 환경적 영향을 보다 포괄적으로 관리할 수 있다.

표 X-3 범주 15 설명 및 최소 경계

금융투자/서비스	설명	최소 범위
주식투자 (Equity investment)	- 회사의 자본과 대차대조표를 사용하여 보고 회사가 수행한 주식 투자, 다음을 포함: • 자회사(또는 그룹 회사)에 대한 주식 투자, 여기서 보고 회사는 재무적 통제(통상적으로 50% 이상의 지분 소유)를 가짐 • 관계사(또는 계열사)에 대한 주식 투자, 여기서 보고 회사는 유의미한 영향력을 갖지만 재무적 통제는 가지지 않음(통상적으로 20-50%의 지분 소유) • 합작 투자(법인이 아닌 합작 벤처/파트너십/운영)에 대한 주식 투자, 여기서 파트너는 공동 재무 통제를 가짐	- 온실가스(GHG) 회계 접근법: • 일반적으로, 금융 서비스 부문에 속한 회사는 Scope 1과 Scope 2에서 대표적인 Scope 1 및 Scope 2 인벤토리를 얻기 위해 동일한 규칙 집합을 사용하여 주식 투자에서 발생하는 배출량에 대해 보고해야 함 • 만약 주식 투자에서 발생하는 배출량이 Scope 1 또는 2에 포함되지 않는 경우(보고 회사가 운영 통제권 또는 재무적 통제권을 가지지 않기 때문에), Scope 3 범주 15(투자)에서 보고 연도에 발생한 주식 투자에서 발생하는 Scope 1 및 Scope 2 배출량의 비례적 몫을 보고해야 함 • 회사는 주식 투자가 인벤토리에 포함되지 않는 기준을 설정할 수 있음(예: 1% 이하의 지분 보유)
채무 투자 (Debt investment 용도가 명확한 자금 조달)	보고 회사의 포트폴리오에 포함된 회사채 투자, 사용 용도가 명확한 기업 대출(예: 특정 프로젝트에 자금이 투입되는 경우, 특정 발전소 건설 등)	- 온실가스(GHG) 회계 접근법: • 투자가 진행되는 기간 동안 매년, Scope 3, 범주 15(투자)에서 발생하는 해당 프로젝트의 Scope 1 및 2 배출량의 비례적 몫을 보고해야 함 • 또한, 보고 회사가 초기 스폰서 또는 대출자인 경우, 보고 연도 동안 자금을 조달한 프로젝트의 전체 예상 수명 동안의 Scope 1 및 2 배출량

금융투자/서비스	설명	최소 범위
		을 포함하여 이를 Scope 3에서 별도로 보고해야 함
프로젝트 파이낸싱	보고 회사가 자본 투자자(스폰서) 또는 채권 투자자(채권자)로 참여하는 프로젝트(예: 인프라 및 산업 프로젝트)에 대한 장기 자금 조달	- 온실가스(GHG) 회계 접근법: • 매년, 보고 연도 동안 자금을 조달한 프로젝트에서 발생하는 Scope 1 및 2 배출량의 비례적 몫을 Scope 3, 범주 15(투자)에서 보고해야 함 • 보고 회사가 초기 스폰서 또는 대출자인 경우, 보고 연도 동안 자금을 조달한 프로젝트의 전체 예상 수명 동안의 Scope 1 및 2 배출량을 포함하여 이를 Scope 3에서 별도로 보고해야 함

자료: WRI & WBCSD(2013)

지금까지 Scope 1, Scope 2, Scope 3의 정의와 포함되는 활동들에 대해 살펴보았다. 이제 간단한 예를 통해 Scope 1, 2, 3의 온실가스 배출량이 실제로 어떻게 계산되는지 알아보자. 〈그림 X-1〉은 전기 가치사슬에서의 배출량을 보여준다. 석탄 채굴 및 가공 회사(A)는 연간 5 tCO_2e를 직접 배출하며, 채굴 및 가공된 석탄은 발전소(B)에 판매된다. 발전소(B)는 100 MWh의 전기를 생산하는 과정에서 연간 100 tCO_2e를 배출한다[12]. 유틸리티(C)는 전력 전송 및 배급(T&D) 시스템을 소유하고 운영하며, 발전소에서 생성된 전기를 전량 구매한다. 유틸리티(C)는 송배전 손실로 인해 10 MWh의 전기를 소비하고, 남은 90 MWh의 전기를 최종 사용자(D)에게 공급한다.

이 예시에서 석탄 채굴 및 가공 회사(A)는 Scope 1에서 5 tCO_2e를 배출하며, 채굴 및 가공 과정에서 전기를 사용하지 않기 때문에 Scope 2 배출량은 0이다. 또한, 채굴된 석탄을 이용해 B사가 100 MWh의 전기를 생산하는 과

12 발전소 B의 배출계수는 1 tCO_2e/MWh이다.

정에서 100 tCO_2e의 온실가스를 배출하므로, 이는 Scope 3 범주 11에 해당하여 Scope 3 배출량은 100 tCO_2e가 된다. 발전소 B는 전기를 생산하는 과정에서 100 tCO_2e의 온실가스를 배출하므로 Scope 1 배출량은 100 tCO_2e이며, 자체 소비를 위해 전기를 구매하지 않기 때문에 Scope 2 배출량은 0이다. 또한, 석탄 채굴 및 가공 과정에서 발생한 온실가스 배출량 5 tCO_2e는 B사의 Scope 3 배출량에 포함된다. 유틸리티 회사 C는 직접 배출이 없기 때문에 Scope 1 배출량은 0 tCO_2e이다. 하지만 구매한 전기 100 MWh를 최종 소비자에게 판매하는 과정에서 10 MWh의 전기가 손실되므로, 이 손실된 전기를 생산하는 과정에서 발생한 온실가스 배출량 10 tCO_2e는 C사의 Scope 2 배출량이 된다. 회사 C의 간접 배출량 Scope 3 배출량은 최종 소비자에게 판매된 90 MWh의 전기를 생산하는 과정에서 발생한 온실가스 배출량[13] 90 tCO_2e, 90 MWh의 전력을 생산하기 위해 석탄을 채굴하는 과정에서 발생한 온실가스 배출량 4.5 tCO_2e(=5 $tCO_2e \times 0.9$), 그리고 송전 과정에서 손실된 10 MWh의 전기를 생산하기 위해 필요한 석탄 채굴 과정에서 발생한 온실가스 배출량 0.5 tCO_2e(=5 $tCO_2e \times 0.1$)의 합인 총 95 tCO_2e이 된다. 전기 최종 소비자인 회사 D는 직접 배출이 없기 때문에 Scope 1 배출량은 0 tCO_2e이다. 소비를 위해 구매한 90 MWh 전기를 생산하는 과정에서 발생한 온실가스 배출량 90 tCO_2e는 D사의 Scope 2 배출량이 된다. 최종 소비자 D의 Scope 3 배출량은 송배전 과정에서 발생한 전력 손실 10 MWh를 생산하는 과정에서 발생한 온실가스 배출량 10 tCO_2e, 손실된 10 MWh의 전력을 생산하기 위해 필요한 석탄을 채굴하는 과정에서 발생한 온실가스 배출량 0.5 tCO_2e(=5 $tCO_2e \times 0.1$), 그리고 소비한 90 MWh의 전기를 생산하기 위해 필요한 석탄을 채굴하는 과정에서 발생한 온실가스 배출량 4.5 tCO_2e(=5 $tCO_2e \times 0.9$)의 합인 15 tCO_2e가 된다.

위의 단순한 예시를 통해 알 수 있는 중요한 사실은 전기 가치사슬에 있는 모든 기업의 온실가스 배출량이 Scope 1, 2, 3에서 다르게 나타나더라도, 그 총합은 동일하다는 점이다.

---

13 범주 3에 속한다.

그림 X-1 전기가치 사슬에서의 배출량

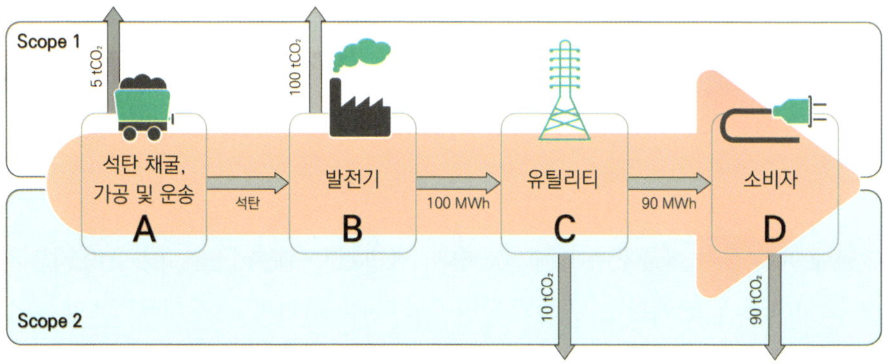

자료: WRI & WBCSD(2020)

3 법인형태 및 배출원 변화에 따른 기준년도 및 배출량 재산정 방법

사업자는 인수, 합병, 분할 등 중대한 구조적 변화를 겪을 수 있으며, 이러한 변화는 기존 배출기록에 영향을 미쳐 시간 경과에 따른 비교의 정확성을 저해할 수 있다. 따라서, 일관되고 유용한 배출량 비교를 위해 사업자는 현재의 배출량과 과거 배출량을 비교할 수 있는 성과 자료를 구축해야 하며, 이 자료는 기준년도 배출을 근거로 해야 한다.

기준년도는 특정한 해를 사용할 수도 있고, 영국처럼 다년간의 평균을 기준으로 삼을 수도 있다[14]. 또한, 기준년도 배출량은 보고 조직의 변화가 있을 때, 예를 들어 합병, 인수, 분할, 배출 활동의 아웃소싱 및 인소싱이 발생했을 때, 혹은 산정방식의 변화나 배출계수 및 활동 데이터[15]의 정확성이

14 예를 들어, 영국의 배출권거래제도(U.K ETS)는 1998년부터 2000년까지의 배출량 평균을 기준으로 사용한다.

15 활동데이터(활동 자료, Activity Data)는 온실가스 배출량을 계산하기 위해 사용되는 기본 데이터로, 배출 활동의 규모를 나타내는 정보를 의미한다. 예를 들어, 특정 활동에서 소비된 연료의 양, 사용된 전력의 양, 운송된 물품의 거리 등이 활동데이터에 해당한다. 이를 바탕으로 온실가스 배출량을 계산할 수 있는데, 활동데이터와 배출계수를 곱하여

향상되었을 때 재산정할 수 있다.

기준년도를 선택할 때, 사업자는 신뢰할 수 있는 자료를 보관하고 있는 가장 이른 시점을 기준년도로 설정하는 것이 바람직하다. 일부 사업자는 교토의정서와의 일관성을 위해 1990년을 기준년도로 삼고 있으나, 이 시점의 자료는 신뢰성을 확보하기 어려운 문제점이 있다. 기준년도는 고정기준년도(Fixed base year)와 가변기준년도(Rolling base year) 중 선택할 수 있으며, 대부분의 배출권거래제도나 배출프로그램은 고정기준년도를 채택하고 있다.

재산정을 위한 중요성 기준(Significance threshold)[16]은 기준년도 배출량의 재산정 여부를 결정하는 데 중요한 역할을 하며, 변화의 중요성에 따라 재산정이 이루어진다. WRI & WBCSD(2020)에서는 중요한 변화나 차이가 무엇인지 판단할 때 어떤 기준을 적용해야 하는지에 대한 세부적인 지침은 제공하고 있지 않지만, 일부 프로그램에서는 중요성 기준을 설정하고 있다. 예를 들어, 캘리포니아 기후 행동 등록소(California Climate Action Registry)[17]에서는 기준년도 배출량의 10%를 중요성 기준을 설정하고 있다.

기준년도에 설립되지 않은 시설에 대해서는 기준년도 배출량의 재산정이 필요하지 않다. 또한, 사업자가 기준년도에 존재하지 않았던 사업 운영권을 인수했다면, 해당 기준년도 배출량을 재산정할 필요가 없다. 대부분의 기업이 전기, 열, 또는 스팀을 외부 공급자로부터 구매하여 사용하는 경우, 이는 이미 Scope 2 배출량으로 보고되고 있으므로, 아웃소싱이나 인소싱으로 인한 구조적 변화가 있더라도 기준년도 배출량의 재산정이 필요하지 않다. 예를 들어, 전기, 열, 또는 스팀의 아웃소싱을 통해 발생하는 배출량은 WRI & WBCSD(2020)에 따라 Scope 2로 보고되므로 재산정이 불필요하다. 그러나, 사업자가 기존에 자체적으로 관리하던 상품 운송을 아웃소싱으로 전환했다

배출량을 산출한다.

16 중요성 기준(Significance threshold)은 특정 변화나 차이가 의미가 있는지, 즉 중요하게 고려해야 할지를 판단하기 위한 기준을 의미한다. 이 개념은 주로 통계학, 환경 과학, 그리고 온실가스 배출 관리와 같은 분야에서 사용되고 있다.

17 이 기관은 온실가스 배출량을 기록하고 검증하기 위해 캘리포니아 주에서 설립된 조직이다.

면, 원래 Scope 1으로 보고되던 배출량이 Scope 3으로 이전되면서 기준년도 배출량의 재산정이 필요하다. 마지막으로, 유기적 성장이나 쇠퇴로 인한 재산정은 불필요하다.

몇 가지 예를 통해 앞서 살펴본 내용을 다시 설명해 보자. 〈그림 X－2〉는 사업자 인수로 인한 기준년도 배출 재산정 방식을 나타낸다. 첫 번째 그래프는 각 시설의 연도별 CO_2 배출량 보고치를 보여준다. 기준년도(1년 차)에는 Unit A와 Unit B가 각각 25톤을 배출하였다. 이후 2년 차와 3년 차에는 생산량 증가로 두 시설의 배출량은 모두 30톤으로 늘어났다. 한편, 3년 차에 Gamma 사는 Facility C를 인수했는데, 이 시설의 배출량은 기준년도, 2년 차, 3년 차에 각각 15톤, 20톤, 20톤으로 보고되었다.

두 번째 그래프는 인수에 따른 배출량 재산정 결과를 보여준다. 기준년도에는 Facility C의 15톤이 추가되어 총 65톤이 되고, 2년 차와 3년 차에는 Facility C의 20톤이 각각 더해져 총 80톤으로 재산정된다. 따라서 Gamma 사는 Facility C 인수 이전 시점의 기준년도 배출량을 65톤으로 재산정하여 이를 기준으로 보고해야 한다.

그림 X-2 **사업자 인수로 인한 기준년도 배출량 재산정**

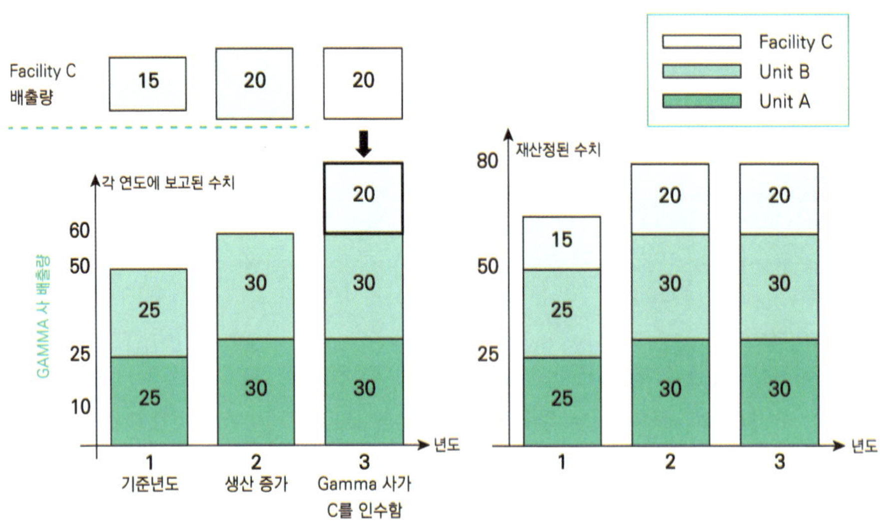

자료: WRI & WBCSD(2020)

〈그림 X-3〉은 사업자 분할 시 기준년도 배출량을 어떻게 재산정해야 하는지를 보여준다. 첫 번째 그래프는 Beta 사의 시설별 CO_2배출량을 연도별로 보고한 수치를 나타낸다. 기준년도에는 Unit A, B, C가 각각 25톤, 25톤, 20톤을 배출하여 총 70톤이었고, 2년 차에는 Unit A, B, C 모두 생산량 증가로 배출량이 30톤으로 늘어나 총 배출량은 90톤이 되었다. 3년 차에는 Beta 사가 Unit C를 매각하면서 Unit A와 B의 배출량 30톤씩만 보고되어 총 60톤이 되었다. 두 번째 그래프는 매각에 따른 재산정 결과를 보여준다. 기준년도에는 Unit C의 20톤이 제외되어 50톤으로 재산정되었으며, 2년 차 역시 Unit C의 30톤이 제외되어 총 60톤으로 조정된다. 3년 차 역시 매각 후 Unit C가 이미 제외된 상태이므로 60톤이 보고된다. 따라서 Beta 사는 Unit C 매각을 반영하여 재산정된 기준년도 배출량 50톤을 기준으로 CO_2 배출량을 보고해야 한다.

그림 X-3 사업자 분할로 인한 기준년도 배출 재산정

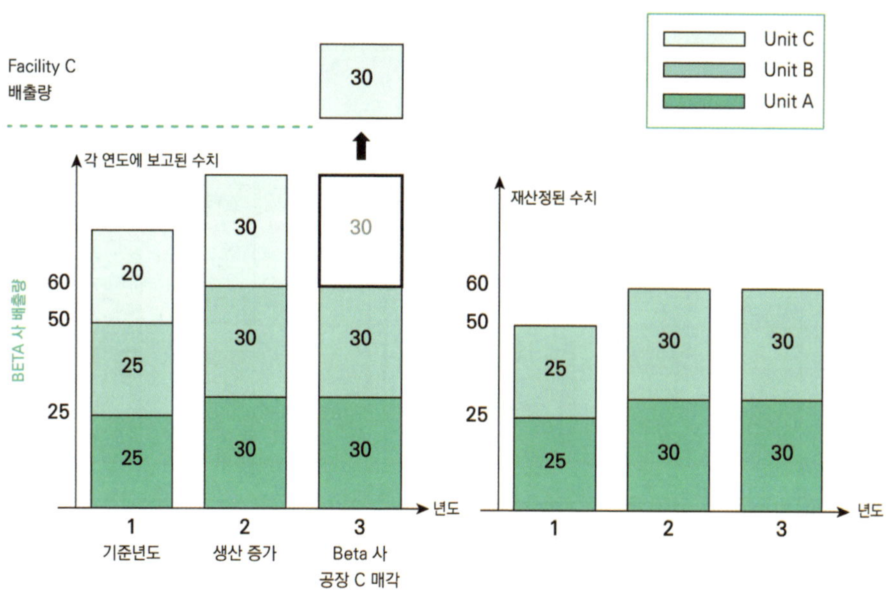

자료: WRI & WBCSD(2020)

〈그림 X－4〉는 기준년도 설정 이후 새로 설립된 시설을 인수했을 때의 배출량 재산정 과정을 보여준다. 첫 번째 그래프는 Teta 사의 연도별 CO_2 배출량 보고치를 나타낸다. 기준년도에는 사업단위 A와 B에서 각각 25톤씩, 총 50톤을 배출하였다. 2년 차에는 유기적 성장으로 생산량이 증가하면서 Unit A와 B의 배출량이 각각 30톤으로 늘어나 총 60톤을 배출하였다. 3년 차에는 Unit A와 B의 배출량이 그대로 유지된 가운데, Teta 사가 Facility C를 인수하면서 Facility C의 배출량 20톤이 추가되어 총 80톤이 보고되었다. 두 번째 그래프는 인수에 따른 배출량 재산정 결과를 보여준다. 기준년도에는 Facility C가 존재하지 않았으므로 총 50톤으로 변동이 없으며, 2년 차에는 Facility C의 15톤이 더해져 총 75톤으로 재산정된다. 3년 차에는 Facility C의 20톤이 반영되어 총 80톤으로 보고된다. 따라서 Facility C가 기준년도에 없었으므로, 인수와 무관하게 기준년도 배출량은 50톤으로 유지된다.

그림 X-4 기준년도 설정 이후 설립된 시설의 인수

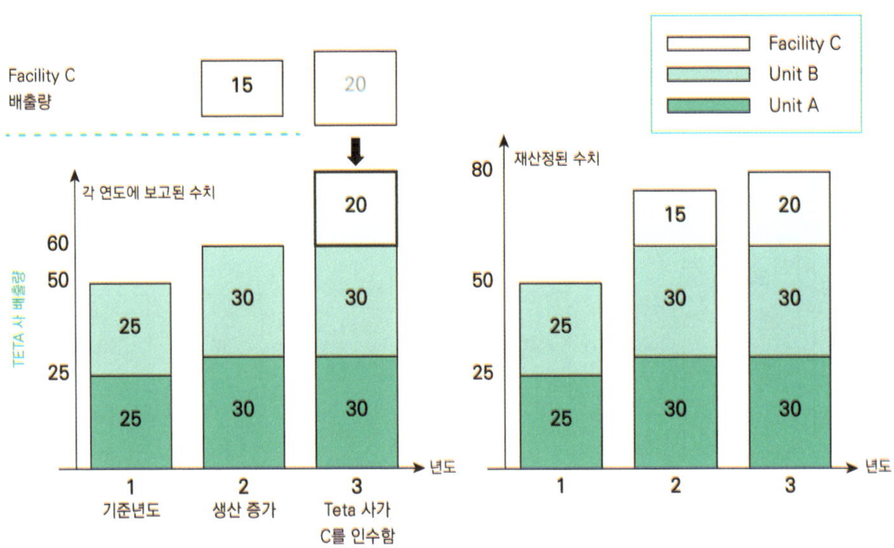

자료: WRI & WBCSD(2020)

4 온실가스 배출원 규명, 배출량 산정 및 감축량 산정

Scope 1 배출량은 주로 고정연소, 유동연소, 공정처리배출, 비산배출 등에서 발생하는 온실가스를 의미한다. 공정처리 배출은 주로 정유, 가스 산업, 알루미늄, 시멘트 산업과 같은 특정 산업 부문에 해당하며, 사무직 기반 조직에서는 차량, 연소시설 혹은 냉동·냉방시설의 소유나 운영을 제외하고는 직접적인 온실가스 배출이 없다. Scope 2 배출량은 구입한 전력, 열, 스팀 소비로부터 발생하는 간접 배출원에서 발생하는 배출량을 의미한다. Scope 3 배출량은 Scope 1, 2에 포함되지 않은 외주 혹은 계약 사업자의 생산 부문(Upstream) 및 유통·판매 부문(Downstream) 활동으로부터 발생하는 간접 배출을 의미한다. Scope 3 배출을 통해 사업자는 가치사슬에 따라 인벤토리 범위를 확대하고 관련된 모든 온실가스 배출량을 규명할 수 있으며, 이를 통해 중대한 온실가스 배출 저감 기회를 얻을 수 있다.

온실가스 배출량을 측정하는 산정 방법으로는 배출 농도와 유량을 통한 직접적인 방법보다는 배출계수를 사용하는 방법이 일반적이다. 정확한 배출량 자료는 연료 사용량 데이터를 통해 산정할 수 있으며, 대부분의 중소기업이나 대기업은 Scope 1 온실가스 산정 시 상업용 연료(천연가스, 난방용 등유 등)의 구입량을 배출계수를 사용하여 측정한다. Scope 2 온실가스 배출량은 주로 계량화된 전력 소비량과 공급자 특성, 지역계통망(Local Grid)이나 기타 일반 배출계수를 사용하여 산정한다. Scope 3 온실가스 배출량은 주로 연료 사용량이나 통행 거리, 제3자 배출계수[18]를 사용하여 측정된다. 사업자

18 3자 배출계수는 온실가스 배출량을 산정할 때 외부의 독립된 기관이나 제3자가 제공하는 표준화된 배출계수를 의미한다. 이는 사업자가 자체적으로 개발한 배출계수가 아니라, 신뢰할 수 있는 외부 기관이나 전문 단체에서 연구와 실험을 통해 만들어진 데이터를 사용하는 것이다. 이러한 3자 배출계수를 사용하면 배출량 계산의 일관성과 정확성이 높아지고, 보고된 배출량의 신뢰성도 보장된다. 예를 들어, 국제 에너지 기구(IEA)나 미국 환경 보호청(EPA)과 같은 기관이 제공하는 배출계수가 대표적인 3자 배출계수이다. 많은 기업과 조직이 이 배출계수를 사용해 온실가스 배출량을 산정하고 있다. 예컨대, EPA의 배출계수에 따르면, 천연가스를 연소할 때 1톤의 천연가스가 약 2.75톤의

들은 온실가스 프로토콜 웹사이트나 해당 산업 연합(국제 알루미늄연구소, 국제 철강협회, 미국 석유연구소, WBCSD 지속가능한 시멘트 이니셔티브, 국제석유산업 환경보전협회) 등이 제공하는 각 범위별 특화된 지침을 활용하여 다양한 접근법이나 방법론을 이용할 수 있다.

WRI & WBCSD(2020)에서는 다분야 산정룰(Cross-sector tools)과 특정분야 산정룰(Sector-specific tools)의 두 가지 산정룰을 제공한다. 다분야 산정룰은 여러 분야에서 적용될 수 있는 측정 수단으로, 고정연소, 유동연소, 냉장 혹은 냉동으로 발생하는 HFC의 사용 등을 포함한다. 특정분야 산정룰은 알루미늄, 금속, 철강, 시멘트, 정유, 가스, 펄프, 종이, 사무직 조직과 같은 특정 부문에서의 배출을 계산하기 위해 고안된 측정 수단이다. 웹사이트의 자동화된 워크시트에서 사업활동 자료와 해당 배출계수를 입력하면 자동으로 계산이 이루어진다.

사업자 수준에서 온실가스 배출 데이터를 집계하기 위해서는 사업자는 각 사업 부서 및 해외 지부 등 여러 시설로부터 데이터를 취합하고 정리해야 한다. 이 과정에서 발생할 수 있는 오류의 위험을 최소화하고, 검증되고 일관성 있는 정보를 수집하며, 보고 비용을 최소화할 수 있는 집계 과정을 고안하는 것이 중요하다. 사업자 수준에서 온실가스 배출 데이터를 집계하는 방식에는 중앙집권식 접근법과 분산식 접근법이 있다. 중앙집권식 접근법은 개별 시설들이 사업활동 및 연료 사용 데이터를 사업자 수준에 보고하면, 사업자 수준에서 이를 토대로 온실가스 총배출량을 산정하는 방식이다. 이 방법은 사업자 수준이나 담당 부서 수준에서 배출량 산정을 직접적으로 수행할 수 있는 경우, 배출량 산정이 모든 시설에 대해 표준화되어 있는 경우, 그리고 사무기반 조직에 적합하다. 반면, 분산식 접근법은 개별 시설들이 사업활동 및 연료 사용 데이터를 수집하고, 검증된 방법을 사용하여 온실가스 배출량을 직접 계산한 후 이 자료를 사업자 수준에 보고하는 방식이

CO_2를 배출하며, 이 배출계수는 천연가스를 연료로 사용하는 보일러, 발전기 등의 CO_2 배출량을 계산하는 데 사용된다. IEA의 석탄 연소로 인한 배출계수에 따르며, 석탄의 종류와 연소 방식에 따라 다르긴 하나, 일반적으로 1톤의 석탄 연소 시 약 2.2~2.5톤의 CO_2가 배출된다.

다. 이 방법은 온실가스 배출량 산정이 시설에서 사용되는 장비의 종류에 대한 세부적 지식을 요하는 경우, 배출량 산정 방법이 설비 수만큼 다양할 때, 화석연료 연소로 인한 배출량과 대조적으로 공정처리 배출량이 온실가스 총배출량의 상당 부분을 차지하는 경우, 시설 직원에게 산정 및 검증 방법에 대해 훈련시킬 자원이 마련되어 있는 경우, 그리고 지방 법규가 시설 수준에서의 온실가스 배출량 보고를 요구하는 경우 등에 적합하다.

자발적 보고, 외부 온실가스 프로그램, 배출권거래제도가 점차 발전함에 따라, 온실가스 저감 사업으로 얻어진 상쇄(Offsets)나 감축실적(Credit)을 산정하는 것이 사업자에게 매우 중요한 의미를 갖게 되고 있다. 이러한 상쇄와 감축실적은 특정 사업이 없었을 경우 예상되는 배출량을 기준으로 설정한 기준선(Baseline)에 비례하여 산정된다. 기준선 시나리오의 선택은 저감 사업이 없었을 경우 발생했을 배출량을 가정해야 하기 때문에 항상 불확실성을 수반한다. 사업으로 인한 감축량은 이 기준선과 실제 사업 배출량 간의 차이로 계산된다. 상쇄는 외부에서 설정한 목표를 달성하기 위해 사용될 경우 크레딧(감축실적)으로 전환될 수 있으며, CDM(청정개발체제)에 의해 발급되는 CER(탄소배출권)이 그 대표적인 예이다. 그러나 WRI & WBCSD(2020)는 온실가스 배출량을 보고할 때 상쇄나 감축 실적에 따른 감축량은 포함하지 말 것을 권고하고 있다. 상쇄에 의한 감축 효과는 별도로 보고하도록 요구하고 있다. 이는 배출량 보고의 투명성과 비교 가능성을 높이고, 기업 간의 온실가스 배출 성과를 일관되게 평가하기 위함이다. 상쇄나 감축 실적을 배출량 보고에 포함하면, 각 기업이 자발적으로 시행한 감축 노력과 외부에서 획득한 감축 실적이 혼재되어 실제 배출량을 정확히 파악하기 어려워진다.

5 자발적 탄소시장 및 제거시장

5.1 자발적 탄소시장

자발적 탄소시장은 정부 규제와 무관하게 기업, 기관, 개인이 탄소 감축 프로젝트를 통해 확보한 크레딧을 자율적으로 거래하는 시장으로, 규제시장을 보완하는 중요한 수단이다. 규제시장은 탄소 감축 의무를 지닌 기업만 참여할 수 있고 배출권 총량제라는 제도적 틀 안에서만 운영되기 때문에 그 외의 다양한 주체가 기후 대응에 기여할 수 있는 여지가 제한적이다. 이에 비해 자발적 시장은 비의무적 참여자들이 자유롭게 참여할 수 있어 기후 재원을 확대하고 민간의 창의적 감축 활동을 촉진할 수 있다는 점에서 중요한 의미를 가진다. 특히 2100년까지 지구 평균기온 1.5℃ 상승 억제라는 장기적 기후 목표를 달성하기 위해 자발적 시장은 규제시장의 한계를 보완하는 필수적 역할을 할 것으로 기대된다.

이 시장에서 거래되는 크레딧은 산림 보전, 재생에너지 확대, 메탄 감축, 농업 관리, 폐기물 처리 등 다양한 프로젝트에서 발생한다. 프로젝트는 국제적으로 공신력을 인정받은 인증기관(예: Verra[19], Gold Standard 등)의 검증을 거쳐 크레딧으로 전환되고, 이후 거래 플랫폼을 통해 기업과 기관이 이를 매입한다. 핵심 공급자인 프로젝트 디벨로퍼(Project Developer)는 프로젝트를 설계하고 운영하여 배출 감축 실적을 확보한 뒤 크레딧으로 전환하며, 기업

---

19 Verra(베라사)는 미국 워싱턴 D.C.에 본부를 둔 비영리 기관으로, 세계에서 가장 널리 사용되는 탄소 크레딧 인증 프로그램인 VCS(Verified Carbon Standard)를 운영한다. Verra의 VCS 프로그램에는 현재 전 세계 약 125개국에서 3,400개 이상의 프로젝트가 등록되어 있으며, 지금까지 발행된 크레딧은 누적 기준으로 10억 톤 이상의 이산화탄소 감축·제거 효과를 반영한다. 이러한 규모는 자발적 탄소시장에서 독보적인 위치를 차지하는 것으로, 2022년 기준 Verra 프로그램이 전체 자발적 탄소 크레딧 발행의 약 70% 이상을 차지한 것으로 보고되었다. 2024년 재생에너지 분야에서도 Verra는 전체 크레딧 발행의 절반가량을 담당하며, Gold Standard 등 다른 인증기관을 크게 앞서고 있다. 이처럼 Verra는 자발적 시장의 "표준 중의 표준"으로 기능하며, 글로벌 크레딧 발행과 거래에서 사실상 가장 큰 영향력을 가진 기관으로 평가된다.

과 금융기관은 이를 구매해 탄소중립 선언, ESG 보고, 고객 대상 친환경 마케팅 등에 활용한다. 대표적인 프로젝트 디벨로퍼로는 사우스폴그룹(South Pole Group), 블루소스(Bluesource, 현 Anew Climate), 3데그리스(3Degrees), 클라이밋파트너(ClimatePartner), 그린트리스(GreenTrees), 에코액트(EcoAct), 네이티브에너지(NativeEnergy), 그린마운틴에너지(Green Mountain Energy), 네이처오피스(NatureOffice) 등이 있다. 다만 규제시장에서 요구되는 의무 감축분, 즉 정부가 할당한 배출권 부족분을 자발적 크레딧으로 대체하는 것은 대부분의 국가 제도에서 인정되지 않는다. 따라서 자발적 크레딧은 법적 감축 의무가 아닌 자발적 기여로만 활용되는 것이 현재 제도의 한계이다.

이러한 구조적 제약은 시장의 신뢰성과 실효성에 대한 논란으로 이어진다. 일부 기업은 자체 감축 없이 크레딧 구매만으로 탄소중립을 선언하여 소비자와 투자자를 오도할 위험이 있고, 한 프로젝트의 감축 실적이 국가 감축목표(NDC)와 기업의 상쇄에 동시에 반영되는 이중계산 문제가 발생할 수 있으며, 기업이 크레딧을 어떻게 활용하고 보고해야 하는지에 대한 국제적 합의도 아직 확립되지 않았다. 이 문제를 해결하기 위해 국제사회는 무결성 기준(Integrity standards)을 마련하고 있다. '자발적 탄소시장 무결성 위원회(Integrity Council for the Voluntary Carbon Market, ICVCM)'[20]는 크레딧의 품질을 평가하기 위해 코어 카본 원칙(Core Carbon Principles, CCPs)을 마련하였으며, 이를 통해 해당 크레딧이 프로젝트가 없었더라면 발생하지 않았을 추가적 감축 효과가 있는지, 감축이나 흡수 효과가 장기간 유지될 수 있는지, 동일한 실적이 이중으로 계산되지 않는지, 발행 과정과 산정 방식이 과학적으로

20 ICVCM(Integrity Council for the Voluntary Carbon Market, 자발적 탄소시장 무결성 위원회)은 2021년 영국 런던에 본부를 두고 설립된 국제 독립 기구이다. 이 기구는 2020년 마크 카니 전 영란은행 총재가 주도한 TSVCM(Taskforce on Scaling Voluntary Carbon Markets, 자발적 탄소시장 확대를 위한 태스크포스)의 후속 조직으로, 단순한 시장 확대를 넘어 크레딧의 신뢰성과 품질을 확보하는 것을 목표로 한다. 현재 의장은 미국 증권거래위원회(SEC) 전 위원인 앤 네이저레스(Annette Nazareth)이며, 금융권·기업·NGO·학계·시민사회 전문가들이 참여한다. ICVCM은 자발적 시장에서 발행되는 크레딧이 충족해야 할 최소 요건을 규정한 코어 카본 원칙(Core Carbon Principles, CCPs)을 제정하고, 이를 충족한 크레딧에 '무결성 라벨'을 부여하여 시장 신뢰성을 높이고 있다.

타당하고 투명하게 보고되는지, 그리고 지역사회와 환경에 부정적 영향을 주지 않는지를 종합적으로 확인한다. 이러한 요건을 충족한 크레딧은 ICVCM의 무결성 라벨을 부여받아 국제적으로 신뢰할 수 있는 거래 대상으로 인정된다.

자발적 탄소시장에서 무결성을 보장하기 위해서는 크레딧 자체의 품질 관리와 기업의 활용 방식 관리가 동시에 이루어져야 한다. 앞서 소개한 ICVCM의 코어 카본 원칙(CCPs)이 크레딧의 품질을 평가하기 위한 규칙이라면, VCMI(Voluntary Carbon Markets Integrity Initiative, 자발적 탄소시장 무결성 이니셔티브)는 기업이 이러한 크레딧을 어떻게 책임 있게 사용하고 대외적으로 주장할 것인지에 대한 규칙을 제시한다. VCMI가 발표한 Claims Code(투명한 보고 및 공개 검증)는 기업이 지켜야 할 기본 원칙을 세 가지로 정리한다. 첫째, 기업은 무엇보다도 자체 배출을 직접 줄이는 노력을 우선해야 한다. 둘째, 불가피하게 남는 배출을 상쇄할 때에는 국제적으로 검증된 고품질 크레딧만 사용해야 한다. 셋째, 크레딧을 얼마나, 어떤 프로젝트에서, 어떤 방식으로 사용했는지를 투명하게 공개해야 한다. 아울러 VCMI는 기업의 감축 노력과 크레딧 사용 수준을 종합해 Silver[21], Gold[22], Platinum[23]과 같은 단계별 등급을 부여함으로써 기후 대응 성과를 객관적이고 신뢰성 있게 전달할 수 있도록 한다.

---

21 Silver 단계는 기업이 과학 기반 감축목표(예: SBTi 등)를 세우고 자체 감축을 일정 수준 이행하면서, 남은 배출을 고품질 크레딧으로 상쇄할 경우 부여된다. 즉, 감축과 상쇄를 함께 수행하되 아직 초기 단계의 이행 수준에 해당한다. 즉, 감축과 상쇄를 병행하되 아직 초기 단계로, 남은 배출이 상당히 존재하는 상황이다.

22 Gold 단계는 기업이 과학 기반 감축목표를 달성하는 과정에서 잔여 배출의 상당 부분을 신뢰성 있는 크레딧으로 보완하고, 사용 내역을 투명하게 공시할 때 인정된다. 즉, 자체 감축을 주축으로 하면서 소량의 남은 배출에 대해서만 제한적으로 상쇄하는, 신뢰성 높은 수준이다.

23 Platinum 단계는 기업이 자체 감축 목표를 충실히 달성하면서 잔여 배출 전량을 고품질 크레딧으로 상쇄하고, 동시에 가치사슬 외부까지 기여를 확대하는 수준에 도달했을 때 부여된다. 이는 사실상 자발적 탄소시장에서 가장 높은 무결성 수준의 기후 리더십을 보여주는 단계이다. 즉, 자체 감축을 모두 이행한 뒤 잔여 배출 전체를 신뢰성 있는 크레딧으로 상쇄하고, 더 나아가 가치사슬 밖까지 기여하는 최고 수준이다.

요약하면, ICVCM과 VCMI는 각각 “크레딧이 실제 감축 효과를 내는지(ICVCM)”와 “기업이 이를 책임 있게 활용하는지(VCMI)”를 구분해 관리함으로써, 자발적 탄소시장의 무결성을 두 축에서 동시에 보완하는 핵심이다.

세계 최대 인증기관인 Verra는 VCS(Verified Carbon Standard) 프로그램을 운영하며 이러한 국제 기준을 실제 프로젝트 수준에서 구현하고 있으며, 산림 프로젝트 기준선을 재정비하고 국제항공부문 상쇄제도인 CORSIA(Carbon Offsetting and Reduction Scheme for International Aviation)[24]의 적격 프로그램으로 참여하면서 시장 신뢰를 높이는 역할을 하고 있다. 이와 함께 유럽연합(EU)은 단순 오프셋(Offset)[25]만으로 “탄소중립”을 광고하는 것을 금지하며, 기업이 자체 배출 감축을 우선해야 한다는 점을 강조하고 있다.

자발적 탄소시장은 2021년 거래 규모가 약 20억 달러에 달하며 정점을 찍었으나, 품질 논란으로 2023년에는 약 7억 달러 수준으로 줄어들었다. 그러나 이는 단순한 위축이 아니라 저품질 크레딧 수요가 줄고 고품질 중심으로 시장이 재편되는 과정으로 평가된다. 시장조사기관들은 향후 자발적 시

---

24 CORSIA는 국제민간항공기구(International Civil Aviation Organization, ICAO)가 2016년에 채택한 글로벌 제도로, 국제 항공 운송에서 발생하는 이산화탄소 배출을 억제하기 위해 마련되었다. 국제 항공은 국가별 배출 감축 의무에서 제외되는 경우가 많아, 별도의 국제 협력이 필요하다는 문제의식에서 출발했다. CORSIA의 기본 구조는 항공사가 매년 배출한 이산화탄소가 2020년 기준치를 초과하면, 그 초과분을 탄소상쇄를 통해 보완하도록 의무화하는 것이다. 항공사는 자체적으로 연료 효율 개선이나 지속가능 항공연료(SAF, Sustainable Aviation Fuel)를 도입할 수도 있지만, 불가피하게 남는 배출은 국제적으로 인증된 탄소 크레딧을 구매하여 상쇄해야 한다. 사용할 수 있는 크레딧은 ICAO가 지정한 적격 프로그램(예: Verra VCS, Gold Standard, ART TREES 등)에서 발행된 것만 인정되며, 이때 이중계산 방지와 영속성이 특히 강조된다. CORSIA는 2021~2023년 시범단계, 2024~2026년 1차 단계, 2027년 이후 의무 단계로 구분되어 점진적으로 강화되고 있으며, 현재는 100여 개 국가가 참여하고 있다.

25 Offset(탄소 상쇄)은 기업이나 개인이 직접 배출한 온실가스를 줄이지 못할 경우, 다른 곳에서 동일한 양의 온실가스를 줄이거나 흡수한 활동을 구매해 자신의 배출을 상쇄하는 것을 말한다. EU 규정은 단순히 offset만을 통해 “탄소중립”을 광고하는 것을 금지하고 있다. 그 이유는 기업이 실제 자체 배출 감축(Reduction)을 우선해야 한다는 원칙 때문이다. 즉, offset은 보조적 수단일 뿐이며, 기업이 감축 노력 없이 크레딧 구매만으로 “우리는 탄소중립이다”라고 홍보하는 것은 그린워싱으로 간주된다.

장이 다시 성장세를 회복할 것으로 전망하고 있으며, QYResearch[26]는 2022년 약 14억 4,400만 달러에서 연평균 20% 이상 성장해 2029년에는 약 53억 5,800만 달러 규모에 이를 것으로 예측한다.

우리나라의 자발적 탄소시장은 아직 초기 단계에 머물러 있지만 점차 활성화되는 추세다. 대한상공회의소는 탄소감축인증센터(KCCI Carbon Standard)와 Centero 플랫폼을 통해 프로젝트 단위의 감축 실적을 인증·관리하는 체계를 마련했고, SK증권은 2023년 Verra와 Gold Standard 인증 크레딧을 구매해 내부 탄소중립을 달성했다고 발표했으며 이는 국내 금융기관의 첫 사례로 평가된다. 또한 SK그룹은 2023년 두바이 COP28에서 기술 기반 사전거래 구조인 EPCM(Environmental Protection Credit Market) 연합을 출범하며 새로운 시장 참여 방식을 추진하고 있다.

결국 자발적 탄소시장이 신뢰받는 제도로 정착하기 위해서는, 기업이 구매한 크레딧이 단순한 "면죄부"가 아니라 실제 배출 저감과 보완적 기여를 뒷받침해야 한다. 기업은 자체 감축을 최우선으로 추진하면서 불가피하게 남는 잔여 배출에 대해서만 국제적으로 검증된 고품질 크레딧을 활용하고 그 내역을 투명하게 공시해야 한다. 동시에 정부와 국제기구는 자발적 크레딧의 활용 가능성과 한계를 명확히 규정해 기업이 규제시장과 자발적 시장을 혼동하지 않도록 해야 한다. 이러한 제도적·기술적 개선이 이루어질 때 자발적 탄소시장은 기후위기 대응의 신뢰할 수 있는 수단으로 자리 잡을 수 있을 것이다.

26 QYResearch는 중국에 본사를 두고 있는 글로벌 시장 조사 및 컨설팅 회사로, 다양한 산업에 대한 시장 분석 보고서를 제공하는 기관이다. 이 회사는 기술, 제조, 화학, 에너지, 자동차, 의료, 소비재 등 여러 분야에 걸쳐 심도 있는 시장 데이터를 제공하며, 시장 규모, 성장 전망, 주요 기업 및 트렌드 등을 분석하는 보고서를 발행한다.

사례분석상자 21: AgreenaCarbon 프로젝트 - Verra의 대규모 토양 CDR 인증

Agreena라는 덴마크 기반의 기후솔루션 기업이 운영하는 AgreenaCarbon 프로젝트는 Verra의 VCS(Verified Carbon Standard) VM0042 버전 2.0 방법론에 따라 유럽 내 농경지(경작지)의 재생 농업(Regenerative agriculture) 관행을 적용해 토양 유기탄소 흡수를 포함한 탄소 제거 작업을 수행한 프로젝트이다.

이 프로젝트는 약 160만 헥타르의 농지를 대상으로 여러 유럽 국가(덴마크, UK, 우크라이나, 몰도바 등) 농가와 협력하여 운영되며, 재생 농업 관행을 통해 약 120만 톤의 CO_2 배출 감소, 110만 톤의 CO_2 제거(Soil carbon sequestration) 효과를 거둔 것으로 보고되었다.

이 프로젝트는 2.3백만 VCUs(Verified Carbon Units, Verra 인증 탄소 크레딧)**를 발행하고 있으며, 이 발행은 Verra가 정한 검증(Validation) 절차를 거쳐 연도별(2021-2023년)로 설계된 대로 실제 감축 및 제거 효과가 있었음을 독립적인 검증기관에 의해 확인한 후 이루어졌다.

이 사례는 다음과 같은 의미가 있다:

- Verra 인증 프로그램 중 농경지를 대상으로 한 대규모 토양 탄소 제거 프로젝트가 처음으로 실질적 규모(Scale)를 확보하며 Verra 인증을 받은 예이다.
- VM0042 방법론이 실사용 가능한 방식으로 작동할 수 있고, 농업 방식 개선(토양 경작 방식, 덮개 작물cover crop, 잔재물 처리 등) 등을 통해 토양 탄소 흡수가 가능하다는 것을 증명했다.
- 기업 및 구매자에게는 고품질, 검증된 탄소 제거 크레딧의 공급 가능성을 보여주면서, 자발적 시장 및 국제 무결성 기준(ICVCM, VCMI 등)과 연계된 신뢰성 확보 사례가 된다.

5.2 탄소 제거[27]

탄소 제거(Carbon Dioxide Removal, CDR)는 단순히 배출을 줄이는 것을 넘어, 지구 기온 상승을 1.5℃ 이내로 제한하기 위한 필수 전략으로 점점 더 강조되고 있다. IPCC 제6차 평가보고서 종합보고서(2023)는 지구 평균기온 상승을 1.5℃ 수준으로 안정화하려면 세기 중반까지 전 세계 온실가스 배출을 순제로(Net Zero)로 전환하고, 이후에는 누적적으로 수백 기가톤($GtCO_2$)의 제거가 필요하다고 명시하였다. 이는 단순한 선택이 아니라, 감축만으로는 줄일 수 없는 잔여배출(Residual emission)[28]을 CDR로 상쇄하지 않으면 목표 달성이 불가능하다는 점을 보여준다. 2021년 국제에너지기구(IEA)가 발표한 『Net Zero by 2050: A Roadmap for the Global Energy Sector』 보고서 역시 같은 맥락을 제시한다. 이 보고서에 따르면, 2050년까지 전 세계 에너지 부문이 온실가스 순배출 제로를 달성하기 위해서는 CDR이 전체 감축 노력의 약 10%를 차지해야 한다. 특히 항공·해운·시멘트처럼 감축이 기술적으로 어려운 산업에서 발생하는 매년 약 2.4 $GtCO_2$의 잔여배출을 상쇄하는 데 CDR이 필수적임을 강조하고 있다[29].

탄소 제거 방법은 크게 자연 기반 제거(Nature-Based Removals, NBR)와 기술 기반 제거(Technology-Based Removals, TBR)로 구분된다. 자연 기반 제거에는 습지·이탄지 복원[30], 농업 관행 개선, 조림 및 재조림, 해안 생태계 복원

---

27 자세한 내용은 Mannion, P., Parry, E., Patel, M., Ringvold, E., & Scott, J. (2023) 참조.

28 아무리 강력한 감축 정책을 시행하더라도, 현실적으로 완전히 없앨 수 없는 배출이 존재한다. 예를 들어, 시멘트 제조 과정에서 발생하는 화학적 CO_2, 항공·해운 부문의 연료 연소, 일부 농축산에서 발생하는 메탄(CH_4) 등이 이에 해당하는데 이를 잔여배출이라 한다.

29 이외에도 『Smith School of Enterprise and the Environment』(2023)는 현 상황의 한계를 지적한다. 이 보고서에 따르면 현재 전 세계적으로 매년 약 2.1 $GtCO_2$가 조림·산림 관리 등 전통적 방식으로 제거되고 있으나, 1.5℃ 경로를 유지하려면 2050년까지 연간 7~9 $GtCO_2$ 수준의 탄소제거가 필요하다.

30 이탄지(泥炭地, peatland)는 매우 높은 탄소 저장 능력을 가진 습지 생태계로, 주로 유기물이 축적된 지형을 말한다. 이탄지는 주로 습한 기후에서 형성되며, 물이 지속적으로 공급되어 유기물이 완전히 분해되지 않은 채 쌓여 형성된 토양이다. 이 유기물층은 주

(블루 카본[31] 관리) 등이 포함된다. 이러한 자연 기반 제거(NBR) 방법은 기술 기반 제거에 비해 초기 비용과 운영 비용이 상대적으로 낮아, 재정적 부담이 크지 않다는 장점이 있다. 동시에 숲 복원, 토양 관리, 해안 생태계 회복 등은 단순히 탄소만 흡수하는 것이 아니라 생물다양성 보전, 수자원 확보, 토양 비옥도 개선, 해안선 보호 등 다양한 생태계 서비스를 함께 제공한다는 점에서 부가가치도 높다. 그러나 장기적 관점에서 보면 몇 가지 뚜렷한 한계도 존재한다. 우선, 나무와 토양이 흡수할 수 있는 탄소량에는 물리적 한계가 있어, 전 지구적으로 요구되는 수십 기가톤(Gt) 규모의 온실가스 제거를 충족하기에는 저장 용량이 제한적이다. 또한 기후 변화가 심화되면 산불, 병해충, 가뭄, 해양 산성화 등 예기치 못한 사건이 발생하여 저장된 탄소가 다시 대기로 방출될 수 있다. 이러한 장기적 불안정성은 자연 기반 제거의 영구성을 위협하며, 관리와 모니터링 비용을 지속적으로 요구한다는 점에서 정책적·경제적 불확실성을 야기한다.

기술 기반 제거는 인위적·공학적 방법을 활용해 대기 중의 탄소를 직접 포집하거나 안정적으로 저장하는 방식을 말한다. 기술 기반 제거에는 여러 첨단적 접근법이 포함된다. 대표적으로는 대기 중 CO_2를 직접 포집해 지하 암반층에 영구적으로 주입하는 직접 공기 포집 및 저장(DACS), 바이오매스를 연료로 활용하는 과정에서 발생하는 CO_2를 포집해 저장하는 바이오에너지 탄소 포집 및 저장(BECCS), 농업 부산물을 활용해 바이오차나 바이오오일 형태로 전환하여 토양에 주입하거나 지하에 저장하는 방식, 해양의 흡수 능력을 높이기 위해 알칼리 물질을 투입하는 해양 알칼리화, 그리고 특정

로 식물의 잔해로 이루어져 있으며, 시간이 지나면서 두껍게 축적된 이탄(泥炭, peat)으로 변한다. 이탄지는 지구 육지 표면의 약 3%를 차지하지만, 전 세계 토양 탄소의 약 30%를 저장하고 있어 지구의 탄소 흡수원으로 매우 중요한 역할을 하고 있다. 이탄지는 탄소를 수천 년 동안 축적할 수 있으며, 이로 인해 대기 중의 탄소 농도를 낮추는 데 기여한다.

31 블루 카본(Blue Carbon)은 해양과 연안 생태계가 흡수하고 저장하는 탄소를 의미한다. 블루 카본은 주로 맹그로브 숲, 염습지, 해초밭과 같은 해양 및 연안 생태계에서 발생한다. 이러한 생태계는 대기 중의 이산화탄소(CO_2)를 흡수하고, 이를 유기물 형태로 축적하여 해저 토양에 장기간 저장한다.

광물을 분쇄해 표면적을 확대하여 CO_2 흡수를 촉진하는 강화 풍화 작용(Enhanced weathering) 등이 있다.

이들 기술은 대규모로 적용할 경우 연간 수십억 톤($GtCO_2$)의 탄소 제거가 가능하다는 점에서 잠재력이 크다. 또한 저장 방식이 지질 구조물이나 안정된 화학 결합 형태로 이뤄진다면 수백 년에서 수천 년 이상 탄소를 격리할 수 있어, 자연 기반 제거(NBR)에 비해 영구성 측면에서 뚜렷한 장점을 지닌다. 그러나 단점 또한 명확하다. 우선 초기 투자 비용과 운영 비용이 매우 높아 상업적 확산이 제한적이다. 예컨대 직접 공기 포집(DACS)은 현재 톤당 수백 달러의 비용이 소요되어, 탄소 가격이나 보조금 없이 시장에서 자립하기 어렵다. 또한 다수의 기술은 작동 과정에서 막대한 전력과 열에너지를 필요로 하므로, 재생에너지가 뒷받침되지 않으면 오히려 추가적인 온실가스 배출을 유발할 위험이 있다. 나아가 지역사회와 환경에 미치는 잠재적 영향—예를 들어, 대규모 BECCS 시설은 농업용 토지와 식량 생산과 경쟁할 수 있고, 해양 알칼리화는 해양 생태계의 화학적 균형을 변화시킬 수 있다는 우려—때문에 사회적·정치적 수용성이 낮은 편이다.

따라서 기술 기반 제거는 자연 기반 제거와 경쟁 관계가 아니라 상호 보완적 관계로 이해하는 것이 중요하다. 단기적으로는 비용이 낮고 다양한 공동편익(Co-benefits)을 제공하는 NBR을 적극 활용하되, 장기적으로는 대규모 잠재력과 영구적 저장 능력을 가진 TBR을 점차 확대해야 한다. 이를 위해 정책적 지원, 연구개발 투자, 신뢰할 수 있는 인증 및 시장 메커니즘이 균형 있게 마련되어야 한다.

탄소 제거를 제도적으로 정착시키기 위해서는 일반 탄소시장과 마찬가지로 신뢰할 수 있는 인증과 검증 체계가 필수적이다. 기존 자발적 탄소시장에서 사용되는 검증 절차(예: Verra의 VCS, 제3자 검증 등)가 제거 프로젝트에도 동일하게 적용되지만, CDR의 특성상 영구성과 측정의 엄격성이 특히 중요하다. 이에 따라 유럽연합(EU)은 2024년 「탄소 제거 및 탄소농업 인증체계 규정(CRCF)」을 제정해, 직접 공기 포집·저장(DACS), 농업·임업 기반 탄소 흡수, 제품 내 저장 등 다양한 제거 활동을 공식적으로 제도화하였다. 동시에 자발적 시장 내에서도 제거 전용 표준이 확산되고 있다. 예컨대 Puro Standard는 최소 100년 이상의 탄소 저장을 요건으로 삼아 기술 기반 제거를 검증하며, 앞서 설명한 ICVCM(Integrity Council for the Voluntary Carbon Market)은 '핵심 탄소 원칙(Core Carbon Principles, CCPs)'을 통해 제거 프로젝트가 추가성, 영구성, 독립적 검증을 충족하도록 요구한다. 이처럼 기존 시장에서의 일반적인 인증 틀을 바탕으로 하되, CDR은 특유의 장기 저장성과 과학적 검증을 강조하는 별도의 기준이 병행되고 있다.

탄소 제거가 기후위기 대응의 중요한 수단으로 자리 잡으려면 앞서 언급된 많은 과제를 해결해야 한다. 첫째, 탄소 제거량을 측정·보고·검증(MRV) 하는 방식이 지역이나 기술마다 달라 불확실성이 크다. 둘째, 자연 기반 제거는 산불이나 병해충 같은 요인으로 저장된 탄소가 다시 대기 중으로 방출될 수 있어 장기적 안정성이 떨어진다. 셋째, 기술 기반 제거는 초기 비용이 크고 에너지도 많이 소모되며, 안전성을 검증하는 데도 오랜 시간이 걸린다. 넷째, 토지 활용의 경쟁 문제다. 예를 들어, 숲을 조성하거나 바이오에너지용 작물을 재배하는 데 필요한 땅이 식량 생산이나 주거 공간과 충돌할 수 있고, 이 과정에서 지역 주민들이 반대할 가능성도 있다. 다섯째, 국제적인 제도와 시장 인프라가 아직 부족하여, 탄소 제거 크레딧을 안정적으로 거래하고 가격을 유지하기가 어렵다.

이를 해결하기 위해서는 몇 가지 제도적 장치가 필요하다. 먼저, 국제적으로 통일된 정의와 방법론을 마련하여 탄소 제거의 범위와 조건을 명확히 해야 한다. 또한, 위성 감지와 인공지능 기술을 활용해 투명하고 신뢰할 수 있는 MRV 체계를 구축해야 한다. 더불어 정부의 보조금, 세제 혜택, 기술개발 지원 등을 통해 초기 시장 형성을 뒷받침하고, 규제 시장에서도 탄소 제거 크레딧을 공식적으로 인정해야 한다. 나아가 독립된 등록소와 검증 시스템을 통해 크레딧의 투명성을 강화하고, 국제 협력을 통해 개발도상국의 탄소 제거 프로젝트를 지원해야 한다. 마지막으로, 자연 기반 제거와 기술 기반 제거를 조화롭게 병행하여 위험을 분산하고 다양한 이해관계자의 참여를 이끌어내야 한다.

결론적으로, 탄소 제거는 비용과 불확실성이라는 단점을 안고 있음에도 불구하고, 기후변화 완화를 위한 전략에서 점점 더 큰 비중을 차지할 수밖에 없다. 따라서 국제적 인증제도의 강화, 시장 신뢰 확보, 정부와 민간의 협력적 투자 확대가 필수적이며, 이를 통해 CDR은 탄소중립 사회로 나아가기 위한 핵심적 수단으로 자리 잡을 수 있다.

사례분석상자 22: 탄소 제거 및 탄소농업 인증체계 규정(CRCF) 설명

1. 개요

EU는 2024년 5월 「탄소 제거 및 탄소농업 인증체계 규정(Carbon Removals and Carbon Farming Certification Framework, CRCF)」을 채택하여, 유럽 내에서 이루어지는 탄소 제거 활동을 공신력 있게 인증하기 위한 제도적 틀을 마련했다. 이는 세계 최초의 탄소 제거 전용 법적 프레임워크로 평가되며, 향후 EU의 탄소중립(2050) 달성 전략에서 중요한 역할을 맡게 된다.

2. 적용 범위

CRCF는 다음 네 가지 범주의 활동을 대상으로 한다.

- 영구적 탄소 제거(Permanent carbon storage): 직접 공기 포집 및 저장(DACS), 바이오에너지 CCS(BECCS), 강화 풍화작용 등과 같이 CO_2를 수백 년 이상 안정적으로 저장하는 활동
- 탄소농업(Carbon farming): 농업 및 임업을 통한 토양 탄소 축적, 습지·이탄지 복원, 지속가능한 농법 등
- 제품 내 탄소 저장(Carbon storage in products): 건축 자재, 목재, 바이오 기반 소재 등 장기간 탄소를 함유할 수 있는 제품
- 임시적 흡수(Temporary storage): 일정 기간 동안 유용하지만 장기적 안정성이 부족한 경우도 조건부로 인정

3. 인증 절차와 품질 기준

CRCF는 모든 프로젝트가 충족해야 할 품질 기준(Quality criteria)을 제시하고 있다.

- 추가성(Additionality): 기존 활동 대비 추가적으로 탄소를 제거해야 함

- 영구성(Permanence): 저장된 탄소가 가능한 한 장기간 유지되어야 함
- 누출 방지(Leakage prevention): 한 지역에서의 제거가 다른 지역에서의 배출 증가로 이어지지 않아야 함
- 정확한 MRV(Measurement, Reporting, Verification): 측정·보고·검증 절차가 투명하고 과학적이어야 함

모든 활동은 독립된 제3자의 검증을 거쳐 인증되고, EU 집행위원회가 관리하는 공식 등록부(EU registry)에 기록된다.

4. 의의

CRCF는 기존 자발적 탄소시장(VCM)의 불투명성과 신뢰성 부족 문제를 보완하여, 탄소 제거 크레딧의 품질을 보증하는 제도적 장치라는 의의가 있다. 이를 통해 기업이나 금융기관은 신뢰할 수 있는 제거 크레딧을 확보할 수 있고, 농업·임업 분야는 새로운 수익원(예: 탄소농업 크레딧 판매)을 마련할 수 있다.

5. 한계와 과제

다만, 아직 실제 시장에서 CRCF 기반 인증 프로젝트는 초기 단계에 불과하며, 구체적 방법론(Methodologies)과 세부 기준은 향후 집행위의 시행령(Delegated acts)과 가이드라인을 통해 보완될 예정이다. 또한, CRCF로 발행된 크레딧이 EU ETS(배출권거래제)와 어떤 방식으로 연계될지는 아직 논의 중이다.

사례분석상자 23: Puro Standard

Puro Standard는 세계 최초로 탄소 제거 전용 인증 표준으로 개발된 제도로, 단기적 배출 회피가 아닌 실제로 제거된 탄소만을 대상으로 한다는 점에서 기존 크레딧과 구분된다. 이 표준은 모든 프로젝트가 최소 100년 이상 안정적으로 탄소를 저장해야 한다는 엄격한 요건을 제시하며, 주로 기술 기반 제거(Technology-Based Removals, TBR) 프로젝트를 대상으로 한다. 구체적으로는 농업 부산물을 탄화하여 토양에 장기간 저장하는 바이오차(Biochar), 목재·바이오 복합소재 등 바이오 기반 건축자재, 시멘트·콘크리트 등 탄소 포집 및 광물화(Carbonated materials)

방식이 대표적이다.

Puro Standard의 모든 프로젝트는 독립된 제3자 검증을 거쳐야 하며, 검증 결과는 Puro Registry에 투명하게 공개된다. 또한 프로젝트는 기존 활동 대비 추가성(Additionality)을 증명해야 하고, 저장된 탄소가 장기간 유지되는 영구성(Permanence)을 보장해야 하며, 관련 방법론과 데이터는 투명성(Transparency) 원칙에 따라 공개된다.

이러한 특성 덕분에 Puro Standard는 자발적 탄소시장에서 비교적 신뢰성이 높은 크레딧으로 평가된다. 실제로 마이크로소프트(Microsoft), 쇼피파이(Shopify) 등 글로벌 기업들은 자발적 탄소중립 전략의 일환으로 Puro 크레딧을 구매해 왔으며, 이는 시장에서 프리미엄 가격이 형성되는 배경이 되기도 한다.

part XI

ESG와 금융

1 ESG 금융상품의 유형과 시장 규모

2 ESG 채권시장 규모

3 ESG 금융상품의 효과 및 한계와 제도적 대응

XI

ESG와 금융

지속가능금융(Sustainable Finance)이란 금융기관이나 투자자가 자금을 운용하거나 공급할 때, 단순히 단기적인 이익만을 고려하는 것이 아니라 환경, 사회, 지배구조 요소를 함께 반영하는 금융 활동을 의미한다. 다시 말해, 자본시장이 자원을 어떻게 배분하고 위험을 어떻게 관리할지를 결정할 때, 단기적 수익뿐만 아니라 장기적 지속가능성과 사회적 안정성까지 동시에 추구하는 방식을 말한다.

3장에서는 지속가능금융의 기초를 이루는 투자전략을 다루었다. 네거티브·포지티브 스크리닝, ESG 통합, 주주참여, 임팩트·테마 투자 등 일곱 가지 전략을 지속가능 투자(ESG 투자)로 정의하고, Global Sustainable Investment Review(GSIR)를 활용하여 글로벌 지속가능투자 규모와 전략별 비중의 변화를 분석하였다. 이어 4장에서는 이러한 투자 흐름이 단순히 시장 참여자의 자율적 선택에 그치지 않고, 법제화와 규제 장치를 통해 제도적으로 뿌리내리도록 추진되고 있음을 살펴보았다. 특히 EU는 SFDR, Taxonomy와 같은 입법·규제 수단을 마련하여 분류·공시·라벨링을 표준화함으로써, 시장 참여자들이 지속가능금융을 공통된 규칙과 언어에 따라 이해하고 실행할 수 있도록 뒷받침하였다.

앞 장의 논의를 통해 지속가능금융의 개념과 제도적 틀을 이해한 만큼, 이를 보다 온전히 파악하기 위해서는 실제 금융권에서 사용되고 있는 구체적인 금융상품을 알 필요가 있다. 본 장에서는 녹색채권, 사회적채권, 지속가능채권, 지속가능연계채권, ESG 연계대출 등 대표적 상품의 정의와 구조,

발전 과정, 신뢰성 확보 장치, 그리고 시장이 직면한 과제를 검토한다. 이를 통해 지속가능금융이 단순한 윤리적 선택을 넘어 자본조달 비용과 금융시스템 안정성에 미치는 실질적 영향을 종합적으로 이해할 수 있을 것이다.

1 ESG 금융상품의 유형과 시장 규모

1.1 녹색채권(Green Bonds)

녹색채권은 조달된 자금을 신재생에너지, 에너지 효율, 청정수송, 기후변화 적응 등과 같이 환경적 편익을 창출하는 프로젝트에만 사용하도록 지정된 채권을 말한다. 국제자본시장협회(International Capital Market Association, ICMA)[1]가 제정한 녹색채권원칙(Green Bond Principles, GBP)은 사실상 글로벌 표준으로 기능한다. 이 원칙은 자금 사용처(Use of Proceeds), 프로젝트 평가와 선정 과정(Process for Project Evaluation and Selection), 조달 자금의 관리(Management of Proceeds), 사후 보고(Reporting)라는 네 가지 핵심 요소를 제시하며, 발행기관이 채권 발행 전후에 따라야 할 기준을 구체화하고 있다.

녹색채권의 가장 큰 특징은 자금 사용처가 사전에 특정된다는 점이다. 발행기관은 발행 시점에 녹색 프로젝트 범위를 명확히 지정해야 하며, 이후 실제 자금이 해당 프로젝트에 사용되었는지를 별도로 관리·추적하고, 연례 보고서나 지속가능성 보고서의 형태로 투자자에게 공개해야 한다. 또한 발행의 신뢰성을 높이기 위해 제3자 검증(Second Party Opinion, SPO)이나 국제기후채권이니셔티브(Climate Bonds Initiative, CBI)[2]의 인증을 받는 경우가 많다.

---

1 국제자본시장협회(International Capital Market Association, ICMA)는 스위스 취리히에 본부를 둔 비영리 국제 협회로, 채권을 비롯한 국제 자본시장의 투명성과 안정성을 높이고 원활한 기능 수행을 촉진하는 역할을 한다. 특히 녹색채권원칙(GBP), 사회적 채권원칙(SBP), 지속가능채권 가이드라인(SBG), 지속가능연계채권원칙(SLBP) 등을 제정하여, 지속가능금융 상품의 발행·공시·사후보고에 관한 사실상의 글로벌 표준을 제공하고 있다.

이러한 구조적 장치는 투자자에게 자금이 실제로 녹색 프로젝트로 흘러가고 있음을 보증하며, 시장의 신뢰성과 투명성을 확보하는 핵심 장치로 작동한다.

녹색채권 시장은 2007년 유럽투자은행(European Investment Bank, EIB)[3]과 세계은행(World Bank)이 최초로 발행한 이후 가파르게 성장해오고 있다. 2024년 신규 발행 규모는 약 6,000억 달러에 이르렀으며, 누적 발행 잔액은 3조 달러를 넘어선 것으로 추정된다. 발행 주체도 초기에는 국제기구 중심이었으나, 이후 기업, 금융기관, 그리고 각국 정부로 확대되면서 시장의 범위와 깊이가 빠르게 확장되고 있다. 대표적으로 EU 집행위원회는 2021년 코로나19 이후 회복을 지원하기 위한 NextGenerationEU 프로그램의 일환으로 1,000억 유로 이상 규모의 녹색채권을 발행하였다. 한국에서도 한국수출입은행과 한국전력공사가 대규모 녹색채권을 발행하여 재생에너지 개발 및 친환경 인프라 확충에 필요한 자금을 조달한 바 있다. 특히, 한국수출입은행은 2022년 CBI 인증을 획득한 기후채권을 발행하여 해외 풍력발전소 건설 프로젝트와 국내 해상풍력 사업에 자금을 지원하였다. 한국전력공사는 2021년 발행한 15억 달러 규모 글로벌 그린본드를 통해 태양광 및 해상풍력 발전소 건설, 에너지 효율 개선 사업, 전기차 충전 인프라 구축 등에 투자

---

2 국제기후채권이니셔티브(Climate Bonds Initiative, CBI)는 영국 런던에 본부를 둔 비영리 국제기구로, 채권시장을 활용하여 기후변화 대응을 촉진하는 것을 목표로 한다. CBI는 녹색채권 발행에 대한 인증제도(Climate Bonds Standard & Certification Scheme)를 운영하는데, 이는 발행 전(사전, Pre-Issuance)과 발행 후(사후, Post-Issuance) 두 단계로 이루어진다. 발행 전에는 자금 사용계획이 CBI의 기술기준(Technical Criteria)에 부합하는지를 검증하고, 발행 후에는 실제 자금이 약속된 녹색 프로젝트에 사용되고 있는지를 확인하여 투자자가 안심할 수 있도록 보증한다. 또한 에너지, 수송, 건물, 토지이용 등 다양한 부문별 세부 기준을 마련하여 자금이 실제로 기후변화 완화와 적응에 기여하도록 하고 있다. 아울러 CBI는 글로벌 녹색채권 발행 규모에 대한 통계와 분석을 제공하고, 정책 제안과 시장 인식 제고 활동을 통해 지속가능금융의 확산을 지원한다.

3 EIB는 1958년 설립된 유럽연합(EU)의 공적 금융기관으로, 본부는 룩셈부르크에 있다. EU 회원국이 공동 소유하며, EU 정책 목표(기후변화 대응, 인프라 투자, 지역 균형발전 등)를 지원하는 프로젝트에 자금을 공급한다. 특히 2007년 세계 최초의 녹색채권(Green Bond, Climate Awareness Bond)을 발행한 기관으로 잘 알려져 있다.

하여 탄소 배출 저감에 기여하였다.

녹색채권은 환경 분야별로 특화된 형태로 발전해오고 있다. 대표적인 유형으로는 기후채권(Climate Bonds), 블루채권(Blue Bonds), 생물다양성 채권(Biodiversity Bonds) 등이 있다. 기후채권은 기후변화 완화(Mitigation)와 적응(Adaptation)에 직접적으로 기여하는 프로젝트만을 대상으로 한다. 국제기후채권이니셔티브가 제정한 기후채권기준(Climate Bonds Standard)은 발행채권이 외부 인증을 받도록 요구하며, 산업 부문별로 설정된 과학적·기술적 기준(Technical Criteria)의 충족을 전제로 한다. 예컨대 재생에너지 설비의 온실가스 감축 효과, 건물의 에너지 효율성, 교통 인프라의 배출 저감 효과, 산림·농업 부문의 탄소 흡수 능력 등이 그 기준에 포함된다. 따라서 기후채권의 주요 자금 사용처는 재생에너지, 저탄소 교통, 건물 에너지 효율, 수자원 관리, 농업·임업 등 기후변화 대응에 기여하는 분야이다. 외부 검증이 필수적이기 때문에, 기후채권은 국제적으로 가장 엄격한 기준을 적용받는 채권으로 평가된다. 현재 CBI 인증 채권은 전 세계 녹색채권 발행량의 약 20~25%를 차지한다. 대표적인 발행 사례로는 유럽투자은행(European Investment Bank, EIB)의 Climate Awareness Bond가 있다. EIB는 2025년 6월, 2035년이 만기인 50억 유로 채권을 발행하여 EU 택소노미 기준에 부합하는 기후 관련 프로젝트에 자금을 조달하였다. 세계은행(World Bank, IBRD)은 2008년 11월 "IBRD Green Bond"라는 이름으로 최초의 녹색채권을 발행하였다. 이 채권은 기후변화 완화와 적응 관련 프로젝트에만 자금을 배정하였으며, 재생에너지, 에너지 효율, 폐기물 관리, 농업·임업 등 기후 관련 부문을 집중적으로 지원하였다. 이후 세계은행은 누적 200억 달러 이상 규모의 녹색채권을 발행하며 글로벌 기후 프로젝트 자금 조달을 선도해왔다. 한국에서도 한국수출입은행이 일부 발행분에서 CBI 인증을 획득하여 해외 풍력발전소 건설과 국내 해상풍력 사업 등 국제 기준에 부합하는 기후 프로젝트에 자금을 공급한 바 있다. 기후채권은 이와 같이 과학적 기준과 외부 검증을 기반으로 발행되기 때문에, 투자자에게는 "기후 영향이 객관적으로 검증된 채권"이라는 높은 신뢰성을 제공하고, 발행기관에는 기후 대응을 위한 자금 조달 수단을 확대하는 효과를 제공한다.

블루채권은 해양 생태계 보존, 지속가능한 수산업 관리, 연안 지역의 기후 회복력 확보 등을 목적으로 하는 채권이다. 세계 최초의 주권 블루채권은 2018년 세이셸(Seychelles)[4]이 발행한 1,500만 달러 규모 채권으로, 해양 보호구역 확장과 어업 관리 개선에 사용되었다. 이후 여러 국가와 기업이 참여하면서 시장이 점차 확대되고 있다. 예를 들어, 인도네시아는 2023년 일본 시장에서 약 1억 5천만 달러 규모의 블루채권을 발행하여 해안 보호, 수산업 및 양식업 관리, 맹그로브 숲 복원 등 연안 생태계 보전을 지원하였다. 튀르키예는 2024년 IFC(국제금융공사)의 지원으로 2,500만 달러 규모의 블루채권을 발행해, 지속가능한 수산업과 관광업 육성을 추진하고 있다. 또한 덴마크의 에너지 기업 외르스테드(Ørsted)는 기업 차원에서 블루채권을 발행하여 해양 및 연안 생태계 복원, 생물다양성 보호, 지속가능한 선박 운송 프로젝트에 자금을 투입하였다. 2024년 7월 기준 전 세계 블루채권 누적 발행액은 약 72억 달러에 달하며, 아직 전체 녹색채권 시장에서 차지하는 비중은 작지만 성장 잠재력은 크다. UNEP 분석에 따르면 현재 95개국 이상이 해양·연안 생태계 보존 및 복원을 목표로 하는 정책을 추진하고 있으며, 블루채권은 이러한 정책을 지원하는 핵심 금융수단으로서 향후 중요성이 더욱 확대될 것으로 전망된다.

생물다양성 채권은 산림 보호, 생태계 복원, 토양 건강 회복, 멸종위기종 보전 등 자연자원의 보전과 회복을 목적으로 발행되는 채권이다. 이는 기후변화 대응만으로는 지속가능성을 확보하기 어렵고, 자연자본과 생태계 보전이 동시에 추진되어야 한다는 인식이 확산되면서 등장한 새로운 형태의 지속가능금융상품이다. 특히 2024년은 생물다양성 채권 시장이 본격적인 성장 국면에 진입한 해로 평가된다. Biodiversity Finance Factbook(COP16 Edition)에 따르면, 2024년 8월까지 녹색채권 및 지속가능채권 중 생물다양성 관련 채

---

4 세이셸(Seychelles)은 아프리카 동부 인도양에 위치한 군도 국가로, 수도는 빅토리아(Victoria)이며 약 115개의 섬으로 이루어져 있다. 인구는 약 10만 명에 불과하지만, 2018년 세계 최초로 블루본드(Blue Bond)를 발행하여 해양 생태계 보전과 지속가능한 어업 관리 자금을 조달한 나라로 널리 알려져 있다.

권 발행 규모는 약 2,350억 달러에 달했으며, 피크테(Pictet)[5]의 분석에 따르면 연말에는 약 3,000억 달러에 근접해 사상 최고치를 기록할 것으로 전망된다. 이는 생물다양성 보존이 기후변화 대응과 더불어 ESG 금융의 핵심 테마로 빠르게 부상하고 있음을 보여준다. 현재까지는 다자개발은행과 일부 정부 주도의 자연자본 채권 프로젝트가 중심을 이루고 있으나, COP15 합의("30×30 목표")[6]와 각국의 자연 보전 정책 강화에 힘입어 시장은 앞으로 빠른 성장세를 보일 가능성이 높다. 따라서 생물다양성 채권은 녹색채권의 특화된 유형으로서, 향후 ESG 금융 확대 과정에서 중요한 역할을 담당할 것으로 예견된다.

대부분의 국가들은 자국 상황에 맞는 녹색채권 가이드라인을 마련해 운영하고 있다. 중국은 녹색채권 지원 프로젝트 카탈로그(Green Bond Endorsed Project Catalogue)[7]를, 일본은 그린본드 가이드라인(Green Bond Guidelines)[8]을 제정하여 시장 신뢰성을 높이고 있다. 유럽연합(EU)은 2023년 EU 녹색채권 표준(EU Green Bond Standard, EU GBS)을 채택해 2024년부터 시행하고 있는데, 이는 법적 구속력을 갖춘 최초의 공식 녹색채권 표준이라는 점에서 의의가 있다. 미국은 연방 차원의 단일 가이드라인은 없지만, ICMA의 녹색채권원칙

---

5 Pictet(피크테)는 1805년 스위스 제네바에서 설립된 독립 자산운용·자산관리 그룹으로, 유럽에서 가장 오래된 금융기관 중 하나이다. 특히 자산운용 부문(Pictet Asset Management)은 ESG와 지속가능금융 분야의 연구와 투자 상품 개발에 적극적으로 참여하며, 생물다양성 채권을 포함한 지속가능 투자 시장 전망을 분석·발표하고 있다.

6 2022년 12월 캐나다 몬트리올에서 열린 제15차 생물다양성협약 당사국총회(COP15) 합의에서 채택된 쿤밍-몬트리올 글로벌 생물다양성 프레임워크(Kunming-Montreal Global Biodiversity Framework)는 2030년까지 전 세계 육지와 해양의 최소 30%를 보호구역으로 지정·보전하자는 이른바 "30×30 목표"를 제시하였다. 이는 기후변화 대응과 함께 자연자본과 생태계 보전을 병행해야 한다는 국제적 합의를 보여주는 대표적 사례이다.

7 중국은 2015년에 녹색채권 지원 프로젝트 카탈로그(Green Bond Endorsed Project Catalogue)를 처음 제정하였으며, 2021년 개정판에서는 '청정석탄'과 같은 항목을 제외하여 국제 기준과의 정합성을 강화하였다.

8 일본은 환경성이 2017년에 그린본드 가이드라인(Green Bond Guidelines)을 발표하였고, 2020년에는 국제적 원칙을 반영해 개정하였으며, 2022년에는 그린론·서스테이너빌리티론 가이드라인과 함께 보완 정비를 실시하였다.

(GBP)을 널리 준용하면서 주정부와 공공기관 차원의 자체 프레임워크를 통해 발행을 이어가고 있다.

우리나라도 이러한 국제적 흐름 속에서 제도적 기반을 마련하였다. 2022년 12월 환경부와 금융위원회가 공동으로 한국형 녹색채권 지침서(K-Green Bond Guidelines)를 제정해 2023년 1월부터 시행하고 있으며, 이는 국내에서 녹색채권 발행의 사실상 표준 가이드라인 역할을 하고 있다. 이 지침서는 녹색채권의 정의, 한국형 녹색분류체계(K-Taxonomy)를 활용한 자금 사용처 적합성 판단 절차, 발행 전·후 외부검토 의무화 및 외부검토기관 등록제도, 사후보고 체계 강화 등을 핵심 내용으로 담고 있다. 이를 통해 발행기관이 조달한 자금을 실제 녹색 프로젝트에 사용하도록 유도하고, 투자자에게는 투명성과 신뢰성을 제공하는 것을 목표로 한다.

1.2 사회적 채권(Social Bond)

사회적 채권은 저소득층 주거 지원, 의료·교육 접근성 확대, 고용 창출 등 사회적 편익을 목적으로 발행되는 채권으로, 국제자본시장협회(ICMA)의 사회적 채권원칙(Social Bond Principles, SBP)에 따라 구조화된다. SBP는 자금 사용처, 프로젝트 평가와 선정 과정, 조달 자금의 관리, 사후보고라는 네 가지 핵심 요소를 제시한다. 이에 따라 발행기관은 자금이 취약계층을 포함한 사회적 약자 집단에 긍정적 영향을 주는 프로젝트로 사용되도록 설계해야 하며, 발행 후에도 사회적 성과를 측정하고 보고해야 한다.

사회적 채권의 발행은 코로나19 팬데믹 기간 동안 급격히 성장하였다. 2020년과 2021년에 발행이 집중되었으며, 2024년 기준 누적 잔액은 약 8,000억 달러로 집계되었다. 팬데믹 지원 목적이 다소 해소되면서 성장세는 둔화되었지만, 여전히 주거, 보건, 교육 분야를 중심으로 발행은 꾸준히 이어지고 있다. 대표적으로 국제금융공사(IFC)는 저소득 국가의 의료 체계를 강화하기 위한 사회적 채권을 발행하였고, 프랑스 개발청(AFD)은 아프리카 지역 여성 기업가 지원을 위한 사회적 채권을 발행하여 주목을 받았다.

발행의 신뢰성을 확보하기 위해 사회적 채권 역시 외부검토기관에 의한 사전 검증이나, 국제기후채권이니셔티브와 유사한 인증제도를 활용하는 경우가 많다. 또한 발행기관은 매년 자금 사용 내역과 성과를 담은 사후보고를 통해 자금이 실제로 사회적 프로젝트에 사용되었음을 입증해야 하며, 일부는 발행기관에게 제3자 검증을 받도록 요구하고 있다.

우리나라는 한국거래소가 제정한 한국형 녹색·사회적·지속가능채권 지침서(K-Guidelines)를 바탕으로 사회적 채권 시장을 발전시켜 왔다. 대표적으로 한국주택금융공사(HF)는 2018년 아시아 최초로 사회적 커버드 본드(Social Covered Bond)를 발행해 주거 취약계층의 장기·저리 주택자금을 지원했다. 한국수출입은행은 2020년 코로나19 팬데믹 대응을 위해 15억 달러 규모의 사회적 채권을 발행하여 피해 기업과 고용 안정을 지원하였으며, 산업은행은 2019년 이후 중소기업 및 혁신기업 지원을 목적으로 여러 차례 사회적 채권을 발행하였다. 이러한 사례는 한국에서도 사회적 채권이 단순한 개념을 넘어 실제 금융지원 수단으로 정착하고 있음을 보여준다.

1.3 지속가능채권(Sustainability Bonds)

지속가능채권은 환경적 편익과 사회적 편익을 동시에 추구하는 프로젝트에 자금을 배분하는 채권으로, 녹색채권과 사회적 채권의 성격을 결합한 형태이다. 예컨대, 재생에너지 발전과 저소득층 주거 개선 사업을 함께 지원하는 프로젝트가 이에 해당한다.

지속가능채권은 국제자본시장협회가 제정한 지속가능채권 지침(Sustainability Bond Guidelines, SBG)에 근거하여 발행된다. 이 지침은 녹색채권원칙(GBP)과 사회적 채권원칙(SBP)을 모두 충족하도록 요구하며, 구체적으로 자금 사용 목적의 명확한 정의, 프로젝트 선정 및 평가 절차, 자금 관리 방식, 사후 보고 체계를 핵심 요소로 제시한다. 또한 발행기관의 공시 신뢰성을 높이기 위해 제3자 검증이나 외부 인증받는 것을 권장한다. 최근에는 EU 택소노미와 EU 녹색채권 기준(European Green Bond Standard, EUGBS)이 병행 적용되면서 발행 기준이 한층 엄격해지고 있다. 이에 따라 발행기관은 단순히 친환경·사회적 목적을 표방하는 수준을 넘어, 실제 자금 배분 내역과 프로젝트

성과를 주기적으로 공개하고 검증받아야 한다. 이러한 제도적 장치는 자금 배분의 투명성과 성과 관리 수준을 높이고, 동시에 '그린워싱'이나 '소셜워싱(Socialwashing)'을 예방하는 역할을 하고 있다. 우리나라에서도 금융위원회가 제정한 한국형 녹색·사회적·지속가능채권 가이드라인을 통해 발행 절차와 공시 요건을 규율하고 있다.

시장 규모는 녹색채권이나 사회적 채권에 비해 상대적으로 작지만, 꾸준히 성장하고 있다. 2024년 신규 발행 규모는 약 1,500억 달러, 누적 잔액은 약 9,000억 달러로 추정된다. 글로벌 ESG 채권 시장에서 차지하는 비중은 약 10~15% 수준이며, 유럽이 발행을 선도하고 아시아(특히 한국과 일본)에서 빠른 성장세를 보이고 있다.

국제 사례로는 세계은행이 교육·보건·재생에너지 등 복합 프로젝트에 대해 지속가능채권을 발행해온 것이 대표적이다. 유럽투자은행(EIB) 역시 저탄소 교통 인프라와 사회적 주택 공급을 동시에 지원하는 지속가능채권을 발행하였다. 아시아개발은행(ADB)은 재생에너지 발전과 농촌 지역 교육 지원을 결합한 프로젝트에 자금을 배분한 바 있으며, 미주개발은행(IADB)도 기후변화 대응과 저소득층 금융 접근성을 동시에 달성하기 위해 지속가능채권을 활용하였다. 국내 사례로는 산업은행과 신한은행이 대표적이다. 산업은행은 2021년 20억 달러 규모의 지속가능채권을 발행해 자금의 50%를 재생에너지 등 친환경 사업에, 나머지 50%를 중소기업 지원 및 일자리 창출에 투입하였다. 신한은행 역시 2022년 발행한 지속가능채권을 통해 탄소중립 기술을 보유한 중소기업을 지원하거나 저소득층 주거 환경 개선 사업에 자금을 배정함으로써 환경과 사회적 목적을 동시에 달성하는 데 기여하였다.

지속가능채권은 투자자에게 환경적 효과와 사회적 효과를 동시에 제공하는 '이중 효과(Dual impact)'가 있다는 점에서 장기·기관투자자들의 수요를 확대시키는 긍정적 효과가 있다. 그러나 한편 환경·사회 목적 간 자금 배분의 모호성, 성과 측정의 어려움, 그리고 그린워싱·소셜워싱 가능성 등 한계가 지적된다. 따라서 발행기관의 공시 투명성, 성과 검증 체계, 투자자의 지속적 모니터링이 필수적이다.

1.4 지속가능연계채권(Sustainability-Linked Bonds, SLB)

지속가능연계채권은 발행한 기업 전체의 지속가능성 목표 달성 여부에 따라 조건이 달라지는 채권이다. 국제자본시장협회가 제정한 지속가능연계채권 원칙이 사실상의 글로벌 가이드라인 역할을 하고 있으며, 발행기관은 이 원칙에 따라 적합한 핵심성과지표(Key Performance Indicator, KPI) 선정, 외부 검증, 성과 공개 등을 수행해야 한다.

SLB는 자금 사용처에 제약이 없다는 점에서 녹색채권이나 사회적 채권과 구별된다. 대신 발행기관이 사전에 설정한 성과 목표 달성 여부가 핵심적인 평가 기준이 되며, 대표적인 KPI로는 온실가스 배출 감축 목표, 재생에너지 사용 비중 확대, 성별 다양성 지표 등이 있다. 만약 발행기관이 KPI를 달성하지 못할 경우 금리가 상승하는 스텝업 쿠폰 구조(Step-up Coupon Structure)가 일반적으로 적용된다. 예를 들어 어떤 기업이 "2025년까지 온실가스 배출을 30% 줄이겠다"라는 핵심성과지표를 세우고 SLB를 발행했다고 하자. 이 기업이 목표를 달성하면 채권은 원래 약속된 금리로 유지되지만, 만약 목표를 지키지 못하면 금리가 0.25%p(25bp) 올라가는 식으로 불이익이 적용된다. 즉, 투자자는 채권 이자 수익이 늘어나고, 기업은 지속가능성 목표를 달성할 강한 동기를 가지게 되는 구조다. 이처럼 SLB는 발행기관의 ESG 전략과 직접 연결된 성과기반형 채권(Performance-based bond)이라는 특징을 가진다.

이 시장은 2019년 이탈리아 전력회사 에넬(Enel)이 세계 최초로 SLB를 발행하면서 시작되었다. 이후 빠르게 성장하여 2024년 기준 누적 발행 잔액은 약 2,500억 달러에 달하며, 특히 유럽과 남미 기업들이 적극적으로 활용하고 있다. 예컨대 에넬은 2020년 SLB 발행에서 2025년까지 재생에너지 발전 비중을 55%까지 확대하겠다는 KPI를 설정하였으며, 목표를 달성하지 못할 경우 채권 금리를 25bp 인상하도록 설계하였다. 최근에는 북미와 아시아 기업들도 SLB 발행에 나서면서, 글로벌 기업들의 ESG 전략 이행을 시장 메커니즘과 직접적으로 연결하는 대표적 금융상품으로 자리 잡고 있다.

1.5 전환금융채권(Transition Bonds)

전환금융채권은 고탄소 산업에 속하지만 점진적으로 저탄소 구조로 전환하려는 기업이나 기관이 발행하는 채권이다. 즉, 당장은 '완전한 녹색'으로 분류되지는 않지만, 장기적으로 탄소중립 달성에 필요한 전환 프로젝트를 지원하기 위해 설계된 금융상품이라고 할 수 있다.

대상 프로젝트에는 석탄 발전을 천연가스 발전으로 전환하는 사업, 철강·시멘트 산업의 저탄소화 설비 구축, 항공·해운 부문의 친환경 연료 전환 등 고탄소 산업의 탈탄소 과정을 구체적으로 지원하는 활동이 포함된다. 이때 자금 사용처는 국제자본시장협회가 2020년에 발표한 전환금융 핸드북(Transition Finance Handbook)과 같은 지침서에 근거해 구체적 전환 계획과 배출 감축 목표를 명확히 설정해야 한다. 다만, 전환채권은 녹색채권에 비해 정의가 덜 명확하고 국제적 합의된 기준도 부족하여, '그린워싱'에 악용될 수 있다는 우려가 있다. 이는 시장 확산의 중요한 제약 요인으로 지적받고 있다.

시장 현황을 보면 일본, 싱가포르 등 아시아 국가를 중심으로 정책적 지원이 이루어지고 있다. 특히 일본 정부는 2023년 전환금융 프레임워크(Transition Finance Framework)를 발표하고, 석유화학·철강 등 탄소집약 산업의 전환 자금 조달을 위해 전환채권 발행을 적극적으로 독려하였다. 구체적 사례로 일본의 전력회사 JERA(JERA Co., Inc., Japan Energy for a New Era)는 석탄 발전소를 LNG와 수소 혼합연료 발전으로 전환하는 프로젝트를 추진하기 위해 전환채권을 발행한 바 있다. 또한 유럽의 일부 에너지 기업들 역시 화석연료 의존도를 낮추기 위한 전환 프로젝트 자금 조달 수단으로 전환채권을 활용하고 있다.

2024년 기준 전환채권 시장 규모는 약 100억 달러 수준으로 성장하였다. 이는 아직 전체 ESG 채권 시장과 비교하면 작은 규모이지만, 고탄소 산업이 탈탄소 전환을 위해 필요한 과도기적 자금을 조달하는 중요한 수단으로 점차 주목받고 있다. 그러나 장기적으로는 전환의 범위와 속도, 감축 목표의 과학적 타당성이 명확히 제시되지 않으면 투자자 신뢰를 확보하기 어려워, 향후 국제 기준 정립과 성과 검증 체계 마련이 필수적이다.

1.6 국채(Green/Social/Sustainability Sovereign Bonds)

앞서 살펴본 녹색·사회·지속가능채권은 발행 주체가 기업, 금융기관, 국제기구, 정부 등 다양하다는 점에서 이미 국채를 포괄한다. 그러나 국채(Sovereign ESG Bonds)는 별도로 살펴볼 필요가 있다. 그 이유는 세 가지다. 첫째, 국채는 국가 신용을 담보로 하므로 민간 발행보다 투자자에게 더 높은 안정성과 신뢰성을 제공한다. 둘째, 단일 발행자 기준 세계 최대 규모(예: EU의 2,500억 유로 녹색국채 프로그램)를 기록하며 ESG 채권 시장의 제도화를 선도한다. 셋째, 단순한 자금 조달을 넘어 국가의 정책 목표와 자본시장을 직접 연결하는 제도적 장치로서 정책적 파급력이 크다. 이러한 점에서 국채는 단순히 녹색채권의 하위 범주가 아니라, ESG 금융 발전을 이끄는 별도의 핵심 축으로 이해할 필요가 있다.

세계 최초의 녹색국채는 2016년 폴란드 정부가 발행하였다. 이는 ESG 금융상품이 민간 영역을 넘어 국가 재정과 직접적으로 연결되는 계기가 되었으며, 이후 프랑스(2017), 벨기에(2018), 네덜란드(2019) 등 유럽 국가들이 잇따라 발행에 나섰다. 독일은 2020년 '트윈본드(Twin bond)'라는 독창적인 방식을 도입했는데, 이는 동일한 만기와 조건을 가진 일반 국채와 녹색국채를 동시에 발행하여 유동성을 강화하고 가격 발견(Price discovery)[9]을 용이하게 하는 구조이다. 이러한 방식은 녹색국채의 가장 큰 제약이었던 유동성 부족 문제를 해결하는 모범 사례로 평가된다.

2024년 현재 50개국 이상이 ESG 관련 국채(녹색 및 지속가능채권)를 발행하고 있다. 누적 발행 규모는 약 4,500~7,000억 달러 수준이며 이는 전체 ESG 채권 시장의 약 15%~20% 내외에 불과하지만, 국채는 규모 이상의 파급력

---

9 가격 발견(Price discovery)이란 금융시장에서 자산의 적정 가격이 수요와 공급의 상호작용을 통해 형성되는 과정을 의미한다. 녹색국채는 발행 규모가 상대적으로 작아 유동성이 낮기 때문에 공정한 시장 가격을 형성하기 어렵다는 한계가 있었다. 그러나 독일의 트윈본드 방식은 동일한 조건의 일반 국채와 녹색국채를 동시에 발행함으로써 투자자들이 두 채권을 비교 거래할 수 있게 하였고, 이를 통해 유동성이 확대되고 녹색 프리미엄(Greenium)을 포함한 합리적 가격 형성이 가능해졌다. 따라서 트윈본드는 녹색국채의 유동성 부족 문제를 완화하고 가격 발견 과정을 촉진한 대표적 사례로 평가된다.

을 가진다. 국가 차원의 정책 실행과 자본시장이 직접 맞닿는 지점이기 때문이다. 특히 유럽연합(EU)은 단일국가가 아닌 초국가적 주체로서 최대 2,500억 유로 규모의 녹색국채 프로그램을 운영하고 있으며, 단일 발행자로서는 세계 최대 규모의 ESG 국채 발행자로 자리매김하였다.

국채의 목적은 국가별로 다양하다. 어떤 국가들은 기존 국가예산을 보완하거나 대체하기 위한 재원 확보 수단으로 녹색국채를 발행하며(예: 폴란드, 2016), 어떤 국가들은 기후변화 대응 의지를 국제사회에 알리는 정책적 신호로 활용한다(예: 프랑스, 2017). 독일은 트윈본드를 통해 시장 유동성을 높이고 민간 발행을 촉진하는 "시장 육성형" 접근을 취했다. EU는 NextGenerationEU라는 초대형 경기회복 및 녹색 전환 프로그램을 위한 전략적 자금 조달 수단으로 녹색국채를 활용하고 있다. 또한, 국채는 환경 목적에 국한되지 않고 사회적 국채(Social Sovereign Bonds)나 지속가능 국채(Sustainability Sovereign Bonds) 형태로도 발행된다. 예컨대 인도네시아와 루마니아는 코로나19 팬데믹 대응을 위해 사회적 국채를 발행했으며, 칠레와 룩셈부르크는 환경과 사회 프로젝트를 동시에 포괄하는 지속가능 국채를 통해 다목적 자금 조달을 추진하였다.

EU의 NextGenerationEU는 코로나19 이후 경기회복과 녹색 전환을 동시에 달성하기 위해 설계된 초대형 재정 프로그램으로, 자금 조달 수단으로 녹색국채가 선택되었다. 발행 규모는 최대 2,500억 유로에 달하며, 이는 전 세계에서 단일 프로그램 기준 가장 큰 녹색국채이다. 또한 칠레는 2019년 중남미 최초로 녹색국채를 발행한 뒤 사회적·지속가능 국채로까지 확장하여 신흥국 가운데 ESG 국채 발행을 선도하고 있다. 한국 역시 2022년 기획재정부가 1억 달러 규모의 녹색국채를 발행해 태양광, 풍력, 바이오매스 등 신재생에너지 생산 시설 건설에 투자한 바 있으며, 이는 국가 차원의 탄소중립 목표 달성을 위한 중요한 재원 조달 사례로 평가된다.

종합하면, 국채는 단순한 자금 조달 수단을 넘어, 국가의 정책 목표를 시장 메커니즘과 직접 연결하는 제도적 장치이다. 폴란드와 프랑스가 시장을 개척했고, 독일의 트윈본드와 EU의 대규모 프로그램은 국채 시장의 제도적 신뢰성과 규모를 끌어올렸다. 대부분의 국채는 환경 목적을 중심으로 하지만, 사회적·지속가능 국채도 점차 확대되며 ESG 국채의 기능은 국가별 상황과 필요에 따라 다변화되고 있다. 앞으로 국채는 선진국뿐 아니라 신흥국에서도 중요한 녹색·사회적 전환 자금 조달 수단으로 자리 잡을 것으로 전망된다.

1.7 ESG 관련 대출 및 기타 상품

지금까지 살펴본 채권형 상품 외에도, ESG 금융은 대출(Loan) 형태를 통해 기업과 프로젝트 현장에 직접적으로 자금을 공급하는 방식으로 확산되고 있다. 채권이 주로 자본시장에서 다수의 투자자를 상대로 자금을 조달하는 수단이라면, 대출은 금융기관이 차입 기업과 일대일로 연결되는 구조라는 점에서 ESG 성과와의 연계성이 더 직접적이다. 따라서 대출형 ESG 금융 상품은 기업이 실제로 ESG 목표를 이행하도록 압력을 가하는 중요한 수단이자, 채권과 함께 ESG 금융의 양대 축이라 할 수 있다.

대표적인 대출형 상품으로는 그린론(Green Loan)과 지속가능연계대출(Sustainability-Linked Loan, SLL)이 있다. 그린론은 대출 자금을 재생에너지 발전소 건설, 에너지 효율 개선 사업, 친환경 교통 인프라 구축 등 특정한 환경 관련 프로젝트에만 사용하도록 제한하는 상품이다. 차입 기업은 자금 사용처를 명확히 보고해야 하며, 금융기관은 국제대출시장협회(Loan Market Association, LMA)가 제정한 그린론 원칙(Green Loan Principles, GLP)에 부합하는지 여부를 검토한다. 또한 자금의 흐름과 프로젝트 성과를 정기적으로 공개해야 하므로, 대출 구조가 비교적 투명하게 운영된다. 반면 지속가능연계대출(SLL)은 자금 사용처가 특정되지 않고 차입 기업의 전반적인 ESG 성과 개선을 조건으로 한다는 점에서 차별화된다. 차입 기업은 온실가스 배출 감축률, 재생에너지 사용 비율, 산업안전 개선 지표 등 핵심성과지표(KPI)를 설정하고, 달성 정도에 따라 대출 금리 조건이 달라진다. 목표를 달성하면 금리가 인하되고, 달성하지 못하면 금리가 상승하는 '인센티브/페널티 구조'가 일반적이다. 이 방식은 기업이 전사적 차원에서 ESG 경영을 내재화하도록 유도하는 장점이 있다.

국내에서도 국민은행, 신한은행 등 주요 시중은행들이 기업 대출에 ESG 목표 달성 조건을 부과하는 사례가 늘고 있다. 예컨대 KB국민은행은 중소·중견기업이 ESG 경영을 도입할 경우 우대금리를 제공하는 'ESG 동반성장 협약대출'을 운영하고 있으며, 신한은행은 탄소 배출량 감축, 폐기물 재활용률 향상 등 구체적인 ESG 성과 목표를 달성한 기업에 대해 금리를 낮춰주는 SLL 상품을 적극적으로 제공하고 있다. 이러한 대출 상품은 기업의 자발적 ESG 전환을 촉진하는 실질적 인센티브 메커니즘으로 자리 잡아가고 있다.

사례분석상자 24: NextGenerationEU(NGEU)

정의

NextGenerationEU(NGEU)는 유럽연합(EU)이 코로나19 팬데믹으로 인한 경제 침체에서 회복하고, 동시에 녹색 전환과 디지털 전환을 촉진하기 위해 2020년에 마련한 대규모 경기 회복 기금(Recovery Instrument)이다.

규모와 재원 조달

- 총 규모: 약 7,500억 유로(2020년 가격 기준)
- 재원 조달: EU 집행위원회가 공동으로 채권(주로 녹색국채)을 발행하여 조달
  결과적으로 EU는 단일 발행자 기준 세계 최대 ESG 국채 발행자가 됨

주요 목표

- 회원국 경기 회복 지원: 팬데믹으로 피해를 입은 국가에 보조금·대출 제공
- 녹색 전환: 전체 예산의 최소 30% 이상을 기후변화 대응 프로젝트에 사용
- 디지털 전환: 디지털 인프라, 데이터·클라우드, 교육·훈련 등에 투자
- 사회적 회복력 강화: 고용 보호, 보건 체계 강화, 사회적 포용 확대

- 핵심 수단: 복원 및 회복 기금(Recovery and Resilience Facility, RRF)
- 규모: 약 6,700억 유로
- 방식: 각 회원국이 제출하는 국가 복원 및 회복 계획(NRRP)을 승인받아 자금을 배분

• 조건: 계획은 EU의 기후 목표 및 디지털화 전략과 정합성을 가져야 함

의의

NGEU는 단순한 단기적 경기 부양책이 아니라, EU의 장기적 경쟁력 강화와 지속가능한 성장을 위한 전략적 프로그램이다. 특히, EU 차원에서 공동 채권 발행 구조를 도입함으로써 재정 통합과 자본시장 발전의 중요한 분수령이 되었으며, ESG 국채 시장을 제도적으로 한 단계 끌어올린 사례로 평가된다.

2 ESG 채권시장 규모

ESG 금융상품은 여러 형태로 발전해왔지만, 그중에서도 채권시장 규모를 살펴보는 것은 특히 중요하다. 채권은 금융시장에서 가장 널리 쓰이고 신뢰받는 자금조달 방식이기 때문에, ESG 금융이 아직 실험적인 단계에 머무르고 있는지 아니면 일반 금융시장의 중심에 자리 잡았는지를 확인하려면 채권시장 규모를 살펴보는 것이 가장 확실하다. 다시 말해, 채권은 ESG 금융이 단순한 시범적 상품을 넘어 주류 금융으로 편입되었는지를 가늠할 수 있는 핵심 지표라 할 수 있다.

ESG 채권시장 규모는 일반적으로 GSSSB라는 분류 체계를 기준으로 집계된다. GSSSB는 Green Bonds(녹색채권), Social Bonds(사회적채권), Sustainability Bonds(지속가능채권), Sustainability-Linked Bonds(지속가능연계채권)를 묶어 지칭하는 약칭으로, 국제자본시장협회와 국제기후채권이니셔티브 등 주요 국제기관이 ESG 채권 통계를 집계할 때 공통적으로 활용하는 기준이다. 따라서 GSSSB 발행 규모를 살펴보면 ESG 채권시장의 전체 동향을 포괄적으로 파악할 수 있다.

GSSSB 시장은 2007년 유럽투자은행의 Climate Awareness Bond와 세계은행의 IBRD Green Bond 발행을 계기로 본격적으로 성장하기 시작했으며, 2020년 이후 코로나19 팬데믹 대응과 기후위기 대응정책이 맞물리면서 급격

히 확대되었다. 〈표 XI－1〉에 따르면 2024년 말 누적 발행 규모는 약 4.4조 달러로, 글로벌 채권시장의 약 6% 수준이다. 다만 집계 범위에 따라 차이가 있어, ICMA · CBI 등 일부 국제기관은 같은 시점의 시장 규모를 6.5~7조 달러로 추정하기도 한다.

상품별로 보면 녹색채권이 여전히 절반 이상을 차지하며 시장의 중심축을 이루고 있고, 사회적 채권과 지속가능채권은 각각 약 10~15%, 지속가능연계채권(SLB)은 약 15% 전후의 비중을 보이고 있다. 발행 주체는 EU, 독일, 프랑스 등 유럽 국가와 EU 집행위원회 같은 초국가적 기구가 중심이며, 최근에는 아시아(중국 · 일본 · 한국)와 미주(미국 · 칠레 · 브라질) 국가들의 참여도 빠르게 확대되고 있다.

연도별 추이를 살펴보면, 2020년 발행 규모는 약 5,800억 달러였으며 이 중 녹색채권이 절반 이상을 차지했다. 2021년에는 8,800억 달러로 크게 증가했는데, 특히 지속가능연계채권(SLB)이 전년 대비 약 4배 확대되며 시장 성장의 주요 동력이 되었다. 2022년에는 전체 발행이 약 8,600억 달러로 소폭 줄었지만, SLB는 1,200억 달러로 증가하며 입지를 넓혔다. 2023년에는 발행 규모가 9,800억 달러로 다시 반등했고, 네 가지 채권 유형 모두 고르게 성장하는 모습을 보였다. 2024년에는 발행 규모가 약 1조 1,000억 달러에 이를 것으로 추정되며, 누적 발행 규모는 4.4조 달러에 달할 것으로 전망된다.

이처럼 GSSSB 시장은 단기간에 빠르게 성장하며 ESG 금융의 양적 확대와 제도적 정착을 이끌어왔다. 특히 초기에는 녹색채권 중심으로 성장했지만, 최근에는 사회적채권 · 지속가능채권 · 지속가능연계채권이 함께 확대되면서 시장 구조가 점차 다변화되는 추세다.

표 XI-1 연도별 GSSSB 발행 규모

(2020~2024년, 단위: 억 달러)

연도	Green Bonds	Social Bonds	Sustainability Bonds	Sustainability –Linked Bonds	연간 총계	누적 총계
2020	2,900	1,600	1,100	200	5,800	5,800
2021	4,900	1,800	1,300	800	8,800	14,600
2022	5,300	900	1,200	1,200	8,600	23,200
2023	5,700	1,200	1,400	1,500	9,800	33,000
2024*	6,000	1,500	1,500	2,000	11,000	44,000

*2024년 수치는 연말 기준 추정치.

자료: ICMA, Climate Bonds Initiative, BloombergNEF 종합

3 ESG 금융상품의 효과 및 한계와 제도적 대응

ESG 금융상품은 자본시장과 실물경제 전반에서 다양한 긍정적 효과를 창출한다. 첫째, 자본비용 절감 효과가 있다. 기업이 ESG 채권을 발행하면 동일한 조건의 일반 채권보다 낮은 금리로 자금을 빌릴 수 있는데, 이를 흔히 그리니엄(Greenium, 녹색 프리미엄)이라고 부른다. 이는 투자자들이 ESG 채권을 더 선호하여 위험을 상대적으로 적게 평가하기 때문에 나타나는 현상이다. 실제로 애플이나 토요타와 같은 글로벌 기업들은 녹색채권 발행을 통해 자금조달 비용을 절감한 사례로 보고되었다. 둘째, 투자자 저변 확대라는 장점이 있다. 연기금, 보험사와 같은 장기적 성향의 기관투자자들은 포트폴리오 전반에서 ESG 요소를 적극적으로 고려하고 있으며, 이로 인해 ESG 채권·대출에 대한 수요가 꾸준히 늘고 있다. 특히 유럽연합(EU)의 경우 공적 연기금과 국부펀드가 ESG 채권을 매입하는 것이 사실상 관행으로 자리 잡아, 발행기업이 안정적이고 장기적인 투자자 기반을 확보할 수 있는 환경을

조성하고 있다. 셋째, 실물경제의 지속가능 전환을 촉진하는 효과가 있다. ESG 금융상품을 통해 조달된 자금은 재생에너지 발전소 건설, 저탄소 교통 인프라 확충, 친환경 건물 개발, 사회적 약자 지원 프로그램 등 구체적인 프로젝트에 투입된다. 이는 단순히 기업의 자금조달 수단을 넘어, 경제 전체가 탈탄소·포용성 강화라는 방향으로 나아가도록 유도하는 역할을 한다. 따라서 ESG 금융상품은 금융과 실물경제를 잇는 전환 메커니즘으로서 의의가 크다.

그러나 ESG 금융상품이 갖는 한계와 비판점도 분명하다. 첫째, 그린워싱 문제가 가장 많이 지적된다. 일부 발행기관은 '녹색' 혹은 '사회적'이라는 이름만 내세운 채, 실제로는 환경적·사회적 성과가 미미하거나 자금 사용처가 ESG 목표와 크게 관련 없는 경우가 있다. 예컨대 스페인 에너지기업 Repsol은 석유·가스 사업 비중이 높은 상황에서 녹색채권을 발행해 논란이 되었고, 중국에서는 한때 '클린 코얼(Clean coal)' 사업이 녹색채권 사용처로 인정되었다가 국제적 비판 속에 제외되었다. 또한 홍콩 금융관리국(HKMA) 연구에 따르면 일부 기업에서 녹색채권 발행 이후 오히려 환경 지표가 악화되는 사례도 확인되었다. 둘째, 데이터 검증과 투명성 부족이다. ESG 금융상품의 효과를 평가하려면 발행 이후 실제 자금 사용 내역과 목표 달성 여부를 추적할 수 있는 신뢰성 있는 데이터가 필요하다. 그러나 현행 시장에서는 외부 검증 기관의 평가 기준이 상이하고, 발행기관이 자체적으로 보고하는 데이터에 의존하는 경우가 많아 정보의 신뢰성이 낮다. 이로 인해 투자자들은 불완전한 정보에 기초해 투자 결정을 내릴 수밖에 없는 한계가 있다. 셋째, 성과 측정의 난제가 있다. 환경적·사회적 성과는 재무지표처럼 즉각적으로 수치화하기 어렵고, 대부분 장기간에 걸쳐 나타난다. 예컨대 재생에너지 발전소 건설이 실제로 온실가스 감축에 얼마나 기여했는지, 사회적 채권으로 지원된 교육·보건 프로젝트가 사회적 약자의 삶을 얼마나 개선했는지를 정량적으로 평가하기는 쉽지 않다. 이 때문에 ESG 금융상품이 목표한 효과가 실질적으로 달성되었는지를 명확히 입증하기 어렵다는 비판이 제기된다.

이러한 문제들을 해결하기 위 해 국제사회는 제도적 노력을 강화하고 있다. 앞서 설명한 바와 같이, 유럽연합은 EU Taxonomy를 통해 환경적으로 지속가능한 경제활동을 과학적으로 정의하고, 지속가능금융 공시규제(SFDR)를 통해 금융기관이 ESG 관련 정보를 의무적으로 공시하도록 하고 있다. 이는 그린워싱을 방지하고 투자자에게 신뢰할 수 있는 정보를 제공하기 위한 장치다. 앞으로는 국제적으로 통일된 공시 기준 정립, 외부 검증기관의 독립성 강화, 성과 평가 방법론의 표준화 등이 핵심 과제로 남아 있으며, 이들 분야의 개선 없이는 ESG 금융시장의 신뢰성과 지속 가능성이 확보되기 어렵다.

참고문헌

웹사이트

https://climate.ec.europa.eu/eu-action/eu-emissions-trading-system-eu-ets_en

https://climate.ec.europa.eu/eu-action/european-climate-law_en

https://commission.europa.eu/strategy-and-policy/priorities-2019-2024/european-green-deal/delivering-european-green-deal/fit-55-delivering-proposals_en

https://ec.europa.eu/info/publications/non-financial-reporting-guidelines_en

https://finance.ec.europa.eu/regulation-and-supervision/financial-services-legislation/implementing-and-delegated-acts/corporate-sustainability-reporting-directive_en

https://finance.ec.europa.eu/regulation-and-supervision/financial-services-legislation/implementing-and-delegated-acts/sustainable-finance-disclosures-regulation_en

https://ghgprotocol.org/corporate-standard

https://news.microsoft.com/en-cee/2023/05/18/microsoft-is-committed-to-achieving-zero-carbon-emissions-and-waste-by-2030/

https://sasb.ifrs.org/standards/download/

https://sasb.ifrs.org/standards/materiality-map/

https://taxation-customs.ec.europa.eu/carbon-border-adjustment-mechanism_en

https://thecsrjournal.in/corporate-social-responsibility-csr-news-coca-cola-indias-500-water-projects-impacts-1-million-people-bags-the-national-water-award/

https://thecsruniverse.com/articles/coca-cola-india-becomes-first-ever-beverage-company-to-receive-national-water-award-with-over-500-water-projects-benefiting-1-million-people

https://yourstory.com/socialstory/2022/04/coca-cola-india-foundation-waste-water-plastic-reduction-recycle

https://www.efrag.org/en
https://www.fidelity.com/
https://www.fsb-tcfd.org/publications/
https://www.fsb-tcfd.org/recommendations/
https://www.globalreporting.org/news/news-center/four-in-five-largest-global-companies-report-with-gri/
https://www.globalreporting.org/standards
https://www.greenbuildinglawupdate.com/2024/03/articles/climate-change/sec-climate-disclosure-rule-stay-dissolved-and-venue-now-in-the-8th-circuit/
https://www.ifrs.org/issued-standards/list-of-standards/ifrs-sustainability-standards/ifrs-s2-climate-related-disclosures/
https://www.legislation.gov.uk/ukpga/2008/27/contents
https://www.microsoft.com/en-us/sustainability
https://www.msci.com/our-solutions/esg-investing/esg-industry-materiality-map
https://www.msci.com/web/msci/esg-ratings
https://www.oecd.org/daf/inv/mne/48004323.pdf
https://www.oecd.org/investment/due-diligence-guidance-for-responsible-business-conduct.htm
https://www.ohchr.org/documents/publications/guidingprinciplesbusinesshr_en.pdf
https://www.refinitiv.com/en/sustainable-finance/esg-scores
https://www.spglobal.com/esg/csa/methodology
https://www.spglobal.com/esg/our-methodology

한글참고문헌

금융위원회(2017). 『SASB 개념체계』. 금융위원회 번역.
금융위원회(2018). 『SASB 기준 적용 지침』. 금융위원회 번역.
공경신(2021). "유럽의 지속가능금융공시 최종보고서 및 기술표준 초안 주요 내용과 전망". 자본시장포커스, 7호.
김수연(2021). "EU의 ESG 규제 내용: Taxonomy, NFRD, CSRD 중심으로". Business and Finance Law, 제109호, 9월.

김홍균(2024). 『지속 가능성 정보 공시 기준 현황과 기업의 대응』. 텔코 저널 12호, 9월.

김홍균, 이호생, 임종수, 홍종호(2013). 『환경경제학』. PEARSON.

대한상공회의소(2024). 『EU 수출기업을 위한 공급망 실사 지침』.

박태영 · 윤건용(2021). 『ESG의 구조』. 문우사.

범무법인 세종(2024). "EU 상주대표회의 공급망 실사지침(CSDDD) 최종 승인: 적용대상 축소, 기업규모에 따라 순차적 적용 등". 3월 22일.

삼일PWC(2023). 『EU CSRD · ESRS 이해 및 대응방안』. 삼일회계법인.

삼일PWC(2024). 『미국 SEC 기후공시 최종안』. ESG platform, 3월.

신한금융투자(2020). 「ESG」. 신한금융투자.

지속가능성기준위원회(2023a). 『IFRS 지속가능성 공시 기준 S1 지속가능성 관련 재무정보 공시를 위한 일반 요구사항』. 한국회계기준원.

지속가능성기준위원회(2023b). 『IFRS 지속가능성 공시 기준 S2 기후 관련 공시』. 한국회계기준원.

환경부(2021). 『한국형 녹색분류체계 지침서』. 환경부, 12월.

한국거래소(2021). 『ESG 정보 공개 지침』. 한국거래소.

한국경제인협회(2021). 『국내외 ESG 평가 동향과 시사점』. 한국경제인협회.

영어참고문헌

Alexander, G., & Buchholz, R. (1978). "Research Notes: Corporate Social Responsibility and Stock Market Performance". Academy of Management Journal, 21(3), 479–486. http://dx.doi.org/10.2307/255728

Aupperle, K., Carroll, A., & Hatfield, J. (1985). "An Empirical Examination of the Relationship between Corporate Social Responsibility and Profitability". Academy of Management Journal, 28(2), 446–463. http://dx.doi.org/10.2307/256210

Berg, F., Koelbel, J. F., & Rigobon, R. (2022). "Aggregate Confusion: The Divergence of ESG Ratings". The Review of Financial Studies, 35(4), 2133–2174.

Blackburn, V., Doran, M., & Shrader, C. (1994). "Investigating The Dimensions Of Social Responsibility And The Consequences For Corporate Financial Performance". Journal of Managerial Issues, 6(2), 195–212. http://www.jstor.org/stable/40604020

Boffo, R., & Patalano, R. (2020). 『ESG Investing: Practices, Progress and Challenges』. OECD Publishing, Paris.

Christensen, D. M., Serafeim, G., & Sikochi, A. (2019). "Why is Corporate Virtue in the Eye of the Beholder? The Case of ESG Ratings". The Accounting Review, 95(5), 147–175.

Cochran, P., & Wood, R. (1984). "Corporate Social Responsibility and Financial Performance", Academy of Management Journal, 27(1), 42–56. http://dx.doi.org/10.2307/255956

Dimson, E., Marsh, P., & Staunton, M. (2020). "Divergent ESG Ratings". The Journal of Portfolio Management, 46(3), 75–87.

EU Commission (2017). 『Guidelines on Non–financial Reporting』, EU.

EU Commission (2019). 『Guidelines on Reporting Climate–Related Information』, EU, June.

EFRAG (2022). ESRS 1 General Requirement, Nov.

EFRAG (2022). ESRS 2 General, Strategy, governance and materiality assessment, April.

EFRAG (2025a). ESRS 1 General Requirement, Exposure draft, July.

EFRAG (2025b). ESRS 2 General Disclosures, Exposure draft, July.

Fernández, M. S., Abu–Alkheil, A., & Khartabiel, G. M. (2019). "Do German Green Mutual Funds Perform Better Than Their Peers?", Business and Economics Research Journal, 10(2), 297–312. https://doi.org/10/ggkrbb

Friedman, Milton (1962). 『Capitalism and Freedom』. University of Chicago Press, 1962.

Friedman, Milton (1970). "The Social Responsibility of Business is to Increase Its Profits". New York Times Magazine, September 13.

Generation Foundation, PRI & UNEP FI (2015). 『Fiduciary Duty in the 21st Century』. PRI & UNEP FI.

Global Reporting Initiative (2016). 『GRI Standards』. Retrieved from GRI website.

GSIA (2016). 2016 Global Sustainable Investment Review, GSIA.

GSIA (2018). 2018 Global Sustainable Investment Review, GSIA.

GSIA (2020). 2020 Global Sustainable Investment Review, GSIA.

GSIA (2023). 2022 Global Sustainable Investment Review, GSIA.

IEA (2020). 『Energy Technology Perspective』, IEA.

IFRS (2023a). 『Climate－related Disclosures』. ISSB, June.

IFRS Foundation (2023b). 『IFRS S1 General Requirements for Disclosure of Sustainability－related Financial Information』. ISSB.

IPCC (2014). 『Climate Change 2014: Synthesis Report』, IPCC, Geneva, Switzerland.

IPCC (2018). 『Global Warming of 1.5℃』, IPCC, Geneva, Switzerland.

IPCC (2021). 『Climate Change 2021: The Physical Science Basis』, IPCC, Geneva, Switzerland.

IPCC (2022). 『Climate Change 2022: Mitigation of Climate Change』, IPCC.

Kay, J. (2012). 「The Kay Review of UK Equity Markets and Long－term Decision Making」, Department of Business, Innovation and Skills.

Khan, M., Serafeim, G., & Yoon, A. (2016). "Corporate Sustainability: First Evidence on Materiality". The Accounting Review, 91(6), 1697－1724. https://doi.org/10.2308/accr－51383

Kotsantonis, S., & Serafeim, G. (2019). "Four Things No One Will Tell You About ESG Data". Journal of Applied Corporate Finance, 31(2), 50－58.

Mannion, P., Parry, E., Patel, M., Ringvold, E., & Scott, J. (2023). "Carbon Removals: How to Scale a New Gigaton Industry". McKinsey & Company, Dec.

Margolis, J., Elfenbein, H., & Walsh, J. (2009). "Does it Pay to Be Good? And Does it Matter? A Meta－Analysis of the Relationship between Corporate Social and Financial Performance". SSRN Electronic Journal. http://dx.doi.org/10.2139/ssrn.1866371

Morningstar (2020). 『Sustainable Funds Weather the First Quarter Better Than Conventional Funds』. Morningstar, Inc. https://www.morningstar.com/articles/976361/sustainable－funds－weather－the－first－quarter－better－than－conventional－fu

MSCI (2019). 『MSCI ESG Ratings Methodology』. MSCI ESG Research, Sep.

MSCI (2022). 『MSCI ESG Ratings Methodology: Labor Management Key Issue』.

MSCI ESG Research LLC, Oct.

NYU & RAM (2021). 『ESG and Financial Performance: Aggregated Evidence from More than 1,000 Empirical Studies』. NYU Stern School of Business & Rockefeller Asset Management.

OECD (2011). 『OECD Guidelines for Multinational Enterprises』. Retrieved from OECD website.

OECD (2018). 『OECD Due Diligence Guidance for Responsible Business Conduct』. Retrieved from OECD website.

Orlitzky, M., Schmidt, F., & Rynes, S. (2003). Corporate Social and Financial Performance: A Meta-Analysis. Organization Studies, 24(3), 403-441. http://dx.doi.org/10.1177/0170840603024003910

Platform on Sustainable Finance (2022). 『Final Report on Social Taxonomy』. European Commission.

Refinitiv (2022). 『Environmental, Social, and Governance (ESG) Scores from Refinitiv』. An LSEG Business. Retrieved from Refinitiv ESG methodology document, May.

Refinitiv (2023). 『Refinitiv ESG Scores Methodology』.

S&P Global (2023a). 『Corporate Sustainability Assessment (CSA) Methodology』.

S&P Global (2023b). 『Understanding ESG Scores』.

SASB (2017). 『SASB Conceptual Framework』. Sustainability Accounting Standards Board, Feb.

Schwab, K., & P. Vanham (2021). 『Stakeholder Capitalism』. John Wiley & Sons.

Smith School of Enterprise and the Environment (2023). 『The State of Carbon Dioxide Removal』. University of Oxford.

TCFD (2017a). 『Recommendations of the Task Force on Climate-related Financial Disclosures』. Financial Stability Board.

TCFD (2017b). 『Implementing the Recommendations of the Task Force on Climate-related Financial Disclosures』. Financial Stability Board.

TCFD (2023). 『2023 Status Report』.

UKCFA (2021). 『Certificate in ESG Investing Curriculum』. CFA Society United

Kingdom.

UNEP FI (2004). 『The Materiality of Social, Environmental, and Corporate Governance Issues to Equity Pricing』. UNEP FI.

UNEP FI (2009). 『Fiduciary Responsibility: Legal and Practical Aspects of Integrating Environmental, Social and Governance Issues into Institutional Investment』. UNEP FI.

UNEP FI (2011). 『Universal Ownership: Why Environmental Externalities Matter to Institutional Investors』. UNEP FI.

UNEP FI & UN Global Compact (2005). 『A Legal Framework for the Integration of Environmental, Social, and Governance Issues into Institutional Investment』. UNEP FI & UN Global Compact.

UN Global Compact (2004). 『Who Cares Wins – Connecting Financial Markets to a Changing World』. UN Global Compact.

United Nations (2011). 『UN Guiding Principles on Business and Human Rights』. Retrieved from UN website.

Wang, Q., Dou, J., & Jia, S. (2016). "A Meta-Analytic Review of Corporate Social Responsibility and Corporate Financial Performance". Business & Society, 55(8), 1083-1121. http://dx.doi.org/10.1177/0007650315584317

Wu, J., Lodorfos, G., Dean, A., & Gioulmpaxiotis, G. (2017). "The Market Performance of Socially Responsible Investment during Periods of the Economic Cycle – Illustrated Using the Case of FTSE.", Managerial and Decision Economics, 38(2), 238-251. https://doi.org/10.1002/mde.2772

축약어 정리

약어	정식 명칭	우리말
AMWG	Asset Management Working Group	자산운용사워킹그룹
CBAM	Carbon Border Adjustment Mechanism	탄소 국경조정제도
CBI	Climate Bonds Initiative	기후채권 이니셔티브
CDP	Carbon Disclosure Project	탄소 정보 공개 프로젝트
CDSB	Climate Disclosure Standards Board	기후 정보 공시(공개) 기준 위원회
CERES	Coalition for Environmentally Responsible Economies	환경적으로 책임 있는 경제 연합
CORSIA	Carbon Offsetting and Reduction Scheme for International Aviation	국제항공 탄소상쇄 및 감축 제도
CPPIE	Canada Pension Plan Investment Board	캐나다 연금 계획 투자 위원회
CRCF	Carbon Removals and Carbon Farming Certification Framework	탄소 제거 및 탄소농업 인증체계 규정
CSDDD	Corporate Sustainability Due Diligence Directive	기업 지속 가능성 실사 지침
CSR	Corporate Social Responsibility	기업의 사회적 책임
CSRD	Corporate Sustainability Reporting Directive	(EU) 기업 지속 가능성 보고 지침
EBI	European Investment Bank	유럽투자은행
EDTF	Enhanced Disclosure Task Force	강화된 공시 태스크포스
EEDI	Energy Efficiency Design Index	에너지 효율 설계지표
EFRAG	European Financial Reporting Advisory Group	유럽 재무 보고 자문 그룹
ERISA	Employee Retirement Income Security Act	직원 퇴직소득 보장법
ESRS	European Sustainability Reporting Standards	유럽 지속 가능성 보고 기준

약어	정식 명칭	우리말
EUGBS	EU Green Bond Standard	유럽연합 녹색채권 기준
Eurosif	European Sustainable Investment Forum	유럽 지속 가능한 투자 포럼
EU ETS	European Union Emissions Trading System	유럽연합 탄소배출권 거래제도
FSB	Financial Stability Board	금융안정위원회
GAAP	Generally Accepted Accounting Principles	일반적으로 인정된 회계 원칙
GICS	Global Industry Classification Standard	글로벌 산업 분류 기준
GBP	Green Bond Principles	녹색채권원칙
GPIF	Government Pension Investment Fund	일본 정부연금투자기금
GPFG	Government Pension Fund Global	정부연금기금
GRI	Global Reporting Initiative	글로벌 보고 이니셔티브
GSIA	Global Sustainable Investment Alliance	글로벌 지속 가능한 투자 연합
GSIR	Global Sustainable Investment Review	세계 지속가능한 투자보고서
GSSB	Global Sustainability Standards Board	글로벌 지속가능성 기준 위원회
GWP	Global Warming Potential	지구온난화잠재력(혹은 지수)
IASB	International Accounting Standards Board	국제 회계 기준 위원회
ICAO	International Civil Aviation Organization	국제민간항공기구
ICB	Industry Classification Benchmark	산업 분류 기준
ICCPR	International Covenant on Civil and Political Rights	시민적 및 정치적 권리에 관한 국제규약

약어	정식 명칭	우리말
ICESCR	International Covenant on Economic, Social and Cultural Rights	경제적 · 사회적 및 문화적 권리에 관한 국제규약
ICMA	International Capital Market Association	국제자본시장협회
ICVCM	Integrity Council for the Voluntary Carbon Market	자발적 탄소시장 무결성 위원회
IEA	International Energy Agency	국제에너지기구
IFAC	International Federation of Accountants	국제회계사연합
IFRS	International Financial Reporting Standards	국제 재무(회계) 보고 기준
IIRC	International Integrated Reporting Council	국제 통합 보고 위원회
IMO	International Maritime Organization	국제해사기구
IOSCO	International Organization of Securities Commissions	국제 증권 감독기구
IPCC	Intergovernmental Panel on Climate Change	기후변화에 관한 정부 간 협의체
IPSAS	International Public Sector Accounting Standards	국제공공부문회계기준
ISIC	International Standard Industrial Classification of All Economic Activities	국제 표준 산업 분류
ISS	Institutional Shareholder Services	기관투자자 의결권 서비스
ISSB	International Sustainability Standards Board	국제 지속가능성기준위원회
JSIF	Japan Sustainable Investment Forum	일본 지속 가능한 투자 포럼
JSIF	Japan Sustainable Investment Forum	일본 지속 가능한 투자 포럼
LMA	Loan Market Association	대출시장협회
MDGs	Millennium Development Goals	새천년 개발 목표

약어	정식 명칭	우리말
MSCI	Morgan Stanley Capital International	
NAICS	North American Industry Classification System	북미 산업 분류 체계
NBIM	Norges Bank Investment Management	노르웨이 중앙은행 투자 관리 부문 또는 노르웨이 중앙은행 자산운용사
NFDR	Non-Financial Disclosure Regulation	비재무 정보 공시 규정
PPA	Power Purchase Agreement	전력 구매 계약
PRI	Principles for Responsible Investment	책임 투자 원칙
R&DDD	Research, Development, Demonstration, and Deployment	연구, 개발, 시연 및 배치
REA	Renewable Energy Certificate	재생 가능 에너지 인증서
RIAA	Responsible Investment Association Australasia	호주/뉴질랜드 책임 투자 협회
RIA Canada	Responsible Investment Association	캐나다 책임 투자 협회
SASB	Sustainability Accounting Standards Board	지속 가능성 회계 기준 위원회
SDGs	Sustainable Development Goals	지속 가능한 개발 목표
SFAP	Sustainable Finance Action Plan	지속 가능한 금융 행동 계획
SFDR	Sustainable Finance Disclosure Regulation	지속 가능한 금융 공시 규정
SICS	Sustainable Industry Classification System	지속가능성 회계기준위원회의 지속가능 산업 분류 체계
SLB	Sustainability-Linked Bond	지속가능연계채권
SLL	Sustainability-Linked Loan	지속가능연계대출
SRI	Socially Responsible Investing	사회적 책임 투자
TCFD	Task Force on Climate-Related Financial Disclosures	기후 관련 재무 공시 태스크포스(협의체)
TSC	Technical Screening Criteria	기술 심사 기준
TSVCM	Taskforce on Scaling Voluntary Carbon Markets	자발적 탄소시장 확장 태스크포스

약어	정식 명칭	우리말
UDHR	Universal Declaration of Human Rights	세계인권선언
UKSIF	UK Sustainable Investment and Finance Association	영국 지속 가능한 투자 및 금융 협회
UNCED	United Nations Conference on Environment and Development	유엔 환경개발회의 (일명 리우 정상회의)
UNEP	United Nations Environment Programme	유엔 환경 계획
UNEP FI	United Nations Environment Programme Finance Initiative	유엔 환경 계획 금융 이니셔티브
UNGC	United Nations Global Compact	유엔 글로벌 콤팩트
UN WCED	United Nations World Commission on Environment and Development	유엔 세계 환경 개발 위원회
USSIF	US SIF: The Forum for Sustainable and Responsible Investment	미국 지속 가능한 책임 투자 포럼
VBDO	Dutch Association of Investors for Sustainable Development.(Vereniging van Beleggers voor Duurzame Ontwikkeling)	네덜란드 지속가능한 개발 투자자 협회
VCMI	Voluntary Carbon Markets Integrity Initiative	자발적 탄소시장 무결성 이니셔티브
VRF	Value Reporting Foundation	가치보고재단
WBCSD	World Business Council for Sustainable Development	세계 지속 가능한 발전을 위한 기업 협의회
WCED	World Commission on Environment and Development	세계 환경 개발 위원회 (일명 브룬트란트 위원회)
WEF	World Economic Forum	세계경제포럼

저자 소개

김홍균

교육

서강대학교 경제학 학사 및 석사
미국 로체스터 대학교 경제학 박사

주요 경력

국무총리수질개선기획단, 물관리정책민간위원회 위원 역임
국민경제자문회의 민생분과의장 역임
국회예산정책처 자문위원 역임
기획재정부 부담금운용평가단 평가위원 역임
기획재정부 재정개혁위원 역임
서강대학교 경제대학원 ESG 전공 주임교수 역임
서강대학교 경제학부 학장 및 경제대학원장 역임
지속가능발전위원회 위원 및 산업분과 위원장 역임
한국자원경제학회 부회장 역임
한국환경경제학회 편집위원장 및 부회장 역임
한국환경산업기술원 감사 역임(비상근)
환경부 중앙환경정책위원회 위원 역임
환경부 통합물관리 비전포럼 위원 역임
환경부 환경·경제 통합정책 자문위원 역임
Arizona State University, Visiting professor
(현) 서강대학교 경제학부 및 경제대학원 교수
(현) 대신금융그룹, 대신저축은행 사외이사 및 감사위원장
(현) 한국환경산업기술원, 녹색분류체계 심사원제 운영위원 및 자격시험위원회 위원

주요 논문

- Is There a Crowding－out Effect Between School Expenditure & Mothers Childcare Time? Economics of Education Review, vol 20. no1. 2001
- The Effect of IT Job－training on Employment and Wage Premium: Evidence from Korea Panel Data, Developing Economics Vol 41, No4 2003. December
- Home production function & the productivity effect of air pollution, Applied Economic Letters, vol14. issue 5 2007
- Does sample selection bias affect the effect of family background on the returns to schooling?: Evidence form Korea, Applied Economics, vol 43 issue8, 2011
- The income penalty of vertical and horizontal education－job mismatches in the Korean youth labor market: a quantile regression approach, Hitotsubashi Journal of Economics, vol 57 no 1, 2016 (with Seung chan Ahn, Ji－hye Kim)
- Does Skill Mismatches create a wage penalty? Alternative Evidence from Korea, Asian Economic Journal 30. vol 3, 2016(with Seung－jun Park)
- Which country uses public social expenditures efficiently among OECD countries?, Applied Economics Letters, vol24, issue 10, Sep. 2017 (with Tae－young Kim)
- Estimation of the relative efficiency of 20 OECD countries for mitigation of greenhouse gases, Applied Economics Letters, Jan 2021 (with Tae－young Kim)

주요 저서

- 환경경제학: 이론과 실제, 박영사, 1999
- 환경경제학: 이론과 실제, 박영사, 2003(개정판)
- 주요 금융정책의 제도변화 및 운용상의 시장 친화성 평가, 효일문화사, 2008
- 한국경제의 탈규제와 경쟁, 서강대 출판사, 2008
- 재정학과 공공정책(2판 번역), 시그마프레스, 2009
- 기후변화 관련 학제간 기반연구, 지샘, 2010(김학수, 조성겸, 박용성, 김준, 이종태, 민병무 공저)
- 재정학과 공공정책(3판 번역), 시그마프레스, 2011
- 환경경제학, Pearson, 2013
- 재정학과 공공정책(5판 번역), 시그마프레스, 2017
- 도전에 직면한 한국경제, 학현사, 2019(김영철, 남주하, 박정수, 이영훈, 전현배, 허정 공저)
- 재정학과 공공정책(7판 번역), 시그마프레스, 2023
- ESG 101: 이론과 실제, 박영사, 2024

제2판
ESG 101: 이론과 실제

초판발행 2025년 1월 3일
제2판발행 2026년 2월 28일

지은이 김홍균
펴낸이 안종만 · 안상준

편 집 김다혜
기획/마케팅 최동인
표지디자인 이은지
제 작 고철민 · 김원표

펴낸곳 (주) 박영사
서울특별시 금천구 가산디지털2로 53, 210호(가산동, 한라시그마밸리)
등록 1959. 3. 11. 제300-1959-1호(倫)
전 화 02)733-6771
f a x 02)736-4818
e-mail pys@pybook.co.kr
homepage www.pybook.co.kr
ISBN 979-11-303-9752-8 93320

정 가 32,000원